拉脱维亚
中国语言文化传播史稿

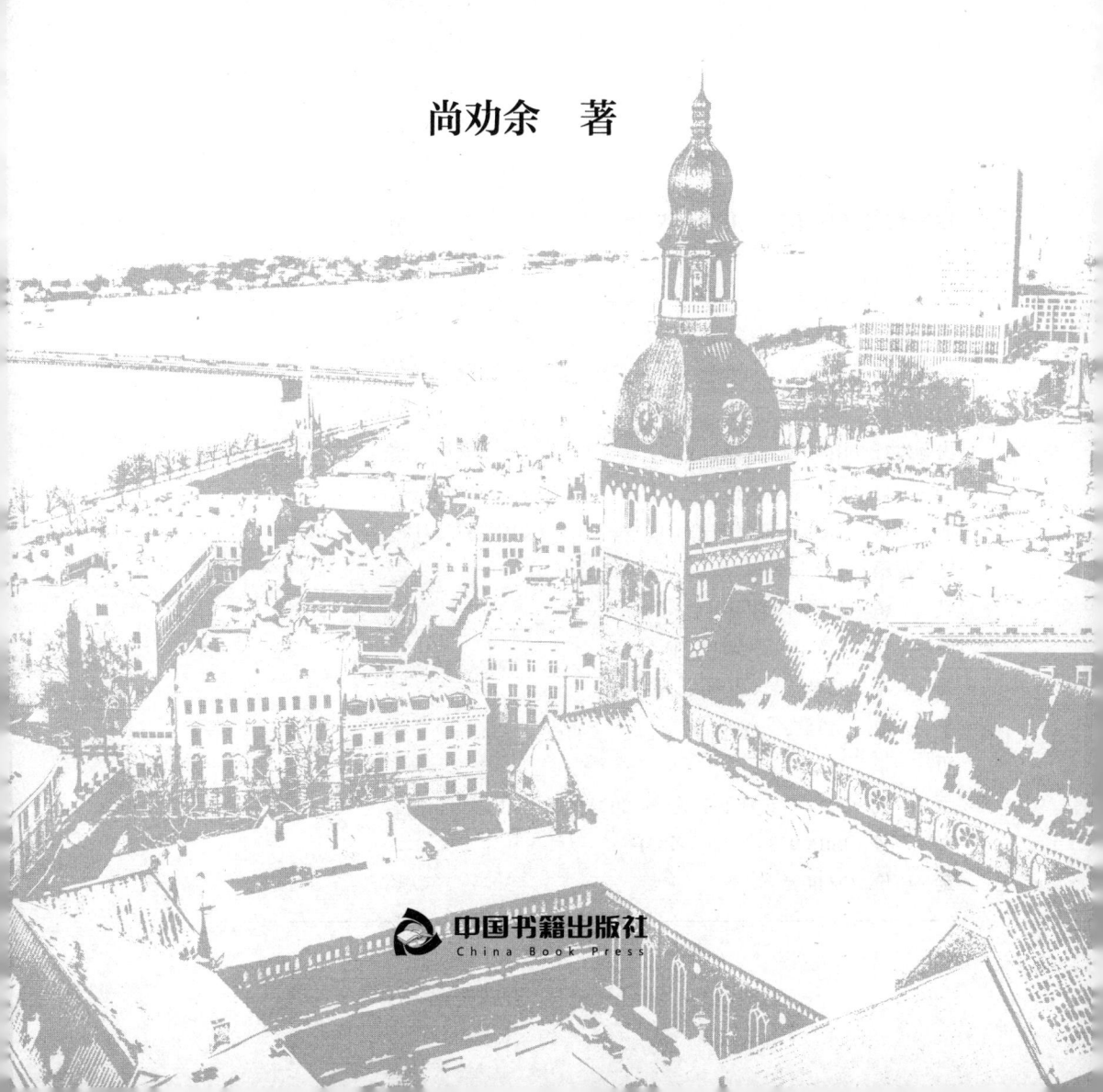

尚劝余 著

中国书籍出版社
China Book Press

图书在版编目（CIP）数据

拉脱维亚中国语言文化传播史稿 / 尚劝余著. --北京：中国书籍出版社, 2024.6
　　ISBN 978-7-5068-9831-7

　　Ⅰ.①拉… Ⅱ.①尚… Ⅲ.①汉语—文化语言学—文化传播—研究—拉脱维亚 Ⅳ.①H1-05②G125

中国国家版本馆CIP数据核字（2024）第072250号

拉脱维亚中国语言文化传播史稿

尚劝余　著

责任编辑	王志刚
责任印制	孙马飞　马　芝
封面设计	东方美迪
出版发行	中国书籍出版社
地　　址	北京市丰台区三路居路 97 号（邮编：100073）
电　　话	（010）52257143（总编室）　　（010）52257140（发行部）
电子邮箱	eo@chinabp.com.cn
经　　销	全国新华书店
印　　刷	三河市京兰印务有限公司
开　　本	710毫米 × 1000毫米　1/16
字　　数	556千字
印　　张	33.25
版　　次	2024 年 6 月第 1 版　2024 年 6 月第 1 次印刷
书　　号	ISBN 978-7-5068-9831-7
定　　价	98.00元

版权所有　翻印必究

序

　　我与尚劝余教授在拉脱维亚大学孔子学院合作共事十个年头，一起见证和亲历了拉脱维亚中国语言文化推广和普及的进程。尚劝余教授新著《拉脱维亚中国语言文化传播史稿》即将付梓面世，我非常高兴为之作序。

　　拉脱维亚大学孔子学院是拉脱维亚（拉脱维亚大学）和中国（华南师范大学）双方合作共建的教育机构，是唯一肩负着在拉脱维亚全国推广中国语言文化的官方机构，在拉脱维亚10余个主要城市20余所大学、中学和小学开设中文课程，涵盖大学、中学、小学和社会各个层次。迄今为止，不论是拉脱维亚学术界还是中国学术界尚无系统探讨孔子学院成立后拉脱维亚传播中国语言文化的学术专著问世。本书作为第一部系统探讨中国语言文化在拉脱维亚推广和普及的著作，具有重大的学术价值，有助于弥补学术界这方面研究的空白，进一步推动拉脱维亚中文教育发展和中国语言文化传播。

　　尚劝余教授担任中方院长长达十个年头，与我一起共同负责各个教学点中文教学和文化活动组织管理工作。他利用在拉脱维亚大学工作的得天独厚的有利条件，深入挖掘档案、书信、手稿、讲义、访谈等第一手资料，包括中国驻拉脱维亚大使馆、拉脱维亚国家图书馆、拉脱维亚大学科学图书馆和学术图书馆、拉脱维亚大学孔子学院档案卷宗以及历任上百位中文教师的教学日志、工作总结、离任鉴定等；并对分散在拉脱维亚各地的近20个大、中、小学中文教学点以及重要的相关人士进行邮件、微信、WhatsApp、Facebook、Messenger、手机短息、电话、视频和现场访问及面谈等，获取了大量宝贵的第一手资料。本书无疑将为进一步研究拉脱维亚中国语言文化传播史提供可靠的素材和资料。

我们相信和期待，有本书披荆拓路和抛砖引玉，拉脱维亚中国语言文化推广和普及方面的研究定会涌现出更加丰硕的成果，拉脱维亚中文教育之花定会在波罗的海之滨和道加瓦河畔更加璀璨地绽放。

贝德高（Pēteris Pildegovičs）
2023 年于拉脱维亚大学孔子学院

引　言

拉脱维亚中国语言文化传播史可以追溯到第一次独立时期，迄今 100 余年，共经历了四个时期。[①]

一、开端和发轫：第一次独立时期（1920—1940）

拉脱维亚于 1918 年 11 月 18 日独立，1919 年 9 月 28 日拉脱维亚大学在里加理工学院的基础上组建。[②]拉脱维亚大学是拉脱维亚历史最悠久、规模最大的大学，为拉脱维亚培养了众多总统、总理、部长及各界杰出人才。拉脱维亚大学成立不久，著名汉学家施密特从位于海参崴的远东大学回到新近独立的祖国，任教于刚成立的拉脱维亚大学，成为拉脱维亚汉学研究和中文教学的开山鼻祖，拉开了拉脱维亚中国语言文化传播的帷幕。

施密特曾在莫斯科大学（1891—1892）和圣彼得堡大学（1892—1896）学习，在北京（1896—1899）实习和任教（北京大学前身京师大学堂），在东方

[①] 尚劝余、尚沫含：《拉脱维亚汉语教学研究》，《汉语教学学刊》2022 年第 2 期；王琼子、尚劝余：《拉脱维亚大学汉语教学新探》，《欧亚人文研究》2022 年第 4 期。
[②] 拉脱维亚大学前身是 1862 年沙俄帝国时期创建的著名的里加理工学院，拉脱维亚大学成立初期名为拉脱维亚高等学校，1923 年改为现名拉脱维亚大学。1957 年今天的里加工业大学、拉脱维亚农业大学、里加斯特拉京什大学从拉脱维亚大学独立出来，并成为著名的高等教育机构和研究中心。参见：https://enciklopedija.lv/skirklis/112962。

学院（1899—1920，即后来的远东大学）和拉脱维亚大学（1920—1938）任教。①在拉脱维亚大学工作期间，施密特曾担任语文及哲学学院院长和主管学生工作的副校长，也担任拉脱维亚语言学会主席和科学委员会主席，赫尔辛基科学学会会员，并荣获拉脱维亚"三星勋章"和"祖国奖"、法国科学院荣誉勋章和瑞典乌普萨拉大学荣誉博士。虽然施密特的学术重心转向了拉脱维亚神话、传说、寓言的收集和研究，但他仍然坚持汉学研究和中文教学，正如他1920年返回拉脱维亚途中给贝特霍尔德·劳费尔教授的信中所说："虽然我必须离开远东和汉学，但是我会继续我的汉语和满语研究。"②

施密特给拉脱维亚大学学生开设了《中国语文导论》《中国文化史》《汉语》《亚洲文化》等课程，也开设了相关讲座，其中一些讲座被整理发表，如"孔子和佛陀学说中爱的概念""孔子及其学说""施密特教授论汉语"。除了给拉脱维亚大学学生授课，施密特也指导慕名而来的外国学生、学者以及其他仰慕者。当时有波兰的汉学专业学生来拉脱维亚大学，找施密特主持他的学位论文答辩。上海商务印书馆总编王云五请他审阅《四角号码检字法》。③

施密特也撰写发表了一系列相关文章和译作，包括《中国艺术史》《在拉脱维亚发现的中国物品》《中文写作》《周敦颐：莲花》；在《拉脱维亚大学学报》上发表《涅吉达尔人的语言》《奥尔查人的语言》《奥罗奇人的语言》《萨

---

① 关于施密特在北京实习和东方学院任教的情况，参见 Shang Quanyu（尚劝余）（2020） A Study of Sinologist Pēteris Šmits From the Chinese Perspective《中国学人视角中的施密特研究》, Ukurainian Journal of Sinology Studies《乌克兰汉学研究期刊》No 1, 53-60; Shang Quanyu, Lv Yan（尚劝余、吕妍）（2020）Research on Latvian sinologist Peter Schmidt in China: contemporary perspective and significance《中国有关拉脱维亚汉学家施密特的研究：当代视角与意义》In Mārīte Savica(eds.), Professor Pēteris Šmits: From Raunas to Beijing 载于玛丽泰·萨维查主编：《彼得·施密特：从劳纳斯到北京》, 129-144, Riga: University of Latvia Press. 里加：拉脱维亚大学出版社。

② 贝特霍尔德·劳费尔（Berthold Laufer 1874—1934）：东方学与汉学家，通晓汉语、日语、藏语，出生于德国科隆一个犹太人家庭，1893年在柏林大学师从 Wilhelm Grube 攻读汉学，1897年获得德国莱比锡大学博士学位，1898年移民美国，多次在中国进行长期考察，对中国的玉器、瓷器、象牙雕刻、牌楼等都有研究，自述"我深爱中国的国土和人民"，劳费尔晚年患忧郁症，1934年9月13日，在芝加哥跳楼自杀身亡。

③ Jeļena Staburova,"Viņš devas ceļā īstajā laikā un pareizajā virzienā, Pēteris Šmits Austrumu pētnieks", žurnāls Grāmata, 1990.02.p.16. 史莲娜：《他选对了时刻走对了方向：东方学家彼得·施密特》，《书刊》1990年第2期第16页。

/ 引 言 /

马吉尔人的语言》四篇英语文章，这些文章是该研究领域第一次以书面形式正式发表的研究成果，由导言和比较词典两部分构成，因调查时间较早且材料丰富，一直受到学术界重视。[1]1932年，德国莱比锡科学杂志《Asian Major》《亚洲学》发表了施密特的德语作品《满语里的汉语元素》，该作品篇幅达200页，其中插入了解释性的汉语和满语字符，当时在全世界范围内，这本书是该领域唯一以这种形式出现的研究成果。满语和其他通古斯语言的知识储备使得施密特能够解释蒙古、满洲里及黑龙江区域一些古老的地理名称。[2]1936年，施密特出版了著作《中国童话故事》，《卫报》《道路》《妇女世界》《播种机》《自由之地》《库尔泽梅》《马迪纳新闻》《家园与校园》等报刊都发表了书评。

此外，施密特也一如既往地关注中国时事和历史文化命运，发表了不少相关文章，如"中国的动荡""论中国的动乱""中国的布尔什维克""满洲里：中国、日本和俄国利益的碰撞""苏俄与满洲里的冲突""远东的动乱""苏俄与满洲里的冲突""与远东事件相关的中国文化"。上海的一份英文报纸《上海时报》也在1928年刊登一段当日讯息："里加大学中文负责人施密特说，虽然该大学建校只有十年（前身是一个纯理工大学），但现有学生7000名，比牛津大学多一倍。他说中国艺术曾经是世界上最伟大的艺术，但在现政权下实际上已经死亡。"[3]这里的里加大学应为拉脱维亚大学。

最值得称道的是，施密特将他珍藏的2162件宝贵文献捐给拉脱维亚大学。[4]其中，有关东方研究的资料，如汉学、满学、阿尔泰学、蒙古学和日本学资料最具价值和意义。他的藏书包括汉语、满族语、日语、蒙古语、通古斯语、乌德盖语、那乃语等版本。称得上是瑰宝的莫过于汉语和满族语的书籍和手稿，尤其是刻本。这些文献主要藏于拉脱维亚大学科学图书馆历史文献部和拉脱维亚大学学术图书馆珍本写本部，也有一些藏于拉脱维亚国家图书馆珍本写本部、

---

[1] 施密特著、王大可译：《涅吉达尔人的语言》，《满语研究》2016年第2期，第74页。
[2] Pāvils Šmits, Profesora Šmita Atstātais Zinātniskais Mantojums (Sakara ar valodnieka, Etnogrāfa un folklorista 24.gadu nāves dienu)，帕维尔斯·施密特：《施密特教授的学术遗产：纪念这位语言学家，民族志学家和民俗学家逝世24周年》，1962，打印稿第2页，藏于拉脱维亚大学学术图书馆。
[3] The Shanghai Times, Monday, October 1, 1928.《上海时报》，星期一，1928年10月1日。
[4] 拉脱维亚大学官方网站关于施密特的专栏中，介绍了他给拉脱维亚大学赠书的情况。参看 https://www.3mirkli.lu.lv/peteris-smits/.

拉脱维亚文学音乐博物馆、拉脱维亚美术学院图书馆等。笔者曾两次前往拉脱维亚大学科学图书馆、一次前往拉脱维亚大学学术图书馆查阅施密特的相关资料，包括施密特收藏的珍贵文献以及施密特本人的手稿以及其他人关于施密特的手稿。"这些藏书是提升拉脱维亚东方学研究水平和推动拉脱维亚汉学发展的重要基础。"①

诚然，作为著名汉满学家，施密特并未在拉脱维亚大学继续专攻汉满学教学和研究，没有建立汉学研究中心之类的机构，没有培养中文教学的接班人，实在令人遗憾。②但是，施密特早期在中文教学方面取得的巨大成就和他编写的侧重实践应用的中文教材（《汉语语言学概论》《汉语初级阅读》《初级汉语文选》《官话语法试编：北京方言口语教材》《官话语法文例》《中国古籍》《中国政治结构讲义》《1907—1908学年施密特教授汉满语语法课概述》等）、他捐赠给拉脱维亚大学的丰富藏书以及他在拉脱维亚大学任教时期的中文教学和研究成果，成为拉脱维亚大学乃至拉脱维亚全国中文教学的宝贵遗产，为拉脱维亚汉学研究和中文教学奠定了深远的基础。

二、储备和恢复：苏联时期（1940—1990）

从1940年起，拉脱维亚成为苏联十五个加盟共和国之一。随着施密特于1938年去世，拉脱维亚中国语言文化传播在很长一段时间后继乏人。这一时期，既是拉脱维亚中文教学断层期，同时也是拉脱维亚中文教学储备期和恢复期。在苏联时期，有三个重要的中国语言文化教学机构，即列宁格勒大学（圣彼得

---

① https://www.3mirkli.lu.lv/peteris-smits/，2021年7月20日上网查阅。
② 其中的缘由，不一而足。据笔者采访拉脱维亚大学科学图书馆负责施密特文献的馆员，施密特本人好像想开设汉语专业，但是没有人感兴趣；据哈艾葛妮赛所写，1920年施密特回到拉脱维亚，虽然具有超凡的知识和经历，但未被允许在拉脱维亚大学开办亚洲学系，于是将精力主要投入拉脱维亚语言与民俗研究；据彼耶扎伊斯所写，施密特回到拉脱维亚后，不得不寻找新的研究领域，因为远东语言在拉脱维亚大学只是选修课。据葛思语所写，施密特汉语和满族语方面的专长在20世纪20年代的拉脱维亚现实面前没有用武之地，因此在不时开设有关中国文化和语言选修课的同时，他的教学和研究主要专注于普通语言学和波罗的海语文。据施密特本人1920年11月8日和1928年5月15日写给贝特霍尔德·劳费尔的信件，他对当时的汉学研究现状和前景感到悲观。

堡大学）、莫斯科大学、远东国立大学[①]，集中了苏联顶尖的中文专家和教授，为全苏联包括拉脱维亚在内培养了大批优秀的汉学家和中文专家，他们后来成为汉学研究和中文教学的中坚力量。拉脱维亚大学后来的著名汉学家和中文教学专家都是这个时期在莫斯科大学或列宁格勒大学（圣彼得堡大学）学习，或在远东大学任教，其中的代表性人物是贝德高。

贝德高追随施密特的足迹，在莫斯科大学学习中文，在远东大学教授中文，后来回到拉脱维亚大学任教。在莫斯科大学学习中文的经历（1964—1970）是他人生中的一个重要里程碑，他的老师既有本地人也有中国人，本地老师都有在中国学习和考察的经历，中文知识渊博，侧重教授基础中文、中国历史、中国文学、中国传统文化等课程，中国老师侧重教授口语。他对这些老师印象深刻、推崇备至。他说："莫大的中文师资很强，我的老师中有参加过中苏领导人会谈的高级翻译，有翻译过《西游记》《水浒传》等名著的资深汉学家，还有来自中国北方的口语老师。"[②]他在《我的中国日记》中提到的本土老师有著名汉学家华克生（沃斯克列先斯基）、中国历史专家尤里耶夫、中苏首脑会谈翻译蒙恰诺娃、汉语语音专家扎多延克和科托娃，以及来自中国的黄淑英、刘芬兰、林琳、谭傲霜等。他在莫斯科大学打下了扎实的中文功底，练就了一口标准的普通话。[③]

从莫斯科大学毕业后，贝德高来到远东大学任教十年（1970—1979），后两年任中文系主任。在此期间，他于1974—1975年在新加坡南洋大学进修中文。南洋大学具有浓厚的中文氛围和环境，有许多东南亚华人华侨留学生和日本留学生在这里学习中文，这里的中文老师都能讲一口标准的普通话。他推崇和秉承施密特在远东大学20余年形成的侧重实践应用的中文教学理念和方法，曾

[①] 位于海参崴（符拉迪沃斯托克），1899年成立东方学院，1920年改为远东国立大学，2010年改为远东联邦大学。
[②] 谭武军：《拉脱维亚汉学家贝德高——"我与中国有着不解之缘"》，《人民日报》2020年6月14日第7版。
[③] 贝德高著，尚劝余等译：《我的中国日记》，商务印书馆，2021年2月，第199页。

撰写题为《施密特教授对中文教学方法的贡献》的论文。① 除了课堂教学之外，他还带领学生去中国考察实习。当时，中苏关系破裂，列宁格勒大学（圣彼得堡大学）和莫斯科大学都很少与中国有联系，没有中国口语老师，唯有占据地理优势的远东大学与中国人保持着交往。每个学期，贝德高都带领学生去中苏边境与中国铁路工人进行语言实践和交流。他曾回忆说，有一次交流活动适逢毛泽东主席逝世，他用中文写了一段悼念词，当场念给工人们听，大家都感动地哭成了一团。②

1979 年，贝德高带着在莫斯科大学打下的坚实基础和在远东大学积累的丰富经验回到拉脱维亚，先在拉脱维亚科学院哲学研究所任研究员，后从 1986 年开始在拉脱维亚大学外国语言学院开设中文课。他是当时拉脱维亚大学唯一的中文老师，也是新时期拉脱维亚中文教学的泰斗，肩负起了复兴拉脱维亚大学中文教学的历史重任。中文课是全校选修课，学生中有大学生也有社会人士，他讲授的主要是初级中文综合课，包括拼音、声调、词句、会话等。从 1985 年开始，中苏两国逐渐恢复学术交流。1988—1989 年他前往复旦大学留学，在拉脱维亚报刊上发表了一系列文章介绍中国。其中，有些文章是他前往复旦大学途中（里加—莫斯科—西伯利亚—满洲里—北京—上海）在火车上写的，有些是抵达北京和上海后写的，寄给拉脱维亚的报社和杂志社发表。史莲娜曾写道，贝德高 1988—1989 年从中国邮寄信件文章，是施密特 1897—1899 年从中国邮寄信件文章的传统的延续。③ 在复旦大学留学期间，贝德高除了上听、说、读、写、译等综合中文课之外，还从事胡适研究，但当时不管在

---

① Pēteris Pildegovičs, 贝德高: Contribution of Professor Pēteris Šmits to the Chinese language teaching methodology,《施密特教授对中文教学方法的贡献》, in Mārīte Saviča (eds.), Professor Pēteris Šmits: no Raunas līdz Pekinai, Rīga: LU Academiskais apgāds, 2020, pp102-110. 载于玛丽泰·萨维查主编:《彼得·施密特: 从劳纳斯到北京》里加: 拉脱维亚大学出版社, 1920 年, 第 102-110 页。
② 笔者 2021 年 4 月 20 日对贝德高教授的访谈。
③ Jeļena Staburova,"Viņš devas ceļā īstajā laikā un pareizajā virzienā, Pēteris Šmits Austrumu pētnieks", žurnāls Grāmata, 1990.02.p.16. 史莲娜:《他选对了时刻走对了方向: 东方学家彼得·施密特》,《书刊》1990 年第 2 期第 16 页。

/ 引 言 /

中国还是苏联胡适都是被批判对象，之后他再没有从事胡适研究。① 与此同时，拉脱维亚大学外国语言学院也开设了日语课（卡戴任教）和阿拉伯语课（亚尼斯·斯克思突利斯任教）。

这一时期，另一位与中文教学相关的重要人物就是卡戴②，不仅因为他是中文和日文专家，而且因为他影响了贝德高等人走上了中文之路。卡戴1923年出生于中国东北，毕业于北满大学，经历了日本侵略时期，后来担任苏联驻哈尔滨总领事馆翻译和哈尔滨工业大学讲师。1955年回到拉脱维亚，翻译出版了《鲁迅短篇小说选》（1957年）、《中国现代短篇小说》（1959年）、《骆驼祥子》（1963年）等，与老舍交往甚笃，老舍曾为他翻译的《骆驼祥子》撰写前言。从1986年开始，卡戴与贝德高成为同事，在拉脱维亚大学任教，讲授日语课。《拉脱维亚科学院简报》曾刊登一篇题为《拉脱维亚科学院荣誉博士卡戴》的文章，讲述了贝德高受到卡戴激励走上汉语之路的经历。③ 在上海长期生活工作的拉脱维亚著名概念派艺术家扎娜·美露珮曾在拉脱维亚大学跟卡戴教授学习汉语和日语，之后去中国济南和上海深造，翻译出版了《中国成语故事》《中国神话传说》《禅宗公案故事》，她的翻译方法深受卡戴教授的影响。④

到20世纪80年代末，从列宁格勒大学（圣彼得堡大学）和莫斯科大学学习归来的几位教师，如学习印度学的西格玛·安克拉瓦和维克多·伊夫布利斯，学习印度尼西亚学的塔伊万斯，学习阿拉伯语言文化的亚尼斯·斯克思突利斯等，与贝德高和卡戴等相聚在一起，开始筹划在拉脱维亚大学建立

---

① 2021年，他将自己收藏的有关胡适的书籍资料以及他写的相关文章手稿等捐赠给了拉脱维亚大学人文学院亚洲系中文教研室。此外，也将一部分在北京拉脱维亚大使馆和新华社工作时期的文物资料捐赠给了拉脱维亚国家图书馆。（笔者2021年6月7日对贝德高教授的访谈）
② 卡戴教授于2019年4月5日清明节去世，享年96岁。笔者与贝德高教授约好一起参加卡戴教授的葬礼，并以拉脱维亚大学孔子学院的名义预定了花圈，可惜葬礼当天笔者不慎烫伤右脚无法出行，留下终生遗憾。
③ Leons Taivāns, Latvijas Zinātņu Akadēmijas Goda Doktors Edgars Robertis Kattai (EdgarsKatajs) 3.02.1923–5.04.2019, Latvijas Zinātņu Akadēmijas Vēstis, 73 Sējums 2 Numurs, 2019. Gads, p.125. 莱昂斯·塔伊万斯：《拉脱维亚科学院荣誉博士卡戴（1923年2月3日—2019年4月5日）》，《拉脱维亚科学院动态》，第73卷第2期，2019年，第125页。
④ 安吉塔·鲍葛薇：《拉脱维亚汉学研究述评》，载于尚劝余、贝德高、董芳主编《拉脱维亚中文教学研究与探索》，云南人民出版社，2016年，第217—230页。

东方学系,[1] 这标志着包括中国语言文化在内的东方语言文化教学即将进入一个新的时期。

三、成熟和发展：恢复独立和欧盟时期（1991—2010）

1991年，随着东欧剧变和苏联解体，拉脱维亚恢复独立。同年9月7日中国承认拉脱维亚独立，9月12日中国和拉脱维亚建立外交关系。中拉关系在荆棘中前行，逐步发展和深化。拉脱维亚的中国语言文化教学随之也迎来了春天，翻开了新的一章，步入了系统化和正规化的轨道，并且由拉脱维亚大学一枝独秀（恢复独立时期）发展到全国数地多点开花（欧盟时期）。

（一）一枝独秀：恢复独立时期（1991—2003）

随着中国和拉脱维亚外交关系的建立和中拉两国合作交流步伐的加大，拉脱维亚大学的中国语言文化教学绽放出鲜艳的花朵，一枝独秀，绚丽芬芳。

第一，汉学本科专业诞生

1991年9月，拉脱维亚大学成立东方学系，隶属于外国语言学院，设汉语专业和日语专业，维克多·伊夫布利斯出任第一任系主任。同年，历史哲学学院史莲娜转入外国语言学院东方学系，从事中国历史文化教学与研究。1993年开设汉学专业，开始招收本科生，隔年招生，学制4年。史莲娜教授任汉学专业负责人，她毕业于列宁格勒大学（圣彼得堡大学），专攻中国历史文化。[2]

最初，有三位中文教师，即贝德高教授、他儿子贝安德烈斯和茵娜。[3] 贝德高教授1991—2000年在拉脱维亚外交部工作，曾任亚洲处第一任处长、拉

---

[1] Haijima Agnese, Japanese Studies in Latvia: A Historical Perspective and the Present Situation, Japanese Studies Around the World, Volume 2014, 2015-03-06, p. 41. 哈艾葛妮ɛ：《拉脱维亚的日本研究：历史与现状》，《国际日本研究》，2014年卷，2015年3月6日，第41页。

[2] 史莲娜在接受《拉脱维亚日报》采访时，讲述了她如何与中国历史文化结缘的经历。参见 Tekla Šaitere, "Ķīna nav zeme, tā ir pasaule", Diena, 1. jūlijs, 1997. 泰克拉·沙伊泰莱：《中国并非一块国土，而是一个世界》，《日报》1997年7月1日。https://www.diena.lv/raksts/pasaule/krievija/kina-nav-zeme-ta-ir-pasaule-10011662.

[3] Viktors Ivbulis, Twenty Years of Latvian Oriental Studies, Latvijas Universitotes Raksti, Volume 779, 2011, p.10. 维克多·伊夫布利斯：《拉脱维亚东方研究20年》，《拉脱维亚大学学报》第779卷，2011年，第10页。

脱维亚驻立陶宛政务参赞和首任拉脱维亚驻中国临时代办,他同时在拉脱维亚大学兼职教中文。贝安德烈斯1988—1994年在圣彼得堡大学学习中国语言和历史,期间于1990—1991年在北京外国语大学学习,1994年进入拉脱维亚外交部工作,后来任亚非处处长、总统外交事务顾问、总统办公室主任、拉脱维亚驻美国大使、拉脱维亚外交部国务秘书、拉脱维亚驻联合国大使和常驻代表等职。茵娜在圣彼得堡大学学习了三年中文,后在北京语言大学留学,结识了一个同在中国留学的韩国小伙崔壹荣并结婚,他们两人的日常交流语言是中文。不久,从中国台湾聘请了一位中文教师鲜轼振,开设《国语会话》《新选广播剧》《文言文入门》等课程。①

1994年,在贝德高等人的协调努力下,拉脱维亚大学汉学专业与北京大学等中国高校实行师生交流项目,从1995年开始,3—5名拉脱维亚学生获得奖学金赴中国留学,中国派遣一位中文教师赴拉脱维亚大学任教。拉脱维亚大学第一批汉学专业4名学生赴中国大陆留学,为他们打开了进一步深入接触和了解中国的大门。②1996年,拉脱维亚政府与中国政府签订文化和教育合作协议。南开大学教授何杰女士成为第一位中国教育部公派中文教师,受到东方学系主任维克多·伊夫布利斯和汉学专业负责人史莲娜等的热情接待。

第二,汉学硕士专业诞生

1997年,汉学专业又登上了一个新台阶,开始招收硕士研究生,学制2年。1998—2003年,史莲娜担任系主任。1998—2002年,北京语言大学于丛杨教授赴拉脱维亚大学任教。1998年,汉学专业学生小卡提前留校任教。③1999年,中国教育部全国对外中文教学领导小组办公室常务副主任赵永魁率中国教育部

---

① 鲜轼振回台湾后在台湾师范大学国语教学,季刊《语象》1996年第23期发表《拉脱维亚九月》一文,记述他在拉脱维亚的短暂教学生活。
② 1995年,第一批拉脱维亚中国政府奖学金生4人来华留学。两国协议中对政府奖学金名额没有规定,为落实中国领导人对外承诺,中国逐年确定对拉脱维亚提供的中国政府单方奖学金名额。中华人民共和国教育部:"中国与拉脱维亚教育合作与交流简况。" http://www.moe.gov.cn/s78/A20/s3117/moe_853/201005/t20100511_87460.html 其中,Dace Liberte, Dana Rudāka, Agnese Ilyina, Rolands Ūdris赴山东师范大学留学,Agita Baltgalve和Jānis Ozoliņš赴台湾师范大学留学。
③ 于丛杨老师回忆说,小卡读本科和研究生时的中文名叫艾荷蔓,有时候也叫艾柯、艾格,大家习惯把他称为小卡,因为在他们本科班,还有一位和他同名的同学,比小卡个头高,年纪也比较大,所以便有"大卡"与"小卡"之分。

中文教学考察团访问并考察拉脱维亚大学中文教学情况，就中国教育部与拉脱维亚大学合作发展中文教学提出具体建议。同年，拉脱维亚大学学术交流团赴圣彼得堡参加"欧洲中华文化研讨会"。2000年，拉脱维亚大学主办"施密特：拉脱维亚与中国之间"国际学术研讨会。2001年，组织举办"纪念孔子诞辰2552周年"活动和"李白生平及诗歌创作国际研讨会"。2002—2004年，西安外国语大学副教授王珊女士在拉脱维亚大学任教。卡戴教授出版了他的回忆录《在十面国旗下》，记述了他在中国学习和生活的经历。2004年，拉脱维亚中国大使馆授予卡戴教授"中国语言和文化传播"贡献奖，授予史莲娜教授"中国文化使者"荣誉称号，表彰他们为中文教学事业在拉脱维亚的发展和中国文化在拉脱维亚的传播做出的杰出贡献。

根据鲍葛薇、艾维塔、何杰、于丛杨、王珊、张俊玲记载，1993年汉语专业在全国正式招收第一届学生11人，1995年招收第二届学生10人，1997年招收第三届学生13人，1999年招收第四届学生15人，2001年招收第五届学生18人，2003年招收第六届学生15人。除此之外，1997年招收第一届硕士研究生6人，1999年招收第二届硕士研究生5人，2001年招收第三届硕士研究生5人，2003年招收第四届硕士研究生5人。贝德高教授说，这些学生中出了几位外交家、汉学家、中文教师、音乐家和旅游专家等，成为拉脱维亚社会的中坚力量。

总之，拉脱维亚大学是拉脱维亚第一所也是唯一一所开设中文专业的大学，也是波罗的海国家最早开设中文专业的大学，成为拉脱维亚中国语言文化教学的摇篮和基地，这一阶段拉脱维亚大学中文教学一枝独秀，一家独大，无人可与争锋。

（二）多点开花：加入欧盟时期（2004—2010）

2004年，拉脱维亚加入北约和欧盟，国际地位进一步提升，对外交往也进一步扩大。2005年，拉脱维亚制定了与"第三世界国家"的外交政策准则。2006—2010年的指导方针确定了一个更为精确的新目标，即"确保与具有重大或日益重要全球意义的国家深化双边关系"。[①] 与此同时，中国随着经济地

---

① 纳迪娜，《拉脱维亚与中国关系研究：多边视域下的双边关系（1991—2019）》。尚劝余、贝德高主编：《拉脱维亚视域下的拉脱维亚与中国研究》，拉脱维亚大学出版社，2022年，第18页。

位的提高，对外文化教育合作交流也进一步扩大，开始在全球建立弘扬中国语言文化的教育机构"孔子学院"，2004年全球第一家孔子学院诞生，之后如雨后春笋在世界遍地开花。

随着国际国内形势的发展变化，拉脱维亚与中国的交往日益扩大和加深，对中国语言文化的了解也更为强烈和迫切。这个阶段，拉脱维亚大学中文教学步入欧盟轨道，进一步完善和发展，与此同时拉脱维亚大学中文教学一枝独秀的局面被打破，其他大学和中学也纷纷开设中文课程，中文教学呈现出多点开花的态势，而且向首都里加之外的拉脱维亚东北部和东南部地区扩展，形成"三地五校"的局面。

第一，中文教学走进中学

2004年，在拉脱维亚政府和中国大使馆的合力支持下，位于首都里加的里加文化中学开设中文课，开了中学中文教学的先河。中文课程为学分选修课，面向高中三个年级开设，主要以语言综合课和文化课为主。最初中文教师为本地老师，从拉脱维亚大学中文专业毕业生中选聘，2004—2006年中文教师为衣尔泽等，2006年至2013年中文教师为周文馨。从2005年开始，里加文化中学每年都举行丰富多彩的中文周活动，极大地激发了学生们学习中文的热情，加深了其对中国文化的了解。里加文化中学中文教学在拉脱维亚的中学中独领风骚，学生除了日常课堂学习之外，也踊跃参加一年一度的汉语桥比赛等活动，并积极申请奖学金赴中国留学，攻读学士学位，涌现出许多优秀汉语人才。

第二，中文教学走进孔子中心

2004年，史莲娜离开拉脱维亚大学，在里加斯特拉京什大学任政治学教授。2005年，她应邀参加首届"世界汉语大会"，随后创建里加斯特拉京什大学孔子中心，传播中国语言文化，举办中文培训班，促进传统中医的研究和应用、为政府机关和私营业主提供与中国有关的咨询活动，邀请中国专家讲学、参与科研项目、组织会议等。[①]孔子中心由史莲娜以及拉脱维亚大学汉学专业毕业生白妩娜和谢安娜等老师授课，并参与协办每年一度的汉语桥比赛，担任评委，培养了不少中文人才。此外，孔子中心也从事中国历史文化等方面的研

---

① 新华社记者张国旺：拉脱维亚成立孔子中心，http://news.sohu.com/20051027/n227312191.shtml，2021年3月1日上网查阅。

究，史莲娜撰写出版《用拉脱维亚语字母拼写汉语词汇的规则》（2006年）、翻译出版《论语》（2006年）和《道德经》（2009年）等。2010年9月，里加斯特拉京什大学孔子中心与北京师范大学联合举办"中国文化：过去与现在"研讨会。

第三，中文教学走进东北部

2006年，在中国大使馆的大力支持和协调下，维泽梅大学开设中文课程，开了拉脱维亚东北部地区中文教学之先河，中文课为学分体系内的必修及选修课程，面向本土学生及交换生和成人。从2006年至2010年，中文教师志愿者依蕾、黄芳、陈学敏相继任教。中国大使馆对该校中文教学非常关心，历任大使张利民、程文举、胡业顺等都前往访问座谈，赠送中文图书、音像资料和CD唱机等，并与师生互动，推动中文教学发展。中文教师和学生积极参与汉语桥比赛等活动，学生多次获奖。

第四，中文教学走进东南部

2006年，在中国大使馆的大力支持和协调下，道加瓦皮尔斯大学开设中文课程，开了该校乃至该市中文教学之先河，将中文教学推广至拉脱维亚东南部地区。2006年至2008年，中文教师志愿者杜丽丽和牛华丽相继任教。中文课程面向本校师生和社会人士及中学生开设，均为非学分兴趣课，中文教师和学生积极参与汉语桥比赛等活动。中国大使馆对中文教学也非常关心，张利民大使等前往访问座谈。但由于一些原因，中文教学开设两学年后停办，孔子学院成立后恢复。

第五，拉脱维亚大学中文教学进一步发展

这一阶段，塔伊万斯任拉脱维亚大学东方学系主任（2004—2009），拉脱维亚大学中文教学也历经改革，汉学专业获得进一步发展，体现在如下几方面。（一）院系改革。2005年，外国语言学院东方学系改为现代语言学院亚洲学系，为了适应欧盟高等教育质量标准，汉学专业本科改为每年招生，学制改为三年。2010年，现代语言学院与语文哲学学院合并，组建新的人文学院，汉语专业归属人文学院亚洲学系。（二）师资增强。2005年，德国籍教授柯世浩来到拉大汉学专业任教。贝德高结束为期两年的新华社编辑工作，继续给拉汉学专业学生上课。此外，除了留校任教的小卡外，拉脱维亚大学中文专业几位毕业生也学业有成归来任教，如 2007 年鲍葛薇回到拉大任教并出任东方学（亚洲学）硕士学科点主任，玛伊丽娜和白伊丽娜也开始在拉大汉学专业任教，2009 年莫丽雅在拉大汉学专业任教。另外，这一阶段有一位中国台湾老师王珍慧和五位中国大陆公派教师相继任教，即张俊玲、崔艳蕾、王英佳、张红、王烨姝。（三）学术交流。2008 年的北京奥运会为拉脱维亚与中国交流提供了契机，也为拉脱维亚中文界提供了动力，为此贝德高编写出版《拉脱维亚语汉语会话手册》，卡戴翻译出版《中国俗语一百条》。[①]2010 年，上海世博会为加深中拉交流提供了又一个契机，贝德高编纂的第一部《汉语拉脱维亚语词典》问世并在上海世博会上推介和展出。2010 年，拉脱维亚大学组织第 18 届欧洲汉学学会大会，来自欧洲各国以及美国、中国和俄罗斯的 250 多位汉学家参加了大会。同年，小卡和鲍葛薇受孔子学院总部邀请赴华东师范大学参加"外国中文教师教材培训班"。（四）"汉语桥"中文比赛。从 2004 年开始，中国大使馆和拉脱维亚大学等每年举办"汉语桥"拉脱维亚赛区比赛，拉脱维亚大学汉学专业师生是主力军，大学组冠军基本上都来自拉大汉学专业，2007 年安泽荣获一等奖并赴吉林参加第六届全球"汉语桥"世界大学生比赛，荣获二等奖，于 2009 年赴东北师范大学攻读汉语国际教育专业硕士学位，成为著名电视节目主持人，曾在中央电视台和天津卫视等主持节目，后在北京大学攻读新闻传播方向博士学位。

四、推广和普及：孔子学院时期（2011—2022）

早在 2010 年 10 月，中国与拉脱维亚签署《中华人民共和国教育部与拉脱维亚教育部相互承认高等教育学历及学位的协议》，两国教育合作迈出了重要的一步。2011 年，拉脱维亚大学孔子学院成立。2012 年，拉脱维亚加入中国－中东欧"16+1"合作机制，拉脱维亚对拉中关系给予了更多的重视。[②]2013 年

[①] 安吉塔·鲍葛薇：《拉脱维亚汉学研究述评》，载于尚劝余、贝德高、董芳主编的《拉脱维亚中文教学研究与探索》（云南人民出版社，2016 年，第 221 页）。
[②] 纳迪娜：《拉脱维亚与中国关系研究：多边视域下的双边关系（1991—2019）》，载于尚劝余、贝德高主编的《拉脱维亚视域下的拉脱维亚与中国研究》（拉脱维亚大学出版社，2022 年，第 24 页）。

4月,"中-欧高等教育合作与交流平台第一次会议"暨中-欧国家大学校长对话、中-欧高等教育合作展示活动在布鲁塞尔举行,拉脱维亚大学校长奥津什受邀参加。同年6月,第一届"中国-中东欧国家教育政策对话会"在青岛召开,中国与包括拉脱维亚在内的与会代表,[①]就各自教育发展战略与政策、高等教育与经济社会发展以及学生流动与联合培养等问题做了深入讨论,教育合作迎来了新的发展。同年9月至10月,中国国家留学基金管理委员会组织中国22所高校参加"波罗的海三国教育展",扩大来华留学规模。在这样的历史背景下,特别是随着拉脱维亚大学孔子学院的诞生,拉脱维亚中文教育进一步推广和普及,孔子学院成为中文教育的生力军,下设孔子课堂和教学点在全国各地大中小学纷纷建立,拉脱维亚中文教育逐步遍及全国,涵盖大学、中学和小学各个层次,形成全国性的互联互通的中文教育局面。拉脱维亚中文教学跃上了一个新台阶,不论是在广度和深度上还是在量和质上都取得了巨大进步和提升。

这一时期,拉脱维亚中国语言文化的推广和普及,正是本书要梳理和探讨的内容。《中华人民共和国国民经济和社会发展第十四个五年规划和2035年远景目标纲要》(2021年3月发布)明确提出要提升中华文化影响力,而加强国际中文教育是提升中华文化影响力的基本路径。截至2020年年底,全球共有180多个国家和地区开展中文教育,拉脱维亚是其中之一。拉脱维亚是中东欧十六国中最早开始中文教育的国家,也是波罗的海三国中最早开设中文专业的国家和中文教育规模最大的中心,具有代表性和重要地位与影响。习近平总书记在中国共产党第二十次全国代表大会报告(2022年10月16日)中对增强中华文明传播力影响力做出重要部署,强调"深化文明交流互鉴,推动中华文化更好走向世界"。加强国际中文教育是提升中华文明传播力影响力和推动中华文化更好走向世界的基本路径,可以让世界人民以中文为桥梁,更好地了解中华文明,促进世界读懂中国、读懂中国人民、读懂中华民族。这是本书的主旨所在,旨在向世界讲好中国故事,深化文明交流互鉴,推动中华文化更好走向世界。

---

① 拉脱维亚大学校长奥津什和里加工业大学副校长迪潘斯等。

/ 引 言 /

  笔者的恩师、著名史学家彭树智先生提出的"文明交往论",同吴于廑先生提出的世界史纵横发展整体史观,罗荣渠和钱乘旦先生提出的现代化史观,被学界称为中国世界史理论研究的三大创新史观,是当代中国世界历史研究的重大理论成果之一。当前,国际社会正经历百年未有之大变局,不同文明之间和相同文明内部的交往更加频繁。文明对话和文明交往是人类超越冲突和对抗、实现平等和共同发展与繁荣的唯一途径。"一带一路"建设的最高目标就是达到各国间"民心相通",其途径就是文明交往。同样,文明交往也是推动人类命运共同体建设的前提。可以说,本书是"文明交往论"的践行成果。[①]

[①] 审视百年未有之大变局下的文明交往——"文明交往与世界历史研究"学术研讨会召开——西北大学,作者:陆航;编辑:张邓斓;时间:2021年12月24日;https://www.nwu.edu.cn/info/1192/25633.htm;2022年10月20日上网查阅。

目 录

序 ·· 1

引 言 ·· 3

 一、开端和发轫：第一次独立时期（1920—1940） ············ 3
 二、储备和恢复：苏联时期（1940—1990） ······················ 6
 三、成熟和发展：恢复独立和欧盟时期（1991—2010） ········ 10
 四、推广和普及：孔子学院时期（2011—2022） ················ 15

第一章 孔子学院篇 ·· 1

第一节 孔子学院建构 ·· 2
 一、孔子学院诞生 ·· 2
 二、孔子学院理事会 ··· 9
 三、孔子学院运作 ·· 12
 四、孔子学院转制 ·· 19

第二节 中文教学活动 ·· 24
 一、本部课堂教学 ·· 24
 二、汉语水平考试 ·· 37
 三、"汉语桥"比赛 ·· 44

四、中文教学调研和汉语沙龙活动 ………………………… 55
第三节　各类文化活动 ………………………………………… 64
　　一、常规文化活动 …………………………………………… 64
　　二、其他文化活动 …………………………………………… 74
　　三、夏令营/冬令营活动 ……………………………………… 90
　　四、奖学金生推荐和欢送活动 ……………………………… 95
第四节　学术交流活动 ………………………………………… 98
　　一、座谈研讨会 ……………………………………………… 98
　　二、各类讲座 ………………………………………………… 104
　　三、访问交流 ………………………………………………… 109
　　四、著述出版 ………………………………………………… 121

第二章　孔子课堂篇 ……………………………………… 133

第一节　里加文化中学孔子课堂 ……………………………… 134
　　一、早期中文教育 …………………………………………… 134
　　二、孔子课堂建立 …………………………………………… 137
　　三、孔子课堂中文教学 ……………………………………… 139
　　四、文化交流活动 …………………………………………… 143
第二节　里加34中学孔子课堂 ………………………………… 147
　　一、早期中文教育 …………………………………………… 147
　　二、登上新的台阶 …………………………………………… 150
　　三、孔子课堂中文教学 ……………………………………… 153
　　四、文化交流活动 …………………………………………… 155
第三节　道加瓦皮尔斯大学孔子课堂 ………………………… 160
　　一、学校简介 ………………………………………………… 160
　　二、孔子课堂诞生 …………………………………………… 163
　　三、中文学分选修课 ………………………………………… 167
　　四、文化交流活动 …………………………………………… 174

第四节　雷泽克内大学孔子课堂 …………………… 181
　　一、学校简介 …………………………………… 182
　　二、孔子课堂建立 ……………………………… 183
　　三、孔子课堂中文教学 ………………………… 185
　　四、文化交流活动 ……………………………… 188

第五节　里加工业大学孔子课堂 …………………… 193
　　一、学校简介 …………………………………… 193
　　二、开设中文课程 ……………………………… 195
　　三、建立孔子课堂 ……………………………… 198
　　四、文化交流活动 ……………………………… 201

第三章　中文教学点篇 ……………………………… 207

第一节　拉脱维亚大学人文学院 …………………… 208
　　一、师资队伍 …………………………………… 208
　　二、中文教学 …………………………………… 210
　　三、汉语角活动 ………………………………… 225
　　四、学术交流 …………………………………… 232

第二节　里加斯特拉京什大学 ……………………… 244
　　一、学校简介 …………………………………… 245
　　二、中文教学 …………………………………… 246
　　三、文化交流 …………………………………… 249

第三节　维泽梅大学 ………………………………… 252
　　一、学校简介 …………………………………… 252
　　二、中文教学 …………………………………… 253
　　三、文化交流 …………………………………… 258

第四节　斯米尔提恩中学 …………………………… 261
　　一、学校简介 …………………………………… 261
　　二、合校前中文教学 …………………………… 263

  三、合校后中文教学 …………………………………… 265
第五节 交通与电信大学 …………………………………… 267
  一、学校简介 ………………………………………… 267
  二、开设中文课程 …………………………………… 269
  三、文化交流活动 …………………………………… 271
第六节 拉脱维亚农业大学 ………………………………… 273
  一、学校简介 ………………………………………… 273
  二、开设中文课程 …………………………………… 276
第七节 叶尔加瓦斯比杜拉中学 …………………………… 277
  一、学校简介 ………………………………………… 277
  二、开设中文课程 …………………………………… 278
第八节 拉脱维亚文化学院 ………………………………… 280
  一、学校简介 ………………………………………… 281
  二、开设中文课程 …………………………………… 284
第九节 蒙特梭利探索小学 ………………………………… 287
  一、学校简介 ………………………………………… 287
  二、开设中文课程 …………………………………… 288
第十节 文茨皮尔斯大学 …………………………………… 290
  一、学校简介 ………………………………………… 291
  二、开设中文课程 …………………………………… 292
  三、文化交流活动 …………………………………… 296
第十一节 利耶帕亚大学 …………………………………… 299
  一、学校简介 ………………………………………… 300
  二、开设中文课程 …………………………………… 301
  三、文化交流活动 …………………………………… 302
第十二节 克拉斯拉瓦中学 ………………………………… 304
  一、学校简介 ………………………………………… 304
  二、开设中文课程 …………………………………… 306
  三、文化交流活动 …………………………………… 308

目 录

第十三节　叶卡布皮尔斯中学 ································· 310
　　一、学校简介 ··· 311
　　二、开设中文课程 ··· 313
　　三、文化交流活动 ··· 316

第十四节　新马露白小学 ····································· 317
　　一、学校简介 ··· 317
　　二、开设中文课程 ··· 319

第十五节　里加道加瓦河口中学 ······························· 320
　　一、学校简介 ··· 320
　　二、开设中文课程 ··· 322
　　三、文化交流活动 ··· 324

第十六节　里加 64 中学 ······································ 326
　　一、学校简介 ··· 326
　　二、开设中文课程 ··· 327

第十七节　叶卡布皮尔斯第 2 中学 ····························· 329
　　一、学校简介 ··· 329
　　二、开设中文课程 ··· 330

第十八节　里加 13 中学 ······································ 331
　　一、学校简介 ··· 331
　　二、开设中文课程 ··· 332

第十九节　里加 40 中学 ······································ 334
　　一、学校简介 ··· 334
　　二、开设中文课程 ··· 335

第二十节　里加 45 中学 ······································ 336
　　一、学校简介 ··· 336
　　二、开设中文课程 ··· 337

第二十一节　瓦尔米耶拉第 2 中学 ····························· 338
　　一、学校简介 ··· 339
　　二、开设中文课程 ··· 340

结　语 ………………………………………………………… 341

第四章　各个教学点中国语言文化成果一览表………… 343

　　一、拉脱维亚大学历届汉学专业学士学位论文题目
　　　　一览表（部分）……………………………………… 344
　　二、拉脱维亚大学历届汉学专业硕士学位论文题目
　　　　一览表（部分）……………………………………… 376
　　三、拉脱维亚大学人文学院（外国语言学院—现代语言学院）/
　　　　孔子学院奖学金、"汉语桥"、HSK、夏令营一览表
　　　　（部分）……………………………………………… 382
　　四、里加文化中学孔子课堂"汉语桥"、奖学金、夏令营、HSK
　　　　一览表（部分）……………………………………… 417
　　五、里加34中学孔子课堂"汉语桥"、夏令营、HSK、奖学金
　　　　一览表（部分）……………………………………… 424
　　六、道加瓦皮尔斯大学孔子课堂HSK、"汉语桥"、奖学金、
　　　　夏令营一览表（部分）……………………………… 430
　　七、雷泽克内大学孔子课堂HSK、夏令营、"汉语桥"、
　　　　奖学金一览表（部分）……………………………… 436
　　八、里加工业大学孔子课堂HSK、"汉语桥"、夏令营、
　　　　奖学金一览表（部分）……………………………… 440
　　九、维泽梅大学"汉语桥"、奖学金、夏令营、HSK一览表
　　　　（部分）……………………………………………… 446
　　十、里加斯特拉京什大学"汉语桥"、奖学金一览表（部分）… 450
　　十一、斯米尔提恩中学"汉语桥"一览表（部分）………… 454
　　十二、交通与电信大学HSK、"汉语桥"、夏令营、奖学金一览表
　　　　（部分）……………………………………………… 455
　　十三、拉脱维亚文化学院"汉语桥"、奖学金、HSK、冬令营一览表
　　　　（部分）……………………………………………… 458

十四、拉脱维亚农业大学奖学金、"汉语桥"、HSK、夏令营
　　　一览表（部分） ··· 459
十五、叶尔加瓦斯比杜拉中学"汉语桥"、夏令营、奖学金、
　　　HSK 一览表（部分） ·· 461
十六、文茨皮尔斯大学 HSK、"汉语桥"、夏令营、奖学金
　　　一览表（部分） ··· 462
十七、叶卡布皮尔斯中学"汉语桥"一览表 ··················· 465
十八、克拉斯拉瓦中学夏令营、"汉语桥"一览表 ············ 465
十九、新马露白小学"汉语桥"一览表 ························· 466
二十、利耶帕亚大学奖学金、夏令营一览表 ··················· 466
二十一、里加道加瓦河口中学 HSK、奖学金、"汉语桥"
　　　　一览表 ·· 467
二十二、里加 64 中学"汉语桥"、冬令营、HSK 一览表 ····· 469
二十三、蒙特梭利探索小学"汉语桥"一览表 ················· 470
二十四、叶卡布皮尔斯第 2 中学"汉语桥"一览表 ············ 470
二十五、里加 13 中学"汉语桥"一览表 ························ 470

人名汉译和原文对照 ··· 473

后　记 ·· 497

第一章 孔子学院篇

拉脱维亚大学孔子学院由拉脱维亚大学和华南师范大学合作共建,是拉脱维亚大学直属二级学院。拉脱维亚大学孔子学院是拉脱维亚唯一的孔子学院,肩负着在拉脱维亚全国各地从事中文教学和文化活动的重任,成为拉脱维亚中文教育的重要平台,成为中文教学和中国文化推广的生力军。

第一节　孔子学院建构

　　拉脱维亚大学孔子学院诞生于 2011 年 11 月 4 日，逐步建立了健全的规章制度，与中拉各方密切合作，发展运作顺利。孔子学院成立至今，如期召开理事会，商讨重大决策，并积极参加全球孔子学院大会和欧洲孔子学院片会，互相交流学习，共谋发展。孔子学院下设教学点、合作教学点和协管教学点一度达到 20 多个，公派教师和志愿者教师逾百人。①

一、孔子学院诞生

　　早在 2007 年 11 月 22 日，拉脱维亚大学现代语言学院院长奥辛什博士致函中国驻拉脱维亚大使馆，向中国国家汉语国际推广领导小组办公室（以下简称"汉办"）提出申请，增派公派中文教师，并设立孔子学院。奥辛什院长在信函中说，迄今为止中国大使馆与拉脱维亚大学特别是亚洲学系成功合作长达 15 年，中国政府对拉脱维亚汉学发展做出了巨大贡献，中国政府的支持使得拉脱维亚成为波罗的海三国地区中文教学中心。在此过程中，我们一直与汉办密切合作并希望建立更加密切的工作关系。拉脱维亚大学非常感谢中方为我们学生提供中文教师，目前有公派教师王英佳和志愿者教师张红。中文在我们学生中越来越受欢迎，15 年来本科生数量翻了三番。现在，我们本科三个年级有 130 多名学生学习中文。由于我们决定面向其他学院和专业如经济、法律和自然科学开设中文选修课，学习中文的学生数量会继续增加。为了实现这一目标，我们需要更有经验的中文老师，恳请汉办考虑为亚洲学系增派一名公派教师。中国语言文化教学已经成为我们学业课程的一个重要组成部分，拉脱维亚非常自豪地拥有最多的学习中文的学生，显然里加能够成为波罗的海地区的中

---

① 根据中国国际中文教育基金会官网最新数据，截至 2019 年年底，全球 162 个国家（地区）建立 550 所孔子学院和 1172 个孔子课堂。https://www.cief.org.cn/qq，2021 年 10 月 22 日上网查阅。

文教学中心。因此,有必要在中国教师专家的支持下组织国际水准的教学和考试活动。鉴于此,拉脱维亚大学希望建立波罗的海孔子学院,以此作为拉脱维亚中文教学发展的基石。如果汉办能够考虑我们的申请,并派代表到拉脱维亚大学对相关基础设施等做前期考察,我们将不胜感激。我们也想补充一点,欧洲汉学学会双年会将于2010年在里加召开。我们衷心期待汉办能够考虑我们提出的这两条进一步合作的建议,因为有了这两条,拉脱维亚大学的汉学就能获得动力,成为一个国际认可的教学中心。[1]拉脱维亚大学面呈申请函的人员称,学校一直计划与汉办合作建立孔子学院,但对照一系列评选标准,感到还有差距,所以等基本达到标准后再予申请。这次提出申请,一是目前学校的中文教学规模和人数在波罗的海三国排第一,如果把孔子学院设在拉脱维亚大学,其汉教资源不仅可以在拉脱维亚境内共享,影响还可以辐射波罗的海其他两国,吸引其他波罗的海国家的学生前来学习。二是如今拉脱维亚大学中文专业本科每年都招收数量可观的新生,随着汉语热的兴起,学生数量逐年增长,从最初的40多人增加到130人,且学校计划开设中文专业硕士点(正在报教育部审批)以及社会班课程等,故建立孔子学院也能促进本校中文教学揭开崭新的一页。大使馆建议拉脱维亚大学准备相关报批资料,使馆将协助学校与汉办联络沟通。[2]2008年6月26日,拉脱维亚大学校长奥津什向中国大使馆提交《申报孔子学院意向书》,大使馆转交国家汉办。[3]

2010年2月25日,程文举大使会见拉脱维亚教育部长阔凯女士,李碧建参赞、高等教育司司长列瓦尔德、欧洲司副司长凯特瓦列在座,双方就新的一年里如何进一步加强教育合作问题交换意见。双方探讨了在拉脱维亚创办孔子学院的可行性,认为拉脱维亚中文教学成就在波罗的海三国高居榜首,其中拉脱维亚大学在中文教学方面起步早、学生多、基础好,但是现有的教学方式和规模已不适应形势发展的需要。为了进一步提高中文教学水平,培养出更多高水平的通晓汉语的人才,中方拟在拉脱维亚开办孔子学院。此外,还就中拉两

---

[1] 拉脱维亚大学现代语言学院致中国大使馆函,2007年11月22日。
[2] 中国驻拉脱维亚大使馆档案,2007年11月23日。
[3] 中国驻拉脱维亚大使馆致国家汉办函《转交拉脱维亚大学校长关于申办孔子学院意向书事》,2008年6月26日。

国政府签署互认学历协议、拉脱维亚高等教育访华团等事宜进行了商谈。阔凯部长表示，中拉教育合作有很大发展潜力，她对双方在新的一年里合作再上新台阶充满期待，拉脱维亚教育部愿与中国大使馆进一步加强合作。[①]2010年8月26日，拉脱维亚大学汉学专业负责人小卡致函大使馆，他已经起草了孔子学院申请计划书，发给了拉脱维亚大学外事处审核，并请校长写意愿函。新学期招收了2个班的中文新生，共45人。他希望在新学期开学前拜会大使，讨论中文教学发展事宜，并提议大使访问拉脱维亚大学，与新上任的人文学院奥斯马·西姆迪娜院长和亚洲学系柯世浩主任见面。柯世浩在孔子学院创建方面贡献突出，包括主张贝德高为孔子学院拉方院长候选人、坚持孔子学院不隶属人文学院或亚洲学系而是直属学校、出任孔子学院理事会理事。[②]

2010年9月2日，拉脱维亚大学正式提交孔子学院申报材料，包括校长致大使馆和孔子学院总部信以及申请计划书。奥津什校长在4月28日写给程文举大使的信中说：请允许我向中国大使馆支持建立拉脱维亚大学孔子学院表示感谢，由于孔子学院的目标是加强海外中文教学，这与我们大学拓宽未来学习计划的战略完全一致，因此我们支持建立孔子学院并时刻准备进一步讨论所有组建细节问题。奥津什校长在9月2日写给孔子学院总部的信中说，中国在世界上的经济和政治重要性日趋增长，因此其他国家更好地了解中国生活方式的独特性及其文化的必要性也在日趋增长。促进相互理解的最好方式，就是传授中文知识。拉脱维亚大学具有20年教授中文和中国相关课程的经历，近年来愿意学习中文和主修汉学专业的学生数量稳定增长。人文学院亚洲学系学习中文的学生总数达到了130人，超过了学习德语和法语等语言的学生。这是拉脱维亚大学中文教学重要性和拉脱维亚社会对中国普遍感兴趣的体现。为了满足日益增长的中文学习需求和兴趣，拉脱维亚大学申请建立孔子学院。注册学习汉学专业的学生人数、行政管理人员以及财政资金都符合建立孔子学院的标准。因此，通过提交这封意愿信和申请计划书，拉脱维亚大学确认其建立拉脱维亚大学孔子学院的准备工作已经就绪。

申请计划书包括国家概述、城市概述、大学概述、院系概述、孔子学院筹备、

---

① 中国驻拉脱维亚大使馆档案，2010年2月25日。
② 柯世浩邮件采访，2022年4月5日。

孔子学院地位、中国合作院校选择7个部分。其中，孔子学院筹备部分写道，中文在世界上的重要性日益增长，拉脱维亚学习中文和研究中国的需求也在与日俱增，这为拉脱维亚大学孔子学院的建立提供了必要性。拉脱维亚大学是最大的国立大学，也是高等教学和研究的中心，已经设立了汉学专业，是建立孔子学院最合适的机构。拉脱维亚大学准备为孔子学院提供固定的办公场所，以及配备有办公室和教学设施的教学及其他活动场地。拉脱维亚大学孔子学院院长和秘书办公室将位于莱纳大街19号的大学行政办公主楼。用于中文教学的教学设施将位于大学主楼和维斯瓦尔扎街4A（Visvalzaiela4A）的人文学院大楼。大学主楼和人文学院大楼均有足够的教室，配备有投影仪。至于孔子学院办公室的必要设备，如电脑、复印机等，待孔子学院预算落实后再购买，可以先用亚洲学系的设备。拉脱维亚大学也准备配备必要的行政人员（全职或兼职）并为其提供相应的工资，也将为中国老师提供必要的工作设施和生活便利。亚洲学系已经雇用了行政人员——院长和协调员，他们也兼任教师。一旦孔子学院成立，他们的教学任务将会减少，以便全职履行孔子学院管理职责，他们会因此从大学得到相应的报酬。拉脱维亚大学已经与汉办签署了协议，要求大学为中国老师提供必要的工作设施和生活便利。自从1996年第一位中国老师赴任以来，大学给中国老师提供免费生活设施已成惯例。2006年，拉脱维亚大学一度拥有三位中国老师，这个数字随着需求的增长只会提高。拉脱维亚大学也准备提供年度资金，根据孔子学院协议和章程规定，数额不低于孔子学院总部提供的数额。拉脱维亚大学孔子学院已经根据章程和附则以及当地情况，开始落实相关活动，如教授中文和提供中文教学资源。下一个目标是为中文教师提供培训并举办HSK考试（汉语水平考试）和中文教师资格证书考试，因为中文作为第二语言也在里加斯特拉京什大学、维泽梅大学和道加瓦皮尔斯大学开设，的确需要全国的中文教学和水平测试。亚洲学系已经在提供有关中国教育和文化的信息及咨询服务，但是孔子学院将会是推广中国语言和文化的最佳平台。拉脱维亚大学孔子学院也将从事语言和文化交流活动，邀请中国学者和外国教师，并组织研讨会推动汉学研究。孔子学院的建立也将满足民众学习中国语言和文化的需求，因为高等教育是免费的，而且对社会所有成员开放。孔子学院地位部分写道，拉脱维亚大学意将孔子学院设立为拉脱维亚大学直接管理的独立机构。孔子学院将承担所有中文教学任务，其行政人员将与人文学院挂钩，而不是与亚洲学系挂钩。拉脱维亚大学提供的资金将从大学总预算中拨付，并将由拉脱维亚大学财务处根据拉脱维亚共和国法律管理使用。中国合作院校选择部分写道，拉脱维亚大学初步选择了三个共建孔子学院的中国合作高校，供汉办考虑。第一个选择是苏州大学，因为里加和苏州是姊妹城市，这可以更好地加强两个城市之间的教育合作。[①] 此外，苏州独特的地理位置也会有助于孔子学院的成功管理。选择苏州也会增强孔子学院在里加市政府眼中的声誉，市政府可能是孔子学院未来发展的潜在财政资助者；第二个选择是广州的中山大学；第三个选择是北京外国语大学，特别感兴趣该校的国际汉学中心。

  2010年10月22日，汉办回复，苏州大学、中山大学对与拉脱维亚大学合作设立孔子学院并不积极，而北京外国语大学目前已经设立了很多孔子学院，为了确保已建孔子学院办学质量，暂不考虑承办新孔子学院，因此推荐郑州大学作为拉脱维亚大学孔子学院中方合作院校，郑州大学对与拉脱维亚大学合作态度积极。2010年12月16日，胡业顺大使会见拉脱维亚新任教育部长布罗克斯，感谢拉脱维亚教育部对在拉脱维亚开展中文教育的一贯支持，期待在布罗克斯任内双方共同努力，以建立孔子学院为契机，推动双边教育合作取得更大进展。2011年1月，汉办再次约谈郑州大学，该校在印度和美国已分别承办孔子学院和孔子课堂，暂时不能承办拉脱维亚大学孔子学院。于是，汉办联系华南师范大学，该校表示愿意承办。汉办转发了华南师范大学英文介绍材料，征求拉脱维亚大学意见。拉脱维亚大学同意与华南师范大学共建孔子学院，于是华南师范大学给广东省教育厅发了请示函。3月23日，广东省教育厅致函汉办，华南师范大学与拉脱维亚大学经磋商研究，同意共建孔子学院，以推动汉语的国际推广和中拉关系的健康发展，请汉办审批。随后汉办与拉脱维亚大学签订关于建立拉脱维亚大学孔子学院的协议，许琳主任和奥津什校长分别于3月31日和4月26日在协议上签字。9月7日，汉办回复广东省教育厅，同

[①] 1996年4月17日，里加与苏州签署《里加与苏州建立友好关系意向书》。1997年9月22日，签署《里加与苏州建立友好关系协议》。2004年4月，里加市政府与北京市政府签署经济、人文和文化领域合作协议。《拉脱维亚大学孔子学院申办材料·申请计划书》，2010年9月2日，第2页。

意华南师范大学与拉脱维亚大学合作举办孔子学院,根据汉办与拉方协议,请华南师范大学与拉脱维亚大学直接联系,就合作建立孔子学院的具体方案进行磋商,组建理事会,商签执行协议,抓紧启动孔子学院各项工作。10月28日,孔子学院拉方院长贝德高前往中国大使馆商谈孔子学院事宜,商定邀请华南师范大学11月3-6日访问拉脱维亚,签署孔子学院执行协议并揭牌。11月3日,华南师范大学代表团(副校长郭杰、国际文化学院院长李盛兵和国际交流部主任杨云茜)抵达里加。

2011年11月4日,在国家汉办/孔子学院总部、中国大使馆以及拉脱维亚大学和华南师范大学的共同努力下,拉脱维亚大学孔子学院终于正式诞生。拉脱维亚教育部、拉脱维亚外交部、中国大使馆、拉脱维亚大学、华南师范大学、里加斯特拉京什大学、维泽梅大学、里加文化中学、里加34中学、里加68中学、里加武术学校、中文爱好者、拉脱维亚新闻媒体、新华社、中资机构、华人华侨代表100余人,汇聚拉脱维亚大学主楼二楼参议厅,出席孔子学院揭牌仪式,由拉脱维亚大学汉学专业教师莫丽雅主持。首先,莫丽雅用中拉双语宣读国家汉办主任许琳的贺信,贺信说:"拉脱维亚大学孔子学院的成立,将为当地人民学习汉语和了解中国文化提供良好的服务,有力地促进两国教育文化交流与合作,是中拉两国关系史上的里程碑。"接着,其教育部长罗伯茨·吉利斯、外交部双边关系总司长亚尼斯·马瑞克斯、拉脱维亚大学校长奥津什、胡业顺大使、华南师范大学副校长郭杰、拉脱维亚大学孔子学院拉方院长贝德高分别致辞。吉利斯部长指出,拉脱维亚大学孔子学院的建立是拉脱维亚年轻学子的一件喜事,反映了中国文化对世界特别是对拉脱维亚的巨大影响,相信孔子学院的成立将进一步促进拉中两国在教育、文化乃至其他社会领域的交流与合作。[①] 胡业顺大使表示,这是两国教育交流史上的一件大事,也是庆祝中拉建交20周年的一个重要成果。孔子学院是一座传授知识、播撒友谊的殿堂。在日新月异的当今世界,我们仍可以从中国古代伟大的教育家、思想家、哲学家与政治家孔子深邃的思想中汲取营养,共同推进和谐世界建设。孔子学院的

---

① 《百余人出席孔子学院开幕式》,妮娜·科丽雅克,里加,2011年11月7日。http://www.baltic-course.com/eng/education/?doc=48284&ins_print,2021年10月22日上网查阅。

成立使拉脱维亚汉教工作站在一个新的起点上，展现了一种新的前景。[1] 奥津什校长说，孔子的思想对中国和世界都产生了非常重要的影响，拉脱维亚大学孔子学院的成立将更有利于拉脱维亚大学学生及民众学习汉语知识、了解中国文化，促进拉中两国间的文化交流。[2] 郭杰副校长说，孔子学院的建立将不仅让拉脱维亚大学直接受益，而且也将给拉脱维亚本地带来深远影响。我们热切期待拉脱维亚大学孔子学院将来能成为拉脱维亚乃至波罗的海地区的中文教学中心、汉语师资培训中心和中拉文化交流与研究中心。马泽克斯总司长和贝德高院长在致辞中，也寄望通过拉脱维亚大学孔子学院这一平台，深化两国在教育、文化等领域的合作与交流，为中拉友谊与合作增光添彩。最后，拉脱维亚大学校长奥津什和华南师范大学副校长郭杰签署孔子学院执行协议，胡业顺大使和奥津什校长为孔子学院揭牌。胡业顺大使还为孔子学院赠送书法题词："学而不厌，诲人不倦。"[3]

孔子学院建立了完善的人事、财务、教学、资产和档案等管理制度，包括孔子学院理事会主要职责、拉方院长岗位职责、中方院长岗位职责、行政秘书岗位职责、任课教师岗位职责、办公室工作守则、财务管理制度、财产和物资管理规定、图书资料管理规定等。理事会负责重大决策，由理事会主席和成员构成。日常管理机构由专职中拉方院长和专职秘书三人组成，在同一办公室上班，密切配合，分工合作，各司其职，按章办事，保证学院的日常运行和健康发展。制定严格规范的财务管理制度，中拉双方院长按照理事会年度工作决议编制预算，资金汇入大学银行账户，计入孔子学院账目，由拉方院长和主管副校长审批签字后使用，大学财务保留票据原件，孔子学院保留复印件，接受大学校内审计，财务严格按照预算执行，做到财务透明，笔笔有据。制定严格规范的教务管理制度，按照课程、教学教务活动与文化活动工作进行合理分配，以相关条例与行政跟进落到实处，并制订详尽的条例，包括年度总体工作量表、教学教务活动工作量表、教学教务工作指南、文化活动工作量表、考试管理规

---

[1] 中国驻拉脱维亚大使胡业顺在拉脱维亚大学孔子学院揭牌仪式上的讲话，2011/11/04，http://lv.chineseembassy.org/chn/jylx/jyxw/t874593.htm，2021年10月22日上网查阅。
[2] 新华社记者李德萍、报道员曹领：拉脱维亚第一所孔子学院成立，https://finance.qq.com/a/20111104/007654.htm，2021年10月22日上网查阅。
[3] 此书法作品牌匾悬挂于拉脱维亚大学孔子学院办公室。

定等，每年根据实际情况进行调整。制定严格规范的资产管理制度，包括财产和物资管理规定、图书资料管理规定等；固定资产（如电脑、投影仪、照相机、摄像机、音响设备、桌椅、书架、古筝、琵琶等）均登记在册并由大学和学院统一编号和管理；在学校图书馆设立孔子学院图书角，图书管理实现网络化、信息化，纳入学校图书馆统一编码借阅管理系统，学生凭借书卡借阅，以确保图书归还与流通。孔子学院办公室设有3个档案柜，30多个档案袋，分门别类，井然有序；孔子学院人员各司其职，按章办事，规范管理。①

孔子学院揭牌成立后，贝德高院长正式走马上任。他后来给笔者介绍说，拉脱维亚大学校长当时找他出任孔子学院院长一职，他说他本人已经73岁了，最好能找一个年轻人做院长。校长将了他一军，只要他能找到一个中文水平和他一样的人就可以，结果他毅然奉命出任孔子学院第一任拉方院长。他在最初六个月时间里单枪匹马、不取分文，不仅筹划孔子学院本部的中文教学事宜，而且奔赴外地商谈开设中文教学点事宜。②2012年5月，中方院长黄明喜赴任，9月，孔子学院秘书玛丽娅和第一任志愿者教师罗毅赴任，孔子学院本部中文班正式授课。

二、孔子学院理事会

拉脱维亚大学孔子学院最高决策机构是理事会，由拉脱维亚大学和华南师范大学相关主管副校长任理事长，孔子学院中拉双方院长和两校外事部门主管及相关专家任理事。孔子学院一切重大事务由理事会协商决定，定期在拉脱维亚大学和华南师范大学轮流召开，或者在双方商定的其他地点或线上召开。孔子学院理事会重大决策以及孔子学院日常事务由中拉双方院长和拉方秘书具体负责执行，分工协作，相互配合，落实到位。到目前为止，孔子学院历任拉方理事长为奥津什校长（2011年11月—2012年11月）、康格罗副校长（2012年12月—2015年8月）、伊克思顿斯副校长（2015年9月—2019年8月）和德鲁维叶戴副校长（2019年9月至今），中方历任理事长为郭杰副校长（2011

---

① 《拉脱维亚大学孔子学院规章制度》，2012年制定，2016年修订。
② 2022年3月15日，《贝德高教授访谈录》。

年11月—2015年8月)、吴坚副校长(2015年8月—2021年1月)和杨中民副校长(2021年1月至今)。迄今为止,孔子学院理事会召开了十余次会议。

2012年2月22日,第一届理事会在华南师范大学召开。奥津什校长、郭杰副校长、贝德高院长、李盛兵院长、谭伟红副主任出席,并就孔子学院开学时间、孔子学院启动资金使用、师资投入和教材、生源与初始规模、申请孔子学院奖学金生赴华学习等问题进行了商谈和讨论。[①]2012年12月19日,第二届理事会第一次会议在北京召开。康格罗副校长、郭杰副校长、贝德高院长、黄明喜院长、谭伟红副主任、柯世浩主任出席。议题:一、调整孔子学院理事长、副理事长和成员(理事长康格罗、副理事长郭杰、理事贝德高、黄明喜、柯世浩、谭伟红)。二、审议并原则通过拉脱维亚大学2013年年度孔子学院财务预算和工作计划。三、华南师范大学访问团赴拉脱维亚大学进行学术交流。[②]2013年6月5日,第二届理事会第二次会议在拉脱维亚大学召开。会议听取并审议通过了理事长康格罗关于《拉脱维亚大学孔子学院揭牌以来工作要点》的报告,会议还讨论了拉脱维亚大学孔子学院理事会成员人数及构成比例问题。[③]

2014年12月9日,第三届理事会第一次会议在华南师范大学召开。会议以投票表决的方式,改选和增补了新的理事会(拉方理事长为康格罗副校长,中方理事长为吴坚副校长,理事为贝德高院长、柯世浩主任、葛阿丽娜处长、戴黍处长、尚劝余院长、黄明喜教授);听取并审议通过了《孔子学院2014年工作总结》《孔子学院2015年工作计划》;刘鸣校长肯定了孔子学院的工作,将适时报送汉办推选拉脱维亚大学孔子学院为先进单位。[④]2015年6月29日,第三届第二次理事会在拉脱维亚大学召开。康格罗副校长、黄晓波副书记、贝德高院长、尚劝余院长、葛阿丽娜处长、胡劲松主席、左鹏军院长、华维勇副主任、刘剑文院长出席会议。会议听取并审议通过了孔子学院2015年上半年工作总结和下半年工作计划。[⑤]2015年12月7日,第四届理事会第一次会议在上海世博中心召开。伊克思顿斯副校长、吴坚副校长、贝德高、尚劝余、戴

[①]《拉脱维亚大学孔子学院第一届理事会会议纪要》,2012年2月25日。
[②]《拉脱维亚大学孔子学院第二届第一次理事会会议纪要》,2012年12月19日。
[③]《拉脱维亚大学孔子学院第二届第二次理事会会议纪要》,2013年6月5日。
[④]《拉脱维亚大学孔子学院第三届第一次理事会会议纪要》,2014年12月9日。
[⑤]《拉脱维亚大学孔子学院第三届第二次理事会会议纪要》,2015年6月29日。

黍、黄喜明出席。会议以投票表决的方式,改选和增补了新的理事会(理事长:伊克思顿斯、吴坚;理事:贝德高、尚劝余、葛阿丽娜、戴黍、柯世浩、鲍葛微、黄明喜);听取并审议通过孔子学院2015年工作总结和2016年工作计划。①

2016年12月12日,第五届理事会第一次会议在华南师范大学召开。吴坚、贝德高、尚劝余、王伟民副主任、黄明喜、叶晓霓出席。祝贺贝德高院长荣获孔子学院总部先进个人荣誉称号及"孔子学院奖章";审议通过孔子学院2016年工作总结和2017年工作计划;高度肯定和赞扬"拉脱维亚校长访华团"活动。②2017年6月16日,第五届理事会第二次会议在拉脱维亚大学召开。黄兆团副书记、伊克思顿斯副校长、葛阿丽娜、贝德高、尚劝余、戴黍、刘凌部长、骆立骞副主任、叶晓霓出席。会议审议通过了孔子学院2017年上半年的工作总结和下半年工作计划,希望加强拉脱维亚本土师资培养,建议华南师范大学派遣优秀教师前来拉脱维亚大学讲学,两校在社会科学和人文科学方面进行更广泛的合作。③

2017年12月19日,第六届理事会在华南师范大学召开。吴坚、谭伟红、贝德高、尚劝余、黄明喜、叶晓霓出席会议。会后,孔子学院两位院长与刚选拔出的12名新志愿者教师举行座谈会,王葆华教授主持会议。两位院长向新志愿者教师介绍了孔子学院办学情况,对下学年人员调配进行了安排。④2018年12月7日,第七届理事会在华南师范大学召开。吴坚、贝德高、尚劝余、秦洪雷主任、黄明喜、叶晓霓出席会议。祝贺两位院长荣获拉脱维亚外交部颁发的政府特殊贡献奖,对2018年孔子学院教学及文化活动做了总结,对下一年孔子学院发展计划做了讨论。⑤2019年12月9日,第八届理事会在长沙召开。吴坚、秦洪雷、贝德高、尚劝余、谷红丽院长出席会议。会议听取并审议通过了孔子学院2019年工作总结和2020年工作计划;讨论了两位下届中方院长候

---

① 《拉脱维亚大学孔子学院第四届第一次理事会会议纪要》,2015年12月7日。
② 拉脱维亚大学孔子学院第五届理事会第一次会议召开新闻稿;《拉脱维亚大学孔子学院第五届理事会第一次会议纪要》,2016年12月12日。
③ 拉脱维亚大学孔子学院第五届理事会第二次会议召开,2017年6月16日。
④ 拉脱维亚大学孔子学院第六届理事会会议暨新志愿者座谈会圆满召开,2017年12月19日。
⑤ 拉脱维亚大学孔子学院第七届理事会会议召开,2018年12月7日。

选人面试情况，宣布结果，并宣布下届中方院长为李民。[①]

2020年—2023年，由于新冠疫情肆虐全球，孔子学院理事会改为网上在线举行，第九届和第十届理事会就孔子学院转型、孔子学院10周年、理事会换届以及未来发展进行了多次探讨。2022年11月23日，第十一届理事会于"云端"召开。会议改选了理事会（理事长：德鲁维叶戴副校长、杨中民副校长，理事：谭伟红处长、秦洪雷副处长、贝德高、尚劝余、葛阿丽娜、鲍葛薇）；听取了孔子学院遴选中方院长情况汇报，一致认为何东老师符合中方院长招募条件，能够胜任中方院长职务，将于2023年赴任；听取并审议通过了孔子学院2022年工作总结和2023年工作计划。[②]

2023年10月24日，第十二届理事会在华南师范大学召开。会议改选了理事会，尚劝余和葛阿丽娜退休，增补何东和辛蒂娅·马卒莱维查；听取并审议通过了孔子学院工作总结和工作计划，包括扩大教学点、增设孔子课堂、加强与拉脱维亚大学人文学院合作等。理事会期间，王恩科校长给贝德高院长授予华南师范大学名誉博士学位。尚劝余、何东、张桂英陪同贝德高院长赴敦煌和嘉峪关进行文化考察。

三、孔子学院运作

孔子学院日常运作、孔院本部及教学点活动开展等，均在国家汉办/孔子学院总部、华南师范大学和拉脱维亚大学的指导下，由两位院长和秘书以及公派教师及志愿者分工合作、落实完成。孔子学院历任院长和秘书如下：拉方院长贝德高（2011年11月至今）、中方院长黄明喜（2012年5月—2014年6月）、尚劝余（2014年6月—2023年10月）、何东（2023年9月至今），秘书玛丽娅（2012年9月—2014年7月；2020年3月—2022年1月）、柯劳拉（2014年7月—2018年11月）、白丽娜（2018年11月—2020年3月）、高安娜（2022年1月至今）。

拉脱维亚大学孔子学院作为拉脱维亚唯一一所孔子学院，除了负责孔子学

[①]《拉脱维亚大学孔子学院第八届理事会会议纪要》，2019年12月9日。
[②]《拉脱维亚大学孔子学院第十一届理事会会议纪要》，2022年11月23日。

院本部日常中文教学活动之外，也肩负着在拉脱维亚全国开办中文教学点、各教学点中文教学和文化活动的重任。迄今为止，拉脱维亚大学孔子学院开设了孔子学院本部教学点（拉脱维亚大学学术图书馆）、里加文化中学孔子课堂、道加瓦皮尔斯大学孔子课堂、雷泽克内大学孔子课堂、里加34中学孔子课堂、里加工业大学孔子课堂、交通与电信大学教学点、拉脱维亚农业大学（拉脱维亚生命科学与技术大学）教学点、叶尔加瓦斯比杜拉中学教学点、拉脱维亚文化学院教学点、蒙特梭利探索小学教学点、文茨皮尔斯大学（文茨皮尔斯应用科学技术大学）教学点、利耶帕亚大学教学点、克拉斯拉瓦中学教学点、叶卡布皮尔斯中学教学点、新马露白小学教学点、里加道加瓦河口中学教学点、里加64中学教学点、叶卡布皮尔斯第2中学教学点、里加13中学教学点、里加40中学教学点、里加45中学教学点、瓦尔米耶拉第2中学教学点。

此外，孔子学院与拉脱维亚大学人文学院（亚洲学系汉学专业）密切合作，打造汉语人才基地。孔子学院向中方相关机构申请选派专职中文教师赴人文学院汉学专业任教，派遣孔子学院志愿者教师承担人文学院汉学专业本科生和研究生的部分中文课程教学任务，为人文学院汉学专业学生开设汉语学分课程，与人文学院汉学专业合作定期举办汉语角活动以及其他学术文化活动，推荐人文学院汉学专业教师赴中国进修和做研究，推荐人文学院教授作为孔院理事会成员，推荐人文学院老师作为汉语桥比赛评委，协助和组织人文学院汉学专业教师与孔院教师一起进行中文教学研究、编写本土教材等。拉脱维亚大学人文学院（亚洲学系汉学专业）中国公派教师（王琼子、白冰玉）兼任孔子学院院长助理，负责志愿者教师管理以及孔子学院重大活动（HSK考试、汉语桥比赛、夏令营/冬令营、春节、中秋节以及其他活动）组织策划任务。

同时，孔子学院也协助中国驻拉脱维亚大使馆管理维泽梅大学（维泽梅应用科技大学）教学点、斯米尔提恩中学教学点和拉脱维亚武术协会（里加武术功夫体育学校）教学点的教师和活动（教师申请、日常教学和文化活动等）。从2022年起，维泽梅大学教学点、斯米尔提恩中学教学点和拉脱维亚武术协会均与拉脱维亚大学孔子学院签订协议，由孔子学院申请志愿者教师并进行管理，成为孔子学院下设教学点。孔子学院不仅成为拉脱维亚中文教学的重要平台和弘扬中国文化的桥头堡，而且成为中拉两国友好交流的桥梁和民间交往及民心相通的重要纽带。

孔子学院的运作，离不开中拉各方的大力支持。孔子学院与中方工作联系最多的是汉办和华南师范大学。汉办有好几个微信群，例如中东欧16国孔子学院院长工作群、欧洲32国志愿者工作群、欧洲部分国家教师工作群、欧洲汉语考试工作群等。华南师范大学也有好几个微信群，例如现任孔院院长工作群、海外教师工作群等。各群联系密切，经常发一些工作通知，相互交换信息等，工作联系方便高效。孔子学院也联系汉办和华南师范大学，求助提供文化教学用品等。前些年，汉办每年都给孔子学院寄文化用品，后来华南师范大学赠送了7套茶具、中国结绳子、太极服、太极扇、琵琶和古筝等文化用品。孔子学院也与使馆保持密切联系，一起举办活动，参与一些重大接待工作。

拉脱维亚大学校方为孔子学院提供办公室、图书室、教室等教学办公场地，工作环境很舒心。孔子学院和拉脱维亚大学校长、副校长以及外事处、财务处、法律处、人事处、公关处、出版社、图书馆等联系紧密。每年的孔院日、春节、新书发布、汉语桥比赛等重大活动，校长和副校长以及其他部门负责人出席，校领导对孔子学院赞扬有加，非常认可孔子学院的工作成绩以及孔子学院作为直属学校的二级学院的地位。孔子学院也与拉脱维亚外交部、教育部、文化部等部门保持着密切联系，与外交部一起组织活动。外交部和教育部以及市政府教育局等也积极参与孔子学院组织的活动，如拉脱维亚教育访华团等。孔子学院的工作受到了当地政府的赞誉和表彰，拉脱维亚外交部致函国家汉办和孔子学院，对孔子学院在推动拉脱维亚中文教学和中拉政治、经济、教育、文化交流方面做出的贡献表示嘉奖，拉脱维亚外交部、教育部和文化部给拉方院长贝德高和中方院长尚劝余颁发奖状，表示感谢和表彰。[①]

作为拉脱维亚大学直属二级学院，孔子学院的教职员工也积极融入拉脱维亚大学教职员工大家庭。2018年6月8日，拉脱维亚大学孔子学院组织了一支由14名教职工及家属组成的代表队（贝德高、尚劝余、马笑笑、张桂英、

---

① 中外方院长合作的典范：拉脱维亚大学孔子学院院长受到拉脱维亚外交部嘉奖，06/01/2018-23:45 发布，http://cilu.lv.chinesecio.com/zh-hans/node/1291；http://www.ci.lu.lv/?p=2928；2021年10月30日上网查阅。拉脱维亚大学孔子学院拉方院长贝德高教授和中方院长尚劝余教授荣获拉脱维亚政府特殊贡献奖，11/25/2018-10:26 发布，http://cilu.lv.chinesecio.com/zh-hans/node/1357；http://www.ci.lu.lv/?p=3362，2021年10月30日上网查阅。

王琼子、何清、曾庆君、吴甜田、孙霄、胡越、张扬、刘梦珂、张少君、何豆豆），首次参加拉脱维亚大学教职工趣味运动会。①2019年6月7日，孔子学院组织了一支由15名教职工及家属组成的代表队（尚劝余、张桂英、白丽娜、王琼子、何清、车俊池、滕飞、白冰玉、尹燕、陈莹、汤蕴新、李浩芹、潘凡尘、朱会平、何豆豆），参加拉脱维亚大学教职工趣味运动会。②2023年6月9日，孔子学院组织了一支由10名教职工组成的代表队（高安娜、李欣、刘贤、汪贝娅、钟梦婷、杨宝茹、邵月园、张涵絮、唐璐瑶、沈思顺），参加拉脱维亚大学教职工趣味运动会。③既增进了孔子学院的内部凝聚力，也增强了孔子学院与其他学院及部门的友好联系。

拉脱维亚大学孔子学院也积极参加一年一度的全球孔子学院大会，该大会被誉为"教育达沃斯"，旨在总结经验，密切交流，加强合作，促进孔子学院健康可持续发展，推动世界多元文明交流互鉴。第一届至第八届全球孔子学院大会在北京召开，之后轮流在中国不同城市召开。2018年及之前叫全球孔子学院大会，2019年及之后改为世界中文教育大会。2012年12月16日至18日，康格罗副校长、贝德高院长、黄明喜院长、柯世浩主任等参加在北京召开的第七届全球孔子学院大会，来自全球108个国家和地区的大学校长和孔子学院代表、各国驻华使节，以及国内有关中方承办高校代表、中资企业代表等2100多人出席大会。中国教育部部长袁贵仁主持会议，国务院副总理刘延东出席大会并致辞，国家汉办主任许琳在17日的全体大会上介绍了国家汉办新推出的重点项目。大会主题为"促进孔子学院融入大学和社区"，与会代表就孔子学院建设方面的体会进行了充分的交流。2013年12月7日至8日，康格罗、贝德高、黄明喜、柯世浩等参加在北京召开的第八届全球孔子学院大会。大会主题是"回顾过去，展望未来"，研讨孔子学院规划与学校发展、实施"孔子新汉学计划"、筹备"孔子学院日"、师资队伍和教材建设等议题，交流孔子学

---

① 《拉脱维亚大学孔子学院首次参加学校教职工趣味运动会》，拉脱维亚大学孔子学院档案，2018年6月9日。
② 《拉脱维亚大学孔子学院参加拉脱维亚大学教职工趣味运动会》，拉脱维亚大学孔子学院档案，2019年6月8日。
③ 《拉脱维亚大学孔子学院参加拉脱维亚大学教职工趣味运动会》，拉脱维亚大学孔子学院档案，2023年6月9日。

院办学经验。来自120个国家和地区的大学校长、孔子学院及孔子课堂代表共2000多人出席大会。五大洲120个国家和地区建立了440所孔子学院和646个孔子课堂，注册学员85万人。2014年12月7日至8日，康格罗和贝德高等参加在厦门召开的第九届全球孔子学院大会。会议主题为"迎接新十年"，全球120多个国家和地区孔子学院代表，中国驻外、外国驻华使节及各省教育厅代表等2000余人参会，共商孔子学院未来十年发展大计。2015年12月6日至7日，伊克思顿斯、贝德高、尚劝余等参加在上海召开的第十届全球孔子学院大会，来自134个国家和地区的2300多人出席会议。会议主题为"适应需求，融合发展"，共举办18个中外大学校长和孔子学院院长论坛，举办国际中文教材资源展等系列活动。代表们就各国当地民众对孔院的新需求，制订今后五年发展规划，孔院更好地服务"一带一路"，深化中外大学之间的合作，促进中外文化互联互通等议题开展深入讨论。2016年12月10日至11日，伊克思顿斯、贝德高、尚劝余等参加在昆明召开的第十一届全球孔子学院大会。会议主题为"创新、合作、包容、共享"，共举办14场中外大学校长论坛和孔子学院院长论坛，召开"中华文化对外交流座谈会""孔子学院与'一带一路'建设工作座谈会"及圆桌论坛3个专题会议，举办孔子学院总部项目咨询会及孔子学院中文教材展、孔子学院文化创意展等系列活动。贝德高荣获"全球孔子学院先进个人"奖，由刘延东副总理颁奖，并受邀在论坛上做"汉拉拉汉词典编撰经验分享"。[①]2017年12月12日至13日，伊克思顿斯、贝德高、尚劝余等参加在西安召开的第十二届全球孔子学院大会，会议主题为"合作与创新构建人类命运共同体"，教育部部长陈宝生主持大会。来自140多个国家和地区的大学校长、孔子学院代表近2500人出席大会。刘延东副总理在致辞中指出，孔子学院创办十三年特别是近五年来，在中外双方努力下，坚持共建共享，为增进中国与各国人民友谊，促进中外文明交流互鉴做出了积极贡献。目前，已有146个国家和地区设立了525所孔子学院和1113个课堂，各类学员累计达916万人。大会设有"孔子学院发展与建构人类命运共同体"大会论坛，以及"院长论坛"和"校长论坛"。拉脱维亚大学孔子学院三位代表还与华南

---

① 拉脱维亚大学孔子学院档案，2016年12月11日。

师范大学领导（吴坚副校长、戴湲处长、叶晓霓主管）以及加拿大高贵林孔子学院和法国留尼汪大学孔子学院代表进行了互动交流。[①]此外，贝德高院长也赴湛江、广州、宝鸡、长武等地进行考察，了解当今中国社会发展状况。2018年12月4日至5日，贝德高和尚劝余等参加在成都召开的第十三届全球孔子学院大会，来自154个国家和地区的1500多名代表参加大会，国务院副总理孙春兰出席并致辞。会议主题为"改革创新促发展，携手同心创未来"，举办2个专题论坛、8场中外校长论坛和20个工作坊，还举办了孔子学院新技术应用展与中文教学资源展。代表们围绕"孔子学院办学模式和管理机制创新""汉语＋与孔子学院特色化发展""孔子学院数字化建设""培育多元化合作伙伴关系"等议题沟通交流。2019年12月9日至10日，贝德高和尚劝余等参加在长沙召开的首届国际中文教育大会，来自全球162个国家和地区的550所孔子学院和1172个孔子课堂及其所在院校和中文教育机构的1000多名代表出席了会议。国务院副总理孙春兰、教育部部长陈宝生、副部长田学军、湖南省委书记杜家毫等出席会议并发表主旨演讲和致辞。大会主题为"新时代国际中文教育的创新和发展"，举办1个专题论坛，32个工作坊，围绕"中文＋职业技能"、国际中文教育政策、标准、师资、教材、教学方法、考试、品牌项目建设，以及深化中外合作等议题讨论交流。贝德高受邀就"拉脱维亚大学开展中文教育的实践与经验"做了分享。在所有发言人中，贝德高是唯一用中文发言的外方代表，也是最德高望重的代表。他的发言获得阵阵掌声，听众纷纷举起相机和手机拍照，还有听众走到他身后近距离拍摄他的发言稿，他发言结束后，听众纷纷上前与他合影。[②]2020年至2023年，由于疫情原因，国际中文教育大会改为线上举行。

　　拉脱维亚大学孔子学院也积极参加一年一度的欧洲孔子学院联席会议，最初几年参加波罗的海－北欧孔子学院联席会议，后来参加中东欧孔子学院联席会议，再后来参加欧洲孔子学院主题联席会议。2014年5月8—9日，

---

① 《拉脱维亚大学孔院一行出席第12届孔子学院大会》，拉脱维亚大学孔子学院档案，2017年12月13日。
② 《拉脱维亚大学孔子学院院长出席2019国际中文教育大会》，拉脱维亚大学孔子学院档案，2019年12月10日。

贝德高和黄明喜参加在冰岛大学召开的第七届波罗的海－北欧孔子学院联席会议。贝德高院长做了《关于孔子学院与本土中文教师加强密切合作》的报告。① 2015年4月23—24日，贝德高和尚劝余参加在丹麦奥尔堡大学召开的第八届波罗的海－北欧孔子学院联席会议。尚劝余就拉脱维亚大学孔子学院现状和特色项目做了介绍，和与会者进行了交流。贝德高在北京师范大学汉语文化学院院长朱瑞平讲座（国际交流与合作处副处长肖铠翻译）之后用中文提问，朱瑞平院长很惊讶，赞叹贝院长的中文很棒，问题提得也很专业，贝德高风趣地说，他之所以提问题，是想表明他并没有打瞌睡。2016年4月28—29日，贝德高和柯劳拉参加在比利时布鲁日大学召开的第九届波罗的海－北欧孔子学院联席会议。贝德高做了《孔子学院对大学、当地社会、经济和文化的贡献》的报告。② 2017年5月17日，贝德高和尚劝余参加在丹麦哥本哈根商学院召开的欧洲孔子学院年会，并做了《拉脱维亚大学孔子学院近年的成功经验及主要困难》的报告。③ 2017年11月28日，贝德高和尚劝余参加在匈牙利罗兰大学召开的中东欧国家孔子学院联席会，贝德高做了拉脱维亚大学孔子学院本土教师与汉学人才培养问题的报告，尚劝余做了拉脱维亚大学孔子学院特色发展问题的报告。④ 2018年10月24日，尚劝余参加在保加利亚索菲亚大学举行的中东欧国家孔子学院联席会议，孔子学院总部欧洲处高级项目官员王蕾和安实以及中东欧16国孔子学院及孔子课堂负责人出席了会议。尚劝余就拉脱维亚大学孔子学院特色与创新发展及预科和企业实习问题做了发言。⑤ 2019年6月27—28日，贝德高和尚劝余参加在德国法兰克福歌德大学举行的欧洲部分孔子学院联席会议。这是欧洲孔子学院第一次按照议题召开联席会议，打破了之前按照国别和地区召开联席会议的传统，更具有针对性和可行性。⑥ 2020年至2023年，由于疫情原因，欧洲孔子学院联席会议改为线上欧洲孔子学院合作论坛。

---

① 拉脱维亚大学孔子学院档案，2014年5月9日。
② 拉脱维亚大学孔子学院档案，2016年4月29日。
③ 拉脱维亚大学孔子学院档案，2017年5月17日。
④ 拉脱维亚大学孔子学院档案，2017年11月28日。
⑤ 拉脱维亚大学孔子学院档案，2018年10月24日。
⑥ 拉脱维亚大学孔子学院档案，2019年6月28日。

四、孔子学院转制

2004年至2019年全球孔子学院品牌由国家汉办/孔子学院总部统一营运，2019年以后逐步转制，2020年完成转制，国家汉办/孔子学院总部注销，孔子学院品牌由非政府组织国际中文教育基金会负责运营，孔子学院中方院长和志愿者教师由各中方合作院校及教育部中外语言交流合作中心选拔外派和管理。

孔子学院协议为期五年，到期后根据双方意愿，协商延长协议或者解除协议。迄今为止，拉脱维亚大学孔子学院协议延长两次。2015年10月9日，汉办主任许琳致函拉脱维亚大学新任校长穆伊日涅克斯：贵校2011年4月26日与汉办签署的《关于合作设立拉脱维亚大学孔子学院的协议》将于2016年4月26日到期，该协议规定，如双方无异议，合作协议将自动延长5年，在此请您以信函方式确认双方将继续合作共建孔子学院。拉脱维亚大学校长于2015年11月16日和2016年1月18日分别致函华南师范大学和汉办，高度赞赏双方的合作和孔子学院在中文教学和中拉友好方面做出的贡献，同意孔子学院协议延长5年。[①]

拉脱维亚大学孔子学院协议第二次延长是在新的国际中文教育体系构建和孔子学院转制背景下进行的。2019年，在全球孔子学院创办15年并连续成功举办13届全球孔子学院大会之后，孔子学院大会改名为国际中文教育大会。在主题为"新时代国际中文教育的创新和发展"的2019年国际中文教育大会上，孙春兰副总理主旨报告和教育部长陈宝生、副部长田学军等报告一改以往的"汉语国际教育"的表述，第一次在正式场合使用"国际中文教育"这一术语。这次会议标志着国际中文教育进入全新发展阶段，开启了国际中文教育体系构建的新时代，给国际中文教育事业发展和学科建设指明了方向。孙春兰强调，中国政府把推动国际中文教育作为义不容辞的责任，积极发挥汉语母语国的优势，在师资、教材、课程等方面创造条件，为各国民众学习中文提供支持。我们将遵循语言传播的国际惯例，按照相互尊重、友好协商、平等互利的原则，坚持市场化运作，支持中外高校、企业、社会组织开展国际中文教育项目和交流合

---

① 拉脱维亚大学孔子学院档案，2015年10月—2016年1月。

作，聚焦语言主业，适应本土需求，帮助当地培养中文教育人才，完善国际中文教育标准，发挥汉语水平考试的评价导向作用，构建更加开放、包容、规范的现代国际中文教育体系。①

作为构建新的国际中文教育体系的重要举措，2020年国际中文教育管理体制进行了重大改革。2020年6月16日，经中国民政部批准，由北京语言大学、复旦大学和中国教育出版传媒集团有限公司等27家高校、企业和社会组织联合发起的"中国国际中文教育基金会"正式成立，该基金会为非营利民间慈善组织，旨在通过支持世界范围内的中文教育项目，促进人文交流，增进国际理解，为推动世界多元文明交流互鉴、共同构建人类命运共同体贡献力量。基金会章程第二章第七条明确规定其业务范围："（一）研究提出全球孔子学院和国际中文教育发展愿景；（二）制定孔子学院品牌标准和规范，授权设立孔子学院和孔子课堂；（三）评估孔子学院和孔子课堂办学质量；（四）开展其他符合基金会宗旨的国际中文教育项目等相关业务。"②2020年7月6日，经中国教育部批准，成立"教育部中外语言交流合作中心"（以下简称"语合中心"），该中心为事业单位。原"孔子学院总部"和"国家汉办"两个机构名称不再使用。语合中心的主要职能是："为发展国际中文教育与促进中外语言交流合作提供服务，统筹建设国际中文教育资源体系，参与制定国际中文教育相关标准并组织实施；支持国际中文教师、教材、学科等建设和学术研究；组织实施国际中文教师考试、外国人中文水平系列考试，开展相关评估认定；运行汉语桥、新汉学、奖学金等国际中文教育相关品牌项目；组织开展中外语言交流合作等。"③从这些职能定位看，语合中心虽为事业单位，但被赋予了管理国际中文教育事业和学科发展的组织领导职能。中国国际中文教育基金会主要负责孔子学院和孔子课堂的品牌运营和质量管理，但在对国际中文教育项目的支持方面与教育部中外语言交流合作中心有所交叉。中国国际中文教育基金会和教育部中外语言交流合作中心的设立对国际中文教育的发展产生了重要影响，"孔子学院"

---

① 孙春兰：深化国际中文教育让世界更加了解中国，《人民日报》2019年12月10日04版。
② 参看中国国际中文教育基金会官网，https://www.cief.org.cn/，2021年11月10日上网查阅。
③ 参看中国教育部中外语言交流合作中心官网，http://www.chinese.cn/page/#/pcpage/mainpage，https://www.cief.org.cn/，2021年11月10日上网查阅。

作为"国际中文教育"力量的一部分，与大家共同构建更加开放、包容、规范的现代国际中文教育体系。

　　早在 2020 年 6 月 8 日，华南师范大学孔子学院管理办公室召开各孔子学院电话会议，传达孔子学院转制通知精神。6 月 10 日，拉脱维亚大学校长穆伊日涅克斯以及副校长德鲁维叶戴和孔子学院双方院长收到了孔子学院总部王蕾转发的马箭飞副主任致拉脱维亚大学校长函，明确了孔子学院转制的缘由和精神。马箭飞在致校长函中说：我借此机会向您通报中国有关高校、企业、社会组织拟发起成立专门的基金会运行服务孔子学院的情况。如您所知，当前孔子学院事业正处于一个发展的关键时期，主要是世界各国中文学习需求和专业化、多样化要求持续攀升，对中国资源支撑、中文教育质量都提出了新的要求。同时，近年来包括很多孔子学院院长和中外合作院校校长在内的社会各界人士，纷纷呼吁中国成立专业化的基金会运作孔子学院，并在 2019 年国际中文教育大会期间达成了基本共识。在这种情况下，一些长期参与孔子学院合作并积累了丰富办学经验、提升了中外合作水平的中方高校，如北京大学、复旦大学、北京外国语大学、上海外国语大学、北京语言大学等，以及一些教育文化类企业、社会组织，自发联合起来成立"中国国际中文教育基金会"，希望以国际化、专业化、民间化的方式承担运行服务全球孔子学院的责任。总部与中外方合作院校一起成功孵化出了"孔子学院"这一全球知名语言类公益教育品牌，并且目前已经初步具备了民间办学、社会运作的基础。经基金会发起机构与总部协商一致，同意由基金会全权管理"孔子学院"（含"孔子课堂"）品牌。基金会成立后，将与各国孔子学院所在机构就转隶进行友好协商。总部将在转隶完成后注销。此外，中国方面还将成立"中外语言交流合作中心"，重点支持如配合各国大学开设中文专业、设立中文学习测试中心等国际中文教育其他项目，并积极开展中外语言交流合作。该基金会是按照中国法律、参照国际惯例，在中国登记注册的国际民间公益教育机构，会员单位包括中国有关高校、企业、社会组织等。由基金会运行和服务孔子学院，能够拓宽渠道筹集更多办学资源，也会为孔子学院带来更加专业、更高质量的教学服务。同时，在基金会的支持下，中外方合作院校将成为孔子学院的办学主体，中方院校将为孔子学院提供基本的教学和人力资源支撑以及项目运行经费，确保对孔子学院的支持和投入不低于现有水平。16年来，作为一项伟大的、阳光的教育事业，在中外双方精诚合作、社会各界共同努力下，世界各地的孔子学院蓬勃发展，为全球中文学习者提供了优质的教学服务，在促进人文交流、深化国际理解等方面做出了积极贡献。这一成绩和荣光，属于所有关心和爱护、参与和支持孔院的人们。特别是您作为拉脱维亚大学的校长，亲自领导、关心和支持贵校的孔子学院，与孔子学院中外方院长、教师和志愿者一道付出了大量的心血和智慧，为促进拉脱维亚中文项目的发展和中国与拉脱维亚的人文交流、人民友好发挥了独特作用。在此，谨向您致以崇高的敬意和诚挚的谢意！希望您能继续支持和帮助孔子学院可持续高质量发展。下一步，总部、基金会将会与您取得联系，就贵校孔子学院转到基金会名下进行协商。①

6月29日，华南师范大学向拉脱维亚大学转发汉办《孔子学院授权申请书》和《两校合作协议》草案中英文版，确定孔子学院转隶协议采取基金会授权、中外方院校合作签署方式。7月3日，拉脱维亚大学校长表示继续支持孔子学院，继续合作，法律处同意《两校合作协议》草案内容，但提出了两个小的修改建议。7月15日，华南师范大学审议拉脱维亚大学法律处修改后的《两校合作协议》草案，并对协议中的某些表述进一步明确。9月11日和9月28日，拉脱维亚大学校长穆伊日涅克斯和华南师范大学校长王恩科分别签署《两校合作协议》和《孔子学院授权申请书》。② 申请书中写道，中国国际中文教育基金会：拉脱维亚大学孔子学院系华南师范大学和拉脱维亚大学合作建设的孔子学院，成立于2011年，目前运行良好。鉴于孔子学院事务已由原孔子学院总部转至中国国际中文教育基金会，现代表中外合作双方申请继续建设拉脱维亚大学孔子学院，并根据中国国际中文教育基金会要求，为孔子学院发展提供所需软硬件条件，在授权范围内合法合规使用孔子学院品牌、名称和标识，接受中国国际中文教育基金会对孔子学院的质量评估。孔子学院中外合作方承诺，将确保拉脱维亚大学孔子学院遵循孔子学院宗旨和中国国际中文教育基金

---

① 《孔子学院总部副总干事致拉脱维亚大学校长穆伊日涅克斯函》，拉脱维亚大学孔子学院档案，2020年6月10日。
② 拉脱维亚大学孔子学院档案，2020年9月28日。9月28日适逢孔子诞辰日、全球孔子学院日、拉脱维亚大学校庆日。

会有关规定，共同推动孔子学院可持续、高质量发展，维护孔子学院权益和声誉。[1]10月13日，中国国际中文教育基金会颁发拉脱维亚大学孔子学院授权书（编号CI2020202）：经审核，同意中国华南师范大学与拉脱维亚大学合作建设拉脱维亚大学孔子学院并授权其使用孔子学院品牌、名称和标识。未经中国国际中文教育基金会许可，该品牌、名称和标识使用的授权不得转让。授权期限为2020年9月28日至2026年11月4日。孔子学院旨在促进中文传播，加深世界人民对中国语言文化的了解，推动中外人文交流，增进国际理解。华南师范大学和拉脱维亚大学须合法合规使用孔子学院品牌、名称和标识，确保拉脱维亚大学孔子学院遵循孔子学院宗旨，在法律法规允许范围内开展活动，维护孔子学院权益和声誉；为该孔子学院发展提供办公、教学场地等软硬件条件；向中国国际中文教育基金会提交年度报告；接受中国国际中文教育基金会开展的质量评估。如该孔子学院未达到质量标准，且未按评估意见进行整改，或经整改仍无法达到标准的，中国国际中文教育基金会有权收回该授权。[2]

2022年7月13日，拉脱维亚大学孔子学院办公室由位于莱纳大街19号的拉脱维亚大学主楼208室搬到兹格付里资·安娜·迈叶洛维奇大街12号，由原来的小间办公室变为大间办公室。该大街位于市中心老城黄金地段，有几处拉脱维亚大学房产，都出租出去了。一处房产是该街10号，是一栋5层大楼，红色外墙，有一个阿斯托酒店、一个丽森酒店和一个酒吧，这里曾经是拉脱维亚大学教工宿舍，位于军事博物馆（俗称火药桶）旁边。其中的阿斯托酒店是四星级，孔子学院当年经常在这里接待贵宾，包括华南师范大学代表团、中国－波罗的海陶瓷展代表团（张东辉、李见琛、隋牟等）、"灵魂之声"音乐会代表团（林西莉、邓红、陈莎莎）、"笙笛和鸣"音乐会代表团（胡玉林、郑杨）等都在这里下榻过。另一处房产是该街12号，也是一栋5层大楼，有几个公司和酒店等，如新统一公司、自由逃脱游戏公司、摩尔伯茨冰淇淋店、日常午餐酒店、学院酒店。其中，学院酒店由于新冠肺炎疫情关门大吉，归还给拉脱维亚大学，于是校长找两位院长商量，孔子学院办公室搬到这里，与波罗的海－德国大学联络办公室为邻。据贝德高院长介绍，兹格付里资·安娜·迈叶洛维

---

[1] 拉脱维亚大学孔子学院档案，2020年9月28日。
[2] 拉脱维亚大学孔子学院档案，2020年10月13日。

奇大街是以拉脱维亚共和国第一次独立时期（1918—1940）的外交部部长的名字命名，他是拉脱维亚开国元勋之一，对拉脱维亚的独立做出了很大贡献。拉脱维亚恢复独立时期（1990年后），兹格付里资·安娜·迈叶洛维奇的儿子（70多岁）从美国回到拉脱维亚，他的办公室就在学院酒店，利用他在西方的人脉关系，争取西方支持拉脱维亚恢复独立，他曾竞选总统但最终落选。[①]

第二节　中文教学活动

拉脱维亚大学孔子学院成立之后，不仅在孔子学院本部开设中文课堂教学，而且组织全国范围内的与中文教学相关的重大活动，如汉语水平考试、"汉语桥"比赛、中文教学调研和汉语角沙龙活动等，中文教学蓬勃发展。

一、本部课堂教学

孔子学院本部教学场地最初在位于莱纳大街19号的拉脱维亚大学主楼240教室，与其他院系合用。后来，随着学生人数增加，新的教学场地落成，搬到位于鲁普涅茨巴斯街（意思是"工业街"）10号的拉脱维亚大学学术图书馆4楼，教室由合用变为专用，由原来1间扩大到5间，即408室、409室、410室、415室、417室。教室里除了桌椅之外，配有电脑、投影仪、白板、书架和图书等。此外，还有一间志愿者教师办公室411室，配备有热水器、烧水壶、微波炉等。孔子学院除了重新装修四楼的教室、楼道、厕所外，还重新装修了二楼大礼堂和四楼公共活动区域，可以在大礼堂举行重大活动，公共活动区域配备了沙发和茶几等，可供师生课间休息、聊天、交流。孔子学院本部课堂教学由最初的2个成人初中级班发展到10个不同层级的班级，包括6个成人班（HSK1-6级6个班）和4个少儿班（初级、中级、高级、超高级），

---

① 2022年2月2日贝教授谈话录。

涵盖小学、中学、大学、研究生和社会各个层次。

孔子学院本部历任志愿者教师有：罗毅（2012年9月—2013年7月）、王树蕙（2013年7月—2014年6月）、黄颖怡（2013年7月—2014年6月）、张婕（2014年9月—2015年1月）、金晶（2014年8月—2015年7月）、方思琪（2014年8月—2015年7月）、莫婉婷（2015年9月—2016年7月）、尹莎莎（2015年9月—2016年7月）、黄蕊（2015年9月—2016年7月）、曾庆君（2016年8月—2018年6月）、潘斌（2016年8月—2017年7月）、曾嵘（2016年9月—2017年7月）、滕飞（2017年9月—2019年7月）、朱玥（2017年8月—2018年7月）、邹亚平（2018年9月—2020年6月）、车俊池（2019年9月—2020年6月）、焦文静（2019年9月—2020年6月）、郑玉馨（2019年9月—2020年6月）、朱柏帆（2020年9月—2021年6月）、杜灏（2020年9月—2021年6月）、郭子凡（2020年9月—2021年6月）、郑雯宁（2020年9月—2021年6月）、涂菁滢（2021年9月—2022年6月）、王凯欣（2021年9月—2022年6月）、邝又君（2021年9月—2022年6月）、汤蘅（2021年9月—2022年6月）、张涵絮（2022年9月—2024年6月）、杨宝茹（2022年9月—2023年6月）、唐静（2022年9月—2024年6月）、邵月园（2022年9月—2023年6月）、沈思顺（2022年9月—2023年6月）、胡诗蓉（2023年9月—2024年6月）、李雨赢（2023年9月—2024年6月）。其中，杜灏来自湖北工业大学，郑雯宁来自昆明理工大学，杨宝茹来自对外经济贸易大学，唐静来自西南科技大学，其余均来自华南师范大学。此外，孔子学院本部也聘请了一名本土中文教师马笑笑（2017年9月至今），负责少儿初级班和中级班的中文教学，也给志愿者教师开设拉语课。

孔子学院本部第一期志愿者罗毅任教期间，共有两个班33人，其中初级班24人，中级班9人。初级班为"零起点"学员，选用教材《跟我学汉语》，旨在通过简单易懂的汉语对话激发学生学习中文的热情，培养他们的兴趣。中级班学员的水平参差不齐，但都有一年以上学习中文的经历，选用教材《当代中文2》，旨在借助学生已有的汉语基础，进一步扩大词汇，加强多样化表达，增进学生对中国文化的了解。此外，选用《汉语900句》《汉语直通车》《长城汉语》作为补充材料，希望能最大限度提高学生的中文听说能力。两个班的课堂教学均采用"语音+词汇+语法+对话+文化"的教学模式，但初级班侧重"语音、词汇和语法"，中级班侧重"词汇、对话和文化"。各班每周均有5个课时（45分钟/课时）授课，每两周开设一个半小时"汉语沙龙"，方便学生进行口语练习。[①] 此外，中方院长黄明喜也开设了《汉字历史》课程。

孔子学院专用教室于2013年8月22日举行揭牌仪式，中国驻拉脱维亚大使杨国强和领事曾伏华、拉脱维亚外交部张放处长、教育部卡玛拉主任、拉脱维亚大学副校长康格罗、里加斯特拉京什大学孔子中心主任史莲娜、拉脱维亚大学学术图书馆馆长温达·柯赛莱、拉脱维亚大学乌克兰信息中心主任维克多斯、拉脱维亚武术协会会长瓦罗曼和瓦维多利亚、拉脱维亚大学中文教师莫丽雅、拉脱维亚华侨华人代表叶友群等、新华社驻里加分社记者郭群和李德萍、孔子学院贝德高、黄明喜、玛丽娅、王树蕙、黄颖怡、张双、张婕以及学生50余人出席。活动由贝德高院长主持。杨国强、康格罗、张放、卡玛拉、贝德高、黄明喜分别致辞，拉脱维亚新老留学生代表发言，杨国强大使和康格罗副校长为孔子学院新教室揭牌。[②]

孔子学院本部第二期志愿者黄颖怡和王树蕙，与道加瓦皮尔斯大学志愿者张双和雷泽克内大学志愿者张婕一起，在2013年7月8日至8月16日为孔子学院本部学生开设暑期班中文教学。她们充分备课、认真上课，受到了学生们的热烈欢迎。暑期中文课程为一周两次语言课、一次文化课，这样的教学安排不但让学语言不再枯燥，同时也让学生感受博大精深的中华文化。在6次文化课中四名志愿者教师充分展示了在汉办培训时所学的技能，分别开展了书法、国画、剪纸、太极、中国民歌等课程，让学生置身其中，体验丰富多彩的文明古国文化魅力。课程结束后学生纷纷表示这6周的学习不但在汉语听、说、读、写各个方面有了很大的进步，还进一步了解了中华文化，对中国有了崭新的认识。[③]

新教室揭牌之后的新学年，孔子学院本部开设了初级班、中级班、高级班

---

① 罗毅：《拉脱维亚大学孔子学院志愿者教师工作总结（2012年9月17日至2013年7月12日）》，2013年7月23日。
② 《2013年拉脱维亚赴中国留学生欢送会暨孔子学院新教室揭牌仪式日程》，拉脱维亚大学孔子学院档案，2013年8月22日。
③ 《华南师范大学赴拉脱维亚孔子学院志愿者完成暑期汉语课程教学工作》，华南师范大学国际交流合作处，2013年8月16日。

/ 第一章　孔子学院篇 /

三个级别。王树蕙负责两个初级班，即拉脱维亚大学学生班和社会学员班。每个班级课程设置为每周语言课两次、文化课一次，选用教材为《体验汉语》。孔子学院初级班语言课涉及的话题包括问候、自我介绍、问住址、问路、家庭、日期与时间、买食品、买学习用具、买衣服、饮食文化、剪发、租房子、聊学习方法等，文化课涉及绕口令、唐诗、剪纸、书法、民歌、节日，还有包饺子、中国电影、中国家庭喜剧观摩探讨等。她针对A、B两个班的特点做了不同的教学设计，A班强化口语和听说，B班加强汉字和语法；设计了"以任务为中心的体验式中文教学"模式，并在孔子学院两个初级班做了教学实验研究，取得了一定成效。她也给报名参加HSK一级考试的学员单独开设考前培训课，参加孔子学院的其他活动等。① 黄颖怡负责中级班的所有课程、高级班的文化课程和部分语言课程。中级班的期中考和期末考总体成绩都不错，特别是期末考，设置了比较全面的题型，包括听力、笔试、作文、口语，很多学生都有了进步。高级班不管是平时作业还是期末考试，学生的汉字认读、书写基础都比较扎实。在教学以外，她也负责孔子学院活动筹备和主持工作等。② 此外，黄明喜和王琼子也讲授《高级汉语》课。③

孔子学院本部第三期志愿者教师是方思琪和金晶，从2014年9月开始，孔子学院开设少儿班，学习中文和中国文化从娃娃抓起。方思琪任教的两个班级为成人中级班和高级班，每个班每周各四个课时的语言课以及两个课时的文化课。另外，约在HSK考试前一个月会开始上HSK和HSKK辅导课，汉语桥比赛前也会给参赛选手进行辅导培训。中级班学生由两类构成，即拉脱维亚大学汉语专业二年级学生以及非拉脱维亚大学汉语专业学生（包括社会人士）。高级班学生由三类构成，即拉脱维亚大学汉学专业三年级学生（大部分在中国留学过），已经工作的社会人士，拉脱维亚大学非汉学专业学生和中学生。两个班使用的教材是《体验汉语基础教程》下册，以及自编教材。除了授课外，另一大块就是组织各种文化活动。④ 金晶负责少儿班和成人初级班两个班级的

---

① 王树蕙：《志愿者教师履职考评表（2013年7月8日—2014年6月15日）》，2014年6月15日。
② 黄颖怡：《光荣岁月》，2014年6月15日。
③ 拉脱维亚大学孔子学院课程表（中文），2013年9月16日。
④ 方思琪：《给下一任志愿者的信》，2015年7月3日。

语言和文化教学工作，其中少儿班学生共 6 人，每周 6 课时；成人初级班学生共 20 人，每周 6 课时；HSK 备考期间至少 2 课时 / 周辅导时间；汉语桥比赛和文化活动期间至少 4 课时 / 周辅导时间。孔子学院第一次开设少儿班，没有前人经验可供借鉴，因而她在解决困难的过程中逐渐摸索出一些经验。一是在授课方法的选择上主要采用直观法，并配合课堂活动加强记忆。二是建立良好的生生互动氛围，让大学员帮助小学员一起学习，让学生一起学唱中文歌并互相配合表演，建立小组合作完成练习等。三是根据学生的兴趣和需求组织和调整教学内容，在学唱歌的同时学习和补充词汇，并教授与歌曲相关的句子和文化内容，组织如春节做红包、剪窗花、学画中国画和学写毛笔字等文化课。此外，金晶也负责孔子学院官网管理更新与宣传、新闻稿汇总编辑、发布与投稿，创建脸书公共主页和油管主页频道并负责管理与更新。[1]

孔子学院本部第四期志愿者教师是黄蕊、尹莎莎和莫婉婷。黄蕊负责高级班和超级班中文教学任务，高级班中文水平在 HSK4 级左右，使用教材《体验汉语基础教程》下册，超级班中文水平在 HSK 五级左右，没有相应的教科书，由老师在每节课前制作讲义，发到班级邮箱。讲义内容大体分三个部分：听力部分、阅读部分和口语部分，每周规定一个话题，听说读写练习都以这个话题为主，后期的口语部分几乎都在课堂上以讨论的形式完成，没有体现在讲义当中，参考教材有《成功之路》《文化全景》、汉办资料包当中的各种中文材料与视频、时事新闻、HSK 考试试题、网络文章等。第二个学期，合并高级班和超级班，接手亚洲学系研究生班，授课内容包括汉语桥辅导、HSK 五级试题辅导以及汉语知识辅导。除教学以外，她负责新闻稿的编辑和发布，以及组织和参加各种文化活动。[2] 尹莎莎负责初级和中级两个班。初级班即零基础入门班，学生主要有拉脱维亚大学大一学生和社会人士两大类。学生大多没有接触过中文，起点相同，兴趣浓厚，好奇心较强，对当代中国发展也十分感兴趣，使用教材为《体验汉语（生活篇）》。中级班有中文水平达到 HSK3 或拉脱维亚大学二年级的学生，也有只会一些基本会话且进步较慢的学生，此外还有几位 12 岁以下的学生（包括一位华人男孩和两位德国籍小姐妹），可以延续使

---

[1] 金晶：《工作总结》（2014 年 8 月—2015 年 7 月），2015 年 7 月 3 日。
[2] 黄蕊：《给下一任志愿者的一封信》，2016 年 7 月 3 日。

用《体验汉语·生活篇·进阶篇》，补充一些当代中国流行事件和新闻介绍，也可以组织口语、听力、阅读等方面的训练。[①]莫婉婷负责少儿初级班和中级班的教学，初级班有学生5人，中级班有学生4人。两个班级分别使用教材《快乐汉语》第一册和第二册，在上课时给中级班学生作内容补充。初级班学生有较强的目的性，热衷于学习语言知识，而中级班学生则主要从兴趣出发，更喜欢在唱歌和文化课当中学习中文。使用的教具有汉语拼音表，单词学习使用《美猴王汉语》1—3册的单词卡，并和《快乐汉语》中的重合部分结合起来，边教单词边教句子。初级班和中级班的学生都很喜欢写汉字。[②]

孔子学院本部第五期志愿者教师是曾庆君、潘斌和曾嵘。曾庆君第一学期承担中级班和高级班的教学任务，第二学期承担超级班和中高级班（成人中级班、高级班合并）的教学任务。成人中级班8人，每周6课时；成人高级班9人，每周8课时；中高级班10人，每周8课时；超级班6人，每周4—6课时；研究生班6人，每周2课时。HSK考试和汉语桥比赛期间，至少2课时/周辅导时间。完善孔子学院成人班文化教学，文化课涉及大量题材：中国传统节日、著名景点、名胜古迹、中国菜、中国色彩、中国花卉、戏曲、品茶、唐诗宋词、中国历史朝代、中国著名历史人物、中国神话、水墨画，以及《诗经》《史记》《四大名著》等文学作品，文化课与课文相结合，丰富学生的文化知识。此外，作为志愿者队长，其还负责管理拉脱维亚大学孔子学院官网管理更新与宣传，孔子学院新闻稿撰写与摄影，新闻稿汇总编辑、发布与投稿，拉脱维亚大学孔子学院脸书更新与管理，组织并参与孔子学院文化活动，参与高访团接待工作。[③]潘斌负责初级班的教学工作，学生来源广泛，生源年龄涵盖16岁至45岁，包括高中生、拉脱维亚大学本校非汉语专业学生、拉脱维亚大学汉语专业学生、外校大学生以及社会人士。初级班分成两个平行班教学，每周授课12课时，主要采用《体验汉语·生活篇》和《体验汉语·生活篇（进阶）》两本教材，并穿插使用自编教学材料。语言授课之余，每周开展0.5到1个课时不等的文化教学。两个班教学进度大体相等，一班较二班学习积极性高，学习成效更为

[①] 尹莎莎：《给下一任志愿者的信》，2016年6月29日。
[②] 莫婉婷：《给下一任志愿者的信》，2016年6月30日。
[③] 曾庆君：《志愿者教师履职考评表（2016年8月—2017年7月）》，2017年7月1日。

明显，其中有四名学生在汉语桥比赛中分别取得高中组第二名、第四名、第五名和大学组第五名的好成绩。作为志愿者副队长，他也承担翻译、通讯、中文教学调研、活动策划与演出、海报设计、接待高访团等工作。① 曾嵘负责两个少儿班的教学，除了注重发音练习和口语表达，教授日常汉语词汇和会话之外，在口语教学基础上编入一定程度的汉字教学。注重中国文化学习，除了介绍中国传统文化如传统节日、神话故事、中医、京剧、太极、二十四节气、皮影戏等，也介绍当代中国流行音乐、电视节目、电影、广场舞、交通工具、城市、著名景点、校园生活、饮食等，同时定期开展文化体验活动，主题有剪纸、茶艺、京剧脸谱、水墨画、十二生肖、书法、灯笼、灯谜、武术等。设计了十种以上的课堂活动和游戏，并配合教学内容安排一些手工活动，如制作中文书，把与主题相关的词汇全部放进书里；绘制十二生肖树；把节日祝福用汉字写在手工制作的贺卡里；用针线在树叶上绣出汉字；制作时间和天气表盘等。除了对课本内容反复斟酌，进行修改，还自编一些应时的教学内容，如季节的特征、拉脱维亚的节日、学生的生日等。②

孔子学院本部第六期志愿者教师有留任的曾庆君和林婕以及新志愿者滕飞和朱玥。曾庆君负责成人高级班的教学任务，共有8人，水平在HSK3-4级左右，由小学生、大学生和社会人士组成，课程分为语言课和文化课，语言课使用教材《博雅汉语准中级加速篇Ⅰ》，文化课主要参考《文化全景中级教程》，再加上自己准备的一些材料。语言课全部用中文授课，增加许多词汇拓展和句子练习，鼓励学生多用中文进行完整表达和描述，定时进行词汇考试和语法总结，监督学生及时复习，巩固已经学习过的知识，每个星期都会进行小测试。文化主题由中国地理概况、民族概况、中国传统节日、"四君子"、"岁寒三友"、中国色彩、中国名胜古迹、著名景点、中国茶、中华美食及菜系等简单的主题扩展到中国历史朝代、《诗经》、《论语》、《楚辞》、《史记》、南北朝民歌、乐府诗、唐诗、宋词、元曲、明清小说、成语故事等。除了日常教学工作，继续负责新闻发布和管理工作等。③ 林婕负责两个初级班的教学，教

---

① 潘斌：《志愿者教师履职考评表》，2017年6月20日。
② 曾嵘：《志愿者教师履职考评表》，2017年6月20日。
③ 曾庆君：《工作总结》，2018年6月11日。

学对象主要是社会人士和拉脱维亚大学学生,使用的教材是《HSK 标准教程 1》,听说读写齐头并进。其中,拉脱维亚大学学生是作为学分课参与课程中来的,要格外注意出勤率和最后成绩的合格率。社会人士常常会出现因工作出差而不能正常上课的情况,需要帮他们补上落下的课程。[1] 滕飞负责成人中级班和少儿高级班。成人中级班共 9 人,教材为《体验汉语·生活篇(进阶)》,主要培养听说能力,经过将近 10 个月的学习,学生的水平有了很大的提高,由最初的不会写汉字到基本全写汉字,由最初的中英授课到偏中文授课,由最初的完全不会用中文说话到可以用简单的中文展示课件。少儿高级班共 6 人,教材为《跟我学汉语》(第二册)。为了激发学生学习中文的兴趣,选用了十余种课堂活动,力图一改沉闷、烦躁的课堂氛围。学生喜欢绝地搜索、Bingo 游戏等。此外,他也参与和主持文化活动。[2] 朱玥负责成人超级班教学,教材是《体验汉语高级教程 1》,有三名学生(维拉、安娜、白小华),中文水平大概是 HSK5 级,可以全中文授课。语言课尽可能增加课堂讨论、辩论的机会,充分利用多媒体教学,通过播放新闻、电影、访谈、纪录片等视频,对课本内容进行补充。学生们非常喜欢对比中拉两国文化,比如婚礼习俗、择偶标准等。学生们很喜欢每篇课文的热身活动部分,可以畅所欲言说自己的想法。听力课先就听力内容进行相关话题的讨论与词汇的补充,然后再让学生听听力回答课后习题,核对答案后,可以再精听,进行复述训练。经过两个学期的训练,学生的听力水平有很大的进步。[3]

孔子学院本部第七期志愿者教师有留任的林婕和滕飞以及新志愿者邹亚平。林婕负责初级班和超级班两个班级,初级班教学已经积累了经验,轻车熟路,超级班是她三年里第一次接触,既向往又犹豫,向往的是高水平学生所带来的挑战,犹豫的是工作内容和工作能力的匹配度。很庆幸,她在超级班学生的"为难"和"找茬"中获得了满足感。[4] 滕飞负责中级班和高级班的教学工作。中级班共 9 人,第一学期使用教材《体验汉语·基础教程(上)》,第二

---

[1] 林婕:《工作总结(2017 年 9 月—2018 年 6 月)》,2018 年 7 月 3 日。
[2] 滕飞:《工作总结(2017 年 8 月 25 日—2018 年 6 月 25 日)》,2018 年 6 月 25 日。
[3] 朱玥:《给下一任志愿者的信》,2018 年 6 月 30 日。
[4] 林婕:《工作总结(2018 年 9 月—2019 年 6 月)》,2019 年 6 月 28 日。

学期选用教材《HSK 二级真题集》，主要培养和提升听说能力，有三位以上学生通过 HSK 三级考试，一位已去中国留学，还有三位分别要去上海、广州、香港留学。高级班共 7 人，教材为《体验汉语·中级教程 1》，教学目标：1. 保持良好的汉字水平，在此基础上进行词语的扩充及使用；2. 在进行造句及对话时，适当引入成语、俗语，确保句子的准确性；3. 提高学生话题书写的能力。有四位学生通过 HSK 三级考试，一位在大使馆担任翻译工作，有三至四位将去中国留学。此外，他也参与各种文化活动。[1]邹亚平负责少儿高级班和超级班，年龄分布在 9—15 岁，他们已经在孔子学院坚持学习了三至四年中文。根据学生的学习背景和性格特点，有针对性地设计相关教学策略。对于水平稍高的学生，额外布置一些稍有难度的任务，让他们始终感受到不断的新鲜感和挑战性，对于水平稍弱的学生，给予充分鼓励，用更多耐心去引导他们挑战自我、建立信心。对于性格不同的学生，采取不同的方式去实施教学，过于活跃的学生要学会适当地稳定他们的情绪，而比较沉默的学生则要走进他们的心，让他们主动开口表达自己。她根据实际教学情况，总结出两点关于少儿中文教学的个人经验。第一，保持兴趣；第二，量力而行。此外，作为志愿者队长，她也负责文化活动和孔子学院媒体建设等工作。[2]

孔子学院本部第八期志愿者教师有留任的邹亚平和车俊池以及新志愿者焦文静和郑玉馨。邹亚平负责两个成人初级班，设计了一些有趣的教学活动来辅助教学，让学生们发现学习中文的乐趣。使用教材《HSK 标准教程 1》和《HSK 标准教程 2》，除了日常教学和布置作业，进行了不少课堂"试验"："我来当老师""分组限时任务体验""迷你汉语角"。学生从这些活动中找到了记忆死角，提高了中文实际交流能力。[3]车俊池负责成人中级班和高级班。中级班 11 人左右，由中学生、大学生和社会人士组成，母语均为拉脱维亚语或俄语，但英语沟通没问题。使用《HSK 标准教程 2》，多数学生态度非常认真，语音面貌和汉字书写较好，第一学期作业以听说为主，第二学期加入小作文训

---

[1] 滕飞：《工作总结（2018 年 8 月 27 日—2019 年 6 月 27 日）》，2019 年 6 月 29 日。
[2] 邹亚平：《爱上"高冷"的你——记我在拉脱维亚任教的光荣岁月》，2019 年 6 月 28 日。
[3] 邹亚平：《工作总结（2018 年 9 月—2020 年 6 月）》，2020 年 6 月 23 日；《给下一任志愿者的生活工作指南》，2020 年 6 月 23 日。

练。高级班12人左右，使用《HSK标准教程3》，整体水平较好，接受能力强，基本能适应全程用中文教学的教学环境。每周或每两周布置一次200字左右的小作文，锻炼书写篇章的能力。每3个单元或每个月举办一次单元测试/月考以巩固所学知识，考试形式为笔试+口试。①焦文静负责少儿高级班和超级班。（1）少儿高级班：学生共8名，年龄11—15岁，性格活泼好动，爱好广泛，才艺众多，擅长歌舞绘画等。爱看综艺节目《爸爸去哪儿》，汉字基础不错，完成作业也比较认真。（2）少儿超级班：学生共6名，年龄13—15岁，上课比较乖巧，不会有太多的纪律问题，但比较有个性，很有自己的想法，有问题会主动跟老师沟通，经过磨合后整体上非常努力认真，几个学生参加了HSK考试。②郑玉馨上学期给超级班代课，每周两节课，使用教材为《成功之路（提高篇）》，教授对象为5位成年人，水平大都在HSK4-5级，有四位学生去中国留学过1—2年，中文水平较高。③

孔子学院本部第九期志愿者教师有朱柏帆、杜灏、郑雯宁、郭子凡，由于疫情原因，虽经不懈努力仍未能赴任，改为线上远程教学。朱柏帆负责两个成人初级班的教学，初级1班共8名学生，初级2班共7名学生，使用教材均为《HSK标准教程1》。学生为零基础的成年人，年龄参差不齐，有的是高中生，有的是大学生，有的是已经工作的社会人士，每次授课时长为两个半小时。因时差缘故，每周一至周四在北京时间22：30开始上课，直到凌晨1：00—2：00（冬令时时差加长1小时）。课程内容包括听力、口语、阅读和文化四部分。此外，作为志愿者队长，她也负责与外联系、媒体建设、各类申请书、汇报等材料撰写、负责收集统计各位志愿者教师的相关材料、参与考试组织和文化活动、主持网络春晚等。④杜灏负责成人HSK5高级班和成人HSK2初级班。其中初级班9位同学，有初学者、有学了一两年的，还有到过中国旅游很多次的学生，使用教材《HSK标准教材2》。高级班5位同学，都有半年至一年的赴华留学史，中文水平达到了沟通无障碍的水平，使用教材

---

① 车俊池：《拉脱维亚大学孔子学院本部工作生活指南》，2020年6月28日。
② 焦文静：《工作总结（2019年9月—2020年6月）》，2020年6月20日。
③ 郑玉馨：《工作总结（2019年9月—2020年6月）》，2020年6月20日。
④ 朱柏帆：《华南师范大学全日制研究生外出学习实践报告及考核评价表》，2021年3月1日。

《HSK 标准教材 5》。文化方面主要选取《Hello China 你好中国》100 个中国文化知识进行轮播，在中国传统节日会精选一些相应的晚会节目，如河南卫视《唐宫夜宴》《端午奇妙夜》等。在教学过程中一般采用一课一练、巩固旧知识的方式进行，定期给学生进行阶段性测试，从语音、语法、词汇等方面给学生查缺补漏。此外，他也积极参与和组织文化活动，主持汉语桥比赛等。[1] 郑雯宁负责 HSK2 级少儿班和 HSK3 级成人班的教学。原本少儿班应该有 9 个学生，但是切换成线上教学后就只有 4 个学生了。在汉字方面，逐渐使学生适应脱离拼音进行识字。学期末进行了 HSK2 级测试，所有学生的成绩都达到了及格分以上，他们希望恢复线下课程线下考试之后参加正式的 HSK 考试。成人班学生更加独立，上课时更喜欢发散性思维，喜欢文化，喜欢自己思考，给他们更多自由输出的空间。成人班开展了很多活动，例如介绍拉脱维亚文化和节日、用中文讲故事等。此外，她也参加 HSK 监考和汉语桥等活动。[2] 郭子凡负责成人 HSK4 级的教学，使用教材为《HSK 标准教程 4》。教学过程中，贯穿一些中国文化普及、社交口语等比较有趣和实用的内容。线上教学最重要的有两点：一是互动问题，上网课比线下课堂要闷一些，所以要让学生参与其中，积极回答问题以免上课走神。在课件制作时，多采用问答的形式，多设计一些游戏的关卡，增加课堂的互动性和趣味性。二是作业问题，首先是预习，安排预习的时候顺带布置简单的练习；其次是交作业，通过检查作业，发现问题所在，以便更好地在课堂上进行再次强调，帮助学生掌握。[3]

孔子学院本部第十期志愿者教师有汤蘅、涂菁滢、邝又君、王凯欣，由于疫情原因未能赴任，仍然线上远程教学。王凯欣负责两个成人初级班的教学，教学对象为拉脱维亚大学人文学院学生、社会人士和少部分青少年。成人初级 1 班有 12 名学生，主观能动性很强，渴望学习到更多的汉语知识，会时不时说一些超出所学内容的词语或句子。经过一学年的学习，学完了《HSK 标准教程 1》所有内容，已掌握简单的中文知识，可以用简单的中文交流。成人初级 2 班有 9 名学生，学完了《HSK 标准教程 1》前 15 课内容，学生对现代中

---

[1] 杜灏：《拉脱维亚大学孔子学院 2020/2021 学年工作总结》，2021 年 6 月 11 日。
[2] 郑雯宁：《学年工作总结》，2021 年 6 月 12 日。
[3] 郭子凡：《给下一任志愿者的工作生活指南》，2021 年 6 月 15 日。

国社会交往兴趣较高。① 邝又君负责成人 HSK2 班与 HSK3 班的中文教学与文化教学工作，HSK3 班有几个学生既在人文学院上课也在孔子学院本部上课，因此他们掌握汉语比较好。两个班级分别使用《HSK 标准教程 2》和《HSK 标准教程 3》作为教材，同时采用图片、视频、游戏课件等多种素材进行教学。经常会用到的资源网站有汉语圈、中文联盟、Mandarinbean、Chinesestories，以及哔哩哔哩关于中文教学的视频。② 涂菁滢负责少儿高级、超级和 HSK6 级三个班的教学工作，教学对象有青少年和成人，后者学习能力较强，容易接受新知识，记忆力较好，课堂表现活跃，愿意与老师同学进行互动，课下会主动复习，巩固知识；但是经过一学年的学习可以感觉到少儿班的中文水平整体差距较大。除了中文教学之外，她担任志愿者组长，参与组织汉语水平考试、文化活动、媒体建设等工作。③ 汤蘅负责成人高级班和超级班的教学工作。高级班学习进度很快，大部分学生接受能力很强，而且学习认真，在课堂上与老师交流和互动，语音语调也得到了很大改善，基本学完了《HSK 标准教程 4》。超级班学生已经学了好几年的中文，对中国语言文化有较好的了解，但从 HSK4 级到 HSK5 级过渡并不那么容易，由于内容难度较大，学习进度也相应地减缓，学完了《HSK 标准教程 5》1—16 课。除了中文教学，她还担任志愿者副组长，积极踊跃参与组织汉语水平考试、文化活动、媒体建设等工作。④

孔子学院本部第十一期志愿者教师有唐静、杨宝茹、张涵絮、邵月园、沈思顺，时隔两年后终于赴任授课。唐静负责成人 HSK1 班的教学，分为 A 班和 B 班。有 5 位中学生，7 位大学生，7 位社会人士，共 19 人，年龄跨度 14 岁至 54 岁。使用教材为《HSK 标准教程 1》，采用讲授法、问答法、小组讨论法、演示法、情境教学法进行教学。学生们的学习动机很强，自律性较好，学习能力也较强。⑤ 杨宝茹负责成人 HSK4 班和 HSK5 班，使用教材为《HSK 标准教程 4（上）》和《HSK 标准教程 5（上）》，每个班一周 4 节课。HSK4 班 8 人，水平相当，对于生词的识记能力良好，对于课文的诵读基本没

---

① 王凯欣：《给下一任志愿者的教学工作指南》，2022 年 7 月 2 日，第 1—3 页。
② 邝又君：《写给下一任志愿者的信》，2022 年 7 月 5 日，第 1—2 页。
③ 涂菁滢：《学年工作总结》，2022 年 6 月 28 日，第 1—4 页。
④ 汤蘅：《给下一任志愿者的教学工作指南》，2022 年 6 月 28 日，第 1—5 页。
⑤ 唐静：《孔子学院本部 HSK1 班教学情况》，2022 年 11 月 5 日，第 1 页。

有绊脚石。HSK5班3人，水平不均衡，有的口语能力特别强，有的书面能力比较强。在教学过程中，针对生词和课文，一般采用听说法播放录音，让学生跟读。对于难懂的生词，通过展示互联网图片方式给学生讲解。对于课文中的对话，让学生两两组队，促进学生开口发音。[1]张涵絮负责少儿高级班，人数8人，年龄11—16岁，均为中小学生，学过3—5年中文。教材使用《HSK标准教程2》，教学方法采用听说法、情景法、任务型教学法等，以英语为中介语辅助教学。对于少儿来说，归纳法更容易接受，即先给例子再进行总结。在给少儿进行教学时，多展开课堂活动或者游戏，打破沉闷的教学方式，这样更容易吸引学生的注意力。[2]邵月园负责成人HSK2和成人HSK3班，分别使用教材《HSK标准教程2》和《HSK标准教程3》。HSK2班7人，包括3名中学生、3名大学生、1名社会人员。HSK3班9人，包括2名中学生、3名大学生、4名社会人员。教学方法：在线上教学阶段多使用图示法，利用图片和动画帮助学生理解词汇和语言点。同时也使用情景法，通过创设情境让学生明白语言点的语用功能和语用环境，让学生能够在真实、具体的环境中使用语言点。此外，也使用多模态教学法，充分利用视觉模态、听觉模态、身势模态和多媒体资源等，刺激学生多种感官，使学生更加投入课堂，减少枯燥感和疲惫感。在线下教学阶段多采用全身反应法，充分利用身体语言让学生理解词汇和语言点，包括较为夸张的身势和表情让学生体会语言的意义和语用。[3]沈思顺负责成人HSK6级班，班上一共两位学生，汉语水平都很高，能够流利地使用汉语进行交流，在授课中，两位学生能够积极地与老师进行互动，也能提出自己的见解与疑问，采用的教材为《HSK标准教程6（上）》，同时辅助以中国文化与口语场景教学，让学生在学习中文本体知识的同时，能够了解中国文化并熟练地使用汉语进行交际和生活。[4]

孔子学院本部第十二期志愿者教师有留任的唐静、张涵絮、胡诗蓉。其中，唐静负责成人HSK2班和少儿高级班。成人HSK2班共有14名学生，其中8

---

[1] 杨宝茹：《拉脱维亚大学孔子学院本部教学情况》，2022年11月5日，第1页。
[2] 张涵絮：《2022年拉脱维亚大学孔子学院少儿高级班教学情况》，2022年11月7日，第1页。
[3] 邵月园：《拉脱维亚大学本部成人HSK2&HSK3班中文教学情况》，2022年11月8日，第1—2页。
[4] 沈思顺：《拉脱维亚文化学院、拉脱维亚大学本部中文教学情况》，2022年12月8日，第1页。

名是从去年的 HSK1 班升上来的。学生们的年龄跨度较大，有小学生、中学生，也有大学生和社会人士。教材仍然沿袭传统，使用《HSK 标准教程 2》，班上的老生在去年已提前学到了第六课，但因为有新生加入且考虑到有一名小学生，因此从第一课开始学习，边复习边学习。学生们的目标明确、学习态度端正，极少有人旷课。他们大都想提高说和写的技能，所以设置课程以语言讲授为主、以口语交际为重，同时也重视汉字的书写。采用讲授法、翻译法、问答法、小组讨论法、演示法、游戏法进行教学。少儿高级班共有 4 名学生，他们的中文学习时间较长，有两位已经学习了 5 年，有一位学生的妈妈是导游会说中文，有一定的语言学习背景。他们认为中文很有趣，希望在有趣的氛围中学习中文，在玩中学、在做中学，希望有听和写的练习，希望多多了解中国文化，喜欢听中国歌曲，看有趣的视频，看中国电影，课堂上使用游戏法、全身反应法、互动法。[1] 张涵絮负责成人 HSK4 班，有 7 名学生（贝蒂、烛韵、迪米、才子、高力、巴雅娜、尤丝婷），他们当中大部分人都去过中国，对学中文有浓厚的兴趣，并且学习自主性也很强，上课积极配合，课堂氛围轻松愉悦。胡诗蓉负责成人 HSK1 班和成人 HSK3 班。成人 HSK1 班基本上是零基础，有 26 名学生，大部分是成人，少部分是高中生，还有一部分拉脱维亚大学人文学院汉学专业学生。学生学习中文的原因各有不同，有的去过好几次中国，对中文很有兴趣，有的想学一门完全不同的语言，有的对中国的影视等感兴趣。该班学生学习情况不错，学习中文的热情也比较高。成人 HSK3 班有 7 名学生，有工作人士，有大学生，也有高中生。学生之前已经学过中文，对中国文化有了基本了解，学习态度较为认真，并且学习自主性也很好，作业都及时上交并进行讨论。[2]

二、汉语水平考试

拉脱维亚大学孔子学院成立伊始，即加速汉语水平考试基地的建设，争取达到"以考促学，教考共建"的良好局面。从 2012 年开始，孔子学院组织举办汉语水平考试，包括笔试（汉语水平考试 HSK）和口试（汉语水平口语考

---

[1] 唐静：《孔子学院本部 HSK2 班教学情况》，2023 年 9 月 28 日，第 1—3 页。
[2] 胡诗蓉：《孔子学院本部 HSK1 和 HSK3 班教学情况》，2023 年 9 月 28 日，第 1—2 页。

试HSKK）。拉脱维亚成为波罗的海三国中最早举办汉语水平考试的国家，考试通过率一直保持较高水平，接近100%。汉语水平考试成为检验中文教学效果的一个重要渠道，也成为学生们申请奖学金赴华留学的重要保障。

2012年11月初，拉脱维亚大学孔子学院接到国家汉办汉语水平考试通知，迅速投入到紧张的宣传和准备工作中。在贝德高院长和黄明喜院长的带领下，志愿者教师罗毅和秘书玛丽娅高效出色地完成了各项考务工作。2012年12月2日，拉脱维亚大学孔子学院首次汉语水平考试顺利举行。来自拉脱维亚、芬兰和意大利三国的18名考生分别参加了四个等级的汉语水平考试，其中9人报考HSK1，6人报考HSK3，1人报考HSK4，1人报考HSK5，1人报考HSKK中级。18名考生中，15人是拉脱维亚大学孔子学院的注册学员。五场考试如期顺利举行，中拉双方院长在考试期间巡视了各个考场，并在考后与考生亲切交流，合影留念。本次汉语水平考试是孔子学院落户拉脱维亚后成功举办的第一次多层级、多国别的汉语水平考试。汉语水平考试的成功举行在拉脱维亚中文教育史上是一件具有里程碑意义的大事。国家汉办、华南师范大学和拉脱维亚大学的官方网站分别刊发了新闻报道。[①]

2013年举办了两次汉语水平考试，共有55名考生参加。其中，5月12日的汉语水平考试有21名考生参加，涵盖HSK2-4级和HSKK。本次汉语水平考试监考人员除了孔子学院的罗毅和玛丽娅外，还邀请拉脱维亚大学人文学院的樊莉和里加工业大学的中文教师于婧媛参与监考。各校中文教师之间既加强了合作与交流，又实现了资源共享。从考试报名情况看，本次考试最大特点是口语考生人数激增，从上次的1位增至15位，越来越多的考生认识到了汉语口语考试的重要性。从考试结果分析，孔子学院学生的成绩明显高于社会考生，并且差异显著。其中二级有两位学生以199分近乎满分的成绩通过考试，三级考生中三人的成绩在270分以上，口语考试超过80分的也有三人，创拉脱维亚中文教学历史新高。所有考生不但以优异的成绩100%通过了各级考试，更有11名同学因为成绩突出，获得了国家汉办授予的"2013孔子学院奖学金"。此次拉脱维亚大学孔子学院在汉语水平考试中喜获佳绩，在当地汉语学界产生

---

① 罗毅：《2012年拉脱维亚大学孔子学院工作总结》，2012年12月31日。

了很大影响。①12月1日的汉语水平考试在孔子学院新落成的专用教室举行，来自里加（26人）、道加瓦皮尔斯（5人）和雷泽克内（3人）的34名考生分别参加了HSK1-4考试，其中6人同时参加了HSKK考试。八场考试如期顺利完成，本次汉语水平考试是孔子学院开拓道加瓦皮尔斯大学和雷泽克内大学两个教学点后成功举办的一次参与度高、影响力大的汉语水平考试，考试人数比上次翻了一番，在拉脱维亚中文教学发展史上具有里程碑的意义，得到了当地师生的大力支持和积极评价。②

2014年举办了三次汉语水平考试，共有52名考生参加。其中，4月12日的汉语水平考试有6名考生参加，涵盖HSK3-4级。5月10日的汉语水平考试有28名考生参加，4人来自雷泽克内，3人来自道加瓦皮尔斯，21人来自里加。考试涵盖HSK1-4级和HSKK初级与中级，有些考生单独考HSK，有些单独考HSKK，也有一些HSK和HSKK都考，共计38人次，其中HSK25人次，HSKK13人次。12月6日的汉语水平考试有18名考生参加，其中1人参加HSKK中级考试，17人参加HSK1-4级考试，有5人同时还参加了HSKK初级考试。尚劝余和柯劳拉负责巡考和照相摄影，董芳、王琼子、王树蕙、张双、张婕、方思琪、金晶、程雪负责监考。③

2015年举办了两次汉语水平考试，共有25名考生参加。其中，3月28日的汉语水平考试有13名考生参加，3人来自雷泽克内，10人来自里加，涵盖HSK2-3级和HSKK初级，其中3人既参加了HSK考试也参加了HSKK考试。12月6日的汉语水平考试有12名考生参加，1人来自道加瓦皮尔斯，其余来自里加，其中10人参加HSK考试，2人参加HSKK考试，涵盖HSK一级、二级、四级和五级以及HSKK初级考试。尚劝余和董芳负责巡考、照相和摄影，程雪、黄蕊、尹莎莎、袁钰、王佳乐、莫婉婷负责监考。④

2016年举办了两次汉语水平考试，共有32名考生参加。其中，3月20日

---

① 罗毅：《拉脱维亚大学孔子学院2013春季HSK汉考喜获佳绩》，2013年6月20日。
② 黄颖怡：《2013年拉脱维亚大学孔子学院汉语水平考试顺利进行》，2013年12月1日。
③ 《拉脱维亚大学孔子学院成功举办2014年年度第三次HSK考试》，拉脱维亚大学孔子学院档案，2014年12月7日。
④ 《拉脱维亚大学孔子学院成功举办2015年年度第二次HSK及HSKK考试》，拉脱维亚大学孔子学院档案，2015年12月7日。

的汉语水平考试有 20 名考生参加，3 人来自道加瓦皮尔斯，1 人来自雷泽克内，2 人来自维泽梅，14 人来自里加，其中新开设的交通与电信大学教学点 3 人。此次考试涵盖 HSK1-5 级和 HSKK 初级，其中 2 人既参加了 HSK 考试也参加了 HSKK 考试。①12 月 4 日的汉语水平考试有 12 名考生参加，2 人来自道加瓦皮尔斯，10 人来自里加，涵盖 HSK 一级、二级和五级以及 HSKK 中级考试，其中 11 人参加 HSK 考试，1 人参加 HSKK 考试。②

2017 年举办了两次汉语水平考试，共有 52 名考生参加。其中，3 月 19 日的汉语水平考试有 13 名考生参加，4 人来自道加瓦皮尔斯，1 人来自雷泽克内，8 人来自里加，涵盖 HSK1-5 级和 HSKK 初级，其中 1 人既参加了 HSK 考试也参加了 HSKK 考试。③12 月 3 日的汉语水平考试有 39 名考生参加，23 人来自里加，1 人来自道加瓦皮尔斯，4 人来自雷泽克内，2 人来自新开设的叶尔加瓦教学点，9 人来自新开设的文茨皮尔斯教学点，涵盖 HSK1-6 级和 HSKK 初级和中级考试。董芳负责巡考，吴炜负责照相和摄影，曾庆君、胡越、林婕、曾嵘、潘斌、吴甜田负责监考。④

2018 年举办了两次汉语水平考试，共有 73 名考生参加，考试人数创历年新高。其中，3 月 24 日的汉语水平考试有 45 名考生参加，12 人来自道加瓦皮尔斯，1 人来自雷泽克内，2 人来自叶尔加瓦，4 人来自文茨皮尔斯，其余的来自里加，涵盖 HSK1-5 级和 HSKK 初级，其中 1 人专考 HSKK，5 人既参加了 HSK 考试也参加了 HSKK 考试。⑤12 月 2 日的汉语水平考试有 28 名考生参加，1 人来自维泽梅，1 人来自叶尔加瓦，2 人来自雷泽克内，6 人来自文茨皮尔斯，其余的来自里加，涵盖 HSK 一级、二级、三级、五级和 HSKK 初级，

---

① 《拉脱维亚大学孔子学院 HSK/HSKK 考试安排》，拉脱维亚大学孔子学院档案，2016 年 3 月 20 日。
② 《拉脱维亚大学孔子学院 HSK/HSKK 考试安排》，拉脱维亚大学孔子学院档案，2016 年 12 月 4 日。
③ 《拉脱维亚大学孔子学院 HSK/HSKK 考试安排》，拉脱维亚大学孔子学院档案，2017 年 3 月 19 日。
④ 《拉脱维亚大学孔子学院 HSK/HSKK 考试安排》，拉脱维亚大学孔子学院档案，2017 年 12 月 3 日。
⑤ 《拉脱维亚大学孔子学院 HSK/HSKK 考试安排》，拉脱维亚大学孔子学院档案，2018 年 3 月 24 日。

其中 1 人专考 HSKK，2 人既参加了 HSK 考试也参加了 HSKK 考试，考生中年龄最大的 63 岁，最小的 8 岁。①

2019 年举办了三次汉语水平考试，共有 98 名考生参加，考试人数再创新高。其中，2 月 24 日的汉语水平考试有 48 名考生参加，10 人来自道加瓦皮尔斯，2 人来自雷泽克内，3 人来自叶尔加瓦，1 人来自文茨皮尔斯，1 人来自维泽梅，其余的来自里加，考试涵盖 HSK 一级、二级、三级、四级、六级和 HSKK 初级和中级，其中参加 HSK 二级考试的人数最多，共 20 人，参加 HSK 四级和六级考试的人数最少，各有 1 人，其中 2 人专考 HSKK，4 人既参加了 HSK 考试也参加了 HSKK 考试。5 月 11 日的汉语水平考试有 27 名考生参加，3 人来自雷泽克内，其余的来自里加，考试涵盖 HSK1-5 级和 HSKK 中级。白丽娜负责购买刻录盘，王琼子负责巡考，尹艳负责照相摄影，林婕、滕飞、邹亚平、汤蕴新、车俊池、梁娟、王昕、陈莹负责监考。②12 月 1 日的汉语水平考试共有 23 名考生参加，其中 1 人来自俄罗斯，1 人来自维泽梅，其余的均来自里加，考试涵盖 HSK1、HSK2、HSK3、HSK5 级和 HSKK 初级与中级。王琼子负责巡考，焦文静、王昕负责照相和摄影，邹亚平、郑玉馨、车俊池、燕雪宁、梁娟、黄天祺、陈莹、胡靖负责监考。③

2020 年举办了三次汉语水平考试，共有 35 名考生参加。本年度由于新冠肺炎疫情暴发，中文教学和汉语水平考试都面临巨大的挑战。其中，1 月 11 日的汉语水平考试有 6 名考生参加，大都是来自孔子学院本部的学生，涵盖 HSK1 级和 HSKK 初级。6 月 14 日的汉语水平考试有 13 名考生参加，涵盖 HSK1-5 级。这是新冠肺炎疫情暴发后的第一次汉语水平考试，监考老师和考生都佩戴口罩，这也是第一次采取全程录像模式的考试。④因受疫情影响，拉脱维亚的中文课几乎全部改为线上教学，12 月 12 日的汉语水平考试也不例外。

---

① 《拉脱维亚大学孔子学院 HSK/HSKK 考试安排》，拉脱维亚大学孔子学院档案，2018 年 12 月 2 日。
② 《拉脱维亚大学孔子学院 HSK/HSKK 考试安排》，拉脱维亚大学孔子学院档案，2019 年 5 月 11 日。
③ 《拉脱维亚大学孔子学院 HSK/HSKK 考试安排》，拉脱维亚大学孔子学院档案，2019 年 12 月 1 日。
④ 《拉脱维亚大学孔子学院 HSK/HSKK 考试安排》，拉脱维亚大学孔子学院档案，2020 年 6 月 14 日。

共有16人报名线上考试，其中2人是立陶宛考生。考试涵盖HSK1-6级，其中一级三人，二级五人，三级三人，四级两人，五级两人，六级一人。这是新冠肺炎疫情暴发后的首次居家网络汉语水平考试，也是拉脱维亚史上第一次线上汉语水平考试，中方与拉方都十分重视。中方院长尚劝余积极组织拉脱维亚志愿者教师进行考前培训与考试安排，十二名监考官按HSK等级分为六组，每组两人，按HSK考试要求分为主监考官与副监考官，于12月9日使用Zoom会议软件与HSK考试软件开展模拟考试，让考生与考官熟悉线上考试的流程与考试系统。12月12日，HSK2、HSK4、HSK6级，HSK1、HSK3、HSK5级顺利开考。居家网络考试采用Zoom会议软件全程录像，HSK专用考试软件供学生答题，考试过程中实时抓拍，跟踪考生动态。[1]邹亚平负责巡考，黄天祺负责照相和摄影，尚劝余、玛丽娅、白冰玉、车俊池、梁娟、王昕、陈莹、黎锦豪、吴致昕、朱柏帆、邬艳丽、贾昆诺、郑雯宁、杜灏、高晴、单琪、谢慧清担任监考和考务工作，白冰玉全程总负责，吴致昕全程技术指导。

2021年举办了三次居家网络汉语水平考试，共有58名考生参加，有不少外国考生跨国参加考试。3月13日，共有27人报名考试，其中6人是立陶宛、乌兹别克斯坦、圣基茨和尼维斯考生。考试涵盖HSK1-6级，其中一级六人，二级五人，三级七人，四级六人，五级一人，六级两人。[2] 6月5日，共有15名汉语学习者报名考试，涵盖HSK1-4级和HSKK初别。12月11日，共有16人参加考试，涵盖HSK1-5级，其中HSK一级两人，二级两人，三级两人，四级五人，五级三人，其中二人同时报考HSKK。[3]尚劝余、玛丽娅、白冰玉、邹亚平、吴致昕、朱柏帆、贾昆诺、郑雯宁、邬艳丽、符瑾儿、符瑾儿、王昕、郭萌冉、魏亚梅、高晴、汤蘅、邝又君、唐静担任监考和考务工作。

2022年举办了三次居家网络汉语水平考试，共有23名考生参加。3月12日，共有6名考生，涵盖HSK2-5级和HSKK1-3级，其中3人既考HSK又

---

[1]《拉脱维亚大学孔子学院成功举办2020年第二次HSK考试》，拉脱维亚大学孔子学院档案，2020年6月14日。
[2]《拉脱维亚大学孔子学院成功举办2021年第一次HSK考试》，拉脱维亚大学孔子学院档案，2021年3月14日。
[3]《拉脱维亚大学孔子学院2021年下半年HSK居家网考顺利开展》，拉脱维亚大学孔子学院档案，2021年12月14日。

考HSKK，1人专考HSKK，共安排了五个场次进行。①6月25日，共有9名考生，涵盖HSK1-4级和HSKK1-2级，其中5人既考HSK又考HSKK，共安排了四个场次进行。②12月份本来安排了12月4日现场考试和12月10日居家网络考试，但由于孔子学院十几位中文志愿者教师新冠阳性无法监考，所以将12月4日现场考试改期到2023年1月7日，非常感谢汉考国际王菲菲老师和王莉老师的理解与支持。12月10日，共有8名考生，分别来自拉脱维亚、德国、俄罗斯、日本、爱沙尼亚、圣基茨和尼维斯，涵盖HSK1-6级和HSKK1-3级，其中3人既考HSK又考HSKK，共安排了五个场次进行。③白冰玉、高安娜、吴致昕、汤蘅、涂菁滢、唐静、邝又君、徐申、刘贤、李欣、胡诗蓉、孙智慧、朱瑜、周蔓、葛欣怡担任监考和考务工作。

2023年举办了六次汉语水平考试，其中三次线上考试，三次线下考试。1月7日线下考试有9名考生参加，涵盖HSK一级至五级，共设置四个考场。白冰玉巡考，唐静、杨宝茹、张涵絮、唐璐瑶、邵月园、钟梦婷、鲍传惠监考，杨一丹、沈思顺拍照录视频。3月11日居家网考有10名考生参加HSK考试，涵盖HSK一级至六级，其中7名考生同时也参加HSKK考试，涵盖初级到高级，分别组织了五场考试。白冰玉担任总监考官，高安娜担任翻译，朱瑜、周蔓、胡诗蓉、朱柏清、汪贝娅负责监考。5月14日线下考试有15名考生参加，涵盖HSK一级至四级，其中3名考生同时也参加HSKK初级考试，共设置五个考场。白冰玉巡考，杨一丹拍照，唐静刻录，刘贤、李欣、杨宝茹、邵月园、张涵絮、沈思顺、钟梦婷、鲍传惠、唐璐瑶、汪贝娅监考。5月20日居家网考有4名考生参加考试，涵盖HSK一级、二级、三级和六级，其中2名考试同时参加HSKK初级和高级考试，共安排了四个场次进行。白冰玉、高安娜、杨彩云、孙智慧、汪贝娅、朱柏清监考。11月26日居家网考，12月3日线下

---

① 《拉脱维亚大学孔子学院2022年3月HSK居家网考顺利开展》，拉脱维亚大学孔子学院档案，2022年3月12日。
② Confucius Institute at the University of Latvia held the second online HSK examination in 2022 as scheduled, posted on Jun 26, 2022,《拉脱维亚孔子学院2022年第二次线上汉语水平考试如期举办》，2022年6月26日发布，http://www.ci.lu.lv/?p=5845，2022年9月18日上网查阅。
③ 《拉脱维亚大学孔子学院2022年12月HSK居家网考顺利开展》，拉脱维亚大学孔子学院档案，2022年12月10日。

考试，涵盖 HSK 和 HSKK 考试。

三、"汉语桥"比赛

"汉语桥"比赛是检验各个教学点中文教学成果和水平的一个重要途径。从 2011 年起，"汉语桥"比赛有了一些新的变化。第一，2011 年之前的"汉语桥"比赛都在大使馆举办，从 2011 年开始在中文教学点举办，其中里加文化中学和里加工业大学各举办一次，其余都在拉脱维亚大学举办（包括拉脱维亚大学主楼小礼堂、拉脱维亚大学学术图书馆礼堂、拉脱维亚大学人文学院礼堂）。第二，2011 年的"汉语桥"比赛仍由中国驻拉脱维亚大使馆和拉脱维亚大学人文学院等院校合办，而从 2012 年开始"汉语桥"比赛加入了一个主力军——拉脱维亚大学孔子学院，从 2013 年开始"汉语桥"比赛由中国驻拉脱维亚大使馆主办，拉脱维亚大学孔子学院承办，其余各教学点协办。第三，2013 年之前的"汉语桥"比赛大学生和中小学生混在一起比赛，随着孔子学院教学点的不断开拓，"汉语桥"参赛选手大量增加，从 2013 年开始大学成人组与中学组和小学组分开比赛，2021 年中外语言交流合作中心在全球 20 个国家试点举办首届"汉语桥"小学生中文秀，2022 年开始在全球推广。第四，随着孔子学院的建立和中文课程的开设，从 2012 年开始，许多拉脱维亚大学人文学院亚洲学系汉学专业学生也成为孔子学院学生，在孔子学院学习中文课程并取得学分，因此他们在参加"汉语桥"比赛的时候具有人文学院和孔子学院双重学生身份。

2011 年 4 月 19 日，第 8 届拉脱维亚"汉语桥"中文比赛暨第 10 届"汉语桥"世界大学生中文比赛 / 第 4 届"汉语桥"世界中学生中文比赛拉脱维亚赛区选拔赛在里加文化中学礼堂举行。比赛主题为"友谊桥梁，心灵交响"，来自拉脱维亚大学、里加斯特拉京什大学孔子中心、维泽梅大学、里加文化中学、里加 34 中学、里加 68 中学的学生以及拉脱维亚各界爱好汉语人士、教育部官员、部分学生家长等近百人参加并观摩比赛，比赛分初级组、中级组和高级组进行，参赛选手中年纪最小的 11 岁，年龄最大的 47 岁，贝德高、史莲娜及参赛学校老师应邀担任评委，2007 年年度全球"汉语桥"总决赛二等奖获得者安泽特意为拉脱维亚赛区发来了祝福加油视频。选手们在主题演讲、中国国情知识问答、现场提问等环节激烈角逐,展示了武术、独唱、合唱、器乐演奏、猜谜、剪纸、木偶表演、小品、相声等丰富多彩的才艺表演。最后,来自拉脱维亚大学的甜甜获得了高级组一等奖,代表拉脱维亚参加在中国长沙举办的"汉语桥"大赛决赛。① 笔者十多年后向王烨姝谈起这次"汉语桥"比赛,她在电子邮箱里找到了当年指导拉脱维亚大学三年级学生甜甜、安然、小云、小可、葛思语、温暖参加高级组比赛的演讲稿。据她回忆,艾晓奇和叶春萌等其他同学也参加了比赛,她也指导了他们的演讲稿。② 虽然王烨姝2011年1月卸任回国了,但她指导的学生踊跃参加了4月举行的"汉语桥"比赛,并取得了傲人的成绩,甜甜同学荣获高级组第一名,站上了"汉语桥"拉脱维亚赛区的最高领奖台,圆了王烨姝作为老师的心愿。

2012年4月24日,第9届拉脱维亚"汉语桥"中文比赛暨第11届"汉语桥"世界大学生中文比赛/第五届"汉语桥"世界中学生中文比赛拉脱维亚赛区选拔赛在拉脱维亚大学主楼小礼堂举行。此次"汉语桥"比赛活动由中国驻拉脱维亚使馆主办,拉脱维亚大学孔子学院、拉脱维亚大学人文学院、里加斯特拉京什大学孔子中心、维泽梅大学、里加文化中学、里加68中学等多所中文教学机构协办,包括拉脱维亚教育部官员、新闻界人士等社会各界130余人出席,共有44名选手参加比赛,最小的选手5岁。陈学敏和樊莉负责拟定评分标准、准备问答题目,陈学敏负责安排比赛选手分组并主持比赛,贝德高、史莲娜、鲍葛薇、周文馨、樊莉、部分使馆人员担任评委。胡业顺大使、康格罗副校长分别致辞。参赛者们围绕"我的中国梦"这一主题,分别选择了朗诵、歌曲、舞蹈、武术、书法等多种形式来表现自己对中国文化的理解。经过激烈竞争,拉脱维亚大学碧海获得高级组第一名,从而赢得了参加在湖南长沙举行的世界

---

① 中国驻拉脱维亚大使馆致教育部函,2010年5月11日。拉脱维亚举行"汉语桥"中文比赛最小选手仅11岁,2011年04月21日,https://news.ifeng.com/c/7fZbK99II6F,2021年10月16日上网查阅。
② 2022年1月26日王烨姝微信访谈录。

第 11 届"汉语桥"大学生中文比赛的决赛资格。①里加文化中学吉英蕾获得中级组第一名，拉脱维亚大学小云获得初级组第一名。李碧建参赞、傅智敏参赞、拉脱维亚教育部官员、汉学家为获奖选手颁奖。

2013 年 4 月 23 日，第 10 届拉脱维亚"汉语桥"中文比赛暨第 12 届"汉语桥"世界大学生中文比赛/第 6 届"汉语桥"世界中学生中文比赛拉脱维亚赛区选拔赛在拉脱维亚大学主楼小礼堂举行。比赛主题是"我的中国梦"，由拉脱维亚大学孔子学院承办，各教学点协办。杨国强大使、拉脱维亚教育部代表雅科维卡、康格罗副校长等 100 余人出席比赛和观摩活动。来自孔子学院和人文学院的贝德高、黄明喜、玛丽娅、罗毅、樊莉、莫丽雅、李满楠，来自孔子中心的史莲娜、詹娜，来自维泽梅大学的宁晓璐，来自里加文化中学的周文馨，来自里加 68 中学的珍珠以及大使馆人员等，担任评委和会务人员。大赛由孔子学院志愿者教师罗毅主持，参赛选手共 35 名，分别参加"大学成人组"和"中小学生组"角逐。来自拉脱维亚大学的玛丽娅、罗丽娜和李琳达分别荣获"大学成人组"高级组、中级组和初级组一等奖；来自孔子中心的莱蒙尼和学龄前儿童伊娃分获"中小学生组"中级组和初级组一等奖。②

2014 年 4 月 30 日，第 11 届拉脱维亚"汉语桥"中文比赛暨第 13 届"汉语桥"世界大学生中文比赛/第 7 届"汉语桥"世界中学生中文比赛拉脱维亚赛区选拔赛在拉脱维亚大学主楼小礼堂举行。协办单位增加了里加工业大学、道加瓦皮尔斯大学、雷泽克内大学。共有 34 名大中小学生参加比赛，杨国强大使、康格罗副校长出席活动并致辞，拉脱维亚知名汉学家和汉语教师代表、汉语爱好者和新闻界友人等 100 余人观摩比赛。比赛以"我的中国梦"为主题，分"大学成人组"和"中小学生组"进行。黄明喜、史莲娜、曾伏华、宁晓璐、周文馨等担任评委。来自拉脱维亚大学人文学院的卡琳娜、艾蝶尔和孔子学院的欧

---

① 拉脱维亚举办第 9 届"汉语桥"中文比赛，2012 年 04 月 25 日，来源：新华网 https://news.ifeng.com/c/7fbzKzndPY6，2021 年 10 月 22 日上网查阅。碧海后来在宁波大学留学，毕业后留在中国发展，嫁给了宁波本地一位做外贸生意的小伙子。拉脱维亚留学生碧海：学中文实现"中国梦"，2015 年 12 月 23 日，来源：央广网 https://www.chinaqw.com/hwjy/2015/12-23/74668.shtml，2022 年 10 月 22 日上网查阅。
② 中国驻拉脱维亚大使馆致中国国家汉办函，2013 年 4 月 24 日。拉脱维亚大学孔子学院档案，2013 年 4 月 24 日。中国驻拉脱维亚使馆成功举办第 10 届"汉语桥"中文比赛，2013/04/25，https://www.mfa.gov.cn/ce/celv/chn/xwdt/t1035228.htm，2021 年 11 月 25 日上网查阅。

阳兰分别荣获"大学成人组"高级组、中级组和初级组一等奖;来自里加文化中学孔子课堂的雷劳拉、里加 34 中学的奥丽莎和叶尔加瓦第 5 中学的玛莎分获"中小学生组"高级组、中级组和初级组一等奖。[1] 傅智敏、黄明喜、白妩娜、王琼子、董芳为获奖选手颁奖。于婧媛带领两名参赛选手和两名观摩选手赴华参加第 7 届"汉语桥"世界中学生中文比赛,两名参赛选手为雷劳拉和穆依萱,两名观摩选手为玛丽娜和伊凡。[2]

2015 年 4 月 21 日,"华为杯"第 12 届拉脱维亚"汉语桥"中文比赛暨第 14 届"汉语桥"世界大学生中文比赛／第八届"汉语桥"世界中学生中文比赛拉脱维亚赛区选拔赛在拉脱维亚大学学术图书馆礼堂举行。协办单位增加了斯米尔提恩中心中学和斯米尔提恩完全中学,比赛得到华为拉脱维亚分公司赞助。杨国强大使、李涛参赞、曾伏华领事、华为公司负责人(朱陆、罗亚男、涂宏睿)等 100 余人参加并观摩了比赛。比赛由方思琪和金晶主持,贝德高、史莲娜、尚劝余、曾伏华、莫丽雅、王琼子、董芳担任评委。参赛的 36 名选手根据年龄划分为"大学成人组""中学生组""小学生组"。拉脱维亚大学的纳迪娜和里加 88 中学的伊凡分别荣获了"大学成人高级组"和"中学生高级组"一等奖,他们将代表拉脱维亚分别参加在中国举办的"汉语桥"世界大学生和中学生中文比赛的复赛和决赛。[3] 在这里顺便讲一下这次华为杯冠名相关事宜,不仅因为这是唯一一次联合冠名的"汉语桥"比赛,还因为一位当事人不久后英年早逝,离我们而去,谨以此寄托我们对他的哀思。在华为拉脱维亚公司唯一的中国员工李京的牵线搭桥下,笔者联系了华为拉脱维亚分公司相关负责人,商谈联合冠名举办"汉语桥"比赛事宜。2015 年 4 月 17 日,华为三位代表罗亚男、涂宏睿(温暖)、安特拉·萨夫莱维查前来孔子学院商谈,孔子学院两位院长和大使馆曾伏华领事参加会谈,华为赠送 6 部手机(后来由于出现两个并列第一名,又补赠 1 部手机)和 45 本书作为"汉语桥"比赛奖品。

---

[1] 中国驻拉脱维亚大使馆致中国国家汉办函,2014 年 5 月 5 日。中国驻拉脱维亚使馆成功举办第 11 届"汉语桥"中文比赛,https://www.fmprc.gov.cn/ce/celv/chn/xwdt/t1153104.htm,2021 年 11 月 25 日上网查阅。
[2] 拉脱维亚大学孔子学院档案,2014 年 4 月 30 日。
[3] 中国驻拉脱维亚使馆成功举办第 12 届"汉语桥"中文比赛,2015/04/23,https://www.mfa.gov.cn/ce/celv/chn/xwdt/t1257122.htm,2021 年 11 月 25 日上网查阅。

华为公司有十几位员工，其中三位是拉脱维亚大学汉学专业同届毕业生，即涂宏睿（温暖）、高歌和小莲。① 五年后的 2020 年 4 月，王烨姝在为《汉语之花盛开在波罗的海之滨——我与拉脱维亚的故事》撰写的文章中提道："远在天堂的温暖 Эльис，你是否一切安好？我们都很怀念你！"读到这段伤感的文字，笔者忍不住问了同一届的艾晓奇和叶春萌，他们回忆说，温暖（Эльис）是他们的同学，上大学的时候很认真、很体贴，对同学们很好，但毕业后他们几乎没有怎么联系，几年前听说他去世了。2022 年 1 月，笔者向王烨姝了解相关情况，她说几年前她的学生小莲告诉她，温暖同学在华为公司工作过，有一天感觉不舒服，去医院看病，第二天感觉好了，也没有当回事，第二次得病后再去医院却成了永别。于是，笔者想起七年前的这次华为杯"汉语桥"比赛见过的华为公司代表涂宏睿，便翻找了 2015 年 4 月 17 日的日记，果真发现涂宏睿就是温暖，还在相册中找到笔者为他拍的一张照片。睹物思人，悲从中来。愿天堂的温暖一切安好。

2016 年 3 月 11 日和 4 月 8 日，第 13 届拉脱维亚"汉语桥"中文比赛暨第 15 届"汉语桥"世界大学生中文比赛 / 第九届"汉语桥"世界中学生中文比赛拉脱维亚赛区选拔赛分别在拉脱维亚大学人文学院礼堂和里加工业大学礼堂举行。本次比赛是唯一一次大学成人组和中小学组分别在不同地点相隔好多天举行，其余比赛都是连续一天或两天举行。比赛由袁钰和王佳乐主持，大学成人组由曾伏华、鲍葛薇、白妩娜、莫丽雅、董芳、倪艺榕担任评委，中小学组由曾伏华、鲍葛薇、白妩娜、莫丽雅、卡琳娜、董芳、倪艺榕、潘军武担任评委。大学成人组共有 15 位参赛选手，其中初级组 10 人，中级组 2 人，高级组 3 人。中小学组共有 42 位参赛选手，其中小学生组 14 人，中学生组 28 人。3 月 11 日，黄勇大使和李涛参赞、伊克思顿斯副校长等近百人参加并观摩在拉脱维亚大学人文学院礼堂举行的大学成人组中文比赛。来自拉脱维亚大学的高碧娜、温维雅和塔尼亚荣获大学成人高级组、中级组和初级组的一等奖。② 4

---

① 感谢叶春萌和高歌提供信息，2022 年 1 月 14 日微信采访录和 1 月 26 日脸书采访录。
② "汉语桥"促进了中拉文化交流，国务院新闻办公室网站 www.scio.gov.cn2016-03-15，来源：人民网，http://www.scio.gov.cn/m/zhzc/35353/35354/document/1513678/1513678.htm，2021 年 12 月 2 日上网查阅。

月 8 日，黄勇大使、贝德高院长等各界 150 余人参加并观摩了在里加工业大学礼堂举行的中小学组中文比赛。来自里加文化中学孔子课堂的奥梦达，里加 34 中学的贝娜茜，雷泽克内大学孔子课堂的艾力克分别荣获了中学高级组、中级组和初级组一等奖；玛莎荣获小学组一等奖。[①] 高碧娜获得了大学生高级组一等奖，本可代表拉脱维亚赴华参加世界大学生"汉语桥"决赛，可惜因为年龄超过规定未能赴华参赛，实属遗憾。新华社对她的事迹做了专访报道：在拉脱维亚大学人文学院礼堂开幕的第 13 届"汉语桥"中文比赛上，女律师阿斯特丽达·高碧娜以其纯熟的汉语表达能力和学习汉语的人生励志故事征服评委，摘取高级组桂冠。比赛中，高碧娜分享了她与汉语结缘、通过学习汉语获得新生的故事，给人留下深刻印象。她说，几年前她经历了丧子之痛，精神受到严重打击，身体健康也出现状况，几乎丧失了工作能力，生活甚至不能自理。正是对汉语和中华文化的热爱与追求，让她不断学习汉语，重新燃起生的希望，并最终战胜了病魔。高碧娜说，中国汉字中蕴含着让人快乐的奥秘，正是与汉语结缘使她获得新生。[②]

2017 年 4 月 25—26 日，第 14 届拉脱维亚"汉语桥"中文比赛暨第 16 届"汉语桥"世界大学生中文比赛/第 10 届"汉语桥"世界中学生中文比赛拉脱维亚赛区选拔赛在拉脱维亚大学主楼小礼堂举行。比赛由中国驻拉脱维亚大使馆主办，拉脱维亚大学孔子学院承办，各个中文教学点协办。比赛主题是"梦想点亮未来"，参赛选手共 75 人，分为小学组、中学组和大学成人组三个组。比赛由林婕和曾庆君主持，李涛、尚劝余、鲍葛薇、白妩娜、丹雅娜、董芳担任评委。小学组共 15 人，分为初级和中级两个级别，小荷花和星星分别获得一等奖。中学组共 35 人，分为初级、中级和高级三个级别，格蕾、艾力克、贝娜茜分别获得一等奖。大学成人组共 25 人，分为初级、中级和高级三个级别，迪米特里、艾明赵劳拉分别获得一等奖。喀玛格丽达 70 多岁仍坚持学习中文，获得特殊奖《汉语拉脱维亚语大词典》，以资鼓励。[③] 新华社记者郭群和李德

[①] 拉脱维亚第 13 届"汉语桥"中文比赛中小学组决赛在里加工业大学举行，http://world.people.com.cn/n1/2016/0409/c1002-28263244.html，2021 年 12 月 2 日上网查阅。
[②] 拉脱维亚女律师结缘汉语战胜病魔，2016 年 03 月 12 日，来源：新华网，https://news.ifeng.com/a/20160312/47811008_0.shtml，2021 年 12 月 2 日上网查阅。
[③] 拉脱维亚大学孔子学院档案，2017 年 4 月 26 日。

萍对比赛做了采访报道："我是维泽梅大学大一的学生……我以前最大的梦想是去纽约看美国的建筑，但是学习中文后，我了解到了真实的中国，中国是一个富饶美丽、充满机会和惊喜的国家，中国梦也成为我的梦想之一。我爱中国、我爱中国人！"拉脱维亚姑娘安内亚在"汉语桥"比赛上努力用汉语描述她的中国梦。70岁的玛格丽特是这次"汉语桥"比赛中年纪最长的一位参赛者，她也讲述了自己的中国梦。"我来自叶尔加瓦市，是一名退休人员。我家共有15口人，有5个孙子孙女，我是一个幸福的奶奶和姥姥，目前在和女儿一起学习汉语，十分快乐，"她说，"中国有句谚语'不怕慢，就怕站'，我特别喜欢，我会一直坚持学习汉语。我去过中国的桂林，中国太美丽了，去一趟远远不够，我以后会经常去中国。"演讲结束后是才艺表演环节，玛格丽特演唱了自己创作的中文歌曲《小猫和小狗》。她说，自己的孙子孙女都特别喜欢这首歌，并且已经学会演唱。参赛者采采打动评委和来宾的，是她亲手制作的一道"走心"的汉字甜点。一块大木砧板上，左右两边的装饰是中拉两国国名，中间摆满了花式点心。在现场，采采制作最后一道工序，把一面面用面粉烤制的小旗子插在点心上，小旗子上是用巧克力写就的汉字"友谊"。采采说，自己的汉字点心就像一个温暖有爱的大家庭。[①]

2018年4月24—25日，第15届拉脱维亚"汉语桥"中文比赛暨第17届"汉语桥"世界大学生中文比赛/第11届"汉语桥"世界中学生中文比赛拉脱维亚赛区选拔赛在拉脱维亚大学主楼小礼堂举行，比赛主题分别为"天下一家"和"学会中国话，朋友遍天下"。协办单位增加了交通与电信大学、拉脱维亚农业大学、拉脱维亚文化学院、文茨皮尔斯大学、叶尔加瓦斯比杜拉中学、蒙特梭利探索小学。孙应来代办和沈晓凯参赞、伊克思顿斯副校长、贝德高院长、尚劝余院长等各界200多人出席并观摩了比赛。[②] 比赛分为小学组、中学组和大学成人组，由滕飞和朱玥主持，沈晓凯、王琼子、董芳、卡琳娜、马笑笑、艾维塔担任评委。参赛选手共68名，其中，大学成人组参赛选手17名，

[①]《特写：中国梦·我的梦——记拉脱维亚"汉语桥"比赛》，2017年4月26日，http://news.aiwainet.cn/n/2017/0426/c3541090-30883323.html?nojump=1，2021年12月2日上网查阅。
[②] "One World One Family" ——The 15th "Chinese Bridge" Chinese Competition in Latvia as Successfully Concluded, 2017-04-25, http://www.ci.lu.lv/?p=2852&lang=LV, 2021年12月2日上网查阅。

中学组 32 名，小学组 19 名。季穆尔、小荷花和星星分别获得小学初级、中级和高级组一等奖。昂劳拉、格蕾和艾力克分别获得中学初级、中级和高级组一等奖。白丽雪、优安娜分别获得大学初级和中级组一等奖，唐娜拉和蜜雪儿获得高级组并列一等奖。[①] 新华社对艾力克做了特别报道：来自雷泽克内的中学生艾力克在主题演讲中说，拉脱维亚有谚语"故土于人如欢歌于鸟，人无国，莺不啼"，而中国杜甫的诗作《春望》也有类似的表达。"学汉语前，我觉得中国是个神秘的国度，离我很遥远。学汉语后，两国文化中的共性给了我很多启发，我认为两国地理上的距离只是一个数字。"[②]

2019 年 4 月 12—13 日，第 16 届拉脱维亚"汉语桥"中文比赛暨第 18 届"汉语桥"世界大学生中文比赛 / 第 12 届"汉语桥"世界中学生中文比赛拉脱维亚赛区选拔赛在拉脱维亚大学主楼小礼堂举行。协办单位增加了利耶帕亚大学、克拉斯拉瓦中学、叶卡布皮尔斯中学、新马露白小学。孙应来代办在致辞中用拉脱维亚语朗读了中国诗人吉狄马加的诗《民歌》，这首诗由拉脱维亚诗人乌尔蒂斯·贝尔津斯译成拉脱维亚语，中拉文化的交融赋予了这首诗新的生命。孙代办指出，"文明因交流而多彩，文明因互鉴而丰富"，孔子说"大道之行也，天下为公"，老子说人人"甘其食，美其服，安其居，乐其俗"，中国提倡"和而不同，美美与共"，这是今天"汉语桥"比赛主题"天下一家"的由来，也是中国提出的人类命运共同体的历史渊源，并希望参赛选手用心去体会文明之间彼此交流的意义，用行动去架设沟通融合的桥梁，去实现自己和中国之间的"梦想情缘"。贝德高和尚劝余在致辞中提到，中国语言文化在拉脱维亚日益普及，"汉语桥"是中拉文化交流的一个渠道，架起了中拉友好的桥梁。[③] 比赛分为大学成人组、中学生组和小学生组三个组别及初级、中级和高级三个级别进行，由车俊池和潘凡尘主持，郭海波、鲍葛薇、白妩娜、卡琳娜、王琼子、曾庆君担任评委。参加比赛的选手共 63 人，其中，大学成人组参赛选手 13 名，

[①] 拉脱维亚大学孔子学院档案，2018 年 4 月 25 日。
[②] 拉脱维亚举行第 15 届"汉语桥"中文比赛，发布时间：2018 年 4 月 26 日，新华网官方账号，https://baijiahao.baidu.com/s?id=1598816355960075693&wfr=spider&for=pc，2021 年 12 月 5 日上网查阅。
[③] "One World One Family" ——The 16th "Chinese Bridge" Chinese Competition in Latvia was Successfully Concluded, http://www.ci.lu.lv/?p=3899, 2021 年 12 月 5 日上网查阅。

中学生组 25 名，小学生组 25 名。小学初级组普丹尼尔获得一等奖，中级组妮安娜获得一等奖，高级组丹尼尔获得一等奖。中学初级组达娜获得一等奖，中级组习妮卡获得一等奖，高级组贝娜茜获得一等奖。大学成人初级组雷雅晶获得一等奖，中级组宋意晴获得一等奖，高级组刘劳拉获得一等奖。①

2020 年 6 月 5—7 日，受新冠肺炎疫情影响，第 17 届拉脱维亚"汉语桥"中文比赛暨第 19 届"汉语桥"世界大学生中文比赛 / 第 13 届"汉语桥"世界中学生中文比赛拉脱维亚赛区选拔赛在线举行。协办单位增加里加道加瓦河口中学。尚劝余院长、比赛评审团、中文教师及参赛选手 90 余人出席了本次比赛。由于本次比赛在疫情期间举行，所以比赛形式由往年的现场展示改为视频选拔。参赛选手需提交主题演讲视频和才艺展示视频，个别组选手需在线参与线上问答环节，最后评审团综合选手所提交的自我介绍、主题演讲、才艺展示的视频和选手线上问答环节的表现进行打分。② 比赛由梁娟和艾维塔主持，刘继民、梁卫泉、鲍葛薇、卡琳娜、马笑笑、邹亚平、车俊池担任评委。参加比赛的选手共 65 名，其中，大学成人组 20 名，中学生组 29 名，小学生组 16 名。小学生初级组叶明目获得一等奖，中级组丹尼斯获得一等奖，高级组伟军获得一等奖。中学生初级组高乐言获得一等奖，中级组达娜获得一等奖，高级组妮安娜获得一等奖。大学成人初级组格蕾获得一等奖，中级组李斯获得一等奖，高级组奭慈敏获得一等奖。③

2021 年 5 月 29—30 日，受新冠肺炎疫情影响，第 18 届拉脱维亚"汉语桥"中文比赛暨第 20 届"汉语桥"世界大学生中文比赛 / 第 14 届"汉语桥"世界中学生中文比赛拉脱维亚赛区选拔赛在线举行。协办单位增加了里加64中学。梁建全大使和戴蓝参赞、贝德高和尚劝余院长、新华社里加分社负责人郭群和李德萍等嘉宾出席了大赛开幕式。④ 梁建全大使在致辞中指出，今年是中拉建

---

① 拉脱维亚大学孔子学院档案，2019 年 4 月 13 日。
② "One World One Family" — The 17th "Chinese Bridge" Chinese Competition in Latvia was Successfully Concluded, Jun 8,2020,《天下一家——第 17 届拉脱维亚"汉语桥"中文比赛成功举办》，2020 年 6 月 8 日，http://www.ci.lu.lv/?p=4879，2021 年 12 月 5 日上网查阅。
③ 拉脱维亚大学孔子学院档案，2020 年 6 月 7 日。
④ The 18th Latvian "Chinese Bridge"-Chinese Proficiency Competition Successfully Held, Jun 2, 2021,《第 18 届拉脱维亚"汉语桥"中文比赛成功举办》，2021 年 6 月 2 日，http://www.ci.lu.lv/?p=5302，2021 年 12 月 8 日上网查阅。

交30周年，30年来人文交流始终是推动两国关系发展的重要动力，始终是滋养中拉友谊的厚沃土壤。"汉语桥"不仅是中文教学的成果展示会，更是中拉人文交流的桥梁。它起步于语言，而超越语言；它发源于中国，而走向世界；它产生于课堂，而走进心灵，这正是"各美其美，美人之美，美美与共，天下大同"理念的诠释。同时，梁大使对努力学习中文的同学们点赞，也向长期在拉脱维亚从事中文教学、传播中华文化的老师们致以敬意，向所有关心和支持"汉语桥"的中拉各界人士表示感谢。① 比赛主题是"天下一家"，由杜灏和邬艳丽主持，戴蓝、刘继民、鲍葛薇、卡琳娜、艾维塔、马笑笑、白冰玉、朱柏帆担任评委。参赛选手共36名，其中大学成人组9名，中学生组11名，小学生组16名。小学生初级组森丽娅获得一等奖，中级组施嘉琪获得一等奖，高级组参赛选手里加安妮穆伊扎中学丹尼斯获得一等奖。中学生初级组早星获得一等奖，中级组基拉获得一等奖，高级组达娜获得一等奖。大学成人初级组微微获得一等奖，中级组玛丽获得一等奖，高级组沃安娜获得一等奖。②

2022年5月14—15日，受新冠肺炎疫情影响，第19届拉脱维亚"汉语桥"中文比赛暨第21届"汉语桥"世界大学生中文比赛/第15届"汉语桥"世界中学生中文比赛/第2届世界小学生中文秀拉脱维亚赛区选拔赛在线举行。宋丹卉公参、道加瓦皮尔斯大学副校长玛雅·布里玛、拉脱维亚华人华侨联合会常务副会长夏晓雷、尚劝余、贝德高、高安娜、郭群、李德萍等出席开幕式。刘继民、鲍葛薇、卡琳娜、艾薇塔、马笑笑、白冰玉、汤蘅担任评委。宋丹卉公参在致辞中指出，"汉语桥"不仅是一座语言之桥，更是一座探索中国的文化之桥、增进交流互鉴的友谊之桥、共促和平发展的心灵之桥，希望通过"汉语桥"带大家走近真实的中国，以心灵感知中国，与中国人民心心相通，携手走向持久和平、共同发展的彼岸。玛雅·布里玛副校长在致辞中对本次比赛的嘉宾、参赛人员、工作人员表示了衷心的感谢和祝愿，也向长期在拉脱维亚从事中文教学、传播中华文化的老师们致以敬意，向所有关心和支持"汉语桥"

---

① The 18th Latvian "Chinese Bridge" – Chinese Proficiency Competition Successfully Held, Jun 2, 2021,《第18届拉脱维亚"汉语桥"中文比赛成功举办》，2021年6月2日，http://www.ci.lu.lv/?p=5302，2021年12月8日上网查阅。http://www.ci.lu.lv/?p=5302，2021年12月8日上网查阅。
② 拉脱维亚大学孔子学院档案，2021年5月30日。

的中拉各界人士表示感谢。① 比赛主题是"天下一家",由白冰玉全面统筹协调,唐静和徐申主持。参赛选手共 23 名,其中小学生组 8 名,中学生组 7 名,大学成人组 8 名。小学生初级组卢卡获得一等奖,中级组澳妮卡获得一等奖,高级组纳尼卡获得一等奖。中学生初级组阿列克斯获得一奖,中级组艾唯获得一等奖,高级组妮安娜获得一等奖。大学生初级组艾蓝黛获得一等奖,中级组萨沙获得一等奖,高级组林伊娃获得一等奖。纳尼卡和伟军获得全球小学生中文秀一等奖。②

2023 年 5 月 18—19 日,第 20 届拉脱维亚"汉语桥"中文比赛暨第 22 届"汉语桥"世界大学生中文比赛 / 第 16 届"汉语桥"世界中学生中文比赛 / 第 3 届世界小学生中文秀拉脱维亚赛区选拔赛分别在拉脱维亚大学小礼堂和里加中国文化中心举行。这是新冠疫情以来拉脱维亚首次线下举行"汉语桥"比赛,也是在里加中国文化中心首次举行比赛。宋丹卉临时代办、赛格林什副校长、贝德高院长、尚劝余院长、王楠主任、亚尼斯·布列戴主任以及来自拉脱维亚大中小学的逾百位嘉宾和参赛选手参加活动。报名参加比赛的选手约 60 人,其中,小学组 32 人,中学组 20 人,大学组 8 人,以中小学生为主,呈现出年轻化的趋势,参赛选手年龄最大 37 岁,最小 9 岁。卡琳娜、艾薇塔、马笑笑、张晋彬、王楠、白冰玉担任评委。在 5 月 18 日的中学生初、中、高级组比赛中,有的选手唱中文歌、诗朗诵,有的表演中国古典舞、展示剪纸和书法等。在 5 月 19 日的小学初、中、高级组比赛中,选手们身着中国传统服饰——旗袍和汉服,有的表演中国传统乐器吹笛子,有的表演中国传统武术双节棍和剑术等,有的现场缝纫制作大熊猫,有的表演茶道,还有的讲述关于十二生肖、中国茶叶、小鲤鱼跳龙门等的故事;在大学初、中、高级组比赛中,选手们也围绕"天下一家,一个世界一个家""盲人摸象""黑脸包公""对生活的疑问"等话题进行现场演讲,用中文探讨一个又一个深刻的道理,发人深省。经过两天的激烈角逐,达莎、万沙白和妮卡分别获得小学初级组、中级组和高级

---

① The 19th Latvian "Chinese Bridge" – Chinese Proficiency Competition Successfully Held, May 15, 2022,《第 19 届拉脱维亚"汉语桥"中文比赛成功举办》,2022 年 5 月 15 日,http://www.ci.lu.lv/?p=5811,2021 年 12 月 8 日上网查阅。
② 拉脱维亚大学孔子学院档案,2022 年 5 月 14 日。

组一等奖；诗漫、景行和爱玛分别获得中学初级组、中级组和高级组一等奖；菲娜、贝蒂和沃安娜分别获得大学初级组、中级组和高级组一等奖。[1] 来自文茨皮尔斯大学教学点的乌克兰难民万沙白（和父母一起在文茨皮尔斯避难谋生）获奖的消息，在文茨皮尔斯大学官网和文茨皮尔斯媒体网络上不胫而走。

四、中文教学调研和汉语沙龙活动

为了进一步提升拉脱维亚中文教育水平和进一步推动中文教育发展，拉脱维亚大学孔子学院与各方联合，积极组织中文教学调研，并举办汉语沙龙活动。

（一）中文教学调研

为了响应孔子学院总部（国家汉办）提出的推动中文教学发展，不断提升中东欧孔子学院（课堂）的影响力和凝聚力的号召，也为了更全面深入了解拉脱维亚境内各中文教学点教学情况并据此对各个教学点进行评估，从而进一步调整教学政策，提高整体教学质量，扩大中文教学规模，促进中拉教育文化交流和合作，拉脱维亚大学孔子学院积极配合并组织了两次大规模的中文教学调研活动。

第一，2013年12月，根据孔子学院总部/国家汉办的部署，在中国驻拉脱维亚大使馆教育处的协调下，由里加工业大学志愿者教师于婧媛牵头，对拉脱维亚开设中文课程的教学点（拉脱维亚大学人文学院，拉脱维亚大学孔子学院本部及下设教学点里加文化中学、道加瓦皮尔斯大学和雷泽克内大学，中国驻拉脱维亚大使馆下设教学点里加工业大学和维泽梅大学，以及里加斯特拉京什大学孔子中心、里加34中学和里加68中学）进行问卷调查和单独采访，以便了解拉脱维亚中文教学现状、中文教师和学生面临的困难与挑战，探讨改进中文教学的途径。上述各教学点中文教师王琼子、董芳、王树蕙、黄颖怡、张双、张婕、于婧媛、宁晓璐、白妩娜、薇拉和珍珠等协助调研。最后，由于婧媛执笔，撰写和提交《2013年拉脱维亚中文教学情况调查报告》。报告分为四个部分：一、拉脱维亚国家概况，二、拉脱维亚教育概况，三、拉脱维亚中文教学的历史与现状，四、对拉脱维亚中文教学情况的调查。前三个部分主要借助现有资

---

[1] 2023年拉脱维亚第20届"汉语桥"中文比赛获奖名单，2023年5月19日。

料，包括在拉脱维亚大学任教过的几位中国老师发表的介绍文章，该报告最重要的部分是第四部分，包括4个方面的内容。

1. 拉脱维亚中文教学资源情况

拉脱维亚的国立大学和中小学，在教学配备和教学设施各方面都比较齐全，如教室装有空调及电子教学设施，包括多媒体计算机、投影仪及音响设施等现代化的教学设备。目前存在的问题主要是教材和其他汉语资源有限。除孔子学院的教材及文化资源较为充足，其他学校及机构基本的中文教材靠中方使馆捐赠或靠孔子学院提供。中国驻拉脱维亚大使馆、孔子学院和国家汉办分别以不同的形式向拉脱维亚开设中文课的大学和中小学赠送了大量书籍。这些书籍包括教材、工具书、练习册、教学挂图及有关当代中国和中国文化知识介绍的音像资料等各个方面。拉脱维亚没有一家出版单位发行中文教材，虽然中国捐赠了大量中文教材和教辅资料，毕竟数量有限，仍然无法满足中文教学的实际需要，大部分学校只能依靠教师给学生复印的方法来保证基本的教学。拉脱维亚不仅缺少中文教材，其他的教辅资料也同样很缺乏。从调查数据我们可以看到，总体来说，教师对现有教学环境、教学设备，都较为满意，对教学环境满意度最高，其次是多媒体及语音设备，对教材、教学参考资料和汉语资源的满意度一般，拉脱维亚教师对中文教学的教具配备较为不满意，而中国教师对教学参考资料较为不满意。由此可见，学校提供的基础教学设备能够满足教学需要，但是中文教学相关的资料和用具还是比较缺乏的。（1）中文教材与教辅资料的使用情况。由于没有针对拉脱维亚学生编写的中文教材，教师们根据自己的经验以及学生的需求选择中文教材，授课使用的教材包括《新实用中文课本》《体验汉语》《汉语会话301句》《汉语教程》《博雅汉语》《发展汉语》《走进中国》《汉语口语速成》《跟我学汉语》《长城汉语》《快乐汉语》等。这些教材均为中国出版，注释语主要是英语。对于教师获得中文教学资源的途径，大部分教师会选择通过网络搜寻下载，拉脱维亚的教师也比较依赖中方使馆和汉办提供相关的资源，例如中国文化相关的影像资料等。所以更多的中文教学软件的开发和在线中文教学资源网站的开发建设会对资源匮乏的海外中文教师提供很大的帮助，也有利于学习积极性较高的学生自主学习中文知识。（2）中文教材与教辅资料的需求情况。就"您对教材的要求有哪些？"在教师中展开调查，对于教材不同的特点，拉脱维亚教师最需要的教材为：有中国文化介绍的教材、配有同步CD或者MP3的教材、有配套练习册和大量插图的教材等。中国教师最需要的教材为：针对拉脱维亚学生编写的教材、有配套练习册的教材、有配套教具的教材（如卡片、挂图）等。从需求的角度来看，拉脱维亚教师最需要的是卡片、挂图等教辅用具和资料，中国教师最需要教学参考书等资料。

2. 拉脱维亚中文教学师资情况

调查的中文师资范围包括国立大学、中学和一些中文教学机构的教师情况。在拉脱维亚从事中文教学工作的教师以女性居多，大致分为三类：公立大学教师、国立中学教师和中文培训机构教师，有不少教师还是在读硕士或博士。除了大学教师和孔子中心的几位老师外，其他基本都属于兼职教师。为了详细了解师资情况，通过联系部分中文教师，共有16位教师参与了问卷调查和访问，9位中国籍教师和7位拉脱维亚籍教师，问卷的有效率达100%。在抽样调查的问卷中也涵盖了以上三类教师，教师的国籍分别为中国内地和拉脱维亚，母语为汉语、拉脱维亚语和俄语，年龄在23到40岁之间。学历背景从本科到博士，教师学历以硕士居多，专业背景主要为汉学专业、汉语国际教育专业、东亚文化史、应用语言学、英语、政治学和经济学等。这些教师在拉脱维亚教中文的时间从几个月到十几年不等。目前，在拉脱维亚从事中文教育工作的中国人基本为汉办公派中文教师及志愿者共八人，以及一位拉脱维亚大学自己聘请的中国教师。此外，还有拉脱维亚本土中文教师，他们有多位是拉脱维亚大学汉学专业的本科或硕士毕业生。大部分拉脱维亚教师在中国内地或台湾学习过中文，学习时间为半年到3年以上。从调查中了解到，无论是刚刚来到拉脱维亚从事中文教学的年轻教师还是有近十年教学经验的本地教师，都一致地表示拉脱维亚的学生对于学习中文抱有很大的热情。根据教师的经验，学生选择学习中文的原因，主要出于喜欢中文和对中国文化感兴趣，还有出于就业和工作需要，有愿望学习中文的学生们都比较主动，会提出自己学习的期望和要求，大多学生学习中文都希望能全面掌握听说读写技能，另外还有很大一部分学生的目标是希望掌握听说交流技能。教师们也会根据学生的意愿去进行有针对性的教学。在教学语言的使用上，中国教师的工作语言和教学语言主要是汉语和英语，对零起点的学生和低年级几乎完全使用英语，而对高年级的学生可以完全使用汉语；大多数本地教师主要用拉脱维亚语和中文教学，有些教师也会用俄语、英语和其他语言辅助。

3. 拉脱维亚中文学习者情况

目前，拉脱维亚中文学习者的主体，主要是18—25岁的在校大学生。拉脱维亚共有六所高校开设中文课程，但每所学校中文学习者人数不多，一般为20—50人，占在校学生总人数的比例较小。通过对四所开设中文课的大学在校学生（初学者）进行调查，我们了解到通常愿意参加中文学习的大学生人数是实际学习人数的4—5倍，影响他们学习中文的主要因素有以下几个方面。（1）时间冲突。学生们往往是在学期开始决定学习中文，而又很容易由于其他课程安排的一些变化放弃中文课，比如中文课和自己的专业课上课时间有冲突。孔子学院目前除了独立招收学生以外，还与道加瓦皮尔斯大学和雷泽克内大学合作，为其在校大学生开设免费的中文课程。由于这两所学校的中文兴趣班不收费且没有学分，能够坚持上课的学生人数是最开始人数的60%左右。（2）经济因素。拉脱维亚大学生大部分需要自己打工挣学费，拉脱维亚的学费数目不小，对学生来说也是不小的负担，所以上课很多学生迟到、旷课，原因最多的就是"今天我有工作"。他们会为了工作而选择性地上课。所以，对于这种情况老师要合理安排上课时间，选择适合学生年龄和需求的教学内容和教学方法。（3）学生特点和学习动机。通过问卷调查，当地的大学生有近七成是因为对中国、中国文化和中文感兴趣才选择了这个专业。还有一部分学生认为学习中文可能会有更多的工作机会，可以做翻译或与中国人做生意等。所以根据学生的学习动机和目的要求，教材编写要有很强的针对性。在授课内容的选择上，需要选择一些年轻人感兴趣的话题，适合他们年龄段的内容，这样才能更吸引他们学习下去。学生的年龄特点要求教材内容不能太死板、枯燥，最好是与他们的日常生活相关，贴近实际，实用性较强的。（4）学生习得特点。拉脱维亚学生读写能力较强，但听说方面就相对较弱。因为最大的问题是他们缺少语言环境，唯一接触中文的机会就是课堂和汉语角，学生能做的听力练习也很有限，因为缺乏资源，很难找到自己练习的机会。即使是拉脱维亚大学汉学专业的学生也认为听说练习远远不够，所以很多学生会在课后去孔子学院或孔子中心继续学习中文。所以最大的困难是听说问题。这就迫切需要和国内的院校加强合作，为学生提供更多到中国学习的机会和奖学金，拉脱维亚大学的一些本科生和研究生到中国的高校交流学习过，在目的语环境中学习中文进步非常大。如今，在拉脱维亚，越来越多的教育机构和学生意识到中文的重要性。除了大学生中文学习者外，部分中小学生也有学习中文的需要。这种需要有一部分来自孩子本身，还有一些是来自家长的要求。对于拉脱维亚的中学生来说，可以选择一门外语作为选修课。如果可以在更多中学开设中文选修课，其实是学校和家长都喜闻乐见的。在中文培训机构里有不少已经参加工作的社会人士，他们普遍具有不错的经济收入和一定社会地位。在访谈中得知，他们很多人的工作会与中文直接相关，比如他们所在的公司在中国有分公司或与中国做生意，中文可能在现在或未来对他们的工作产生影响，所以这些学习者出于很实际的目的愿意利用业余时间学习中文，也有部分学习者是出于对中国文化、历史和文学方面的爱好，主动来学习中文。

4. 拉脱维亚中文教学的问题与发展

目前，拉脱维亚中文教学主要面临两个重要问题，一个是现在还没有一本针对拉脱维亚中文学习者的教材，很多教材的编写内容针对的是已经在中国的外国留学生，例如《新实用汉语课本》。因此，在教材建设方面，还有很大的提升空间。由于没有针对拉脱维亚学生编写的中文教材，教师们根据自己的经验以及学生的需求选择中文教材，大多教材为英文版。教师普遍喜欢为成年学生选用《体验汉语》《新实用汉语课本》《汉语教程》《博雅汉语》《发展汉语》《走进中国》等教材，为中小学生选择《跟我学汉语》《长城汉语》《快乐汉语》等。另一个重要的问题就是如今拉脱维亚对中文教师的需求越来越多，拉脱维亚需要培养更多的本土中文教师，现有的教师也有接受培训的需求。对于培训的老师，67%的拉脱维亚教师希望给自己培训的老师是中国人，33%的教师希望是由拉脱维亚人和中国人共同培训。总之，拉脱维亚的中文研究已有多年历史，但是中文教学的开展还有很大的发展空间。随着近年来拉脱维亚的发展和中国国际影响的扩大，两国之间各领域交流与合作逐渐增多，拉脱维亚学习中文的人越来越多，中文教学事业成绩显著。但是，拉脱维亚中文教师缺乏和各方面资源不足，这需要中国政府和汉办提供更多的支持，也需要两国教师的共同努力，同时要积极思考和挖掘更有效的和有针对性的教学方法和策略，相信通过两国政府和两国教师的共同努力，拉脱维亚的中文教学事业的发展前景会一片光明。①

第二，2015年4月至2016年6月，为进一步推动中东欧国家孔子学院发展，满足中东欧国家中文教学需求，深化中国－中东欧教育文化交流，实现不同文明互鉴共荣，孔子学院总部/国家汉办开展了中东欧国家中文教学及孔子学院发展情况调研。拉脱维亚大学孔子学院组成调研团队，根据拉脱维亚中文教学实际情况，确定调研对象，提出调研问题，制定调查问卷，对拉脱维亚的中文教学情况进行全面深入调研。调研团队总负责人为尚劝余和贝德高，成员有柯劳拉、王佳乐、董芳、程雪、袁钰、黄蕊、尹莎莎、莫婉亭、梁铭轩、王志杰、倪艺榕、潘军武、金蒙、初从从、盛铭、林才等，共分为7个调研组分头调研，然后汇总撰写调研报告（调研报告总负责人：尚劝余、贝德高、王佳乐、程雪、董芳；参与撰写：黄蕊、尹莎莎、袁钰、莫婉亭、梁铭轩、王志杰）。2015年4月出台调研方案，（一）调研内容：1.拉脱维亚教育政策和概况。2.拉脱维亚现有中文教学情况及中文学习需求。3.师资情况。4.教材情况。5.汉学家情况。6.中文教学整体分析。7.拉脱维亚大学孔子学院的法律地位；（二）调研对象：拉脱维亚教育部、5个省市教育部门、10个开设中文课的大中小学（拉脱维亚大学、里加斯特拉京什大学、维泽梅大学、道加瓦皮尔斯大学、雷泽克内大学、里加工业大学、交通与电信大学、里加文化中学、里加34中学、斯米尔提恩中学）、5个外语教学成果突出的大中小学（里加法律学院、拉脱维亚文化学院、里加88中学、里加古典中学、拉脱维亚国际学校）、4家企业（华为、中兴、宇通、施丹兰）、2个民间团体（华联会、功夫协会）以及2个国外语言文化推广机构（歌德学院、法语联盟）等；（三）调研方式：1.查阅及整理档案材料：（1）查阅拉脱维亚教育政策尤其是语言教育方面的文献资料，翻译整理；（2）整理各教学点中文教学开展背景、历来教学工作计划、教学管理制度、各项常规教学的课程记录、文化活动开展情况等资料进行汇总；（3）各教学点中文教师提交书面报告，包括所在教学点学生人数、水平，教材使用情况、教学课型、课时、进度，教师合作情况、教学反思等，为进一步考察调研提供

---

① 于婧媛：《2013年拉脱维亚中文教学情况调查报告》，2013年12月30日。

基本背景资料。2. 深入采访：（1）针对当地教育政策，主要是对拉脱维亚教育部门官员和各教学点学校负责人进行面访，重点在于本地外语教学政策尤其是中文教学推广方面相关政策；（2）针对具体的中文教学工作，对各教学点一线教师和学生进行面访、小型会谈，听取教学双方关于中文教学工作开展情况的相关反馈。3. 实地考察：由调研小组在资料搜集整理基本完成的基础上到各地进行实地考察、观摩、听课，获取一线反馈。（四）撰写调研报告：根据七个调研组前期资料搜集和实地考察、采访结果，组织人马撰写并提交调研报告。2016年1月6日撰写调研报告草稿，1月17日定稿提交给孔子学院总部/国家汉办，3月7日—6月25日根据反馈意见，进一步核实和修改，最终提交定稿（第六稿）。

《拉脱维亚中文教学及孔院发展情况调研报告》包括七部分，3万多字。限于篇幅，这里只列举七部分的框架，具体内容可参见"拉脱维亚中文教学总体情况概述"一文。[1] 一、拉脱维亚教育政策概况：（一）拉脱维亚教育政策和概况；（二）拉脱维亚外语教学政策和概况；（三）拉脱维亚中文教学政策和概况。二、拉脱维亚现有中文教学情况及中文学习需求：（一）大中小学、企业、民间团体等现有中文教学情况及中文学习需求（1.学生构成；2.课程类型及课时数；3.课程形式；4.课程内容及中文教学使用的语言；5.开设中文教学的机构、中文教学宣传方式、收费情况以及学生参加汉语考试情况；6.学生学习中文的目的；7.各类人员对中文教学及孔子学院的评价；8.希望新设或增加中文课的需求情况）；（二）歌德学院开展外语教学情况。[2] 三、师资情况：（一）本土师资情况（1.本土师资规模；2.拉脱维亚对大学、中小学本土教师任教资格要求；3.收入水平；4.汉学专业学生就业情况；5.孔子学院聘请全职本土教师的可行性及困难；6.本土教师希望接受培训的内容；7.设立核心教师岗位的可行性）；（二）国内派遣教师规模（1.公派教师规模；2.志愿者教师规模）。四、教材情况：（一）大学最受欢迎的教材；（二）中小学

---

[1] 尚劝余、贝德高等："拉脱维亚中文教学总体情况概述"，《拉脱维亚中文教学研究与探索》，云南人民出版社2016年，第2—29页。
[2] 由于2015年11月13日法国巴黎发生一系列恐怖袭击事件，里加的法语联盟办公室关闭，未能采访到法语联盟的语言教学信息。

最受欢迎的教材；（三）最受社会人士欢迎的教材；（四）教材评价及编写建议。五、汉学家情况（有两位汉学家没有接受此次调研，接受此次调研的汉学家共有5人，其中资深汉学家3人，中青年汉学家2人）。六、中文教学整体分析：（一）中文教学推广前景预测（1.拉脱维亚人口及各省市分布情况；2.拉脱维亚各省市大中小学等院校或学校分布情况；3.拉脱维亚与中国经贸往来情况；4.拉脱维亚与中国人员交流情况；5.中文教学需求整体预测及区域分布预测）；（二）孔子学院发展及教学点布局规划（1.继续以里加为中心，扩大影响力，并将教学点逐步扩展到拉脱维亚各主要城市；2.孔子学院教学点布局向中小学倾斜，使青少年儿童从小打下良好的中文基础，为大学培养和储备中文生源）；（三）师资配比分析；（四）为当地企业和中资企业服务的方式和合作类型；（五）中文推广遇到的问题与挑战（1.主要以非学历教育为主，资金来源单一；2.主要以教授语言课为主，文化交流和专业教学比较薄弱；3.以短期外派教师和志愿者为主，缺乏专职教师，教师流动性太大，衔接性较差；4.本土教师队伍不够庞大，只能依靠以英语为媒介语的教师授课；5.教材选择性较少，拉脱维亚本土化教材短缺；（六）应对策略（1.完善孔子学院管理机制，规范办学流程，建立评估体系；2.多种渠道拓展办学资金，提高资金使用效益，在国家财政支持为主导的基础上促进孔子学院自身创收，推动非政府组织、企业等参与孔子学院的运营；3.根据拉脱维亚实际需求，在提供中文课程的基础上，建立本土师资培训中心、本土中文教师资格认证点，与艺术学院、医学院和商学院协商，探讨建立中国艺术、中医、商务汉语等特色教学项目；4.提高中国教师专业能力，使其在掌握本地语言基础上成为专职专业教师；5.推进教师本土化、教材本土化进程，致力在未来建立由孔子学院助力，本土教师为主授课的局面）。七、拉脱维亚大学孔子学院的法律地位：（一）法律地位；（二）行政人员；（三）中方人员签证类型；（四）中方人员签证所需材料；（五）中方人员签证申请流程和申请时间周期。八、总结：本次调研活动涉及范围广，以问题为导向，主要解决以下两个问题：（一）如何进一步开拓中文教学市场，最大限度地满足拉脱维亚中文教学需求？（二）孔子学院应该如何定位以实现孔子学院可持续发展？如何服务于"一带一路"倡议和中国 – 中东欧"16+1"合作？[①]

（二）汉语沙龙

"汉语沙龙"即"汉语角"，最早于2003年由拉脱维亚大学公派教师王珊尝试创办，向中国大使馆借中国影视碟片，周末由拉脱维亚大学汉学专业学生在拉脱维亚大学东方学系楼上的大教室主持放映，允许校外感兴趣者参加，进行观影和交流。[②] 后来公派教师王英佳2008年改进了汉语角形式，参加者有使馆人员、在校中文学生、在中国工作或留过学的人、本地人，也有其他国家的人、中国留学生，大家一起用中文聊天，一起唱中文歌等，这一活动后来得到汉办和使馆的大力支持，一直沿用下来，在长城饭店举办。

孔子学院第一任志愿者教师罗毅这样写道：作为中国政府派出的"文化使者"，志愿者教师身兼中文教学和中国文化传播的双重任务。"汉语沙龙"是我们坚持时间最长，波及范围最广，参与人数最多的教学和文化活动。每次活动前，都会根据学生的中文水平有针对性地为他们设计活动内容，通过"汉字卡造句""日常对话模拟""学唱中文歌""自由讨论会"等形式为学生创造说中文的机会。[③]

2012年10月30日，孔子学院首次汉语沙龙"我和中文"在里加长城饭店举行。贝德高、黄明喜、罗毅及大使馆教育处秘书曾伏华、孔子学院和人文学院师生出席了活动。学生们不仅品尝了地道的中国美食，还与到场嘉宾一起畅谈了自己学习中文的经历和心得体会。曾伏华对学生们关于留学、签证等相关问题作了详细回答。临近活动尾声，罗毅为大家演奏了葫芦丝名曲《月光下的凤尾竹》。[④] 有关汉语角活动，留待第三章第一节拉脱维亚大学人文学院部分再详细介绍。

[①] 《拉脱维亚中文教学及孔子学院发展情况调研报告》（第六稿），拉脱维亚大学孔子学院档案，2016年6月25日。
[②] 王珊微信访谈录，2022年3月27日。
[③] 罗毅：《拉脱维亚大学孔子学院志愿者教师工作总结（2012年9月17日–2013年7月12日）》，2013年7月23日。
[④] 《拉脱维亚大学孔子学院2012年大事记》，拉脱维亚大学孔子学院档案，2013年1月28日。

第三节 各类文化活动

孔子学院除了开设本部日常中文课程和组织其他中文教学相关活动之外，还组织举办一年一度的常规文化活动和其他活动，例如春节、元宵节、中秋节、孔子学院日、夏令营、奖学金生欢送会、音乐会、各种展览、中国文化体验、录制电视节目、接受媒体采访等。此外，孔子学院也参与高访接待工作，举办相关文化活动。

一、常规文化活动

常规文化活动包括一年一度的春节、元宵节、中秋节、孔子学院日等庆祝活动。

（一）春节和元宵节

第一，2011年和2012年的中文师生春节和元宵节活动均由中国驻拉脱维亚大使馆主办，拉脱维亚大学等各个中文教学点参与，包括2011年1月31日兔年新春招待会和2月11日元宵节招待会，2012年1月19日龙年新春招待会和2月9日元宵节招待会。中国大使馆胡业顺大使、傅智敏参赞、曾伏华领事、拉脱维亚议会外委会主席卡尔宁斯、议会拉中友好小组主席乌尔班诺维奇、叶尔加瓦市长拉温什、拉脱维亚国防部长帕布里克斯、拉脱维亚国防部国务秘书斯塔茨、拉脱维亚教育部副国务秘书丝卡、拉脱维亚外交部总司长马赛克、部分驻拉脱维亚使节、著名汉学家、华人华侨、中文教师、中资机构代表、留学生等各界嘉宾出席；武术协会和各个中文教学点师生表演中国功夫、诗朗诵、绕口令、歌曲等节目，此外还有猜灯谜等活动，大使馆还为大家准备了中国文化丛书、音像材料及兔年纪念品。拉脱维亚波罗的海电视一台就中国传统民俗文化等话题对胡业顺大使进行了现场采访。①

第二，从2013年到2016年，孔子学院接手组织主办中文师生春节和元宵节庆祝活动，包括2013年2月10日"新春联欢情、中拉一家亲"新春联欢会（罗毅主持），2014年1月29日"迎新年、共团圆"马年春节联欢会（黄颖怡和王树蕙主持），2014年2月13日元宵联欢会（董芳和于婧媛主持），2015年2月28日"拉脱维亚中文师生春节元宵联欢会"（金晶和程雪主持，这是首次将春节和元宵节合在一起庆祝），2016年2月6日"金猴呈祥"迎新春联欢会（尹莎莎、卡琳娜、王磊主持）。胡业顺大使、杨国强大使、黄勇大使、傅智敏参赞、李涛参赞、曾伏华领事、拉脱维亚议会拉中友好小组主席波塔普金斯、拉脱维亚外交部国务秘书贝安德烈斯、拉脱维亚教育和科学部部长助理格蕾什考奈、穆伊日涅克斯校长、康格罗副校长、伊格尔斯·迪潘斯副校长、葛阿丽娜处长、贝德高院长、黄明喜院长、尚劝余院长、孔子学院及各教学点师生等参加活动。各教学点师生表演《新春联欢秀》《中华武魂》《大中国》《梅花梦》《年味包饺子》《月亮代表我的心》《新年好》《十二生肖》《北京冬天很冷》《找朋友》《面朝大海春暖花开》《康定情歌》《恭喜恭喜》《欢乐过新年》《茉莉花》《甜蜜蜜》《卖汤圆》《对不起我的中文不太好》《给我一个吻》《卓玛》《猜成语》《梨花颂》《欢乐过新年》《汉字博物馆》《中国古诗》《施氏食狮史》《彩云追月》《新白雪公主》《我要你那样》《沁园春·雪》《穷开心》《永远的朋友》《女孩儿》《闹新春》《迎春图》《鹦鹉与鸽子》《家在东北》《朋友》《卷珠帘》《女神不说话》《生查子·元夕》《花样少女》《太极与古筝》《富贵花开迎新春》《京剧片段》等不同风格的歌曲、情景剧、音乐小品、配乐诗朗诵、吉他弹唱、串烧舞蹈、舞龙舞狮、传统武术、现场作画、魔术表演等精彩节目。活动不仅展示了孔子学院的教学成果，同时也激发了学生们学习中文、了解中国文化的热情。这不仅是春节元宵节的联欢会，也是拉脱维亚汉教师生的交流切磋之会，更是中拉两国的友好亲

---

① 中国驻拉脱维亚使馆与拉汉教师生共庆元宵佳节，2011年2月14日，来源：外交部网站，http://news.hexun.com/2011-02-14/127288590.html；中国驻拉脱维亚大使馆举办春节招待会，2012/01/20，https://www.fmprc.gov.cn/ce/celv/chn/xwdt/t898098.htm；中国驻拉脱维亚使馆举办2012年元宵节招待会，2012/02/10，https://www.fmprc.gov.cn/ce/celv/chn/xwdt/t903768.htm，2021年12月20日上网查阅。

密之会，不仅庆祝了中国的传统节日，同时也得到了拉脱维亚当地民众的热切关注，是拉近彼此友谊、加深拉国人民对中国文化了解的盛会。①

第三，2017年和2018年，春节庆祝活动采取了新的形式（即春节庙会），规模更大，各有2000余人参与，内容也更加丰富。第一场春节庙会在拉脱维亚人协会大厅举行，由中国文化部及中国大使馆主办，拉脱维亚大学孔子学院、拉脱维亚留华同学会、拉脱维亚华侨华人联合会承办。除表演区外，还设了5个分区，分别是中国美食区、中国才艺区、中国茶艺区、儿童影视区、传统游戏区，拉脱维亚民众携家人或随好友前来，同逛春节庙会，共迎中国新年。由孔子学院志愿者教师曾庆君、吴甜田和曾嵘负责的"中国剪纸艺术"摊位，与书法、国画、茶道等形成一处别具风格的文化体验区。在中央大厅表演区，孔子学院和各个教学点以及中国麋鹿乐团表演了中国歌曲大合唱和独唱、中国武术、快板以及中国乐曲。②第二场"欢乐春节"庙会在里加大基尔德音乐厅举行，由中国大使馆和里加中国文化中心主办，孔子学院、留华同学会、华侨华人联合会承办。庙会分为三个区域，除了欢乐游戏区和中国美食区之外，还有苏州非物质文化遗产展示展演区，包括苏州发秀、苏州核雕、苏州剪纸、苏州泥塑、苏州灯彩、苏州刺绣、苏州篆刻等，孔子学院的董芳、王琼子、白冰玉、吴甜田、曾庆君、潘玲、林婕、胡越、陈凤凰、于洋、滕飞、赵倩、刘梦珂、张扬、朱玥、潘玲、吴炜、吴家旭等协助讲解、发放礼品、回答观众问题。庙会活动结束后，上海文化艺术团民乐专场表演。黄勇大使和里加市副秘书长考克斯致辞，表达了对两国人民的美好祝愿。里加中国文化中心主任张丽丽以及杨松、杨森、艾文等出席了活动。随着两国交往的日益密切，两国民众进行文化交流

---

① 拉脱维亚大学孔子学院举办首届新春联欢会，Posted by caoling on Feb 25, 2013 in 拉大孔院，http://www.ci.lu.lv/?p=90；中国驻拉脱维亚使馆举行2013年元宵节招待会，2013/02/21，https://www.fmprc.gov.cn/ce/celv/chn/xwdt/t1015386.htm；《拉脱维亚大学孔子学院2014春节联欢节目活动安排》，拉脱维亚大学孔子学院档案，2014年1月19日；《元宵节分工明细》，拉脱维亚大学孔子学院档案，2014年2月13日；《拉脱维亚大学孔子学院2014年元宵联欢会圆满举行》，拉脱维亚大学孔子学院档案，2014年2月13日；《2015年春节元宵节工作安排及流程表》，拉脱维亚大学孔子学院档案，2015年2月25日；《拉脱维亚汉教师生2015年春节元宵联欢会节目单》，拉脱维亚大学孔子学院档案，2015年2月23日；《拉脱维亚大学孔子学院成功举办"拉脱维亚汉教师生2015年春节元宵联欢会"》，拉脱维亚大学孔子学院档案，2015年2月28日；《拉脱维亚2016年迎新春联欢会成功举办》，拉脱维亚大学孔子学院档案，2016年2月6日。
② 《逛春节庙会，迎中国新年》，拉脱维亚大学孔子学院档案，2017年1月22日。

的平台也日益丰富，拉脱维亚民众对中国文化活动的参与热情也日益高涨。通过传统的中国节庆形式——庙会，参与者充分感受到了中国浓浓的节日氛围和深厚的文化底蕴，可玩可赏，其乐无穷，拉近了中拉两国人民的距离，加深了两国人民的友谊。①

第四，2019 年和 2020 年，孔子学院与留华同学会、华联会、文化中心、武术协会在拉脱维亚大学大礼堂联合举办"新春庆典"和"新春联欢"活动。"新春庆典"活动分为"新春文化体验"和"新春音乐会"两部分，卡琳娜和伊凡主持。"新春文化体验"分别设置了"新春剪纸""新春折纸""我的中文名字""杯子歌""汉服秀"五个区域供观众体验中国丰富多彩的传统文化。"新春音乐会"包括武术表演、《新年好》《泥娃娃》《真情的自我》《富贵花开迎新年》《龙文》《快板》《绘画》《中国舞》《中拉歌曲》《雪落下的声音》《追光者》《中国风》《春风吹到你的家》《那些花儿》《渔舟唱晚》等歌舞画节目。②"新春联欢"活动分为"新春文化体验工作坊""新春联欢会""黑龙江民乐团表演"三部分，卡琳娜和伊凡主持。新春文化体验工作坊除了"起中文名""体验汉服""中国剪纸"外，还有"编织中国结""绘画脸谱""中国书画"。③新春联欢会节目纷呈，有歌曲《1234567 我的朋友在哪里》《神话》《宫商角徵羽》《自由》《美好新年》《越人歌》，舞蹈《我的新衣》《街舞》《舞娘》《你笑起来真好看》，还有太极拳、舞狮、中国鼓、古琴茶艺等。黑龙江民乐团表演了中国二胡、扬琴、琵琶、笙箫等民族乐器合奏的中国名曲《春潮》《送你一支玫瑰花》《塞北的雪》《战马奔腾》等。④

新华社记者郭群、李德萍做了采访报道：拉脱维亚人身着中国传统服装打太极、唱中国歌，中国人用拉语演唱拉脱维亚歌曲……2019 年新春联欢活动在拉脱维亚大学礼堂举行，中拉两国民众齐聚一堂，载歌载舞，同庆中国新春

---

① 《拉脱维亚"欢乐春节"庙会》，拉脱维亚大学孔子学院档案，2018 年 2 月 10 日。
② 《拉脱维亚 2019 年新春庆典活动成功举办》，拉脱维亚大学孔子学院档案，2019 年 2 月 4 日。特写：中拉文化在这里交融——2019 年拉脱维亚春节联欢活动侧记，新华网，2019 年 2 月 4 日，http://www.gov.cn/xinwen/2019-02/04/content_5363875.htm，2021 年 12 月 25 日上网查阅。
③ 《2020 年春节活动策划》，拉脱维亚大学孔子学院档案，2020 年 1 月 23 日。
④ 《"玉鼠迎新年"——2020 年拉脱维亚春节联欢活动圆满举行》，拉脱维亚大学孔子学院档案，2020 年 1 月 27 日。

佳节。"我曾经是一名羽毛球运动员,随着年龄的增长,我开始喜欢中国太极,希望能够强身健体并找到心灵的宁静与和谐,"身着一身黑色太极服、50岁的德米特里在结束表演后对记者娓娓道来,"我习练太极已经3年,队友中有的才练1年,有的已经练了30年。里加有一个中国武术学校,有200多人习练太极和武术。"来自叶尔加瓦市第二中学的玛莎是个小"中国通",经常参加和中国有关的活动。她每次参加比赛或演出都特别认真,且会专门准备一套中国旗袍作为演出服。这一次,她身穿一件改良的梅花图案旗袍,别有中国韵味,一曲《富贵花开迎新年》的表演唱字正腔圆,艳惊四座。舞台上,一群拉脱维亚孩童跟主持人现场学说汉语,把"新年快乐""吉祥如意""恭喜发财"等吉祥祝福话,一句句道给观众;新近成立的华人女子合唱团"心乐"为观众带来了高水平的演出,尤其是她们用拉语演唱的拉脱维亚歌曲《小提琴》,赢得全场喝彩。此次春节联欢活动的主持人、拉脱维亚留华同学会会长卡琳娜对记者说:"2007年留学时,我在中国度过了第一个春节,那时对春节还不太了解。没想到,10多年后的今天,对于许多拉脱维亚人来说,春节已经变成了一个特别重要的节日。"卡琳娜说,很多学习中文的学生希望参加春节演出,不懂中文的人则希望了解中国过年的传统和习俗。现在,越来越多拉脱维亚人渴望了解中国、了解中国文化。拉脱维亚人安泽是近年来活跃在中国的电视节目主持人,在春节即将来临之际,她专程赶回母校参加新春联欢活动。安泽说:"今天的活动特别有意义,我很高兴有越来越多拉脱维亚人对中国文化感兴趣。有一句话说:'国之交在于民相亲,民相亲在于心相通',我们做到了。"[1]

第五,2021年和2022年,由于新冠疫情,无法现场庆祝春节,孔子学院举办了两次网络春节联欢晚会,在知名弹幕视频网站哔哩哔哩和油管网站上线。孔子学院全体师生大胆尝试运用网络技术,将师生的祝福以及表演视频,收集汇总到一起,融汇成了专属于孔子学院自己的特色春晚。这既保留了孔子学院欢度春节的晚会传统,又革新并丰富了晚会的表演形式,开了孔子学院的历史先河。首届网络春晚总负责人吴致昕,主持人朱柏帆,视频剪辑朱可嘉,动画特效制作白冰玉。本次网络春晚的灵感来源于《拉脱维亚大学孔子学院志

---

[1] 特写:中拉文化在这里交融——2019年拉脱维亚春节联欢活动侧记,新华网,2019年2月4日,http://www.gov.cn/xinwen/2019-02/04/content_5363875.htm,2021年12月25日上网查阅。

愿者生活工作指南》一书以及孔子学院师生们这一年来的生活记录与回忆；表现形式采用巡回旅行加旅途游记，对节目内容进行层层展开；结构安排根据拉脱维亚的 5 个历史文化区域进行，分别是里加区、拉特加莱区、泽梅加尔区、库尔泽梅区以及维泽梅区。[①] 第二届网络春节联欢晚会总负责人白冰玉，视频剪辑汤蘅、邝又君和王嘉夫，主持人唐静。本次网络春晚的最大特色有二：一是 2021 年恰逢拉脱维亚大学孔子学院 10 周年，社会各界人士为孔子学院献上了 10 周年贺礼，包括中央民族乐团著名古琴演奏家邓红、华南师范大学音乐学院教授徐越湘及合唱团、作曲家/演唱家王令怡以及拉脱维亚音乐学院中国留学生何赛鑫和王涵曦等的演出，这些精彩珍贵的片段都被收录在了本次晚会中；二是春节期间也迎来 2022 北京冬奥会，拉脱维亚各界人士以视频形式为北京冬奥会加油，包括拉脱维亚武术协会、里加文化中学以及里加 34 中学等，为此特别设置了祝福冬奥环节。[②]

第六，2023 年 1 月 20 日，时隔两年孔子学院、留华同学会和文化中心再次联合，在拉脱维亚大学主楼大礼堂举办春节联欢活动，卡琳娜和唐静主持。出席本次活动的有梁建全大使和戴蓝参赞、赛格林什副校长、尚劝余院长、王楠主任、卡琳娜会长、郭群和李德萍记者、孔子学院及各个教学点师生等拉脱维亚各界人士近千人，表演者 108 人，创历届活动人数之新高。梁建全、赛格林什、尚劝余分别致辞，介绍中国春节和拉国兔子形象，回顾孔院教学，展望中拉友好未来。二十三个节目形式丰富多彩，精彩绝伦，现场气氛高涨。横戈百兽，推狮为首。一开场就是中国传统舞狮表演。《春节传说》揭开春节神秘面纱，一曲悠扬的古筝弹奏《春节序曲》余音绕梁，《我的朋友在哪里》和《朋友》牵动着中拉两国人民的心。除了中文表演，还有拉语歌曲《Kūko, Kūko Dzeguzīte》。于足间起舞，一支芭蕾舞融合了中国元素——《中国娃娃》。视频《凉凉》从中国的自然环境切入，通过视频演绎自然之美，叹为观止。除此之外，志愿者教师们通过一曲《孔院教师之歌》谱写中拉友谊新篇章，让汉语

---

① "金牛喜迎春"——拉脱维亚大学孔子学院成功举办首届网络春节联欢晚会，拉脱维亚大学孔子学院档案，2021 年 2 月 12 日。
② 《回望十年，共祝冬奥——拉脱维亚大学孔子学院网络春晚上线》，拉脱维亚大学孔子学院档案，2022 年 2 月 3 日。

之花绚烂开放。节目接近尾声,一曲由心乐合唱团演唱的《贺新年》送上真诚的新春祝福。此次活动不仅让当地人感受到春节的温暖和喜庆,也让其了解到更多关于中国传统节日的习俗,而且有助于推进中文教育事业的发展。①

(二)中秋节和孔子学院日

每年九月份,是孔子学院三喜临门的时节,既是各个教学点新学年开学季,也适逢中秋节和孔子学院日节庆。(1)2012年至2014年的中秋节是单独庆祝,首届孔子学院日也是单独庆祝。(2)2015年开始中秋节与孔子学院日合在一起庆祝,并且与中拉建交周年、拉脱维亚独立周年、拉脱维亚大学建校周年等一起庆祝。(3)2013—2015年初期几次活动在拉脱维亚大学学术图书馆大礼堂举办,规模和范围较小,主要以孔子学院和各个教学点为主。2016年开始在拉脱维亚大学主楼大礼堂举办,规模和范围扩大,影响也更大。

第一,2012年9月,孔子学院黄明喜和罗毅受邀参加在中国大使馆宴会厅举行的"中秋晚会"。黄明喜代表孔子学院向里加各界华人送去中秋的祝福,并与大家分享孔子学院的办学感受。罗毅在现场为大家献唱《龙的传人》,为中秋节晚会增光添彩。2013年孔子学院首届中秋节师生联欢会(黄颖怡和王树蕙主持)、2014年孔子学院中秋节师生联欢会(方思琪和金晶主持)、2015年孔子学院中秋节师生联欢会(莫婉婷和黄蕊主持)均在拉脱维亚大学学术图书馆大礼堂举行。来自中国大使馆(曾伏华等)、拉脱维亚大学(贝德高、尚劝余、玛丽娅、柯劳拉、葛阿丽娜、温达·柯赛莱、鲍葛薇、卡琳娜、莫丽雅、李满楠、王琼子、何清、董芳、王树蕙、张双、方思琪、金晶、程雪、尹莎莎、梁铭轩、王志杰、袁钰、王佳乐、莫婉婷、黄蕊等)和各个中文教学点(拉丽莎·贡恰连科、罗娜达莉亚、格玛丽娜、贝马丁什、伊丽娜·宝索娃等)的师生、中国留学生(甄诚等)、新华社(郭群、李德萍)、华联会(夏晓雷、陈长江、陈健、王丹等)等单位代表参加活动。师生们充分展示了对中文学习的兴趣和热忱,孔子学院精心准备的月饼和中国菜更让师生品尝了中国

---

① 《拉脱维亚大学孔子学院2023年春节联欢活动成功举办》,拉脱维亚大学孔子学院档案,2023年1月20日。

味道、体味了中秋文化。①

第二，2014年是全球孔子学院诞生10周年，全球120个国家建立了475所孔子学院。孔子学院总部以庆祝孔子学院10周年为主题，将每年的9月27日定为全球"孔子学院日"，举行形式多样的"孔子学院日"活动。② 拉脱维亚大学孔子学院从9月15日至27日举办孔子学院10周年系列庆祝活动。一、孔子学院窗口：孔子学院10周年概况、拉脱维亚大学孔子学院宣传文字图片、孔子学院日安排等展板和易拉宝，场地：里加市中心（广场、公园等）、拉脱维亚大学。二、"孔子学院日"主题LOGO摄影大赛展览。1.内容：向孔子学院师生征集摄影作品，参赛作品以"孔子学院日"活动LOGO为主题，并选取当地著名景点拍照；2.场地：拉脱维亚大学主楼大厅和孔子学院教室走廊。三、书法大赛展览。1.内容：向孔子学院师生征集书法作品，"中秋""福"等主题汉字，或自选主题汉字书写；2.场地：拉脱维亚大学主楼大厅和孔子学院教室走廊。四、中国电影专场。1.《孔子》，观后讨论；2.地点：拉脱维亚大学和里加文化中学；3.受众人数：50—200不等；4.受众类型：拉脱维亚大学孔子学院学生、人文学院学生、里加文化中学学生、民众。五、"孔子学院日"庆典。③ 尚劝余、王树蕙、张双、方思琪、金晶、程雪以及董芳和学生身着孔子学院日T恤并佩戴孔子学院院徽、手捧孔子学院院旗，在拉脱维亚大学主楼大厅、自由纪念碑广场、里加市政府广场（黑头宫广场）摆放孔子学院日宣传易拉宝，散发孔子学院日活动传单，演奏笛子和葫芦丝名曲，吸引了不少民众。孔子学院日庆典活动分为中国文化体验（中文体验；书法/国画/剪纸展演；中国舞/中国功夫；摄影大赛）和文艺表演（独唱、合唱、茶艺、葫芦丝吹奏、吉他弹唱、舞狮和功夫、短片介绍等）两部分。杨国强大使、贝安德烈斯国务秘书、康格罗副校长、尚劝余院长和贝德高院长、葛阿丽娜处长、温达·柯赛

---

① 黄颖怡：《拉脱维亚大学孔子学院首届中秋联欢晚会顺利举行》，拉脱维亚大学孔子学院档案，2013年9月25日。《拉脱维亚大学孔子学院举办中秋联欢活动》，拉脱维亚大学孔子学院档案，2014年9月8日。《拉脱维亚大学孔子学院举行孔子学院日暨中秋节晚会活动》，拉脱维亚大学孔子学院档案，2015年9月27日。
② 刘旭："中国孔子学院历时发展研究"，《重庆大学学报》，2015年第6期，第234—241页。后来改为9月28日。
③ 《孔子学院10周年活动方案》，拉脱维亚大学孔子学院档案，2014年8月21日。

莱馆长、西格玛·安克拉瓦主任等出席并致辞。首届孔子学院日的成功举办，为之后的孔院日活动奠定了良好基础。①

第三，2016年至2023年，由于新冠疫情原因，除了2020年"孔子学院日－中秋节"庆典在拉脱维亚大学主楼小礼堂小范围举行和2021年化整为零各个教学点自行组织之外，②其余历届庆典都在拉脱维亚大学主楼大礼堂举行。2016年"孔子学院日－中秋节"庆典与"孔子学院5周年和中拉建交25周年"共同庆祝，潘斌和曾嵘主持，柯劳拉、董芳、曾庆君、丹雅娜、赵倩、吴甜田、林婕、孙霄、吴炜、胡越、刘丹、潘军武、刘佳运、贾路路、冯海、王其领、余捷、张嘉毅、刘子昂、逄凯华、蒋瑞、王梦、窦玉、胡春芳、王艳宁、赵俊杰、陈健、陈长江负责场务。③2017年"孔子学院日－中秋节"庆典由张扬和刘梦珂主持，柯劳拉、董芳、曾庆君、赵倩、吴炜、孙霄、胡越、于洋、潘玲、滕飞、潘军武、吴甜田、白冰玉、林婕、朱玥负、丁羿方、师鹤松负责场务。2018年"孔子学院日－中秋节"庆典与"拉脱维亚独立100周年"共同庆祝，邹亚平和车俊池主持，王琼子、林婕、滕飞、柯劳拉、董芳、朱会平、潘凡尘、李浩芹、刘晶铭、乔培哲、陈莹、潘玲、胡甜、王昕、梁娟、白冰玉、尹艳、汤蕴新、黄天祺、林颖娴负责场务。④2019年"孔子学院日－中秋节"庆典与"拉脱维亚大学100周年"共同庆祝，卡琳娜和车俊池主持，王琼子、曾庆君、邹亚平、白丽娜、梁娟、林颖娴、吴哲哲、胡靖、燕雪宁、王璐、黄天祺、肖依琴、王昕、刘晶铭、焦文静、黎锦豪负责场务。⑤2020年"孔子学院日－中秋节"庆典由卡琳娜和伊凡主持，拉脱维亚大学和留华同学会学生负责场务。2022年"孔子学院日－中秋节"庆典由白冰玉总策划，卡琳娜和唐静主持，

---

① 《孔子学院10周年活动节目单》，拉脱维亚大学孔子学院档案，2014年9月25日。
② 《2020年"孔子学院日－中秋节"庆典在拉脱维亚大学顺利举行》，拉脱维亚大学孔子学院档案，2020年9月26日。
③ 《2016年"孔子学院日"暨拉脱维亚大学孔子学院5周年和中拉建交25周年庆在拉脱维亚大学举行》，拉脱维亚大学孔子学院档案，2016年9月24日。
④ 《2018年"孔子学院日"暨中秋节－拉脱维亚独立100周年庆典在拉脱维亚大学举行》，拉脱维亚大学孔子学院档案，2018年9月29日。
⑤ 《孔子学院日－拉脱维亚大学100周年庆典策划（第五稿）》，拉脱维亚大学孔子学院档案，2019年9月27日。

刘贤、李欣、徐申、高安娜、马笑笑、叶春萌等负责场务。①2023年"孔子学院日－中秋节"庆典由白冰玉总策划，由卡琳娜和胡诗蓉主持，徐申、唐静、刘贤、李欣、沈思顺、鲍传惠、张涵絮、汪贝娅、钟梦婷、唐璐瑶、胡诗蓉、邵月园、葛欣怡、孙智慧、杨一丹、郭萌冉、韩静缘、宋苗苗、李雨赢、邓宜萱负责场务。

中国驻拉脱维亚大使馆（黄勇大使、梁建全大使、唐松根大使、李涛参赞、孙应来参赞、刘少军参赞、沈晓凯参赞、戴蓝参赞、宋丹卉公参、裴东辉主任、郭海波主任、梁卫泉秘书、刘继民领事、张泽阳领事、赵劳拉秘书、艾晓奇秘书、卢君言秘书等）、拉脱维亚外交部（贝安德烈斯国秘、张放处长、古爱柳等）、拉脱维亚教育部（卡玛拉主任等）、拉脱维亚议会（中拉友好小组主席谢尔盖·波塔普金斯等）、拉脱维亚大学（穆伊日涅克斯校长、伊克思顿斯副校长、德鲁维叶戴副校长、赛格林什副校长、贝德高院长、尚劝余院长、何东院长、塔伊万斯教授、鲍葛薇副教授、莫丽雅老师等）、各个教学点（卡尔利斯·克莱斯林什校长、罗娜达莉亚校长、瓦莱杨思·维祖里斯校长、奥尔佳·赛留缇娜校长、伊格尔斯·迪潘斯副校长、玛雅·布里玛副校长、莱赞斯副校长、格玛丽娜副校长、贝马丁什副校长、纳迪雅·艾尔茨泰副校长、拉伊塔·罗兰德副校长、列斯玛副校长、尹乃森·皮特凯薇查副校长、鲁波娃·波格丹诺娃－芮德科娃副校长、沃佐拉副校长、古恩塔尔斯·德雷耶尔斯院长、库尔拉科瓦主任、拉莎·扎利泰主任、伊丽娜·宝索娃主任、阿拉伊玛秘书、柳波娃主管、谢安娜主管、伊玛格丽塔主管、丝雅娜主管、思黛皮娜主管、奈翔教授、艾维塔老师、沃特斯老师、斯维特蓝娜·什巴耶娃老师、艾尔嘉老师等）、拉脱维亚国家图书馆（叶春萌主任等）、里加中国文化中心（张丽丽主任、王楠主任、杨松顾问、韩庄顾问、杨森财务主管、艾文秘书、马金、姚一舟、赵国栋等）、新华社里加分社（郭群、李德萍等）、拉脱维亚留华同学会（卡琳娜会长、伊凡副会长、叶春萌秘书长等）、拉脱维亚武术协会（罗曼会长、维多利亚副会长、克拉斯科夫斯教练等）、飞笔中国画室（白凯夏主任等）、拉脱维亚华侨华人联合会（张仲林会长、夏晓雷副会长、王丹副会长、陈健副会长、路岩秘

---

① 《秋风送金，同德一心——拉大孔院2022孔子学院日暨中秋节活动盛大举行》，拉脱维亚大学孔子学院档案，2022年9月27日。

书长等)、华为拉脱维亚公司（张璋主任、罗亚男主任、徐睿经理代表常晓阳、张岩等）、通宇通讯拉脱维亚公司（王惠述老总代表张鹏、赵广宇等）、华大基因拉脱维亚公司（余进文总监代表等）、心乐合唱团（李华、刘杏婷、周倩、陈红梅、李杰、刘小玉等）、旅游公司（罗佳玫）、留学生（黄珊、徐樱露、蒋瑞、何赛鑫、黄雅倩、夏梦婕、郭晓炜、罗舒月、平柳）、北极光文化中心风韵乐队（安德松奈队长等）、拉中文化协会、街舞学院等代表参加活动。孔子学院总部和华南师范大学也分别发来贺信。此外，中国人民大学访问团（杨慧林前副校长、陈岳、闫瑾、罗天虹、关孔文等）和复旦大学访问团也参加活动。杨慧林副校长告诉笔者，他曾出席过不同国家孔子学院的活动，还没有看到过如此精彩的演出。①

第四，2021年11月4日是拉脱维亚大学孔子学院成立10周年，举行了系列庆祝活动，包括出版《拉脱维亚大学孔子学院10周年纪念册》（拉脱维亚大学出版社，拉、中、英文版）、举办"拉脱维亚大学孔子学院10周年"成果展（拉脱维亚大学学术图书馆，2021年10月20日—2022年6月10日）、历任中文教师和志愿者线上视频庆祝、拉脱维亚大学孔子学院（教学点）学生线上视频庆祝、拉脱维亚留华同学会线上视频庆祝、拉脱维亚大学孔子学院10周年图片视频、拉脱维亚大学孔子学院成立仪式视频回放、《拉脱维亚大学孔子学院教师之歌》、《拉脱维亚大学孔子学院学生之歌》等。此外，中国国际中文教育基金会和华南师范大学分别发来贺信。《光明日报》也进行了采访报道："汉文化"飘香拉脱维亚——写在拉脱维亚大学孔子学院建院10周年之际（2021年11月3日）。②

二、其他文化活动

孔子学院也组织和参与举办音乐会、展览、中华文化体验、录制电视节目、接受媒体采访、弘扬中华武术等活动，使中华文化走进当地社区，走进千家万

---

① 2018年9月28日。
② "汉文化"飘香拉脱维亚——写在拉脱维亚大学孔子学院建院10周年之际，作者：本报记者 张智勇《光明日报》（2021年11月3日12版）

户，推动中拉友好交流与合作。

（一）举办音乐会和展览

第一，孔子学院在拉脱维亚大学主楼小礼堂多次举办中国传统音乐会。2015年"灵魂之声"音乐会由中国中央民族乐团著名古琴演奏家邓红和笛箫演奏家陈莎莎以及瑞典著名汉学家和古琴家林西莉演出，金晶主持。林西莉介绍琴箫等中国传统乐器，阐释古典音乐天人合一、与自然相融的思想，并分享她学习中文与古琴的经历。邓红和陈莎莎表演古琴独奏《流水》、箫独奏《胡笳》、琴箫合奏《良宵引》、琴埙合奏《泣颜回》、琴箫合奏《阳关三叠》、琴箫合奏《平沙落雁》、箫独奏《苏武牧羊》、古琴独奏《春晓吟》、琴歌弹唱《钗头凤》、琴箫合奏《梅花三弄》、琴箫木鱼磬合奏《普庵咒》等经典曲目。出席音乐会的嘉宾来自中国驻拉脱维亚大使馆（李涛参赞、曾伏华领事等）、拉脱维亚华联会（王丹、陈长江等）、拉脱维亚大学人文学院（鲍葛薇、柯世浩、卡琳娜、莫丽雅等）和孔子学院（贝德高、尚劝余等）、新华社（郭群、李德萍）、里加文化中学、里加68中学等，共有超过100名观众参加了本次音乐会。[①] 三位艺术家在中国古典乐器上都有很深的造诣，曾在瑞典等世界各地举办过三十多场琴箫音乐会，同时发行了琴箫演奏音碟专辑《天籁琴箫》。林西莉是著名汉学家高本汉的弟子，1961年至1962年在北京大学读书，并在北京古琴研究会学习古琴，她的老师是邓红的妈妈王迪，王迪是管平湖的弟子。林西莉对中文和中国古琴艺术有很深的研究，著有《汉字王国》和《古琴》等蜚声世界的著作，2016年荣获中国政府"第十届中华图书特殊贡献奖"。有一个小插曲，音乐会第二天，笔者在酒店门口将三位艺术家送上前往机场的出租车，不久后接到电话，林西莉的布袋忘在了酒店，里面有她随身不离的折叠拐杖。于是，笔者再次去酒店找到了装有手杖的布袋，打的到机场送给林西莉。她接到布袋之后，连忙拥抱道谢，并独自走到一边去抹泪。邓红说，林西莉是一个非常重感情的人。2021年9月26日，林西莉与世长辞，享年89岁。2016年"笛笙和鸣"音乐会由来自首都师范大学的青年教师笛子演奏家胡玉林和笙演奏家郑杨联袂演出，安泽主持。两位音乐家先后用或合奏或独奏的方式演奏了多首

---

① 《拉脱维亚大学孔子学院举办"灵魂之声"音乐会》，拉脱维亚大学孔子学院档案，2015年5月14日。

乐曲，如《竹雨》《阳关三叠》《喜相逢》等，此外还演奏了一些经典流行音乐，并邀请拉脱维亚籍、印度音乐演奏家一起合奏。李涛参赞上台和观众分享了自己的体会，希望借着"16+1文化交流年"的契机，中拉两国人民有更多更广泛深入的交流与合作。[1]音乐会不仅让拉脱维亚的中国文化爱好者们领略到了中国民族音乐的神韵和魅力，也对弘扬中国文化、推广中文教学起到了很大的促进作用。此外，孔子学院积极参与拉脱维亚大学人文学院在学院礼堂举办的中国与印度音乐会。孔子学院志愿者老师黄蕊和袁钰献唱经典越剧《天上掉下个林妹妹》和通俗民歌《山歌好比春江水》，里加当地华人王丹演奏古筝和古琴曲，鲍葛薇和柯世浩分别就中国音乐历史和古琴等做了专题介绍和演讲。印度舞蹈家简要介绍印度文化，现场表演印度舞蹈并邀请拉脱维亚专家弹奏印度传统音乐。音乐会元素众多却环环相扣，虽然来自不同国家和不同语言，但音乐拉近了彼此之间的距离，增进了不同民族之间的了解。[2]

第二，孔子学院在拉脱维亚大学主楼大厅多次举办展览。2015年"中国侍女花鸟画暨中国留学照展"展出玛丽娅创作的14幅中国侍女花鸟画，包括工笔花鸟四幅（仿宋代虞美人和白头翁竹子图，写生画杜鹃花和鸡蛋花），写意花鸟三幅（仿清代名家吴昌硕《秋菊》，任伯年《鸡蛋花》和恽寿平《梅花》），写意人物画五幅（《秋景》《带菊花的姑娘》《贵族太太》《梅花季节》《秋叶曲》），这些画都是作者在华南师范大学美术学院留学期间在中华文化灵感的基础上创作的。中国留学照18幅是玛丽娅留学中国的点滴剪影，通过不一样的视角呈现了一个拉脱维亚姑娘眼中的中国。[3]2016年、2019年和2020年"新春剪纸展"展出卡琳娜创作的春节剪纸作品，包括《鹊迎新春》《金猴献桃》《虎虎生威》《五福临门》《年年有余》《花开富贵》《四季平安》《万事如意》《运旺财旺》《春节到真热闹》《猪年大吉》《鼠年说鼠》《新春快乐》等。曾在上海外国语大学和华东师范大学留学的卡琳娜不但将汉语知识的种子

---

[1]《拉脱维亚大学孔子学院五周年系列活动——〈笛笙和鸣〉音乐会顺利举行》，拉脱维亚大学孔子学院档案，2016年2月21日。
[2]《拉脱维亚大学人文学院举办中国和印度音乐会》，拉脱维亚大学孔子学院档案，2015年12月6日。
[3]《"中国侍女花鸟画"暨"中国留学照"展在拉脱维亚大学主楼举办》，拉脱维亚大学孔子学院档案，2015年9月26日。

带回了拉脱维亚，更把中国的剪纸文化带回了家乡，并发扬光大。剪纸传意，文化传情，一幅幅剪纸作品，透露出了拉脱维亚中文教师对中华文化的热爱以及对美好生活的向往。大家既欣赏了美妙绝伦的剪纸艺术，同时又体会了中国文化博大精深的魅力。①

第三，孔子学院与"飞笔"中国画室数度合作举办中国画展。"飞笔"画室是拉脱维亚唯一经过其教育部认可的教授中国传统绘画的机构，培养了不少中国绘画方面的人才，为中拉两国艺术文化交流做出了很大贡献。画室负责人白凯夏多才多艺，是拉脱维亚著名插画家，同时担任美术教师、出版社编辑等职，曾出版多部儿童文学作品集以及诗歌集。学员们都是拉脱维亚人，也都有一个共同的特点——喜爱中国文化。2016年"白鹤亮翅"画展、2017年"笔舞墨歌"画展、2018年"远和近"画展和2021年"水彩情歌"画展均在拉脱维亚国家图书馆东亚阅览室举办，汇集了"飞笔"画室师生精心之作，画风多样，着墨生动。李涛参赞、孙应来参赞、拉玛莎部长、高德柏噶部长、叶春萌主任、贝德高院长、尚劝余院长、张丽丽主任、杨松顾问以及孔子学院师生、社会各界人士出席了开展仪式。②其中"远和近"画展汇集了俄罗斯中国画艺术家雪莲和拉脱维亚中国画艺术家雪纹（中文名也叫白凯夏）师徒两人近30幅中国画作品，师傅雪莲的作品着重对中国风景和人物的刻画，而徒弟雪纹则用中国画的风格来描绘拉脱维亚的山水和花鸟。画展主题"远和近"不仅寄予了画家师徒的心愿，也寄予了大家共同的期盼：海内存知己，天涯若比邻。俄拉师徒画家表示中国文化艺术博大精深、魅力无限，通过绘画可以将不同国家的文化艺术融合在一起，并希望有更多志同道合的人加入学习中国画、沟通异文化的行列。③2019年"秋-春-秋"中国写意画展在拉脱维亚国家历史博物馆道戴

---

① 《2016年新春剪纸展览在拉脱维亚大学主楼举办》，拉脱维亚大学孔子学院档案，2016年2月9日。《"猪年新春剪纸展"欢庆新春》，拉脱维亚大学孔子学院档案，2019年2月4日。《2020年"鼠我直言"新春剪纸展在拉脱维亚大学举办》，拉脱维亚大学孔子学院档案，2020年1月25日。
② 《"白鹤亮翅"中国画展在拉脱维亚国家图书馆开展》，拉脱维亚大学孔子学院档案，2016年10月20日。《"笔舞墨歌"书画展在拉脱维亚国家图书馆开幕》，拉脱维亚大学孔子学院档案，2017年12月16日。《"水彩情歌"画展金秋亮相》，拉脱维亚大学孔子学院档案，2020年9月15日。
③ 《"远和近"中国画展在拉脱维亚国家图书馆开展》，拉脱维亚大学孔子学院档案，2018年8月18日。

里分馆举办，展出白凯夏的 12 幅中国写意画作和 4 幅扇面画作，是白凯夏眼中所看到的中国春秋美景并配以中国古诗和书法，其中有些画作是在安徽画家刘逢文老师在线指导下完成的。白凯夏主任和尚劝余院长分别致辞，对画展顺利举办表达了热烈的祝贺，肯定了此次画展的重大文化交流意义。①2020 年"道加瓦河"系列水影书画展在里加中心图书馆举办，展出白凯夏的水影书画作品，其中特别包含一幅为中国加油的书法作品。孙应来参赞、尚劝余院长及志愿者教师、社会各界人士参加了开展仪式。白凯夏利用墨水、中国"水影画"的技术将道加瓦河画到了生宣纸上。她突破性地采用中国传统绘画艺术形式来表现拉脱维亚人民对道加瓦河的深厚感情，此外，她在作品中还以中国书法的草书形式来展示拉脱维亚文字。她的艺术作品不仅增进了中拉两国传统友谊，也让更多的年轻人感受到艺术的魅力，是中拉文化交流传播的重要桥梁。②

第四，孔子学院也参与"中拉文化交流"画展和"丝绸之路：中国古代艺术展"，并举办"孔子学院 10 周年展"。2015 年，孔子学院受邀参加在里加中央图书馆举办的"中拉文化交流"画展，展出了里加当地华人张红戈有关描写中拉友谊的画作，尚劝余院长介绍孔子学院办学情况并向中央图书馆赠送中国书籍，馆长回赠《古代琥珀之路：从里加到拜占庭之旅》。中文志愿者教师尹莎莎和王佳乐简要介绍中国汉字和书法，并和现场的外国朋友进行互动，外国朋友尝试用毛笔书写汉字，了解基本的汉字构造。③2016 年，孔子学院作为合作方与来自中国国家文物中心、新疆和河南博物馆的专家以及拉脱维亚国家艺术博物馆人员一起布展"丝绸之路：中国古代艺术展"，孔子学院院长及所有教师志愿者出席艺术展开幕式，并在展期举办几场中国文化体验活动。④2021 年 10 月 20 日至 2022 年 6 月 10 日，"拉脱维亚大学孔子学院 10 周年展"在拉脱维亚大学学术图书馆举办。展览分为五个部分，即孔子学院简介、教学活动、

---

① 《"秋－春－秋"中国写意画展开幕式成功举办》，拉脱维亚大学孔子学院档案，2019 年 10 月 6 日。
② 《拉脱维亚艺术家"道加瓦河"系列水影书画展开幕式举办——中国书法与欧洲文化的交融与创新》，拉脱维亚大学孔子学院档案，2020 年 2 月 16 日。
③ 《"中拉文化交流"画展在里加中央图书馆开展》，拉脱维亚大学孔子学院档案，2015 年 11 月 14 日。
④ 《丝路布展，味道庆贺》，拉脱维亚大学孔子学院档案，2016 年 10 月 16 日。

文化活动、重大常规活动以及其他活动,图文并茂,详略得当。这五个部分述说了拉脱维亚大学孔子学院10年(2011—2021)来的风雨历程,使参观者能够了解并掌握孔子学院的基本信息以及开展的各类丰富的教学和文化活动,同时也记录了孔子学院承办的一系列重大常规活动,包括"汉语桥"、孔子学院日、夏令营、HSK考试、汉语角以及组织教育访华团等,反映了孔子学院自成立以来为维系并拉近中拉友谊所做的杰出贡献。[1]

(二)中华文化体验

孔子学院经常深入拉脱维亚社区,举办各种中国文化体验活动。

第一,举办中国新年文化体验活动。2013年,孔子学院在尤尔马拉市拉脱维亚国际学校举行"中国春节文化"活动,中文教师志愿者罗毅介绍春节的起源、日期、意义及民俗活动,包括春联、鞭炮、窗花、灯笼、饺子,并带领孩子们认真学习中国新年的祝福语和问候手势。活动最后,孔子学院和校方互赠新年礼物,校长还带领中方代表(黄明喜、曾伏华等)参观学校。[2]2019年,孔子学院在"帽子世界"民族博物馆举办中国新年文化体验活动,尚劝余、张桂英、王琼子、曾庆君、陈莹、黄天琪、汤蕴新、朱会平为小朋友们讲述关于"年"的故事,进行惟妙惟肖的寻宝活动,教小朋友们体验中国结、中国戏剧脸谱等手工艺品的制作,展现中国新年的传统习俗、传统服饰、汉字等中国元素,使小朋友们对中国新年文化有了更多的认识。[3]2020年,孔子学院在里加儿童医院举办"欢庆春节"文化体验活动,中国大使馆参赞孙应来、秘书赵劳拉和艾晓奇,拉脱维亚外交部安杰斯和古爱柳,孔子学院中方院长尚劝余,志愿者教师邹亚平、王昕、黄天祺、陈莹和学生葩爱明,以及里加儿童医院相关负责人参与了本次活动。邹亚平简单介绍春节的来历、习俗及问候语等相关内容,王昕带领孩子们一起制作立体"春"字,黄天祺和陈莹带领孩子们书写"福"

---

[1] "拉脱维亚大学孔子学院10周年展在拉脱维亚大学学术图书馆拉开帷幕",拉脱维亚大学孔子学院档案,2021年10月20日。
[2] 《拉脱维亚国际学校成功举办中国春节文化讲座》,拉脱维亚大学孔子学院档案,2013年2月12日。拉脱维亚国际学校成立于1996年,是拉脱维亚最有名的私立学校之一。该校学生多为各国驻拉脱维亚使馆官员子女和拉脱维亚名流之后,在当地极具影响力。
[3] 《中国新年文化体验活动在民族博物馆——"帽子世界"举办》,拉脱维亚大学孔子学院档案,2019年2月2日。

字，并手工制作"小老鼠"。活动最后，孙应来参赞与孔子学院中文教师们一起为孩子们送上了新年礼物——熊猫玩偶和藏有祝福的红包。活动不仅加深了孩子们对中国文化的认识，同时也为孩子们送去了关心与爱。①

第二，参与国际文化节活动。2015年，孔子学院教师张婕受邀参加土库姆市国际文化节，并主持中国书法体验活动，讲解汉字的造字与结构、"文房四宝"，并指导大家铺纸、蘸墨、舔笔，体验中国书法，还为每位观众选择汉语名字，大家用毛笔一笔一画临摹自己的名字，激发了大家对中国传统书法的浓厚兴趣。②2016年，孔子学院中方院长和志愿者教师们应邀参加亚洲文化节，协助主办方派发文化节宣传资料，曾庆君和潘斌用中英文朗诵《元稹茶诗》和《练太极感悟》，宽阔的大厅充满浓郁的东方气息。③2017年，孔子学院应邀参加叶尔加瓦帕斯塔岛国际文化节活动，共有200多家单位参与展出和表演，240名参与者，3000名观众，目的在于使人们感受不同文化、习俗、活动，获取灵感和知识。孔子学院负责的摊位位于文教区，共设置手工和剪纸（吴炜、赵倩、孙霄负责）、中国书法（潘斌和曾嵘负责）、京剧脸谱（林婕、胡越、刘丹负责）、跟我学汉语（董芳、丹雅娜、曾庆君、吴甜田负责）四个展台，穿插毽球运动和板羽球运动的展示和教学。在为期两天的活动中，孔子学院展台共接待体验者数百人次，体现亲子互动参与特色，不少体验者扶老携小，分工配合，手口齐动，近距离地感受了中华文化魅力，在沉浸式的体验中将中国文化的内涵融会贯通。④

第三，举办系列中国文化体验活动。2016年11月—2017年1月，孔子学院在拉脱维亚艺术博物馆举办三场系列中国文化体验活动，包括京剧脸谱体验活动（胡越与林婕主持，康琳、董芳和吴甜田协助）、画熊猫竹子文化体验活动（曾嵘与潘斌主持，康琳和吴炜协助）、中国结与彩纸灯笼工坊文化体验活

---

① 《里加儿童医院成功举办"欢庆春节"活动》，拉脱维亚大学孔子学院档案，2020年1月22日。
② 《"墨香飘远方"土库姆书法体验活动圆满结束》，拉脱维亚大学孔子学院档案，2015年5月26日。
③ 《拉脱维亚大学孔子学院参加2016亚洲文化节》，拉脱维亚大学孔子学院档案，2016年9月11日。
④ 《华彩绽放，汉韵飞扬——拉脱维亚大学孔子学院参加2017年叶尔加瓦帕斯塔岛国际文化节》，拉脱维亚大学孔子学院档案，2017年5月20日。

动（分别由董芳和吴甜田、吴炜和曾庆君主持）。参加活动的有中老年人、职场白领、中小学生，还有带着小孩过来的家庭主妇，年龄跨度从3岁到70多岁。①2017年5月，孔子学院分别在拉脱维亚里加丽笙酒店和拉脱维亚国家图书馆，面向丽笙酒店员工举办茶艺体验活动（董芳和曾嵘主讲），②面向波罗的海－斯拉夫文化协会举办"了解中国，体验文化"活动（叶春萌主持，林婕和胡越主讲），参与者多是有着丰富阅历的老年朋友，面对古老神秘的东方文化，他们满怀期待，跃跃欲试，期待获得不同的文化生活体验。③2019年3月，孔子学院参加里加国际学校举办的一年一度的国际日活动，林婕和滕飞协助的中国展台"我的中国名字"吸引了一大批"小粉丝"，此外中国特色美食"茶叶蛋"和"京酱肉丝"也被一抢而空。④2019年6月，孔子学院在里加儿童医院举办"大熊猫创意手工画"活动，由志愿者教师邹亚平和梁娟主讲。中国驻拉脱维亚大使馆妇女小组组长孙晓霞女士及使馆代表，里加儿童医院相关负责人等参与了本次活动。此次活动不仅给孩子们带去了温暖、关心与爱，而且还带去了中国优美的语言、汉字和文化。⑤2022年9月，孔子学院参加拉脱维亚大学"科学之夜"活动，现场为参与者取中文名字，体验汉服文化。尚劝余、张桂英、高安娜、马笑笑、白冰玉、刘贤、唐静、李欣、徐申参加了本次活动。"中国有礼仪之大，故称夏；有服章之美，谓之华。"体验汉服和取中文名在拉脱维亚变成一种时髦，"汉语之花"在不久的将来一定会以更盛大的方式开遍拉脱维亚的各个角落。⑥

第四，举办国际中文日活动。2022年4月20日，拉脱维亚大学孔子学院创作的四首歌曲被中国教育部中外语言交流合作中心采用，在线发布全球展播，

---

① 《中国文化体验之旅——京剧脸谱》，拉脱维亚大学孔子学院档案，2016年11月14日。《中国文化体验之旅——国画熊猫》，拉脱维亚大学孔子学院档案，2016年11月26日。《中国文化体验之旅——中国结与彩纸灯笼》，拉脱维亚大学孔子学院档案，2017年1月9日。
② 《丽笙迎客，茶道飘香——拉脱维亚大学孔子学院为丽笙酒店讲述中国茶文化》，拉脱维亚大学孔子学院档案，2017年5月12日。
③ 《执手夕阳红，共语中华情》，拉脱维亚大学孔子学院档案，2017年5月13日。
④ 《里加国际学校举办国际日活动》，拉脱维亚大学孔子学院档案，2019年3月13日。
⑤ 《里加儿童医院成功举办"大熊猫创意手工画"活动》，拉脱维亚大学孔子学院档案，2019年6月14日。
⑥ 《拉脱维亚大学孔子学院成功亮相"科学之夜"活动》，拉脱维亚大学孔子学院档案，2022年9月30日。

题为"用歌声唱响国际中文日"。《国际中文教师之歌》由秦洪雷、尚劝余和胡越作词,徐越湘作曲和配乐,黄晞莹钢琴伴奏,何文胜和梁艳艺主唱,孙歆然合唱指挥,于翔朗诵,冯楚然和方泽华制作,于翔和张曦录音,此外,白冰玉、何赛鑫、王涵曦、余曦、马清晨、刘祥恒、雷雅晶、帕伊丽娜参与后期视频制作,歌曲深情地诉说中文教师告别故乡、追随梦想来到位于波罗的海和道加瓦河畔的拉脱维亚从事中文教学的雄心壮志。《学汉语品文化》由林婕和尚劝余作词,王令怡作曲和演唱,吴小路编曲,邝又君后期视频制作,歌曲栩栩如生地描绘了学生们学习中国语言和文化的快乐场景,也表现了学生们对丰富多彩的中华文化浓浓的兴趣。《中文花开道加瓦河畔》由于丛杨作词、王令怡作曲、安泽演唱,吴小路编曲,邝又君后期视频制作,歌曲生动地描写了拉脱维亚莘莘学子学习中文的动人场景。《联合国中文日》由于丛杨作词、王令怡作曲和演唱,吴小路编曲,白冰玉后期视频制作,歌曲描写了联合国中文日的由来和意蕴。[1]2022年4月22日,在时隔两年疫情封闭隔离之后,拉脱维亚中文爱好者在拉脱维亚大学主楼小礼堂再次欢聚,庆祝第十三个联合国国际中文日。活动主题是"中文:共筑美好未来",由拉脱维亚大学孔子学院和拉脱维亚留华同学会共同举办,卡琳娜会长主持,贝德高和尚劝余院长致辞。活动内容丰富,异彩纷呈,现场举办了武术舞狮、合唱独唱、诗歌短文朗诵、"有趣中文"游戏问答活动和表演,还有孔子学院精心制作的歌曲视频播放等。"联合国中文日"已经成了事实上的"国际中文日",成为世界中文爱好者的一个盛大节日。[2]2023年4月20日,中国驻拉脱维亚大使馆、拉脱维亚大学孔子学院和拉脱维亚留华同学会共同举办国际中文日活动,主题是"中文:增进文明对话"。卡琳娜会长主持,宋丹卉公参、贝德高和尚劝余院长致辞。这场融知识性和趣味性、艺术性和观赏性于一体的盛大庆祝活动,在欢声笑语和中华美食品尝中落下了帷幕。语言是了解一个国家最好的钥匙,是增进不同文明对话的桥梁,中文是中拉两国民心相通的纽带,是中拉两国友好交流的桥梁,衷

---

[1] "用歌声唱响国际中文日",2022年4月24日,http://www.ci.lu.lv/?p=5802,2022年5月25日上网查阅。
[2] 《拉脱维亚大学成功举办国际中文日庆祝活动》,2022年4月23日,http://www.ci.lu.lv/?p=5789,2022年6月10日上网。

心祝愿中拉友谊长存！①

第五，联合举办"黄河上游之旅"竞答活动。自 2023 年 2 月 20 日起，里加中国文化中心在 Facebook（脸书）、Twitter（推特）、YouTube（油管）和 Instagram（照片墙）等社交媒体平台上开展了为期 5 周的"黄河上游之旅"有奖阅读竞答活动。本次有奖竞答的目的是宣传黄河上游的基本地理知识、旅游景区和美食等文化内容。孔子学院发动各个教学点师生积极参与，截止到 3 月 31 日，共收到了来自四所大学（拉脱维亚大学、文茨皮尔斯大学、里加工业大学、维泽梅大学）、三所中学（里加文化中学、里加古典中学、里加第 1 中学）和三家公司（星售公司、明托市场公司、工程集装公司）的 33 名中文学习者提交的问卷。通过查阅问卷，我们看到学习者在作答有关黄河的景点、美食和特产等问题时，列举了文章中没有提及过的察尔汗盐湖、茫崖艾肯泉、潼关县晋陕大峡谷、山东九转大肠、黄河流域鱼类情况等信息。这充分展现了我们中文学习者对中文学习的极大热情，同时也为中拉旅游文化的交流做出了重要贡献。2023 年 5 月 19 日"黄河上游之旅"竞答活动的颁奖仪式在里加中国文化中心举行。此次竞答共有 6 名中文学习者获得优秀奖（沃蒂科娃、圣璃娜、妮安娜、爱玛、嘉索菲亚、安妮），拉脱维亚大学孔子学院拉方院长贝德高为到场的获得者颁奖。参与奖的获得者共 26 名（爱尔扎、尤丝婷、瑞婷、波琳娜、茹艾莉娜、甘妮娜、妮柯狄娜、叶塞尼亚、克里斯汀、叶列娜、文翱努、柯灵乐、吉谷兹、才子、狄安娜、妮戴安娜、筛芙晨柯、安烛韵、罗福、柯图姆、洛洛、达娜、基拉、洛雅雅、爱丽、沃灏塔），里加中国文化中心主任王楠为到场的获奖者颁奖。拉脱维亚大学孔子学院中方院长尚劝余为在此次竞答活动中积极给予学生帮助的白冰玉、卡琳娜、唐静老师颁发特别"园丁"奖，为李欣、邵月园、唐璐瑶、徐申、杨宝茹、朱瑜老师颁发"园丁"奖。②

（三）录制电视节目、接受媒体采访

孔子学院经常接受拉中两国媒体采访，录制电视节目等，使民众对孔子学院和中国各方面有了更广泛的了解和认识。

---

① 《国际中文日庆祝活动在拉脱维亚大学成功举办》，拉脱维亚大学孔子学院档案，2023 年 4 月 20 日。
② 《"黄河上游之旅"竞答活动颁奖仪式顺利举行》，里加中国文化中心档案，2023 年 5 月 19 日。

第一，拉脱维亚电视台采访孔子学院录制电视节目。2014年3月，拉脱维亚电视台采访制作电视节目，全面介绍孔子学院及三个教学点（里加文化中学、道加瓦皮尔斯大学、雷泽克内大学）的发展历程、中文教学和文化活动等情况。中国大使杨国强，拉脱维亚大学校长奥津什、副校长康格罗，国际交流处处长葛阿丽娜，孔子学院中方院长黄明喜、拉方院长贝德高、秘书玛丽娅，雷泽克内大学校长泰鲁姆涅克斯，道加瓦皮尔斯大学人文学院院长玛雅·布里玛，里加文化中学校长莱梅赛，中文教师董芳、王树蕙、黄颖怡、张婕、张双以及数十名学生接受采访。①2014年12月，拉脱维亚电视台教育与职业频道记者和摄影师来到孔子学院课堂，对教师金晶和张婕以及学生进行采访，并对中文课堂进行摄录，制作专题节目《拉脱维亚的语言》。该专题节目于2015年1月4日9点半在拉脱维亚七台播出。②2016年2月24日至3月15日，拉脱维亚电视台在孔子学院本部和几个教学点录制六期《走进拉脱维亚大学孔子学院课堂》系列电视节目，包括《中国书法》（主讲老师卡琳娜）、③《元宵文化》（主讲老师艾维塔和袁钰）、④《中国茶艺》（主讲老师董芳和程雪）、⑤《中国筷子》（主讲老师莫婉婷）、⑥《中国戏曲》（主讲老师尹莎莎）、⑦《印象中国》（主讲老师王佳乐），在教育频道黄金时间播出，使中国文化走进千家万户寻常百姓家，走进拉脱维亚民众心中。2016年9月，拉脱维亚电视台前来孔子学院办公室采访拉方院长贝德高，并前往拉脱维亚大学人文学院亚洲学系汉语专业课堂，采访中文教师潘军武和汉学专业学生莫妮卡、林伊娃等，录制中文课堂节目，介绍拉脱维亚大学的中文教学。2017年10月，在中国共

---

① 拉脱维亚大学孔子学院档案，2014年3月28日。
② 《拉脱维亚大学孔子学院接受拉脱维亚电视台节目采访》，拉脱维亚大学孔子学院档案，2016年12月10日。
③ 爱上书法、爱上华夏文化，爱上中国！——《走进拉脱维亚大学孔子学院课堂》系列活动之一，拉脱维亚大学孔子学院档案，2016年2月24日。
④ 《"闹元宵"——里加34中学元宵庆祝活动欢乐开怀》，拉脱维亚大学孔子学院档案，2016年3月2日。
⑤ 《拉脱维亚大学孔子学院走入博物馆举办茶艺活动》，拉脱维亚大学孔子学院档案，2016年3月5日。
⑥ 《中国筷子——和孩子们一起学用筷子》，拉脱维亚大学孔子学院档案，2016年3月9日。
⑦ 《拉脱维亚大学孔子学院初级班文化讲座——中国戏曲》，拉脱维亚大学孔子学院档案，2016年3月9日。

产党第十九次全国代表大会召开之际，贝德高院长接受拉脱维亚国家电视台采访，讲述他眼中中国的发展与变革，特别是中国的高速公路网和高铁、环境污染治理、人口老龄化对策，"一带一路"政策为中国与世界64个国家进行交流与合作提供了良好的平台，这一政策会让中国与世界各国的合作越来越紧密，也将有助于中国更快更好地发展。①

第二，中国电视台采访孔子学院录制电视节目。2020年3月，中央电视台摄制组郝晓丽一行三人访问孔子学院，摄制组首先光临充满中国文化气息的孔子学院办公室以及孔子学院图书角，拍摄贝德高和尚劝余两位院长与秘书白丽娜商讨"汉语桥"比赛的工作场景，并对贝德高院长和他的两位学生卡琳娜及安泽进行采访，随后摄制组来到拉脱维亚大学学术图书馆四楼孔子学院教室，分别观摩和拍摄研究生班（郑玉馨授课）、成人初级班（邹亚平授课）和高级班（车俊池授课）以及少儿超级班（焦文静授课）的中文教学实景。②2021年12月和2022年1月，中央电视台摄制组对贝德高院长进行专访，请他就"年"字的本意、春节前"扫尘"、繁体字"禮"的结构表意内涵、腊月小年祭灶、辞旧迎新、立春和春节的关系、春节敬神祭祖的社会作用、各地年夜饭吃鱼的讲究、"春运"、海外华侨认祖归宗等话题畅谈自己的看法，并结合自己在中国五次过春节的亲身经历，解读年的味道。中央广播电视总台CCTV-4在春节期间推出纪录片《年的味道》，通过讲述中国人鲜活生动的过年故事，展现不同时代中国人过年方式的变迁，从而传播传承中华优秀传统文化，追根溯源解读年的味道。节目于春节期间在CCTV-4亚洲频道、欧洲频道、美洲频道播出。③

第三，广播电台采访孔子学院录制广播节目。2014年10月，为了制作有关中国历史的专题节目，拉脱维亚广播电台的工作人员专程来到孔子学院采访贝德高院长，他站在历史的角度对19世纪40年代以来的中国做了客观的评述。

---

① 《中共十九大期间拉脱维亚大学孔子学院拉方院长谈中国的发展》，拉脱维亚大学孔子学院档案，2017年10月24日。
② 《中央电视台摄制组访问拉脱维亚大学孔子学院》，拉脱维亚大学孔子学院档案，2020年3月9日。
③ 《中央电视台访问拉脱维亚大学孔子学院》，拉脱维亚大学孔子学院档案，2022年1月4日。

该专题节目于 10 月 28 日在拉脱维亚广播电台播出。①2018 年 8 月，在"一带一路"5 周年之际，中央人民广播电台新闻部记者刘志军、刘倩茹、曹美丽一行五人在拉脱维亚投资发展署艾思洁陪同下访问孔子学院。贝德高、尚劝余、王琼子、林婕、滕飞、朱会平以及学生代表蜜雪儿和唐娜拉出席活动，两位院长和两位学生代表接受访谈，来宾还参观拉脱维亚大学 5 周年纪念展。②

  第四，报社采访孔子学院做专题报道。2016 年 11 月，第五届中国—中东欧"16+1"首脑峰会和拉脱维亚大学孔子学院 5 周年之际，《中国日报》记者任奇专访中方院长尚劝余，就拉脱维亚大学孔子学院总体情况、拉脱维亚中文教学现状、国务院总理李克强访问拉脱维亚对中拉语言文化的推动作用做了深入访谈。随后，记者前往孔子学院课堂观摩，并对本土中文教师丹雅娜和学生做了采访。③2019 年 2 月和 10 月，《人民日报》记者谭武军和《光明日报》记者张智勇、宋燕波来到孔子学院办公室，对贝德高院长做了采访，他讲述了自己 50 多年来与中国结缘的故事，以及从事中文教学、汉学研究和中拉文化交流的历程,向记者展示了《汉语拉脱维亚语大词典》和《精选拉脱维亚语汉语–汉语拉脱维亚语词典》以及即将出版发行的《我的中国故事》手稿。贝教授所展现出的对中国的热情和对汉语的热爱，以及为汉学研究的推广和中拉友谊的建设做出的贡献令记者十分钦佩和感动。④2021 年 11 月 4 日是拉脱维亚大学孔子学院成立 10 周年大庆，《光明日报》记者张智勇对尚劝余院长和贝德高院长做了深入采访，刊发了专稿。10 年来，拉脱维亚大学孔子学院已发展为拉脱维亚人学习中文和了解中国的重要平台和中拉文化互通、文明互鉴、友好合作的桥梁。⑤

---

① 《拉脱维亚大学孔子学院外方院长贝德高教授受邀谈近代中国》，拉脱维亚大学孔子学院档案，2016 年 10 月 27 日。
② 《中国中央人民广播电台出访拉脱维亚大学孔子学院》，拉脱维亚大学孔子学院档案，2018 年 8 月 30 日。在拉脱维亚感受"汉语热"中国情，2018 年 10 月 6 日，来源：央广网，http://china.cnr.cn/news/20181006/t20181006_524377574.shtml，2022 年 1 月 1 日上网查阅。
③ Ren Qi, Confucius Institute thrives in Latvia, China Daily, November 5-6, 2016. 任奇：《拉脱维亚孔子学院蓬勃发展》，《中国时报》，2016 年 11 月 5–6 日。
④ 贝德高教授接受《人民日报》记者采访，拉脱维亚大学孔子学院档案，2019 年 2 月 25 日。贝德高教授接受《光明日报》记者采访，拉脱维亚大学孔子学院档案，2019 年 10 月 18 日。
⑤ 张智勇："汉文化"飘香拉脱维亚——写在拉脱维亚大学孔子学院建院 10 周年之际，《光明日报》2021 年 11 月 3 日 12 版。

（四）弘扬中华武术

2014年开始，国家汉办/孔子学院总部为里加体育武术学校/拉脱维亚武术协会选派武术教师志愿者，最初属于大使馆管辖的教学点，后来成为孔子学院教学点。孔子学院为武术教学点（里加体育武术学校－拉脱维亚武术协会）申请武术志愿者，出席和合作举办武术比赛。与此同时，武术教学点（里加体育武术学校－拉脱维亚武术协会）也积极参与孔子学院组织的各项活动，弘扬中华武术文化。里加体育武术学校/拉脱维亚武术协会给尚劝余院长颁发奖牌，感谢尚劝余院长对拉脱维亚太极拳和武术发展提供的合作。

第一，孔子学院（及武术教师志愿者）出席并联合举办武术锦标赛，包括拉脱维亚武术公开锦标赛、波罗的海武术公开锦标赛、里加杯武术公开赛和拉脱维亚兵道杯比赛。首先，拉脱维亚武术公开锦标赛前五届在里加文化中学举办，后五届在里加武术功夫运动学校举办。其中，第二届于2014年2月9日—10日举办，杨国强大使、曾伏华领事、瓦罗曼会长和教练、武术志愿者马一鸣以及来自拉脱维亚、立陶宛、爱沙尼亚等国的运动员和裁判员出席开幕式。[1] 第四届于2016年4月9日—10日举办，选手们参加了武术套路、太极拳、太极拳推手等项目的比赛。黄勇大使、瓦罗曼会长和教练、武术教师志愿者林才以及来自拉脱维亚、立陶宛、瑞典、瑞士、挪威等8个国家约130名运动员和裁判员出席开幕式。[2] 第五届于2017年2月4日—5日举办，黄勇大使、尚劝余院长、董芳老师、武术教师志愿者张柳繁以及来自拉脱维亚、白俄罗斯、立陶宛三国的裁判代表和选手，还有拉脱维亚社会各界人士参加开幕式。黄勇和尚劝余发表讲话并给选手颁奖，张柳繁和三国武术代表队武术表演。[3] 第六届于2018年2月3日—4日举办，拉脱维亚武术协会会长和成员、武术教师志愿者吴家旭、其他国际武术组织成员、里加武术功夫运动学校学生等参加开幕

---

[1] 尚劝余、贝德高、玛丽娅主编：《拉脱维亚大学孔子学院10周年纪念册》，拉脱维亚大学出版社，2021年10月，第577页。
[2] 尚劝余、贝德高、玛丽娅主编：《拉脱维亚大学孔子学院10周年纪念册》，拉脱维亚大学出版社，2021年10月，第580页。
[3] 《自古英雄出少年——里加文化中学举办"第五届拉脱维亚武术锦标赛公开赛"开幕式》，拉脱维亚大学孔子学院档案，2017年2月4日。

式，表演龙狮、套路、散打等。① 第七届于 2019 年 2 月 2 日—3 日举办，中国大使馆沈晓凯，孔子学院尚劝余、张桂英、王昕、梁娟、尹燕、李静越，里加中国文化中心张丽丽、杨松，拉脱维亚、俄罗斯、立陶宛、挪威四国裁判代表和选手，以及社会各界人士参加开幕式。参赛选手 300 余名，年龄最大 82 岁，年龄最小 6 岁。各国代表队表演太极拳、柔力球、舞狮等。瓦罗曼、沈晓凯、尚劝余、张丽丽和杨松等为参赛选手颁奖。② 第八届于 2020 年 3 月 7 日—8 日举办，中国大使馆沈晓凯，武术协会穆兹卢克、瓦罗曼，孔子学院尚劝余、张桂英、曾庆君、焦文静、郑玉馨，里加中国文化中心张丽丽和杨松，武术教师志愿者黎锦豪，以及社会各界人士参加开幕式。拉脱维亚、俄罗斯、白俄罗斯、立陶宛、挪威、瑞典、希腊等 7 个国家共 120 余名选手参赛，年龄 6 岁至 70 岁不等，瓦罗曼、沈晓凯、尚劝余、张丽丽和杨松等为参赛选手颁奖。③ 第十届于 2023 年 2 月 25 日—26 日举办，中国大使馆孙金焕、蔡文震，武术协会亚尼斯·格杜塞夫、瓦罗曼、瓦维多利亚等，孔子学院尚劝余、张桂英、杨一丹，里加中国文化中心王楠、韩庄，武术教师志愿者钟梦婷，老香港中餐厅老板王松华，格鲁吉亚大使馆人员，以及来自拉脱维亚、德国、格鲁吉亚、立陶宛等国的选手和观众百余人参加开幕式。第一天为武术套路比赛，第二天为武术散打和兵道比赛，钟梦婷全程出任裁判。④

其次，波罗的海武术公开锦标赛均在里加武术功夫运动学校举办。其中，第五届比赛于 2019 年 10 月 12 日—13 日举办，中国大使馆沈晓凯，孔子学院尚劝余、张桂英、曾庆君、焦文静、郑玉馨，里加中国文化中心张丽丽，拉脱维亚武术协会会长瓦罗曼和瓦维多利亚、武术教师志愿者黎锦豪等，以及来自爱沙尼亚、俄罗斯、吉尔吉斯斯坦、拉脱维亚、立陶宛、意大利六国的武术运

---

① 尚劝余、贝德高、玛丽娅主编：《拉脱维亚大学孔子学院 10 周年纪念册》，拉脱维亚大学出版社，2021 年 10 月，第 584—585 页。
② 《剑光如电气如虹——"第 7 届拉脱维亚武术锦标赛公开赛"开幕式于拉脱维亚武术协会圆满举行》，拉脱维亚大学孔子学院档案，2019 年 2 月 2 日。
③ 《武林群英荟—"第八届拉脱维亚武术锦标赛公开赛"开幕式圆满举行》，拉脱维亚大学孔子学院档案，2020 年 3 月 7 日。
④ 《第十届拉脱维亚武术锦标公开赛开幕》，拉脱维亚大学孔子学院档案，2023 年 2 月 25 日。

动员共 176 人出席了开幕式,尚劝余、沈晓凯、张丽丽等嘉宾为参赛者颁奖。[①]第七届比赛于 2022 年 10 月 15 日—16 日举办,中国大使馆梁建全大使、孙金焕参赞、蔡文震秘书,孔子学院尚劝余、张桂英、张涵絮,里加中国文化中心杨森、艾文,以及来自拉脱维亚、立陶宛、爱沙尼亚、中国香港、印度、德国、意大利、西班牙、瑞典、波兰的 186 名选手参加了开幕式,里加体育武术学校为梁建全、孙金焕和尚劝余颁发纪念品。[②]

最后,里加杯武术公开赛和拉脱维亚兵道杯比赛均在里加武术功夫运动学校举办。其中,第八届里加杯武术公开赛于 2019 年 12 月 7 日—8 日举办,武术教师志愿者黎锦豪、武术协会成员和会长瓦罗曼及瓦维多利亚等出席开幕式,共有来自四所武术学校的 105 名参赛选手,分为太极拳、传统武术、现代武术三项比赛。[③]第九届兵道杯武术公开赛于 2023 年 8 月 12 日举办,武术协会罗曼、维多利亚和雅娜等,中国大使馆唐松根、宋丹卉、侯特特、王跃进和蔡文震,中国文化中心王楠、姚一舟和赵国栋,孔子学院尚劝余和钟梦婷,华联会夏晓雷,新华社郭群和李德萍等嘉宾出席开幕式。来自拉脱维亚和爱沙尼亚两个国家的 45 名选手参与了本次武术公开赛,代表队伍包括里加武术功夫体育学校、康诺哈武术学院、功夫潘新学院、爱沙尼亚金莲队等。比赛项目涵盖兵道个人对抗、兵道套路和兵道对练。选手年龄跨度较广,从 5 岁的年幼选手到 22 岁的青年选手,男性选手稍多于女性选手。[④]

第二,武术教学点(里加体育武术学校 - 拉脱维亚武术协会)也积极参加孔子学院和其他教学点活动,大力弘扬武术文化。首先,武术协会积极参加孔子学院本部文化活动,如 2014 年、2016 年、2017 年、2018 年、2022 年、2023 年的中秋节 - 孔子学院日,2015 年、2017 年、2019 年、2020 年、2023 年的春节 - 元宵节,会长瓦罗曼和瓦维多利亚及武术教师志愿者和学员

[①] 《"第五届波罗的海武术锦标赛公开赛"在拉脱维亚首都里加开幕》,拉脱维亚大学孔子学院档案,2019 年 10 月 12 日。
[②] 《"第七届波罗的海武术锦标赛公开赛"开幕》,拉脱维亚大学孔子学院档案,2022 年 10 月 15 日。
[③] 尚劝余、贝德高、玛丽娅主编:《拉脱维亚大学孔子学院十周年纪念册》,拉脱维亚大学出版社,2021 年 10 月,第 590 页。
[④] 《庆祝第六届世界武术日:拉脱维亚体育武术协会举办第九届兵道杯武术公开赛》,拉脱维亚大学孔子学院档案,2023 年 8 月 12 日。

出席活动，并表演丰富多彩的舞狮和武术节目，特别是瓦罗曼带伤亲自表演太极拳。①其次，武术协会积极参加其他教学点的文化活动，如2014年里加文化中学元宵节晚会，2016年、2017年、2019年里加34中学春节庆祝活动，2019年里加工业大学新春招待会和孔子课堂揭牌活动，2023年里加34中学孔子课堂5周年庆祝活动等。最后，武术教师志愿者张柳繁在孔子学院本部教学生学习少林拳、五步拳、太极拳以及太极扇。武术教师志愿者林才在"汉语桥"比赛中武术表演，并积极参加拉脱维亚武术协会举办的武术散打研讨会。②

三、夏令营/冬令营活动

从2014年开始，拉脱维亚大学孔子学院每年组织夏令营活动，为期两个星期左右，由国家汉办和华南师范大学支持实施。2020年—2022年，由于新冠疫情，夏令营改为线上冬令营。拉脱维亚大学孔子学院以及各个教学点学生踊跃报名参加，亲身感受和体验中国文化的绚丽多彩和博大精深，并学习中文及各种中国文化课程。

第一，2014年至2018年历届夏令营均由董芳带队（其中2017年由柯劳拉协助），2019年由卡琳娜和曾庆君带队，营员人数逐年递增，来源也逐年多样化。第一届营员10名，其中8名来自孔子学院，2名来自里加文化中学孔子课堂。③第二届营员15名，其中8名来自孔子学院，6名来自里加文化中学孔子课堂，1名来自雷泽克内大学孔子课堂。第三届营员16名，其中1名来自孔子学院，3名来自拉脱维亚大学人文学院，4名来自雷泽克内大学孔子课堂，3名来自道加瓦皮尔斯大学孔子课堂，3名来自里加工业大学孔子课堂，2名来自里加独立中学。第四届营员23名，其中7名来自孔子学院，2名来自雷泽克内大学孔子课堂，4名来自道加瓦皮尔斯大学孔子课堂，6名来自里加

---

① 尚劝余、贝德高、玛丽娅主编：《拉脱维亚大学孔子学院10周年纪念册》，拉脱维亚大学出版社，2021年10月，第577—590页。
② 尚劝余、贝德高、玛丽娅主编：《拉脱维亚大学孔子学院10周年纪念册》，拉脱维亚大学出版社，2021年10月，第580页。
③ 拉脱维亚大学孔子学院档案，2014年8月26日。

工业大学孔子课堂，4名来自里加文化中学孔子课堂。[①] 第五届营员19名，其中4名来自道加瓦皮尔斯大学孔子课堂，4名来自文茨皮尔斯大学，4名来自里加文化中学孔子课堂，2名来自里加工业大学孔子课堂，2名来自维泽梅大学，1名来自里加34中学孔子课堂，1名来自交通与电信大学，1名来自拉脱维亚农业大学。第六届营员人数创历史新高，共有41名，其中8名来自里加文化中学孔子课堂，8名来自文茨皮尔斯大学，4名来自里加工业大学孔子课堂，4名来自拉脱维亚大学人文学院，3名来自交通与电信大学，2名来自道加瓦皮尔斯大学孔子课堂，2名来自利耶帕亚大学，2名来自克拉斯拉瓦中学，1名来自里加34中学孔子课堂，1名来自雷泽克内大学孔子课堂，1名来自拉脱维亚农业大学，1名来自叶尔加瓦斯比杜拉中学，1名来自里加独立中学，1名来自里加88中学，1名来自里加40中学，1名来自里加普希金学院。[②]

第二，历届夏令营出发前，孔子学院均组织召开夏令营行前会，由领队老师给营员们分发并详细讲解夏令营日程表，充分了解夏令营行程；宣布夏令营相关注意事项，包括机票事务、人身安全、证件安全、医疗健康、手机通讯等，确保在华期间的旅程安全和顺利有序。夏令营为期两周左右，一周在北京和国家汉办，一周在广州和华南师范大学。在北京，营员们访问孔子学院总部文化体验中心、教材展、孔子学院资源展，加深对孔子学院的了解；游览长城、天安门、故宫、颐和园和天坛等名胜古迹，领略中国传统建筑风格，感受中国皇家园林，感悟中国传统文化；深入胡同和四合院，体验居民生活，与居民一起包饺子，感受老北京的风土人情；穿梭在798艺术街区和南锣鼓巷，品味北京的文艺气息；参观中国高等学府、科技馆、奥林匹克公园外景，感受北京的青春与活力。[③] 在广州，营员们学习和体验丰富多彩的汉语及中国文化课程，包括汉语日常会话、汉字与中国文化、中国民族舞蹈体验、中国国画体验、中国饮食文化介绍、茶艺演示及体验、民族特色介绍+中国结、中国戏剧人物与脸谱介绍、画脸谱画扇面、广州概况介绍、中国陶艺体验、参加HSK/YCT考试等，营员们在充满中国特色和个人创意趣味的文化体验过程中，近距离接触

---

① 拉脱维亚大学孔子学院档案，2017年7月22日。
② 拉脱维亚大学孔子学院档案，2019年7月27日。
③ 拉脱维亚大学孔子学院档案，2015年8月28日。

地道有趣的中国文化；课余时间，营员们参观华南师范大学校园、广州大学城、南海校区；参观岭南著名宗祠建筑陈家祠、老广州西关文化区荔湾涌、黄飞鸿狮艺武术馆，游览岭南印象园，感受岭南民风民俗文化；参观北京路步行街"千年古道遗址"，体验广州辉煌的商业文明；参观广东科学中心，感受科学魅力；游览沙面岛、花城广场，夜游珠江，深切感受广州文化；坐公交车、地铁去商店体验中国人的日常生活，品尝中国小吃、体验广式早茶，切身体会中国人民的热情。①

第三，从第三届夏令营开始，举办中东欧十六国孔子学院夏令营开营仪式。2016年开营仪式由拉脱维亚大学校友安泽主持，营员们演唱大合唱《朋友》，赛叶娃代表拉脱维亚参与来自中东欧十六国孔子学院学生的合唱《歌声与微笑》，营员们还与拉脱维亚驻中国大使及安泽合影留念。2017年开营仪式上，国家汉办副主任马箭飞、斯洛文尼亚驻华大使亚内斯·普瑞泽、北京外国语大学党委书记韩震分别致辞，匈牙利罗兰大学孔子学院学生代表夏晶发言，接着举行授旗仪式及嘉宾合影，随后是丰富多彩的文艺演出，拉脱维亚大学孔子学院营员们表演合唱《鸡年来了》。2018年开营仪式上，拉脱维亚大学孔子学院夏令营营员们表演合唱《友谊地久天长》。此外，全体营员给爱丽莎送上了惊喜。董芳老师准备了一套华南师范大学明信片，分发给营员们，以小组为单位在明信片上写生日祝福作为礼物。当晚所有营员一起为事先并不知道这一惊喜的爱丽莎过了一个特别的18岁生日。②2019年开营仪式期间，举办了中东欧青年校内巡游活动和中国－中东欧国家教育青年交流成果展，各国孔子学院通过文字图片实物展示的形式，向嘉宾和观众们介绍本国的特色及各孔子学院的发展历程和成果，拉脱维亚大学孔子学院与拉脱维亚驻中国大使馆联手，展示了拉脱维亚的特色和风情，大使馆安吉丽娜出席了活动。

第四，2020年—2023年，由于受新冠肺炎疫情影响，无法像往年一样组织夏令营活动，于是华南师范大学举办线上岭南文化冬令营活动，拉脱维亚大学孔子学院是主力军之一。2020/2021年度冬令营活动于2021年1月11日至

---

① 拉脱维亚大学孔子学院档案，2016年7月20日。
② 《2018年拉脱维亚大学孔子学院赴华夏令营工作总结》，拉脱维亚大学孔子学院档案，2018年7月23日。

18 日在线举行，拉脱维亚大学孔子学院公派教师邹亚平负责组织协调报名，最终 69 名学员参加了冬令营活动，① 其中拉脱维亚大学孔子学院本部 17 人，拉脱维亚大学人文学院 12 人，拉脱维亚留华同学会 10 人，里加工业大学孔子课堂 6 人，道加瓦皮尔斯大学孔子课堂 5 人，雷泽克内大学孔子课堂 1 人，里加文化中学孔子课堂 3 人，里加 34 中学孔子课堂 1 人，拉脱维亚文化学院 1 人，文茨皮尔斯大学 2 人，交通与电信大学 2 人，克拉斯拉瓦中学 3 人、里加 88 中学 2 人，叶尔加瓦第 5 中学 1 人，里加 40 中学 1 人，里加独立中学 1 人，里加古典中学 1 人。营员们参加了全部 6 个班（初级少年班 1 个、初级成人班 3 个、中级班 1 个、高级班 1 个）的汉语和才艺课程的学习。此次冬令营线上活动通过"中文联盟"平台以"直播授课+视频课程"的形式开展，以"岭南文化"为特色，课程内容既有以"岭南文化""美食之旅""粤港澳大湾区城市之光"为主题的视频课程，也有中文课、剪纸、太极、泥塑、扇面才艺等直播课程，罗毅、费佳、毛虹方、吕志莹、洪怡然、伍英姿老师给学员们上课。通过为期八天的学习，营员们顺利完成了全部课程获得了结业证书。其中来自拉脱维亚的 18 位学员（马笑笑、帝安娜、艾蝶尔、唐娜拉、安内亚、才子、纳斯佳、柯山大、优、艾莉莎、伊洛娜、安妮、帕特里夏、魏莱、费汀娜、维尼卡、卡米拉、莱姆帕）以及来自法国、日本、越南的 11 位学员被评为"优秀营员"。马笑笑和唐娜拉在开营仪式上发言，尚劝余和帝安娜在闭营仪式上发言。② 华南师范大学国际文化学院给拉脱维亚大学孔子学院发来感谢函：岭南文化特色冬令营于 2021 年 1 月 18 日圆满结营，在冬令营的筹办过程中，贵院中方院长尚劝余、公派教师邹亚平及各位孔子学院老师和工作人员积极组织发动，成功动员了 69 名营员参营，协助华南师大分发中华才艺课程材料，积极联络、协调学生参与直播和录播课程学习，为冬令营的成功举办做出重要贡献。在此，华南师范大学国际文化学院向贵单位表示衷心感谢！感谢贵单位为此次冬令营输送大批中文爱好人士，同时感谢贵院多年来对国际中文教育事业

---

① 冬令营最初报名人数 121 人，其中拉脱维亚大学孔子学院 80 人、法国留尼旺大学孔子学院 10 人、法国巴黎大学孔子学院 4 人，日本神户女子大学 9 人，越南顺化大学 18 人。见华南师范大学《冬令营学生名单分班名单—2020 年 12 月 25 日》。
② 拉脱维亚大学孔子学院档案，2021 年 1 月 18 日。

的鼎力支持。希望贵院今后一如既往支持国际中文教育事业，让我们携手并进，共同努力，为国际中文教育事业添砖加瓦。最后，预祝贵院在新的一年里事业蒸蒸日上。①

2021/2022 年的冬令营活动按照两个时间段分两期进行，拉脱维亚大学孔子学院公派教师白冰玉负责组织协调报名。第一期冬令营时间为 2022 年 1 月 7 日—14 日，第二期冬令营时间为 2 月 20—28 日，主题分别为"魅力湾区，动感岭南""文明之火，魅力湾区"，来自拉脱维亚、法国、摩洛哥、越南、泰国、埃及、巴基斯坦、孟加拉国和斯里兰卡 9 个国家的营员参营（第一期 171 名，第二期 207 名），其中 50 名学员来自拉脱维亚大学孔子学院，包括孔子学院 18 人，人文学院 7 人，里加文化中学孔子课堂 2 人，里加 64 中学 6 人，交通与电信大学 1 人，里加工业大学孔子课堂 3 人，雷泽克内大学孔子课堂 2 人，里加古典中学 6 人，里加 40 中学 1 人，叶尔加瓦第 5 中学 1 人，里加 88 中学 3 人。②冬令营由"中文游""文化游""城市游""才艺游"四大模块构成，集生活体验、自然风光、人文荟萃为一体，融合语言文化学习与云端游览。白冰玉、早星、达尔塔等在开营仪式上发言，尚劝余、白虎、安烛韵等在闭营仪式上发言。来自拉脱维亚的 11 位营员（才子、白虎、爱丽、灿妮、吉娜、安烛韵、早星、达娜、叶伊娜、玛莎、高力）获得优秀营员证书。冬令营的成功举办加深了中外合作院校间的友谊，对"讲好中国故事，传播中华文化"具有积极的意义。③

2023 年，虽然疫情结束，但拉脱维亚大学孔子学院夏令营尚未启动。拉脱维亚大学孔子学院给语合中心推荐了 2 名"一带一路夏令营"营员丽莎和沃安娜，但沃安娜因参加"汉语桥"比赛时间冲突而放弃，夏令营时间为 2023 年 8 月 12 日—25 日；给北京国际汉语研修学院推荐了 2 名"汉语桥夏令营"（"璀璨丝路魅力中国"主题夏令营）营员高莎芮（贡戈洛娃莎恩留）和朱莉

---

① 《华南师范大学国际文化学院感谢函》，2021 年 1 月 25 日。
② 《拉脱维亚大学孔子学院冬令营营员名单》，2022 年 1 月 13 日。
③ 华南师范大学 2021 年"汉语桥"团组交流项目——岭南文化冬令营正式开营，2022 年 1 月 10 日，http://cicgz.scnu.edu.cn/cicweb/2046，2022 年 6 月 30 日上网查阅；华南师范大学 2021 年"汉语桥"团组交流项目——岭南文化冬令营圆满闭营，2022 年 1 月 20 日，http://cicgz.scnu.edu.cn/cicweb/2050，2022 年 6 月 30 日上网查阅。

娅，两名学员均为俄罗斯学生，夏令营时间为 2023 年 8 月 13 日至 26 日。

四、奖学金生推荐和欢送活动

2011 年的奖学金生按照之前的方式推荐，而从 2012 年开始由拉脱维亚大学孔子学院负责推荐每年的孔子学院奖学金生，有时候也协助推荐政府奖学金生，并与大使馆一起举办奖学金生欢送会活动。从 2012 年开始，许多拉脱维亚大学人文学院亚洲学系汉学专业学生也成为孔子学院学生，在孔子学院学习中文课程并取得学分，因此奖学金生也具有人文学院和孔子学院双重学生身份。

第一，2011 年和 2012 年奖学金名额相对比较少。2011 年有 10 人获得孔子学院奖学金和政府奖学金，实际招收新生 7 人，3 人为在华继续学习者，分别在浙江大学、浙江师范大学、天津师范大学、黑龙江大学、云南师范大学、杭州师范大学、兰州大学、中国美术学院、北京语言大学、中央民族大学留学，大部分为期一学年，学习现代汉语，也有个别攻读环境保护专业硕士学位和博士学位。2012 年有 16 人获得奖学金，其中政府奖学金 7 人，孔子学院奖学金 4 人，自主招生奖学金 5 人，分别赴宁波大学、北京体育大学、华南师范大学、华东师范大学、东南大学、东北师范大学、中国政法大学、浙江大学、北京语言大学、上海交通大学、北京科技大学、重庆大学、四川大学、北京化工大学、东北财经大学、北京航空航天大学留学，学习现代语言、汉语言文学、国际法、建筑学、国际商务、化学工程、国际贸易等，大部分为期一年，也有一些攻读硕士和博士学位。中国驻拉脱维亚大使馆举行留学生欢送茶话会，胡业顺大使、拉脱维亚教育部国际合作司专员卡玛拉、孔子学院拉方院长贝德高和中方院长黄明喜、里加斯特拉京什大学孔子中心主任史莲娜、里加文化中学中文教师周文馨等教育界人士等近 30 人出席了茶话会。[①]

第二，2013 年 5 月，为扩大中国政府奖学金的影响，吸引更多优秀中东欧学生来华学习和深造，鼓励中国院校与中东欧国家院校建立合作关系并扩大交流规模，中国教育部专门设立了中东欧学分生专项奖学金，奖学金名额大幅

[①] 中国驻拉脱维亚大使馆为 2012 年拉赴华留学生举行茶话会，2012 年 8 月 24 日，http://lv.china-embassy.gov.cn/chn/xwdt/201208/t20120824_9513971.htm，2022 年 7 月 2 日上网查阅。

度提高。共有25人获得奖学金，其中4人获得政府国别奖学金，1人获得政府单方奖学金，8人获得政府专项奖学金，12人获得孔子学院奖学金。赴华南师范大学学习中文言文学和汉语国际教育的人数最多，此外也有赴厦门大学、中山大学、北京体育大学、浙江大学、天津中医院大学、四川大学、中国政法大学、首都经济贸易大学、天津中医院大学、厦门大学、北京航空航天大学、中国传媒大学、清华大学、广东药学院、西南交通大学学习中文和攻读工商管理、中国近现代史、民族传统体育学、中医临床基础、国际法学、针灸推拿学、国际贸易、新闻学、公共事业管理等硕士和博士学位。中国大使馆和孔子学院在孔子学院教室为奖学金生举行欢送会，杨国强大使、孔子学院院长、拉脱维亚外交部、拉脱维亚教育部以及高校师生代表50余人出席。[①] 这是孔子学院首次举办奖学金生欢送会，也是孔子学院首次有12位学生获得2013年年度孔子学院奖学金。2014年有28人获得奖学金，其中9名获孔子学院奖学金，2名获政府国别奖学金，17名获政府单方奖学金。其中8人赴华南师范大学研修汉语言文学，其余赴山西大学、同济大学、复旦大学、上海师范大学、上海大学、东华大学、浙江大学、浙江理工大学、兰州大学、吉林大学、云南大学、北京语言大学、北京师范大学、首都经济贸易大学、湖南师范大学、暨南大学、广东药学院留学。拉脱维亚大学孔子学院举行奖学金生欢送会，杨国强大使、尚劝余和贝德高院长、玛丽娅分别讲话。[②]

  第三，截至2015年，中方向拉方提供政府奖学金名额总数已超过200名，2015/2016学年达到近40名。此外，中方还向拉脱维亚官员、专家等提供10多个短期培训项目。[③] 获得政府奖学金者共32人，其中国别奖5人（在华继续学习4人，新增1人），单方奖27人（在华继续学习者5人，新增22人）；获得孔子学院奖学金者8人；参加中国商务部培训项目者12人，其中攻读硕

[①] 中国驻拉脱维亚大使馆为赴华留学生举行欢送会，2013年08月23日，来源：新华网，https://www.chinanews.com.cn/hwjy/2013/08-23/5199645.shtml，2022年6月25日上网查阅。拉脱维亚大学孔子学院举行首次赴华留学生欢送会，拉脱维亚大学孔子学院档案，2013年9月5日。
[②] 《拉脱维亚大学孔子学院举办赴华奖学金生欢送会》，拉脱维亚大学孔子学院档案，2014年8月28日。
[③] 中国驻拉脱维亚使馆为获2015/2016中国政府奖留学生举行欢送会，2015年8月21日，http://lv.china-embassy.gov.cn/chn/xwdt/201508/t20150821_2636654.htm，2022年7月4日上网查阅。

士和博士学位3人，短期培训9人。除了赴前面提到的大学留学外，也赴北京外国语大学、北京第二外国语学院、上海外国语大学、云南师范大学、中央财经大学、山东大学、东南大学、西北工业大学、天津大学、华中科技大学留学。中国大使馆和孔子学院在里加东亚长城饭店为获得奖学金的赴华留学生举行欢送会，拉脱维亚教育与科学部高级专员伊芙斯娜、孔子学院拉方院长贝德高、孔子中心主任史莲娜以及李涛参赞和曾伏华领事等40余人出席。2016年奖学金生总计22人，其中政府奖学金20人（国别奖5人，单项奖14人，中东欧医学专项奖1人），孔子学院奖学金2人。政府奖学金生中，16人按本人志愿安排录取，4人调至其他院校。除了赴前述大学留学外，也赴华南理工大学、华中师范大学、武汉大学、上海中医药大学留学。2017年政府奖学金总计20人，其中国别奖5人（在华继续学习4人，新增1人），单项奖12人，中东欧医学专项奖3人（拉脱维亚大学2人，里加斯特拉京什大学1人）。2018年奖学金生总计35人，其中政府奖学金国别奖5人（在华继续学习4人，新增1人），单项奖12人，特别奖1人，孔子学院奖学金17人。在政府奖学金生中，拉脱维亚大学孔子学院推荐5人，里加斯特拉京什大学中国研究中心推荐1人，拉脱维亚外交部推荐1人，其余为拉脱维亚教育发展署推荐。此外，由于拉脱维亚学习医学的学生人数相对较少且倾向于前往欧美国家深造，因此本年度的3个中东欧医学专项奖学金名额没有人申请。2019年奖学金生总计25人，其中政府奖学金国别奖5人（在华继续学习1人，新增4人），单项奖12人，中东欧医学专项奖无人报名，特别奖2人，孔子学院奖学金6人。在政府奖学金生中，拉脱维亚大学孔子学院推荐5人，里加斯特拉京什大学中国研究中心推荐1人，拉脱维亚外交部推荐1人，拉脱维亚留华同学会推荐2人，华商会推荐1人，其余为拉脱维亚教育发展署推荐。

第四，2020年之后，疫情肆虐全球，世界各国都不同程度地进入紧急状态，封闭校园，网络授课，赴华留学也受到很大影响。一是在中国留学的拉脱维亚学生纷纷回到拉脱维亚，无法再回到中国，而是远程网络上课，由于时差等因素，导致有些学生退学，有些学生焦虑。二是新申请到奖学金的同学无法赴中国上学，只能留在拉脱维亚远程网络上课，由于时差和疫情等因素，学习效果也受到影响。三是政府奖学金名额大大减少，中国政府单方奖学金停止，每年只有 5 个政府国别互换奖学金名额。疫情期间，有些奖学金生网络授课一年顺利结业；有些由于时差和疫情原因，网络上课一年后退学；也有申请去中国读本科，后来放弃，去了欧洲就读；也有滞留在拉脱维亚网络上课，身心俱疲，多次尝试各种渠道想回华南师范大学学习未果；也有经过不懈努力终于在 2022 年回到了华南师范大学继续学习。2020 年至 2023 年期间，共有政府奖学金生 18 人，进入华南师范大学、华东师范大学、安徽师范大学、上海外国语大学、北京外国语大学、北京大学、北京理工大学、首都体育学院、同济大学、上海大学 10 所高校就读。2023 年，拉脱维亚大学孔子学院推荐拉脱维亚学生、波兰学生、俄罗斯学生、意大利学生和其他国家学生赴华南师范大学和中国台湾师范大学等高校留学，分别学习一年中文、四年本科和三年研究生等。

第四节　学术交流活动

孔子学院注重学术交流活动，主办和参与各类座谈、研讨会、讲座以及访问交流；此外，也编著和出版各类著作和辞书，推动中文教学和中华文化传播。

一、座谈研讨会

第一，组织中文教学与汉学研究座谈会和研讨会。2013 年 11 月 23 日，孔子学院举办首次拉脱维亚全国性的中文教学与汉学研究座谈会。作为拉脱维亚历史上规模最大的一次中文教学与汉学研究会议，座谈会得到了中国驻拉脱维亚大使馆的大力支持。来自中国大使馆（曾伏华）以及孔子学院（贝德高、黄明喜、黄颖怡、王树蕙）、亚洲学系（鲍葛薇、莫丽雅、亚尼斯、阳康龙、王琼子、李满楠）、里加斯特拉京什大学（史莲娜、白妩娜）、维泽梅大学（宁晓璐）、里加工业大学（于婧媛）、道加瓦皮尔斯大学（张双）、雷泽克内大学（张婕）、里加文化中学（董芳）、里加 68 中学（珍珠）等高校和中学的本土中文教师和中国国家汉办派出的公派中文教师和志愿者 20 人参加了座谈。

本次座谈会旨在帮助大家理解国家汉办汉语国际教育的发展战略和主要任务，分享国际汉语教育的先进经验，了解"孔子新汉学计划"的具体内容，如何进一步提高汉语国际教育教学质量和繁荣汉学研究。[①]

2016年11月4日至6日，孔子学院承办首次中东欧国家汉学研究与中文教学研讨会。研讨会由孔子学院总部（国家汉办）主办，在拉脱维亚大学主楼举行。共有来自中东欧16国的43名汉学家、3名中国专家、2名汉办代表以及20多名嘉宾参与了研讨会，与会总人数逾70人。开幕式和闭幕式在拉脱维亚大学主楼小礼堂，分组讨论在258教室（A组）和264教室（B组）。研讨会开幕式由尚劝余主持、丹雅娜翻译，穆伊日涅克斯校长和贝德高院长致辞，张科处长介绍孔院项目和"新汉学计划"。闭幕式由鲍葛薇主持，伊克思顿斯副校长致辞。研讨会以"一带一路"与汉学人才培养为主议题，分设3个分议题，即"一带一路"与汉学人才培养，孔子学院在汉学研究中发挥的作用，中东欧汉学研究和中文教学：历史与现状。46位专家学者分成两组，分别就这三个议题展开讨论，分享自己的研究成果。分组情况：A组（23人）（258室）：斯巴修、宋新宁、鲁博士、卜雅娜、郝清新、于立滨、阿夏、贝德高、姚安娜、安春天、尤拉克、涂寻、鲍葛薇、柯世浩、碧莲娜、马蒂雅、邬雅丽、泰迪、卓艾桦、马切利、罗热塔、木固烈、贝雅娜；B组（23人）（264室）：李察德、波莉娜、布安娜、普西奇、伊松、博格丹、卡琳娜、白罗米、陈新、田佳、史维思、吴大伟、张建华、穆内卡、葛佳、白妩娜、莫丽雅、丹雅娜、卫特思、葛叶莲娜、阿保矶、苏姗、奇安娜。[②] 两组汉学家们以"一带一路"建设为大背景，结合当前经济合作和文化交流现状，对比分析各院校在汉学人才培养方面的可取之处，指出了存在的困难和今后改进的方向。学者们也纷纷从新时期孔子学院发展的角度，提出了今后以孔子学院为平台开展中文教学、汉学研究工作的新思路。参会者还从各自汉学专业和中文教学出发，阐述汉学、汉语教育和孔子学院的重要意义。[③] 随后，张科、王蕾、尚劝余、柯劳拉、丹雅娜陪

---

① 《2013年拉脱维亚中文教学与汉学研究座谈会》，拉脱维亚大学孔子学院档案，2013年11月23日。
② 中国人民大学王义桅教授和马其顿席晓兰教授由于签证方面遇到问题，未能与会。
③ 《中东欧国家汉学研究与中文教学研讨会发言视频整理》，拉脱维亚大学孔子学院档案，2016年11月5日。

同中东欧 16 国汉学家代表乘车前往拉脱维亚国家图书馆接受前来参加第五届中国-中东欧 16+1 政府首脑峰会的中国总理李克强和中东欧 16 国总理的接见。每个国家选派一位汉学家代表（阿尔巴尼亚穆内卡，爱沙尼亚葛佳，保加利亚阿夏，波黑田佳，波兰史维思，黑山伊松，捷克吴大伟，克罗地亚尤拉克，立陶宛卫特思，罗马尼亚白罗米，马其顿布安娜，塞尔维亚普西奇，斯洛伐克贝雅娜，斯洛文尼马蒂雅，匈牙利郝清新），东道主拉脱维亚选派三位汉学家代表（贝德高、白妩娜、卡琳娜），尚劝余作为中方代表，每位代表前面对应本国总理、后面对应本国国旗，卡琳娜和白妩娜分站在队伍的两头。① 总理们与代表们一一握手寒暄并合影。贝德高给李克强赠送了国礼，即他编撰的《精选拉汉-汉拉词典》。李克强总理和中东欧 16 国总理在繁忙的日程中专门抽出时间会见中东欧 16 国汉学家代表，对中东欧汉学研究、中文教学和孔子学院发展起到了重要的推动作用。此外，研讨会现场也举办了《拉脱维亚大学孔子学院 5 周年成果展》和《中东欧国家汉学研究和中文教学成果展》，包括吴大伟、史维思、普西奇、碧莲娜、席晓兰、安娜、苏姗、郝清新、卓艾桦、叶莲娜、贝德高、柯世浩、鲍葛薇的成果。② 贝德高院长也现场为汉学家们签名赠送《汉语拉脱维亚语大词典》。

2022 年 12 月 30 日，孔子学院在里加中国文化中心举行拉脱维亚中文教学暨留学工作交流会，由卡琳娜主持。中国大使馆梁建全大使、戴蓝参赞、宋丹卉公参、屈清源主任、梁卫泉秘书、张泽阳领事，孔子学院贝德高、尚劝余、高安娜、马笑笑、艾维塔、白冰玉、唐静、李欣、刘贤、汪贝娅、杨彩云、朱柏清、张桂英，中国文化中心王楠、韩庄、杨森、艾文、王丹、谢东、王耕耘，留学生代表王涵曦、林辰杰、卢伟霖、宋紫珍、谷健、王一然、万心怡参加交流会。王楠主任从语言和文化紧密结合的角度做了精彩的开场白发言，尚劝余院长介绍拉脱维亚中文教学从 1920 年到 2022 年这一百余年的发展历程，贝德高院长介绍拉脱维亚中文教学现状，25 位中文教师或现场或视频依次介绍各自教学点中文教学情况及教学感受，留学生领事保护志愿者王涵曦介绍留学生

---

① 《合影汉学家和陪同人员信息表》，拉脱维亚大学孔子学院档案，2016 年 11 月 4 日。
② 《中东欧国家汉学研究与中文教学研讨会参展作品汇总》，拉脱维亚大学孔子学院档案，2016 年 10 月 26 日。

情况，梁建全大使进行总结讲话，充分肯定大家的工作，希望大家在两国交流上继续发挥更大的作用，并表示明年中拉两国间的交流互访一定会增多。最后，梁建全大使亲切地慰问了中文教师和留学生，并给大家送上美好的新年祝愿。①

第二，协助组织和参与京剧研讨会以及施密特学术遗产国际研讨会。2015年5月29日，孔子学院积极协助组织和参与京剧研讨会。柯劳拉、王琼子、方思琪、金晶、程雪、张婕参与了会场布置和场务工作。②研讨会由中国大使馆、拉脱维亚大学、孔子学院以及拉脱维亚演艺公司联手在拉脱维亚大学主楼参事厅举办。杨国强大使、李涛参赞、国家京剧院副院长于魁智、一团团长李胜素、《杨门女将》导演孙桂元、拉脱维亚大学校长奥津什、副校长康格罗、孔子学院贝德高、尚劝余和师生及华人代表等五十余位嘉宾出席研讨会。③当天傍晚，于魁智、李胜素、张静、孙桂元以及剧组部分成员在里加文化中学大礼堂与大使馆、孔子学院以及华联会代表一起联欢，表演了精彩的京剧片段。6月1日，京剧演出团一行六十人在拉脱维亚国家歌剧院上演京剧名段《杨门女将》，杨国强大使、拉脱维亚三届总统以及其他部门要员观看了演出，孔子学院师生也欣赏了精彩演出，不少人留下了热泪，在里加掀起一阵京剧热。

2019年4月25日—26日，拉脱维亚第一代汉学家施密特学术遗产国际研讨会暨诞辰150周年纪念日在拉脱维亚大学主楼大礼堂举办，近200名教授、学者及中文学习者等参加。会议由联合国教科文组织、拉脱维亚大学以及拉脱维亚大学图书馆和孔子学院联合举办，分为五个主题。来自拉脱维亚、中国、俄罗斯、德国、波兰等不同国家的22位嘉宾做学术报告，以中拉两国的历史交往、文化交流为背景，讲述施密特对拉脱维亚汉学、民族文学等领域做出的杰出贡献以及他为后人留下的丰富文化遗产。孔子学院尚劝余、贝德高、王琼子、邹亚平、尹燕等参加会议。穆伊日涅克斯校长和联合国教科文组织拉脱维亚国家委员会秘书长莫尔妮卡分别致欢迎辞。第一部分主题为"时代背景和历史特征"：拉脱维亚国家语言中心主任鲍汀什讲解了施密特对拉脱维亚大学发

---

① 《拉脱维亚中文教学暨留学工作交流会顺利召开》，拉脱维亚大学孔子学院档案，2022年12月30日。
② 《5月29日京剧研讨会工作安排》，拉脱维亚大学孔子学院档案，2015年5月28日。
③ 《京剧研讨会在拉脱维亚成功举办》，拉脱维亚大学孔子学院档案，2015年5月29日。

展的贡献；拉脱维亚大学历史与哲学系教授雅各布森、拉脱维亚大学拉脱维亚历史研究所研究员克雷斯林斯从历史的角度分别介绍了第一次世界大战前中国和远东的拉脱维亚人以及1918年至1920年间包括施密特在内的拉脱维亚人在西伯利亚和远东地区的社会政治努力情况；采西斯历史和艺术博物馆历史学家帕姆普林斯、拉脱维亚大学人文学院首席研究员克拉文什就施密特在第一次世界大战期间推广拉脱维亚爱国主义的贡献以及他在解释文化及其当代跨文化关系的时事性方面的类比方法提出了自己的见解。第二部分主题为"施密特教授对汉学研究的贡献"：北京外国语大学博士生罗薇介绍了施密特的著作《汉语官话语法试编》，认为这本教科书是打开俄罗斯现代中文教学的窗口，也是拉脱维亚语法界首次对普通话语法的探索；拉脱维亚大学孔子学院中方院长尚劝余、拉脱维亚大学博士生吕妍就中国有关施密特研究的现状与意义提出了见解，对施密特的学术成果在中国的进一步传播做出了展望；拉脱维亚大学人文学院教授塔伊万斯介绍了施密特与19世纪和20世纪之交的中国现实情况；拉脱维亚大学孔子学院拉方院长贝德高从中文教学的角度出发，论述了施密特对中文教学方法的重要贡献；国际ISMN机构主席魏汉茂、圣彼得堡俄罗斯科学院东方手稿研究所所长波波娃、拉脱维亚大学图书馆研究员伊尔嘉从施密特在波罗的海地区的东方研究等角度发表了演讲。第三部分和第四部分主题分别是"施密特教授对语言学的贡献"和"施密特教授对拉脱维亚民族文学的贡献"：拉脱维亚大学副校长德鲁维叶戴、拉脱维亚大学拉脱维亚语学院院长阳索奈、拉脱维亚大学人文学院教授卡尔妮娜、拉脱维亚大学文学民俗和艺术研究所研究员帕卡林斯、拉脱维亚大学图书馆研究员伊尔嘉，分别从语言学、文学、民俗学的角度对施密特作品中的语言问题、拉脱维亚文学中施密特的形象、拉脱维亚民间信仰的性别多样性、施密特对拉脱维亚大学图书馆的贡献等角度，对施密特在不同学术领域的贡献进行了分析和评述。第五部分主题为"施密特教授的文化遗产"：波兰驻拉脱维亚大使米查理斯金介绍了施密特和波兰民俗学的发展；拉脱维亚文学和音乐博物馆专家米叶希特介绍了拉脱维亚文学和音乐博物馆中关于施密特的收藏；拉脱维亚大学图书馆馆长瑶姆卡塔涅展示了拉脱维亚大学学术图书馆收藏的施密特手稿；拉脱维亚国家历史档案馆首席研究员雅克夫列娃介绍了拉脱维亚国家历史档案馆中收藏的关于施密特的文件。联合国教科文组织将施密特150周年诞辰和拉脱维亚大学100周年诞辰列入2018年至2019年度纪念日历中,以纪念他对拉脱维亚以及世界教科文发展做出的突出贡献。本次会议有助于收集和研究有关施密特档案材料信息,从而为拉脱维亚、中国、德国、俄罗斯、波兰和其他国家的学者提供创造性的合作机会,并向社会宣传施密特的人格魅力以及他对汉学和波罗的海学的贡献。①

第三,与访问团座谈,加强学术文化交流。2017年2月10日,由北京大学国际合作处夏红卫处长和白燕主任、北京师范大学国际交流与合作处王秀梅处长、复旦大学孔子学院事务办公室朱畴文主任和万强项目主管、中山大学国际合作与交流处徐瑶副处长、厦门大学国际合作与交流处谭绍滨处长等中国著名高校外事部分负责人组成的访问团访问拉脱维亚大学孔子学院。贝德高、尚劝余和柯劳拉接待代表团并在参事厅举行座谈。双方就落实汉办新汉学计划交换了看法,并就进一步交流合作进行了探讨。②2019年9月7日,浙江大学中国西部发展研究院院长周谷平、常务副院长董雪兵和副主任李莉、社会科学研究院常务副院长褚超孚、翻译学研究所副所长徐雪英访问拉脱维亚大学孔子学院,围绕"一带一路"建设背景下孔子学院的发展、新时期孔子学院职能优化等研究议题进行调研。尚劝余、王琼子、马笑笑、白丽娜等接待并座谈,双方就如何推动孔子学院发展更符合国家"一带一路"倡议,以及孔子学院教学如何与当地文化融合、走进当地民众等问题进行了探讨。周谷平院长与尚劝余院长签订了《浙江大学中国西部发展研究院和拉脱维亚大学孔子学院学术交流合作协议》。③

第四,其他座谈交流活动。2020年1月16日,孔子学院尚劝余、贝德高、邹亚平、燕雪宁、车俊池出席奥格蕾自治市外语教学研讨会,两位院长介绍世界中文教学和拉脱维亚中文教学现状,并回答了与会者的提问。④2020年1月

---

① 《"站在文化与语言的十字路口"——施密特教授学术遗产国际研讨会成功举办》,拉脱维亚大学孔子学院档案,2019年4月26日。
② 《中国著名高校外事部门负责人访问拉脱维亚大学孔子学院》,拉脱维亚大学孔子学院档案,2017年2月10日。
③ 《浙江大学中国西部发展研究院代表团访问拉脱维亚大学孔子学院》,拉脱维亚大学孔子学院档案,2019年9月7日。
④ 《拉脱维亚大学孔子学院参加奥格蕾市外语教学研讨会》,拉脱维亚大学孔子学院档案,2020年1月16日。

20日，孔子学院举行"拉脱维亚陈氏太极拳海外培训班"座谈交流会。沈晓凯参赞、陈海军教练及翻译、尚劝余、贝德高、邹亚平、车俊池、郑玉馨、陈莹及学生出席座谈交流会。①2020年9月10日，孔子学院举办《老乡安泽》座谈会，贝德高和尚劝余介绍拉脱维亚大学汉学专业校友安泽的故事以及《老乡安泽》读后感。本书以农业农村农民为题材，反映中国乡村振兴，新农村建设的主题。②2022年12月5日，孔子学院邀请美国跨文化喜剧演员艾杰西访问，在拉脱维亚大学学术图书馆410教室与拉脱维亚大学人文学院汉学专业本科生和研究生进行座谈，中文教师白冰玉主持座谈会。③

二、各类讲座

孔子学院采取"走出去请进来"的办法，举办各种形式的学术讲座和文化讲座。

第一，孔子学院人员举行讲座。2012年11月14日，在中国驻拉脱维亚大使馆的支持与帮助下，孔子学院应邀在拉中商业协会会议厅为即将赴中国参观访问的拉脱维亚议会议员举行别具特色的"中国茶文化"讲座。拉中商业协会拉中合作部主任白妩娜（2012—2014年）、孔子学院黄明喜和罗毅出席活动。罗毅利用多媒体图片向各位议员介绍中国茶叶的起源与发展、茶叶的种植与分类等相关知识，议员们亲自尝试泡茶的各项工序。不少议员表示通过这次活动增进了他们对中国的了解，也为日后中拉双边的进一步合作奠定了良好的基础。④

2014年11月7日，尚劝余在孔子学院举办"中国宗教文化主题系列讲座"第一讲：儒学。现场观众中不仅有7岁的小学生，也有已过不惑之年的汉语学习者；不仅有拉脱维亚孔子学院的师生，拉脱维亚大学的学生，里加法律学院

---

① 《"拉脱维亚陈氏太极拳海外培训班"座谈交流会顺利举行》，拉脱维亚大学孔子学院档案，2020年1月20日。
② 拉脱维亚大学孔子学院举办《老乡安泽》座谈会，拉脱维亚大学孔子学院档案，2020年9月10日。
③ 《美国喜剧演员艾杰西与人文学院学生座谈》，拉脱维亚大学孔子学院档案，2022年12月5日。
④ 《中国茶文化讲座亮相拉中商业协会》，拉脱维亚大学孔子学院档案，2012年11月14日。

的学生，还有慕名而来的对中国文化感兴趣的社会人士，全场50余人。大家纷纷表示，这样的讲座非常有意义和有意思。首先，这个主题是大家很感兴趣但平时又缺乏机会接触和了解的，专业而又生动的讲解让大家对儒教有了更深层次的认识；其次，全英文的讲座让所有对中国文化感兴趣的人都得以参与到这场宗教文化盛宴中；最后，在讲座中将文化教学和语言教学紧密地结合起来，配上志愿者老师金晶一旁在黑板上书写汉字、拼音、英文含义，观众们了解到的不仅仅是文化，更是在潜移默化之中学到了常用的汉字和地道的汉语表达。①

2015年11月20日—25日，贝德高、尚劝余、董芳一行访问维尔纽斯大学孔子学院，出席中国文化周和孔子学院6周年音乐会等活动，参观维尔纽斯大学孔子学院新区，与维尔纽斯大学孔子学院全体人员座谈交流，尚劝余和贝德高分别用英语和立陶宛语做了"中国的甘地研究"和"汉拉词典编纂经验"讲座，维尔纽斯大学东方研究中心主任和汉学家，维尔纽斯大学孔子学院院长、秘书、教师志愿者，东方学专业学生出席讲座。②

2017年4月4日，在中国驻拉脱维亚大使馆经商处牵线搭桥下，孔子学院中文志愿者教师曾嵘受邀在丽笙酒店会议厅为拉脱维亚四家丽笙酒店的一百余名员工举办主题为"你好中国"大型中国文化讲座。本次文化讲座分为四大板块，包括国情概况、中国文化、中国语言及商务礼仪，涉及中国传统和当代的方方面面。在场观众无不惊叹中国日新月异的发展以及文化的丰富多元，同时也因更深入地了解如何与中国人打交道等方面的知识而表示受益匪浅，收获良多。这是孔子学院首次走入拉脱维亚具有全球影响力的企业，双方合作弘扬中国语言文化。③

2018年3月20日，贝德高受邀为里加文化中学孔子课堂学生做关于当代中国的讲座。副校长尹乃森·皮特凯薇查和贝马丁什及中文教师董芳和吴甜田也参加了讲座活动。贝教授结合自己50多年的个人经验，向学生们讲述了现

---

① 《让我们在波罗的海边谈谈孔子——拉脱维亚大学孔子学院成功举办"中国宗教文化"主题讲座》，拉脱维亚大学孔子学院档案，2014年11月7日。
② 《拉脱维亚大学孔子学院与维尔纽斯大学孔子学院开展交流活动》，拉脱维亚大学孔子学院档案，2015年11月25日。
③ 《拉脱维亚跨国酒店集团带头学汉语，孔子学院承办大型中国文化讲座》，拉脱维亚大学孔子学院档案，2017年4月4日。

代中国人的性格与思想。无论是 1998 年的洪灾，还是 2003 年的非典，中国人面对灾害众志成城的精神让他印象深刻。这种众志成城的团结精神、团队精神自古便有，从古至今代代相传，是中国人特有的精神。贝教授还讲到中国是一个人口大国，这样一个人口众多的国家须要一党执政的制度。①

2020 年 11 月 19 日，尚劝余应深圳大学汉语国际教育系邀请做了题为"孔子学院与汉语国际教育——以拉脱维亚大学孔子学院为例"的在线讲座。讲座从对外中文教学到汉语国际教育再到国际中文教育，追溯了汉语国际教育的来龙去脉，揭示了汉语国际教育学科的演化历程和内涵演变；从国家汉办／孔子学院总部到中国国际中文教育基金会／中外语言合作交流中心，探讨了孔子学院的来龙去脉，揭示了汉语国际教育从请进来到走出去的发展轨迹和管理机构的演变转型逻辑；讲述了拉脱维亚大学孔子学院概况、教学活动、文化活动、常规活动和其他活动，全方位揭示了孔子学院在汉语国际教育中的地位和作用。讲座由深圳大学汉语国际教育系主任史常力主任主持，王丽彩副主任和王璧老师以及四十余名学生参加讲座活动并进行了互动。②

2023 年 6 月 8 日，贝德高在里加中心图书馆举行讲座，并给图书馆赠送《我的中国故事》（英语、拉语和俄语版）、《唐诗选译》和《汉语拉脱维亚语大词典》。参加此次活动的有孔子学院的尚劝余、张桂英、钟梦婷以及里加中心图书馆的工作人员和当地的读者。该图书馆恰是贝德高小学时期常去的里加第九图书馆，也是他学习汉语的启蒙之地。贝教授对中国的深情和敬仰引发了在场听众的极大兴趣，听众在讲座中以及讲座结束后积极提问，表现出了对中国文化和贝教授个人经历的强烈好奇。此次活动不仅推动了中国文化在拉脱维亚的传播，同时也进一步加深了拉脱维亚民众对中国的理解，加强了两国之间的文化交流。③

2023 年 8 月 25 日，尚劝余受邀在中国驻拉脱维亚大使馆举办讲座，就"拉

---

① 《拉脱维亚孔子学院拉方院长贝德高教授受邀到里加文化中学做当代中国讲座》，拉脱维亚大学孔子学院档案，2018 年 3 月 20 日。
② 《孔子学院与汉语国际教育在线讲座成功举办》，拉脱维亚大学孔子学院档案，2020 年 11 月 19 日。
③ 《拉脱维亚大学孔子学院拉方院长贝德高教授向里加中心图书馆赠书并分享中国经历》，拉脱维亚大学孔子学院档案，2023 年 6 月 8 日。

脱维亚国名"（1.拉脱维亚国名中文翻译，2.拉脱维亚国名含义）、"拉脱维亚历史文化与民族特性"（1.一贯遭受外国统治，2.两次独立两个国庆节，3.三个传统历史文化区域，4.四个十字路口）、"中拉关系"（1.前独立时期，2.第一次独立时期，3.恢复独立初期，4.稳定发展，5.快速发展，6.遭遇挑战）话题做了分享，每个话题梳理归纳出一些要点，每个要点穿插一些事例和故事等。唐松根大使表示，讲座非常精彩，大家非常受益。宋丹卉公参表示：感谢您今天给大家上了一堂生动、细致、故事多多的拉国国情课，很多信息经您这样串起来一讲，画面更清晰、立体、有深度，令人印象深刻！[1]

第二，邀请专家学者举行讲座。首先，2013年6月4日，华南师范大学刘志铭教授和吴坚教授在拉脱维亚大学主楼举办两场讲座，主题分别为"中国经济改革的逻辑与战略转变"和"中国和拉脱维亚高等教育比较"，学生们受益匪浅。[2]2015年6月29日，华南师范大学国际文化学院院长左鹏军在孔子学院做了题为"走进岭南文化"的讲座，孔子学院两位院长、卡琳娜以及孔子学院师生参加了讲座活动。讲座分为六部分，系统全面展示了岭南文化的脉络、内涵和影响。[3]2017年6月17日，华南师范大学国际交流合作处处长戴棽教授在孔子学院做了以"对外交流与孔子学院发展——以华南师范大学为例"为主题的讲座。讲座分为三部分，就国际交流作为新时期的大学功能、"一带一路"视野中的孔子学院建设、华南师范大学对国际交流与孔院建设的愿景做了阐述。[4]

其次，2014年10月3日，维尔纽斯大学孔子学院中方院长张东辉和5位"中国-波罗的海艺术"项目的艺术家们（李见琛、隋牟等）在孔子学院举办关于中国陶艺、茶艺和书画知识的讲座，学生们对中国艺术特别是陶艺、茶艺和书画有了进一步的认识。[5]2016年2月20日，安泽在拉脱维亚大学主楼

---

[1] 2023年8月25日，微信谈话录。
[2] 拉脱维亚大学孔子学院档案，2013年6月4日。
[3] 《"走进岭南文化"讲座成功举办》，拉脱维亚大学孔子学院档案，2015年6月29日。
[4] 《华南师范大学国际处处长在拉脱维亚大学孔子学院做专题讲座》，拉脱维亚大学孔子学院档案，2017年6月17日。
[5] 《茗香画影趣中华艺术情——拉脱维亚大学孔子学院10周年系列活动之"CHINA—BALTICBENCHMARK OF ART"》，拉脱维亚大学孔子学院档案，2014年10月3日。

二楼小礼堂举办《我与中国的故事》讲座，介绍她参加"汉语桥"的过程，总结比赛的小窍门，与大家分享她在中国的所见所闻，播放她参加天津卫视春晚的小视频。李涛参赞和曾伏华领事、贝德高和尚劝余院长以及各教学点师生代表出席讲座。①2018年11月23日，塔林大学孔子学院中方院长朱璐到访拉脱维亚大学孔子学院，以"孔子如何看待神"为题展开讲座，参加讲座的有鲍葛薇、塔伊万斯、王葆华、王琼子以及志愿者教师、汉学专业学生等。②2017年12月18日，香港城市大学访问团叶世安教授为孔子学院师生做了有关香港及其教育的专题讲座，曾庆君、林婕、滕飞、朱玥主持，吸引了来自孔子学院不同班级30余名汉语学习者。③2022年12月5日，美国脱口秀演员艾杰西在拉脱维亚大学大礼堂举办"中国文化脱口秀讲座"，对中国喜剧文化进行探讨。拉脱维亚大学校长穆伊日涅克斯、塔林大学孔子学院院长安黛等近200位嘉宾出席活动。④

最后，2018年9月28日，中国人民大学代表团杨慧林教授、陈岳教授、闫瑾副教授、罗天虹副教授、关孔文博士一行到访孔子学院，并在拉脱维亚大学人文学院围绕中国文化、中国外交、中欧人文交流以及"一带一路"倡议的内涵与实践等内容展开系统讲座。参加讲座的人员有贝德高、柯世浩、鲍葛薇、卡琳娜、王琼子、董芳以及志愿者教师、汉学专业学生等50余人。⑤2019年4月24日，北京外国语大学博士生罗薇做了主题为"和彼得·彼得洛维奇·施密特一起学汉语——《汉语官话语法试编》翻译中的若干思考"的讲座，贝德高、卡琳娜、王琼子和学生等40余人出席讲座活动。⑥2019年9月27日，复旦大

---

① 拉脱维亚大学孔子学院举办《我与中国的故事》讲座，拉脱维亚大学孔子学院档案，2016年2月20日。
② 《"孔子如何看待神"讲座在拉脱维亚大学人文学院成功举行》，拉脱维亚大学孔子学院档案，2018年11月23日。
③ 《香港城市大学访问团为拉脱维亚大学孔子学院师生开展香港及其教育专题讲座》，拉脱维亚大学孔子学院档案，2017年12月18日。
④ 《拉脱维亚大学孔子学院"中国文化脱口秀讲座"顺利举办》，拉脱维亚大学孔子学院档案，2022年12月5日。
⑤ 《拉脱维亚大学中国日—孔子学院日讲座成功举办》，拉脱维亚大学孔子学院档案，2018年9月28日。
⑥ 《"和彼得·彼得洛维奇·施密特一起学汉语"讲座成功举办》，拉脱维亚大学孔子学院档案，2019年4月24日。

学万广华教授和龚柏华教授访问孔子学院，并在拉脱维亚大学人文学院分别举办题为"中国中长期增长前景"和"WTO改革：中国－欧盟立场比较和合作建议"的讲座。王琼子老师和其他志愿者教师及来自拉脱维大学孔子学院、经济学院、法学院的学生们出席了本次讲座。[①]2023年3月29日，拉脱维亚大学孔子学院校友、中国华大智造公司优秀员工蜜雪儿在孔子学院本部开设"中文学习与职业发展"讲座，本次讲座主要面向拉脱维亚学习中文的中学生和大学生。蜜雪儿分享了自己的中文学习经历、职业经历、学习中文带来的机遇、工作的软实力和硬实力、团队合作与个人发展等。她引导中文学习者们要制定自己的中文学习和职业发展"小目标"，做到每一个目标具体化，行动化，并与现场听众互动，鼓励大家在纸上写下自己"明天、一年后、五年后、十年后的目标"。[②]

三、访问交流

2012年至2023年，孔子学院每年都进行数次各种形式的访问交流活动。

第一，孔子学院间互访交流。2012年11月17日，黄明喜和罗毅一行赴立陶宛维尔纽斯大学孔子学院交流访问，并参观特色"养生课"。双方就办学模式、课程设置、文化宣传、资源共享等多项事宜进行了交流。[③]2016年5月8日，芬兰赫尔辛基大学孔子学院代表团（中方院长王红、芬方院长陈玉文、秘书玛丽莉伊娜和三位中文教师）访问拉脱维亚大学孔子学院，开展经验交流活动。尚劝余、贝德高、柯劳拉、董芳、程雪出席交流会。双方在许多观点上达成了共识：进一步开拓中小学中文教育；加强中文专业领域的教育；当代中国研究纳入教学内容；促进孔子学院从单一教学到教学与研究综合的进一步

[①]《复旦大学万广华教授、龚柏华教授应邀至拉脱维亚大学人文学院举办讲座》，拉脱维亚大学孔子学院档案，2019年9月27日。
[②]《拉脱维亚大学孔子学院成功开设"汉语学习与职业发展"讲座》，拉脱维亚大学孔子学院档案，2023年5月29日。
[③]《拉脱维亚大学孔子学院2012年大事记》，拉脱维亚大学孔子学院档案，2012年12月30日。

转型升级等。①2022 年 10 月 12 日—13 日，贝德高、尚劝余、张桂英一行访问塔林大学孔子学院，安黛院长和朱璐院长热情接待拉脱维亚大学孔子学院一行，宾主双方进行了友好交流，并就《我的中国故事》翻译成爱沙尼亚文以及波罗的海三国孔子学院资源共享和加强合作等问题进行了热烈而富有成效的讨论。②2022 年 11 月 10 日—12 日，贝德高、尚劝余、张桂英一行应邀出席罗马尼亚锡比乌大学孔子学院 15 周年国际会议，在"院长论坛"环节对拉脱维亚大学孔子学院做了介绍，并从教学点、教师和教材三个方面就孔子学院中文教学面临的主要挑战和应对措施做了发言，与出席论坛活动的锡比乌大学孔子学院、布加勒斯特大学孔子学院、布拉索夫特兰西瓦尼亚大学孔子学院、克鲁日巴比什博雅依大学孔子学院、康斯坦察孔子课堂、意大利圣心大学孔子学院院长进行了交流和互动，并给大家签名赠送《我的中国故事》英文版。③2022 年 12 月 1 日，贝德高和高安娜访问维尔纽斯大学孔子学院，④贝德高院长给魏丽玛院长赠送《拉脱维亚大学孔子学院 10 周年纪念册》和《我的中国故事》（英文版），并就加强两个孔子学院合作交流以及《我的中国故事》译成立陶宛语进行了富有成效的商谈。⑤

第二，高等院校和外事机构访问孔子学院。2015 年 6 月 19 日，上海财经大学代表团（副校长姚玲珍、国际文化交流学院院长孙冰、人事处处长程霖、外事处处长李宏）在拉脱维亚大学外事处长葛阿丽娜和中国大使馆曾伏华领事的陪同下访问拉脱维亚大学孔子学院办公室，随后在拉脱维亚大学参事厅顺利举行经验交流会。尚劝余、柯劳拉、王琼子、卡琳娜、董芳、方思琪出席交流

---

① 《芬兰赫尔辛基大学孔子学院与拉脱维亚大学孔子学院开展经验交流座谈会》，拉脱维亚大学孔子学院档案，2016 年 5 月 8 日。
② 《拉脱维亚大学孔子学院一行成功访问塔林大学孔子学院》，拉脱维亚大学孔子学院档案，2022 年 10 月 13 日。
③ LUCI Attended International Conference in Sibiu, http://www.ci.lu.lv/?p=6092, Posted by laon1986 on Nov 11, 2022, 2022 年 11 月 13 日上网。
④ 中方院长尚劝余染上了新冠病毒未能成行，同期染上新冠病毒的还有十四位教师志愿者；贝德高和高安娜维尔纽斯之行也染上了新冠病毒，好在大家一个星期后都转阴康复了。
⑤ 《拉脱维亚大学孔子学院一行成功访问维尔纽斯大学孔子学院》，拉脱维亚大学孔子学院档案，2022 年 12 月 1 日。

会。①2017年12月18日，香港城市大学商学院会计学系教学团队副领导叶世安教授、辛显刚博士和徐爱恩博士一行访问拉脱维亚大学孔子学院，与柯劳拉、董芳及七位志愿者教师进行经验交流，双方互赠礼物。②2019年6月13日，暨南大学代表团（副校长饶敏、国际交流合作处副处长何睿弘、教务处长张小欣、社科处长潘启亮、国际学院书记邓永忠、艺术学院院长李学武）访问拉脱维亚大学。德鲁维叶戴、葛阿丽娜、贝德高、尚劝余、白丽娜、曾庆君等出席接待活动。宾主双方就合作交流事宜进行了广泛的讨论，达成了共识，并签署了学生交换等多项协议。③2019年6月25日，广东省外事办公室副主任仓峰和容易、周为一行6人访问孔子学院并与贝德高、尚劝余、曾庆君、林婕进行座谈交流，出席本次座谈的还有拉脱维亚外交部官员安杰斯。广东省外事办期待以此次访问为契机，与拉脱维亚在相关领域开展教育合作。④2019年10月16日，梁建全大使和刘继民领事访问孔子学院，与贝德高、尚劝余、邹亚平、焦文静进行交流。⑤2023年6月26日，深圳代表团一行5人（深圳市中东欧经济文化促进会执行理事长吕传珍、香港中文大学深圳人文社科学院副院长郝雨凡和夫人邱桂儿、深圳大学经济学院教授田启波、深圳大学人文学院副教授金春媛）访问拉脱维亚大学孔子学院。尚劝余院长、贝德高院长、志愿者杨宝茹参与了接待工作。此次访问促进了拉脱维亚大学孔子学院与国内院校与机构的沟通与了解，也促进了拉脱维亚与中国的联系，有助于双方交流项目的发展与延续。⑥

第三，组织代表团赴华访问交流。2016年5月25日至6月5日，孔子学院组织第一届"拉脱维亚教育访华团"赴华南师范大学交流。访华团成员有拉脱维亚教育部国际合作处处长爱丽丝·鲁赛、教育部政策制定和发展司资深专

---

① 《拉脱维亚大学孔子学院与塔林孔子学院开展经验交流座谈会》，拉脱维亚大学孔子学院档案，2015年6月19日。
② 《拉脱维亚大学孔子学院及香港城市大学访问团共同开展的经验交流会》，拉脱维亚大学孔子学院档案，2017年12月18日。
③ 《暨南大学代表团成功访问拉脱维亚大学》，拉脱维亚大学孔子学院档案，2019年6月13日。
④ 《广东省外事办代表团访问拉脱维亚大学孔子学院》，拉脱维亚大学孔子学院档案，2019年6月25日。
⑤ 《梁建全大使应邀访问拉脱维亚大学孔子学院》，拉脱维亚大学孔子学院档案，2019年10月16日。
⑥ 《深圳代表团访问拉脱维亚大学孔子学院》，拉脱维亚大学孔子学院档案，2023年6月26日。

家卡玛拉、里加市教育信息服务处处长西格奈·内玛奈、雷泽克内大学副校长古纳尔斯·斯卓德、里加34中学校长罗娜达莉亚、里加34中学副校长格玛丽娜、里加34中学副校长拉丽莎·贡恰连科、里加文化中学副校长奥迪斯·菲尔库斯、里加文化中学副校长纳迪雅·艾尔茨泰、里加文化中学副校长贝马丁什,领队老师为董芳,卡玛拉任团长。华南师范大学副校长吴坚出席了开营仪式和闭营仪式,赴任志愿者曾庆君、潘斌、林婕、曾嵘、孙霄、赵倩、吴甜田、吴炜参与了部分活动,潘斌为代表团英语翻译。参访期间,访问团一行参加岭南文化、中国高等教育现状、中国基础教育概况等系列讲座,与拉脱维亚留学生林伊娃、欧阳兰、马金、凯婷、马吉亚进行座谈,访问广东省教育厅、华师附属外国语学校、顺德乐从中学,参观白云山、陈家祠、荔枝湾、岭南印象园、新会梁启超故居、小鸟天堂、开平碉楼与村落等岭南文化景点。卡玛拉表示通过本次交流活动对广东省和广州市的历史文化和社会发展情况有了亲身的体验和直观的感受,收获非常丰富,期望能在孔子学院各地孔子课堂文化交流的基础上,进一步加强与华南师范大学的合作与交流。①

2019年5月26日至6月6日,孔子学院组织第二届"拉脱维亚教育访华团"。访华团成员有道加瓦皮尔斯大学副校长玛雅·布里玛、国家教育发展署国际合作处处长伊丽娜·斯托里阿洛娃、国家教育发展署国际合作处资深专家玛丽卡·皮拉、叶卡布皮尔斯副市长丽佳·克里阿维妮娅、克拉斯拉瓦中学副校长伊尔佳·斯迪库泰、拉脱维亚大学外事处长葛阿丽娜和国际学生项目负责人辛蒂娅·马卒莱维查、拉脱维亚大学学术图书馆馆长温达·柯赛莱和助理罗伯茨·斯维任涅茨斯、里加工业大学国际处中国部负责人谢安娜等教育部门官员及学校负责人,曾庆君任领队,玛雅·布里玛任团长。华南师范大学副校长吴坚出席了开营和闭营仪式,李民、焦文静、郑玉馨、王璐、麻莉、燕雪宁、伍淑仪、吴哲哲参与了部分活动,李民任俄语翻译。访问团听取了国际教育合作、粤港澳大湾区经济发展、岭南文化等主题讲座,游览了越秀公园、岭南印象园、锦绣中华民俗文化村、陈家祠、荔枝湾等具有广东特色的人文及自然景观,参观了深圳前海、腾讯公司总部、大潮起珠江改革开放展览馆、一汽-大众

---

① 《拉脱维亚教育访华团访问广州》,拉脱维亚大学孔子学院档案,2016年6月5日。

华南基地，访问了广东省教育厅、暨南大学、华南师范大学国际文化学院，并与拉脱维亚籍留学生（莫清歌、叶莲娜等）以及汉语国际教育专业硕士代表进行座谈。玛雅·布里玛表示，访问团成员们对广东省和广州市、深圳市的历史文化和社会发展情况有了亲身的体验和直观的感受，收获非常丰富，期望进一步加强合作与交流。[1]

2019年7月8日至21日，孔子学院和中国大使馆经商处联合组织"拉脱维亚汉语言和中国文化研修班"。研修班学员由25名拉脱维亚政府官员、专家、学者及企业管理人员等组成，包括拉脱维亚大学汉学专业负责人鲍葛薇、飞笔画室主任白凯夏、拉脱维亚大学孔子学院教师马笑笑、里加34中学校长罗娜达莉亚、叶卡布皮尔斯中学校长瓦莱杨思·维祖里斯、叶尔加瓦斯比杜拉中学校长维卡尔赛、里加文化中学副校长奥迪斯·菲尔库斯和尹乃森·皮特凯薇查及英佳·列麦莱、雷泽克内大学科技处处长安特拉·柯莉阿文斯卡、文茨皮尔斯大学翻译学院院长助理库兹涅科娃、里加国际经济与工商管理学院电影视频制作人考尔纳、蒙特梭利探索小学教师莉叶奈、房地产公司经理潘亚力、房地产公司评估专家博伊克、文茨皮尔斯消防员万王、艺术家库森、摄影师迈尔尼克斯、会计师莫赛耶夫斯、公司专家拉莫娜、雷泽克内大学孔子课堂学生诺娃、道加瓦皮尔斯大学孔子课堂学生艾维德、拉脱维亚文化学院学生唐娜拉、里加文化中学孔子课堂学生王光耀、里加第1中学学生雅思曼尼，鲍葛薇任班长。为期两周的研修班活动丰富多彩，包括专题讲座（中国基本国情介绍、中国经济与改革开放政策、实用汉语、老北京文化等）、体验课程（剪纸、八段锦、中国结、中国民乐、杂技等）、考察座谈（赴西安考察，参观兵马俑博物馆，感受古代历史文化；与西安外事学院相关领导工作人员座谈；参观陕西省历史博物馆，感受中国历史文化；考察户县东韩村，感受社会主义新农村的发展；游览回民街，感受西安独特的城市魅力；游览西安古城墙，感受中国传统文化）、文化体验（参观长城、天坛、故宫、胡同、钟楼等）。通过本次研修，学员不但学习了基础汉语，体验了中国文化，而且更广泛、更客观地了解了中国，以期共同致力于加深中国与拉脱维亚的友好双边合作关系，为中国与拉脱维亚的

---

[1]《2019年拉脱维亚教育代表团赴中国访问》，拉脱维亚大学孔子学院档案，2019年5月26日至6月6日。

进一步交流与合作打下坚实的基础。①

2023年7月17日至8月6日，孔子学院和中国大使馆经商处联合组织"拉脱维亚旅游合作研修班"。研修班学员由25名拉脱维亚专家、学者、艺术家等组成，包括拉脱维亚大学汉学专业教师卡琳娜、里加34中学校长罗娜达莉亚和副校长格玛丽娜、里加45中学校长奈曼妮和副校长查娃卡、里加64中学中文项目负责人丝雅娜、飞笔画室主任白凯夏和教师柳菲、武术队负责人玛丽等，卡琳娜任班长。研修班由中国商务部国际商务官员研修基地海南省商务厅商务培训中心承办，紧紧围绕"旅游业推动跨文化交流与合作"这一主题，主要内容包括专业性科目、研究性课题、实操案例见习三大板块。研修课程包括中国历史及民俗文化介绍，中国脱贫攻坚成果介绍和共同富裕战略，中国（海南）旅游及酒店产品的开发与创新，深化国际旅游合作，推动旅游业恢复和发展，文旅融合背景下中华传统文化与旅游合作，人工智能与旅游合作机遇，智慧酒店管理，智慧景区管理，乡村旅游管理，多功能农业和美丽乡村建设，基于校企合作的旅游管理模式等。研修期间，组织学员赴海南省琼海市、万宁市、三亚市、上海市和苏州市实地考察，使学员对中国现代旅游业有全面的了解，更好地理解所学知识，以便在将来工作中更有效地处理旅游管理的相关事务，进一步促进双方友好合作。②

2023年8月6日至8月24日，孔子学院和中国大使馆经商处联合组织"拉脱维亚汉语和中国文化研修班"。研修班学员由14名拉脱维亚院校教师以及中国语言文化从业人员和爱好者等组成，包括中国大使馆经商处前秘书艾晓奇，拉脱维亚大学孔子学院秘书高安娜和教师马笑笑，叶卡布皮尔斯中学校长德鲁文涅采，叶卡布皮尔斯第2中学校长萨尔米妮娅，上海外国语大学博士生帝安娜，浙江大学本科毕业生罗丽娜，俄罗斯人民友谊大学硕士生蓝娜，比特公司张安娜，里加机场电子检测员高博丹，道加瓦皮尔斯摄制组嘉拉叶娃、沃瑟、冰德丝、柯兹拉娃，艾晓奇任班长。研修班由北京华文学院承办，培训形式有课堂讲座、文化体验、座谈交流、参观考察。核心课程包括：1.汉语综合、听

---

① 《2019年拉脱维亚汉语言和中国文化研修班成功举办》，拉脱维亚大学孔子学院档案，2019年7月21日。
② 拉脱维亚旅游合作研修班项目介绍，2023年7月15日。

力、口语、阅读、写作等语言课程；2. 国情、文化、民俗等知识讲座；3. 音乐、手工、书法等文化体验。研修班贯彻课堂教学与社会实践相结合的原则，除了课堂学习之外，实地考察北京文化、民俗，并赴中国甘肃省敦煌市、张掖市进行实地参观考察，使学员亲身感知中国文化与社会各方面发展。此次研修有助于学员们提升中文会话能力和汉语读写能力，更好地了解中国文化、社会、政策等各方面知识，有利于促进中拉两国人民民心相通，进一步加强中拉两国间友好关系。①

第四，接待高访团，推动中拉友好交往。2016年11月4日—7日，在中国-中东欧"16+1"峰会期间，孔子学院全体人员全程参与中国代表团（国务院总理李克强、外交部部长王毅、财政部部长楼继伟、商务部部长高虎城、中国人民银行行长周小川、国务院常务副秘书长肖捷、国务院研究室主任黄守宏、国家发展和改革委员会副主任何立峰、总理办公室主任石刚、外交部部长助理刘海星）接待工作。其中，潘军武、潘斌、曾庆君、吴炜、吴甜田、赵倩、孙霄、于洋、张柳繁作为第一支队第一分队和第二分队成员参与欢迎仪式和欢送仪式，潘斌任第一支队队长，曾庆君任第一分队队长。董芳、曾嵘、林婕、胡越、刘丹入驻代表团下榻的丽笙酒店集团道加瓦宾馆，负责新闻组和接待组工作，曾嵘前往机场给李克强总理献花。李克强总理在接见中国驻拉脱维亚大使馆工作人员及华人华侨代表的讲话中，对包括孔子学院教师在内的所有工作人员表示感谢，大使馆也给各位参与接待的老师颁发嘉奖函。②

2017年4月12日至14日，在全国人大代表团（委员长张德江、副委员长王晨、外事委员会主任傅莹、副秘书长沈春耀和陈国民、外交部副部长张业遂等）对拉脱维亚进行正式友好访问期间，孔子学院董芳、曾庆君、潘斌、曾嵘、林婕、胡越、吴甜田、刘丹入驻丽笙酒店集团道加瓦酒店，参与委员长一行接待工作。8名教师及志愿者根据分工，分别在简报信息组、后勤组、联络组工作，担任通讯汇总、餐饮保障、信息联络等工作。孔子学院教师恪尽职守、兢兢业业、密切配合，各项工作衔接有条不紊，后勤保障井然有序，圆满地完成了各项任务。张德江委员长在接见使馆工作人员和华人华侨的讲话中，对大

---

① 拉脱维亚汉语和中国文化研修班项目介绍，2023年8月5日。
② 《李克强总理会见拉脱维亚华人华侨代表》，拉脱维亚大学孔子学院档案，2016年11月7日。

使馆、中资企业、华人华侨、孔子学院教师志愿者表示感谢,代表团成员及大使馆领导对孔子学院教师的工作态度和服务水平也给予了很高的评价。①

2018年7月5日,全国政协代表团(全国政协副主席张庆黎、港澳台侨委员会副主席耿惠昌、宁夏回族自治区政协主席崔波、全国政协外事委员会驻会副主任金学峰、中国中医科学院广安门医院院长王阶、中国农业科学院哈尔滨兽医研究所研究员陈化兰、中国社会科学院哲学研究所研究员陈霞、全国政协办公厅外事局局长李晓燕、全国政协办公厅服务局副局长杨兵、全国政协办公厅机关事务管理局副巡视员石光、张庆黎副主席秘书牟科发、全国政协办公厅外事局处长徐格、全国政协办公厅研究室处长刘宗艳、全国政协办公厅外事局副处长张大千、张庆黎副主席警卫李波、外交部翻译司英语译员汪鹏)访问孔子学院。本次会见活动在拉脱维亚大学主楼参事厅举行,中国大使馆孙应来代办、沈晓凯参赞、郭海波主任、克丽塔秘书,拉脱维亚大学穆伊日涅克斯校长、伊克思顿斯副校长、冉奈塔·沃佐丽娜教授、卡琳娜老师,孔子学院贝德高、尚劝余、柯劳拉、丹雅娜、马笑笑、董芳、林婕、吴甜田、白冰玉、尚沫含等约60人参加。孔子学院人员负责布场、材料摆放和摄影,卡琳娜主持,丹雅娜和汪鹏翻译。贝德高院长给张庆黎副主席赠送《精选拉汉—汉拉词典》,教师代表雅娜和学生代表唐娜拉分别从各自经历出发,讲述中文教学和学习给她们带来的惊喜与收获。汉语学习者们演唱歌曲,包括格蕾《青花瓷》、小荷花《朋友》、玛莎《天路》、马笑笑《拉脱维亚民歌》。这次全国政协代表团访问孔子学院,既是中拉友好关系史册上的重要一章,更是孔子学院历史上的重大时刻,必将推动孔子学院进一步发展。②

2018年9月1日,中国作家协会代表团访问拉脱维亚,与孔子学院、中国文化中心、留华同学会联合举办"中拉文学之夜"活动。中国作家协会代表团(中国作家协会书记/副主席钱小芊、厦门市作家协会主席龚舒婷、贵州作家协会主席欧阳黔森、《人民文学》主编施战军、中国作家协会外联处主任张

---

① 《拉脱维亚大学孔子学院参与张德江委员长来访接待工作》,拉脱维亚大学孔子学院档案,2017年4月15日。
② 《全国政协代表团访问拉脱维亚大学孔子学院》,拉脱维亚大学孔子学院档案,2018年7月5日。

涛、中国作协外联部欧美处干部靳柳悦)、中国大使馆(沈晓凯、卢君言)、拉脱维亚大学(贝德高、尚劝余、鲍葛薇、温达·柯赛莱、维克多斯、董芳、王琼子、马笑笑、滕飞、林婕、白冰玉、朱会平、李浩芹等)、里加中国文化中心(张丽丽、杨松、杨森、艾文)、拉脱维亚留华同学会(卡琳娜、古爱柳、叶春萌等)、新华社(郭群、李德萍)、华侨华人联合会(王丹、陆岩、陈健、陈长江、张红戈等)、拉脱维亚大学中国留学生(黄珊、徐樱露等)、拉脱维亚著名诗人玛拉·札利泰以及社会各界人士,共近百人参加活动。高碧娜中拉双语诗朗诵《致橡树》、马笑笑中拉双语诗朗诵《无题》、格蕾杯颂《三字经》、米克吉他弹唱《树读》、玛莎歌曲独唱《中国话》、莅爱明和季穆尔歌曲合唱《江南》、马笑笑和格蕾歌曲合唱《拉脱维亚民歌》。在嘉宾的共同见证下,钱小芊与贝德高共同签署《中国作家协会和拉脱维亚大学孔子学院合作意向书》,贝德高给钱小芊赠送《精选拉汉—汉拉词典》。[①]

2019年9月22日,全国人大代表团访问拉脱维亚,与孔子学院、里加中国文化中心、留华同学会共同举办"我们爱唱中文歌"活动。来自全国人大代表团(全国人大财政经济委员会主任徐绍史、全国人大外事委员会副主任张志军、全国人大华侨委员会委员王辉忠、徐绍史主任的秘书徐彻、全国人大常委会办公厅外事局副处长卢远晶、全国人大常委会办公厅外事局四级调研员武丹)、中国大使馆(梁建全大使、沈晓凯、卢君言)、孔子学院(尚劝余、张桂英、曾庆君、邹亚平、车俊池、梁娟、王昕、陈莹、黄天琪、林颖娴、刘晶铭、焦文静、郑玉馨、王璐、燕雪宁、肖依琴、吴哲哲、伍淑仪、麻莉、胡靖、姚璟)、里加中国文化中心(张丽丽、杨松、杨森、艾文等)、留华同学会(卡琳娜、叶春萌、伊凡等)、华联会(王丹等)、里加34中学音乐老师斯维特蓝娜·什巴耶娃和合唱团学生以及来自其他不同学校的汉语学习者,约60余人参加活动。玛莎演唱《中国话》、贝娜茜演唱《神话》、格蕾演唱《青花瓷》、里加34中学孔子课堂学生合唱《小小世界》和《爱与关怀》。通过唱中文歌,不仅给汉语学习者创造了良好的语言环境和学习平台,使他们有机会展示自己的才艺,提高了其学习语言的兴趣,还使更多人体验了中文歌曲的艺术魅力,

---

[①] 《中国作家协会与拉脱维亚大学孔子学院签署合作备忘录》,拉脱维亚大学孔子学院档案,2018年9月1日。

营造了热爱中国文化、快乐学习中文的氛围。①

　　第五，其他交流活动。2012年8月—9月，作为协办单位代表之一，孔子学院贝德高院长与胡业顺大使、斯藤泽主席、张仲林会长等一起出席拉中文化交流月开幕式活动，并发表致辞。拉中文化交流月活动包括介绍中国自然风光与文化的图片以及中国瓷器和中国字画等其他艺术品展览，来宾们参观了展品，欣赏了中国武术、太极拳和"狮子舞"等表演。②2013年4月20日，中国大使杨国强走访孔子学院，看望贝德高院长，听取孔子学院的情况介绍，并就下一步中文教学与推广深入交换了看法。③2014年10月，贝德高院长参加第四期孔子学院外方院长高级研修班，来自25个国家的39位外方院长齐聚华东师范大学，研修中国文化、探讨孔子学院的未来发展。课程内容涉及中国民俗文化、外交、经济、文化交流和中医等各个方面。研修班还通过组织专题研讨、与汉办官员座谈、实地考察等多种形式，加强院长们对中国社会经济文化发展现状、孔子学院发展规划的了解。④贝德高院长作为3位院长代表之一做了发言，并向许琳主任赠送了拉脱维亚大学孔子学院院徽。⑤2016年8月17日，黄勇大使、贝德高国务秘书安德烈斯、张放处长访问孔子学院，与贝德高、尚劝余、柯劳拉及志愿者教师就中东欧国家汉学研究和中文教学研讨会一事进行交流会谈。⑥2016年8月23日，贝德高教授在人民大会堂参加第十届中华图书特殊贡献奖颁奖仪式，刘延东副总理为各位获奖者颁奖。贝教授作为三个代表之一在获奖感言中跟大家分享了自己学习中文的故事，以及50多年来对推广汉语教育，促进中拉友好关系所做出的不懈努力。⑦2017年5月22日，孔

---

① 《"我们爱唱中文歌"活动在里加中国文化中心成功举办》，拉脱维亚大学孔子学院档案，2019年9月22日。
② 《拉脱维亚举办拉中文化交流月活动》，拉脱维亚大学孔子学院档案，2012年8月21日。
③ 中国驻拉脱维亚大使馆档案，2013年4月22日。
④ 25国孔子学院外方院长在沪研修中国文化，发布日期：2014年10月12日，http://www.shmec.gov.cn/web/wsbs/webwork_article.php?article_id=76498，2022年7月10日上网查阅。
⑤ 《拉脱维亚大学孔子学院拉方院长贝德高教授赴华研修》，拉脱维亚大学孔子学院档案，2014年10月11日。
⑥ 《黄勇大使和贝德高国务秘书莅临拉脱维亚大学孔子学院》，拉脱维亚大学孔子学院档案，2016年8月17日。
⑦ 《拉脱维亚大学孔子学院贝德高院长荣获第十届中华图书特殊贡献奖》，拉脱维亚大学孔子学院档案，2016年8月25日。

子学院贝德高、尚劝余和中文教师及学生参加在里加举办的北京教育说明会活动。拉脱维亚政府官员、教育界人士以及媒体代表等约500人出席。孔子学院院长参与说明会剪彩。①2017年9月27日，贝德高、尚劝余和中文教师及学生参加在里加举办的陕西－拉脱维亚丝路经贸文化合作论坛活动。黄勇大使、拉脱维亚政府官员、企业家、高校师生、媒体代表等出席活动。贝德高院长在论坛上介绍拉脱维亚汉学研究、中文教学和拉中两国文化教育交流情况。中国著名文化学者肖云儒向贝德高赠送书法作品"和"。②

2022年9月15日，孔子学院一行（尚劝余、张桂英、高安娜、唐静）受邀赴利耶帕亚海事学院参加多国学者出席的国际学术会议，华南师范大学副校长吴坚应邀参加在线会议。高安娜和唐静代表吴坚教授做题为"中国和拉脱维亚高等教育比较"的发言，从管理体制、学制、考试制度、教师教育、职业教育、教育国际化等几个重要纬度，对中国和拉脱维亚两国的高等教育做了比较分析，旨在加深两国对双方高等教育制度的理解，以期实现教育、文化交流和国际理解。③2022年12月4日，孔子学院、里加中国文化中心、留学同学会联合举办"语言的艺术——中国文化交流活动"，跨文化专家艾杰西、王楠主任、卡琳娜会长、高安娜秘书以及中文志愿者教师等50余人出席活动。艾杰西和大家分享在中国学习中文和相声的故事，完美演绎了一个外国人是如何逐步"中国化"，成为"中国通"的经历。④2023年3月17日，拉脱维亚大学副校长赛格林什探访孔子学院办公室，就他在拉脱维亚相关政府部门会议上得到的反馈信息，对孔子学院中文教学和文化活动提出三点建议。第一，扩大孔子学院及下设教学点辐射范围和力度，包括孔子学院和各教学点的中文教学和文化活动面向邻国、临近城市和学校广而告之；各孔子课堂和教学点之间，以中国语言文化教学为纽带和平台，互相参加活动，加强交流合作；拉脱维亚大学在七个城市（阿

---

① 《北京教育说明会在拉脱维亚首都里加举行》，拉脱维亚大学孔子学院档案，2017年5月22日。
② 《陕西—拉脱维亚丝路经贸文化合作论坛在里加举行》，拉脱维亚大学孔子学院档案，2017年9月27日。
③ The Confucius Institute of the University of Latvia attended the International Academic Conference of the Liepāja Maritime College, http://www.ci.lu.lv/?p=5969, Posted by laon1986 on Sep 16, 2022, 2022年10月3日上网。
④ 《语言的艺术——中国文化交流活动顺利开展》，拉脱维亚大学孔子学院档案，2022年12月4日。

卢克斯内、采西斯、库尔迪加、马多纳、包斯卡、土库姆斯、叶卡布皮尔斯）有分校，孔子学院与这七个分校加强沟通和联系，共享中文教学。第二，加强和完善孔子学院中文教学考试测评体系，孔子学院给学员颁发的结业证书上的学时数需换算成欧盟学分，学生的 HSK 成绩孔子学院向拉脱维亚教育部申请认证，获得欧盟认可，提高证书认可度。第三，加强和提升孔子学院和人文学院汉学专业之间的合作，汉学专业本科生低年级的语言基础课程可以设在孔子学院，高年级课程设在人文学院，孔子学院也为汉学专业毕业生开设高级继续教育课程。①2023 年 5 月 8 日，孔子学院一行（尚劝余、张桂英、唐静、徐申）前往奥地利维也纳拜访《欧洲时报》中东欧分社，社长王敢热情接待。双方分别介绍了各自的工作情况，并对对方在推广中文教学和文化活动上取得的成就表示祝贺。双方约定，未来一定加深交流、加强合作，在举行中文活动、打造"中国电影节""龙舟赛"等品牌 IP 方面携手献力。②2023 年 7 月 16 日，拉脱维亚大学孔子学院和里加中国文化中心联合举办橙知优德拉脱维亚青少年国际交流活动——《我的中国故事》交流互动及结营仪式。拉脱维亚大学孔子学院拉方院长贝德高、中方院长尚劝余和汉语教师马笑笑，里加中国文化中心主任王楠、顾问韩庄、财务主管杨森、秘书艾文等，中国大使馆经商处前秘书艾晓奇、以及曾月率领的橙知优德拉脱维亚青少年国际交流夏令营成员们出席了活动。曾月主持开场，王楠主任介绍里加中国文化中心，尚劝余院长介绍拉脱维亚大学孔子学院，贝德高院长介绍他的中国情缘以及著作《我的中国故事》。橙知优德学员们与贝德高院长就《我的中国故事》进行交流互动，并分享了中国青少年的可持续发展实践以及他们在拉脱维亚的文化体验和感受。最后，贝德高院长和尚劝余院长为营员们签名《我的中国故事》中文版——《我的中国日记》，并为营员们签名和颁发结营证书。此次活动加深了中国青少年对拉脱维亚的了解，谱写了一曲新的中拉友好交流的颂歌。③

---

① 《拉脱维亚大学副校长访问孔子学院，共商中文教学发展大计》，拉脱维亚大学孔子学院档案，2023 年 3 月 17 日。
② 拉脱维亚孔子学院一行拜访《欧洲时报》中东欧分社，拉脱维亚大学孔子学院档案，2023 年 5 月 8 日。
③ 橙知优德《我的中国故事》交流互动及结营仪式，拉脱维亚大学孔子学院档案，2023 年 16 日。

四、著述出版

拉脱维亚大学孔子学院一贯重视国际中文教育资源开发，积极组织开展中文教学研究和词典编撰出版等工作，为中文教学提供学术支撑和相关读物以及工具书，以研促教，研教相长。主要著述有以下几类。

（一）拉脱维亚汉语教学研究与探索

2016年，编辑出版《拉脱维亚汉语教学研究与探索》（云南人民出版社）。由尚劝余、贝德高、董芳主编，是汉办国际中文教学资源开发基金资助出版项目。全书分为五部分。一、概述篇。尚劝余、贝德高等：《拉脱维亚中文教学总体情况概述》；梁铭轩：《拉脱维亚大学孔子学院汉语学习者学习动机调查研究》；王树蕙：《拉脱维亚大学孔子学院汉语初级班综合课教学设计探究》，盛铭：《斯密尔提恩中心学校中文教学现状调查研究》；董芳：《里加文化中学中文教学现状调研》。二、文化教学篇。王佳乐：《对外汉语教育背景下的书法文化体验式教学探究》；王志杰：《道加瓦皮尔斯大学孔子课堂茶文化课程教学设计探析》；方思琪：《拉脱维亚大学孔子学院汉语文化词语习得偏误考察》；张婕：《雷泽克内大学初级班综合课游戏教学行动研究》；鲍葛薇：《拉脱维亚汉学研究述评：中国文献翻译》。三、语音教学篇。王琼子：《汉拉语音对比及拉脱维亚学生汉语发音偏误分析》；金晶：《拉脱维亚汉语初级水平学生声调习得实验研究》；尹莎莎：《拉脱维亚语学生习得汉语语音研究》；安泽：《对母语为俄语的学生的汉语语音教学研究》。四、汉字教学篇。张双：《道加瓦皮尔斯大学汉语初级班汉字听写训练有效性的探究》；程雪：《初级对外汉字教材练习题设计及课堂使用的研究》；袁钰：《拉脱维亚大学孔子学院汉字教学设计》。五、词句教学篇。李安东：《拉脱维亚母语者学习汉语有存在句偏误及分析》；黄颖怡：《拉脱维亚汉语学习者名量词习得偏误及教学策略》；黄蕊：《人体隐喻词语对外中文教学研究》。[1]

2019年，编辑出版《拉脱维亚汉语教学研究》（拉脱维亚大学出版社）。主编：尚劝余、王琼子、贝德高。全书分为七部分。一、中文教学篇。张扬：

---

[1] 尚劝余、贝德高、董芳主编：《拉脱维亚汉语教学研究与探索》，云南人民出版社，2016年10月。

《海外本土教师初级阶段中文教学研究－基于叶尔加瓦斯比杜拉中学的个案研究》；于洋：《拉脱维亚中文教学现状调查与分析》。二、综合课教学篇。曾庆君：《拉脱维亚大学孔子学院成人高级班综合课教学设计——以戏剧文化为例》；赵倩：《零起点初始阶段汉语综合课教学语言调查分析》。三、文化课教学篇。吴甜田：《里加文化中学孔子课堂节日文化课程教学设计探析——以"春节"为例》；曾嵘：《从传播学角度看非目的语环境下的文化教学——以拉脱维亚大学孔子学院为例》。四、语音语序教学篇。吴炜：《拉脱维亚俄族学生汉语声调教学研究》；莫婉婷：《以英语为媒介语的汉语初学者语序偏误分析——以拉脱维亚大学孔子学院少儿班为例》。五、词句教学篇。孙霄：《基于〈发展汉语〉的同素逆序词习得考察及教学策略》；艾晓奇：《拉脱维亚学生汉语名量词偏误及教学对策研究》。六、教学管理篇。刘梦珂：《拉脱维亚儿童汉语课堂管理问题调查研究》；潘斌：《拉脱维亚大学学习者汉语学习坚持情况调查与管理对策》。七、课堂内外篇。滕飞：《课堂活动在拉脱维亚大学孔子学院课堂教学中的应用——以少儿高级班为例》；潘玲：《拉脱维亚大学孔子学院初级汉语学习者课外作业调查研究》。艾晓奇的论文为东北师范大学汉语国际教育专业硕士学位论文，其余均为华南师范大学汉语国际教育专业硕士学位论文。[①]

2021年，编辑出版《拉脱维亚汉语教学探索》（拉脱维亚大学出版社）。主编：尚劝余、贝德高、王蕾、王琼子，副主编：董芳、曾庆君、白冰玉、邹亚平。全书分为七部分。一、中文教学篇。王蕾：《拉脱维亚外语教学政策与汉语教学现状》；白冰玉：《对外汉语教学教师副语言使用研究》；车俊池：《拉脱维亚大学孔子学院汉语学习者学习需求研究》；陈莹：《拉脱维亚汉语学习者汉语语言态度调查》。二、综合课教学篇。林颖娴：《动画片在拉脱维亚中学汉语课堂的应用研究——以克拉斯拉瓦中学为例》；麻莉：《支架式教学法在拉脱维亚初级中文综合课中的应用研究》；伍淑仪：《情景教学模式在海外成人汉语兴趣班的行动研究——以拉脱维亚利耶帕亚大学为例》。三、文化课教学篇。汤蕴新：《拉脱维亚高校中国文化体验课教学

[①] 尚劝余、王琼子、贝德高主编：《拉脱维亚汉语教学研究》，拉脱维亚大学出版社，2019年9月。

调查研究》；刘晶铭：《对外汉语书法课堂调查与分析》。四、语音教学篇。焦文静：《基于图式理论的海外初级汉语听力教学设计与应用——以拉脱维亚大学孔子学院少儿初级班为例》；王璐：《拉脱维亚俄语背景学习者声调偏误分析及教学对策》。五、词句教学篇。邹亚平：《拉脱维亚学习者汉语方位词"上、下、里、外"习得研究》；郑玉馨：《面向海外汉语学习者的近义词辨析的设计与应用》；吴哲哲：《对外汉语初级教材中比较句的编写研究》。六、语法教学篇。王琼子：《拉脱维亚大学初中级汉语水平学生的语法偏误分析与研究》；王昕：《拉脱维亚初级汉语水平学习者"是"字句的偏误分析及教学对策》。七、汉字教学及课堂管理篇。黄天祺：《图解汉字类网络资源在对外汉字教学中的应用研究》；梁娟：《拉脱维亚俄族高年级小学生汉语课堂问题行为及其应对策略》。[1]

2022年，编辑出版《拉脱维亚线上汉语教学纵论》（拉脱维亚大学出版社）。主编：尚劝余、贝德高、白冰玉。本书是第一部探讨拉脱维亚线上汉语教学的著作，内容包括：符瑾儿：《拉脱维亚线上汉语教学研究——以里加64中学为例》；牛爽：《拉脱维亚中小学汉语课堂"线上双师教学"模式研究——以里加34中学为例》；邬艳丽：《线上中文综合课的教学设计与应用——以拉脱维亚道加瓦皮尔斯大学孔子课堂为例》；涂菁滢：《拉脱维亚大学孔子学院地域文化线上教学探究——以广州文化为例》；霍悦：《拉脱维亚线上汉语教学的课堂管理研究》；朱柏帆：《基于"欧框"的初级中文综合课的教学设计与应用》；吴致昕：《拉脱维亚克拉斯拉瓦中学汉语教学情况调查与研究》。[2]

2023年，编辑出版《拉脱维亚中文教学探析》（拉脱维亚大学出版社）。主编：尚劝余、贝德高、白冰玉。内容包括：唐静：《拉脱维亚大学孔子学院汉语教学"三教"问题调查与分析》；刘贤：《拉脱维亚初级汉语学习者疑问代词表疑用法习得偏误研究》；朱柏清：《书法在拉脱维亚初级阶段汉字教学中的应用研究——以克拉斯拉瓦中学为例》；王嘉夫：《基于汉字构形学理论

---

[1] 尚劝余、贝德高、王蕾、王琼子主编，董芳、曾庆君、白冰玉、邹亚平副主编：《拉脱维亚汉语教学探索》，拉脱维亚大学出版社，2021年9月。
[2] 尚劝余、贝德高、白冰玉主编：《拉脱维亚线上汉语教学纵论》，拉脱维亚大学出版社，2022年12月。

的拉脱维亚汉字教学行动研究》。

（二）《我的中国故事》和《我与拉脱维亚的故事》

2019年，撰写出版《我的中国故事》（拉文版，拉脱维亚大学出版社）。本书是贝德高教授根据自己的亲身经历以日记的形式写成的纪实故事，全书分为三部分。第一部分：拉脱维亚大使馆创建工作（1998—2000），包括立陶宛使命尾声（1998年），拉脱维亚驻中国大使馆（1999—2000）。第二部分：新华社俄语新闻部工作（2002—2004）。第三部分：中华文化考察观光（2001年、2008年、2017年），包括中国圣山之旅（2001年）、中国探索之旅（2008年）、古代丝路之旅（与尚劝余教授结伴而行，2017年）。[①]贝教授在给笔者的赠书扉页上用中文写道："受大家尊敬的尚教授！多谢我们的多年的密切合作！多谢我们一起的旅游！我们一起同甘共苦！祝您身体健康，万事如意！"

2019年12月18日，《我的中国故事》暨《汉语拉脱维亚语大词典APP》发布庆典在拉脱维亚大学主楼大礼堂隆重举行，出席庆典的有拉脱维亚外交部副国务秘书亚尼斯·马瑞克斯、拉脱维亚驻联合国大使贝安德烈斯、中国驻拉脱维亚大使梁建全、拉脱维亚外交部亚太处李丽、礼宾司古爱柳、俄罗斯作家协会娜达莉亚·扎哈洛娃、拉脱维亚大学副校长德鲁维叶戴以及来自中国大使馆、拉脱维亚外交部、新华社、拉脱维亚大学、里加工业大学、交通与电信大学、文茨皮尔斯大学、里加34中学、克拉斯拉瓦中学、里加道加瓦河口中学、拉脱维亚留华同学会等单位的嘉宾及贝德高教授亲友共200余人。本次活动由拉脱维亚留华同学会会长卡琳娜主持。[②]

2021年，翻译出版《我的中国日记》（中文版，商务印书馆）。本书根据《我的中国故事》拉语版翻译而成，几乎与拉语版的写作同步进行。本书的翻译是集体合作的结晶，由尚劝余领衔主持，来自北京外国语大学和北京第二外国语学院的八名在拉脱维亚大学和里加工业大学留学的博士生、硕士生和本科生参与了翻译（吕妍、徐樱露、黄珊、方慧、王铭逸卓、张蕡荛、姜博、郑欣荣）。

---

① Pildegovičs Pēteris. Mans Ķīnas stāsts. Rīga: LU Akadēmiskais apgāds, 2019. 贝德高：《我的中国故事》，里加：拉脱维亚大学出版社，2019年。
② 拉脱维亚大学孔子学院院长贝德高教授《我的中国故事》暨《汉语拉脱维亚语大词典APP》发布庆典圆满举办，拉脱维亚大学孔子学院档案，2019年12月18日。

最后，由周宏友审校。①贝教授在给笔者的赠书扉页上用中文写道："有文化修养的同事，尚教授！感谢您的巨大贡献，实行拉大孔子学院中方院长的任务！祝您身体健康，万事如意！"

2021年，翻译出版《我的中国日记》（俄文版，拉脱维亚大学出版社）。本书根据《我的中国故事》拉语版翻译而成，译者爱莱恩·贝德高是拉脱维亚俄族人，精通拉脱维亚语和俄语，是贝教授的二儿媳，她与贝安德烈斯是大学同学，一起在圣彼得堡大学中文专业学习，也精通中文，笔者曾与她用中文交谈过。俄文版对拉文版中的一些小错误做了纠正。②2022年6月2日，莫斯科大学亚非学院在致拉脱维亚大学孔子学院的俄文感谢信中写道："亲爱的同事们，我们代表罗蒙诺索夫莫斯科国立大学亚非学院和中文系的同事们衷心感谢赠送《我的中国日记》，作者系著名的拉脱维亚外交家、中国问题专家、拉脱维亚大学孔子学院首任院长贝德高，1964年至1970年在我们学院（当时的东方语言学院）学习。该书记录了作者的人生轨迹，提供了大量有关中国的有趣信息以及有关中国传统和文化的敏锐而机智的观察。我们非常感谢您的关注，并恳请您向尊敬的作者转达我们的衷心感谢和良好祝愿。致礼！罗蒙诺索夫莫斯科国立大学亚非学院代院长A.A.马斯洛夫，中文系主任M.乌里扬诺夫。"③

2022年，翻译出版《我的中国故事》（英文版，拉脱维亚大学出版社）。本书根据《我的中国故事》拉语版翻译而成，译者安妮达·新泽梅是拉脱维亚人，精通拉脱维亚语和英语，英文版对拉文版中的一些小错误做了纠正。贝教授在给笔者的赠书扉页上用拉语写下赠言："尊敬的同事尚劝余教授，感谢您多年的合作以及在《我的中国故事》（拉语版、汉语版、俄语版、英语版）出版中做出的贡献。"④安妮达告诉笔者，她非常荣幸能够有机会翻译这本书，她跟随贝德高教授的笔触感受了作者所经历的一切，对中国文化充满向往，对

---

① 贝德高著、尚劝余等译、周宏友审校：《我的中国日记》，商务印书馆，2021年2月。
② 贝德高：《我的中国日记》，爱莱恩·贝德高译，里加：拉脱维亚大学出版社，2021年。
③ 莫斯科国立大学亚非学院，编号309-07/118，2022年6月2日。
④ Pildegovičs Pēteris. My China Story. Trans.byAnita Jaunzeme. Riga: University of Latvia Press, 2022. 贝德高：《我的中国故事》，安妮达·新译，里加：拉脱维亚大学出版社，2022年。

中拉友好充满信心。①

2022 年，撰写出版《汉语之花盛开在波罗的海之滨——我与拉脱维亚的故事》（世界知识出版社）。主编：尚劝余、贝德高，副主编：白冰玉、董芳。本书内容的编排以横向共时和纵向历时相交融为原则，以期立体展示拉脱维亚中文教学的宏图。首先，按照横向共时的原则，本书以中文教学点为分类进行编排，共分为十五篇，有些教学点单独成篇，有些教学点并列成篇，全面展现遍布拉脱维亚全境的二十二个中文教学点的中文教学风采。其次，按照纵向历时的原则，每个教学点文章按照作者任教时间先后顺序编排，大部分作者在一个教学点任教，也有一些在两个或以上教学点任教，文末注明作者任教的教学点和任教时间，以期清晰地展示各个教学点的历史发展脉络和中文教学传承。本书是 95 位作者在拉脱维亚生活的浓缩，记录了他们在拉脱维亚的点点滴滴，有欢笑有泪水，有叙述有感悟，有启迪有教益，有怀念有不舍，吐露了拉脱维亚汉教人的共同心声。本书是一部难得的口述历史画卷，既展示了拉脱维亚中文教学的发展轨迹和中拉人民友好交流合作的动人故事，同时也从一个侧面揭示了波罗的海之滨和"琥珀之乡"的拉脱维亚的风土人情，是渴望了解拉脱维亚这个国家以及拉脱维亚中文教学的人士的宝贵读物。②

（三）唐诗选译和中拉研究

2022 年，翻译出版《唐诗选译》（拉脱维亚大学出版社）。本书由贝德高翻译，玛丽娅手绘插图，拉脱维亚女诗人拉语校对，尚劝余和成佩中文校对。总共收录唐朝 53 位诗人的 134 首诗，在唐诗翻译的同时，也对诗中的重要信息做了注释介绍，也对重要诗人做了简介。③8 月 25 日，《唐诗选译》和《在那遥远的东方》发布庆典在拉脱维亚大学大礼堂成功举办。莅临新书发布庆典的嘉宾共有 100 多位，来自中国驻拉脱维亚大使馆、拉脱维亚外交部、拉脱维亚文化部、里加中国文化中心、新华社、拉脱维亚留华同学会、拉脱维亚国家图书馆、拉脱维亚民俗露天博物馆、金百客国际公司，深圳中东欧经济文化促

---

① 2022 年 2 月 15 日《与安妮达交谈录》。
② 尚劝余、贝德高主编：《汉语之花盛开在波罗的海之滨——我与拉脱维亚的故事》，世界知识出版社，2022 年。
③ P.Pildegoviča tulkojumā latviešu valodā,Tan laikmeta dzejas izlase, Rīga: LU Akadēmiskais apgāds, 2022. 贝德高：《唐诗选译》（汉译拉），里加：拉脱维亚大学出版社，2022 年。

进会、浙江大学医学院、拉脱维亚大学、里加工业大学、雷泽克内大学、波罗的海—德国大学联络办公室、里加 34 中学、叶卡布皮尔斯中学、里加 13 中学等机构。伊凡和沃安娜主持庆典。梁建全大使、贝安德烈斯大使、瓦尔迪斯·赛格林什副校长、伊格尔斯·迪潘斯副校长、罗娜达莉亚校长、瓦莱杨思·维祖里斯校长、塔伊万斯教授、西格玛·安克拉瓦教授、贝德高院长、尚劝余院长、伊尔泽·克罗缇妮娅、克里斯蒂娜·库拉、玛丽娅等发言。黛丝向尚劝余转交了拉脱维亚文化部颁发的特殊贡献奖。①

2022 年，编写出版《拉脱维亚视域下的拉脱维亚与中国研究》（拉脱维亚大学出版社）。主编：尚劝余、贝德高，副主编：邹亚平、朱柏帆。本书由 13 位在中国攻读学士、硕士和博士学位的拉脱维亚留学生的学位论文构成：纳迪娜《拉脱维亚与中国关系研究（1991—2019）：多边视域下的双边关系》，凡佳娜《欧洲怀疑论与中国 - 中东欧国家：欧盟机构的回应》，文玲《中国与拉脱维亚性别平等与女性领导认知比较》，欧阳兰《拉脱维亚文化传统和佛教中的"万"字符对比与研究》，林伊娃《感知形象对拉脱维亚旅游者选择中国作为目的地的影响》，张安娜《中国旅客访问拉脱维亚背后的动机》，梦竹《拉脱维亚旅游市场的提供与中国出境市场的需要相符合》，李思达《关系及其在西方管理者和中国员工之间的适应性：基于拉脱维亚的一项研究》，路娃《拉脱维亚巧克力公司 LAIMA 进入中国市场所遇商贸障碍及其分类和克服方式的分析》，白丽娜《中国化工企业在欧盟的营销策略》，艾乐《深圳东风汽车有限公司人才招聘问题与对策研究》，罗凯利《基于不同视角与感知对宁夏回族自治区土地政策管理研究》（节选），艾蝶尔《功能对等在〈遇见未知的自己〉中的应用》。②

（四）拉脱维亚大学孔子学院纪念册

2016 年，编辑出版《拉脱维亚大学孔子学院 5 周年纪念册》（拉脱维亚大学出版社）。纪念册分拉脱维亚大学孔子学院、里加文化中学孔子课堂、道加瓦皮尔斯大学孔子课堂、雷泽克内大学孔子课堂、里加 34 中学教学点、

---

① 黛丝：曾在拉脱维亚教育部政策协调处任处长，现为北京第二外国语学院拉语老师。
② 尚劝余、贝德高主编，邹亚平、朱柏帆副主编：《拉脱维亚视域下的拉脱维亚与中国研究》，拉脱维亚大学出版社，2022 年 6 月。

交通与电信大学教学点、拉脱维亚农业大学教学点、叶尔加瓦斯比杜拉中学教学点、拉脱维亚大学汉学专业、拉脱维亚大学孔子学院5周年展十个部分，图文并茂地介绍和展示各点概况以及重大活动，以期更好地承前启后，继往开来。①

2021年，编辑出版《拉脱维亚大学孔子学院10周年纪念册》（拉脱维亚大学出版社）。主编：尚劝余、贝德高、玛丽娅。纪念册分拉脱维亚大学孔子学院、里加文化中学孔子课堂、道加瓦皮尔斯大学孔子课堂、雷泽克内大学孔子课堂、里加34中学孔子课堂、里加工业大学孔子课堂、交通与电信大学教学点、拉脱维亚农业大学教学点、叶尔加瓦斯比杜拉中学教学点、拉脱维亚文化学院教学点、蒙特梭利探索小学教学点、文茨皮尔斯大学教学点、利耶帕亚大学教学点、克拉斯拉瓦中学教学点、叶卡布皮尔斯中学教学点、新马露白小学教学点、里加道加瓦河口中学教学点、里加64中学教学点、拉脱维亚大学汉学专业、拉脱维亚武术协会（里加武术功夫体育学校）、维泽梅大学教学点、斯米尔提恩中学教学点、拉脱维亚大学孔子学院撰写和编辑及资助的书籍与词典二十三个部分，图文并茂地详细介绍和展示各个教学点概况以及重大活动和取得的巨大成绩。②

（五）词典和教材

2016年，编纂出版《精选拉脱维亚语汉语—汉语拉脱维亚语词典》（商务印书馆）。编者：贝德高，总策划：许琳、于殿利，总监制：夏建辉、周洪波，监制：张彤辉、刘根芹、尚劝余，拉脱维亚文审订：叶比鲁塔，中文审订：梁音、崔燕，拉脱维亚文编辑：周宏友，中文编辑：于立滨，封面设计：陆智昌，版式设计：毛尧泉。本词典是一本供初中等程度读者使用的语文工具书，由"拉脱维亚语—汉语"和"汉语—拉脱维亚语"两部分组成，既可以供拉脱维亚语读者学习中文使用，同时也可以供汉语读者学习拉脱维亚语使用。"拉脱维亚语—汉语"部分共收拉语常用单词8400个，词组13200个，每个词条除提供正确的拼写、发音和译义外，在语法、用法、搭配等方面做了必要的说明，同

---

① 《拉脱维亚大学孔子学院5周年纪念册》，拉脱维亚大学出版社，2016年9月。
② 尚劝余、贝德高、玛丽娅主编：《拉脱维亚大学孔子学院10周年纪念册》，拉脱维亚大学出版社，2021年10月。

时以醒目的字体列出有关的习语、短语动词、派生词和复合词，并做简明的译义和举例。"汉语—拉脱维亚语"部分共收汉语常用单字4500个，词组15500个，按汉语拼音顺序排列，简化汉字注出其繁体字，除结构形式和成语词组外，一般注明语法词类，有些条目还加注修辞色彩等用法说明。本词典除了释义、注音和翻译（拉译汉、汉译拉）三者兼顾，内容简明扼要外，编排紧凑醒目，装帧小巧，便于携带。①

2018年，编写出版《汉语拉脱维亚语大词典APP》（商务印书馆）。2021年，编写出版《精选拉脱维亚语汉语—汉语拉脱维亚语词典APP》（商务印书馆）。鉴于电子网络技术的飞速发展、手机软件的普及和电子词典在年轻人中间的流行，拉脱维亚大学孔子学院顺应时代发展潮流，紧跟时代发展脚步，与商务印书馆再度联手，开发上架上述两本词典的苹果系统手机版和安卓系统手机版APP。11月23日，贝德高教授八十大寿暨《汉语拉脱维亚语大词典APP》出版发布庆典在拉脱维亚大学主楼大礼堂举行，来自中国大使馆、拉脱维亚外交部、拉脱维亚教育部、里加中国文化中心、新华社、拉脱维亚大学、塔林大学孔子学院、华南师范大学、里加34中学、道加瓦皮尔斯大学、文茨皮尔斯应用科学大学、里加工业大学、叶尔加瓦斯比杜拉中学、克拉斯拉瓦中学、交通与电信大学、新马露白小学、拉脱维亚留华同学会等的嘉宾以及贝教授亲友160余人出席了活动。此外，孔子学院总部/汉办、商务印书馆、华南师范大学、塔林大学孔子学院也发来了贺信。贝德高教授、安德里斯·派尔什国务秘书、孙应来代办、古恩塔·阿拉娅副国务秘书、穆伊日涅克斯校长、尚劝余院长、伊尔泽·鲁姆涅采院长、鲍葛薇教授、塔伊万斯教授分别致辞。拉脱维亚国务秘书安德里斯·派尔什高度赞扬了贝教授对中拉两国关系和拉脱维亚汉学发展做出的巨大贡献，并现场为贝德高、叶比鲁塔、尚劝余和于立滨授予拉脱维亚外交部颁发的"特殊贡献奖"。②

2023年，编写出版本土教材《盼达汉语》（拉脱维亚大学出版社）。总策划：尚劝余、贝德高；主编：董芳、卡琳娜、程雪；编者：陈莹、吴甜田、曾庆君；

---

① 贝德高编：《精选拉脱维亚语汉语—汉语拉脱维亚语词典》，商务印书馆，2016年10月。
② 拉脱维亚大学孔子学院院长贝德高教授八十大寿暨《汉语拉脱维亚语大词典APP》出版发布庆典圆满举办，拉脱维亚大学孔子学院档案，2018年11月23日。

统筹编辑：陈莹；排版设计：白冰玉；美术设计：奭慈敏；翻译：卡琳娜、马笑笑；校对：邹亚平。本教材是中国和拉脱维亚两国汉语师生合作编写本土教材的尝试，力图做到知识系统完整、编排方式科学，同时又难度适中、内容丰富有趣，获中国教育部中外语言交流合作中心立项资助。本教材使用汉语、英语、俄语和拉语四种语言编写，不仅可以在拉脱维亚使用，而且可以在其他国家使用，既适合成人使用，也适合儿童使用。此外，这本教材图文并茂，以现代风格制作的彩色图片令人赏心悦目，趣味盎然。[①]

（六）资助和协助出版

2016年，立项资助出版《拉脱维亚制造公司在中国市场竞争力的改善》（拉脱维亚大学出版社）。本书经拉脱维亚大学副校长兼孔子学院理事长伊克思顿斯推荐，孔子学院向国家汉办申请，获国际中文教学资源开发基金项目出版资助。作者为拉脱维亚大学经济管理学院经济管理科学研究所研究人员李艾迪、国民经济系主任罗伯茨·什卡帕尔斯和经济体制管理理论方法系主任戴伊娜·什奇尔泰莱。[②]

2020年，联络出版《老乡安泽》（中文版，江西教育出版社）。经孔子学院（中方院长尚劝余）牵线搭桥，2018年12月3日安泽与江西教育出版社重大出版事业部主任张延直接联系，商谈《老乡安泽》的具体写作出版事宜。2020年7月，《老乡安泽》出版问世。孔子学院联系李利安（西北大学教授）、孔凯珊（威斯康星大学副教授）连同贝德高和尚劝余为本书撰写推荐语，并举办《老乡安泽》座谈会。台湾《汉学研究通讯》也引介了《老乡安泽》。安泽在赠送给笔者的《老乡安泽》扉页上写下充满诗意的中文赠言："一切过去了的都会成为亲切的怀念，美妙的、生动的、终生难忘的怀念成了文字。感谢尚老师让我走上写作之路，我心存感恩。"

2022年，协调出版《老乡安泽》拉文版——《在那遥远的东方》（拉脱维亚大学出版社）。孔子学院（中方院长尚劝余）2019年11月开始联系拉脱

---

① 董芳、卡琳娜、程雪主编：《盼达汉语》，拉脱维亚大学出版社，2023年9月。
② Bulis Aldis, Škapars Roberts, Šķiltere Daina, Latvijas ražošanas uzņēmumu konkurētspējas uzlabošana Ķīnas Tautas Republikas tirgū, Rīga: LU Akadēmiskais apgāds, 2016. 李艾迪·罗伯茨·什卡帕尔斯、戴伊娜·什奇尔泰莱：《拉脱维亚制造公司在中国市场竞争力的改善》，里加：拉脱维亚大学出版社，2016年。

维亚大学出版社社长艾雅·罗曾什坦奈,并与作者安泽和江西教育出版社丁梦琛沟通,反复商讨和跟踪《在那遥远的东方》的出版合同、版权页、出版进度等。2022年6月,拉文版《在那遥远的东方》正式出版发行。①

---

① Anželika Smirnova, Tālu, tālu Austrumos, Rīga: LU Akadēmiskais apgāds, 2022. 安译:《在那遥远的东方》,里加:拉脱维亚大学出版社,2022年。

第二章 孔子课堂篇

在拉脱维亚大学孔子学院下设教学点中，有五个是下设孔子课堂，分别是里加文化中学孔子课堂、里加34中学孔子课堂、道加瓦皮尔斯大学孔子课堂、雷泽克内大学孔子课堂、里加工业大学孔子课堂，孔子课堂成为中国语言文化推广和普及的重要阵地和平台。

第一节　里加文化中学孔子课堂

里加文化中学孔子课堂是拉脱维亚第一个孔子课堂，也是波罗的海三国最早的孔子课堂，在拉脱维亚中文教育史上占有独特的一席之地。

一、早期中文教育

里加文化中学（Rīgas Kultūru Vidusskola，Riga Culture Secondary School）位于首都里加，前身是1993年创建的萨尔坎道加瓦基督教中学和日本语言文化中学，2001年这两所中学合并为里加文化中学，采用拉脱维亚语进行教学。里加文化中学继承了这两所学校的独特传统，沿用了这两所学校的优秀老师。正如里加文化中学校名所体现的，了解东方和西方文化价值观是里加文化中学课程的基础。里加文化中学于2008年重修，新校区落成，由萨尔坎道加瓦街24号搬到装饰一新的甘尼布丹比斯街7号。学校为师生提供宽敞的现代化实验室、图书馆、阅读室、教室、礼堂、食堂、体育馆，配备了崭新的训练装置和合适的设施。此外，也配备了现代化的教学设施，包括学习辅具、视觉教具及适当的数码工具和设备，为师生提供优良的教学环境。学校的教育方式与国际公认的先进教育方式接轨，诸如引导学生具备开阔思维、理解他人并以尊重和包容的态度对待他人的跨文化原则。学校面向一至九年级初级教育阶段提供综合基础教育课程，面向十至十二年级中等教育阶段提供四个类型的课程：（1）语言课程；（2）理科课程；（3）综合课程；（4）文化专业研究课程。涉及三种学科，即人文科学、自然科学和通识教育。此外，2001年至2014年学校曾向5岁至6岁儿童提供学前课程，但由于学校人数剧增，学校空间不足以提供学前教育。根据2010年的数据，学校有567名学生，年龄7岁至19岁。有高素质的教师59位，多数具有硕士和博士学位，一些教师出版了自己的著作。2011年，学生近千人，教师近百人。所有学生都参加兴趣小组：体育、音乐、舞蹈、绘画、民俗、生态、象棋等。①

外语教学是里加文化中学的一大特色，学校非常重视外语教学，学生从小学一年级开始学习英语，六年级可以选修俄语或法语，在高中除了英语还需选修法语、西班牙语、汉语、日语或阿拉伯语。具体而言，英语为一至十二年级第一外语必修课，法语为六至十二年级第二外语选修课，俄语为六至九年级第二外语选修课，西班牙语为十至十二年级第二外语选修课，汉语为十至十二年级第三外语选修课，只供语言课程班选修，日语为十至十二年级第三外语选修课，只供语言课程班选修，阿拉伯语为十至十二年级选修第三外语，只供语言课程班选修。里加文化中学是拉脱维亚唯一一所将汉语、日语和阿拉伯语纳入学校正式课程的公立中学，并且所有外语教师均为来自该语言母语国家的外籍教师。②

里加文化中学中文教育始于 2004 年。2004 年 2 月 4 日，里加文化中学校长莱梅赛③约见中国大使馆周宏友先生，商谈该校开设中文学分选修课，希望使馆给予援助。早在 2003 学校已经向拉脱维亚教育与科学部申请并经批准，决定 2004 学年开始在该校十至十二年级学生中开设中文选修课，聘请拉脱维亚大学中文教师授课，每周授课 4 学时。目前，学校苦于无中文教材，恳请中方给予协助。3 月 2 日，中国教育部同意向里加文化中学提供 116 册中文教材和工具书等教学资料，其中包括所需的《基础汉语课本》第一册 30 本、部分英汉工具书及国内最新编写的《快乐汉语》和《跟我学汉语》各 2 套。④

2004 年 9 月 1 日上午，里加文化中学举行开学典礼。拉脱维亚全国第一个在中学设立的中文选修班正式开班，共有 12 名十年级学生参加，学校聘请 2 名拉脱维亚大学汉学专业四年级学生授课，每周 4 课时。中国大使馆李文信临时代办和张若岩三秘应邀出席开班仪式，并赠送了两台电脑、两台电视机和

---

① 里加文化中学校长致中国驻拉脱维亚大使馆函，2011 年 3 月 21 日。
② 董芳：《里加文化中学中文教学现状调研》；载于尚劝余、贝德高、董芳主编的《拉脱维亚中文教学研究与探索》，云南人民出版社，2016 年 10 月，第 110—111 页。
③ 莱梅赛校长 2019 年 9 月因病去世，听到这个噩耗，笔者无比悲伤和惋惜。
④ 中国驻拉脱维亚大使馆档案教育交流卷，2004 年 5 月 6 日。

若干中文教科书和工具书。[①] 中文课为学分选修课，面向高中三个年级开设，课程类型主要以语言综合课和文化课为主。老师每个月根据学生在课堂上的表现给出平时成绩，平时成绩与期末考试成绩一起构成学生中文课程最终成绩（总分为10分），并自动转换成相应的学分。2005年9月至2006年6月，有十年级17名学生和十一年级10名学生学习中文，由拉脱维亚大学汉学专业在读研究生衣尔泽任教。衣尔泽1999年至2003年在拉脱维亚大学汉学专业读本科，期间2001年至2002年在南京师范大学留学一学年。2005年12月，里加文化中学与中国大使馆沟通，希望大使馆协助其与中国高中班级结对，使学生们可以同中国学生通过通信方式促进语言学习，加强互相了解，同时也希望了解中国中学生交流计划相关信息，使拉脱维亚中学生可以赴华短期学习交流。[②]2006年4月4日，大使馆致函国家汉办，希望协助里加文化中学寻找合适的国内中学建立通信联系。[③]2006年4月29日，国家汉办致函大使馆，推荐北京潞河中学与里加文化中学建立通信联系。北京潞河中学遴选了31名年龄相当、有一定中文文字能力和英语水平的学生参加此项交流活动。2006年4月25日，里加文化中学为各个学科的优秀学生举行颁奖仪式，中文课优秀学生十年级2名十一年级1名，应里加文化中学外语教研室主任瓦尔达·莱科之请，中国大使馆赠送三本《新英汉汉英双解词典》作为奖品，由李文信参赞向学生颁奖。[④]

从2006年9月到2013年6月，拉脱维亚大学汉学专业优秀毕业生周文馨担任里加文化中学中文教师。她1995年至2002年在拉脱维亚大学汉学专业学习，期间于1997年至1999年赴中国台湾师范大学留学两年。根据她的回忆，十年级中文班每年有10—20名新生，三个年级中文班共有30—60名学生，每班每周4节中文课，学习内容以基础中文为主，教材以《基础中文40课》（上册）为主，此外，她也自己编写教学材料。除了基础中文教学，她也介绍中国文化，例如京剧、节日、电影、歌曲等。2010年至2013年，中文教室收到了11台电脑，上课时学生也用电脑学习，包括练习打汉字、练习使用谷歌翻译、使用网络词

---

① 拉脱维亚首个中学汉语选修班举行开班仪式，2004/09/02，https://www.mfa.gov.cn/chn/pds/gjhdq/gj/oz/1206_22/1206x2/t155397.htm，2021年8月28日上网查阅。
② 中国驻拉脱维亚大使馆教育处，2005年12月14日。
③ 中国驻拉脱维亚大使馆致教育部函，2006年4月4日。
④ 中国驻拉脱维亚大使教育处，2006年4月25日。

典、观看视频等，锻炼和培养学生的中文自学能力。除课堂教学之外，周文馨和学生也每年参加中国大使馆举办的国庆节、春节活动以及"汉语桥"比赛，她本人也举办中文周活动，大使馆人员也经常访问中文班的师生。此外，她和学生也受邀观看访问拉脱维亚的中国乐团和舞蹈团的演出。①2010 年 11 月 18 日至 24 日，周文馨受孔子学院总部邀请赴华参加"外国中文教师教材培训班"。到 2010 年末，里加文化中学有 5 名学生在拉脱维亚和中国的大学学习中文。2013 年，周文馨赴北京外国语大学担任拉脱维亚语教师，她的课程由拉脱维亚大学孔子学院志愿者和公派教师接任。

二、孔子课堂建立

从 2011 年开始，里加文化中学中文教学以及与中国教育交流进入了快车道，这为里加文化中学孔子课堂的建立打下了基础。

2011 年 1 月 14 日，里加文化中学外语组组长瓦尔达·莱科和中文教师周文馨拜访中国大使馆，该校拟向拉脱维亚教育部申请经费赴中国的中学考察，希望大使馆协助联系中国的中学，前往观摩课程，并了解中国教育体系。②1 月 20 日，大使馆致函中国国家汉办，希望协助联系中国相关中学接待里加文化中学访问团。③7 月 26 日，里加文化中学校长莱梅赛致函中国大使馆和国家汉办，希望访问中国几所中学的愿望能够得以实现，促使本校筹划开始与中国学校进行合作与交流。④大使馆向国家汉办转发里加文化中学校长函，建议汉办协助为其联系在华接待学校，助其建立姊妹学校关系。8 月 2 日，国家汉办复函，经研究同意邀请里加文化中学代表团来华访问考察，请上报访华具体日期和人员名单。⑤10 月 24 至 29 日，里加文化中学代表团一行 6 人赴华访问，包括副校长津特拉·阿帕莱、外语组组长瓦尔达·莱科、拉语组组长兹格利达·阿

---

① 2021 年 12 月 27 日至 2022 年 1 月 13 日，周文馨微信访谈录。非常感谢北京外国语大学拉脱维亚语教师吕妍牵线搭桥。
② 中国驻拉脱维亚大使馆档案，2011 年 1 月 14 日。
③ 中国驻拉脱维亚大使馆档案，2011 年 1 月 20 日。
④ 里加文化中学校长致大使馆和国家汉办函，2011 年 7 月 26 日。
⑤ 国家汉办《关于里加文化中学来华访问事》，2011 年 8 月 2 日。

普萨隆、社科组组长达伊娜·布鲁玛、科学组组长桑德拉·格罗姆斯卡、小学组组长维克多利亚·叶克茨娜。代表团访问了国家汉办、河北省教育厅、石家庄外国语学校、石家庄一中、保定外国语学校，听取了题为"中国基础教育政策与河北的实践"讲座，并参观故宫、长城、雍和宫、孔庙、国子监、秀水街、直隶总督府。

2011年11月16日，里加文化中学周文馨老师致信中国大使馆，该校学生12月20日参观大使馆并举行新年卡拉OK活动。使馆表示同意，并邀请里加34中学和里加68中学中文班师生一起参加，以便相互学习交流。当天，大使馆与里加三所中学学习中文的师生百余人共同举办新年中文歌曲卡拉OK联欢会。联欢活动由大使馆人员张敏和周文馨老师主持，胡业顺大使致辞，同学们表演了各种节目，并积极抢答问题。其中，里加文化中学学生表演了《绕口令》，并演唱《平安夜》《铃儿响叮当》《圣诞快乐》《圣诞老人进城》等歌曲，大使馆工作人员表演了合唱《我的祖国》等节目。周文馨向中国大使馆赠送学生们的绘画作品集，学生们还向中国厨师学习中国传统食物春卷的制作过程并品尝中国美食。①

2012年11月6日，应周文馨老师邀请，拉脱维亚大学孔子学院正式在里加文化中学教授中文课程。开课前夕，贝德高院长和黄明喜院长多次为课程合作事宜与校方交流，这是拉脱维亚本土第一次由孔子学院在当地中小学授课。最初由志愿者教师罗毅兼职授课，后来由志愿者教师王树蕙和黄颖怡兼职授课，最后由公派教师董芳专职授课。2013年6月18日，经中国国家汉办正式批准，里加文化中学中文教学点升格为孔子课堂，成为拉脱维亚大学孔子学院下设的第一个孔子课堂，即里加文化中学孔子课堂。

2014年2月28日，里加文化中学孔子课堂正式揭牌。中国大使馆杨国强大使、曾伏华领事和思卡佳秘书、拉脱维亚教育部代表卡玛拉、拉脱维亚大学副校长康格罗、孔子学院院长贝德高和黄明喜及中文教师、里加68中学校长拉丽莎·贡恰连科、里加文化中学副校长奥迪斯·菲尔库斯和贝马丁什及师生

---

① 中国驻拉脱维亚大使馆档案，2011年12月20日。拉脱维亚学生与中国外交官举行迎新年联欢活动，2011年12月21日，来源：新华网 https://www.163.com/news/article/7LPPFJ8S00014JB5.html，2022年7月15日上网查阅。

代表、新华社记者郭群和李德萍等媒体代表等近百人出席了揭牌仪式。杨国强、康格罗、贝德高、黄明喜分别致辞。杨国强和康格罗共同揭牌，见证孔子课堂落户的历史时刻。杨国强和贝马丁斯主持了赠书仪式。里加文化中学合唱团、中文教师和当地华人表演了《茉莉花》《沁园春·雪》等中国和拉脱维亚歌曲。里加文化中学孔子课堂是拉脱维亚第一所孔子课堂，也是落户在波罗的海三国地区的第一所孔子课堂，必将进一步推动拉脱维亚的中文教学。[①]

三、孔子课堂中文教学

孔子课堂面向本校十至十二年级开设中文选修学分课，课程类型主要以语言综合课和文化课为主。与此同时，孔子课堂也面向社会开设汉语兴趣课，为其他对中文和中华文化感兴趣的社会人士和青少年提供中文教学。除了周文馨老师，来自华南师范大学的志愿者教师罗毅（2012年11月至2013年6月）、王树蕙（2013年9月至2013年11月）、黄颖怡（2013年9月至2013年11月）、程雪（2014年8月至2016年7月）、吴甜田（2016年8月至2018年7月）、陈莹（2018年9月至2020年6月）以及来自佳木斯大学的志愿者教师单琪（2020年9月至2021年7月）、来自陕西理工大学的志愿者教师李欣（2021年9月至2024年7月）、来自华南师范大学的公派教师董芳（2013年10月至2018年12月）和曾庆君（2019年1月至11月）先后任教，其中董芳任教五年多，受到中国驻拉脱维亚大使馆、里加市政府、孔子学院和里加文化中学的嘉奖。

孔子课堂正式成立前的中文课程主要由周文馨、罗毅、黄颖怡、王树蕙承担。罗毅任教期间，高中部一至三年级3个班共计70余人，中文课每周4个课时，安排在每周二和周四。他几乎每个星期都和周文馨老师及学生进行沟通交流，把他们给出的宝贵意见记在本子上，仔细揣摩，取长补短，不断改进教

[①] 孔子课堂走进拉脱维亚里加文化中学，2014年3月1日，来源：新华网，http://world.people.com.cn/n/2014/0301/c157278-24500757.html，2022年7月15日上网查阅；孔子课堂首次落户拉脱维亚，《海外华文教育动态》2014第3期，http://www.cqvip.com/QK/82290X/201403/49714932.html，2022年7月15日上网查阅；拉脱维亚中学孔子课堂揭牌设有6个中文教学班，2014年3月5日，来源：中国新闻网，http://www.chinanews.com/hwjy/2014/03-05/5911312.shtml，2022年7月15日上网查阅。

学风格和方法。一年下来，学生基本适应了他的教学风格，也和他建立起良好的师生关系。①黄颖怡担任十年级两个班和十二年级一个班的常规教学工作，两个月下来，她对这三个班都做了期中测试，全部通过，而且很多学生都拿到了90分以上的好成绩。②王树蕙负责十一年级两个班和十二年级一个班的中文教学工作，用了近一个月三个班的汉语纠音教学基本结束，在平时的课文对话中，侧重语音练习，对刚纠正过的语音语调加以巩固。③

董芳在里加文化中学连续任教5年零2个月，其中，2013年11月至2014年6月单独任教，2014年9月至2018年12月与志愿者教师一起任教。董芳在2016年的文章中，对里加文化中学孔子课堂中文教学情况做了梳理。孔子课堂成立之初，只面向十年级、十一年级、十二年级开设中文选修学分课。后来，增设了社会晚班，由最初的一个初级班的13人发展至现在一个初级班和一个中级班共26人。年龄层次从7岁到45岁，并且在目前的初级班出现了多名家长和孩子一起学习中文的可喜情况。目前，每学年在里加文化中学学习中文的学生为50人至80人。2011/2012学年50人，2012/2013学年69人，2013/2014学年76人，2014/2015学年65人，2015/2016学年64人。每个年级每周4个课时，每个学年32个教学周。三个年级的中文教学从零基础到初级再到中级水平。教学内容以汉语知识为主，穿插中国文化知识，并辅以文化专题课程与文化活动，如中国概况主题、茶艺主题及筷子主题、中国书法主题等。在汉语知识授课方面，汉语的语音、词汇、文字和语法都会涉及，但各年级的教学重点有不同侧重。在教材方面，以《跟我学汉语》为主题推进，辅助使用法国出版的《字的启蒙》教材，同时参考使用《体验汉语》（生活篇）和《体验汉语》（高中版）来扩充学生语法知识，进行会话教学。老师根据实际情况编排教学材料和教学内容，基本形成自编教材和教学体系，这也为下一步

---

① 罗毅：拉脱维亚大学孔子学院志愿者教师工作总结（2012—2013年学期），2013年5月，第4—5页。
② 黄颖怡：《光荣岁月》，2014年6月，第3—4页。
③ 王树蕙：《志愿者教师履职考评表（2013年7月8日至2014年6月15日）》，2014年6月15日，第7页。

系统性本土教材的编写打下基础。①

程雪记录了她的教学情况，每周基本课时为 12 课时：其中十二年级中文学分课每周 8 课时，学生共两个班级 25 人；孔子课堂中学生强化班 6 人，每周 2 课时；成人兴趣班 4 人，每周 2 课时；除十二年级外，另负责十年级和十一年级 3 个班的文化课，课时不固定；另有固定课余辅导时间 1 小时 / 周；遇 "汉语桥" 比赛和文化活动期间至少 2 小时 / 周辅导时间。程雪成为同期唯一继续留任一年的志愿者教师，与董芳一道兼任孔子学院院长助理，承担了更多的活动组织工作。②

吴甜田负责十一年级 A 班和 B 班、十二年级 A 班、少儿中级班、初级晚班、中级晚班 6 个班级的语言和文化教学工作，每周基本课时为 13 课时，"汉语桥" 比赛和文化活动期间至少 12 课时 / 周辅导及工作时间。十一年级 A 班和 B 班、十二年级 A 班是学分班。文化课没有固定教材，一般都自己上网查找相关文化知识，并制作 PPT 等课件。讲过的文化主题包括中国文化概况、京剧与脸谱、中国服装秀、中秋节、春节、汉字与书法、中国政治等。此外，还自编了一些中国传统小故事，如《梁山伯与祝英台》《道旁苦李》《臭豆腐》《香九龄，能温席》等。兴趣晚班面向本校和全社会招生，学生有高中生也有六七十岁的老奶奶。此外，她还负责理科兴趣班，即十一年级 B 班的中文课程，上课全英文。③

陈莹第一学年负责十二年级中文选修学分班、十一年级理科中国文化必修学分班和三个中文兴趣班（初级兴趣班、中级兴趣班、少儿班）的教学工作。第二学年承担了全校所有班级中文课程的教学任务，包括十年级、十一年级、十二年级中文选修学分课、十一年级理科中国文化必修学分课和三个中文兴趣班的课程。主要教学内容以中文综合课为主，中国文化课为辅，平均每月一次文化课，文化课主题包括春节、元宵节、中秋节、剪纸、京剧脸谱、中国结、茶艺、中国电影、中国音乐、中华美食、汉服体验等。十至十二年级使用的教

---

① 董芳：《里加文化中学中文教学现状调研》，载于尚劝余、贝德高、董芳主编的《拉脱维亚中文教学研究与探索》，云南人民出版社，2016 年 10 月。
② 程雪：《国家汉办志愿者教师履职考评表（2014 年 8 月至 2016 年 7 月）》，2016 年 7 月 1 日，第 6—10 页。
③ 吴甜田：《工作总结（2016 年 8 月至 2018 年 7 月）》，2018 年 7 月 1 日，第 1—4 页。

材主要是《HSK 标准教程》，初级兴趣班主要使用自编教材《盼达汉语》（目前还在编写中，处于试用阶段），中级兴趣班使用《体验汉语基础教程》，少儿班使用《美猴王汉语》。①

曾庆君任教的十年级有 11 位学生、十一年级有 13 位学生，她对教学内容做了一些更改，加进了课文练习，每节课都有词语拓展。此外，她作为拉脱维亚教育访华团和夏令营的领队老师，圆满完成了任务。一年的公派教师生涯转瞬即逝，由于自身原因，她没有继续留任，带着对拉脱维亚深深的爱，回到了故土。②

单琪总结了远程网络教学情况。由于远程教学的局限性，只开设了 10A、11A 和 12A 的选修学分课，每月平均 48 课时，每节课 40 分钟，全年大约 420 课时。在中文教学方面，主要用 Skype 进行线上教学，使用的教材是《HSK 标准教程 1》《HSK 标准教程 2》《HSK 标准教程 3》。学生居家网课期间，每周布置一次 task（相当于家庭作业），学生提交 task 算作该日出勤。学生在学校上网课，不需要做 task。线上考试难度颇大，主要采取听说考试和书写考试两种模式。学校规定每次上完课（高中部四个班 10A、11A、12A、11B）需要在学校的教务系统（网址为 https://www.e-klase.lv/）上填写当天的教学内容和布置学生的家庭作业。除了日常在 e-klase 上填出勤，学生的月考成绩也填在 e-klase 上。学分班（10A、11A、12A）上下学期各 4 次月考，全年 8 次考试。③

李欣任教三学年，第一学年远程网络授课，第二学年赴任授课。第一学年为 10A、11A 和 12A 开设选修学分课，主要教学内容以中文综合课为主，中国文化课为辅。每月一次文化课、一次月考。使用教材《HSK 标准教程》。④ 第二学年开设了 10A（10 人）、11A（9 人）和 12A（6 人）三个班的选修学分课，共 25 名学生。第三学年开设了 10A（14 人）、11A（10 人）和 12A（16 人）三个班的选修学分课，共 40 名学生。使用《HSK 标准教程系列》《跟我学汉语系列》《体验汉语系列》等教材，采用讲授法、讨论法、情景教学法、语法

---

① 陈莹：《光荣岁月》，2020 年 6 月 1 日，第 1—3 页。
② 曾庆君：《拉脱维亚三度春夏秋冬》，载于尚劝余、贝德高主编的《汉语之花盛开在波罗的海之滨——我与拉脱维亚的故事》，世界知识出版社，2022 年，第 107—108 页。
③ 单琪：《年终总结》，2021 年 6 月 1 日，第 1—4 页。
④ 李欣：《工作总结》，2022 年 7 月 1 日，第 1—2 页。

翻译法、交际练习法、自主学习法等多种教学方法。除了日常教学任务外，还参与了以下工作：HSK 和 HSKK 监考；辅导学生参加 HSK 考试和"汉语桥"比赛；参与孔子学院组织举办的 2022 年和 2023 年"孔子学院日""中秋节暨教师座谈会""2023 春节活动""拉脱维亚第二十届汉语桥比赛"等活动；撰写所在教学点举办的各种中国文化体验课新闻稿等。①

四、文化交流活动

第一，中国大使馆交流活动。2013 年 5 月 13 日，杨国强大使和傅智敏参赞走访里加文化中学，受到莱梅赛校长等的热情接待。杨大使一行应邀参观学校办公及教学设施，与学生代表进行友好交谈，勉励越来越多的青年选择学习中文并到中国留学深造，为增进两国人民的交流做贡献。②2013 年 9 月 6 日，杨国强大使应邀出席里加文化中学开学典礼并致辞。杨大使高度赞赏里加文化中学以加强外语教学扩大学生视野的特色，积极评价该校率先在拉脱维亚中小学开设中文课和举办各种宣介中国文化的活动，勉励更多学生利用即将开设"孔子课堂"的机会，学习中文并争取赴华留学，早日成为推动中拉交往的"友好使者"。③2014 年 2 月 13 日，中国大使馆在里加文化中学举办元宵节招待会。拉脱维亚汉学界知名人士、大中院校汉教师生代表及拉脱维亚武术协会学员等约 140 人应邀出席。中文班师生演唱《卖汤圆》《对不起我的中文不好》等歌曲，并表演诗朗诵、中国功夫和狮舞，还饶有兴趣地参加灯谜竞猜和中国美食品尝活动。④2023 年 9 月 23 日，中国大使馆与里加文化中学联合举办中秋文化活动，拉脱维亚大学孔子学院协办，由叶春萌和刘贤主持。唐松根大使和贝马丁什副校长致辞，赵沛瑶领事讲解中秋节习俗，钟梦婷表演武术，汪贝娅表演古筝，

---

① 李欣：《2022—2023 学年工作总结》，2023 年 6 月 23 日，第 1—2 页；李欣：《2023—2024 学年教学情况》，2023 年 9 月 28 日，第 1 页。
② 中国驻拉脱维亚大使杨国强夫妇走访里加文化中学，2013 年 5 月 15 日，https://www.fmprc.gov.cn/ce/celv/chn/xwdt/t1040486.htm，2022 年 7 月 18 日上网查阅。
③ 中国驻拉脱维亚大使出席里加文化中学开学典礼，2013 年 9 月 6 日，来源：中国新闻网，https://www.chinanews.com.cn/hwjy/2013/09-06/5256621.shtml，2022 年 7 月 18 日上网查阅。
④ 中国驻拉脱维亚大使馆举办 2014 元宵节招待会，来源：中华人民共和国外交部，2014 年 2 月，https://china.huanqiu.com/article/9CaKrnJEkY3，2022 年 7 月 18 日上网查阅。

邵月园和鲍传惠表演茶艺，蒋彬厨师教大家现场做月饼，出席活动的还有宋丹卉参赞、张泽阳主任、尚劝余院长及夫人张桂英、何东院长及夫人陶丽萍、志愿者教师李欣和张涵絮、日语教师、北二外留学生郭晓炜以及孔子课堂学生等近百人。①

第二，交换生和观摩团交流活动。2014年4月23日，法国交换访问团师生访问孔子课堂，观摩孔子课堂中文和中国文化公开课，由董芳主讲。2015年1月30日，孔子课堂接待拉脱维亚外语教师观摩团，讲授筷子文化课，并请观摩教师们学习如何使用筷子、体验筷子游戏。2月12日，孔子课堂举办以"品味中国茶"为主题的校级文化活动，孔子课堂学生用中拉双语向来宾介绍茶的知识，中文教师和志愿者表演茶艺，请来宾品茶，全面感受中国茶文化。4月13日，孔子课堂接待比利时交换访问团师生，讲授中文与筷子主题的文化公开课。②2016年4月20日，孔子课堂面向比利时交换访问师生及里加文化中学六个班进行文化讲座和文化体验活动。一年一度的比利时师生交换访问团再一次来到里加文化中学，这也是比利时师生第三次造访孔子课堂，由于之前两次受到访问师生的广泛好评，孔子课堂的中文课已成为里加文化中学接待外国访问团的名片课程。③

第三，中国文化周活动。2013年10月21日至25日，孔子课堂在董芳指导下进行为期一周的中华文化体验课，包括编中国结、烹饪和书法等教学体验和展示，让学生在文化体验中增强学习中文和了解中国文化的兴趣。④2014年12月10日至17日，孔子课堂进行为期一周的中华文化体验课，包括中国电影专题讲座与电影欣赏、书法体验和展示，由中文教师董芳和程雪联合组

---

① 中国驻拉脱维亚大使馆和里加文化中学成功举办中秋节文化暨中华美食品鉴活动，http://www.ci.lu.lv/?p=6662，2023年9月25日上网查阅。
② 尚劝余、贝德高、玛丽娅主编：《拉脱维亚大学孔子学院10周年纪念册》，拉脱维亚大学出版社，2021年10月，第222—229页。
③ 《展文化底蕴，传汉语魅力——里加文化中学举办中国文化日活动》，里加文化中学孔子课堂档案，2016年4月20日。
④ 尚劝余、贝德高、玛丽娅主编：《拉脱维亚大学孔子学院10周年纪念册》，拉脱维亚大学出版社，2021年10月，第220页。

织。①2018年12月13日至19日，孔子课堂开展中国文化周活动，每天都有不同的文化主题，包括中国结文化活动、剪纸文化活动、筷子文化活动、吹墨梅花与书法体验活动、茶文化活动等。②

第四，毕业班中文汇报演出和孔子课堂5周年庆典。2015年11月23日，孔子课堂在学校礼堂举行毕业班中文汇报演出。孔子学院两位院长、里加文化中学校领导和教师、学生、亲朋以及对中文和中国文化感兴趣的社会人士等60余名嘉宾出席活动。莱梅赛、尚劝余和贝德高分别致辞；14位学生围绕中文和中国文化知识、绕口令、诗歌、中国歌曲竞答竞唱，展示近三年来在中文课堂上学习的知识和才艺；参加过夏令营和"汉语桥"比赛的学生用自己拍摄的照片向嘉宾介绍她们在中国的经历；董芳和五位学生一起表演太极拳；同学们现场泼墨，用书法展示出自己最喜欢的汉字；用中文表演《龟兔赛跑》短剧；毕业班同学演唱歌曲《朋友》；学生代表柯伊琳娜向两位孔院院长赠送自己亲手制作的扇子。③2018年2月1日，举办孔子课堂5周年暨新年庆祝活动。嘉宾有中国大使馆孙应来参赞和赵劳拉秘书，里加市教育信息服务处处长西格奈·内玛奈，里加34中学副校长格玛丽娜，新华社记者李德萍和郭群，孔子学院院长贝德高和尚劝余、秘书柯劳拉以及中文教师林婕、滕飞、刘梦珂，里加文化中学校长莱梅赛、副校长奥迪斯·菲尔库斯和贝马丁什，孔子课堂教师董芳和吴甜田等。孔子课堂师生为现场观众带来了一场中国元素精彩纷呈的文艺会演，由两位学生中拉双语主持。有歌舞表演《新年来了》，舞蹈《说唱脸谱》，古文朗诵《三字经》，合唱歌曲《兰花草》与《虫儿飞》，古装剧《梁山伯与祝英台》（剧末刘梦珂古筝独奏《梁祝》），服装秀（汉服、魏晋宽衣博带、唐装、民国学生装、旗袍、中山装等），歌舞《青花瓷》，茶艺表演，合唱《彩云追月》和《感恩的心》。④

---

① 尚劝余、贝德高、玛丽娅主编：《拉脱维亚大学孔子学院10周年纪念册》，拉脱维亚大学出版社，2021年10月，第220页。
② 《里加文化中学孔子课堂文化周活动圆满结束》，里加文化中学孔子课堂档案，2018年12月19日。
③ 《用汉语筑一个精彩梦——里加文化中学孔子课堂毕业班中文汇报演出圆满成功》，里加文化中学孔子课堂档案，2015年11月23日。
④ 《里加文化中学举办孔子课堂5周年暨2018年新年庆祝活动》，里加文化中学孔子课堂档案，2022年7月18日上网查阅。2018年2月1日。

第五，其他交流活动。2017年12月14日，香港城市大学商学院会计学系教学团队叶世安教授、辛显刚博士和徐爱恩博士一行访问里加文化中学，莱梅赛校长与代表团见面并对其到来表示热烈欢迎。随后，代表团为孔子课堂的学生们带来了一场关于留学香港城市大学的讲座。讲座由中文教师董芳主持，由叶世安教授主讲。本次孔子课堂讲座是香港城市大学代表团拉脱维亚之行第一站。[①]2018年4月19日，里加文化中学举行全校优秀教师颁奖仪式。莱梅赛校长向中文教师董芳转交了里加市政府颁发的嘉奖感谢信，表彰其勤恳敬业的精神和为中文教学做出的突出贡献。2017年9月，董芳曾荣获里加文化中学优秀教师称号。[②]2018年5月26日至6月1日，董芳赴美国费城参加国际教育者协会年度会议暨国际教育者协会成立70周年庆祝会，参加论坛与讲座并参观海报展与国家教育展，与参会人员探讨外语教学测评与评估，和来自美国高中的老师们交流美国高中外语教学和相关课外活动以及美国高中夏令营和海外交换项目，与美国教职员工讨论外国人眼中的中华文化，为拉脱维亚大学孔子学院今后的对外中文教学、国际交流与汉语的国际推广工作学习到了宝贵的教学、研究与实践经验。[③]

此外，里加文化中学孔子课堂学生也积极参加孔子学院举办的春节、中秋节、孔院日、"汉语桥"、夏令营等活动。里加文化中学孔子课堂中文教师一直担任"汉语桥"比赛的主要负责人和夏令营活动的领队老师，孔子课堂的学生积极而踊跃地参加历届"汉语桥"比赛和夏令营活动，是中学生组的主要来源和主力军。里加文化中学孔子课堂也是中学生申请奖学金赴华留学的主要来源，他们毕业后也有机会从事与中国有关的工作，例如李兰曾任中国驻拉脱维亚大使馆领事处外秘，唐娜拉曾任中国驻拉脱维亚大使馆办公室外秘。

---

① 《香港城市大学代表团访问里加文化中学孔子课堂》，里加文化中学孔子课堂档案，2017年12月14日。
② 《里加市政府为董芳老师颁发嘉奖感谢信》，2018年4月23日，http://www.ci.lu.lv/?p=2831&lang=LV，2022年8月1日上网查阅。
③ 《拉脱维亚大学孔子学院中文教师董芳参加国际教育者协会70周年暨年度会议》，里加文化中学孔子课堂档案，2018年6月1日。

第二节　里加 34 中学孔子课堂

里加 34 中学由原里加 34 中学和里加 68 中学合并而成，中文教育一直延续和传承下来，是继里加文化中学之后，拉脱维亚中学中文教学的另一个重要阵地。迄止为止，共有六位本土教师和七位孔子学院志愿者教师相继任教，包括薇拉（2009 年至 2017 年）、初玛丽亚（2010 年至 2012 年）、珍珠（2012 年至 2014 年）、克丽塔（2015 年 1 月至 6 月）、艾维塔（2015 年 9 月至今）、高安娜（2022 年 10 月至今）、张婕（2014 年 1 月至 2015 年 6 月）、袁钰（2015 年 9 月至 2016 年 7 月）、吴炜（2016 年 9 月至 2018 年 7 月）、梁娟（2018 年 9 月至 2020 年 6 月）、牛爽（2020 年 9 月至 2021 年 6 月）、李文玉（2021 年 9 月至 2022 年 7 月）、汪贝娅（2022 年 9 月至 2024 年 6 月）。李文玉来自河南理工大学，其余志愿者教师均来自华南师范大学。

一、早期中文教育

原里加 34 中学（Rīgas 34.vidusskola）成立于 1952 年，早在 1963 年便开始全面推行以英语为第二语言的二语学习（一年级到十二年级）。在校长柳德米拉·坡伦科维奇的支持下，该校于 2009 年开设中文兴趣课，相当于中文俱乐部，非常可惜校长不久不幸因病去世。当时的中文教师是薇拉，毕业于里加 34 中学，2003 年至 2006 年就读于拉脱维亚大学汉学专业，2005 年 9 月至 2006 年 6 月和 2007 年 3 月至 6 月在北京师范大学留学进修，2009 年至 2017 年在里加 34 中学任教。学生连年参加"汉语桥"比赛等活动，取得了不菲的成绩。[1]

原里加 68 中学（Rīgas 68.Vidusskola）成立于 1972 年，是里加最好的俄

---

[1] 2021 年 12 月 29 日薇拉邮件访谈录，非常感谢里加 34 中学副校长格玛丽娜牵线搭桥。

族学校之一。2010 年 9 月，校长拉丽莎·贡恰连科致函中国大使馆，该校学生对中国、中国文化、传统和语言非常感兴趣，学校找到了一位在中国留学一年的年轻本土中文教师初玛丽亚①，并招收三个不同年龄段学生的中文班，请求使馆提供相关设备，支持该校开设中文课。为支持该校中文教学，大使馆应校方要求同意赠送 5 台电脑、1 台电视、5 台打印机、1 台 DVD 播放机和 1 台 CD 播放机。

2010 年 11 月 9 日，胡业顺大使代表中国大使馆向里加 68 中学赠送教学设备，拉丽莎·贡恰连科校长及百余名师生出席捐赠活动。大使和校长致辞，学生表演绘声绘色的小节目，并用中文演唱《莫斯科郊外的晚上》。里加 68 中学是拉脱维亚第三所开设中文课程的中学。②2010 年 11 月 18 日至 24 日，初玛丽亚受孔子学院总部邀请赴华参加"外国中文教师教材培训班"。

2011 年 9 月 1 日，里加 68 中学中文课正式成为选修课，胡业顺大使出席开学典礼。首先由 4 名学生代表分别以拉、中、俄、德文致欢迎词，然后大使和校长致辞。开学典礼上，学生用清脆的童声、纯正的中文演唱了歌谣《两只老虎》。③

2011 年 12 月 20 日，里加 34 中学薇拉和里加 68 中学初玛丽亚以及中文班学生参加中国大使馆举行的新年卡拉 OK 联欢会。同学们表演各种节目，并积极抢答问题。其中，里加 34 中学学生朗诵普希金的诗《冬天的道路》，里加 68 中学学生演唱《月亮代表我的心》，同学们还与使馆人员一起合唱《新

---

① 非常感谢里加 34 中学副校长格玛丽娜牵线搭桥，笔者联系上了初玛丽亚，她目前生活在瑞士日内瓦，婚后随夫姓，现名为 Maria Pucinska。玛丽亚是她的正式名字，她平时喜欢大家叫她玛莎，她的 Facebook 名为 Masha Meyer。笔者在 Facebook 上搜索她的名字，发现有两个共同朋友，一个是白妩娜，一个是孙霄。孙霄是拉脱维亚大学孔子学院志愿者教师，2016 年至 2018 年在道加瓦皮尔斯大学孔子课堂任教，她说初玛丽亚曾在道加瓦皮尔斯大学孔子课堂上过几次课。2022 年 1 月 14 日孙霄微信访谈录。
② 中国驻拉脱维亚大使胡业顺向里加 68 中学赠送教学设备，国务院新闻办公室门户网站发布：2010 年 11 月 11 日，http://www.scio.gov.cn/hzjl/hdjj/wz/Document/802395/802395.htm，2022 年 2 月 1 日上网查阅。
③ 中国驻拉脱维亚大使胡业顺出席里加 68 中学开学典礼，2011 年 9 月 2 日，https://news.ifeng.com/c/7faHiQL59ll，2022 年 2 月 1 日上网查阅。

年好》，并向中国厨师学习中国传统食物春卷的制作过程并品尝中国美食。①

据笔者对初玛丽亚的采访，她于 2006 年至 2009 年在拉脱维亚大学汉学专业就读，她的第一位中国老师是崔艳蕾，崔老师教学有方，一年之后她的中文水平有了很大提高，词汇量大增，也能用中文进行表达。三年大学生活期间，她积极参加"汉语桥"比赛，非常感激有这样的宝贵经历。2009 年至 2010 年，她获得奖学金在北京语言大学留学，老师们全程用中文授课，因此她的中文水平在短期内有了很大的提高。2010 年至 2012 年，她在里加 68 中学任教，同时在一家瑞士银行做中国市场经理。②

2012 年，珍珠③接替初玛丽亚任教，她于 2009 年至 2012 年在拉脱维亚大学汉学专业就读，2012 年至 2014 年在里加 68 中学任教两个学年，同时 2013 年至 2015 年在里加安妮穆伊扎中学教中文，她是该校第二任中文教师，当时该校八年级和九年级开设中文课，每年级一个中文班，约 25 名学生。④2013 年，里加 68 中学开设中文俱乐部，为学生提供了新的中文平台。

关于早期中文教学情况，笔者对薇拉、初玛丽亚和珍珠做了访谈。薇拉表示，里加 34 中学中文班每年有约 15 个学生，其中 10 个学生上课很积极很准时；中文课上课时间是每周五下午 4 点到 6 点，约两个小时；当时，拉脱维亚没有什么中文教材，她将在北京师范大学留学时带回来的教材重新打印出来，供学生们使用。在 2009 年至 2017 年她任教期间，她率领学生参加"汉语桥"中文比赛，也参加中国大使馆组织的所有中文活动。⑤

初玛丽亚表示，她给里加 68 中学 11 岁至 17 岁的学生开设中文课。中文班的所有学生都对中国语言和文化以及中国这个国家非常感兴趣。他们学习中文词汇，学习会话，学习写汉字，看中国电影，讨论中国的生活。她使用各种不同的教学资源，其中最主要的是《新实用汉语》课本和《快乐汉语》课本。

---

① 中国驻拉脱维亚大使馆档案，2011 年 12 月 20 日。拉脱维亚学生与中国外交官举行迎新年联欢活动，2011 年 12 月 21 日，来源：新华网 https://www.163.com/news/article/7LPPFJ8S00014JB5.html，2022 年 2 月 1 日上网查阅。
② 2022 年 2 月 10 日初玛丽亚邮件采访录。
③ 非常感谢里加 34 中学副校长格玛丽娜牵线搭桥，笔者联系上了珍珠，她现生活在英国。
④ 2022 年 2 月 9 日珍珠 Facebook Messenger 访谈录。
⑤ 2022 年 2 月 15 日薇拉 Facebook Messenger 访谈录。

在2010年"外国中文教师教材培训班"学习期间，她认识了一位来自澳大利亚的中文老师，她们互相交流教学经验以及拉脱维亚学生和澳大利亚学生学习中文的情况。学年末，她通知学生可以参加"汉语桥"比赛，他们非常高兴，大部分学生同意参加比赛。他们做了精心准备，掌握了不同的知识，学会了一些诗歌。虽然他们非常紧张，但是都勇敢地站上"汉语桥"比赛的舞台，表现很棒，这是一个非常好的经历。①

珍珠在任教的两年中，给里加68中学五年级至十二年级的学生开设中文课。五年级、六年级和十二年级每年各有两个班，其余年级每年各有一个班，每个班约10名学生。珍珠在访谈中说，她拉脱维亚家中至今仍然保存着中文班的学生名单。珍珠表示，她没有使用固定的教材，因为所有教材都是以英语为基础的，这会给一些英语不太好的学生增加额外负担，此外这些教材也没有提供足够的所需信息。因此，她自己准备教案，在备课过程中也受到几本教材的启发，如《中级汉语教程（上）文化全景》《汉字演变五百例》《汉语动词380例》。她的学生也积极参加"汉语桥"比赛，多次受邀参加中国大使馆活动，也在拉脱维亚大学见过贝德高教授。②

二、登上新的台阶

从2015年1月起，里加68中学成为孔子学院教学点，由孔子学院申请志愿者教师任教，与本土教师一起搭档教学，合作授课。张婕出任首任中方中文教师，与本土教师克丽塔搭档合作。克丽塔2015年接替珍珠任教，她于2011年9月至2014年6月在拉脱维亚大学汉学专业读本科，2014年9月至2015年1月在兰州大学留学，2015年1月至2015年6月在里加68中学教中文，2015年至2017年在华东师范大学读汉语国际教育硕士，2017年至2019年在上海交通大学读中国政治与外交硕士，后在中国驻拉脱维亚大使馆工作。

张婕在工作总结中写道：里加68中学与孔子学院合作后，中文课发展至面向三至十二年级，几乎覆盖小学、初中和高中阶段，学生年龄层次更加多样

---

① 2022年2月10日初玛丽亚邮件采访录。
② 2022年2月9日至12日珍珠Facebook Messenger访谈录。

化。克丽塔负责三至五年级的课程，张婕负责六至十一年级的课程，十二年级由她们共同任教。张婕很感激克丽塔常常告诉她拉国孩子的想法和思维，还给她提了不少建议，使她尽快地融入中小学的教学环境中。2014/2015 学年第一学期主要使用《新实用汉语》和网络材料，第二学期则针对不同年级使用《美猴王汉语》《国际少儿汉语》《快乐汉语》和《体验汉语》的选编教材。语言课采用不同的方法，如直接法、翻译法、游戏法、全身感应法等。除了语言教学，也利用课余时间组织不同的文化活动，例如春节期间组织手抄报比赛、书法写春比赛，与学校其他老师一起组织两场春节联欢会。文化课上，也尽量为学生介绍不同角度的中国，像熊猫、筷子、中国菜、中国的城市、中西差异等。[①]

2015 年夏，里加 68 中学与里加 34 中学合并，名称沿用里加 34 中学。新的里加 34 中学将中文列为选修课程，正式进入学分体系（与德语、法语等一起成为第二外语）。同时，学校应学生要求增设中文兴趣班，分为 A、B 两个平行班。艾维塔成为合校后的第一位本土教师，袁钰成为合校后第一任孔子学院志愿者教师。发展至今，多语学习已然成为里加 34 中学的传统，目前学校开设了拉语、俄语、英语、德语、法语、汉语等多门语言课程。学生从一年级就开始学习俄语、拉脱维亚语与英语；从三年级开始，学校提供以汉语、法语或德语作为第二外语的教学课程。

袁钰总结了 2015—2016 学年的中文教学，合校后中文课分为选修课和兴趣课两种，她和艾维塔共同担任两个校区（原里加 68 中学维尔查瓦校区和原里加 34 中学坎达瓦校区）的中文课，其中她负责五年级至十二年级 6 个班级的课程。维尔查瓦校区中文课进入选修课体系，从六年级开始可以选修中文课。开设中文课的年级有：六年级、七年级、八年级、九年级、十一年级和十二年级，共有 57 名学生。六至九年级每个星期每个班有一节中文课，十一、十二年级每个星期每个班有两节中文课，每节课为 40 分钟，每学期中文课学时为 72 学时。袁钰负责维尔查瓦校区八、九、十一、十二年级的中文课，艾维塔负责其他班级中文课。选修课是学校正式课程，需考试、考勤，在正常时间上课。由于课本严重不足，她们采取了自编教材的形式进行教学，语言课学习身体部位、动物、

---

① 张婕：《2015 年工作总结反思》，2015 年 6 月 22 日。

颜色、房间名称、数字、汉字等内容。文化课学习新年习俗、中国茶艺、元宵节、剪纸、书法、墨竹等内容。选修课的学生有的已经学习中文三四年了，有的刚刚接触中文。坎达瓦校区11月新开设中文兴趣班，都是中文零基础的学生，分为五、六、七年级班和八、九、十年级班。第一学期共25名学生，第二学期共12名学生。每个班每星期有两节中文课，每课时为40分钟，上课时间为课余时间。兴趣课由袁钰全权讲授，不计考勤、不计分数，学生都对中文感兴趣，所以课堂管理相对比较容易。兴趣班所选用教材是《快乐汉语入门（英语版）》，语言课学习拼音、打招呼、自我介绍、汉字等，文化课学习新年习俗、茶艺、筷子、元宵节、剪纸、十二生肖、中国美食等。兴趣班考试由老师根据学生学习进度自主决定，每学期两次考试，期中和期末。上课时制定了一套贴纸奖励机制，每次考试后对学生这一段时间的表现进行奖励，促进学生学习的积极性。除了日常教学，也举办春节、元宵节、中文趣味运动会、辅导"汉语桥"比赛等。此外，学校每个星期五下午都有一个中文俱乐部活动，由薇拉老师任教辅导，俱乐部里也不乏中文水平非常不错的学生。[1]

2017年，经孔子学院总部/国家汉办批准，里加34中学中文教学点升格为孔子课堂，中文教学迎来了新的机遇。9月29日，里加34中学孔子课堂揭牌仪式隆重举行，由中文教师艾维塔和吴炜主持。中国大使馆李涛参赞，里加市教育信息服务处处长西格奈·内玛奈，里加文化中学副校长奥迪斯·菲尔库斯和纳迪雅·艾尔茨泰及中文教师董芳和吴甜田，孔子学院院长贝德高和尚劝余以及中文教师曾庆君、滕飞、林婕、朱玥、潘玲等，里加34中学校长罗娜达莉亚和副校长格玛丽娜、音乐老师斯维特蓝娜·什巴耶娃、中文教师艾维塔和吴炜，新华社记者李德萍和郭群，拉脱维亚电视台等媒体代表以及里加34中学师生等近百人出席了揭牌仪式。罗娜达莉亚校长、李涛参赞、贝德高院长和尚劝余院长致辞，其他嘉宾代表也发表了讲话。在观看了丰富多彩的文艺表演后，各位宾客移步到孔子课堂教室门外，罗娜达莉亚校长和李涛参赞一起为里加34中学孔子课堂揭牌。之后，大家参观了中文教室，艾维塔和吴炜给大

---

[1] 袁钰：《给下一任志愿者的信》，2016年8月17日。

家做了教室的设计介绍，随后校长给各位来宾赠送了精美的小礼品。① 里加 34 中学中文教学再上新台阶。

三、孔子课堂中文教学

2016 年至 2018 学年，孔子课堂首任志愿者教师吴炜承担三至十二年级 10 个班级的中文课程教学，其中 4 个是学分班，要考勤考试算学分，另外 6 个是兴趣班，不考试不算学分。学分班由吴炜和艾维塔一起上课，兴趣班则由吴炜一个人上课。一周 18 个课时，学生顶峰时期近一百人。关于教学内容，围绕听说读写能力培养。中文课以学生的兴趣点为主，通过对拼音、声调、打招呼、自我介绍、中国文化、汉字、中国节日、食物饮料、水果、交通工具、衣服等内容的教授，使学生对中国有一定的认识和了解。每个班两次测试，根据学校要求进行笔试或口试并提供成绩，都是开卷考试，同学之间还可以互相讨论题目。②

2018 年至 2020 学年，梁娟和艾维塔搭档教学，负责小初高 10 个班级的中文教学，约 70 名学生，年龄 10-18 岁不等。每周教学时长 16-18 课时，全学年课时量为 580 课时。所授课型包括中文综合课、文化课、私人辅导课等。其中，五年级及小学生兴趣班授课内容为零基础中文综合课，参考教材为《快乐汉语》《跟我学汉语》；六年级及初中生兴趣班授课内容为初级中文综合课，参考教材为《轻松学汉语》《YCT 标准教程》；九年级及高中生兴趣班授课内容为中级中文综合课，参考教材为《体验汉语基础教程》；并为两名高中生提供 HSK 一对一课后辅导，参考教材为《HSK 标准教程》，所辅导学生作为该校首次参加 HSK 考试的学生，一位获得了 HSK 一级满分的成绩，一位获得了 HSK 三级高分并成功申请到政府奖学金准备赴华留学。此外，在各个班级配合教学内容及节假日时令开展中国传统文化体验活动。后期受疫情影响，改

---

① 拉脱维亚里加 34 中学孔子课堂举行揭牌仪式，2017 年 9 月 29 日,http://www.ci.lu.lv/?p=2352; http://www.34vsk.lv/index.php/en/734-opening-ceremony-of-confucius-classroom, 2022 年 3 月 1 日上网查阅。
② 吴炜：《工作总结（2016 年 8 月—2018 年 7 月）》，2018 年 5 月 21 日。

为通过 Microsoft Teams 平台为选修课班开设网课，通过学校 My koob 系统发布作业。①

2020 年至 2021 学年，由于新冠疫情，牛爽和艾维塔通过网络远程配合教学。线上教学使用 Zoom 会议平台，每次上课由艾维塔开启会议，牛爽和学生加入，每个班级有不同的会议号。网络中文课面向五至十年级开设，共 6 个初级班，其中 3 个学分班，3 个兴趣班。学分班有五年级、六年级、八年级；兴趣班有五年级、六年级、八至十年级，学生年龄 8-16 岁。学分班每周 2 课时，兴趣班每周 1 课时。学校要求不要布置作业，但是可以留一些趣味性的作业，有时候如果两节课连着上可以一节课上课一节课布置作业。使用教材：《快乐汉语》《HSK 标准教程》《汉语乐园（俄语版）》《YCT 标准教程》。教学内容：（1）中文综合课，按照"话题教学"方法开展。（2）中国文化课，涉及主题包括：广式早茶、北京烤鸭、广州城市风貌、粤语、醒狮、太极、中国人怎么喝茶、在中国怎么购物、中国人怎么过春节和元宵节、中秋节做什么。（3）才艺课，选择拉脱维亚学生能够买到的材料上课，结合春节文化设计了"剪纸"课程。②

2021 年至 2022 学年，由于新冠疫情，李文玉和艾维塔通过网络远程配合教学。共有 7 个教学班，4 个是中文选修班，3 个是中文兴趣班。中文选修班有五年级、六年级、七年级、九年级；兴趣班有零基础五年级、兴趣班 1（低年级）、兴趣班 2（高年级）。中文选修班每周 8 个课时，兴趣班每周 5 个课时。具体上课方式和艾维塔沟通，她的中文非常好，用中文发邮件以及 WHATSUP 沟通都没问题。③

2022 年至 2023 学年，汪贝娅和艾维塔搭档教学，高安娜单独教学。汪贝娅和艾维塔负责七个班级的教学，其中五个选修班，两个兴趣班。汪贝娅负责讲授中文知识，艾维塔和汪贝娅一起组织学生练习与游戏。五年级零基础一班，18 人，每周 2 节课，采用拼音 ppt 教学。五年级零基础二班，10 人，每周 1 节课，也采用拼音 PPT 教学。六年级，9 人，包括有三年中文基础与一年中文基础的学生，每周 2 节课，使用教材为《YCT2》。七年级，7 人，包括有三年中文

---

① 梁娟：《工作总结（2018 年 9 月—2020 年 6 月）》，2020 年 6 月 7 日。
② 牛爽：《2020—2021 学年工作总结》，2021 年 6 月 22 日。
③ 李文玉：《给下一任的教学指南》，2022 年 7 月 2 日，第 1—4 页。

基础与零基础的学生，每周2节课，使用教材为《YCT3》。八年级，7人，有五到六年中文基础的学生，每周2节课，使用教材为《快乐汉语》。两个兴趣班开课比较晚。① 高安娜给小学一年级至四年级上中文课，共三个班，学生60余人，每个班每周一次课（40分钟），周二周三周四上课。由于小孩子还没有学过英语，所以高安娜用拉语和俄语给小学生授课。②

2023年至2024学年，汪贝娅和艾维塔继续搭档教学，高安娜继续单独教学。汪贝娅和艾维塔负责七个班级的教学，其中五个选修班，两个兴趣班（兴趣班十月份开始上课）。总体而言，学生们的中文水平有所提高，词汇积累方面最好，汉字和中文听力次之，语法和自主造句较为薄弱。教学方法以汪贝娅教授中文知识，艾维塔和汪贝娅一起组织学生练习与游戏为主，学生们比较活泼，需要很多的练习和游戏吸引注意力。此外，学生们很可爱，也都很愿意去学习，现在已经能够渐渐脱离拼音学汉字。③ 高安娜一共有三个级班：一个少儿初级班（一年级至四年级）和两个少儿中级班，每个级班一周一次中文课。

四、文化交流活动

第一，春节和元宵节活动。2012年2月，里加68中学先后举办春节和元宵节庆祝活动。胡业顺大使及思卡佳秘书、贝德高院长、拉丽莎·贡恰连科校长、中文教师初玛丽亚、音乐老师斯维特蓝娜·什巴耶娃以及师生百余人参加活动，学生们表演精彩节目。④

2015年2月1日至25日，里加68中学举行丰富多彩的羊年春节主题系列庆祝活动，包括"羊年迎新春"手抄报比赛，春节专题讲座，春节汇报演出。手抄报比赛鼓励学生尽情发挥自己的创意和艺术天分，针对主题进行创作。比赛结束后，优秀作品在学校展出一个月。春节专题讲座在中文课期间进行，张婕给学生们介绍中国农历春节的典故和习俗，教大家唱贺年歌《新年好》，用

---

① 汪贝娅：《2022—2023学年工作总结》，2023年6月16日，第1—2页。
② 2022年12月15日，高安娜访谈录。
③ 汪贝娅：《2023—2024学年里加34中学教学情况》，2023年9月26日，第1页。
④ 尚劝余、贝德高、玛丽娅主编：《拉脱维亚大学孔子学院10周年纪念册》，拉脱维亚大学出版社，2021年10月，第348页。

毛笔写"羊"字。2月25日,在里加68中学大礼堂举办两场"春节汇报演出"。出席活动人数约300人,包括拉丽莎·贡恰连科校长,尚劝余和贝德高院长,董芳和张婕老师,里加68中学师生。学生们表演中国现代诗歌朗诵《春》、贯口《春节祝愿》、中文歌曲独唱《朋友》、舞蹈《新年到》、汉拉英三语合唱《与光同在》、长笛演奏《茉莉花》、具有老上海风情的恰恰舞《是你不是你》、全场大合唱《恭喜恭喜》。①

2016年2月4日,里加34中学在大礼堂举行"欢乐迎新春"春节庆祝活动。黄勇大使、曾伏华领事和思卡佳秘书、贝德高和尚劝余院长、董芳老师等,罗娜达莉亚校长、格玛丽娜和拉丽莎·贡恰连科副校长、艾维塔和袁钰老师以及学校师生参加庆祝活动。罗娜达莉亚校长、黄勇大使、两位院长分别致辞,拉丽莎·贡恰连科副校长以PPT形式回顾学校中文教学的发展历程。此外,黄勇大使代表大使馆向里加34中学赠送新春贺礼。一年级小朋友演唱《恭喜恭喜》和《两只老虎》;八年级同学用英语仔细介绍关于春节的各种常识,师生共同演出情景剧《回家过年》;艾维塔和袁钰表演传统茶艺;九年级学生表演汉语绕口令;七年级学生朗诵春节诗两首;低年级童声合唱《雪绒花》;八年级学生贝娜茜演唱《我的歌声里》;现代舞团表演现代舞;拉脱维亚武术协会表演武术。②

2017年1月27日,里加34中学举行"金鸡迎春"春节庆祝活动。黄勇大使、贝德高院长、尚劝余院长、罗娜达莉亚校长、格玛丽娜副校长、里加文化中学副校长贝马丁什及中文教师董芳、本土中文教师艾维塔、志愿者教师吴炜、孔子学院志愿者教师们以及里加34中学的老师和学生出席。七年级、八年级、九年级以及十二年级学生表演春节小品,合唱团表演改编成中文的拉脱维亚民歌《我的小鸡上哪儿去》,学生马克西姆表演武术,九年级学生玛莎表演汉语顺口溜饶舌,志愿者教师潘斌表演诗朗诵,学生表演中国传统舞蹈"摆手舞",拉脱维亚武术协会表演武术。③

---

① 《里加68中学羊年春节主题系列庆祝活动落幕》,拉脱维亚大学孔子学院档案,2015年2月25日。
② 《里加34中欢乐迎新春》,拉脱维亚大学孔子学院档案,2016年2月4日。
③ 《金鸡迎春、万福临门——里加34中鸡年春节庆祝活动》,拉脱维亚大学孔子学院档案,2017年1月27日。

2019年2月14日，里加34中学在大礼堂举办"金猪纳福"春节庆典活动。中国大使馆孙应来代办和赵劳拉秘书，里加中国文化中心张丽丽主任和杨松顾问，新华社记者郭群和李德萍，里加文化中学副校长贝马丁什和纳迪雅·艾尔茨泰，里加34中学校长罗娜达莉亚、副校长格玛丽娜、中文教师艾维塔和梁娟，孔子学院中方院长尚劝余和夫人张桂英，志愿者教师邹亚平、王昕、陈莹，里加34中学师生等出席了活动。罗娜达莉亚校长、孙应来代办、尚劝余院长、梁娟分别讲话，播放中文课堂精彩瞬间锦集视频，回顾学校中文教学发展历程。一年级学生演唱中文歌曲《新年好》和《恭喜恭喜》，九年级学生讲述猪年传说，合唱团演唱《我超喜欢你》，六年级学生表演《三只小猪》短剧，二年级学生爱丽萨独唱《泥娃娃》，艾维塔携二年级、三年级小朋友表演《我们的中文课》情景剧，校舞蹈团表演舞蹈，梁娟、邹亚平、王昕、陈莹与六年级学生合作演出融"筝""舞""书""茶""诗"于一体的中国古典元素秀，十一年级学生习妮卡独唱《真情的自我》，拉脱维亚武术协会舞狮表演，参演学生《祝你新年快乐》大合唱，其间还贯穿春节知识有奖竞答。[①]

2023年2月3日，里加34中学举办孔子课堂成立5周年暨兔年新春庆典活动。出席活动的嘉宾有梁建全大使、里加市政府代表、贝德高院长、尚劝余院长、王楠主任、戴蓝参赞、贝马丁斯副校长、鲁波娃·波格丹诺娃－芮德科娃副校长、梁卫泉秘书、艾文秘书、高安娜秘书、张桂英、马笑笑、杨宝茹、邵月园等。罗娜达莉亚校长、梁建全大使、尚劝余院长、贝德高院长、汪贝娅老师分别致辞。师生们表演了14个节目，包括歌曲《新年好》《向世界微笑》《歌声与微笑》、歌舞《虫儿飞》、笛子演奏《画心》、中文朗诵《兔年传说》《元日》《春节诗》、芭蕾舞《中国娃娃》以及舞狮表演、古筝表演和茶艺表演等。期间穿插3项特别活动：格玛丽娜副校长和艾维塔老师给绘画比赛中获奖的学生颁奖；罗娜达莉亚校长和格玛丽娜副校长给尚劝余院长颁奖，感谢他为里加34中学孔子课堂创建和发展付出的努力和贡献，学生们为他带来了两首动人的歌曲《我的朋友在哪里》和《听我说谢谢你》；最激动人心的是中国知识问答环节，学生们争先恐后，积极抢答，获得了小兔子等中国特色礼物。

[①] 《金猪纳福迎新春——里加34中学孔子课堂2019春节庆典活动成功举办》，拉脱维亚大学孔子学院档案，2019年2月14日。

活动结束后，嘉宾们移步孔子课堂教室参观交流。①

第二，中国语言文化周和国庆节活动及汉语趣味运动会。2012年10月11日，里加68中学举办"中国语言与文化周"活动。胡业顺大使、曾伏华领事、思卡佳秘书，拉丽莎·贡恰连科校长、珍珠老师、斯维特蓝娜·什巴耶娃老师以及师生百余人参加活动，胡业顺大使致辞。同学们表演精彩舞狮、中国歌舞、诗朗诵及中国小常识宣讲节目。现有近40名学生学习中文，此次"中国语言与文化周"活动旨在推广中国历史与文教知识。②

2015年10月7日，里加34中学在大礼堂举办中华人民共和国66周年国庆活动，学校领导、中文教师艾维塔和袁钰以及师生参加。详细介绍中国概况及国庆节由来，全体起立奏中华人民共和国国歌。老师学生齐上阵，表演汉语绕口令脱口秀、汉语歌曲合唱、儿歌独唱《泥娃娃》、中国旗袍舞蹈、独唱《朋友》。此外，演出将中国著名城市介绍穿插到节目中，带大家分别浏览北京天安门、天坛、鸟巢，天津国家级超级计算机中心、上海东方明珠、外滩，以及香港维多利亚港的魅力景象。③

2016年4月27日，里加34中学举办首届中文趣味运动会。副校长格玛丽娜、中文教师艾维塔和袁钰、英语教师以及来自里加34中学两个校区的50余位师生参加活动。学生每五人为一组，团结协作，一起完成各种挑战：筷子夹乒乓球接力折返跑，筷子夹巧克力豆，踢毽子，抢凳子游戏，抢到凳子的选手需要回答一个关于中国的问题，答对的得一分，答错的另外的小组得一分。最终"熊猫"队获得冠军，赢得了来自中国的奖品。④

第三，互访交流活动。2013年5月，北京广播电视大学代表团一行四人访问里加68中学，校长拉丽莎·贡恰连科等热情接待代表团，双方进行深入交流。2014年4月，拉丽莎·贡恰连科校长和珍珠老师等一行数人赴明斯克

---

① 《里加34中学孔子课堂成立5周年暨春节庆祝活动成功》，拉脱维亚大学孔子学院档案，2023年2月3日。
② 中国驻拉脱维亚大使胡业顺出席里加第68中学"中国语言与文化周"活动，2012/10/13，https://www.fmprc.gov.cn/ce/celv/chn/xwdt/t978688.htm，2022年3月1日上网查阅。
③ 《拉脱维亚大学孔子学院里加34中学教学点举办国庆庆祝演出》，拉脱维亚大学档案，2015年10月7日。
④ 《里加34中学举办首届汉语趣味运动会》，拉脱维亚大学孔子学院档案，2016年4月27日。

第 23 中学进行学习交流，该校中国老师为大家表演茶艺，大家一边品茶一边交流互动。①

2015 年 4 月 11 日，里加 68 中学参加在青年宫举办的"国际厨房"系列活动。张婕为大家介绍中国八大菜系的特点，展示中国菜"番茄牛肉汤"的烹饪过程，与各国青年一起分享美味的中国菜。2015 年 5 月 24 日，拉脱维亚图库姆市国际文化节在市会议厅举行，此次活动受到欧洲伊拉斯谟斯项目资助，张婕受邀参加并主持其中的中国书法体验活动。②

2022 年 12 月 13 日，来自罗马尼亚、波兰、西班牙、土耳其等国的交换生来到里加 34 中学孔子课堂，汪贝娅和艾维塔两位老师给他们带来了一堂别开生面的中文课，教学生们学说"你好""谢谢""再见"，带领同学们做兔子剪纸和学习书法。小小的中文课堂，聚集了热爱中文的多国学生，真所谓"有缘千里来相会"。大家对中文的喜爱，就是相遇的最好的缘分。③

第四，其他活动。2018 年 12 月 15 日，里加 34 中学志愿者教师梁娟和音乐老师斯维特蓝娜·什巴耶娃以及学生参加拉脱维亚留华同学会在拉脱维亚大学人文学院礼堂举办的第三届"缘梦中国"中文才艺大赛。学生表演合唱《爱与关怀》、独唱《泥娃娃》（爱丽萨）、小提琴独奏《小幸运》（习妮卡），习妮卡荣获二等奖。

2019 年 2 月 2 日，梁娟老师和学生马克西姆参加第七届拉脱维亚武术锦标赛活动，马克西姆参赛，梁娟负责拍照。④2019 年 9 月 11 日，里加 34 中学校长罗娜达莉亚、副校长格玛丽娜、音乐老师斯维特蓝娜·什巴耶娃、志愿者教师梁娟和学生，赴里加中国文化中心参加中秋活动。学生们表演合唱《虫儿飞》《我超喜欢你》及拉文歌曲，观看中秋节视频，听拉脱维亚中国画画家白凯夏讲解中国画，品尝月饼和中国美食。

---

① 尚劝余、贝德高、玛丽娅主编：《拉脱维亚大学孔子学院 10 周年纪念册》，拉脱维亚大学出版社，2021 年 10 月，第 349 页。
② 尚劝余、贝德高、玛丽娅主编：《拉脱维亚大学孔子学院 10 周年纪念册》，拉脱维亚大学出版社，2021 年 10 月，第 351—352 页。
③ 《有缘千里来相会——记里加 34 中学孔子课堂外国交换生中文课》，拉脱维亚大学孔子学院档案，2022 年 12 月 14 日。
④ 尚劝余、贝德高、玛丽娅主编：《拉脱维亚大学孔子学院 10 周年纪念册》，拉脱维亚大学出版社，2021 年 10 月，第 262—263 页。

2023年2月21日，里加34中学（小学部）成功举办"国际母语日"活动，这是全地球的第23个"国际母语日"，也是本学年第一个语言活动。中文教师高安娜和两位四年级班主任老师韩月蜡、普安塔以及小学部图书馆员春姑塔给学生们讲解"国际母语日"的历史和习俗。此次活动的目的是为了帮助学生们了解世界各民族母语文化的现状，推动语言及文化的多元发展。①

此外，里加34中学（原里加68中学和里加34中学）孔子课堂学生积极参加孔子学院举办的春节、中秋节、孔子学院日等活动，也是"汉语桥"比赛中小学组的主力之一，是夏令营的积极参与者。同时，习妮卡也积极参加汉语水平考试，并申请到中国政府奖学金，收到武汉大学和南京大学录取通知，但后来由于新冠疫情转赴英国朴茨茅斯大学留学，攻读语言学专业学士学位，她仍然坚持中文学习，参加英国举办的中文活动，并报名参加拉脱维亚大学孔子学院组织的汉语水平考试，初心不改。

第三节　道加瓦皮尔斯大学孔子课堂

道加瓦皮尔斯大学中文教学于2013年恢复，成为拉脱维亚大学孔子学院下设教学点。道加瓦皮尔斯大学有两个校区，中文课堂教室位于旧校区（主校区）。2015年，道加瓦皮尔斯大学孔子课堂成立，中文教学登上了一个新的台阶。2017年，道加瓦皮尔斯大学中文教学又攀新的高峰，中文课纳入学分体系，成为英语专业本科生的二外学分选修课（法语、德语、西班牙语、瑞典语、汉语任选其一）。2020年，中文学分选修课也向国际贸易专业本科生开设。

一、学校简介

道加瓦皮尔斯大学（Daugavpils Universitāte）位于拉脱维亚第二大城市道

---

① 《里加34中学（小学部）"国际母语日"活动顺利举行》，拉脱维亚大学孔子学院档案，2023年2月21日。

加瓦皮尔斯市，是拉脱维亚东部地区最大的国立大学，在拉脱维亚的大学中名列前茅。道加瓦皮尔斯大学的发展演变经历了四个时期。

道加瓦皮尔斯国立师范学院（1921年至1952年）时期。1921年11月4日，鉴于师资需求的增长，道加瓦皮尔斯师范中等学校正式成立，这是拉特加莱地区第一所四年制师范中等学校，叶亚尼斯被任命为执行校长，最初有9名教师和2个年级36名学生。1922年12月，改为四年制教师进修学院，艾任斯任校长，校址搬迁至彼得皮尔斯街（即今天的萨乌莱斯街）1-3号的专用大楼里，13名教师，3个年级67名学生，开设拉脱维亚语、德语、俄语、拉特加莱方言、自然科学、数学、历史、体育、美术、音乐和宗教（天主教和路德教）课程。1923年8月1日，改为道加瓦皮尔斯国立师范学院，学院的目标是培养新一代教师，以便奠定拉脱维亚教师培训体系基础。1923年至1940年期间，学院培养了505名获得教师资格证书的教师，他们可以教授小学六个年级所有科目以及职业学校的普通科目。学院在不同时期实行不同学制，1921年至1923年4年制，1924年至1929年5年制，1929年至1940年6年制。为了给学生提供充分的实习机会、使他们胜任小学教师的职责，道加瓦皮尔斯国立师范学院在1924年开办了道加瓦皮尔斯国立小学，1928年开办了道加瓦皮尔斯第一个幼儿园。1938年学院停招，1940年7月16日关闭，学院的财产和档案移交给雷泽克内师范学院。1944年10月，在道加瓦皮尔斯国立师范学院的基础上开办两年制的国立师范学院，第一批学生于1945年2月8日在自然科学、地质、历史、语言、文学、物理、数学系学习。从1944年至1952年，共有1593位毕业生。[①]

道加瓦皮尔斯教育学院（1952年至1993年）时期。由于中等教育的普及和高等教育学历教师的需求，在20世纪50年代初，师范学院被教育学院逐渐取代。1952年2月18日，道加瓦皮尔斯国立师范学院改为道加瓦皮尔斯教育学院。学制4年，学生在两个学院学习，即物理与数学学院，语文学院（拉脱维亚语言文学系和俄罗斯语言文学系）。教学人员的数量和质量都在提高，1952年有教师38名，1956年已达到100名，而且还在继续增长。1954年，

[①] http://du.lv/en/about-university/history/daugavpils-state-teachers-institute-1921-1952，2021年9月5日上网查阅。

增加了两个新的学院，即自然科学学院（后来的生物学院）和历史学院（1960年关闭）。1956年有两件大事：一是在奥古斯塔第五街13号（今天的维叶尼巴斯街13号）建造新的教学大楼。二是教师教育由4年制改为5年制。道加瓦皮尔斯教育学院头五年的全职学生人数增加了五倍，到1957年已经超过1000人。1970年，语文学院的音乐和声乐系发展为音乐学院。1973年，道加瓦皮尔斯教育学院体育中心在康达瓦斯街1号建成，在此基础上于1987年成立体育学院。到20世纪80年代初，道加瓦皮尔斯教育学院有5个学院，即语文学院、物理与数学学院、生物与化学学院、音乐学院和体育学院。1989年，道加瓦皮尔斯教育学院在帕拉戴斯街1号建造了新的教学大楼。1991年开始，社会学、哲学和经济学学院招收学生。20世纪90年代初，道加瓦皮尔斯教育学院有2500名学生就读。①

道加瓦皮尔斯师范大学（1993年至2001年）时期。1993年，鉴于道加瓦皮尔斯教育学院显著的教学和科研潜力，经教育、文化与科学部决定，授予其大学地位。1993年3月15日，道加瓦皮尔斯师范大学教职员工和学生宪章会议通过了道加瓦皮尔斯师范大学章程，选举产生由47名参事员组成的参事会，并在高等学校历史上首次通过投票选举出第一任校长布鲁诺·扬森斯。学校的定位是为各类学校培养各类学科的各类教师。设置了五个学院两个系，即人文学院、物理与数学学院、生物与化学学院、音乐学院和体育学院以及小学系和经济学与社会学系。这一年，进行了第一次博士学位论文答辩。1996年，选举产生了新的参事会（珀亚尼斯任主席），学校的构架也发生了变化。设立了三个学院三个系，即自然科学与数学学院、人文学院、学前教育与小学教育学院，以及经济系、音乐系、体育系。1993年，成立了道加瓦皮尔斯师范大学自然科学研究和环境教育中心。②

道加瓦皮尔斯大学（2001年至今）时期。2001年10月13日，道加瓦皮尔斯师范大学改名道加瓦皮尔斯大学。2003年在校学生5470人，教职工212人，

---

① http://du.lv/en/about-university/history/daugavpils-pedagogical-institute-1952-1993/，2021年9月5日上网查阅。
② http://du.lv/en/about-university/history/daugavpils-pedagogical-university-1993-2001/，2021年9月5日上网查阅。

其中教授10名，副教授12名。2006年，有4名华中师范大学大二学生作为交流学生在该校学习俄语。[①] 道加瓦皮尔斯大学是拉脱维亚东部最大的教育机构，也是欧洲大学联盟成员，从欧盟建设基金中受惠，进行校园扩充和翻新。2018年3月1日，道加瓦皮尔斯医学院（成立于1945年）并入道加瓦皮尔斯大学。道加瓦皮尔斯大学在延续师范教育传统的同时，开设56个专业，主要开展生命科学、语言学、社会科学和管理等领域的研究。目前设有人文学院（含英语与翻译系、俄语与斯拉夫语系、拉脱维亚文学与文化系、拉脱维亚语系、外语系、历史系）、社会科学学院（含经济学与社会学系、社会心理学系、法律系）、自然科学与数学学院（含信息科学系、物理系、数学系、化学与地理系、解剖学与生理学系）、音乐与艺术学院（含音乐系等）、教育与管理学院（含教育与教育心理系、体育系）、立陶宛研究中心、俄罗斯语言与文化中心、口述历史中心、生态研究所、艺术研究所、系统生态研究所等。道加瓦皮尔斯大学培养了拉脱维亚福利部部长、拉脱维亚地区发展部部长、议会议员、欧洲摔跤冠军等著名校友。[②] 目前，道加瓦皮尔斯大学开设了拉脱维亚语、英语、俄语、德语、法语、瑞典语、西班牙语和汉语等多门语言课程，大批学生在此获得学士、硕士、博士学位。

道加瓦皮尔斯大学中文教育始于2006年。由于拉脱维亚政府压缩教育经费，道加瓦皮尔斯大学中文教学开设两学年后于2009年停办，拉脱维亚大学孔子学院成立后恢复了中文教学，成为孔子学院下设中文教学点。

二、孔子课堂诞生

2013年，道加瓦皮尔斯大学恢复停办长达5年的中文教学。2013年6月8日至9日，拉脱维亚大学孔子学院代表团（黄明喜、罗毅、玛丽娅）受道加瓦皮尔斯武术协会邀请，出席道加瓦皮尔斯城市节活动。黄明喜院长介绍了9月将在道加瓦皮尔斯大学开设中文课程的消息，热烈欢迎中文爱好者加入到孔

[①] 道加瓦皮尔斯大学《国际中文教师中国志愿者需求申请表》，2006年1月6日。
[②] http://du.lv/en/about-university/history/daugavpils-university-2001-today/，2021年9月5日上网查阅。

子学院大家庭。此次孔子学院受邀亮相"城市节",与民间力量开展合作,中国文化在当地的发展呈现出良好势头。①

2013年9月,拉脱维亚大学孔子学院下设道加瓦皮尔斯大学中文教学点正式开课。中文课程设在人文学院外语中心(后来改为外语系),受到学生和社会的热烈欢迎和响应。迄今为止,张双(2013年9月—2015年7月)、王志杰(2015年9月—2016年7月)、倪艺榕(2015年10月—2016年6月)、孙霄(2016年9月—2018年7月)、白冰玉(2017年9月—2019年6月)、刘晶铭(2018年9月—2020年6月)、王璐(2019年9月—2020年6月)、吴致昕(2020年9月—2021年6月)、邬艳丽(2020年10月—2021年6月)、尚劝余(2020年9月—2020年11月)、高晴(2020年9月—2021年6月)、张丹丹(2021年9月—2022年6月)、王嘉夫(2021年9月—2022年6月)、葛欣怡(2022年9月—2024年6月)和胡诗蓉(2022年9月—2024年6月)先后任教。其中,高晴来自中国海洋大学,张丹丹和王嘉夫来自鲁东大学,其余均来自华南师范大学。

第一任志愿者教师张双任教两年,为道加瓦皮尔斯大学孔子课堂申报建立立下了汗马功劳,为中文教学发展奠定了良好基础。第一学年,张双从国家汉办选订教材(《当代中文》《跟我学汉语》《体验汉语》)、教学辅助工具(声母表、韵母表、《现代汉语词典》等)、文化用品(毛笔、宣纸、砚台、京剧脸谱、灯笼、中国结等);与人文学院院长玛雅·布里玛及秘书艾娃、语言中心主任塞尔盖及秘书乐桑商讨分班、周课时、上课时间、教学场地等;第一学期共分三个班级,其中两个班的学生全部都是大学生,另外一个班的学生来自社会工作人员和中小学生等。报名学生共72人,其中一班23人、二班34人、三班15人;第一次上课实到人数:一班17人,二班20人,三班11人。到目前为止,各班固定人数分别为:一班11人,二班7人,三班5人,共计23人。这23名学生对汉语都有着极大的热情和兴趣,学习非常努力刻苦,几乎从不缺课。每个班周课时为六节,其中四节课是语言课,两节课为中华文化体验课。②

---

① 《拉脱维亚大学孔子学院亮相道加瓦皮尔斯城市节》,拉脱维亚大学孔子学院档案,2013年6月10日。
② 张双:《道加瓦皮尔斯大学2013年下半年教学工作总结》,2014年7月16日,第2页。

张双在卸任时总结了第二学年的教学情况：经过了一年的中文教学，大学生和市民对汉语的热情和新鲜感明显下降，开学初学生人数并不如第一年那么轰动，但新开的每个班级人数都是8-10人，适量的学生人数给教学带来了便利，学生的学习效率也相对较高。本学期共有三个班，大学生零基础班、社会人士零基础班和中级班，社会人士主要包括对汉语感兴趣的社会人员，当地中小学学生和大学员工等。分别选用教材《体验汉语基础教程》和《体验汉语生活篇》，前者综合性较强，适合有时间系统学习语法、汉字、词汇的大学生，后者以话题形式为单元，偏重实用有趣的日常口语，适合班级人数流动性较大的社会人士。中级班在经过一年系统的学习后，综合能力有所提高，但口语和语言运用能力偏弱，因此选用《汉语口语速成》，简单实用。同时，为了避免中级班学生对汉语产生倦怠情绪，在课堂上增添了更多趣味性的活动和练习，给学生新鲜感。经过两年的努力，道加瓦皮尔斯大学成功申请上了孔子课堂，将会有更专业的教学设备和全面的教学资源。[1]

2015年10月2日，道加瓦皮尔斯大学孔子课堂揭牌仪式暨庆典活动在学校音乐厅隆重举行。中国大使馆黄勇大使、刘少军商务参赞、曾伏华领事、裴东辉秘书、思卡佳秘书、姜润杰秘书，道加瓦皮尔斯市亚尼斯·拉齐普列西斯市长、道加瓦皮尔斯大学卡明思卡副校长、玛雅·布里玛院长、王志杰老师和学生，拉脱维亚大学孔子学院贝德高院长、尚劝余院长、柯劳拉秘书、董芳老师、梁铭轩老师，新华社记者郭群和李德萍，拉脱维亚电视台记者等近百人出席了揭牌仪式，由王志杰主持。揭牌仪式开始前，黄勇大使等一行与道加瓦皮尔斯市市长、道加瓦皮尔斯大学校长进行了会晤。揭牌仪式正式开始后，两位院长、大使、市长、副校长分别致辞，黄勇大使赠送中文图书。大使和市长一起为道加瓦皮尔斯大学孔子课堂揭牌。道加瓦皮尔斯大学师生表演了精彩的文艺演出。[2] 拉脱维亚电视台、《拉特加莱时报》俄语版和拉语版以及道加瓦皮尔斯大学网站等都做了报道，标题分别是《道加瓦皮尔斯大学孔子课堂揭牌》

---

[1] 张双：《国家汉办志愿者教师履职考评表（2014年8月26日—2015年7月2日）》，2015年6月28日，第6页。
[2] 《拉脱维亚道加瓦皮尔斯大学孔子课堂举行揭牌仪式》，拉脱维亚大学孔子学院档案，2015年10月2日。

和《在道加瓦皮尔斯，有一个孔子课堂》。①

王志杰上任初期完成了孔子课堂的揭牌仪式，并根据学生中文水平分为两个教学班，即大学生初级班和大学生中级班，授课内容包括语言和文化。1. 初级中文课程。语言课程内容主要有：汉语拼音、问候语、自我介绍、动物、方向与问路、家庭成员、朋友与工作、爱好、服装与颜色、买东西、春节、天气与季节、运动、旅行、过生日等话题。文化课程内容包括：中国历史、城市、茶文化、中国画、武术、书法、剪纸、电影、音乐等。学习成果：通过学习这门课程，学生能够使用中文日常交际用语，会基本发音和基本语法，达到HSK 一级和二级。选用教材：《体验汉语（基础教程）·上》《体验汉语（生活篇）·进阶》等。2. 中级中文课程。语言课程内容：用餐、购物、问路、看病、租房子、交通、通讯、学习与生活、十二生肖、中国气候、中国成语、人际交往、健康与休闲、旅游等话题。阅读课程内容：结合每个单元的主题布置内容相关难度适宜的阅读材料。写作课程内容：结合每个单元的主题安排写作任务。学习成果：通过学习这门课程，学生能够更深入地了解中文知识，并且可以根据日常交际中的不同话题进行对话，达到HSK 三级。选用教材：《体验汉语（生活篇）·进阶》《汉语综合教程》《体验汉语（写作教程）》等。除课堂学习外，开展各种文化活动，培养学生学习中文的兴趣，扩大孔子课堂在地区的知名度。②

同期公派教师倪艺榕担任社会班初级综合课的教学工作。起初使用两种教材，即《快乐汉语（初级篇）》和《博雅汉语（初级版）》，后来将两本教程内容归纳总结，取长补短，自己编写课件。此外，辅导学生参加HSK 考试，两位学生通过HSK 一级考试，其中有一位成绩非常优秀，取得了高分；两次担任"汉语桥"比赛评委工作，并帮助学生修改演讲稿，利用课余时间纠正发音，辅导准备个人才艺和其他环节，选手在比赛中取得了好成绩；积极参与组织文化活动，完成学生"网络春晚"节目录制工作，带领学生登台表演；开展

---

① 《在道加瓦皮尔斯，有一个孔子课堂》，2015 年 10 月 4 日。https://www.grani.lv/daugavpils/58876-v-daugavpilse-poyavilsya-klass-konfuciya.html，2022 年 3 月 5 日上网查阅。
② 王志杰：《工作总结》，2016 年 7 月 16 日，第 3 页。

中国文化讲座，中国茶艺讲座等。[①]

孙霄第一学年负责全部三个中文班的教学，分别是初级学生班、初级社会班和中级学生班，上课内容包括语言和文化。语言课以培养学生汉语交际能力为目的，根据不同话题教授实用的日常词汇、短语和交际用语等，文化课主要介绍和体验中国文化。此外，孙霄和尚劝余及白冰玉（即将赴任的志愿者教师）三人在暑假期间紧锣密鼓地开发编写《道加瓦皮尔斯大学中文选修学分课（中文作为第二外语）大纲》。参考拉脱维亚大学人文学院亚洲学系汉学专业和其他学校课程体系，拟定《道加瓦皮尔斯大学中文选修学分课框架》A和B两个方案，道加瓦皮尔斯大学选择了A方案。本科三个学年共开设《汉语语音Ⅰ》《汉字Ⅰ》《汉语语音Ⅱ》《汉字Ⅱ》《汉语Ⅰ》《中国文化Ⅰ》《汉语Ⅱ》《中国文化Ⅱ》《汉语阅读Ⅰ》《汉语Ⅲ》《中国文化Ⅲ》《汉语阅读Ⅱ》12门课程，33个学分。[②]每门课程都有详细的课程描述，涉及如下内容：课程名称，课程代码，所属学科，学分，总课时，讲课、讨论、实操课时，课程开发者，课程概述，学习成果，课程内容，课程计划，课程结构，课程主题，课程作业，获得学分的要求，必读文献，说明：本课程用汉语和英语授课。本课程所属学科和分类（A，B，C，D）：本科语言学学科（拉语和俄语语言学），B类。[③]

三、中文学分选修课

从2017年9月秋季学期开始，除了长期开设的兴趣课，中文学分选修课（中文作为第二外语）成为孔子课堂的主要教学任务，由两位志愿者教师分工合作，搭档上课。

2017/2018学年，孙霄留任一年，与白冰玉合作授课。孙霄担任的课程主要包括以下三个方面：1.中文学分班语音课程。学校首次开设中文学分课程，中文作为一门系统性的学科正式纳入学校的教育管理系统，并开设了语言、文

[①] 倪艺榕：《外派中文教师离任鉴定表》，2016年7月1日，第5页。
[②] 《道加瓦皮尔斯大学汉语选修学分课框架》，拉脱维亚大学孔子学院档案，2017年7月5日。
[③] 《作为第二外语的中文课程描述》，2017年7月9日。在后来的实施过程中，课程代码和所属学科以及每个学期课程安排有所变动和调整，所属学科全部为语言学，增加了《汉语Ⅳ》和结业考试。

字、写作、文化、拼音等不同的课程。学生不仅仅把中文当成一门兴趣课，而是作为一门正规的外语课程进行系统的学习。2. 初级中文课程。课程内容包括语言课、文化课，选用教材包括《体验汉语（基础教程）·上》、自己准备的教学补充教材。3. 中级中文课程。课程内容包括综合课、阅读课、写作课。选用教材包括《体验汉语（生活篇）·进阶》、自己准备的教学补充教材。[1] 白冰玉也担任三个班级的中文教学任务。1. 大学汉字学分班。学生共计4人，零基础，每周两节课。教材为自编教材+《体验汉语（生活篇）》，重点进行汉字书写教学。2. 城市零基础中文兴趣班。学生共计13人，零基础，每周两节语言课，一节文化课。教材为《体验汉语（生活篇）》。3. 城市高级中文兴趣班。学生共计10人，有1—4年中文学习经验，每周一节中文课。教材为《体验汉语（生活进阶篇）》。另外增加了一部分文化课和中文知识专题课，如汉字部首、量词、绕口令。[2]

2018/2019学年，白冰玉留任一年，与刘晶铭合作授课。她们承担五个班级的教学任务：1. 大学选修学分班一年级，学生3人，零基础，每周两节中文语音课（白冰玉）和两节《汉字课》（刘晶铭），教材为自编教材+《体验汉语（生活篇）》；2. 大学选修学分班二年级，学生2人，一年基础，每周两节中国文化课（白冰玉）、两节中文课（刘晶铭）和一节中文阅读课（刘晶铭），教材为自编教材，进行中国传统与现代文化讲座；3. 大学兴趣班，学生13人（后来有2人转入学分班），教材为《体验汉语（生活篇）》，每周两节综合课（刘晶铭）；4. 城市零基础兴趣班，学生6人，零基础，每周两节语言课（白冰玉）和一节文化课（白冰玉），教材为《体验汉语（生活篇）》；5. 城市高级兴趣班，学生8人，有1—3年中文学习经验，每周两节中文课（白冰玉，刘晶铭），另外增加了一部分文化课和中文知识专题课，如汉字部首、量词、正音，教材为《HSK2级和3级标准教程》。[3] 此外，白冰玉和刘晶铭在玛雅·布里玛副校长及秘书艾娃的组织下，合作编写中文宣传手册。[4] 初步定名为《汉语手册》，

---

[1] 孙霄：《任期工作总结》，2018年6月30日，第3页。
[2] 白冰玉：《光荣岁月》，2018年6月26日，第2页。
[3] 白冰玉：《给下一任志愿者的信》，2019年6月4日，第2页。
[4] 刘晶铭：《光荣岁月》，2019年6月28日。

内容包括：孔子课堂简介，关于中国，第一站：中国式生活一瞥（教育、工作、婚姻、购物、旅行），第二站：中国传统佳节（春节、元宵节、端午节、中秋节），第三站：中华美食，第四站：汉语小天地，第五站：中国传统思想（孔子和《论语》、老子和《道德经》），我们的故事，学生评语，网络学习资源，中文挑战，贴纸页。①

2019/2020学年，刘晶铭留任一年，与王璐合作授课。一共5个班，即三个学分班、一个社会兴趣班和一个中高级班；5种课型，即综合课、语音课、汉字课、阅读课和文化课。一年级学分班5个学生，零基础，学习态度很好，理解水平也很高；二年级学分班3个学生，喜欢亚洲文化和动漫等二次元文化，热衷于讨论不同语言的差异；三年级学分班3个学生，其中一个意大利交换生、一个俄罗斯留学生、一个拉脱维亚学生；社会兴趣班7个学生，全部都是道城当地的中学生，逻辑缜密，记忆力超强，充满朝气和活力。② 由于新冠疫情影响，后半学期开启了中文网络课程，学校也为了监督老师们的工作，实行了双重打卡——收集英文工作日志以及学生反馈。2020年5月27日，第一届中文选修学分课学生举行线上毕业考试，秘书乐桑担任主持，副校长玛雅·布里玛开场亲自坐镇，孔子学院两位院长贝德高和尚劝余、孔子课堂两位志愿者教师刘晶铭和王璐担任考官，考试分为笔试和口试两个部分，两位学生管生生和伊丽莎取得了优异成绩，顺利毕业。③

2020/2021学年，由于新冠疫情，志愿者教师无法拿到签证赴任，只能在国内进行网络远程教学，王璐选择留任后又被迫放弃。2020年8月，玛雅·布里玛副校长打电话给尚劝余，希望孔子学院能够派遣中国老师到孔子课堂面对面上课，因为一年级中文选修学分课有10名新生，随后还会有其他学生报名，如果从一开始就网络上课，会影响教学效果，有可能造成这些学生流失，改选法语、德语等其他课程。于是，尚劝余（妻子张桂英陪同）来到道加瓦皮尔斯，住在教工宿舍，与志愿者教师高晴（远程网络）分工合作授课。尚劝余负责一

---

① 《汉语手册》目录，2019年7月1日，第1页。
② 王璐：《光荣岁月》，2020年6月23日，第3页。
③ 尚劝余、贝德高、玛丽娅主编：《拉脱维亚大学孔子学院10周年纪念册》，拉脱维亚大学出版社，2021年10月，第299页。刘晶铭：《工作总结》，2020年6月4日，第2页。

年级《汉语语音Ⅰ》和《汉字Ⅰ》、二年级《汉语Ⅰ》、三年级《汉语Ⅲ》，高晴负责二年级《中国文化Ⅰ》、三年级《汉语阅读Ⅱ》和《中国文化Ⅲ》。一年级10名学生，尚劝余给每个学生起了中文名，夏安雅、莫莉娅、卢莉娜、韦宝拉、柯山大、马莉娅、代妮卡、库薇塔、李迪娅、梓丹尼，前7位是英语专业，后3位是经贸专业。二年级5名学生，诺里、安、那斯佳、塔安娜、冬雨。三年级1名学生，卡恰，[1] 她最初选择西班牙语作为第二外语，后来听说有中文选修课，便抱着试试的态度听了几次中文课，喜欢上了中文和中国文化，于是放弃了驾轻就熟的西班牙语，改学更难的中文，其他同学纷纷中途退出或者改学其他语言，唯有她一人坚持下来，对中文和中国文化情有独钟，一往情深。进入10月中旬，新冠疫情在拉脱维亚肆虐，拉脱维亚所有学校都转为网络授课，尚劝余遂于11月3日背起行囊返回里加，志愿者教师吴致昕和邬艳丽接过了课程。

　　高晴全学年负责一年级的文化课、综合课，三年级的阅读课、文化课、综合课。阅读课使用教材《汉语阅读速成·入门篇》，根据学生兴趣挑选文本，再结合学生中文水平进行适当改写。除了积累词汇量、培养学生语篇阅读能力外，还补充相关语法、增加练习。关于综合课，二年级使用《体验汉语·生活篇》，主要围绕基本生活主题展开，内容比较简单；三年级使用《汉语口语速成：入门篇》《HSK标准教程》。文化课备课主要靠自己四处搜罗有趣的文化主题和素材，制作PPT，分享播放视频，线上观摩&手工实践，以进行视听教学为主。在这里推荐几个教学资源：（网站）travel China、汉语家园网；（系列素材）文化中国、话说中国节、四季中国、hello China。（友情小提示，bilibili是强大的视频搬运网站）[2] 吴致昕负责一年级的汉字课，二年级的综合课、阅读课，使用教材为《中国字·认知（汉英版）》和《汉语阅读速成·入门篇》。综合课主要是帮助学生掌握词语、语法以及功能项目，汉字课则是帮助学生记忆汉字和扩充学生自身的汉语词库，而阅读课则是帮助学生提高自身的汉语阅读技能。上课以教师讲授、学生听讲记笔记的方法为主，以课堂练习活动为辅，同时伴以思考讨论。设计相关的中文课堂活动，鼓励学生参与课

---

[1] 尚劝余：《道加瓦皮尔斯大学孔子课堂汉语选修学分课学生名册》，2020年9月14日。
[2] 高晴：《志愿者教师工作生活指南》，2021年6月4日，第1—2页。

堂活动、课堂发言，同时鼓励他们不要害怕中文学习中遇到的困难。[1] 邬艳丽负责一年级语音课、二年级文化课、三年级综合课。语音课教材为《体验汉语·生活篇》，文化课没有固定教材，而是选择主题教学，如《中国音乐发展史》《倩女幽魂》《春节》《中国改革开放后交通方式变迁》等，综合课教材为《汉语口语速成》（入门篇下）。道大的教学平台是Zoom，乐桑秘书给授课教师发课表和Zoom链接。每次上课前，道大技术老师开启Zoom会议，将主持权交给授课教师后退出会议。[2]

2021年6月7日，第二届中文选修学分课学生举行线上毕业考试，考试全程由外语系教学秘书乐桑主持，考核委员会由孔子学院拉方院长贝德高、中方院长尚劝余和志愿者教师高晴组成。参加考试的学生是三年级的卡恰，考试分为笔试和口试两个部分，学生用抽签方式选取试卷。准备完毕后，由考核委员会成员提问，学生作答。之后学生暂时回避，由三位评分人一起讨论并给予学生分数。委员会根据学生的当场表现，结合日常中文学习情况，一致同意学生通过考试。最后，贝德高教授向学生宣读成绩，并给予点评与鼓励。[3]

此外，2020年10月，道加瓦皮尔斯大学副校长秘书艾娃与尚劝余沟通，确定了道加瓦皮尔斯大学汉语手册的书名《汉语学习手册》，并对内容和封面做了校对确认，由里加Izdevējs出版社出版发行。主编和负责出版：玛雅·布里玛；作者和英文翻译：白冰玉、刘晶铭；语言编辑：贝德高、尚劝余；拉文翻译和英文校对：桑德拉·梅什科娃；拉文校对：贾娜·巴坦·扎茹塔；联络协调：艾娃；装帧设计：索尔维塔·库克尔。[4]

2021/2022学年，王嘉夫与张丹丹合作在线网络授课。他们是一对儿献身于国际中文教育的夫妻志愿者教师，由于无法派出赴任拉脱维亚，于2022年3月初改派到韩国做志愿者，但仍然尽职尽责完成了一学年的道加瓦皮尔斯大学孔子课堂网络授课任务。王嘉夫负责大一汉字课，大二和大三综合课。汉字课选择用手写板讲解汉字笔画结构，用《汉字是画出来的》这本以象形字为基

---

[1] 吴致昕：《工作总结》，2021年6月27日，第1—3页。
[2] 邬艳丽：《给下任的教学生活指南》，2021年6月27日，第1—3页。
[3] 《道加瓦皮尔斯大学孔子课堂顺利举行汉语选修课毕业考试》，拉脱维亚大学孔子学院档案，2021年6月7日。
[4] 玛雅·布里玛主编：《汉语学习手册》，里加：Izdevējs出版社，2020年10月，第1页。

础的课本作为入门教材，通过 Zoom 内的注释和白板功能进行互动。大二和大三的综合课注重精讲多练，课前对词汇、语法知识点做好展示讲解的准备工作，对操练什么、怎么操练做到了如指掌，以保证课堂教学的有效和高效。① 张丹丹负责大一语音课，大二、大三文化课，大二、大三阅读课。大一有 5 人，安吉丽卡、叶拉娜、邱瑞克、莫琳娜、张洛娜；大二有 10 人，大三有 4 人。语音课和阅读课有课程内容要求，文化课有主题要求。大一语音课 I 主要做了拼音识记、发音训练、拼读训练等，在冬季学期结束时，学生可以自主使用拼音读句子。春季学期，语音课 II 使用《发展汉语—初级口语 I》作为教材，大二阅读课使用教材《成功之路·进步篇·读和写》第一册，大二文化课 I 和 II，都是以主题为单位进行授课。②

2022 年 6 月 1 日，第三届中文选修学分课学生举行线上毕业考试，秘书乐桑担任主持，孔子学院两位院长贝德高和尚劝余、孔子课堂两位志愿者教师王嘉夫与张丹丹担任考官，考试分为笔试和口试两个部分，三位学生那斯佳、塔安娜、安取得了优异成绩，顺利毕业。③

2022/2023 学年，胡诗蓉与葛欣怡终于赴任合作授课。开设了大一、大二、大三学分班，学生人数 15 人。由于俄乌战争影响，学校为了节省能源开支，一学年只上了 2 个多月的线下课，其余时间都是线上教学。胡诗蓉负责大一汉字课、大二综合课和大三综合课，汉字课没有教材，借助工具书自行设计课件，掌握基本笔画和汉字；综合课分别使用教材《HSK 标准教程 2》和《HSK 标准教程 3》。教学方法：线上综合课多采用情景法，归纳法和演绎法；线下综合课多采用情景法，全身反应法，演绎法和归纳法。大一学生在线上课时，学习态度和学习反馈都较好，学会了基本笔画，汉字的掌握还要自行加强。大二学生课时较多（一周两节，每节 1.5 小时），测试考试成绩分别为 100、99 和 88，整体知识点基本掌握，听说能力有所提高，读写和记忆汉字还需要锻炼和加强。大三学生听说能力可以，读写能力需要加强。④ 葛欣怡负责大一语音课、

---

① 王嘉夫：《道加瓦皮尔斯大学孔子课堂工作总结》，2022 年 6 月 22 日，第 1—4 页。
② 张丹丹：《道加瓦皮尔斯大学孔子课堂工作生活指南》，2022 年 6 月 22 日，第 1—5 页。
③ 《第三届汉语选修学分课学生顺利通过考试毕业》，拉脱维亚大学孔子学院档案，2022 年 6 月 1 日。
④ 胡诗蓉：《道加瓦皮尔斯大学中文教学情况》，2022 年 11 月 5 日，第 1—2 页。

大二文化课、大三阅读课、大三文化课，语音课使用教材《发展汉语初级口语》，阅读课使用教材《成功之路·进步篇·读和写》和《发展汉语初级综合Ⅱ》，文化课没有固定教材，按照主题上课，参考《Hello China》和其他文化书籍的内容。大一语音课着重日常口语表达的输出和拼音教学。大二文化课按照主题教学，每节课一个主题，以内容讲解、文化体验、观看视频音频为主。穿插一些关键的文化词语，用游戏课件检测学生对文化词语的掌握情况。书法、绘画、剪纸主题会有一些文化体验，让学生自己做手工。大三阅读课刚开始的时候继续使用去年的教材，线上教学阶段主要是通过分享交流导入，让学生泛读课文然后口头回答问题，再学习课文中的词汇，然后再让学生精读课文完成一些练习。线下教学阶段根据阅读测试结果和同学们的意愿，换了一本比较基础的教材，在教学内容上做了一些调整。大三文化课教学方式为内容讲解、文化体验、观看视频音频。①

2023年5月22日，贝德高和尚劝余苾临道加瓦皮尔斯大学，参加第四届中文选修学分课学生毕业考试，并颁发结业证书。秘书乐桑担任主持，两位院长和两位教师（胡诗蓉与葛欣怡）担任考官，考试分为笔试和口试两个部分。本届毕业生开始学习中文时正值新冠疫情暴发，经历了两年多的网课，本次结业考试也是疫情暴发后3年来第一次线下结业考试。六位学生诺里、欧阳舞、莫莉娅、夏安雅、卢莉娜、韦宝拉顺利通过考试毕业，其中诺里是上一届学生，欧阳舞是白俄罗斯交换生，她取得了满分10分的优异成绩，也是迄今为止历届毕业生中唯一的满分。②

2023/2024学年，留任志愿者葛欣怡与新志愿者宋苗苗合作授课。大一HSK1，4名学生，来自不同的年龄阶段，有着不同的学习和工作背景，目前学习中文的热情比较高，每节课每个人都按时上课，并且很积极地自主学习。由于新学年学校课程改革，取消了语音课和汉字课，将两门课程合并为HSK1，对学生的要求更偏向于一学期学习之后能够达到的语言水平，因此选用的教材为《HSK1标准教程》。大二语言课和文化课，1名学生，语言课使用教材为《HSK2标准教程》，文化课按主题进行教学没有固定教程，每周有

---

① 葛欣怡：《2022年至2023年教学工作总结》，2023年6月22日，第1—4页。
② 《道加瓦皮尔斯大学孔子课堂结业典礼》，拉脱维亚大学孔子学院档案，2023年5月22日。

两节语言课和两节文化课。大三阅读课和文化课和语言课，3名学生，阅读课教材为《发展汉语初级综合Ⅱ》，文化课按照主题进行教学没有固定的教材，语言课教材为《HSK3标准教程3》，每周有两节阅读课和两节文化课和两节语言课。以后会有Erasmus项目的交换生加入到中文课堂中。另外，面向城市所有人的中文社会兴趣班也在筹备中，每周三节课。[①]

四、文化交流活动

道加瓦皮尔斯大学非常重视中文教学和文化交流活动，玛雅·布里玛副校长、塞尔盖主任、艾娃秘书和乐桑秘书不仅组织中文教师和学生参加孔子学院的文化活动，而且亲自负责在道加瓦皮尔斯大学和道加瓦皮尔斯市举办和参与文化活动，比如中国文化周（中国文化作坊）、汉语角文化活动、中文公开课、巡讲展览、各种国际文化活动、中文班结业典礼等。

第一，初期文化交流活动。第一任志愿者教师张双总结了道加瓦皮尔斯大学组织和参与的主要文化活动：（1）道加瓦皮尔斯大学"庆中秋、品月饼"活动，与学生一起共庆中秋佳节，并介绍中秋来源和习俗；（2）道加瓦皮尔斯大学人文学院青年节，做"中国的语言和文化"讲座，介绍中国的风土人情和剪纸等传统文化；（3）道加瓦皮尔斯大学科学节，做"中国文化"讲座，介绍中国概况和节日文化等；（4）道加瓦皮尔斯大学德语文化周，做中国语言文化、风俗习惯、中西文化差异等讲座；（5）道加瓦皮尔斯大学国际大会，介绍中国历代妇女的服饰文化及变迁；（6）道加瓦皮尔斯大学社会科学系中小学生科学校园系列活动，举办"中国文化和教育"讲座；（7）接受拉脱维亚国家电视台（LTV）采访，接受道加瓦皮尔斯拉特加莱地区电台、报社、网站采访；[②]（8）道加瓦皮尔斯大学学术节，做中国文化讲座，向道加瓦皮尔斯大学副校长柯吉娜、在校大学生、当地中小学学生、社会人士介绍中国文化概况；（9）去道加瓦皮尔斯当地中小学进行为期一个月的"中国书法"巡讲，

---

① 葛欣怡：《2023/2024学年教学情况》，2023年9月28日，第1—2页。
② 张双：《国家汉办志愿者教师履职考评表（2014年8月26日至2015年7月2日）》，2015年6月28日。

宣传书法艺术；（10）策划举办为期五周的道加瓦皮尔斯市"中国文化周"系列活动；（11）策划组织道加瓦皮尔斯大学首届"汉字书写大赛"；（12）每月不定期在中餐馆举行"汉语角"活动，与学生一起品茶聊天，介绍各自的文化，拉近彼此间的距离；（13）中文课结业典礼。①

第二，中国文化周活动。2015年5月28日，中国文化周闭幕式暨结课证书颁发仪式在道加瓦皮尔斯大学正式举行。玛雅·布里玛、贝德高、尚劝余、董芳等参加了活动，尚劝余做了题为"儒学：过去、现在与未来"的讲座。学生们进行了汇报演出，之后孔子学院两位院长为考试合格的17名学生颁发结业证书。"中国文化周"活动共持续五周，主要包括在当地中小学进行"中国书法"巡讲、中国文化和学生作品展、中国文化讲座、汉字书写大赛和汇报演出。②

2017年11月13日至16日，道加瓦皮尔斯大学孔子课堂成功举行为期一周的中华文化欣赏暨中国电影周活动。玛雅·布里玛、塞尔盖、艾娃、乐桑等对本次活动给予大力支持。整个文化活动持续四天，孙霄和白冰玉为学生们播放《金陵十三钗》《天下无贼》等四部集知识性和娱乐性为一体的中国电影，同学们在轻松愉快的氛围中感受中华文化的魅力，加深对中华文化的理解。③

第三，学年工作总结会和中文课结业典礼。2014年4月23日，道加瓦皮尔斯大学举行第一届中文课结业典礼。人文学院玛雅·布里玛院长、贝德高院长、黄明喜院长、乐桑秘书、张双老师和中文班全体学员参加，三位院长为学员们颁发证书。④

2016年5月26日，倪艺榕和王志杰主持孔子课堂中文课结业典礼，并对这一学年的中文教学成果进行简要总结。城市班同学演唱歌曲《月亮代表我的心》和《送别》，并朗诵唐诗。米拉和娜塔莉同学现场表演书法，分别写下"厚德载物"和"宁静致远"几个大字，并将作品送给孔子学院两位院长。中级班

---

① 张双：《道加瓦皮尔斯大学中文教学及活动概况一览表》，2013年11月10日。
② 《道加瓦皮尔斯中国文化周顺利闭幕》，拉脱维亚大学孔子学院档案，2015年5月28日。
③ 道加瓦皮尔斯大学——中文电影文化周，拉脱维亚大学孔子学院档案，2017年11月13日至16日。
④ 尚劝余、贝德高、玛丽娅主编：《拉脱维亚大学孔子学院10周年纪念册》，拉脱维亚大学出版社，2021年10月，第272页。

学生演唱歌曲《北京欢迎你》，大学生初级班学生诗朗诵《再别康桥》，并演唱歌曲《友谊地久天长》。贝德高和尚劝余为同学们颁发结业证书，艾娃和乐桑为通过HSK1级和HSK2级的同学颁发证书，塞尔盖为本学年表现突出的同学赠送中文书籍。[①]

2017年5月30日，贝德高、尚劝余、柯劳拉和董芳一行与塞尔盖、艾娃、乐桑就开设中文学分选修课、将中文课从单纯兴趣课升级为专业学分课等问题进行了讨论。来自道加瓦皮尔斯电视台的记者对贝德高、尚劝余做了采访。在结业典礼上，同学们就这一年学习中文的感受进行发言。贝德高和尚劝余为同学们颁发结业证书，塞尔盖为本学年表现突出的同学赠送礼品。[②]

2018年5月29日，道加瓦皮尔斯大学校长柯琪娜、人文学院副院长艾丽娜·瓦西尔叶娃、外语部主任塞尔盖、英语主管伊尔泽·沃列诺维查和孔子学院贝德高院长、尚劝余院长及孙霄和白冰玉老师举行孔子课堂工作会议，对本学年中文教学进行总结，对接下来的工作进行规划。此外，贝德高和尚劝余走访道加瓦皮尔斯最好的两所中学第一中学和第二中学，与两校校长就开展中文教学问题进行讨论。随后，道加瓦皮尔斯大学中文课结业典礼在孔子课堂教室隆重举行，塞尔盖主任和两位院长为学生颁发结业证书。[③]

2019年5月22日，孔子学院两位院长抵达道加瓦皮尔斯大学，出席孔子课堂学年工作总结会议，并参加中文课程结业典礼。出席会议的有新任副校长玛雅·布里玛、新任人文学院院长艾丽娜·瓦西尔叶娃、外语部主任塞尔盖、英语主管伊尔泽·沃列诺维查和白冰玉及刘晶铭。会议讨论了明年中文学分班毕业生的答辩事宜，并对接下来的教学工作进行了规划。之后，中文课结业典礼在孔子课堂教室隆重举行。同学们以中文演讲、中国茶艺、剪纸、中国结、中国书法和中文歌曲的形式，展示了他们一年来的学习成果。最后，玛雅·布

---

① 《道加瓦皮尔斯大学孔子课堂举行汉语课结业典礼》，拉脱维亚大学孔子学院档案，2016年5月26日。
② 《道加瓦皮尔斯大学孔子课堂工作会议和结业典礼》，拉脱维亚大学孔子学院档案，2017年5月30日。
③ 《道加瓦皮尔斯大学孔子课堂工作会议和结业典礼成功举行》，拉脱维亚大学孔子学院档案，2018年5月29日。

里玛副校长、塞尔盖主任、贝德高和尚劝余院长为同学们颁发结业证书。①

第四，中文宣讲课和公开课活动。2016年2月13日，孔子课堂举办高中生中文宣讲活动，来自道加瓦皮尔斯多所高中的学生参加活动。王志杰讲述中国概况、汉语音调和汉字书写。倪艺榕展示太极扇，并介绍孔子学院相关情况。王志杰也向大家展示传统民间艺术剪纸，并教大家剪熊猫。②

2018年10月27日，孔子课堂举办主题为"中国奇妙之旅"的公开讲座。主讲人为白冰玉和刘晶铭，参加者为来自道加瓦皮尔斯以及周边城镇的中学生。玛雅·布里玛副校长介绍孔子课堂和两位中文教师，白冰玉介绍孔子学院项目和学习中文途径，讲解数字和中国人表示数字的手势，刘晶铭介绍中国概况、汉语问候语，组织"抛绣球"和视频配音活动，同学们积极参与，情绪高涨。③

2019年2月11日至22日，白冰玉和刘晶铭走进当地两所中学，开展五次中文宣讲活动，并收集学生们创作的书法和汉字创意画作品。2月27日，"有趣的汉字"主题展览在道加瓦皮尔斯大学孔子课堂举行。两所中学的学生陆续入场，看到自己的作品，非常兴奋。塞尔盖主任做了简短的演讲，与学生一起欣赏并讨论了他们的作品。两位老师还准备了书法和剪纸两个小作坊，并开展了一次数字主题的教学活动。④

2019年11月22日，王璐赴道加瓦皮尔斯第三中学开展主题为"中国高考现状"的公开课，向学生们展示中国高中生的作息表，解释高考含义，播放视频，比较中拉两国学生学习模式的异同，做汉字游戏，使其感受汉字魅力。⑤

2020年1月11日，道加瓦皮尔斯大学举办主题为"趣味汉语"的公开课。玛雅·布里玛、刘晶铭、王璐和35名来自当地不同高中的学生参加本次公开课。

---

① 《道加瓦皮尔斯大学孔子课堂工作会议和结业典礼成功举行》，拉脱维亚大学孔子学院档案，2019年5月22日。
② 《道加瓦皮尔斯大学孔子课堂高中生汉语讲座》，拉脱维亚大学孔子学院档案，2016年2月13日。
③ 《"中国奇妙之旅"——道加瓦皮尔斯大学孔子课堂公开讲座顺利举办》，拉脱维亚大学孔子学院档案，2018年10月27日。
④ 《道加瓦皮尔斯大学孔子课堂举办汉字主题展览活动》，拉脱维亚大学孔子学院档案，2019年2月27日。
⑤ 《道加瓦皮尔斯大学孔子课堂中文教师开展公开课》，拉脱维亚大学孔子学院档案，2019年11月22日。

玛雅·布里玛致开场辞，刘晶铭播放介绍中国的视频、讲解汉语声调，通过游戏让学生练习简单对话，王璐展示数字1到10的汉字书写形式、利用图片讲授中文象形字。①

2020年10月24日，道加瓦皮尔斯大学举办主题为"快乐汉语"的线上公开课。玛雅·布里玛、尚劝余、王璐和来自拉脱维亚19所不同高中的学生参加本次活动，由于新冠疫情此次宣讲课采用Zoom形式。王璐以"你所知道的中国"入手，向学生展示以往兴趣班和公开课的活动照片，讲解汉语声调，练习常用句。②

第五，汉字书写大赛和包饺子大赛。2015年5月27日，道加瓦皮尔斯大学举行首届汉字书写大赛，由张双主持。参赛选手分别来自道加瓦皮尔斯大学和道加瓦皮尔斯第十三中学，除了一名中学生从未学过中文，其他选手均学过半年以上中文。此次汉字书写大赛旨在展示学生的书法才能，激发学生的学习热情，相互交流和分享学习心得，每一名参赛选手均获得由中文教师提供的中文书籍和中国结一份，以鼓励学生的精彩表现和付出。塞尔盖主任出席活动并为学生颁奖。③

2016年2月25日，道加瓦皮尔斯大学举办第一届包饺子大赛，共有三十多人参加，包括来自道加瓦皮尔斯大学的师生和对中国文化感兴趣的道加瓦皮尔斯市市民。王志杰介绍中国人的春节庆祝活动以及饺子的发展历史及文化寓意，倪艺榕示范饺子的制作过程，随后进行"擀饺子皮竞速比赛"和"最美饺子比赛"。④

第六，接受电视台采访。2016年9月16日，孔子学院尚劝余、贝德高、柯劳拉、董芳、吴炜一行访问道加瓦皮尔斯大学，卡明思卡副校长、玛雅·布里玛院长、塞尔盖主任、艾娃秘书接待其一行，双方就如何进一步提升中文教学和中华文化传播进行讨论，达成共识。会后，玛雅·布里玛、贝德高、尚劝

---

① 《道加瓦皮尔斯大学成功举办汉语公开课》，拉脱维亚大学孔子学院档案，2020年1月11日。
② 《道加瓦皮尔斯大学成功举办第十一届人文学院汉语公开课》，拉脱维亚大学孔子学院档案，2020年10月24日。
③ 张双：《道加瓦皮尔斯大学中文教学及活动概况一览表》，2013年11月10日。
④ 《道加瓦皮尔斯大学孔子课堂成功举办第一届包饺子大赛》，拉脱维亚大学孔子学院档案，2016年2月25日。

余接受当地电视台采访,分别就孔子学院的发展和目前中文学习的情况进行介绍。①

2018年10月18日,白冰玉和刘晶铭接受电视台采访,分别表达对中文教学和当地人文风情的感受,并说明学习中文的乐趣和好处,希望有更多的人来孔子课堂学习中文。接着,电视台跟踪拍摄了一堂主题为介绍中国概况的中国文化课,内容包括中国的人文地理和"新四大发明"。②

2019年12月13日,刘晶铭和王璐接受当地媒体采访报道,采访主题为"外国人眼中的道加瓦皮尔斯",包括为什么会选择来到道加瓦皮尔斯大学教中文、对道加瓦皮尔斯的印象、如何使道加瓦皮尔斯变得更好等话题。③

第七,参观中国书画展。2019年10月1日,刘晶铭和王璐带领学生们参观中国国庆70周年"远和近中国书画展",画展作者是在道加瓦皮尔斯大学攻读硕士学位的白凯夏。学生们一边参观书画,一边与两位老师探讨中国书画问题,包括中国书法和中国画之间的关系、艺术排版以及印章的作用等。④

2020年1月17日,道加瓦皮尔斯大学举办"道加瓦河的抽象书法"硕士毕业展(白凯夏)。音乐艺术学院院长及部分师生和两位中文志愿者教师参加毕业展。刘晶铭和王璐对白凯夏进行了采访,她讲述了自己学习中国画的缘由。2009年,白凯夏受邀给年轻妈妈们开设艺术放松课程,同时教授孩子们画画。她了解到中国书法和中国画的技艺,觉得中国画所传达的丰富情感和积极向上的精神与她的作画理念不谋而合,于是开始对中国书法和中国画进行大量的尝试和研究,不仅向俄罗斯画家雪莲学习中国画的作画技巧,还去中国常德进修学习。谈到毕业展的创作灵感和理念,白凯夏说这是她在从里加去道加瓦皮尔斯的路上闪现的。当她看到熟悉亲切的道加瓦河,想到这条河连接着里加和道加瓦皮尔斯,于是开始思考是否可以通过艺术作品把这一幕展示出来。经过大

---

① 《拉脱维亚大学孔子学院院长访问道加瓦皮尔斯大学孔子课堂》,拉脱维亚大学孔子学院档案,2016年9月16日。
② 《道加瓦皮尔斯大学孔子课堂接受当地电视台采访》,拉脱维亚大学孔子学院档案,2018年10月18日。
③ 《道加瓦皮尔斯大学孔子课堂中文教师接受当地媒体采访报道》,拉脱维亚大学孔子学院档案,2019年12月13日。
④ 道加瓦皮尔斯大学中文教师带领学生参观《远和近中国书画展》,拉脱维亚大学孔子学院档案,2019年10月1日。

量的研究和朋友的帮助,她发现早在8—9世纪的中国,人们就创作出了"水画",一直发展延续至今,许多著名的现代画派都受其影响,其中的一支分流便是"土耳其水拓画",在欧洲非常流行。于是,白凯夏利用墨水、中国"水影画"技术将道加瓦河展现在宣纸上,并用中国书法草书的形式书写拉脱维亚著名诗人亚尼斯·莱尼斯创作的拉语诗歌《道加瓦河》,用中国汉字在旁注明,以此表达拉脱维亚人民对道加瓦河的深厚感情。此外,她表示今后会以更多的中国书法形式来表现英语、法语、俄语等多种语言的文字,这是她创造的一种将中欧文化相结合的书法新技艺。道加瓦河是拉脱维亚人的母亲河,大家对"道加瓦"耳熟能详,所以该作品更能引起大家的共鸣。另外,她特意选取了两枚别出心裁的印章,一枚刻着自己的中文名"白凯夏",另一枚则是选用拉脱维亚传统符号"井,泉",象征福佑。白凯夏即将从道加瓦皮尔斯大学研究生毕业,她想通过此次展览让更多人看到两种截然不同文化相结合的可能性,同时也希望更多的年轻人走进自然,接触艺术,感受文化。道加瓦皮尔斯大学音乐艺术学院院长说:"白凯夏的毕业作品是国际化的,它们结合了拉脱维亚和中国的文化艺术。"[1]

第八,其他交流活动。2019年9月10—12日,在孔子学院(尚劝余)牵线搭桥下,中国台湾大学与道加瓦皮尔斯大学建立合作关系,中国台湾大学石之瑜教授访问道加瓦皮尔斯大学,会见玛雅·布里玛副校长,就拉脱维亚中文教育口述史项目进行跟进和商谈。玛雅·布里玛已经访谈了拉脱维亚汉学家和中文教师贝德高、柯世浩、鲍葛薇、白妩娜等。访问期间,石之瑜教授在道加瓦皮尔斯大学多媒体教室举行历史研究讲座,讲述他的历史研究内容,和学生一起讨论,接着石教授到孔子课堂与教师和学生见面,分享学习中文的过程和感受。玛雅·布里玛、刘晶铭、孔子课堂学生以及其他学生参加了活动。[2]

2022年6月22日,时隔两年,孔子学院尚劝余、贝德高、高安娜一行访问道加瓦皮尔斯大学。孔子学院一行在塞尔盖和乐桑的带领下参观孔子课堂教

---

[1] 《拉脱维亚艺术家在道加瓦皮尔斯大学举办展览——中国书法与欧洲文化相结合的创新》,拉脱维亚大学孔子学院档案,2020年1月17日。
[2] 尚劝余、贝德高、玛丽娅主编:《拉脱维亚大学孔子学院10周年纪念册》,拉脱维亚大学出版社,2021年10月,第294页。

室，给二年级学生莫丽娅颁发"汉语桥"三等奖，给孔子课堂赠送《拉脱维亚大学孔子学院10周年纪念册》和《我的中国故事》。随后，孔子学院一行与校长柯琪娜、副校长玛雅·布里玛、人文学院院长艾丽娜·瓦西尔叶娃、外语系主任塞尔盖等一起出席人文学院毕业典礼。校长柯琪娜代表大学参议会给贝德高和尚劝余颁发荣誉博士证书，两位英语专业中文二外选修课毕业生那斯佳和塔安娜与两位院长合影留念。[1]

2023年10月6日，中国驻拉脱维亚大使馆（大使唐松根及夫人王倩、秘书侯特特、经商处王跃进）和拉脱维亚大学孔子学院（中方院长何东及夫人陶丽萍、秘书高安娜）一行访问道加瓦皮尔斯大学，与学校相关部门领导（校长巴舍夫斯基、国际公共关系部主任塔玛奈、语言与文学学院院长卡查奈、语言文学系主任米奥尔佳）友好交流。随后，宾主一起来到孔子课堂，与中文教师葛欣怡和一年级学生见面。唐松根大使表达了对中拉语言文化交流合作的期望，鼓励更多学生选择学习中文。学生们用中文做了自我介绍，大家对只学了一个月中文的新生的表现赞不绝口。卡查奈院长介绍了孔子课堂历年来的中文教学和文化活动情况，唐松根大使给孔子课堂赠送教学用书并与师生们合影留念。

此外，道加瓦皮尔斯大学孔子课堂学生积极参加孔子学院举办的春节、中秋节、孔子学院日、"汉语桥"、夏令营、HSK等，也积极申请奖学金赴华留学。林原是第一位赴华留学的学生（在华南师范大学留学一个学期），后来习卡丽和泽戴安娜等相继赴华南师范大学留学，攻读学士学位。

第四节　雷泽克内大学孔子课堂

雷泽克内大学位于拉脱维亚东部雷泽克内市，该市是拉脱维亚东部地区的中心城市。2013年，雷泽克内大学开始中文教学，成为拉脱维亚大学孔子学院下设中文教学点。2015年，中文教学点升格为孔子课堂。2016年，雷泽克内大学孔子课堂正式揭牌。中文教学登上了新的台阶。

---

[1] 拉脱维亚大学孔子学院一行访问东部教学点，http://www.ci.lu.lv/?p=5837，Jun 24,2022，2022年7月1日上网查阅。

一、学校简介

雷泽克内大学现名雷泽克内理工学院（Rēzeknes Tehnoloģiju Akadēmija, Rezekne Academy of Technologies, RTA），开设中文教学点时的中文校名雷泽克内大学一直未变，沿用至今。雷泽克内高等教育的历史可以追溯到1922年，经历了三个发展演变时期。

雷泽克内国立师范学院（1922—1995）。早在1917年，第一位接受过学术教育的拉特加莱女士赛怡乐发起了许多教育活动，组织拉特加莱教师培训课和首届拉特加莱教育大会。1920年10月25日，拉脱维亚共和国教育部在雷泽克内组织开设一年制教师培训课程。1922年1月1日，教育部将一年制教师培训课程改组为三年制培训课程的雷泽克内教育学校，147人在该校学习，这是雷泽克内高等教育的开端。1925年8月，雷泽克内教育学校停办，取而代之的是五年制培训课程的雷泽克内国立教师学院（1925—1944），从1932/1933学年开始改为六年制。雷泽克内国立教师学院旨在为小学、幼儿园、附属学校、通识教育、职业学校等培养教师。1941年1月，雷泽克内国立教师学院转为高等教育机构雷泽克内国立教育学院，设立三个系，即物理-数学系、历史系和俄语文学系。雷泽克内国立教师学院运行到1944年，学院大楼在空袭中被炸毁。大楼修复后，成立雷泽克内国立教育学校（1947—1956），后改为雷泽克内寄宿学校（1957—1987）。1987年恢复师范教育传统，重新改为雷泽克内教育学校。1991年，改为雷泽克内教师学院，1995年并入雷泽克内大学。

雷泽克内大学（1993—2015）。早在1990年9月1日，拉脱维亚大学拉特加莱分部首批100名学生在雷泽克内教育学校校址开始学习，专业领域是经济学和语文学。一年后，拉特加莱分部获得独立校址，学校开始配备教职员工，进行基础设施建设。1992年8月28日，第一届拉特加莱大会通过决议，该地区和整个国家的任务是改进教育体系，包括建立雷泽克内大学。为此，设立了一个工作小组，筹划建立新大学。在世界自由拉脱维亚人协会、拉脱维亚教育与科学部、雷泽克内市政府的支持下，很快落实了新大学方案。雷泽克内大学是在拉脱维亚大学和里加工业大学分部的基础上成立的。创建拉特加莱大学的想法得到人民阵线活动家、雷泽克内市政府和拉脱维亚大学管理部门的支持。拉脱维亚共和国部长理事会1993年4月12日决定，从1993年7月1日开始，雷泽克内大学成为独立的高等教育机构。1994年8月23日，根据部长内阁决定，丝丽奈薇查[①]出任雷泽克内大学校长。1999年，雷泽克内大学获得永久性国际认证，成为拉脱维亚重要的文化、教育和科学中心。雷泽克内大学与当地政府一起开发全国性项目，如雷泽克内经济特区项目。雷泽克内大学教师与拉特加莱地区开发署一起开发拉特加莱地区发展计划、拉特加莱地区旅游开发项目等。

雷泽克内理工学院（2015年至今）。2012年12月18日，雷泽克内大学章程会议决定，将雷泽克内大学改名为雷泽克内理工学院。2015年12月10日，拉脱维亚共和国议会通过了总统颁布的"雷泽克内理工学院章程"法案，2016年1月1日实施。雷泽克内理工学院开设三个学院，即经济与管理学院，工程学院，教育、语言与设计学院，提供25个学士、18个硕士和3个博士专业的课程。雷泽克内理工学院各院系、科学机构、研究中心和合作机构共同推动拉脱维亚经济的科学研究发展，以及新技术的开发与转让。[②]

二、孔子课堂建立

2012年12月10日，雷泽克内大学校长泰鲁姆涅克斯拜会中国驻拉脱维亚大使胡业顺，之后一直与大使馆保持着积极联络，盼望早日与中方开展实质性合作。雷泽克内大学希望大使馆推荐中文教师或志愿者在该校人文与法律学院开设中文课，或推荐中方相关高校与其签订校际合作协议互派留学生。[③]

2013年，拉脱维亚大学孔子学院在雷泽克内大学开设中文教学点，设在

[①] 丝丽奈薇查（1944—2020）：出生于克拉斯拉瓦，工程学博士，教授，拉脱维亚教育工作者、科学家、社会工作者和政府工作人员，曾任雷泽克内市政委员会主席，议会议员，雷泽克内大学校长，雷泽克内荣誉市民。
[②] https://www.rta.lv/vesture，2022年7月1日上网查阅；米叶杜莱：《雷泽克内高等教育机构》，载于舒普林斯卡主编：《拉特加莱语词典》，雷泽克内：雷泽克内高等教育机构，2012年，第611—614页；乌恩丹：《雷泽克内国立师范学院，1925—1944年》，雷泽克内：拉特加莱文化中心出版社，1998年。
[③] 当时，雷泽克内大学有四个学院，即工程学院、经济与管理学院、教育与设计学院、人文与法律学院。

雷泽克内大学继续教育中心。张婕成为雷泽克内大学第一位中文志愿者教师，是雷泽克内中文教学的拓荒者。第一学年共有四个教学班，第一学期两个零起点初级班，第二学期一个初级班，一个中级班，学生总人次为80人左右。第一学年每学期设白天班和夜晚班，每个班周课时为4—6课时。学生中既有大学师生，又有来自雷泽克内市各行各业的市民和小学生、中学生，其中，中小学生和大学师生免费。除了拉脱维亚本国人，报读中文课程的还有来自土耳其、西班牙、法国等的留学生。学习内容是语言和文化，语言课主要教授日常词汇、短语和交际用语等，文化课主要介绍和体验中国文化。①

2014/2015学年，王树蕙由孔子学院本部教学点转到雷泽克内大学教学点任教。第二年招生不像第一年那样场面火爆，而是保持相对稳定的状态。共有三个不同水平的中文班，即零基础班、初级班、中级班，每个班不超过10人，学员人数比较稳定，没有出现第一学年学生越来越少的现象。学员构成相对复杂，同一个班里有中小学生、大学生、社会人士，年龄最小十几岁最大60多岁。每周三个班一共14—16节课，在HSK考试前增加课时额外给学生辅导考试，平均每月一到两次文化活动或者文化小讲座。使用教材为《HSK标准教程》和《体验汉语》等。此外，她也积极准备和提交孔子课堂的申请材料。②

2015/2016学年，梁铭轩任教。第一学期有3个班级，分为零基础班、初级班和中级班。中级班学生是"元老"，从中文课开设以来每个学期都报名学习中文，最初使用教材《体验汉语（基础班）》和《文化全景》，后来使用教材《HSK标准教程3》。初级班是学过中文一年的中学生，适当增加文化课、画国画和写书法、手工制作等，通过各种文化讲座、文化活动来提高她们对中文学习的兴趣。零基础班学生态度积极认真，爱做笔记，配套《当代中文》汉字本，加强对汉字的认知度。第二学期除了之前的三个班级之外，又招生开设了一个新零起点班，有2位70多岁的大妈和6位中学生。第二学期，强化学生的汉字学习，同时实行奖励机制，主要在新零起点班和零基础班两

---

① 张婕：《雷泽克内大学教学点简介》，2014年4月10日。
② 王树蕙：《给下一任汉语志愿者的交接信》，2015年6月20日。

个班实行。[①]

2015年9月20日，经国家汉办批准，雷泽克内大学中文教学点升格为雷泽克内大学孔子课堂，成为拉脱维亚大学孔子学院下设的第三个孔子课堂。10月3日，孔子学院贝德高、尚劝余、柯劳拉、董芳一行访问雷泽克内大学，与校长泰鲁姆涅克斯、副校长安格莉卡、继续教育中心主任卡丽奈、志愿者教师梁铭轩进行会谈，商谈孔子课堂揭牌活动以及孔子课堂建设等相关事宜。[②]

2016年9月15日，雷泽克内大学孔子课堂揭牌仪式在雷泽克内大学隆重举行，中文教师赵倩和中文课负责人安特拉·柯莉阿文斯卡主持。中国大使黄勇、领事曾伏华、主任郭海波、校长泰鲁姆涅克斯、副校长古纳尔斯·斯卓德和安格莉卡、前继续教育中心主任卡丽奈、现继续教育中心主任安特拉·柯莉阿文斯卡，雷泽克内经济特区首席执行官艾资马莱，孔子学院院长尚劝余和贝德高、秘书柯劳拉、中文教师董芳、赵倩和吴炜，雷泽克内大学师生、新华社及拉脱维亚电视台等媒体代表近百人出席揭牌仪式。黄勇大使和泰鲁姆涅克斯校长一起在教学大楼外为雷泽克内大学孔子课堂铜牌揭牌，开启一楼孔子课堂教室。随后，在二楼参观中文教学展，在音乐厅举行致辞、赠书和演出。[③]

三、孔子课堂中文教学

孔子课堂成立后，有如下几位志愿者教师相继任教，即赵倩（2016年9月—2018年7月）、黄天祺（2018年9月—2019年6月）、肖依琴（2019年9月—2020年6月）、谢丽婷（2020年11月—2021年6月）、郝心瑜（2021年9月—2022年6月）、周蔓（2022年10月—2023年6月）、杨一丹（2023年9月—2024年6月），其中肖依琴来自澳门科技大学，杨一丹来自对外经济贸易大学，其余的均来自华南师范大学。此外，还有一位本土中文教师伊玛格丽塔（2017

[①] 梁铭轩：《国家汉办中文教师志愿者履职考评表（2015年8月31日至2016年6月25日）》，2016年6月28日，第7—9页。
[②] 《拉脱维亚大学孔子学院院长在雷泽克内大学共商孔子课堂揭牌和建设事宜》，拉脱维亚大学孔子学院档案，2015年10月3日。
[③] 《雷泽克内大学孔子课堂揭牌仪式》，2016年9月16日，http://www.ci.lu.lv/?p=1792&lang=en，2022年7月3日上网查阅。

年9月至今）任教。

赵倩是雷泽克内大学孔子课堂迄今为止唯一一位连任两年的中文志愿者教师，第一学年一个人承担6个班的课程，一周二十节课；第二学年与本土教师伊玛格丽塔合作授课，伊玛格丽塔负责零起点班，赵倩负责其他6个班，即初级班（一周四节课）、中级1班（一周四节课）、中级2班（一周四节课）、高级1班（一周两节课）、高级2班（一周两节课）、高级3班（一周四节课）。赵倩在《光荣岁月》中写道：在未升级为孔子课堂之前，学生需要到雷泽克内大学上中文课，不仅没有固定的教室，有时还会碰上教室被占用的情况。升级为孔子课堂之后，中文课堂从雷泽克内大学搬到了市中心的一所高中，教师有了自己的办公室，学生们有了固定的教室。跟第一年不一样的地方是，第二年的零起点班是由另一个老师带的，她叫伊玛格丽塔，是我第一学年时的学生，她曾经在中国待过半年学习中文，中文水平不错。①2018年6月19日，雷泽克内市政府和雷泽克内大学向赵倩颁发嘉奖函，以表彰其勤恳敬业的精神和为中文教学做出的突出贡献。

黄天祺任教期间，第一学期共有5个班，即零基础班、初级1班、初级2班、中级班、高级班，共20个学生。零基础班由伊玛格丽塔任教，其他四个班黄天祺任教，每周每个班4个课时。初级1班和初级2班都是女生，使用教材为《体验汉语初级教程（上）》。中级班学生学过3—4年中文，使用教材为《体验汉语（生活篇）》。高级班学生的目标是HSK3，2人参加了HSK考试。第二学期共有4个班，即初级1班、初级2班、高级1班、高级2班，共18个学生。每个班每周4个课时，共192个课时。初级1班和初级2班使用的教材是《HSK标准教程1》和《HSK标准教程2》，高级1班是《体验汉语（生活篇）·进阶》，高级2班是《HSK标准教程4》，6人参加了HSK考试，1人即诺娃获得中国政府奖学金，即将去华南师范大学读本科。此外，黄天祺和伊玛格丽塔多次来中学做中国文化讲座，举办和参与各种文化活动。②

肖依琴任教期间，共有5个班级，即两个初级班，一个中级班，两个高级班，两个学期相加差不多50多人。主要的上课流程是：（1）文化导

---

① 赵倩：《光荣岁月——雷泽克内二次会面》，2018年6月21日，第2—5页。
② 黄天祺：《雷泽克内大学孔子课堂2018年—2019年工作总结》，2019年6月28日，第1页。

入或复习导入，选择与本课主题相关的文化内容进行导入或复习前一课所学词汇或句型；（2）讲生词，教师领读，先慢读两遍，再快读一遍。学生齐读一遍，男女分读一遍，每一排读一遍、每人读一遍，通过反复读让学生掌握生词；（3）讲句型课文，首先采用同样的朗读方法，最后分角色朗读，教师注意严格纠音，教师根据课文内容提出问题，学生回答，最后教师去掉关键词或字请学生补全回答；（4）课堂活动与操练，练习的方式常常采用从机械到自由，造句练习、看图说话、情景模拟、话题讨论等，具体的练习方式根据课文内容选择；（5）布置作业，每节课根据学生掌握新课内容情况布置适量的作业，并在下节课进行作业讲解。[①]

  谢丽婷任教期间，由于新冠疫情全程采用网络远程教学。她负责中级班和高级班中文课程，伊玛格丽塔负责初级班中文课程。中级班和高级班每周各2个课时，每个课时约45分钟，学生有中学生、大学生、社会人士，学生年龄覆盖范围较大。使用教材《标准课程HSK2》（中级班）和《标准课程HSK3》（高级班）。每一节课结束后，会把相应的课件和作业发给学生，提醒他们及时复习巩固。语言的学习本身可能会相对枯燥，所以在课堂上可以多设置一些游戏或活动。一般学完一课，会开设一个文化专题或者开展一些文化体验活动，或者在中国重大节日时间节点向学生介绍相关的文化知识，将文化教学与语言教学结合起来。[②]

  郝心瑜任教期间，也由于新冠疫情全程采用网络远程教学。共两个班级，即中级中文班和高级中文班。初期两个班都是在钉钉平台上课，一个班一个钉钉群，后期中级班改用Zoom平台上课。中文教学负责人是阿伊娅，她特别认真负责。学生有中学生、大学生和社会人士，年龄跨度也较大。中级班共五名学生：优、吉塔、卡缇娜、卡思博、吴亦凡。高级班共三名学生：瓦卡佳、希雅、马维多利亚。中级班和高级班均使用《HSK标准教程3》，中级班从第一课开始，高级班从第四课开始。授课以话题为中心，旨在增强中文的实用性，力争让学生做到学以致用。[③]

[①] 肖依琴：《工作总结》，2020年6月19日，第1页。
[②] 谢丽婷：《给下一任志愿者的一封信》，2021年6月28日，第1—3页。
[③] 郝心瑜：《给下一任志愿者的一封信》，2022年6月30日，第1—3页。

周蔓终于赴任授课，共3个班，13名学生。其中初级班5人，拉维多利亚、泰安特拉、叶劳拉、莱缇思为雷泽克内大学学生，卡利娜已经参加工作。中级班5人，吉塔、卡思博、优已经工作，吴亦凡和希雅是在校大学生。高级班3人，瓦卡佳在雷泽克内工作，马维多利亚在里加工作，吉乐已退休。初级班上课时间为每周三18：00—19：30，中级班上课时间为每周一18：00—19：30，高级班上课时间为每周一16：30—18：00。使用教材为《HSK标准教程》系列（初级班《HSK标准教程1》、中级班和高级班《HSK标准教程3》）。[1]

留任志愿者杨一丹转到雷泽克内大学孔子课堂。第一学期有5个中文班级，其中HSK1级1班，共有15人，使用教材为《HSK标准教程1》；HSK1级2班，共有11人，使用教材为《HSK标准教程1》；HSK2级班，共有4人，使用教材为《HSK标准教程2》；HSK4级1班，共有4人，使用教材为《HSK标准教程4》；HSK4级2班，共有2人，使用教材为《HSK标准教程4》；在语音教学方面采用夸张发音法、手势模拟法、对比法；在词汇教学方面采用直接法、定义法、关联法；在语法方面采用语法翻译法、情景模拟法、图片法。作为教师，有幸指导不同层次的学生群体：HSK1级的高中生和HSK1级的成人，HSK2级的大学生和中学生，以及HSK4级的成人。此次教学体验让杨一丹深刻体会到每个学生群体的独特性，但也发现了他们之间的共同点：无论级别、年龄，他们都展现出了极高的积极性与配合度。[2]

四、文化交流活动

雷泽克内大学孔子课堂积极举办和参与各种文化交流活动。

第一，初期文化交流活动。第一任志愿者教师张婕总结了她任教时期主持参与的重要文化交流活动。（1）2013年9月10日，中文公开课（雷泽克内市民和雷泽克内大学学生），拉脱维亚电视台、当地报纸和网站做了报道。（2）2013年9月19日，中秋茶话会（雷泽克内大学外事处处长海伦娜博士

---

[1] 周蔓：《2022年雷泽克内大学孔子课堂中文教学情况》，2022年11月6日，第1—2页。
[2] 杨一丹：《2023—2024学年雷泽克内大学孔子课堂中文教学情况》，2023年9月26日，第1—2页。

和学生、雷泽克内市民以及来自西班牙、瑞士、葡萄牙、叙利亚的外国留学生参加）。（3）2013年9月25日，雷泽克内青年宫中国文化分享（雷泽克青少年和国际学生）。（4）2013年10月11日，汉语展示课，接受拉脱维亚电视台记者采访和录制节目。（5）2014年1月15日，雷泽克内艺术中学中国文化讲座。（6）2014年2月26日，春节元宵文艺晚会（雷泽克内大学继续教育中心主任伊薇塔博士和学生，雷泽克内当地群众和市青少年宫、市文化中心、剧场代表，来自西班牙、法国、土耳其、俄罗斯、德国、罗马尼亚等国留学生参加）。（7）2014年2月28日，雷泽克内青年宫"中国烹饪"厨房展示角。（8）2014年3月27日，全拉脱维亚大学展宣传。（9）2014年4月11日，立陶宛维尔纽斯少年宫《基础汉语》讲座。（10）2014年4月24日，中文公开课暨结业证书颁发仪式，电视台采访并录制节目。①

第二，中文课结业典礼及相关文化活动。2015年5月27日，孔子学院尚劝余、贝德高、董芳访问雷泽克内大学，进行为期一天的视察讲座、颁发证书活动。雷泽克内大学副校长安格莉卡、新任继续教育中心主任卡丽奈和志愿者教师王树蕙接待孔子学院一行。尚劝余做了中国文化主题讲座"儒学：昨天、今天、明天"，贝德高就讲座中出现的专业名词、重大历史事件用拉脱维亚语给学生做了解释说明。讲座结束后举行本学期结业典礼，两位院长分别给每一位中文班学生颁发学习证书并给部分学员发HSK等级证书。②

2016年5月27日，尚劝余和贝德高访问雷泽克内大学并参加中文课程结业典礼。上午，两位院长与泰鲁姆涅克斯校长、安特拉·柯莉阿文斯卡主任及梁铭轩老师进行会谈，对雷泽克内大学开展中文教学三年以来所遇到的问题和取得的成就做了总结与讨论，商谈了孔子课堂揭牌仪式的细节，并对学校未来的中文教学提出了建议。泰鲁姆涅克斯校长向梁铭轩赠书，并感谢她任教一年来对中文教学做出的贡献。下午，中文课程结业典礼如期举行。艾力克表演诗歌朗诵《雪景》，瓦卡佳表演诗歌朗诵《春晓》，全体学员合唱中国歌曲《朋

---

① 尚劝余、贝德高、玛丽娅主编：《拉脱维亚大学孔子学院10周年纪念册》，拉脱维亚大学出版社，2021年10月，第307—311页。张婕：《雷泽克内大学中文教学及活动概况一览表》，2013年11月10日。张婕：《孔子学院雷泽克内教学点教学和活动特点》，2014年1月20日。
② 《拉脱维亚大学孔子学院院长在雷泽克内教学点做讲座并颁发证书》，拉脱维亚大学孔子学院档案，2015年5月27日。

友》。两位院长向现场学员颁发结业证书。随后，在学校图书馆参观中国文化展，展出的是中文课堂学员一年来的各种中华传统才艺作品，包括剪纸、国画、书法、中国结等。①

2017年5月29日和2018年5月28日，孔子课堂举行结业典礼，古纳尔斯·斯卓德副校长、贝德高和尚劝余院长、安特拉·柯莉阿文斯卡主任、赵倩和伊玛格丽塔老师等参加。首先，在校长办公室就孔子课堂中文教学情况进行总结、讨论和部署。随后，在学校礼堂举行结业典礼，观看巴尔维小学舞蹈团精彩的旗袍秀表演，为孔子课堂学生颁发证书，优秀学生代表艾力克发表了演讲。②

2019年5月24日，孔子课堂举行结业典礼，新任校长伊薇塔·米叶图莱、贝德高、尚劝余、安特拉·柯莉阿文斯卡、柯劳拉、董芳、伊玛格丽塔和黄天祺以及孔子课堂学生参加。校长和两位院长分别致辞，校长表示雷泽克内大学孔子课堂为学生的语言学习提供了非常好的机会，越来越多的人加入到中文学习的行列中，今年她非常高兴地将自己的女儿也送到孔子课堂学习中文。两位院长介绍了孔子课堂良好的发展态势，希望孔子课堂未来越办越好。伊玛格丽塔和黄天祺展示了本学年中文教学和文化活动情况，图文俱佳，声情并茂。学生也纷纷发言，讲述了自己学习中文的感受和对中文老师的喜爱与感谢之情。最后校长和两位院长一起为学生颁发结业证书。③

2022年6月21日，由于新冠疫情原因时隔两年，尚劝余、贝德高和高安娜来到雷泽克内大学，参加孔子课堂结业典礼。校长伊薇塔·米叶图莱、参议会主席瓦拉迪斯拉夫、副校长安格莉卡、继续教育中心主任卡丽奈和协调员安妮塔·斯卓德、参议会成员、孔子课堂学生等参加典礼。孔子学院给雷泽克内大学赠送《拉脱维亚大学孔子学院10周年纪念册》和《我的中国故事》，给孔子课堂学生颁发结业证书。校长和参议会主席给孔子学院两位院长颁发荣誉教授（会员）证书。自2013年以来，有249名学员在雷泽课内大学继续教育

---

① 《拉脱维亚大学孔子学院院长在雷泽克内大学汉语课堂颁发结业证书并参观中国文化作品展》，拉脱维亚大学孔子学院档案，2016年5月27日。
② 《拉脱维亚大学孔子学院院长在雷泽克内大学孔子课堂颁发结业证书》，拉脱维亚大学孔子学院档案，2018年5月28日。
③ 《雷泽克内大学孔子课堂2018—2019学年结业典礼》，拉脱维亚大学孔子学院档案，2019年5月24日。

中心学习中文和中国文化。[1]

第三，中文公开课和中国文化讲座。2016年1月21日和1月28日，梁铭轩分别在拉脱维亚东部技术高中和雷泽克内第五中学举办中国春节文化讲座，介绍中国农历、春节的来源和习俗、春天的谚语，演示"春"字的写法，教大家剪"春"字，播放春晚节目《江山如画》，教现场师生一起唱《新年好》。[2]2月22日，梁铭轩应邀再次来到拉脱维亚东部技术高中，做了一场关于中国民族与宗教文化的讲座，详细介绍了蒙古族、维吾尔族、壮族、藏族、回族5个少数民族的文化、服饰、饮食、房屋建筑、传统节日等，并讲解中国民族与宗教之间的文化关系。[3]

2018年10月26日，伊玛格丽塔和黄天琪在雷泽克内利卡瓦小镇图书馆举办讲座，从中国基本情况、中国元素、地理及人文景观、饮食文化四个方面讲解和展示中国文化，并参观图书馆内陈列的关于中国的书籍以及学生亲手制作的手工制品。11月9日，伊玛格丽塔和黄天琪在雷泽克内维莲尼小镇举办制作中国灯笼手工课，并做了介绍中国的讲座。11月30日，伊玛格丽塔和黄天琪在雷泽克内第一中学举办介绍中国姓名文化的讲座，并给学生们取了中文名字。[4]

第四，中国文化日和信息日活动。2016年5月11日，孔子课堂举办首届"中国文化日"活动，由梁铭轩组织主办，继续教育中心主任安特拉·柯莉阿文斯卡给予大力支持与帮助。活动共分为四个主题，即"中国·茶之乡""中国汉字与书法""剪纸——艺术之美""美食中国"。最小的参与者不到6岁，最大的参与者73岁，大家希望能多举办类似的文化体验活动，感受中华文化的

---

[1]《"雷泽克内大学荣誉教授"授予仪式》，2021年6月—2022，https://www.rta.lv/aktualitates/pieskir-goda-nosaukumu-rta-goda-biedrs-2022，2022年7月4日上网查阅。
[2]《雷泽克内大学孔子课堂春节文化宣传讲座系列活动》，拉脱维亚大学孔子学院档案，2016年1月21日和1月28日。
[3]《雷泽克内大学孔子课堂举办中国民族与宗教文化讲座》，拉脱维亚大学孔子学院档案，2016年2月22日。
[4] 尚劝余、贝德高、玛丽娅主编：《拉脱维亚大学孔子学院10周年纪念册》，拉脱维亚大学出版社，2021年10月，第331—334页。

深厚底蕴。①

2018年4月6日，雷泽克内大学举行"信息日"活动，赵倩做了中国文化讲座，吸引了众多在校师生与当地民众参与，中文教学负责人伊玛格丽塔对本次活动给予了大力支持与帮助。2019年3月22日，雷泽克内大学举行"信息日"活动，孔子课堂一展风采，黄天祺做了中国脸谱讲座，即将来雷泽克内大学就读的高中生们参加了活动。

第五，其他文化活动。2019年12月15日，肖依琴和孔子课堂学生在雷泽克内市中心果尔斯广场出席雷泽克内动物保护志愿者募集活动，介绍中国名字文化，并为募捐人士取中文名字。2020年2月19日，孔子课堂举办中国美食文化体验交流活动，出席活动的有继续教育中心主任杜克什塔、孔子课堂教师肖依琴和学生、雷泽克内大学交换生、雷泽克内欧洲志愿者等，肖依琴介绍中国饮食文化传统，大家一起包饺子，体验中国美食。②

2023年5月23日，雷泽克内大学在雷泽克内市图书馆举办"我的中国故事"讲座和书展。出席活动的嘉宾有伊薇塔·米叶图莱校长、安格莉卡副校长、贝德高院长、尚劝余院长、周蔓老师和孔子课堂学生以及雷泽克内市民。贝德高院长详细介绍了《我的中国故事》和《唐诗选译》，讲述了他的中国故事，现场反响热烈，听众们积极参与问答环节，贝德高院长为听众们一一解惑。活动最后，雷泽克内大学及雷泽克内市图书馆为贝德高院长赠礼献花，贝德高院长题字赠书给雷泽克内市图书馆，并为前来参加书展活动的孔子课堂学员及市民题字赠书。此次活动推广了《我的中国故事》和《唐诗选译》，加强了孔子课堂与孔子学院之间的联系，拉方和中方人员积极探讨相关问题，积极合作，推动中文教学更好地发展。同时，本次书展活动也提高了雷泽克内市民对中文学习的积极性。贝德高、尚劝余、周蔓还拜会了雷泽克内市音乐厅果尔斯相关负责人，商谈内蒙古艺术团演出事宜。

2023年8月1日，中国驻拉脱维亚大使唐松根、秘书侯特特、王跃进一

---

① 《雷泽克内大学孔子课堂举办首届"中国文化日"讲座体验活动》，拉脱维亚大学孔子学院档案，2016年5月11日。
② 尚劝余、贝德高、玛丽娅主编：《拉脱维亚大学孔子学院10周年纪念册》，拉脱维亚大学出版社，2021年10月，第337—342页。

行访问雷泽克内大学，与校长伊薇塔·米叶图莱、孔子课堂负责人沃诺嘉、伊玛格丽塔和孔子课堂学生座谈，了解孔子课堂中文教学情况，商讨未来合作交流。伊薇塔·米叶图莱校长简单介绍了雷泽克内大学的发展历程与未来规划，同时讲述了雷泽克内大学孔子课堂的成立与发展，并对孔子课堂的未来发展寄予厚望。孔子课堂的学生们积极与大使互动，表达出对中文学习的浓烈兴趣以及对中国文化的热爱。唐根松大使表示，大使馆会继续支持雷泽克内大学孔子课堂的发展，积极传播中国文化，共促双方合作共赢。孔子课堂学生吉乐说：大家都说英语，只有她和丈夫用中文开玩笑；她想给唐大使唱一首关于友谊的歌，但她太害羞了。[1]

此外，雷泽克内大学孔子课堂学生积极参加孔子学院举办的春节、中秋节、孔子学院日、"汉语桥"、夏令营、HSK 等，也积极申请奖学金赴华留学。艾力克连续三年获得"汉语桥"比赛中学生初级组、中级组和高级组冠军，诺娃成功申请到政府奖学金，成为第一位赴华留学攻读学士学位的孔子课堂学生。

第五节　里加工业大学孔子课堂

里加工业大学位于里加市，于 2013 年 9 月开设中文课程，2019 年中文教学点升格为孔子课堂，成为拉脱维亚大学孔子学院第 5 个下设孔子课堂，中文教学蓬勃发展。

一、学校简介

里加工业大学（Rīgas Tehniskā Universitāte，Riga Technical University，RTU）[2] 是拉脱维亚一所以理工科类为主的综合性公立大学，也是波罗的海地区最古老的工程类大学。里加工业大学经历了五个历史发展阶段，即里加理工

---

[1] 2023 年 8 月 1 日，与吉乐微信谈话录。
[2] 里加工业大学又译里加理工大学，里加技术大学，里加科技大学。

学校（1862—1869）、里加理工学院（1869—1919）、拉脱维亚大学（1919—1958）、里加理工学院（1958—1990）、里加工业大学（1990至今）。前三个阶段的历史与拉脱维亚大学相同，从第四个阶段起走上了自己独特的发展道路。

里加工业大学的历史可以追溯到1862年成立的里加理工学校，是当时俄罗斯帝国疆域内的第一所多学科工程类院校，开办了六个系，仅招收男生，使用德语授课。截至1896年，里加理工学校共培养了4941名学生。1896年，里加理工学校改制成为一所正式的高等学校里加理工学院，并改用俄语授课。第一次世界大战爆发后，学院被迫迁往莫斯科，坚持教学及研究至1918年。1919年，以里加理工学院五个系（除了商业系）为基础，在里加成立了拉脱维亚大学。随后的40多年时间内，拉脱维亚的工程类高等教育基本都由拉脱维亚大学来承担。

1958年，拉脱维亚大学工程类学科的三个学院，即工程学院、化学学院和机械学院独立出来，成立了新的里加理工学院，根据课程体系，采用拉脱维亚语和俄语进行教学。里加理工学院是一所独立的高等教育机构，有3000学生。在最初5年，学生人数增加了三倍多。到20世纪80年代末，有10个学院，即建筑与土木工程学院、化学学院、机械与机械工程学院、技术应用与自动化学院、纺织与服装技术学院、电器工程学院、计算机科学与工程学院、无线电工程与通讯学院、工程经济学院、社会科学学院。此外，教育咨询中心也为学生提供课外学习和培训。这个阶段有四任校长，即内兰兹（1958—1960）、马尔迈斯塔（1961—1963）、维斯（1963—1985）、拉文德里斯（1985—1990）。

1990年3月19日，里加理工学院升格为里加工业大学。里加工业大学重新组建学科，确保高等学科教育和职业教育符合拉脱维亚国民经济需要，符合欧盟要求。里加工业大学的学历得到欧洲乃至世界各国的广泛承认，还积极参与德国、英国、瑞士等国家合作的欧洲教育科研项目。除了本地学生，还有来自中国、印度、巴基斯坦、黎巴嫩、叙利亚及其他欧洲、亚洲、拉丁美洲的学生，生源来自70多个国家。里加工业大学设有9个学院和33个研究所。9个学院分别是：建筑与城市规划学院、土木工程学院、计算机科学与信息技术学院、电子与电信学院、工程经济与管理学院、人文与技术学院、电力与环境工程学院、机械工程与航空交通运输学院、材料科学与应用化学学院。除了里加几个校区，在道加瓦皮尔斯、利耶帕亚、文茨皮尔斯三地设有分校。里加工业大学毕业生中出了数位拉脱维亚总统、总理、50多位政府部长。

里加工业大学历来非常重视与中国进行教育交流与合作。早在1999年8月26日，国际学生处处长伊格尔斯·迪潘斯致函中国大使馆，该校最近参加了新加坡教育展，想与中国高校建立联系并签署合作协议，希望大使馆推荐中国相关政府机构，探讨与中国高校合作，招收中国留学生并参加中国教育展活动。大使馆提供了中国教育部外事司的联系方式，希望加强两国高校之间的合作交流。2001年12月3日，伊格尔斯·迪潘斯再次致函表示，自从1991年以来，该校用英语讲授工程教育课程，目前有来自17个国家的90名国际学生就读，包括中国学生。他表示，里加工业大学提供的学科课程中国学生会感兴趣，希望更多的中国学生前来留学。[1] 后来，里加工业大学与北京理工大学等多所高校开展校际合作。

2006年2月，里加工业大学等拉脱维亚高校咨询中国与其他国家签署相互承认学历协议的做法，希望拉脱维亚和中国签署相互承认学历协议，招收中国留学生，加强拉中教育交流与合作。2008年8月18日，里加工业大学国际学生处负责人致函张利民大使，对中国人民遭遇的大地震（四川汶川）表示同情，里加工业大学愿意接受因地震无法完成学业的中国学生，校方提供奖学金名额，根据中拉科教合作协议招收这些学生。里加工业大学的许多国际项目在波罗的海国家处于领先地位，有20多个英语教学的本科、硕士和博士项目。[2]

二、开设中文课程

2011年，里加工业大学联系中国驻拉脱维亚大使馆，商谈派遣中文志愿者教师开设中文课程事宜，但因学校在提供中文志愿者教师住宿方面有困难而

---

[1] 里加工业大学函，2001年12月3日。
[2] 《关于里加工业大学愿意提供奖学金名额给在四川地震中学业受影响的中国学生事》，2008年6月19日，中国驻拉脱维亚大使馆教育领事处档案。

未果。2012年9月14日，里加工业大学商务支持与发展中心副主任奥斯卡尔斯·布列戴致函胡业顺大使，希望大使馆协助联系派遣两名志愿者教师，赴该校开设中文课程。鉴于拉脱维亚大学孔子学院目前正在拉脱维亚逐步开展汉语推广工作，大使馆建议该校与孔子学院直接联系。

2012年10月16日，里加工业大学在该校主楼召开会议，讨论派遣志愿者教师开设中文课程事宜。出席会议的有负责国际学术合作与研究事务的伊格尔斯·迪潘斯副校长和奥斯卡尔斯·布列戴副主任，大使馆曾伏华领事、孔子学院贝德高和黄明喜院长。伊格尔斯·迪潘斯介绍了该校与中方高校合作的情况，为了更好地增进与中方的学术交流，目前迫切需要志愿者教师协助开办汉语学习班，承诺为其提供住宿和必要的办公用房及电脑设备以及每月50拉特的交通补贴，同时也希望中方适时在该校举办汉语沙龙活动，介绍中国文化、与中国做生意的技巧以及中国的相关科技发展等情况。贝德高介绍了目前孔子学院所采用的中文教材情况，伊格尔斯·迪潘斯建议先使用与孔子学院一样的教材，日后再考虑适合自身特点的教材。奥斯卡尔斯·布列戴谈到日后与中方联络渠道问题，曾伏华介绍了相关情况，拉脱维亚大学孔子学院成立以前，中国国家汉办通过大使馆在拉脱维亚开展汉语推广工作，从2012年开始该项工作由孔子学院具体负责，建议里加工业大学日后有关志愿者教师需求问题直接与孔子学院联系。最后，黄明喜向该校提供了《志愿者教师需求申请表》，该表填写后抄送大使馆。11月5日，大使馆致函汉办志愿者中心，希望给里加工业大学派遣志愿者教师。12月13日，国家汉办志愿者中心通知大使馆，汉办选派吉林大学研究生于婧媛为里加工业大学志愿者教师，请大使馆通知该校直接与于婧媛联系，办理相关赴任手续。

2013年5月至2015年7月，于婧媛作为里加工业大学首任中文志愿者教师任教两年多，为里加工业大学中文教学点建设奠定了良好基础。在正式为学生开始授课之前，于婧媛在校领导协助下为全校教职工开设了两个月的汉语讲座，主要教授基础的中文入门以及中国文化知识。[①] 中文课作为公共选修课，面向本校在读本科生、硕士生和博士生，以及对中文和中国文化感兴趣的教职

[①] 于婧媛：《波罗的海，雪过花开》，载于尚劝余、贝德高主编《汉语之花盛开在波罗的海之滨——我与拉脱维亚的故事》，世界知识出版社，2022年，第210页。

工。每学期开设三个班，两个学生班，每班各 10 人，一个教职工班，20 人。每班每周两次课四课时，每次课 90 分钟。第一学年，全部为零基础的初级班，第二年开设了两个不同水平的班级。学生使用教材《体验汉语（留学篇）》，教职工使用教材《体验汉语（生活篇）》和《体验汉语（旅游篇）》。①

2015 年 11 月至 2016 年 6 月，南开大学研究生金蒙任教一学年。中文项目总负责人为伊格尔斯·迪潘斯副校长，中文课程规划（包括课时、时间和地点）由教学负责人阿妮塔·贝娜罗维查负责在网上发布，期末考试成绩录入由西格奈·莱扎奈负责。第一学期全是兴趣班，第二学期开设了一个学分班，学员均来自技术翻译专业，属于远程教育和人文学院，课程设置为一周一次。学生主要分为两类，一类是需要在学期末获得学分的（中文课为 2 学分），另一类是兴趣课，不需要学分。学期开始时写好课程描述，学期末课程结束后进行一个期末考试，将学生姓名、学院和成绩（满分 10 分，4 分及格）整理好发给教学负责人。学生的中文水平分为两类，即零基础和有基础，零基础学生使用《体验汉语基础教程·上》，有基础学生（学习了两年以·上）选用《体验汉语基础教程·下》。与汉办合作的汉语角项目正在进行中，随后汉办会邮寄教材和文化书籍，2016 年是合作的第一年，三年合作期限，联系人为中国教育图书进出口有限公司陈芳女士。②

2016 年 8 月至 2018 年 6 月，华南师范大学研究生胡越任教两学年。第一任期第一学期，报名参加学习中文的学生人数达到 88 人，创历史新高，开设 3 个班级，分为零基础 A1 班、零基础 A2 班，基础 B 班，每周课时数为 12 节。第二学期报名参加零基础中文班的学生达到 106 人，开设 4 个零基础班，加之第一学期的基础班学生，共开设 5 个班级，周课时 14—16 节。除了中文课程之外，帮助学校成立中文图书馆，在图书馆及汉语角组织文化沙龙活动。第二任期，依旧有 15 名上学年的学生坚持学习中文。除了上年度中文班之外，开设了三个零基础班，学生人数达到 40 名，其中也有本校教职工。选用的教材是《体验汉语基础教程》，以教师讲解为主，同时也设置一些课堂活动，提高学生说中文的积极性。每个学期安排期中考试和期末考试，各占总成绩的 50%。期

---

① 于婧媛：《个人履职总结》，2015 年 7 月 6 日，第 1—3 页。
② 金蒙：《给下一任志愿者的信》，2016 年 8 月 1 日，第 2—6 页。

中考试内容包括听力、阅读和主题演讲，期末考试内容为听力、阅读、汉字和口语。中文成绩合格者，为其颁发中文学习合格证书。她也协助校方，参与申请里加工业大学孔子课堂。①

2018年9月至2019年6月，浙江科技学院研究生汤蕴新任教一学年。每个学期四个班，共八个班，分别为零基础1A班、零基础1B班、基础2班、基础3班、零基础1班、基础2A班、基础2B班和中级3班。课型除了中文综合课外还有文化体验课，让学生在学习中文的同时也了解中国文化。在中文教学实践方面，根据拉脱维亚中文学习者的特点，采用相应方法进行针对性教学。同时，与中国项目负责人谢安娜一起联络里加工业大学附属中学及其他中学（如：里加第三中学），为高中生开展中国文化体验课，让他们有机会接触中文和中国文化，鼓励他们学习中文，了解中国和中国文化。此外，参与申请里加工业大学孔子课堂，组织学生参与孔子学院活动等。②

三、建立孔子课堂

2016年，里加工业大学申请独立孔子课堂，由于不符合国家汉办有关规定而未果。③2018年10月，里加工业大学再次按照国家汉办规定申请孔子课堂。2019年2月28日，孔子学院总部批准里加工业大学教学点升格为孔子课堂，成为拉脱维亚大学孔子学院下设第5个孔子课堂。

2019年11月8日，里加工业大学孔子课堂正式揭牌。燕雪宁与谢安娜制定孔子课堂揭牌典礼方案，与各方协商敲定揭牌典礼的活动场地、活动流程、节目表单、物资道具、到场嘉宾、与会人员等。中国驻拉脱维亚大使梁建全，拉脱维亚外交部安杰斯，拉脱维亚国家教育发展署玛丽卡·皮拉，里加工业大学副校长伊格尔斯·迪潘斯和乌尔迪斯·苏科夫斯基斯，拉脱维亚大学孔子学院贝德高院长和尚劝余院长及夫人张桂英、中文教师王琼子、燕雪宁、黎锦豪

---

① 胡越：《工作总结（2016年8月至2018年6月）》，2018年7月25日，第1—3页。
② 汤蕴新：《工作总结》，2019年7月9日，第1—2页。
③ 根据国家汉办规划，人口少的国家只设一所孔子学院，不设独立孔子课堂，所有孔子课堂均为孔子学院下设。

等，拉脱维亚武术协会师生，华联会副会长王丹等，里加工业大学孔子课堂学生和北京第二外国语学院留学生等百余人出席了揭牌仪式，由谢安娜和周童主持。大使、两位副校长和两位院长分别致辞，并共同为孔子课堂牌匾剪彩（秦碧滢、朱镜竹、杨瑞妍、孙瑞雪协助）。① 拉脱维亚武术协会师生表演武术，王丹表演古筝，葩爱明表演茶艺，孔子课堂学生（雅哈等13人）合唱中文歌曲《没有什么不同》，中国留学生（陈叶冰、路宇涵、包雨辰、田文宇、张静宜、王雨棋、史博雅、蔡偲、林芊彤、李陈睿）合唱拉语歌曲《我的歌》，周童、盛世龙、叶伊娜、李斯诗朗诵《相信未来》，最后揭牌典礼在中国留学生大合唱《相亲相爱》的歌声中落下帷幕。②

2019年9月至2020年6月，华南师范大学研究生燕雪宁在孔子课堂任教一学年。共有3个班级：零基础1班，使用《HSK标准教程1》；基础2班，使用《HSK标准教程2》；中级3班，使用《HSK标准教程3》。除了讲授中文综合课外，每月一次文化体验课，每个班每周4课时。每节课布置作业以帮助学生练习和复习，如口语、汉字练习、看图造句、作文、课文梳理等，使用任务型课堂游戏，寓教于乐。HSK考试前一个半月至两个月，安排一周一次HSK辅导课程，以帮助学生复习备考。文化体验类课程主要有书法、剪纸、茶艺、中国画、中国美食、中国乐器、武术等。教学地点为克朗瓦尔德大街1号210教室，里面有一个小房间是专用中文图书室，存放中文教材和相关文化课教学用具材料。升级为孔子课堂后，教室添置了移动白板、打印机、书柜，订购了新的教材，也预计添置一批电脑，硬件设施已经配备齐全。此外还有一个汉语角，可用于开展文化活动。③

2020年9月至2021年6月，由于新冠疫情原因，陕西师范大学研究生贾昆诺一直网络授课。贾昆诺写道：10月份负责中国项目的谢安娜老师发来了中文课学生名单，随之而来的是凌晨的线上教学。今年的学生数量激增，后来将初级学生分成了两个班，再加上中级和高级共四个班，每周一共八节课。虽

---

① 梁建全大使出席里加工业大学孔子课堂揭牌仪式，2019/11/09，http://lv.chineseembassy.org/chn/xwdt/t1714493.htm，2022年7月4日上网查阅。
② 里加工业大学孔子课堂揭牌仪式圆满成功，11/10/2019，http://cilu.lv.chinesecio.com/zh-hans/node/1464，2022年7月4日上网查阅。
③ 燕雪宁：《给下一任志愿者的信》，2020年6月5日，第1—3页。

然是线上授课，但每名学生都非常认真好学，上课会认真记笔记，一教就会，测试结果也令人非常满意。有的学生因为工作，有时不能准时参加直播课，他们怕老师误解每次都会主动解释原因，并且在空闲时间观看回放，和老师讨论学习成果，让老师深刻感受到他们学习中文的热情。①

2021年9月至2022年6月，陕西师范大学研究生刘一瑶网络授课一学年。她在学年工作总结和给下任志愿者的信中写道，因为新冠疫情原因无法派出，不能面对面交流，对于她和学生多多少少都是一个遗憾。每天熬夜教学，从刚开始不习惯，到后来适应时差，也是对自己的一个挑战。她开设的课程有零基础中文课、初级中文课、中级中文课和高级中文课。教材为《HSK 标准教程》，教学软件是 Skype 或腾讯会议。学生分为四个进度，分别为 HSK1、HSK2、HSK3、HSK4。文化课讲授了春节、清明节、端午节、中秋节等中国传统节日，并带领学生开展剪纸等文化体验活动。②

2022年10月至2024年6月，华南师范大学研究生唐璐瑶任教两个学年。第一学年每个学期三个班，共六个班，30余人，分别是零基础1A班、零基础1B班、初级1A班、初级1B班、中级1A班、中级1B班。课型为HSK中文综合课，使用的教材是《HSK 标准教程》，同时使用其他教材进行补充。还组织文化体验课，如京剧脸谱、剪纸、茶文化、书法、中国画、中国电影鉴赏、中国文学鉴赏、民乐鉴赏等，让学生们更深入地了解和体验中华文化。

此外，也鼓励学生踊跃参加孔子学院举办的春节联欢、中国文化脱口秀、国际中文日、汉语角等活动，使学生能与中国文化有更深入的接触，更好地理解中国的价值观、习俗和传统。学生来自拉脱维亚、法国、德国、日本、印度、乌兹别克斯坦等13个国家，有在校大学生和教授，也有毕业的校友，充满了多元化的气氛。学生密切关注着中国高科技发展的瞩目成果，华为、小米、大疆、比亚迪等，都是他们耳熟能详的中国科技品牌。对于零基础新生，语音教学阶段以实际练习为主，每节课设计一两个活跃课堂气氛、调动积极性的课堂

---

① 贾昆诺：《梦中的里加》，载于尚劝余、贝德高主编《汉语之花盛开在波罗的海之滨——我与拉脱维亚的故事》，世界知识出版社，2022年，第254页。
② 刘一瑶：《工作总结》，2022年7月1日，第1页；刘一瑶：《给下一任志愿者的信》，2022年7月1日，第1—2页。

活动。初级语法阶段则以交际性、任务型的课堂活动为主,增强师生、生生间的互动。对于本校教师,以启发式教学为主,有逻辑地进行语言学习,帮助减轻识记汉字的负担。对毕业校友,教学方法为多模态、多语境输入与输出,创造出以信息为主的双向交际情境。在教学过程中,设计兼有挑战性和互动性的活动,让学生们在轻松愉快的氛围中尝试运用中文进行真实的交流,比如角色扮演、对话练习、小组讨论、情景模拟、语言游戏、任务型活动等。此外,也搜寻有趣的图片、视频和音频材料,将新的科技手段融入课堂,并组织口头报告和辩论赛,开设阅读俱乐部,鼓励学生广泛阅读中文文学作品、报纸杂志等。通过多样化的教学活动,帮助学生们建立积极的学习态度和自信心,在轻松愉快的学习氛围中展现出很高的参与度和学习动力,提高了口语表达能力和交际能力,增强了合作意识和团队精神。[①]

四、文化交流活动

里加工业大学非常重视文化交流活动,可以分为常规文化活动和与中国高校交流合作两个方面。

(一)常规文化活动

2013年5月,里加工业大学志愿者教师于婧媛受维泽梅大学志愿者教师宁晓璐邀请,来到瓦尔米耶拉,一起参加当地举办的全球村活动,和来自美国、西班牙、新加坡和乌兹别克斯坦等国家的老师和同学们一起做美食、表演歌舞,向当地的民众展示各自国家的文化,于婧媛和宁晓璐给来参与活动的当地人起了中文名字,于婧媛用毛笔将名字写下来送给他们。她们做的中国食物也得到了大家的好评,很快就被一扫而光。回到里加后,于婧媛受伊格尔斯·迪潘斯副校长邀请和外国留学生们一起参加每年五月的春游活动,一起在道加瓦河上进行了四个小时的漂流,晚上所有人一起烧烤聚餐。第二天,他们参观了苏联

---

① 唐璐瑶:《2022—2023年工作总结》,2023年6月22日,第1—4页。

时期的地下防空洞，还有采西斯城堡。①

2014年5月11日，于婧媛和学生一起赴北京美食中餐馆参加汉语角活动，参加活动的还有中国驻拉脱维亚大使馆曾伏华领事、维泽梅大学中文志愿者教师宁晓璐和维泽梅大学学生以及中国留学生，活动内容为介绍筷子文化，学习用筷子，做游戏，品尝中国菜。12月14日，于婧媛和里加工业大学学生一起赴佳佳中餐馆参加中国知识问答汉语沙龙，参加活动的还有维泽梅大学师生、斯米尔提恩中学师生等，参与中国文化知识问答比赛、玩游戏、品尝中国菜肴等。②

2016年3月16日，在中国驻拉脱维亚大使馆的支持下，里加工业大学与汉办及中国教育图书进出口有限公司合作的汉语角项目正式签约，自此里加工业大学拥有独立的中文教学场地和中文图书馆。5月7日，里加工业大学举行汉语角开幕仪式，庆祝汉语角成立和答谢中国驻拉脱维亚大使馆所赠中文图书1200册。曾伏华领事、伊格尔斯·迪潘斯副校长、尚劝余院长、董芳、程雪、金蒙和学生等30多名代表出席了活动。副校长和领事致辞，金蒙介绍中文教学情况，中文班学生朗诵中拉双语版《劝学》并演唱中文歌曲《茉莉花》等，中国留学生曾梓繁表演了黄管演奏。③

胡越任教时期，于2016年11月23日举办中国剪纸文化体验活动，介绍中国剪纸的历史渊源，中国剪纸作品欣赏，动手实践中国剪纸；2016年12月20日举办圣诞书法大赛，介绍中国书法精髓，中国书法作品欣赏，书法友谊大赛；2017年10月4日，举办中秋月饼茶话会，吟诗赏月，品尝月饼；2018年1月3日，举办舌尖上的中国新年火锅，介绍中国美食，中拉美食对比，品尝中国火锅。④

2019年1月31日，里加工业大学在学校主楼大礼堂举行新春招待会。中

---

① 于婧媛：《波罗的海，雪过花开》，载于尚劝余、贝德高主编的《汉语之花盛开在波罗的海之滨——我与拉脱维亚的故事》，世界知识出版社，2022年，第212页。
② 尚劝余、贝德高、玛丽娅主编：《拉脱维亚大学孔子学院10周年纪念册》，拉脱维亚大学出版社，2021年10月，第530—531页。
③ 曲颂：拉脱维亚里加理工大学汉语角成立助力中文教学2016年5月9日，来源：人民网，http://www.chinaqw.com/hwjy/2016/05-09/87765.shtml，2022年7月5日上网查阅。
④ 尚劝余、贝德高、玛丽娅主编：《拉脱维亚大学孔子学院10周年纪念册》，拉脱维亚大学出版社，2021年10月，第533—535页。

国大使馆代办孙应来和秘书梁卫泉，拉脱维亚外交部代表，里加工业大学校长利比奇克斯、副校长伊格尔斯·迪潘斯、中文项目负责人谢安娜和中文志愿者教师汤蕴新，孔子学院中方院长尚劝余和夫人张桂英、里加第三中学嘉宾、里加工业大学师生和中国留学生等，欢聚一堂，共庆新春佳节。代办、校长、副校长致辞。拉脱维亚武术协会表演舞狮、武术，里加工业大学中文兴趣班学生播放录制的新春祝福短片，中国留学生用拉语讲解中国新年和拉脱维亚立春，此外现场体验中国书法、剪纸、中国结和茶艺，还有灯谜竞猜、品尝中国美食。[①]

2023年3月7日，中国驻拉脱维亚大使馆经商处蔡文震和孔子学院中方院长尚劝余访问里加工业大学，与里加工业大学体育馆负责人安妮塔及拉脱维亚乒乓球协会会长伊娜交谈，商量派遣乒乓球志愿者事宜，加强华南师范大学与里加工业大学之间的体育合作交流。随后，参观里加工业大学体育馆乒乓球室，学员们正在训练，年龄最小的12岁女孩，是少年组冠军；最大的90岁老人家，1945年开始打乒乓球，是苏联时期国家队队员。

（二）与中国高校交流合作

里加工业大学非常重视与中国高校间的交流合作，与北京理工大学、吉林大学、西安交通大学、西安电子科技大学、北京交通大学、华北科技学院、北京第二外国语学院、中国海洋大学、青岛科技大学、山东科技大学、青岛理工大学、山东理工大学、长安大学等高校签署了校际合作协议，在科学研究、学术交流、教师学生交换等领域开展了合作。

2012年2月9日，里加工业大学校长利比奇克斯和副校长迪潘斯访问北京理工大学，商谈合作交流事宜，并参观自动化学院联合学术机构"远程控制教育与科学研究联合实验室"。陪同参观的有北京理工大学国际交流合作处处长王庆林、自动化学院戴亚平等，戴亚平向客人们介绍了远程控制教育与科学研究联合实验室的概况及研究进展。

2013年7月，里加工业大学与西安电子科技大学签署合作协议，双方确定建立合作伙伴关系，促进双方在学术研究、人才培养、学生交换等领域进一

[①] 《里加工业大学2019年新年招待会》，2019年2月2日，http://www.ci.lu.lv/?p=3590，2022年7月5日上网查阅。

步开展合作。①2014 年 10 月 19 日—22 日，陕西省政协副主席千军昌率团访问里加工业大学，推动西安电子科技大学与里加工业大学深入开展校际交流及项目合作，并看望在里加工业大学留学的西安电子科技大学学生，了解他们的学习和生活情况。②

2015 年 10 月 29 日和 2017 年 3 月 30 日，里加工业大学副校长迪潘斯一行多次访问山东理工大学。山东理工大学副校长王学真和迪潘斯分别代表两校签署《中国山东理工大学－拉脱维亚里加工业大学学术合作协议》，约定开展全面的校际合作。副校长张祥云会见代表团一行，双方回顾两校交往历史，就两校在师生交流、探究联合建立"化学和材料技术研究中心"、硕士和博士生联合培养，以及共同申报欧盟伊拉斯谟项目等方面进行深入的沟通与交流，并就已获批的国家公派良好本科生国际交流项目的实施与推进进行部署安排。③

2017 年 3 月 24 日和 12 月 5 日，2018 年 7 月 19 日，里加工业大学副校长迪潘斯一行多次访问北京交通大学。北京交通大学陈峰副校长表示，里加工业大学是北京交通大学在拉脱维亚的第一所国际合作伙伴，双方在教学科研、学科设置、国际化发展方面都有很多相似性，希望双方能够紧密合作，在学生交流、教师互访、科研合作等方面开展交流项目，促进双方进一步了解，加深合作。关忠良副校长表示，希望未来两校能够围绕波罗的海铁路项目开展铁路运营管理、高铁经济、运输物流、铁路建设规划与设计等相关领域的科研合作，促进学生交流和教师互访。迪潘斯指出，里加工业大学非常重视两校的合作与交流，并详细介绍了该校的历史沿革、学科设置、教学科研等情况，希望两校

---

① 郭彤：《西电与拉脱维亚里加工业大学签署交流合作协议》，发布时间：2013 年 7 月 9 日，来源：国际合作与交流处，https://news.xidian.edu.cn/info/1002/28182.htm，2022 年 7 月 5 日上网查阅。
② 陕西省人民政府外事办公室函，2014 年 9 月 4 日。
③ https://www.sdut.edu.cn/2015/1030/c738a43022/pagem.htm，2022 年 7 月 5 日上网查阅；http://sd.qsjly.com.cn/sdgx/sd021/36846.html，2022 年 7 月 5 日上网查阅。

今后在广泛的领域积极开展实质性交流与合作。①

2019年3月7日,里加工业大学副校长迪潘斯、国际事务部项目主管谢安娜、特别顾问贝尔津什、拉脱维亚驻中国大使馆三等秘书安吉丽娜一行4人访问北京理工大学。北理工副校长王晓锋和迪潘斯副校长表示,希望双方能以暑期学校项目为起点,结合双方在机械工程、智能机器人等领域的优势,将合作逐步拓展到学生交换与创新创业项目、教师交流及科研合作,希望未来通过政府间资助等多种途径,将两校良好的合作模式拓展至波罗的海地区。随后,双方就合作细节进行了深入讨论,并就下一步工作计划达成一致意见。②

2022年6月10日,里加工业大学校长利比奇克斯与长安大学校长沙爱民分别代表两校签署了校际合作协议。根据协议,为促进教育和学术交流,致力于开展高水平的国际合作,双方将在平等互利、相互协作、共同发展的基础上,着力加强优质教育资源共享,大力推进教师互访、学生联合培养,共同举办国际会议,深化科研合作,持续拓展合作领域的广度和深度,进一步推动长安大学与中东欧国家高校的交流与合作。③

---

① 拉脱维亚里加工业大学副校长一行访问我校,时间:2017年3月25日,来源:国际处作者:吴丹丹 http://news.bjtu.edu.cn/info/1044/25840.htm,2022年7月6日上网查阅;里加工业大学副校长访问我校,时间:2017年12月5日,来源:国际处作者:谢铭清,http://news.bjtu.edu.cn/info/1044/27316.htm,2022年7月6日上网查阅;里加工业大学副校长访问我校,时间:2018年7月19日,来源:国际处作者:刘欢 http://news.bjtu.edu.cn/info/1044/28266.htm,2022年7月6日上网查阅。
② 拉脱维亚里加工业大学代表团访问北理工,日期:2019年3月11日,供稿:国际交流合作处吴迪 https://admission.bit.edu.cn/html/1/189/209/891.html,2022年7月6日上网查阅。
③ 我校与拉脱维亚里加工业大学签署校际合作协议,发布时间:2022年6月12日,作者:张靖雯,来源:国际合作与交流处(港澳台事务办公室),http://chd.edu.cn/2022/0610/c391a219966/page.htm,2022年7月6日上网查阅。

第三章 中文教学点篇

　　除了孔子课堂之外，原有中文教学点进一步发展，新的中文教学点在首都里加市及周边地区（马露白市）、东北部斯米尔提恩市、南部叶尔加瓦市、西北部文茨皮尔斯市、西南部利耶帕亚市、东部叶卡布皮尔斯市、克拉斯拉瓦市等纷纷建立，中文教学遍布拉脱维亚各地，中国语言文化进一步普及。

第一节　拉脱维亚大学人文学院

拉脱维亚大学孔子学院成立后，与拉脱维亚大学人文学院密切合作，联合打造中文教育平台，人文学院亚洲学系汉学专业教学也在稳步发展。

一、师资队伍

2010年至2014年，柯世浩任亚洲学系主任。[①]2015年至2023年，亚尼斯·布列戴教授任亚洲学系主任，他的研究方向是古代近东文学与宗教。小卡和鲍葛薇先后担任汉学专业负责人，鲍葛薇也曾任拉脱维亚大学印度文化研究中心主任（2015—2017），小卡2014年到中国台湾政治大学攻读博士学位并留在台湾工作。玛伊丽娜继续给大一和大二学生上课，2014年3月因个人原因离开拉脱维亚大学。莫丽雅继续担任汉语语音教师，2019年结婚后与丈夫冯奈斯特拉移居瑞士。

卡琳娜成为师资队伍中新的一员，为中文教学注入了新的活力。她于2005年至2009年在拉脱维亚大学汉学专业攻读学士学位，期间于2007年至2008年在上海外国语大学进修，2010年至2012年在拉脱维亚大学汉学专业攻读硕士学位，2012年至2013年在华东师范大学留学，2015年开始在拉脱维亚大学汉学专业任教，同年在北京语言大学参加本土教师培训班，2016年起担任拉脱维亚留华同学会会长，2017年参加青年汉学家研修项目，2019年起在拉脱维亚大学攻读文化与人类学博士学位，主要研究领域为中国古代历史和中国传统文化。鲍葛薇写道："卡琳娜最初是我的学生，硕士毕业后不久成为我的同事。她主要讲授现代汉语课，也给许多学生做私教。可以说，她培育了新一代汉学家，用她自己对中国文化和语言的热情与执着，激励着年轻一代。此

[①] 柯世浩于2020年离开拉脱维亚大学，2021年起任奥地利因斯布鲁克大学（University of Innsbruck）客座教授和独立汉学研究员。

外，卡琳娜也组织和参与大量与中国有关的活动，在中国大使馆和孔子学院组织的各种活动中做主持和翻译。"①

小卡在亚洲学本科专业整体架构建设方面做了大量工作，他开设的中国哲学和文学课程给所有学生留下了深刻印象。他很有才华，非常博学，对待学术研究工作非常严谨，对学生的学士学位论文要求很严格，许多学生的论文在答辩时被否决。②

2011年1月17日，根据中华人民共和国政府和拉脱维亚共和国政府文化与教育合作协定，为支持拉脱维亚大学开展中文教学及研究，更好地促进双方教育文化交流，中国国家汉办同意向拉脱维亚大学派遣中国籍中文教师和志愿者教师，支持其开展中文教学工作，双方签订《中国国家汉办与拉脱维亚大学关于派遣中文教师和志愿者的协议》，中国驻拉脱维亚大使馆参赞李碧建代表国家汉办与拉脱维亚大学校长奥津什签字，就双方的具体责任与义务做了详尽规定。③

这一阶段，有五位中国公派教师相继任教，即河南安阳工学院讲师樊莉（2011年5月至2013年6月）、黄冈师范学院讲师王琼子（2013年8月至2015年6月；2018年1月至2020年1月）、华南师范大学讲师潘军武（2016年1月至2018年1月）、华南师范大学教授王葆华（2018年10月至12月）、华南师范大学硕士白冰玉（2020年9月至2024年6月）。此外，有六位孔子学院志愿者教师先后任教，即黄蕊（2015年9月至2016年7月）、曾庆君（2016年8月至2018年6月）、邹亚平（2018年9月至2020年6月）、车俊池（2018年8月至2020年6月）、焦文静（2019年9月至2020年6月）、郑玉馨（2019年9月至2020年6月）。另外，还有生活在拉脱维亚的当地华人李满楠（2012年9月至2014年1月）④、路岩（2015年9月至2016年1月）等任教。

---

① 安吉塔·鲍葛薇：《拉脱维亚大学汉学专业学习和任教经历》，载于刘利主编：《国际中文教育理论与实践研究》，柏林：施普林格出版社，2024年12月即将出版。
② 同上。
③ 《中国国家汉办与拉脱维亚大学关于派遣中文教师和志愿者的协议》，2011年1月17日，第1—2页，中国驻拉脱维亚大使馆档案。
④ 美丽高挑的李满楠老师嫁给了一个当地小伙，她的一个学生白丽娜做过孔子学院秘书，经常提起她，她是一位深受学生喜爱的老师，可惜天妒英才，2020年3月李满楠老师不幸因病去世，在此垂泪致敬天堂的李满楠老师。

二、中文教学

樊莉在《2012年终工作总结》中写道，她主要承担亚洲学系中文相关教学任务，讲授中文综合课和中文翻译课，所教学生涉及本科三个年级和研究生两个年级，共计97人。与中文教研室同事鲍葛薇合作，参与中文教材编写工作，为该教材录制中文配音。坚持每两周在中餐馆举办一次汉语角活动，探讨中国文化，交流中文学习心得，学习中国传统手艺。参与组织并指导学生参加第九届"汉语桥"比赛，取得可喜成绩，分别获得初级组二等奖、三等奖2名，中级组二等奖、三等奖若干名和高级组一等奖、二等奖、三等奖若干名。其中，碧海、玛丽娅和风力分别获得高级组前三名，玛丽娅在拉脱维亚大学孔子学院担任秘书。此外，积极组织学生参加使馆组织的中秋节晚会、元宵节晚会，为晚会奉献精彩节目。在华人华侨联合会筹备及中拉文化节期间，帮助联系拉脱维亚大学中文学生为华联会的创建做了大量工作。[1]

樊莉在离任时的《国外工作总结》中写道，两年来任课四个学期，总课时963学时。2011年下学期，为大二、大三和研一、研二学生讲授《汉语Ⅰ、Ⅵ、Ⅶ、Ⅷ》，使用教材《新实用汉语课本》《走进中国》，学生总数58人，授课204课时（17周×12课时）；2012年上学期，为大一、大二、大三和研一学生讲授《汉语Ⅱ、Ⅴ、Ⅶ》，使用教材《新实用汉语课本》《走进中国》，学生总数82人，授课252课时（21周×12课时）；2012年下学期，为大三和研一、研二学生讲授《汉语Ⅳ、Ⅵ、Ⅷ》，使用教材《新实用汉语课本》，学生总数36人，授课153课时（17周×9课时）；2013年上学期，为大一、大二和研一学生讲授《汉语Ⅰ、Ⅳ、Ⅶ》，使用教材《新实用汉语课本》《博雅汉语》，学生总数50人，授课210课时（20周×10.5课时）。在教学活动中，根据学生不同水平，选择合适的教材和适当的教学方法，认真备课，精心设计教学方案，语法讲解努力做到浅显易懂，穿插文化背景，教学方法多用比

---

[1] 樊莉：《2012年终工作总结》，2013年2月，第2—3页。2011年12月13日，拉脱维亚华侨华人联合会成立大会在里加长城中餐馆举行。中国驻拉脱维亚大使胡业顺，拉外交部、文化部官员，在拉华人华侨，中资机构及使馆馆员等近百人出席。http://cs.mfa.gov.cn/gyls/lsgz/lqbb/t887637.shtml，2022年9月25日上网查阅。

较、举例、画图、多媒体等。此外，结合对外汉语实际情况，重视学生作业及考试情况，通过批改作业和分析试卷，及时发现和纠正错误，并结合听说读写训练加深学生印象。除了课堂教学，她还参加其他中文教学相关活动，坚持每两周在中餐馆举办一次汉语角活动，参与组织并指导学生参加"汉语桥"比赛，帮助孔子学院组织第一次（2012年11月）和第二次（2013年5月）HSK考试，组织学生报名，负责笔试和口试监考及录音工作。[①]

王琼子在第一次任教的《教师离任总结》中写道：从2013年8月到2015年6月一直承担人文学院教学工作，其中2014年1月—6月，还担任了孔子学院高级班教学工作。在人文学院工作期间，第一个学期每周10节课，第二个学期每周20节课，加上孔子学院的2节课，一共22节课。第一年总工作量512个课时。第三个学期每周10节课，第四个学期每周14节课，第二年总工作量384个课时。另外，每年有两个月的考试月，在不同的时间给不同的学生考试和重考，工作时间比较长。工作内容主要担任本科三个年级的综合课，研究生一年级的语言课，研究生二年级的翻译课，孔子学院高级班的综合课，三年级的中国方言课。本科一年级21人，本科二年级22人，本科三年级20人，研究生一年级4人，研究生二年级4人。使用教材《新实用汉语课本》《博雅汉语（初级版）》《走进中国》，其中《新实用汉语课本》用得最多，也是本人觉得目前最好的教材。帮助本土教师鲍葛薇给《现代汉语入门教程》取中文名字，并辅助推荐给学生使用。任教期间参加四次HSK组织与监考工作，辅导30余名学生通过HSK一级至HSK四级考试，所带两届毕业生中有50%左右获得奖学金去中国学习。全程参与组织"汉语桥"比赛，包括从前期制定比赛方案到具体细节准备以及担任比赛评委。此外，每年参与组织各种文化活动。[②]

黄蕊给研一和研二两个年级合并起来的研究生班上课，共6人，中文水平差距极大，课程分为HSK辅导、"汉语桥"辅导和中文语言知识讲解三个方面。其中，孙天娜曾代表拉脱维亚到中国去参加"汉语桥"比赛，宋安娜则在中国有过很长的一段留学生涯，两人的中文水平都达到了HSK五级左右。金达是

---

① 樊莉：《国外工作总结》，2013年6月20日，第1—3页。
② 王琼子：《教师离任总结》，2015年6月25日，第1—3页。

博物馆的工作人员，三四十岁。在出勤率方面，表现最好的是班级中唯一一个外国人——宋安娜。宋安娜来自波兰，对中文的兴趣极强，很少缺课，理想是找一个和中文有关系的好工作，她非常喜欢和中国人交往，也很希望能开设中文口语课。①

潘军武在《2017年工作总结》中写道：第一学年除了给人文学院学生上课外，也给孔子学院超级班学员上课，第二学年一直在人文学院亚洲系给汉学专业学生上中文课程。授课时间每周12课时到20课时不等，教学对象是汉学专业本科一年级、二年级、三年级和研究生一年级、二年级。教学方面，首先面对的问题就是课堂管理，尤其是出勤率。学生大部分喜欢老师布置作业，检查作业，给予评价。人文学院汉学专业强调古典文学熏陶，重视中文古典文献阅读和欣赏，学生繁体字和简体字都要学习，有些学生乃至本土老师混淆文言和白话文的用法。教学期间本人大力推广汉办规划教材，尤其是《体验汉语》和《HSK标准教程》，更加贴近生活实际，教学方法也更加强调交际性。必须指出的是，某些中文教材，比如北大的《博雅汉语》语言培训观念陈旧，坚持语法翻译核心训练法。由于北京大学的知名度，本土教师觉得《博雅汉语》这样的教材水平高于汉办的《体验汉语》，也非常推崇语法翻译训练，但实际上这对学生的语用能力培养非常不利。②

曾庆君第二学期（2017年2月—2017年6月）承担研究生班中文课程的教学任务。研究生班6人，每周2课时。"汉语桥"比赛期间，至少2课时/周辅导时间。研究生班学生口语很好，但格式严谨的书面语和艰深晦涩的文言文以及迥异的文化背景、思维方式仍然让他们在了解深层次中国语言文化的道路上遇到了一些困难。学生每次上课只有两个课时，很难进行大量操练和文化扩展。③

王琼子在第二次任教的《离任鉴定表》中写道：本人担任拉脱维亚大学人文学院本科生和研究生的各类语言课程，以及翻译、文言文和文学课程。本科一年级的综合中文课，31人，每周8课时，共512课时；本科二年级的综合

---

① 黄蕊：《给下一任志愿者的一封信》，2015年7月31日，第3—4页。
② 潘军武：《2017年工作总结》，2018年2月7日。
③ 曾庆君：《国家汉办中文教师志愿者履职考评表》，2017年6月1日，第7—8页。

中文课，26人，每周6课时，共384课时；本科三年级的综合中文课，46人，每周6课时，共384课时；研究生一年级的综合中文课和翻译课，10人，每周6课时，共384课时；研究生一年级的综合中文课，10人，每周2课时，共128课时；研究生一年级翻译课，3人，每周2课时，共32课时；研究生一年级文言文课，4人，每周2课时，共32课时；研究生二年级翻译课，4人，每周2课时，共128课时；研究生二年级综合中文课，3人，每周2课时，共128课时。总课时：1728课时。教学注重整体和部分的结合，先部分讲解声母和韵母、声调，然后适当进行总结，进行反复训练，不仅注重发音训练，也注重听辨能力训练。始终贯彻精讲多练原则，让学生将背诵课文作为作业，每个星期检查一次，让学生把所有知识都放进脑袋里面。注重识字训练，要求学生能够认字，倾向于让学生听写，并且听写汉字。对考试和作业严格要求，让学生对学习中文保持良好动机。除了教学工作之外，受命担任孔子学院院长助理工作，负责组织和开展各类汉办工作要求的常规活动和其他跟中国文化传播有关的文化活动，包括"汉语桥"比赛、HSK考试、春节、中秋节、音乐会和孔子学院日的组织和执行工作，以及每两个月一次的汉语角活动，还有各类讲座。参与了国际学术会议两项：施密特学术会议，拉脱维亚大学第四届语言国际传播学术研讨会，提交英语论文，并在会上用英语发言和学术交流。[①]

王葆华于2018年10月25日至12月31日在拉脱维亚大学人文学院亚洲系从事汉学专业本科生和研究生学分课程教学。一、教学工作。1.研究生讲座课程（两个年级，授课人数5人，教授语言为中文）：唐诗介绍与欣赏、宋词介绍与欣赏、中国现代诗歌介绍与欣赏、中国现代小说介绍、中国古代诗词中的意象；2.三年级讲座课程（授课人数15人，教授语言为中文）：中文如何表达空间、中文如何表达时间、汉字与中文亲属词汇之间的关系、中国古代诗词中的意象、中国现当代诗歌欣赏；3.三年级中国文学课程（授课人数15人，教授语言为中文）：宋词、唐宋八大家、朱熹与理学、元曲、京剧、明清小说；4.一年级讲座课程（授课人数12人，教授语言为英文）：唐诗介绍与欣赏、宋词介绍与欣赏、中国古代诗词中的意象、中国现代诗歌介绍与欣赏、中国现代小

[①] 王琼子：《孔子学院总部/国家汉办国家公派出国教师离任鉴定表》，2020年1月2日，第3—4页。

说介绍。二、参加拉脱维亚大学孔子学院活动。参加孔子学院中方院长、中方教师、中文教师志愿者集体活动；聆听拉脱维亚大学孔子学院志愿者中文课程并指导；参加拉脱维亚大学人文学院汉语角活动；听取爱沙尼亚塔林大学孔子学院中方院长朱璐讲座；参加拉脱维亚大学孔子学院拉方院长、著名汉学家贝德高教授80大寿暨《汉语拉脱维亚语大词典》电子版和《精选拉汉－汉拉词典》出版发行庆典；参加拉脱维亚第三届缘梦中国才艺大赛。[①]

邹亚平在第一任期负责汉学专业研究生班的中文教学，第二任期负责汉学专业本科二年级的中文教学。研究生班的四位女生都有在中国留学的经历，在课堂上可以完全使用中文交流，共同商讨教学内容及学习安排，形成了亦师亦友"教学相长"的氛围。二年级使用教材《HSK标准教程3》和《HSK标准教程4（上）》，教学进度快、学生接受能力强。在布置作业时，会准备一些有趣却有点难的作业或课题，比如看当下流行的中国电影写观后感、根据网络上流行的话题准备辩论赛等，学生们表示他们从这样的方式中收获了很不一样的经验。[②]

车俊池在第二任期承担汉学专业本科一年级中文听说课。在教学方面，收获最大的便是解锁了"在线教学"这种新的教学模式。受新冠疫情影响，本学年下学期开课后的第2个月开始采用线上教学模式，好在学生比较自律，最后都适应得比较好，特别在"听说"技能上有明显进步。[③] 在新冠肺炎疫情初期，在全中国都忙于攻克时艰的艰难时刻，拉国的学生们纷纷录制视频，用他们自己的方式表达了对中国抗击疫情的支持与祝福："中国人不是我们的敌人，病毒才是我们的敌人。"这两个相聚千里的国家，因为中文在两国人民的心里架上了一座桥。[④]

焦文静在第一学期负责汉学专业研究生班教学，学生中文水平处于中高级，教师在课堂上可以全程用中文进行授课，学生有比较好的中文学习基础和自学能力，对很多事情有自己的判断，经常可以在课堂上和老师用中文进

---

① 王葆华：《孔子新汉学计划"理解中国"赴外讲学离任鉴定表》，2018年12月28日，第3—4页。
② 邹亚平：《工作总结》，2020年6月23日，第1—3页。
③ 车俊池：《工作总结》，2020年7月9日，第1页。
④ 车俊池：《光荣岁月》，2020年7月9日，第3页。

行探讨。针对研究生班级的学生设计了"看视频学中文"的教学方法，学生课下观看相关视频，要求学生根据自身情况寻找生词和难句，总结视频内容，教师根据学生的作业，整理备课。在课堂上，学生需要对视频中的某些事件发表自己的看法，还可以进行配音和角色扮演等活动，综合培养学生听说读写多项技能。①

郑玉馨在第二个学期承担汉学专业研究生班的课程。由于学生需求不同，没有选择特定的教材，而是选择中国影视剧作为教学内容，每周一节课。在教学过程中，增加课堂讨论和辩论的机会。有一位学生柯劳拉因为刚生完孩子，已经有一年时间没有来上中文课了，最近一次的网课，她在卫生间坐着听课，虽然这样但还是能听见她的孩子在房间外面叫妈妈，这样的学习态度和学习热情令人为之动容。②

白冰玉 2020 年至 2022 学年一直是网络远程上课。她在 2021 年的《工作总结》中写道：一、教学工作：1. 大一年级：学生共计 12 人，零基础，第一学期每周六节语言课，第二学期每周两节语言课，使用教材《基础汉语 40 课（pdf）》和《HSK 标准教程 1&2》；2. 大二年级：学生共计 19 人，学生有 2—3 年中文学习经验，第一学期每周四节中文课，第二学期每周六节中文课，使用教材《HSK 标准教程 3》和《博雅汉语（第一册 & 第二册）》；3. 大三年级：学生共计 5 人，学生有 3—5 年中文学习经验，第一学期每周两节中文课，第二学期每周四节中文课，使用教材《HSK 标准教程 4（上 & 下）》；4. 研究生班：学生建班级群时共计 8 人，一部分学生不需要学分，所以中途离开，参加期末考试的学生共计 4 人，学生有 5—10 年中文学习经验，大部分已经在从事中文教学或翻译事业，第一学期每周两节中文课，第二学期没有安排课程，使用教材《博雅汉语（高级版）》和《HSK 标准教程 5》。二、组织和参与的中国文化活动：1. 2020 年中秋节活动新闻稿撰写；2. 2021 年拉脱维亚大学孔子学院新春联欢晚会剪辑、节目动员和节目指导工作；3. 2020—2021 学年三次线上居家 HSK/HSKK 考试组织工作；4. 2021 年拉脱维亚大学人文学院新春活动组织工作；5. 2021 年拉脱维亚大学孔子学院"汉语桥"统筹工作；6. 2021 年拉脱维亚

---

① 焦文静：《工作总结（2019 年 9 月—2020 年 6 月）》，2020 年 6 月 20 日。
② 郑玉馨：《工作总结》，2020 年 6 月 19 日，第 3 页。

大学汉学专家和中文教师论坛；7. 拉脱维亚本土教材《盼达汉语》编写和排版工作；8.《汉语之花盛开在波罗的海之滨——我与拉脱维亚的故事》编辑工作。①

白冰玉在2022年的《工作总结》中写道：一、教学工作：1. 一年级：学生共计14人，零基础，第一学期每周四节语言课，第二学期每周两节语言课，使用教材《小狐狸（Little Fox Chinese）》和《HSK标准教程1&2》；2. 二年级：学生共计12人，学生有2—3年中文学习经验，第一学期每周四节中文课，第二学期每周四节中文课，这个班级中有几位学有余力且水平较高的学生，两个学期以来每周给他们单独授课，超前讲解HSK3内容，使用教材《HSK标准教程2&3》；3. 三年级：学生共计15人，学生有3—5年中文学习经验，第一学期每周三节中文课，第二学期每周六节中文课，使用教材《HSK标准教程3&4（上）》；4. 研究生班：学生建班级群时共计7人，其中大三的雷雅晶在水平上与研究生一致，于是转到研究生班上课，参加研究生班期末考试的学生共计6人，雷雅晶则参加三年级考试，学生有5—10年中文学习经验，大部分已经在从事中文教学或翻译相关工作，分为两个班：HSK5班和博雅班，第一学期每周两节中文课，第二学期相同，使用教材《博雅汉语（高级版）》和《HSK标准教程5》。二、组织和参与的中国文化活动：1. 2022年1月和2月华南师范大学线上冬令营带队老师；2. 2022年拉脱维亚大学孔子学院新春联欢晚会指导工作；3. 2021/2022学年三次线上居家HSK/HSKK考试组织工作；4. 2021拉脱维亚大学孔子学院"汉语桥"统筹工作；5. "国际中文日"活动学生节目指导工作；6. 带领学生参加鲍葛薇教授组织的佛教主题学术论坛；7. 拉脱维亚本土教材《盼达汉语》编写和排版工作；8.《拉脱维亚线上汉语教学纵论》编辑工作；9. 帮助使馆设计新春贺词电子版模板。②

2022年9月，白冰玉终于赴任开始线下教学。第一学期注册学生人数51人，共五个年级，每年级一个班。其中一年级14人，二年级13人，三年级15人，研一6人，研二3人。一年级学生来自里加乃至拉脱维亚各地高中，大部分为零基础，也有少数学生在高中时期学习过1—2年中文，使用教材《HSK标准教程1》，该班级学生学习兴趣浓厚，有三位学生同时申请了孔院课程。二年

---

① 白冰玉：《2020年10月至2021年6月学年工作总结》，2021年6月26日，第1—4页。
② 白冰玉：《2021年9月至2022年6月学年工作总结》，2022年7月1日，第1—3页。

级学生已有 1—2 年不间断学习经验，其中大多数学生为 HSK2 级水平，但也有两位学生水平已经几乎达到三级，该班大部分学生求学若渴，对语法学习兴趣浓厚，使用教材为《HSK 标准教程 2》。三年级学生已有 2—3 年学习经验，之前都是网络授课，能明显感觉到大部分学生基础不太牢固，进度较之前的同级别班级慢，本学期新加入两位 Erusmus 项目留学生，在班上与大家共同学习一学期，他们的中文水平超过该班平均水平。该班中还有两位学生水平较高，几乎能达到四级水平，使用教材《HSK 标准教程 3》和《博雅汉语（初级起步篇）》。研一学生已有 3—5 年学习经验，多数来自人文学院本科毕业班，中文水平参差不齐，从 HSK3 级到 5 级不等，使用教材《HSK 标准教程 4（下）》。研二学生已有 5 年以上学习经验，水平较高，但三位学生依然选择了水平不同的两套教材：《HSK 标准教程 5》和《博雅汉语（高级飞翔篇 3）》。学生阅读能力很高，渴望提高口语表达能力，喜欢交流。[1]

　　白冰玉在学年工作总结中写道，用一个网络用语来总结这一学年的话，我会选择"现充"，意思是现实生活充实，特别是与 2020 年和 2021 年六百多天的网络教学相比。从去年九月开始，公派教师这个岗位所有的挑战扑面而来，教学上史无前例的课时量、活动上无数的"第一次"，生活上更不必说，能找到时间做顿冒热气儿的中国饭都成了每日挑战。回想自己这一年，几乎想不起一天是没有事情需要做或者操心的。这一年里，我完成了 592 小时的教学，参与了 58 小时的 HSK 监考，负责了从"汉语桥"到汉语角等大大小小 13 场活动，认识了 14 位新学生，与 29 位两年来的"网上学生"奔现、告别了 14 位毕业生。经过忙碌的教学生涯，我有了一种"春夏秋冬又一春"的感觉：我们在教过的每一位学生内心播下一粒中文的种子，它可能被永远存在这段一期一会的记忆里，也可能在某一天发芽长大。当你时隔多年再次在别处见到这个孩子说着中文或做着与中国相关的工作时，会从心底感到快乐。[2]

　　鲍葛薇在《拉脱维亚大学汉学专业学习和任教经历》中写道，亚洲学系教师队伍由本地教师和访问教师、助教、讲师、副教授和教授构成。拉脱维亚最杰出的汉学家曾在亚洲学系任教，包括贝德高、史莲娜、小卡等。10 位汉学

---

[1] 白冰玉：《拉脱维亚大学人文学院教学点中文教学情况》，2022 年 11 月 8 日，第 1 页。
[2] 白冰玉：《2022 年至 2023 年工作总结》，2023 年 6 月 23 日，第 2 页。

系教师是往届毕业生。也邀请了来自西欧、斯堪的纳维亚、中国和其他大学的访问教授，其中有瑞典的洛顿、德国的柯世浩、中国的王葆华等。30年来，20多位中国教师在亚洲学系任教，其中最优秀的教师是于丛杨、王英佳、王琼子。所有教师都写了详细的报告，描述他们的印象、经验、困难和教学方法。这些手稿保存在中国驻拉脱维亚大使馆和孔子学院档案馆里。有些中国老师在学术期刊上发表文章，详细论述拉脱维亚的中文教学。在亚洲学本科阶段，中文习得始于第一学期的两门课程，即汉语语音课和汉字课，第二学期开始学习中文综合课，例如《汉语Ⅰ》《汉语Ⅱ》等，包括听说读写各项技能的综合训练。在硕士阶段，继续学习综合中文课的同时，也学习笔译、口译、文学等课程。多年来，一年级新生先由拉脱维亚本土中文教师授课，以便能更好地介绍基础中文知识。但近年来，由于大部分学生入学前已经学过中文和中国文化，因此第一学期开始就由中国老师讲授口语课。语言课由拉脱维亚老师和中国老师共同分担，语法、翻译和文学课由拉脱维亚老师承担，而其他方面如会话和写作则由中国老师承担。鲍葛薇本人开始任教时，与其他老师商定本科学生使用统一教材《新实用汉语课本》。但几年之后发现该教材许多话题过时了，于是用新教材《博雅汉语》取而代之。中国老师也用《HSK标准教程》，里面有适合HSK考试的标准词汇、语法和话题。硕士研究生则根据不同班级的兴趣和水平使用不同的教材，此外经常要求他们写各种话题的论文，以锻炼他们的写作能力。在会话课上，他们学习表达自己的观点和态度。他们有时候也帮助学院图书馆登记新的中文书籍，这是一个很好的书目练习，能够锻炼他们的阅读和理解能力，增强他们的中国文学传统和资源的背景知识。每个教师都有自己不同的教学方法和对待学生的不同态度。例如，柯世浩具有中欧教育背景，喜欢组织研讨会和讲座，以便培养学生的批判性思维和科学视野。小卡更重视恰当理解科学研究方法，比较中西思想。在他的考试中，学生必须非常详细地解释中国文化的核心概念，与历史和社会背景相关联，不允许老生常谈。莫丽雅不断进取，经常采用新的视听教学方法，上过她的语音课的所有学生，中文语调和语音都非常标准和完美。卡琳娜开发了许多有效学习语言的方法，运用社会文化和艺术元素（画出绕口令，传统节日和现代生活的有趣事例）。她用丰富多彩的活动、实用可行的练习、视觉互动材料吸引学生，但也布置大量的作业。鲍葛薇本人主要举办有关中国文学、文化和历史的讲座，讲解并展示她在中国的亲身经历以及与中国人的接触。讲座配以照片、图表、视频，要求学生积极参与，回答问题，翻译词汇或句子，表达他们自己的观点等。如果学生少，半堂课用来讨论，然后学生准备演示、写文章或者小组活动。在硕士研究生笔译和口译课上，以实用议题为基础。有时候，也请学生自己选择文本（或者视频记录），例如对他们研究工作有用的文本。给学生布置定期作业，进行临时测试。期末，每门课做一个调查问卷，请学生以匿名形式对课程表达意见。关于理论课程，现在的主要问题不像20世纪90年代那样缺乏课本和教材，而是信息过剩（主要是电子媒体）。因此，学生必须学会根据客观和学术标准过滤信息。关于语言课，一个严重的问题是学生的水平参差不齐。有一些学生天资聪颖，学习效率很高，也有一些学生天资平平，学习有难度，不知道如何独立完成作业，很懒散或者不经常上课。近年来，在一年级学生中，有些已经学过2—3年中文，有些仅学过几个月，还有一些压根儿没有学过。有些勤奋的学生在亚洲系学习的同时，也经常去孔子学院上课，他们的语言水平进步得非常快。教师们尝试各种方法解决这一问题，布置作业的时候难易有别，给有些学生额外增加作业，将学生分成不同的班级，在不同时间段上课，有时候甚至安排额外加课。有时候允许优秀学生去水平更高一级的班级上课，有时候本科生甚至上研究生的课。从长远看，新的教学方法层出不穷。最近，研讨会、工作坊和PPT展示成为常态。教师们不那么专注于学生大量的知识积累，而是更多地努力改进他们的实际能力和自学能力，以便他们不仅能从学习新信息中获益，而且能自我提升学术能力。PPT展示、在线语言学习工具、各种软件、互动网址等，越来越多地得到利用。除了上课外，教师和学生也组织和参与和中国语言文化相关的课外活动，例如每年一度的"汉语桥"比赛（始于2004年），每月一度的汉语沙龙（始于2008年），卡琳娜和拉脱维亚留华同学会组织的一年一度的中华才艺大赛（始于2016年）和视频比赛（2017年）。在大学学习和工作的同时，亚洲学系师生还兼职做笔译和口译，与SIA Nordtext, Skrivanek Baltic, Linearis Translations Ltd等翻译机构建立了工作联系。相对于其他亚洲语言专业的学生，汉学专业学生有更多的发展机会，包括研究工作、翻译工作以及其他学术和社会活动。许多毕业生（本科和研究生）有成功的职业生涯，活跃于教育界、文化界和政界。作为中文教师、外交部和大使馆官员、导游、翻译、图书馆馆员、国际文化机构管理者，他们对推动中国和拉脱维亚关系做出了贡献。一些毕业生在拉脱维亚和中国继续读硕和读博，从事学术学习和研究。拉脱维亚加入欧盟以来，许多欧洲其他国家学生通过伊拉斯谟斯奖学金项目来拉脱维亚大学亚洲学系汉学专业学习。例如，芬兰学生聂磊、土耳其学生迪尔格、俄罗斯加里宁格勒学生克莱维特科娃、爱尔兰学生帕特里、俄罗斯学生波利纳、加拿大学生马修等在汉学专业学习。虽然课程一般是用拉语讲授，但是外国学生可以受到特殊的个别辅导和自学。从第二年开始，他们可以直接修中文课程，课程用中文讲授或者部分用英语讲授。此外，亚洲学系拉脱维亚学生也申请伊拉斯谟斯奖学金去中欧国家留学，2015年至2021年有18名学生获此奖学金。亚洲学系汉学专业教师也重视吸引中小学生。卡琳娜经常组织各种与中国文化和语言相关的活动，以便激发青少年对中国的兴趣。鲍葛薇也在不同的中学做有关中文和藏语及文化的讲座，例如白朵纳中学、普拉韦涅库中学、布斯阿高中等。近东研究中心阿拉伯语言文化专家英丽达组织年度系列讲座"亚洲研究小学堂"，对象是九至十二年级的初高中生，亚洲学系教师给他们介绍不同亚洲国家，包括中国。三十年来，拉脱维亚大学汉学获得了快速发展。新一代年轻的汉学家诞生了，他们从事学术研究以及加强拉中两国之间的社会、文化和政治联系。然而，大多数西方学生（即使是博士毕业生）和教师汉语水平都很低。只有当新入学的汉学专业学生一开始就具有现代汉语听说读写技能（就像西班牙语、俄语或德语专业新入学学生一样），只有当所有教师（包括拉脱维亚本土教师和其他欧洲国家访问教授）能够用中文流利地授课和用中文写文章，才标志着专业化汉学研究的开始。只有这样，本科生和研究生才能深入分析中文并真正专注于中国文化、历史和文学的研究，将古汉语和现代汉语原始资料与西方语言研究工作结合起来。①

从2016年9月至2019年1月拉脱维亚大学人文学院亚洲学系汉学专业本科生和研究生课程表中可以看出汉学专业教学的总体情况。亚洲学系汉学专业本科秋季学期（2016年9月至2017年1月）课程：一年级周一12：30《语言

---

① 安吉塔·鲍葛薇：《拉脱维亚大学汉学专业学习和任教经历》，载于刘利主编：《国际中文教育理论与实践研究》，柏林：施普林格出版社，2023年12月。

学概论 4 学分－讲座－本课程以拉脱维亚语授课，授课教师洛克玛尼副教授》，周二 8：30《语言学概论 4 学分－讲座－本课程以拉脱维亚语授课，授课教师洛克玛尼副教授》、10：30《中文语音 6 学分－本课程以拉脱维亚语授课，授课教师莫丽雅》、12：30《中文写作基础 4 学分－本课程以拉脱维亚语授课，授课教师卡琳娜》，周三 8：30《中文语音 6 学分－本课程以拉脱维亚语授课，授课教师莫丽雅》、10：30《中文语音 6 学分－本课程以拉脱维亚语授课，授课教师莫丽雅》、12：30《阿拉伯文明史Ⅰ－2 学分－本课程以拉脱维亚语授课，授课教师塔伊万斯教授》，周四 10：30《中华文明概论 2 学分－本课程以拉脱维亚语授课，授课教师鲍葛薇副教授》、12：30《中文写作基础 4 学分－本课程以拉脱维亚语授课，授课教师卡琳娜》、14：30《日本文化和文明史Ⅰ－2 学分－本课程以拉脱维亚语/英语授课，授课教师哈艾葛妮赛副教授》，周五 12：30《语言学概论 4 学分－研讨会－本课程以拉脱维亚语授课：韩语班与日语班，授课教师雷库马教授》、14：30《语言学概论 4 学分－研讨会－本课程以拉脱维亚语授课：中文班与阿拉伯语班，授课教师雷库马教授》。

二年级周一 10：30《中文Ⅱ－8 学分－本课程以英文和中文授课，授课教师卡琳娜》、12：30《中文Ⅱ－8 学分－本课程以英文和中文授课，授课教师卡琳娜》、14：30《亚洲民族志Ⅱ－4 学分－本课程以拉脱维亚语和英语授课，授课教师塔伊万斯教授，卡琳娜，英丽达，阳索内》，周二 12：30《亚洲宗教概论Ⅰ－4 学分－本课程以拉脱维亚语授课，授课教师塔伊万斯教授、塔伊万娜博士》、14：30《中国文学与文化Ⅰ－4 学分－本课程以拉脱维亚语授课，授课教师葛薇副教授》，周四 8：30《中文Ⅱ－8 学分－本课程以英文和中文授课，授课教师卡琳娜》、10：30《中文Ⅱ－8 学分－本课程以英文和中文授课，授课教师卡琳娜》、12：30《亚洲宗教概论Ⅰ－4 学分－本课程以拉脱维亚语授课，授课教师塔伊万斯教授、塔伊万娜博士》、14：30《亚洲民族志Ⅱ－4 学分－本课程以拉脱维亚语和英语授课，授课教师塔伊万斯教授、卡琳娜、英丽达、阳索内》，周五 14：30《中国文学与文化Ⅰ－4 学分－本课程以拉脱维亚语授课，授课教师葛薇副教授》；

三年级周一 12：30《20 世纪中国史 2 学分－本课程以拉脱维亚语授课，授课教师塔伊万斯教授》、14：30《中国文学与文化Ⅲ－4 学分－本课程以拉脱维亚语授课，授课教师柯世浩教授、卡琳娜》，周二8：30《文化史和文化学2学分－本课程以拉脱维亚语授课，授课教师比彩夫斯基博士》、10：30《中文Ⅳ－6学分－本课程以英文和中文授课，授课教师潘军武讲师》、12：30《文言文Ⅱ－2学分－本课程以拉脱维亚语授课，授课教师葛薇副教授》，周四14：30《中国文学与文化Ⅲ－4学分－本课程以拉脱维亚语授课，授课教师柯世浩教授、卡琳娜》，周五8：30《中文Ⅳ－6学分－本课程以英文和中文授课，授课教师潘军武讲师、鲍葛薇副教授》、10：30《中文Ⅳ－6学分－本课程以英文和中文授课，鲍葛薇副教授》、12：30《学士论文研讨课2学分－本课程以拉脱维亚语授课，授课教师鲍葛薇副教授》、14：30《学士论文研讨课2学分－本课程以拉脱维亚语授课，授课教师亚尼斯·布列戴教授》。

亚洲学系汉学本科专业春季学期（2017年2月—6月）课程：一年级周一、10：30《中文Ⅰ－8学分－本课程以拉脱维亚语/中文授课，授课教师卡琳娜》、12：30《亚洲民族志Ⅰ－4学分－本课程以拉脱维亚语授课，授课教师平卡》、14：30《中国历史Ⅰ－2学分－本课程以拉脱维亚语授课，授课教师鲍葛薇副教授》，周二10：30《中文Ⅰ－8学分－本课程以英语/中文授课，授课教师潘军武》、12：30《阿拉伯文明史Ⅱ－2学分－本课程以拉脱维亚语授课，授课教师塔伊万斯教授》，周三12：30《南亚与东南亚简史Ⅰ－2学分－本课程以拉脱维亚语授课，授课教师塔伊万斯教授》，周四8：30《中文Ⅰ－8学分－本课程以拉脱维亚语和中文授课，授课教师卡琳娜》、10：30《中文Ⅰ－8学分－本课程以拉脱维亚语和中文授课，授课教师卡琳娜》、12：30《哲学概论2学分－本课程以拉脱维亚语授课，授课教师比彩夫斯基博士》，周五10：30《学术研究概论2学分－本课程以拉脱维亚语授课，授课教师史坦马尼》、12：30《亚洲民族志Ⅰ－4学分－本课程以拉脱维亚语授课，授课教师平卡》。

二年级周一10：30《中文Ⅲ－8学分－本课程以英文和中文授课，授课教师潘军武》、12：30《亚洲宗教概论Ⅱ－4学分－本课程以拉脱维亚语授课，授课教师塔伊万斯教授、教师葛薇副教授、塔伊万娜博士》，周二12：30《中国文学与文化Ⅱ－4学分－本课程以拉脱维亚语授课，授课教师柯世浩教授》、14：30《中国传统哲学Ⅱ－2学分－本课程以拉脱维亚语授课，授课教师葛薇副教授》，周三10：30《中文Ⅲ－8学分－本课程以拉文和中文授课，授课教师卡琳娜》、12：30《中文Ⅲ-8学分-本课程以拉文和中文授课，授课教师卡琳娜》、14：30《中国文学与文化Ⅱ-4学分-本课程以拉脱维亚语授课，授课教师葛薇副教授》，周四10：30《中文Ⅲ-8学分-本课程以英文和中文授课，授课教师潘军武》、12：30《亚洲宗教概论Ⅱ-4学分-本课程以拉脱维亚语授课，授课教师塔伊万斯教授、葛薇副教授、塔伊万娜博士》、14：30《文言文Ⅰ-2学分-本课程以拉脱维亚语和中文授课，授课教师葛薇副教授》。

三年级周二12：30《中文Ⅴ-6学分-本课程以拉文和中文授课，授课教师鲍葛薇副教授》，周三12：30《中文Ⅴ-6学分-本课程以拉文和中文授课，授课教师鲍葛薇副教授》，周五12：30《中文Ⅴ-8学分-本课程以英文和中文授课，授课教师潘军武讲师》、14：30《中文Ⅴ-8学分-本课程以英文和中文授课，授课教师潘军武讲师》。

亚洲学系汉学专业硕士秋季学期（2018年9月至2019年1月）课程：一年级周一16：30《20世纪和21世纪的亚洲：南亚2学分-本课程以拉脱维亚语授课，授课教师塔伊万斯教授》、18：15《传统和现代东方研究现状4学分-本课程以拉脱维亚语授课，授课教师塔伊万斯教授》、20：00《传统和现代东方研究现状4学分-本课程以拉脱维亚语授课，授课教师塔伊万斯教授》，周二16：30《中文Ⅵ-2学分-本课程以中文/英语授课，授课教师王琼子》、18：15《文言文Ⅲ-2学分-本课程以拉脱维亚语/英语/中文授课，授课教师柯世浩教授》，周三16：30《西藏文化史2学分-本课程以拉脱维亚语授课，授课教师鲍葛薇副教授》、18：15《拉脱维亚语翻译功能文体学4学分-本课程以拉脱维亚语授课，授课教师洛克玛尼副教授、沙尔迈副教授》、20：00《拉脱维亚语翻译功能文体学4学分-本课程以拉脱维亚语授课，授课教师洛克玛尼副教授、沙尔迈副教授》，周四16：30《跨文化交际理论与实践2学分-本课程以英语授课，授课教师卡尔恩波尔津纳副教授》、18：15《中国的传统与社会生活2学分-本课程以英语/拉脱维亚语授课，授课教师柯世浩教授》，周五16：30《20世纪和21世纪的亚洲：中国2学分-本课程以拉脱维亚语授课，授课教师鲍葛薇副教授》、18：15《日本宗教：传统与转型2学分-本课程以拉脱维亚语授课，授课教师斯塔树蓝博士》、20：00《中文文本翻译2学分-

本课程以拉脱维亚语和中文授课，授课教师鲍葛薇副教授》。

二年级周一 18：15《传统和现代东方研究现状 4 学分－本课程以拉脱维亚语授课，授课教师塔伊万斯教授》、20：00《传统和现代东方研究现状 4 学分－本课程以拉脱维亚语授课，授课教师塔伊万斯教授》，周二 16：30《汉语Ⅸ－2 学分－本课程以韩语／英语授课，授课教师金洪泰》、18：15《中文Ⅷ－2 学分－本课程以中文／英语授课，授课教师王琼子》，周三 16：30《韩语文本翻译Ⅲ－2 学分－本课程以韩语／英语授课，授课教师金洪泰》、18：15《中文交替传译Ⅱ－2 学分－本课程以拉脱维亚语／中文授课，授课教师鲍葛薇副教授》、20：00《汉语文本翻译Ⅲ－2 学分－本课程以／中文授课，授课教师鲍葛薇副教授》，周四 16：30《跨文化交际理论与实践 2 学分－本课程以英语授课，授课教师卡尔恩波尔津纳副教授》、18：15《中国的传统与社会生活 2 学分—本课程以英语／拉脱维亚语授课，授课教师柯世浩教授》，周五 16：30《20 世纪和 21 世纪的亚洲：中国 2 学分－本课程以拉脱维亚语授课，授课教师鲍葛薇副教授》、18：15《西方国家在亚洲国家现代化进程中的作用 2 学分－本课程以拉脱维亚语授课，授课教师鲍葛薇副教授》。[①]

柯世浩给本科学生开设《中国哲学传统》《中国文明入门》《中国古代史》《中国文学和现代性》《亚洲文学和文化（中国）Ⅰ－Ⅲ》《古汉语Ⅰ－Ⅴ》《白话文Ⅰ－Ⅶ》等课程；给硕士研究生开设《中国传统与社会生活》《中国生活和文学》《中国科技史》《古汉语Ⅲ－Ⅴ》《当代中国审查制度与文化》《中国翻译：古典文学艺术向现代语境与政治的转型》。[②]

亚洲学系本科和硕士专业包括汉语、日语、阿拉伯语、韩语，因此研究生阶段可以对各个地区的文化和语言进行深入研究。这是波罗的海国家学术界的一个独特现象。2016 年，韩国访问教授徐镇锡创建了韩国研究中心，韩语招生设置在汉学名下，与汉学专业一起招生，占用汉学专业学生名额。近年来，随着对韩国文化和语言感兴趣的学生人数增加，计划将韩国研究从汉学研究中分离出来，成立单独的韩语专业。现在，克拉文什副教授接任东方学硕士项目主任和韩国研究中心主任，在他的努力下，开设了一个新的国际本科专业，即

---

① 非常感谢鲍葛薇和王琼子提供拉脱维亚大学人文学院汉学专业本科和研究生课程表。
② 《柯世浩简历和教学成果》，2022 年 4 月 6 日。

东西方跨文化研究专业，2021年招收了第一届学生，[①] 经华南师范大学和语合中心协调，华南师范大学李立华老师于2023年赴拉脱维亚大学人文学院亚洲学系，用英语讲授《现代亚洲兴起》课程。

三、汉语角活动

这一时期，汉语角（汉语沙龙）活动有了一些新变化。第一，起初汉语角固定在拉脱维亚华人华侨联合会大本营东亚长城饭店举办，后来改为在拉脱维亚大学人文学院中文教室和几个中餐馆及茶店等流动举办。第二，起初汉语角由拉脱维亚大学人文学院亚洲学系汉学专业组织举办，后来拉脱维亚大学孔子学院和拉脱维亚留华同学会（2016年8月23日在拉脱维亚大学主楼小礼堂举办成立庆典，卡琳娜任会长，安泽和古爱柳任副会长，叶春萌任秘书长）加入其中，一起参与举办汉语角活动。第三，汉语角活动最早是每周一次，主要是播放中国电影，后来创新形式，多姿多彩，或两周一次，或一月一次。下面是一些汉语角活动记录。

（一）长城饭店汉语角

2014年9月25日、10月9日和10月30日，该学期第一至第三期汉语角活动在长城饭店举行。曾伏华领事、尚劝余院长、卡琳娜、王琼子、何清、方思琪、金晶、程雪、拉脱维亚大学孔子学院和人文学院学生以及对中文及中国文化交流感兴趣的社会人士参加活动。在茶话会形式的氛围中，中拉友人欢聚一堂，就各种话题展开讨论。拉脱维亚学生们向在场的中国朋友询问了如中国的旅游胜地、与中国人打交道的禁忌等一系列感兴趣的问题，对中国和中国文化有了更深的了解。居住在里加的中国老师和社会人士也与学生们分享了他们在中国的生活，探讨了中国的文化，并向学生们咨询了一些在拉脱维亚生活的问题。[②]

2014年11月13日，汉语角专题活动在里加长城饭店举行。出席活动的

[①] 安吉塔·鲍葛薇：《拉脱维亚大学汉学专业学习和任教经历》，载于刘利主编：《国际中文教育理论与实践研究》，柏林：施普林格出版社，2023年12月。
[②] 《拉脱维亚大学孔子学院"汉语角"系列活动》，拉脱维亚大学孔子学院档案，2014年10月9日。

有曾伏华领事、尚劝余院长、张仲林会长、叶友群老板以及拉脱维亚大学汉语师生及华人50余人，由卡琳娜和王琼子主持。这次专题活动的主题是中国古琴，以讲座和观摩为主，古琴家田泉和师生们分享了蕴含在中国古琴中的精神气质。讲座结束之后，学生们纷纷围拢古琴，试着弹奏起来。讲座结束后，学生们还和当地中国人一起讨论跟中国民乐有关的话题。[①]

2018年2月23日，拉脱维亚留华同学会和拉脱维亚大学孔子学院在长城饭店举办汉语角活动。此次汉语角活动的主题是中外诗歌翻译会，与会者或者准备了一首中国诗并翻译成拉语，或者准备了一首外国诗并翻译成中文，随后他们还饱含深情地朗读了自己的诗歌。这次活动参加的人数有20-30人，由卡琳娜主持，参加的成员有中国大使馆沈晓凯，里加中国文化中心张丽丽、杨松、杨森，孔子学院董芳、王琼子，华联会王丹，留华同学会叶春萌，拉脱维亚大学学生和中文爱好者。[②]

2018年9月25日，中拉共百余人齐聚长城饭店，举办中秋节汉语角活动。孙应来代办、沈晓凯商务参赞、郑勤力武官、尚劝余院长、卡琳娜会长、王琼子老师、董芳老师、滕飞老师、林婕老师、画家白凯夏，留华同学会、华联会、中国留学生代表等参加了此次活动，由王琼子和卡琳娜共同主持。到场各位嘉宾自我介绍，品香茶、吃月饼、欣赏节目。孔子学院学生、人文学院学生以及留华同学会学生为大家带来了一场视听盛宴，有中秋故事和习俗的讲解，有《月亮代表我的心》歌曲演唱，还有学生朗诵了自创的中秋诗词，更有人文学院学生改编自拉脱维亚经典儿歌的欢快合唱曲《小安娜洗澡歌》。滕飞为大家讲解了中秋节的不同称谓以及中国各地不同的中秋节习俗，以及他的家乡河南省特殊的拜月、祭月方式，同时，白凯夏现场为大家作了一幅"金菊月饼图"。志愿者教师和中国留学生一起为大家演唱了一首《但愿人长久》，表达了对中拉人民友谊的美好祝愿。大家还一起学习了"玉兔"的折纸方法。[③]

---

① 《广陵琴第十二代传承人田泉莅临拉脱维亚大学孔子学院汉语角》，拉脱维亚大学孔子学院档案，2014年11月14日。
② 《拉脱维亚留华同学会与拉脱维亚大学孔子学院携手举办汉语角活动》，拉脱维亚大学孔子学院档案，2018年2月23日。
③ 《拉脱维亚成功举办2018年中秋佳节汉语角活动》，拉脱维亚大学孔子学院档案，2018年9月25日。

（二）人文学院汉语角

2015年10月12日，汉语角活动在拉脱维亚大学人文学院中文教室举办。拉脱维亚大学中文专业师生（鲍葛薇、卡琳娜、莫丽雅、路岩以及学生）、拉脱维亚孔子学院师生（尚劝余等）、外交部张放、中国留学生等20余人参加活动。本次汉语角由鲍葛薇主持，尚劝余院长用幽默风趣的语言为活动营造了轻松活泼的氛围，中外学子纷纷展开交流。猜汉字、故事接龙、我做你猜，每个人热情参与、发挥想象；自由交流环节大家更是积极主动地相互交谈，不仅拉脱维亚学生锻炼了中文口语水平，中国学生也了解了不少拉国的文化。晚上8点，不知不觉到了原定结束的时间，可朋友们相聊甚欢，活动便又延长了一个小时，大家才意犹未尽地道别。①

2015年11月16日，汉语角活动在拉脱维亚大学人文学院中文教室拉开了帷幕。鲍葛薇、尚劝余、卡琳娜、黄蕊、王佳乐、袁钰、莫婉婷、叶欢欢、人文学院和孔子学院学生、当地华人、中国留学生等参加。本次汉语角的主题是"旅游"。鲍葛薇先给大家介绍了山西悬空寺，打开了话题，接下来大家轮流上场，展示精心挑选的旅游图片，并介绍有趣的旅游故事。孔子学院学生艾乐介绍了她去云南大理参加"汉语桥"比赛的旅程，一位拉脱维亚大学汉学专业学生介绍了她在天津、北京、浙江旅游的经历，汉学专业的艾蝶尔把大家带入了哈尔滨北国冰雪世界，欣赏了美丽的雪雕和冰灯，卡琳娜也介绍了她在上海的留学生活，两位中国朋友介绍了她们心目中最值得去的旅游胜地乌镇和西藏。之后是自由交谈时间。②

2016年4月14日，汉语角活动在拉脱维亚大学人文学院举办，由鲍葛薇主持，人文学院汉学专业研究生和本科生、孔子学院公办教师潘军武和志愿者教师、当地华人、中国留学生参加。这次汉语角的会话主题是运动，活动会场墙面贴了十二项卡通运动图片，配上了汉字和拼音，背景音乐是华语歌手宇宙人的《一起去跑步》。活动的第一个环节是自我介绍，重点讲述自己的运动体会。鲍葛薇教授说她非常喜欢户外运动，夏天游泳冬天滑雪，她还很喜欢武术，并播放了她练习棍法的视频。随后大家纷纷发言，讲述了自己的运动爱好和心

---

① 《拉脱维亚大学中文系举办汉语角活动》，拉脱维亚大学孔子学院档案，2015年10月12日。
② 《拉脱维亚大学举办第二次汉语角活动》，拉脱维亚大学孔子学院档案，2015年11月16日。

得体会。活动的第二个环节是现场表演一些运动姿势，有做瑜伽的有打拳的，还有一个华人小朋友做广播体操。第三个环节是自由交谈，在场的中国人和汉学专业的学生结成搭档，大家围绕墙面粘贴的运动图片进行深入交谈。有一幅图是踢毽子，很多拉脱维亚学生对踢毽子闻所未闻，对这项运动特别感兴趣。[1]

2016年6月1日，拉脱维亚大学人文学院开展汉语角活动。活动由鲍葛薇主持，卡琳娜、潘军武、程雪、金蒙、黄蕊、尹莎莎、王佳乐、莫婉婷、梁铭轩，人文学院汉学专业研究生和本科生、孔子学院学生，共约20人参加。这次汉语角的会话主题是爱好。短暂的自我介绍之后，有几位做了充分准备的同学用PPT分享了自己的兴趣爱好。有同学爱养猫，有同学爱养狗，有同学爱跳舞爱唱歌。卡琳娜给大家播放了她的街舞视频，给大家讲锁舞和嘻哈舞的特点，此外她也很爱中国书法和绘画。梁铭轩爱好跑步，参加过马拉松。接下来的发言很多听起来很有趣，有的爱睡觉，有的爱做饭，有的爱照顾小朋友，有的爱弹夏威夷小吉他，有的爱游泳和打乒乓球。总体说来，爱好集中在运动和艺术领域。活动最后是自由交谈，大家围绕自己想了解的爱好进行了比较深入的交谈。[2]

2016年10月6日，拉脱维亚大学人文学院开展汉语角活动。活动由鲍葛薇主持，汉学专业的三年级本科生和中文教师潘军武和志愿者教师曾庆君、潘斌、曾嵘、林婕、胡越、吴甜田和当地华人以及留学生共约20人参加了活动。这次汉语角的会话主题是文学、小说、诗歌、散文。活动伊始，鲍葛薇背诵了王维的《相思》和柳宗元的《江雪》，她说自己很喜欢五言绝句，对唐诗最感兴趣。接着，潘斌用PPT展示了王维的《山居秋暝》，并做了详细解释。曾庆君也精心制作了PPT，展示了辛弃疾的《青玉案·元夕》并配上了英语译文。关于现代文学，曾嵘介绍了钱钟书的《围城》。接下来一个环节是关于拉脱维亚文学，尤其是童谣和民歌。所有参与者都有一张纸上面写有一首拉脱维亚诗歌的片段，大家来回走动寻找这首诗的另外一部分，这种类似拼图的活动使得现场互动气氛热烈。拼图成功后，大家按照诗歌单元自然形成了小组，拉脱维亚学生朗读该首诗然后中国志愿者教师翻译成中文，曾庆君老师的翻译受到鲍

---

[1] 《拉脱维亚大学人文学院开展汉语角活动》，拉脱维亚大学孔子学院档案，2016年4月14日。
[2] 《拉脱维亚大学人文学院开展汉语角活动》，拉脱维亚大学孔子学院档案，2016年6月1日。

葛薇教授的高度评价。活动最后一个互动环节是中国诗歌拼图活动，程序和前一个活动类似，这回志愿者教师胡越和林婕关于骆宾王《咏鹅》的形象解释和翻译让大家笑不可支。①

2018年11月7日和2019年3月7日，拉脱维亚大学人文学院402教室举行了两次汉语角活动，活动由拉脱维亚大学人文学院、拉脱维亚大学孔子学院、拉脱维亚留华同学会共同主办。鲍葛薇、卡琳娜、王琼子、王葆华、叶春萌、曾庆君、陈莹、梁娟、尹燕、白凯夏、徐樱露，拉脱维亚大学孔子学院、人文学院和留华同学会的学生，里加工业大学学习拉语的中国学生和里加文化中学学生等参加了活动。活动主题是"限时互换聊天"，目的是为了让学习中文的拉国人和学习拉语的中国人获得一个练习口语的机会。大家面对面坐着聊天，五分钟以后交换位置，所以每个人必须抓紧时间将自己要问的问题和想说的话尽快说出来。每个人都有机会练习自己的语言技能，学中文的学生说中文，学拉语的学生说拉语。②

2023年4月14日，本学期第四次汉语角活动在拉脱维亚大学人文学院拉开帷幕，人文学院中文专业负责人鲍葛薇教授和中文教师白冰玉、卡琳娜共同主持了本次活动。从季节的话题讨论开始，学生们用拉脱维亚语或者中文自由地表达自己的想法和观点。接着进入"四季词汇配对"小游戏，学生们需要找到其他学生手中与自己词汇相匹配的朋友。随后进行"颜色描述大比拼"，在这个环节中，中国人需要用拉脱维亚语表达，拉脱维亚人需要用中文表达，展现了一场别开生面的"中拉大比拼"。在畅谈和茶香中，两个小时的中文交流活动圆满结束。通过本次活动，学生们在愉快的游戏中不仅提高了中文口语水平，还增进了中拉友谊，进一步促进了拉脱维亚大学人文学院中文教学的发展。③

2023年10月6日，拉脱维亚大学人文学院本学年第一场汉语角活动在人

---

① 《拉脱维亚大学举办第三次汉语角活动》，拉脱维亚大学孔子学院档案，2016年10月6日。
② 《"限时互换聊天"汉语角活动在拉脱维亚大学成功举行》，拉脱维亚大学孔子学院档案，2018年11月7日。《拉脱维亚2019首次汉语角活动成功举行》，拉脱维亚大学孔子学院档案，2019年3月7日。
③ 《"我的季节故事"——第四次汉语角活动圆满落幕》，拉脱维亚大学孔子学院档案，2023年4月14日。

文学院主楼 431 教室欢快上演。本次活动吸引了近四十位中文爱好者和中国留学生参加，由人文学院中文专业负责人鲍葛薇教授和中文教师白冰玉主持。活动分为秋季主题探讨和中秋唐诗宋词赏析两个环节。每一位参加者都完全沉浸在汉语和拉语的小世界，期间笑声不断，场面温馨热闹。活动结束后，参加者们纷纷表示期待下一次相聚。第二场观影主题汉语角活动计划于十月底举行。

（三）山茶店和加佳家饭店汉语角

2017 年 3 月 31 日，汉语角活动在里加山茶店开办。活动由鲍葛薇主持，李涛参赞、卡琳娜、董芳、潘军武、张桂英、曾庆君、林婕、胡越、张柳繁、丁羿方，人文学院汉学专业研究生和本科生、孔子学院学生以及中国留学生和当地华人，共约 30 人参加了本次活动。这次汉语角大家品茶论道。首先山茶店店主杨旭琴进行茶艺表演，然后进入汉语角活动环节，每个人都介绍一下自己身边的朋友。这样的介绍比起自我介绍多了一些互动让大家觉得很有趣。李涛参赞应邀作了茶艺和京剧的发言，大家收获匪浅。活动的高潮部分是小组活动，每组都有中文的中国茶品种名单和拉脱维亚文的拉脱维亚茶品种名单，每一组都有中国老师和拉脱维亚大学的学生，中国老师向拉脱维亚学生介绍中国茶，听明白后由拉脱维亚学生翻译成拉脱维亚文。拉脱维亚学生向中国老师介绍拉脱维亚茶的样态、原料和饮用方法，经过反复询问，最后确定一个中文翻译。由于茶叶跟当地植物生态有关，很多没有十分对应的翻译，这就造成很多解释工作，极大的促进了有意义的中文交谈和沟通。①

2018 年 3 月 28 日，"讲述中国故事，领略中国文化"汉语角活动在加佳家中餐馆举行。参加活动的有卡琳娜老师、白凯夏画家，有刚学中文一个月的初学者，也有学了很长时间的老朋友，还有王琼子、吴炜和一些中国的朋友。每个人都读了自己精心准备的一个故事，有短小易懂的儿童故事《拔萝卜》，也有一些富有哲理的成语故事，如《自相矛盾》《滥竽充数》，也有一些寓言故事，如《乌鸦和狐狸》，也有让人倍感恐惧的鬼故事，还有一些有意思的笑话故事。故事或给人以启示，或让大家捧腹大笑，或让人短暂悲伤，或让人极度紧张。②

---

① 《中国风荟萃：汉学·茶艺·京剧》，拉脱维亚大学孔子学院档案，2017 年 3 月 31 日。
② 《讲述中国故事，领略中国文化》，拉脱维亚大学孔子学院档案，2018 年 3 月 28 日。

2020年至2022学年，由于疫情肆虐，面对面的汉语角活动被迫停止。2022年9月21日，时隔两年多，汉语角活动终于在加佳家中餐馆再次拉开了帷幕。鲍葛薇、卡琳娜、尚劝余、张桂英、白冰玉、艾维塔、叶春萌、高安娜、徐申、刘贤、李欣、唐静以及拉脱维亚大学人文学院、孔子学院、留华同学会的学生和中国留学生等40余人参加了活动。学生们争相尝试使用筷子享用美味的中餐，彼此认识。餐后，鲍葛薇宣布活动正式开始，并邀请尚劝余院长向大家介绍汉语角活动创办以来近20年的历史，在人文学院中文教师卡琳娜致辞并介绍活动规则后，师生一起切入正题，三人成组，畅聊万物！整个餐厅瞬间被各种腔调的汉语交谈声填满，仿佛人人都置身于中国。①

2022年10月14日，首届"汉语饺"活动（以包饺子为主题的汉语角活动）在加佳家中餐馆举办，由卡琳娜和白冰玉主持，鲍葛薇、尚劝余、张桂英、高安娜、中文志愿者教师以及中拉师生40余人出席活动。白冰玉给大家讲解了许多关于饺子的知识，如"出门的饺子，进门的面"。杨宝茹和张涵絮给大家展示饺子的包法，大家三三两两各自成组，揉面、擀皮、包饺子，干劲十足，忙得不亦乐乎。随后，鲍葛薇组织大家边品尝自己包的饺子边用汉语谈谈自己对活动的感受，大家纷纷发言，拉脱维亚中文学习者就中国饺子提出问题，中文志愿者教师热情回答。②

2023年6月13日，由拉脱维亚大学孔子学院和拉脱维亚大学人文学院共同举办的本学期第五次汉语角活动在里加加佳家中餐馆举办，活动主题为"暑假乐趣"，人文学院汉学专业负责人鲍葛薇教授和中文教师白冰玉共同主持本次活动。大家积极讨论、分享自己的假期安排和有趣的暑期经历。有的学生表示自己即将参与为期一个月的运动夏令营，有的学生说自己会环游欧洲，还有的学生告诉大家自己参与了中文研学项目，即将前往中国。大家都对即将到来的暑期生活充满了向往和期待。在第一轮讨论结束后，白冰玉揭开了本次汉语角活动的小彩蛋——包粽子。白老师采用互动的方式为大家讲解了端午节的时间、别称、来历以及吃粽子、赛龙舟、悬挂艾叶等端午习俗，帮助大家深入了

---

① 《"汉语角"回来了》，2022年9月24日，http://www.ci.lu.lv/?p=5978，2022年9月25日上网。
② 《2022年拉脱维亚第一次"汉语角"盛大举行》，2022年10月14日，http://www.ci.lu.lv/?p=6039，2022年10月18日上网。

解端午文化。接着,由志愿者教师汪贝娅为大家讲解、演示粽子的制作方法。不同于饺子的"知名度",粽子对于拉脱维亚的中文学习者来说是一个十分新奇的东西。大家相互配合,共同制作完成了各具特色的美味粽子。粽子虽小,情谊却浓。通过此次活动,大家进一步了解了中国的端午文化,体验了端午的美食魅力,加深了对中国传统节日文化的认识。[①]

四、学术交流

学术交流分为交流活动和学术成果两个方面。

(一)交流活动

第一,中国大使馆交流活动。2011年2月11日,中国驻拉脱维亚大使馆与拉脱维亚中文师生举行联欢交流会。拉脱维亚教育部官员、汉学界知名人士、中国老师、拉脱维亚各地的中文专业师生和中文爱好者以及拉脱维亚武术协会学员等110余人应邀出席联欢会。胡业顺大使向来宾们介绍了关于元宵节的民间传说及当今中国元宵佳节丰富的文化内涵,尔后各学校学生用中文表演了诗朗诵、绕口令和《新年快乐》《月亮代表我的心》等歌曲,武术学员表演了中国功夫。大使馆还准备了中国文化丛书、音像材料及兔年纪念品,受到大家的喜爱与欢迎。[②]

2011年12月27日,中国大使馆举办汉学文化招待会,邀请拉脱维亚大学亚洲学系以及拉脱维亚其他部门相关人士参加,包括拉脱维亚大学校长奥津什、国际交流处长葛阿丽娜、孔子学院院长贝德高、亚洲学系塔伊万斯、小卡、鲍葛薇、莫丽雅、伊娜、樊莉,教育部长罗伯茨·吉利斯、文化部长埃勒特、高教司司长莱瓦尔德、国际处高级专家瓦海莱、欧洲司副司长(国际处主任)卡玛拉、国家教育发展署中国政府奖学金项目联系人雅克维查、文化部副国秘列尔派特斯、国际处负责人提斯奇纳,里加斯特拉京什大学校长佳多夫斯基斯、顾问委员会主席维特拉,孔子中心史莲娜、白妩娜、谢安娜、克鲁德亚威采夫斯,

---

[①] 《第五次汉语角顺利举办》,拉脱维亚大学孔子学院档案,2023年6月13日。
[②] 中国驻拉脱维亚使馆与汉教师生共庆元宵佳节,2011年2月14日,来源:外交部网站 http://news.hexun.com/2011-02-14/127288590.html,2022年9月28日上网。

维泽梅大学国际处长普特尼纳、中文项目负责人图查、中文教师陈学敏，里加文化中学校长莱梅赛、中文教师周文馨，里加68中学校长拉丽莎·贡恰连科、中文教师初玛丽亚，里加34中学中文教师薇拉，拉脱维亚武术协会负责人长瓦罗曼和瓦维多利亚等，约150人。大使馆感谢本土教师的辛勤工作，希望进一步促进本土教师之间的相互学习与交流。

2012年2月14日，贝德高拜访中国大使馆，5月份拉脱维亚大学人文学院举办中国-欧盟-波罗的海国家关系研讨会，届时包括贝德高在内的拉脱维亚大学学者将发言，研讨会用英语交流，邀请大使和使馆工作人员三人参加研讨会并做专题发言，就中国与波罗的海国家的文化、教育和经济合作与交流现状（含经验、教训、设想及存在的困难等）发表看法。

2013年9月3日，杨国强大使走访拉脱维亚大学，与奥津什校长进行了友好交流。校长介绍了拉脱维亚大学的教学科研情况，感谢中国政府对拉脱维亚大学设立孔子学院的大力支持，强调中文已成为该校最受欢迎的外语之一，每年申请赴华留学的学生日益增多。杨国强大使积极评价拉脱维亚大学在与中方合作方面所做的大量工作，指出目前中拉关系发展平稳，为双边教育交流与合作创造了良好条件，希望拉脱维亚大学充分利用自身优势，不断提升与中方校际交流与合作的水平。[1]

第二，学术培训活动。2012年1月12日至18日，莫丽雅和谢安娜参加国家汉办/孔子学院总部举办的"外国本土中文教师教材培训班"，修习中文教材及教学专题课程，交流中文教学经验，学习探讨教学方法和技巧，同时通过座谈、参观等活动，体验和了解中国语言文化。

2017年2月，中国大使馆推荐4位拉脱维亚大学培养的中文人才于6月赴华参加中国文化部举办的研修班，其中卡琳娜参加"青年汉学家研修班"，叶春萌参加"中外文学出版翻译研修班"，孙天娜参加"汉学与当代中国研修班"，赵劳拉参加"中外影视译制合作高级研修班"。[2]

2018年2月至8月，拉脱维亚大学孔子学院推荐鲍葛薇教授，获得"孔子

---

[1] 中国驻拉脱维亚大使杨国强走访拉脱维亚大学，驻拉脱维亚使馆供稿，2013年9月5日，https://www.fmprc.gov.cn/chn/pds/wjdt/zwbd/t1073317.htm，2022年9月29日上网查阅。
[2] 中国驻拉脱维亚大使馆档案，2017年2月23日。

新汉学计划"资助,赴四川大学古籍整理研究所从事《易经》翻译研究和学术活动。

2022年11月17日至21日,鲍葛薇和卡琳娜赴匈牙利罗兰大学参加"中东欧中文教师培训中心"第十期培训班,来自中东欧地区10个国家的本土教师及匈牙利部分中方教师和志愿者约80人参加了此次培训。本期培训为期5天,通过专题讲座、案例分享和研讨等方式,组织中外教师就中文教师发展和教学技能提升等方面进行交流分享。①

2022年11月25日至12月3日,鲍葛薇参加北京语言大学举办的"2022年欧洲本土中文教师在线研修项目"。研修重点围绕教学法、文化教学、课堂活动组织与安排、现代技术、测试评估等模块,聘请知名专家授课,研修课程强调理论与时间相结合,突出中文教育的新趋势、新方法和新理念。鲍葛薇全程参加研修,并顺利通过各项考核,表现优异,获得结业证书。

第三,波罗的海东亚研究中心活动。2014年,拉脱维亚国家图书馆新馆(光之堡)竣工开业,波罗的海东亚研究中心阅览室由拉脱维亚大学人文学院亚洲学系搬迁到拉脱维亚国家图书馆,叶春萌任阅览室主任。叶春萌2008年至2011年在拉脱维亚大学汉学专业读本科,2011年至2012年赴浙江大学留学进修中文,2012年至2014年在拉脱维亚大学汉学专业读硕士,2012年起在拉脱维亚大学波罗的海东亚研究中心阅览室工作。波罗的海三国汉学家几乎都是波罗的海东亚研究中心的学术会员,在学术交流方面合作密切。②

2015年9月17日,拉脱维亚大学波罗的海东亚研究中心与拉脱维亚国家图书馆联合举办拉脱维亚国家图书馆亚洲研究分馆开馆仪式。图书馆馆长维尔克斯、亚洲研究分馆阅览室主任叶春萌以及葛思语、人文学院院长伊尔泽·鲁姆涅采、亚洲学系主任亚尼斯·布列戴、东亚研究中心主任柯世浩、中国大使馆领事曾伏华、孔子学院中方院长尚劝余和中文教师志愿者程雪、中国台北代表处负责人等数十人出席了开馆仪式。中国大使馆向拉脱维亚国家图书馆亚洲研究分馆赠送了介绍中国国情和文化背景的音像制品。③

---

① 中国教育部中外语言交流合作中心:《第十期中东欧中文教师培训成功举办》,2022年11月22日。
② 周睿:《21世纪波罗的海三国汉学研究现状述评》,《汉学研究通讯》2021年第2期,第17页。
③ 拉脱维亚大学孔子学院档案,2015年9月17日。

拉脱维亚国家图书馆亚洲研究分馆由柯世浩倡议创建，相关国家机构捐赠了文化、文学、历史和语言方面的宝贵书籍，主要是中文、英语、日语和韩语书籍，也有一些拉语和俄语书籍。捐赠机构有：中国驻拉脱维亚大使馆、中国新闻出版署、上海图书馆、中国台北代表处、中国台北"国立中央图书馆"及其汉学中心、中国台湾蒋经国基金会、日本驻拉脱维亚大使馆、日本私立大学图书馆联盟、日本基金会和日本出版商文化交流协会、韩国基金会。

该分馆也是举办文化学术活动的场所，旨在使拉脱维亚社会了解东亚国家的文化以及有关亚洲的最新研究活动。拉脱维亚大学亚洲学系师生和来自欧亚的学者一起参加与中国文化相关的活动，例如中国画展、中国书法和剪纸工作坊、中国茶艺表演、当代中国纪录片讨论、汉语和藏语研讨会、中国诗歌和中国古典名著讲座等。①

第四，学术讲座活动。2017年10月10日—11日，柯世浩与小卡一起组织系列国际讲座"信仰之岛：台湾的佛教与佛教学说"。中国台湾著名佛教学者林镇国和释惠敏（郭敏芳）法师受邀前来拉脱维亚国家图书馆波罗的海东亚研究中心阅览室，向拉脱维亚听众介绍禅修和台湾佛教活动，并举办禅修班。②这里顺便提一下，1994年释惠敏法师与中华佛学研究所所长李志夫教授一起出席了笔者的博士学位论文《尼赫鲁与甘地》答辩会，并在论文出版时作序，之后几年内笔者与他们互寄书信保持联络。

2019年5月28日，鲍葛薇在人文学院报告厅举办题为"汉传佛教与藏传佛教比较"的讲座。中国大使馆主任郭海波，孔子学院院长尚劝余，亚洲系主任亚尼斯·布列戴，中文教师王琼子，孔子学院里加各教学点师生代表及华人华侨出席本次讲座。鲍葛薇对提供支持和帮助的郭海波、尚劝余和王琼子表达感谢之情并赠送礼物。鲍葛薇详细介绍佛教的起源和发展，随后通过对比汉传佛教和藏传佛教的不同特点使听众们对佛教有了更清晰的认识。③

---

① 安吉塔·鲍葛薇：《拉脱维亚大学汉学专业学习和任教经历》，载于刘利主编：《国际中文教育理论与实践研究》，柏林：施普林格出版社，2023年12月。
② 《公开讲座与打坐禅修》，https://www.lnb.lv/lv/notiks-publiskas-lekcijas-par-budismu-un-meditacijas-nodarbiba, 03/10/2017, 2022年9月29日上网查阅。
③ 《拉脱维亚大学人文学院成功举办汉传佛教和藏传佛教比较讲座》，2019年5月30日，http://www.ci.lu.lv/?p=3988, 2022年9月29日上网查阅。

2020年8月3日至31日，拉脱维亚留华同学会和中国大使馆联合主办在线汉学讲座，卡琳娜主持，9位学者主讲。尚劝余做题为"中国人的姓名和称谓"的讲座，贝德高做题为"北京的名胜古迹和公园"的讲座，安泽做题为"走进中国戏曲文化：分类、动作与唱法解析"的讲座，鲍葛薇分别做题为"禅宗和六祖坛经"和"道家思想和著作（老子、庄子）"的讲座，卡琳娜做题为"蒲松龄与他的鬼故事"的讲座，玛丽娅做题为"宋代花鸟画"的讲座，白凯夏做题为"念经文化"的讲座，葛思语做题为"中国历史中的知识生产与分类"的讲座，柯世浩做题为"中国－诗国"的讲座。[1]

2021年12月14日至28日，鲍葛薇和卡琳娜主持举办首届国际"汉传和藏传佛教研究"线上系列讲座。来自拉脱维亚、波兰、爱沙尼亚、中国大陆和台湾地区的佛教研究人员和佛教徒担纲主讲。陕西师范大学佛教研究所所长吴言生做题为"中国佛教六大祖庭"的讲座，爱沙尼亚东方学会会长马特·拉涅梅茨做题为"《华严经》在汉传佛教中的意义与影响"的讲座，拉脱维亚佛教学者安西斯·丛德做题为"对禅宗六祖慧能《坛经》的思考"的讲座，华东师范大学佛教文化研究所所长赵东明做题为"法相唯识佛学和天台佛学的特点"的讲座，拉脱维亚大学神学学院副教授塔伊万娜做题为"藏传佛教宇宙观"的讲座，华沙大学东方研究所哲学博士土布丹·康尕·恰夏布做题为"持明手稿中的香巴拉"的讲座，青海佛学院唐卡画研究家嘉央切智做题为"藏传佛教的唐卡艺术"的讲座，天津荐福观音寺义佛法师（拉脱维亚大学亚洲学学士）做题为"日常生活中的禅宗修行和冥想"的讲座，拉脱维亚大学亚洲学系研究生高力做题为"西藏瑜伽行者和诗人密勒日巴的修行和工作"的讲座，道加瓦皮尔斯大学研究人员马立卡·劳德莱做题为"拉脱维亚佛教社团及其活动"的讲座，四川藏传佛教研究所教师白玛翁青做题为"藏传佛教与噶举派的历史"的讲座。讲座语言为拉脱维亚语、英语和中文，由卡琳娜主持，鲍葛薇点评总结。[2]

2022年12月26日至30日，鲍葛薇和卡琳娜主持举办"汉语、梵语和藏语历史关系与语言基础"国际线上工作坊。"中文工作坊"：拉脱维亚大学卡

---

[1]　《拉脱维亚大学孔子学院院长和秘书参与在线汉学讲座》，2020年9月1日，http://www.ci.lu.lv/?p=4922，2022年9月30日上网查阅。
[2]　尚劝余记录整理，2021年12月30日。

琳娜拉语讲授"中国象形文字",孔子学院白冰玉英语讲授"现代汉语会话",里加34中学艾维塔拉语讲授"有趣的中国谚语"。"藏语工作坊":西藏大学索郎仁青英语讲授"拉萨藏语会话",慕尼黑大学高力拉语讲授"藏语字母和文字"。"梵语工作坊":钦马亚国际基金会苏尼塔英语讲授"现代梵语:会话与写作",牛津大学奈沃特斯拉语讲授"古典梵语",海德堡大学布娜塔莉娅拉语讲授"吠陀梵语"。"公开讲座":立陶宛文化研究所塔达斯英语讲授"佛教作为中文、梵文和藏文的统一因素",拉脱维亚大学鲍葛薇拉语讲授"拉脱维亚语中的汉语、梵语和藏语音译问题"。[1]

第五,学术会议。2018年,第三届波罗的海亚洲研究联盟会议在拉脱维亚大学召开。拉脱维亚大学亚洲学系是波罗的海亚洲研究联盟成员,该联盟由该地区亚洲研究领先的五所大学(拉脱维亚大学、塔尔图大学、塔林大学、维尔纽斯大学、马格纳斯大学)合作创建,旨在项目合作、资源共享、校际交流、会议承办、学术出版、基金筹集等方面加强区域合作。自2014年起,双年会分别在维尔纽斯大学、塔尔图大学、拉脱维亚大学和马格纳斯大学成功举办,成为欧洲汉学研究和学术交流不可或缺的新生力量群。[2]

2021年5月28日,拉脱维亚大学人文学院亚洲学系举办以"中文教学的优点和难点"为主题的汉语专家与中文教师论坛会。该论坛会由鲍葛薇和卡琳娜主持,孔子学院和人文学院的贝德高、尚劝余、王琼子、潘军武、马笑笑、白冰玉、滕飞、朱柏帆、杜灏参加了论坛。此外,众多中文学习爱好者也纷纷到会聆听。各位汉学专家以及各位中文教师做自我介绍,分享教育教学背景,也分享自己在教学过程中遇到的趣事和问题以及自己对中文教学的新思路。[3]

2023年6月27日—28日,拉脱维亚大学人文学院亚洲学系主办"中国的新发展理念——历史根源与未来展望"线上国际学术研讨会。中国驻拉脱维亚大使唐松根、拉脱维亚大学副校长赛格林什等数十人参加了会议。美国库恩基金会主席库恩和复旦大学中国研究院院长张维为做了主旨演讲,拉脱维亚大学

---

[1] 卡琳娜提供,2022年12月17日。
[2] 周睿:《21世纪波罗的海三国汉学研究现状述评》,《汉学研究通讯》2021年第2期,第15页。
[3] 《拉脱维亚大学亚洲学系成为举办汉语专家和中文教师论坛会》,2021年5月29日,http://www.ci.lu.lv/?p=5286,2022年9月30日上网查阅。

亚洲学系主任亚尼斯·布列戴做了题为"中国研究在欧洲的重要性：以拉脱维亚为例"的发言，拉脱维亚大学亚洲学系硕士项目负责人克拉文什做了题为"关于揭示中国和欧洲思想史类比的新方法的建议"的发言，华南师范大学李立华博士做了题为"修昔底德陷阱：概念困境及其在中国崛起问题上的适用度"的发言，英国爱丁堡大学弗拉明克博士做了题为"在多极世界中连接中国：从文化关系的视角思考中国的全球地位"的发言，拉脱维亚大学鲍葛薇副教授做了题为"'一带一路'倡议的历史和地缘政治根源：欧洲游记纪录片节选"的发言，拉脱维亚大学哈艾葛妮赛副教授做了题为"当代中国园林——寻找人与自然共存的新方式"的发言，拉脱维亚大学卡琳娜讲师做了题为"欧洲学生对现代中国的刻板印象及其预防的可能性"的发言，罗马尼亚布加勒斯特大学尼科拉教授做了题为"穿云过雾，去向哪里？"的发言，瑞典乌普萨拉大学西蒙斯教授做了题为"中国在新兴多极化全球秩序中面临的挑战与机遇"的发言，拉脱维亚大学什伊尔泽讲师做了题为"中韩合作：历史传承与未来展望"的发言，拉脱维亚大学英丽达讲师做了题为"中国与中东：历史根源与未来展望"的发言，英国阿尔斯特大学康诺尔博士做了题为"爱尔兰与20世纪初华人认知：对南非华人奴隶问题的回应"的发言，匈牙利马蒂亚斯·科维努斯学院莫尔迪兹教授做了题为"当前中国对欧投资面临的挑战：宁德时代投资背景下的匈牙利案例"的发言，北京第二外国语学院拉语教师黛丝做了题为"从中国古代教育传统到今天推动中国经济增长"的发言。

  2023年11月27日—28日，拉脱维亚大学人文学院亚洲学系主办"国际青年汉学家在线会议：中国文学揭秘"，邀请致力于中国古代、现代和当代文学研究的青年学者参加会议，会议主要关注汉代以后的中国文学，汉代以后的作家们意识到自己的作品是一种文学创作，散文和诗歌逐渐被视为哲学和历史之外的一个特定领域。与会者的发言涵盖文学作品的内容分析、比喻和语言的表达方式、真实和虚构的人物及其关系、符号和形象以及其他具体特征等内容，充分展示了中国文学研究的新方法和新观点。

  拉脱维亚大学亚洲学系在汉学方面的其他合作伙伴有国际儒学联合会、华南师范大学、北京汉语国际研修学院、北京外国语大学、兰州理工大学、东北大学、四川大学、中国台北"中央研究院"、中国台湾蒋经国基金会、慕尼黑大学、斯德哥尔摩大学、哥本哈根大学以及其他高等教育机构。此外，亚洲学系也与孔子学院、里加中国文化中心（成立于2017年，是波罗的海国家唯一的文化中心，主任张丽丽和王楠，顾问杨松和韩庄，财务主管杨森，秘书艾文、姚一舟、赵国栋以及马金、王丹、胡玉玲等雇员）、拉脱维亚留华同学会、拉脱维亚国家图书馆东亚研究中心阅览室、中国大使馆等建立了密切的合作关系。自从拉脱维亚大学孔子学院和里加中国文化中心成立后，拉脱维亚大学人文学院亚洲学系师生与这两个机构建立了密切的合作关系。亚洲学系老师经常在这里举办有关中国语言、文学和文化方面的讲座和研讨，学生在各种活动中协助做翻译和志愿者。亚洲学系师生协助孔子学院举办中国传统节日中秋节和春节庆典、音乐会和其他活动，教师担任"汉语桥"比赛评委，学生踊跃参加比赛。[①]

（二）学术成果

在学术交流与研究方面，柯世浩和鲍葛薇成果显著，值得大书特书。柯世浩2006年至2010年被推举为欧洲汉学学会理事会波罗的海国家汉学家代表；2009年至2012年，任爱沙尼亚塔林大学中亚和东亚研究系中国文学兼职教授；2011年，组织主办"语言与风景：东亚文化地理"国际研讨会，继任《Euro-Sinica》期刊主编；2012年，组织主办"明月照屋脊：生活在欧洲和中国之间"学术交流项目，在巴黎东方语言文化学院举办题为"怪诞派对：李贺（790—816）《魔弦上的歌》（神弦曲、神弦、神弦别曲）中的鬼魂与巫师"的学术讲座，在瑞典斯德哥尔摩大学访学并做题为"无人之地深处——唐诗宋画中的空间与无名（618—1279）"的讲座（4月），在德国弗里德里希-亚历山大-埃尔朗根大学汉学研究所做题为"翻译作为理解诗歌的批判方法：柳永"的讲座（6月27日），发表论文《范成大的田园（1126—1193）》《隐喻：李贺（790—816）和林逋（967—1028）诗歌的偏离》，主持学术研究项目《复兴双关语"归隐"：对李贺（790—816）、林逋（967—1028）和柳永（987—1053）作品选中的诗歌范式的批判研究》，在德国全国学术基金会组织的"国际夏令营"做临时教师；2012—2014年，在奥地利因斯布鲁克大学做访学；

[①] 安吉塔·鲍葛薇：《拉脱维亚大学汉学专业学习和任教经历》，载于刘利主编：《国际中文教育理论与实践研究》，柏林：施普林格出版社，2023年12月。

2013 年，发表论文《拉脱维亚高等教育国际化：学术部门可以借鉴东亚国家的经验》，在拉脱维亚大学第 71 届年会上做题为"世界文学汉语——2012 年诺贝尔文学奖获得者莫言与中国特色资本主义中'无产阶级文化大革命'的足迹"的讲座（2 月），在德国弗里德里希－亚历山大－埃尔朗根大学汉学研究所做题为"挥之不去的文艺复兴：中国古典诗词与现代语言的翻译伦理"的讲座（7 月 20 日）；2014 年，发表论文《以柳永（987—1053）作品为例阅读和翻译古典诗歌》，在中国台北"国立中央图书馆"汉学研究中心访学，在立陶宛维尔纽斯大学东方研究中心做题为"树木环绕的小屋：古典山水诗中的场所与自我"的讲座（4 月 3 日），在汉堡汉学学会做题为"归隐：以李贺（790—816）、林逋（967—1028）和柳永（987—1053）抒情诗为例对翻译范式的批判"的讲座（5 月 9 日），在中国台北"国立中央图书馆"中国研究中心做题为"未知的诗学：来自中国抒情传统边缘的诗篇与归隐的姿态"的讲座（11 月 21 日）；2014—2018 年，任拉脱维亚大学韩国研究中心主任和研究员；2015 年，出版著作《文明的印记：10—20 世纪中国文学书籍文化》，在拉脱维亚国家图书馆组织举办"波罗的海东亚研究工作坊"和"文明的印记"展览（8 月 27 日—9 月 10 日）以及题为"中国古典诗歌翻译"的讲座（10 月 9 日），在拉脱维亚文化学院做题为"传统的衰落：当代诠释中的中国古典文学"的讲座（11 月 15 日）；2015—2018 年，任"中华文明的重要观念"项目主任；2016 年，在德国汉堡大学访学，在爱沙尼亚塔尔图大学做题为"文学传统作为中国大陆和台湾的'另类观点'"的讲座（4 月 9 日），在拉脱维亚国家图书馆做题为"中国大陆与台湾当代艺术文学传统的差异"的讲座（5 月 19 日）；2016—2020 年，在拉脱维亚文化学院做访问教授，并担任"拉脱维亚与东亚跨文化交际"项目主任；2017 年，发表论文《对抗摇摆不定的权力不平衡：唐代小说精神自由向个人自由的转变》，担任电子版《欧洲汉学学会期刊》（1-3 卷）共同主编，在拉脱维亚国家图书馆做题为"中国古典诗歌阅读和介绍"的讲座（9 月 20 日），在俄罗斯国立人文大学做题为"来自古汉语的抒情之声：20 世纪和 21 世纪美国和中国的翻译诗歌"的讲座（12 月 4 日），组织主办"中国台湾地区的佛教与佛教教义"国际研讨会；2017 年至 2019 年，在德国特里尔大学访学，做"作为乌托邦的古典：20 世纪和 21 世纪中国前现代、西方现代抒情诗与中国旧体诗之间的文本转换过程"项目研究；2018年，在德国特里尔大学做题为"撩开真相：中国当代诗歌艺术虚拟空间中的经典乌托邦"的讲座（2月28日）和"历史唯物主义与反极权主义：聂绀弩诗歌及其在当代中国的接受"的讲座（5月19日），在英国格拉斯哥大学做题为"诗歌的荒野和困惑的诗学：中国古典与当代美国诗歌与新旧体诗的比较"的讲座（8月30日）和题为"西湖风光与林逋（967—1028）：诗学在南宋抒情诗中的批判性反映"的讲座（8月31日）；2019年，出版译著《诗十五首》，在德国特里尔大学做题为"当代中国的文化与审查制度：从汉学的角度对当代神话的批判"的讲座（3月5日）和题为"论李子（生于1964年）古典主义网络诗中古典东亚自然美学的变迁"的讲座（3月26日）；2020年，发表论文《中国互联网新古典主义网络诗歌：翻译与假设》，在拉脱维亚国家图书馆做题为"中国古典审查制度向当代社会信用资本主义的转变"的讲座（1月8日），在爱沙尼亚塔林大学做题为"在经典与数字人文之间：论中国研究新话语的兴起"的线上讲座（5月13日）；2021年，在德国林根假日学院做题为"桃花路：从乌托邦到反乌托邦——中国世界观的转变"的讲座（8月24日），在爱沙尼亚塔尔图大学"文学、电影和游戏中的健康生命政治"国际研讨会上做题为"现代和古典中国诗歌中反映出来的疾病、健康、权力和信任"的讲座（9月18日）和题为"混乱的重要性：对混沌与中国美学在前现代与现代之间转换的思考"的讲座（10月2日）；2021年至2022年，在德国埃尔朗根-纽伦堡大学访学，做"中国互联网新古典主义网络诗歌创作的命运与自由"项目研究，2022年发表论文《超越历史和吉日：中国互联网新古典主义网络诗歌和李子风格》。[①]

鲍葛薇从2010年起任欧洲汉学学会会员；2011年，参加拉脱维亚大学举办的拉脱维亚宗教研究学会国际学术研讨会"东西方之间：威权统治之前、之中和之后的文化与宗教对话"并提交论文《1991年之后拉脱维亚的藏传佛教大师及其教法主题》（10月7日），参加拉脱维亚大学举办的第3届拉脱维亚科学家世界代表大会并提交论文《关于拉脱维亚语中的藏语语音和专有名词的转写问题》（10月24日）；2011年至2012年主持中国台湾蒋经国基金会

---

① 《柯世浩简历与教学成果》，2022年4月6日。

资助的学术研究项目"拉脱维亚人的中文课程";2012年,发表论文《中国少数民族日常生活和历史》《用拉脱维亚文记录藏文语音的方法》;2013年,在中国台北"中央研究院"进行学术交流并从事魏晋南北朝时期的骈文研究(1月至8月),参加莫斯科大学举办的第20届国际学术研讨会"中国、中国文明与世界:历史、现代与未来"并提交论文《将〈易经〉翻译成拉脱维亚文的现代方法论》(10月17日),发表论文《拉脱维亚佛教中心与西藏法师的教义(1991—2011)》;2014年,参加拉脱维亚大学举办的第72届国际学术大会并提交论文《欧洲语言和俄语的〈易经〉翻译》(2月5日),参加在利耶帕亚大学举办的第20届国际学术大会"文学研究的当前问题"并提交论文《中国短篇故事或小说:小说概念的定义》(3月27—28日),参加在立陶宛维尔纽斯大学举办的"波罗的海亚洲研究联盟大会"并提交论文《对汉译拉文学作品的建设性评价》(4月3—4日),参加在爱沙尼亚塔尔图大学举办的"宗教中的人类和人性概念国际研讨会"并提交论文《作为人与神之间媒介的梵文咒》(12月5日),发表论文《汉语及其发展历史》、译文《向大师祈祷－信仰之泪》、译评《三字经或中国文化简史》、出版教材《现代汉语教程》、主持拉脱维亚大学学术研究项目"拉脱维亚大学学术研究国际化"第八分项"远东研究";2015年,任欧洲宗教学协会会员和拉脱维亚宗教研究学会会员,参加在德国举办的第21届国际宗教史学会年会"宗教的动态:过去和现在"并提交论文《汉传和藏传佛教经典翻译的早期方法》(8月24日),发表论文《欧洲和俄国汉学家对于〈易经〉的研究》《中国古代小说散文类型的一些概念探讨》、出版教材《文言文入门》;2016年,担任《语言:意义和形式》期刊(刊载与中国相关的论文)评审,参加在拉脱维亚大学举办的"中东欧国家汉学研究和中文教学研讨会"并提交论文《文学汉语在当今学术汉学中的重要性》(11月5日),在拉脱维亚电台对话节目中谈中国思想家老子《道德经》的意义(11月27日),发表论文《拉脱维亚汉学研究述评》《大乘佛教的瑜伽概念》、翻译《正法一意》藏语文本;2017年,发表论文《从历史的角度看〈西藏亡灵书〉书名的语义》,翻译《菩萨三十七种修行之道》中的藏文文本;2018年,任《宗教哲学》期刊(刊载与中国相关的论文)评审、《语言学、文学和文化》期刊编委、四川大学古籍整理研究所期刊编委、拉脱维亚大学孔子学院理事，在四川大学古籍整理研究所从事《易经》翻译研究（2月—8月），并受邀在华南师范大学做题为"拉脱维亚汉学研究与中文教学"的讲座（4月20日），她的《易经》研究项目还在继续（每年都组织系列公开讲座和研讨会，详细介绍每一卦，此外，她也举办八卦掌练习，从理论和实践两个方面来探索易学），参加在贵阳召开的"地域文献整理与'一带一路'"学术研讨会并提交论文《"一带一路"倡议下的拉脱维亚汉学研究》（5月21日），在北京大学做题为"《易经》翻译研究"的讲座（11月15日和19日），参加在利耶帕亚召开的第23届国际学术大会并提交论文《词汇象征与中国〈易经〉》（11月29日—30日），发表论文《中国当代文学主要特点》《梵语和藏语中的性别：文化特异性的表达》，主编出版《当代华文作品精选》，翻译《水晶：恒河大手印》中的藏语文本；2019年，任国际儒学联合会会员，参加在意大利召开的《欧洲宗教学院大会》并提交论文《中国西藏寺院现状》（3月5日），参加在拉萨举办的"西藏发展论坛"并提交论文《西藏世界文化遗产－佛典与寺院》（6月10日—15日），在北京参加拉脱维亚汉语言文化研修班并赴西安等地交流（7月8日—21日），在西安参加青年汉学家研修项目（9月6日至27日），发表论文《〈易经〉中的象征词》《〈周易〉中的历史智慧及以当代（拉脱维亚）社会为视角的翻译方法研究》《西藏给全世界的文化遗产－佛教经典与寺院》；2019—2020年，校审并翻译《佛教〈坛经〉〈金刚经〉〈心经〉拉语翻译》（汉语、梵语、藏语翻译）；2020年，参加在道加瓦皮尔斯举办的第20届道加瓦皮尔斯大学学术大会并提交论文《古汉语和现代汉语文学文本的拉脱维亚语翻译》（1月30日至31日），参加在立陶宛考纳斯维陶塔斯马格努斯大学举办的第4届波罗的海亚洲研究联盟大会并提交论文《拉脱维亚语中国古典文学选集》（3月5日至7日），参加在线举办的"第4届眉山东坡文化学术高峰论坛"并提交论文《苏轼教育和文学思想在拉脱维亚学术界》（11月10日），发表论文《〈易经〉中的贞字：解构方法》《汉语文学文本翻译》，编写《藏语教材》；2021年，参加在线举办的"拉脱维亚大学第79届国际学术大会"并提交论文《白马何以非马：名家汉字的象征性与多功能性》（2月9日），参加利耶帕亚大学线上举办的第18届国际学术大会"语言习得：问题与前景"并提交论文《印欧语系比较视野下的藏语学习特点》（5月14日），参加中国藏学研究中心线上研讨会并提交论文《西方国家的藏语教学材料》（5月19日），参加印度文化关系委员会和尼赫鲁大学举办的线上"国际佛教研讨会"并提交论文《21世纪拉脱维亚佛教大师的学说》（10月27日），参加在利耶帕亚大学人文和艺术学院以及库尔泽梅人文学研究所举办的第26届国际学术会议"单词：研究面面观"并提交论文《中国古典哲学和文学中的消息（增减）概念》（11月25日），负责校审北京外国语大学《拉脱维亚语讲中国文化》。目前正在编写《藏语教材》，得到中国驻拉脱维亚大使馆支持，有望2023年出版。① 此外，鲍葛薇2023年7月28日赴山东大学，参加"海外易学研究新视野国际学术研讨会"，提交并宣读论文《波罗的海的〈易经〉研究和译著》。

年轻的汉学家（包括亚洲学系汉学专业毕业生以及孔子学院毕业生等）也发表了相关学术成果。小卡发表《无处绕过：中国人有哲学吗？》，卡琳娜发表《汉族葬礼习俗》，周文馨发表《拉脱维亚语和汉语空间介词分析方法：意象图式与元框架》，阳康龙出版《古代中国北方少数民族》《古代中国匈奴历史资料》《道德经俄文翻译经验》，安泽出版中文版《老乡安泽》和拉文版《在那遥远的东方》。② 葛思语发表"从东方学家到亚洲学者：彼得·施密特1897—1899年间为《家庭来客》撰写的有关中国的文章"，李艾迪等出版《拉脱维亚制造公司在中国市场竞争力的改善》。此外，许多亚洲学系汉学专业硕士生参与鲍葛薇《文言文入门》和《当代华文作品精选》的撰写和翻译，也有本科生、硕士生和博士生参与尚劝余和贝德高主编的《拉脱维亚视域下的拉脱维亚与中国研究》等。

第二节　里加斯特拉京什大学

从2011年起，里加斯特拉京什大学孔子中心继续稳步发展，2014年白妧

---

① 《安吉塔·鲍葛薇简历》，2022年3月28日。
② 周睿：《21世纪波罗的海三国汉学研究现状述评》，《汉学研究通讯》2021年第2期，第15页。

娜接替史莲娜任孔子中心主任。2018年孔子中心改名为中国研究中心，白妩娜任该研究中心主任。

一、学校简介

里加斯特拉京什大学（英语名 Riga Stradiņš University，拉脱维亚语名 Rīgas Stradiņa universitāte，拉丁语名 Universitas Rigensis Stradina，简称RSU），校名取自对拉脱维亚社区和学术生活产生重大影响长达一个多世纪的斯特拉京什家族。里加斯特拉京什大学是一所国立大学，是拉脱维亚唯一融入国家医疗体系的大学，提供卫生保健、社会保健、社会科学和自然科学领域广泛的学术和职业教育及研究机会。

里加斯特拉京什大学的历史可以追溯到1950年在拉脱维亚大学医学院基础上建立的里加医学院。当时，由三位拉脱维亚大学医学院教授保罗·斯特拉京什、恩尼斯茨·布尔特涅克斯和罗伯特·克林伯格以及拉脱维亚卫生部长阿道夫·克洛斯发起，在拉脱维亚大学医学院的基础上建立了里加医学院，恩尼斯茨·布尔特涅克斯出任院长，最初包括医学院、牙科院、药学院以及45个系。保罗·斯特拉京什1919年毕业于海军医学院并在这里工作到1923年，1924年回到拉脱维亚大学医学院任教，1923年和1927年两度获得医学博士学位，1933年晋升为教授，1928年至1944年任外科系主任，1944—1947年任医学院院长，1950年发起建立里加医学院并任外科系主任。恩尼斯茨·布尔特涅克斯1926年毕业于列宁格勒（现圣彼德堡）第一医学院，在列宁格勒（现圣彼德堡）肺结核医院任副院长。1947年回到拉脱维亚大学医学院任教，1949年获得医学博士学位和教授职称，1947—1950年任医学院院长、诊断学和内科系主任、诊所主任，1950年发起建立里加医学院并任院长（1950—1958）。罗伯特·克林伯格1899年毕业于莫斯科大学医学院，1904年毕业于莫斯科大学物理与数学学院，1904—1909年在莫斯科大学任教，后来转到乌克兰哈尔科夫国立大学任教，1920年回到拉脱维亚大学任教，担任首任医学院院长（1920—1923年和1927—1929年），生理学和生理化学系主任，1950年发起建立里加医学院。

1990年里加医学院改名为拉脱维亚医学院，1998年4月5日宪章会议决定在拉脱维亚医学院实际活动基础上将其改名为里加斯特拉京什大学。随着时间的推移，里加斯特拉京什大学发展为一所大学类型的高等教育机构，它不仅培养医学和药学领域的专家，而且开设社会科学和自然科学、公共卫生和法律领域的专业。2002年6月13日，《里加斯特拉京什大学法案》生效，拉脱维亚医学院正式改名为里加斯特拉京什大学。里加斯特拉京什大学现有9个学院，即牙科学院、医学院、药学院、公共卫生与社会福利学院、康复学院、传播学院（包括传播学系和社会学系）、欧洲研究学院（包括政治学系和经济学系）、法律学院、继续教育学院，培养学士、硕士和博士。国际留学生占全校学生总数的24%，占全拉脱维亚留学生的三分之一，来自德国、瑞典、芬兰、挪威和亚洲、非洲等国家。此外，里加斯特拉京什大学培养出拉脱维亚总统、议长、卫生部长、外交部长、福利部长、里加市长等众多著名校友。

二、中文教学

孔子中心（中国研究中心）由史莲娜、白妧娜、谢安娜、詹娜、陈红梅等老师授课。白妧娜2012年博士毕业，论文研究内容为《胡锦涛在中国共产党十七大上的报告的中国传统话语》，她的研究兴趣包括中国当代政治话语、当代中国意识形态、欧华关系、"一带一路"政策等国际政治和国际关系问题，她还兼任拉脱维亚国际事务研究所新丝绸之路项目主持人。①

詹娜2007年至2010年在拉脱维亚大学汉学专业读本科，多次参加"汉语桥"比赛并获得好成绩，于2009/2010学年赴北京语言大学留学一学期，2010/2011学年赴杭州师范大学留学一学年，2011/2012学年赴浙江大学留学一学年，2012年至2014年在拉脱维亚大学汉学专业读硕士，2012年至2014年在孔子中心任教。

陈红梅2015年至今任教。她说，中文教学一直是孔子中心的工作内容之一，招生范围既面向本校学生也欢迎社会上对中文有兴趣的语言爱好者，孔子中心

---

① 周睿：《21世纪波罗的海三国汉学研究现状述评》，《汉学研究通讯》2021年第2期，第15页。

也为一些文化机构（学校、博物馆等）提供中文及相关文化活动的支持。她从2015年初开始在孔子中心做代课老师，协助谢安娜老师一起授课。经过一段时间的教学实践和自我学习，她深感自身专业能力的欠缺，于是在2017年暑期参加了北京师范大学的国际中文教师培训的函授班，系统地学习了相关课程，取得了国际中文教师职业能力的认证，成为孔子中心的正式教师。此后，她又前后参加了三次匈牙利罗兰大学孔子学院举办的中东欧中文教师培训班。2019年暑期，经拉脱维亚大学孔子学院推荐，她赴北京师范大学参加为期两周的中文教师培训。这次培训，她获得北京师范大学资深学者们的耳提面授，再次巩固和更新了从中文基本知识到课堂教学组织管理、教学资源的收集与应用以及中文教学的职业前景的信息。课堂上，来自世界各地的同道交换了各自的经验，合作进行模拟课堂教学，现身说法的实践和老师犀利的课堂现场点评令她获益良多。[1]

2012年1月12日至18日，谢安娜受邀参加在华东师范大学举办的"外国本土中文教师赴华培训欧洲特制班"。培训时长7天，培训目标：提高孔子学院办学质量和水平，提高中文教学效率；进一步推广和普及优秀国际中文教材，增强各国中文教师的教材使用能力和中文教学水平，使学员了解适用于大中小学的主干中文教材及工具书，理解培训教材的编写理念、教材框架与内容，能够结合自身教学实际（包括当地的教学对象、教学条件、课程设置等）进行教学设计（包括语言要素教学、分技能教学、课堂教学方法与技巧设计、教案设计和教具制作等），掌握课件制作方法，能够制作针对教材使用对象的多媒体课件，了解主要中文教学资源，掌握教学辅助资源的查找与使用方法，了解教材购买和赠送渠道，在本校和本地应用并推广培训教材。[2]

2012年11月24日至30日，史莲娜受邀赴华参加"外国本土中文教师教材培训班"。[3] 培训时长7天，根据海外教学实际情况及往届来华学员建议，在现有教材类培训的基础上，适当增加对学员在教学方法与技巧、文化与现代

---

[1] 《陈红梅微信访谈录》，2022年9月17日。
[2] 《2012年1月外国本土中文教师赴华培训欧洲特制班方案》，孔子学院总部，2011年12月1日，第1页。
[3] 拉脱维亚国家教育中心瓦西列夫斯基于2012年10月28日至11月3日参加"外国本土中文教师教材培训班"。孔子学院总部邀请函，2012年10月18日。

教育技术等方面的培训比重。整体培训内容分为三个方面：（一）教材（50%）。主要帮助学员了解、熟悉并使用国家汉办推荐的各类主干中文教材，其中中小学阶段以《汉语乐园》《快乐汉语》《跟我学汉语》《汉语教学直通车》为主，《汉语图解词典》《汉语图解小词典》《汉语教学有声挂图》及其他优秀教材为辅，大学及社会阶段以《新概念汉语》《当代汉语》《新实用汉语课本》《长城汉语》《汉语教学直通车》为主，《汉语图解词典》《汉语教学有声挂图》及其他优秀教材为辅；（二）教学法（30%）。结合教材编写和海外教学课堂实践、专题讲解、案例分析、示范课等方式，呈现和交流各类有关语言要素、技能教学方面的实用中文教学方法和技巧，由培训师与学员共同编著课堂教学辅助资源，如配套教材、课堂教学用 PPT 及测试试题，征集学员对改进中文教学方法、课堂活动设计的具体建议，总结学员的培训心得和教学体会；（三）文化与现代教育技术（20%）。结合教学实际需要，举办有关反映中国文化的各类讲座，如中国电影、音乐、绘画、戏剧、文学、中医等，提高学员对中国文化的艺术鉴赏水平，提供网络、多媒体现代教学资源搜索、课件制作等实用技能培训，举办文化参观、教学资源展览、学习成果评比等活动。[1]

2013 年 9 月 21 日，里加斯特拉京什大学孔子中心举办"中国和欧洲：文化、语言和政治方面的交往"国际研讨会，纪念孔子中心成立 8 周年。参会人员 20 余人，包括里加斯特拉京什大学的史莲娜、白妩娜、谢安娜、詹娜，白俄罗斯国立大学的郭亚历山大，香港大学的鲍尔盖，赫尔辛基大学的迈尔亚，北京外语大学的李英男，武汉大学的宫哲兵和吴剑杰等。与会者围绕中国学者和欧洲学者学术兴趣领域、中国和欧洲兴趣交叉点、制约相互了解的文化、政治和语言因素等问题进行了研讨。[2]

据 2023 年里加斯特拉京什大学中国研究中心网站介绍，该中心旨在从事有关中国和东亚地区研究，提供证书中文培训，推动里加斯特拉京什大学国际化学术研究和教学。从成立以来，该中心提供了迎接新挑战和从事大型项目的机会。目前，里加斯特拉京什大学中国研究中心是一个多功能的地区研究中心，按照里加斯特拉京什大学发展规划组织活动，包括教育、研究和国际化三个主

---

[1] 《2012 年年度外国本土中文教师来华教材培训班方案》，2012 年 7 月 6 日，第 1—4 页。
[2] 《里加斯特拉京什大学孔子中心 2013 年工作计划》，2013 年 8 月 1 日。

要方向。教育：与里加斯特拉京什大学其他院系合作，开发和实施有关东亚地区的教学课程；与国外大学实施交换项目；与拉脱维亚国家机构和非政府组织合作，实施与东亚地区、中国、跨文化交流相关的项目；开设对公众开放并纳入里加斯特拉京什大学学术生活的中文课程，中文教学理论探讨；实习与培训。研究：政治/国关中心从事东亚地区研究，全球大国在东亚地区互动研究，中国研究，波罗的海国家与中国研究，欧盟与中国研究，"一带一路"倡议研究；语言中心从事语文和语音研究，中文咨询，文学作品翻译；文化中心从事中国历史与文化研究，东亚社会人类学问题研究；国际数据库出版；国际研究网络内的政策论文和报告发表；在有影响力的博客（外国政策研究所、福布斯网、欧盟政治网）发表文章和观点；参与和共同组织国际会议；与拉脱维亚及国外研究机构合作；接待访问研究。国际化：邀请嘉宾讲座和赴国外讲座；参与欧盟、中国和全球国际活动；与国际伙伴——大学、协会、智库、国家机构和非政府组织发展关系；为扩大里加斯特拉京什大学的国际声誉做贡献。

里加斯特拉京什大学中国研究中心为初学者以及有中文学习经历者提供中文课程，负责人白妩娜，不同级别的中文课程向所有人开放，每个级别授课20课，每课60分钟，每周两次课，每个周末晚上授课，给学生提供免费电子版课本，每班5-10名学生，为学完所有课程并成功通过年末考试者颁发证书，上课地址里加斯特拉京什大学主楼K-205教室，收费170欧元。①

三、文化交流

第一，中国大使馆访问交流活动。2011年12月1日，中国大使胡业顺访问里加斯特拉京什大学孔子中心并向其赠送教学设备，里加斯特拉京什大学副校长乌泽兰塔女士及孔子中心负责人史莲娜教授热烈欢迎胡大使夫妇到访。

2013年4月21日，中国大使杨国强走访孔子中心，看望著名汉学家史莲娜教授。杨大使听取了孔子中心的情况介绍，并就下一步中文教学与推广深入交换了看法。杨大使充分肯定史莲娜教授长期以来在推动拉脱维亚中文教学和

---

① https://www.rsu.lv/en/china-studies-centre，2023年5月10日上网查阅。

汉学研究方面做出的贡献，希望孔子中心今后把本土中文教学和研究、中文推广和中国文化传播更有机地结合起来，为增进两国人民相互了解、促进中拉友好关系长期发展做出新贡献。①

第二，中国传统节日庆祝活动。2016年2月22日，孔子中心举办元宵节联欢会。黄勇大使、葛德乌斯基斯校长、史莲娜教授、白妩娜主任以及师生100余人出席活动。黄勇大使对孔子中心长期以来为中拉人文交流与合作所做出的巨大贡献表示由衷的感谢。为了进一步增强中国与中东欧国家的人文合作，中国政府今年特别设立了中东欧医学奖学金，其中有3个名额是分配给拉脱维亚的，希望该校学生踊跃申请。②

2017年2月13日，孔子中心举办元宵节庆祝活动。黄勇大使、葛德乌斯基斯校长、白妩娜主任以及师生出席活动。黄勇大使在致辞中感谢以里加斯特拉京什大学为代表的开设中文课程并组织中国文化活动的各个学校和机构，特别感谢史莲娜教授发起成立孔子中心以来为中拉人文交流与合作所付出的努力，期待更多拉脱维亚青年学子选修中文并到中国留学，为促进中拉两国的文化交流与融合做出贡献。③

第三，与中国高校互访交流。2011年，里加斯特拉京什大学学生魏罗曼斯赴北京语言大学留学一年学习现代汉语，春柳赴浙江师范大学留学一年学习现代汉语。

2014年，白妩娜在复旦大学访学一年。三年后她回忆道："复旦的校园很美，老师和学生都很友好，管理水平很高，校园资源丰富，给了我很多启发。""我现在常常回中国，仅去年就回了7次。中拉两国这几年增加了交流，在食品安全监督、中医药学等领域的专业合作日益密切。"④

2015年4月28日，白妩娜访问上海商学院，与王胜桥院长会谈，双方就

---

① 中国驻拉脱维亚大使馆档案，2013年4月22日。
② 《黄勇大使出席斯特拉京什2016元宵节联欢会的讲话》，中国驻拉脱维亚大使馆档案，2016年2月22日，第1页。
③ 《黄勇大使在里加斯特拉京什大学元宵节活动上的讲话》，中国驻拉脱维亚大使馆档案，2017年2月13日，第1—2页。
④ "中国就是我第二个家"——在沪留学生校友毕业季共话"一带一路"，2017年7月6日，https://www.sohu.com/a/154939567_267106，2022年9月18日上网查阅。

两校之间的教师合作、学生交流事项的可能性进行了交流和探讨。①白妮娜还与上海商学院 100 多位学子聚集一堂，畅谈中拉友谊，促进友好交流。在主题发言中，白妮娜结合亲身经历详细讲述了拉脱维亚的地理位和历史概况，阐述拉中关系良好的政治基础，并预测中国"一带一路"建设的深入推进将增进两国高层互访和文化交流，推动两国关系的进一步发展。此外，围绕乌克兰问题对拉俄关系的影响、拉脱维亚加入欧盟和欧元区的进程和拉脱维亚民众的生活福利状况等问题，白妮娜用流利的中文、英语、俄语与在场师生进行互动。此前，白妮娜还在上海商学院外语学院和管理学院就孔子文化在西方传播情况和文化合作事宜进行了交流和访谈。②

2015 年 5 月 18 日，白妮娜访问安徽医科大学，在学校图书馆第二学术报告厅做了题为"国际视野下的跨文化交际"的专题报告，从当代主要的跨国交流体系的角度，介绍最常见的跨文化交流障碍，以及如何培养跨文化交流能力。5 月 19 日，白妮娜参观了安徽医科大学第二附属医院，希望两校之间的师生能够建立起合作、交流的桥梁，汲取经验，共同发展，共同推动现代医学进步。③

2015 年 11 月 23 日，拉脱维亚总理斯特劳尤马在白妮娜和安杰斯（拉脱维亚驻华大使馆二秘）陪同下访问复旦大学，为"拉脱维亚风情"摄影展揭幕。斯特劳尤马总理做了"拉脱维亚与欧盟"的主题报告，并回答了复旦大学师生的提问，白妮娜担任翻译。复旦大学校长许宁生会见斯特劳尤马总理一行，希望进一步推动复旦大学与拉脱维亚高校的合作与交流，特别是在医学领域建立合作交流关系。④

2017 年 10 月 4 日，安徽中医药大学党委书记王大鹏率团访问里加斯特拉京什大学。代表团一行参访了该校孔子中心，与白妮娜主任商谈双方中文国际教育项目及相关中医药项目合作。在黄勇大使的见证下，王大鹏与托穆斯·巴

---

① 王胜桥院长会见拉脱维亚白妮娜博士，2015 年 4 月 30 日，https://www.sbs.edu.cn/wmzx/sdsf/29086.htm，2022 年 9 月 18 日上网查阅。
② 拉脱维亚文化学者白妮娜博士来我校开展文化交流，https://fis.sbs.edu.cn/ 拉脱维亚汉文化学者白妮娜博士来我校开展文化交流，2022 年 9 月 18 日上网查阅。
③ 里加斯特拉京什大学孔子中心主任来我校访问，https://www.ahmu.edu.cn/2015/0521/c66a44097/page.htm，2022 年 9 月 18 日上网查阅。
④ 拉脱维亚总理斯特劳尤马女士访问我校，https://xxgk.fudan.edu.cn/83/b2/c5197a99250/page.htm，2022 年 9 月 18 日上网查阅。

乌马尼斯副校长就在拉脱维亚开设中医药课程、师资交流、留学生互派等领域开展合作进行深入交流，并签署合作框架协议，正式建立友好合作关系。①

此外，2018年8月21日，史莲娜教授荣获第12届中华图书特殊贡献奖。颁奖仪式在北京举行，中宣部副部长梁言顺出席颁奖仪式并给获奖者颁奖。史莲娜教授是拉脱维亚翻译家，拉脱维亚中文教学和研究的奠基人之一，著述颇丰，为中国传统文化在拉脱维亚的传播做出了贡献。②

第三节　维泽梅大学

维泽梅大学中文教学点获得了进一步发展。中文课在初始阶段是旅游专业一年级和二年级学生语言选修课，2013年规定旅游专业一年级中文课为必修课，二年级中文课为选修课，两个年级的中文学分均纳入学生的学分系统当中，后来，中文课作为选修课不仅对二年级学生开放，而且将范围扩大到旅游专业所有年级。

一、学校简介

该大学拉脱维亚语名称为维泽梅大学（Vidzemes Augstskola），英语名称为维泽梅应用科技大学（Vidzeme University of Applied Sciences），位于拉脱维亚东北部维泽梅地区首府瓦尔米耶拉市，是一所综合性的高等学府，建于1996年，拉脱维亚前外交部长帕布利克斯为该校首任校长。2001年由地区性大学升级为国立大学，旨在为维泽梅地区的发展提供现代化、高质量、高竞争力的高等教育和科学研究，并积极发展与拉脱维亚境内及国外的合作关系。该

---

① 王大鹏率团出访俄罗斯、拉脱维亚，http://www.ahtcm.edu.cn/info/1011/36440.htm，2022年9月20日上网查阅。
② 商务君：第12届中华图书特殊贡献奖获奖名单揭晓，来源：出版商务网，http://www.cptoday.cn/news/detail/6114，2022年9月20日上网查阅。

校是继续教育和终身学习领域内重要的地区性合作伙伴，通过提供外语等多样的学习课程，适应实际的劳动力市场的需求和客户的利益。2004年，开设了两个硕士专业。2006年，在校生1325人，教师50人，行政人员56人。设有商务管理、信息技术、公共交流与关系、政治学和旅游管理等5个本科专业，公共管理和旅游管理2个硕士专业以及信息技术专业大专课程。[①]2013年，维泽梅大学获得"绿旗"奖，成为波罗的海国家中第一个具有国际生态大学地位的高等教育机构。2014年，商务管理和经济学学院、旅游和招待管理学院、社会科学学院合并为一个学院，即社会与科学学院。目前，维泽梅大学设有工程学院、社会与科学学院、社会技术系统工程研究所、社会经济人文研究所、知识与技术中心、继续教育中心，设有17个本科专业，5个硕士专业，2个博士专业，与世界上九十多所大学建立和合作关系。中文课为学分体系内的必修及选修课程，教学对象为在维泽梅大学学习的拉脱维亚本土学生及交换生以及成人，分为零基础班和已学过基础中文知识的初级、中级班，以及来自各界的社会班。

二、中文教学

这一阶段，有9位志愿者教师相继任教，即北京语言大学本科应届毕业生陈学敏（2010年10月至2012年6月）和宁晓璐（2012年10月至2015年6月）、首都师范大学研究生初从从（2015年10月至2016年6月）、华南师范大学研究生刘丹（2016年9月至2017年6月）、陕西师范大学研究生于洋（2017年9月至2018年6月）、湖北工业大学研究生李浩芹（2018年9月至2019年6月）、西安外国语大学研究生姚璟（2019年11月至2020年6月）、黑龙江大学研究生吴炳璋（2020年9月至2021年6月）、华南师范大学研究生朱瑜（2022年10月至2023年6月）。

陈学敏任教两个学年。在教学活动方面，她给旅游管理专业学生开设中文课，认真准备教案和课件，积极争取学生意见和建议，不断总结改进。在教学

---

① 维泽梅应用科技大学《国际中文教师中国志愿者需求申请表》，2006年2月15日。

过程中，她不仅记住每个学生的姓名，而且记住每个学生的生日，每逢学生生日，课堂上齐唱"生日快乐歌"成为课堂开始的前奏。为了帮助学生学习汉字，她找到一个可以查询笔画和练习汉字的网站，每次课程结束后把生字输入电子文档发给学生，并给每个学生制作汉字练习册。她也定期录制重点句子音频发给学生，帮助学生听力理解和发音。在文化活动方面，她积极学习拉语、融入当地社会、参加当地活动，同时也用中国传统文化影响周围人的生活，邀请学生来宿舍剪纸、包饺子，和他们讨论两国的历史和文化。在2011年4月的"汉语桥"比赛中，三位参赛学生全部获奖。[①]

宁晓璐任教三个学年。她在2013年提交的《工作总结》中写道，学校规定中文课是旅游专业一二年级外语选修课，2013年中文课更成为旅游专业一年级必选外语课，要求一年级学生全部选修中文课。中文教学对象共有四个班，旅游专业一年级班、旅游专业二年级班、终身教育中心成人班、本校教职工兴趣班。选择《体验汉语口语课程》和《汉语会话301句》为主教材，《新实用汉语课本》为辅助教材，《汉语图解词典》为主要辅助工具。一年级班共34人（其中1人为计算机专业），均为零起点初学者，3人学期初退学，另有5人因经济等各方面原因退出课程，实际出勤者为26人。二年级共8人，后1人因工作退学，1人暂时休学，实际出勤者为6人。成人班共2人，均为当地中学老师，有五年中文学习经历，准备参加HSK考试。教职工班10-12人，其中3人本身就是语言老师，一名是拉脱维亚老师，一名是美国老师，一名是西班牙老师。语言教学包括语音、词汇、语法和汉字几个方面，以多样化的形式如传话游戏、击鼓传花、小组竞赛等让学生们多说多练，文化教学包括讲授中国姓氏文化（以及给每个学生起中文名）、观看中国电影（看了四部电影，并用成龙电影片段进行听力和语音模仿练习，用电影《十二生肖》中多国语言场景和生肖主题帮助学生学习动物词汇）、学唱中国歌曲（《橄榄树》《卖汤圆》）等。[②]

宁晓璐在2014年的履职考评中写道：教学工作主要包括三个班级的初级中文课程，教学对象为旅游专业一、二年级学生。一年级为必修课，共25人，

[①] 陈学敏：《走进东欧——拉脱维亚志愿者总结》，2012年6月15日，第1—6页。
[②] 宁晓璐：《拉脱维亚维泽梅大学志愿者教师2012/2013学年工作总结》，2013年6月15日，第1—10页。

上半学期另有留学生 5 人，下半学期有留学生 4 人，分为两个班。二年级为选修课，共 13 人。每周 12-14 课时，每课时一个半小时，每学期每个班 26 课时。主要教材为《体验汉语口语课程》和《汉语会话 301 句》，辅助教材为《轻松学汉语》和《环球汉语》。经过一年或一年半的学习，学生们基本达到了初级中文水平，能够进行简单的日常交流，对中国国情和文化也有了初步了解。[①]

宁晓璐在 2015 年的履职考评中写道：第三学年的教学对象一共有四个班，其中一年级两个班，上学期 33 人，下学期 31 人；二年级一个班，15 人；留学生班 3 人，来自西班牙和亚美尼亚以及阿塞拜疆。每周 12-14 课时，每课时一个半小时，每学期每个班 25 课时。主要教材为《体验汉语（基础篇）》和《体验汉语（生活篇）》，辅助教材为《体验汉语（口语篇）》和《汉语会话 301 句》，辅助教学工具为《汉语图解词典》。教学内容包括语言知识和文化知识两个方面，学习了中文歌曲《甜蜜蜜》《永远的朋友》《中国功夫》《橄榄树》《遇见》《忘了我是谁》等。学生能够在各个话题上进行简单的日常交流，对中国国情和文化也有了多方面的了解，对于使用中文的主动性明显增强，留学生也表达了在回国后想要继续中文学习的愿望。[②]

初从从在给下任志愿者的信中写道：1. 中文课程主要针对旅游专业大一和大二学生，大一中文课为必修课，大二为选修课。大一学生分成两个平行班，每个班大约十几名学生；大二有一个班，也是十几名学生。每个班一周两节课，一节课 90 分钟。2. 选用教材为《体验汉语（基础篇）》，对零基础大一学生还加了一本《汉语拼音入门》，除了语言课，也学习了中国结、剪纸、书法、传统节日、京剧、毽子、太极、包饺子等文化知识。3. 课程设置为每三节新课或者四节新课就安排一次小测试，小测试结束后会介绍文化常识等轻松的内容。学生的平均成绩大于 7（满分 10），则可以自愿选择是否参加期末考试。学生的出勤率大于 90% 则可以在期末成绩上加一分。4. 现有教具：中国结及彩绳、红纸、书法用具、汉办发的教学光盘、太极扇、太极服、葫芦丝、擀面杖。5. 学生们都很好，课上积极配合，但是男生的纪律问题需要注意。6. 同事们都非常热情，巴伊巴主要负责语言教学，非常开朗有趣；罗丽塔主要负责教务，负责

---

① 宁晓璐：《国家汉办中文教师志愿者履职考评表》，2014 年 6 月 5 日，第 7 页。
② 宁晓璐：《国家汉办中文教师志愿者履职考评表》，2015 年 6 月 5 日，第 7 页。

调课和录成绩；詹娜负责签证手续以及各种档案、证件办理。①

刘丹写道：中文课是大一和大二旅游专业学生的必修课，大三大四根据学生个人喜好作为选修课，交换生的中文课作为兴趣课。在校的一二年级和毕业班都有主课和兴趣课，主课主要根据教材内容系统教授语音、词汇和语法，以及讲解汉字音义，并根据课文内容适当补充文化知识。兴趣课的课程风格偏向轻松活泼，以口语书写练习为主并辅之众多游戏来吸引学生的学习兴趣。二年级则已经有了中文学习的经验，教学任务较重，学生的学习压力也较大。主课的主要任务是系统地训练，帮助他们巩固所学的知识，提高口语和书写能力。不定期地举办一些"中华文化系列活动"，例如"中国新年庆祝""中国服装展""中国剪纸""中国国画""中国功夫"等。此外，拉脱维亚大学和国外的一些学校也有交流工作，每年都会以季度为单位举办中文教学研讨会和讲座，向来自欧洲和阿拉伯国家及西亚地区的学生介绍中国文化、探讨交流双方工作开展情况及经验。除了平时课堂教学外，也举办各种活动推广中文和中国文化。学生在2017年拉脱维亚第14届"汉语桥"中文比赛中获得大学组三等奖。②

于洋在给下任志愿者的信中写道：中文课对学校的旅游管理专业学生开放，一年级为必修课，其他年级为选修课，学校的交换生也可以选修中文课。通常每个班级每周两节课，课程性质为学分课，课程类型为综合课，教材为《体验汉语基础教程》，上课采用自编课件和课本内容相结合的形式，通过PPT多媒体进行辅助教学。在教学上，学校对中文课很重视。2018年的"汉语桥"中文比赛共有3名学生参加，一年级的2个学生利那兹和熊猫分别获得大学生初级组的第三名和第四名；二年级的学生安内亚获得大学生中级组的第三名。其中，利纳兹和安内亚还获得了大使馆的6个月研修项目名额，于2018年暑假赴中国进行了研修学习。一年级也有两名学生报名参加了孔子学院的夏令营，这是学校第一次有学生参加。对于学生在这两个活动中的表现，学校非常重视，学校的报纸对此进行了专门报道。③

---

① 初从从：《给下一任志愿者的信》，2016年8月1日，第1—3页。
② 刘丹：《那一年，流光溢彩，璀璨夺目》，载于尚劝余、贝德高主编《汉语之花盛开在波罗的海之滨——我与拉脱维亚的故事》，世界知识出版社，2022年，第329—330页。
③ 于洋：《给下一任志愿者的信》，2018年8月1日，第1—3页。

李浩芹在工作总结中写：中文课共有5个班，分别是旅游管理专业一年级基础班（10人）、旅游管理专业初级班（6人）、中级班（1人）、高级班（1人）、交换生基础班（6人）。中文课以大学生为主，旅游管理专业的学生占70%，中文在一年级是必选课，一年级下学期学生可以根据自己上学期学习情况自主选择是否继续学习中文。如果学生在二年级依旧选择了中文，中文将作为必修语言课上完大学四年。故本学年三年级和四年级学生各一名，其中一名学生通过了HSK3级考试。三年级学生曾参加过为期四周的夏令营活动，对中国和中国文化了解更加深入。二年级有两名学生也参加过夏令营活动，有在中国继续深造的打算。一年级第一学期对旅游管理专业是必修课，在这一学期中文教师应该通过活跃课堂氛围，抓住学生的兴趣，这样可以为之后高年级的中文教学打下良好的基础。交换生也可以选修中文。他们来自欧洲各个国家，除了拉语是必修外，每个人还需要再选修一门其他语言。因为欧洲国家对语言学习很重视，所以他们很积极主动地学习自己不曾接触的语言。除了语言教学之外，文化教学也是学习的一部分。其他语言教师并没有举行文化体验活动，所以这是中文教学的一大特点和优势。三四年级学生使用《HSK标准教程3》，结合所涉及的文化活动，有针对性地进行教学。在期末结课，通过出勤率、平时课上演讲以及活动参与度以及考试成绩，综合给出分数。[①]

姚璟写道：每次上课，我的心情都会不由自主地明亮起来。上课带给了我满满的成就感，教会学生一句中文，就意味着我们之间的沟通又增加了一些了解。考虑到课程进度，每月我会组织一次文化课，尽可能让中文课变得形象、立体。大年初三的时候，我出去采购，遇到了学生，她说，看到了武汉蒙受新冠肺炎病毒肆虐的新闻，很担心中国，也很担心我的家人。之后，遇到的邻居和我一样，也是在同一所学校任教的老师，他也问候我的家人，说中国肯定会没事的。我能感受到他们真切的爱心与善意。爱心不分国界，善意永远值得被真心收藏。封国不封心，江河湖海，日月星辰，所有坎坷，终为坦途。[②]

由于疫情，吴炳璋未能派出赴任，而是网络远程授课。也由于疫情，2021

---

① 李浩芹：《工作总结》，2019年6月10日，第1—2页。
② 姚璟：《人间值得四月天》，载于尚劝余、贝德高主编《汉语之花盛开在波罗的海之滨——我与拉脱维亚的故事》，世界知识出版社，2022年，第344—346页。

年至 2022 学年维泽梅大学停止了中文教学。随着拉脱维亚政府 2022 年 4 月 1 日解除疫情防控政策全面放开，2022 年 10 月维泽梅大学终于恢复了线下中文教学。

朱瑜担任 3 个班级的中文教学，即（1）零基础班，包括维泽梅大学旅游管理专业一年级学生、瓦尔米耶拉第二中学、维泽梅科技中学、瓦尔米耶拉市中学的学生，一共 22 名；（2）HSK2 班，包括一名旅游管理专业三年级的女生；（3）HSK3 班，包括一个之前学过两年中文的学生和一个乌克兰学生。3 个班总共 25 人，其中男生 6 人，女生 19 人。课程性质为学分选修课，总共 2 个学分，主要是旅游管理专业大学生选修课，其余的高中生和初中生通过考试也能取得中文学习证书。每个年级一学期一共 16 节课，一节课 90 分钟。课程类型为语言课和文化课，使用教材为《HSK 标准教程 1》《HSK 标准教程 2》《HSK 标准教程 3》，参考教材《体验汉语》。教学方法：语音阶段主要采用夸张发音法、手势模拟法、对比法；词汇阶段主要采用直接法和定义法、关联法；语法阶段采用归纳法、演绎法、新旧对比法。经过一学年的学习，取得了不俗的成绩，其中一名学生参加了 HSK1 考试，获得满分的成绩；一名学生参加了"汉语桥"比赛，获得优胜奖；一名学生参加了黄河之旅文化知识问答活动；八名学生参加了拉脱维亚大学孔子学院和中国驻拉脱维亚大使馆举办的春节活动。[①]

三、文化交流

2011 年 1 月 18 日，胡业顺大使与夫人颜利茹访问维泽梅大学，校长薇娅·道克施苔女士热情接待。胡业顺大使夫妇来到正在教学中的二年级中文课堂，与学生们一起学习中文歌曲，并亲自教授学生汉字，讲解汉字构字特性与含义，还邀请学生们在中国传统佳节元宵节时到使馆做客，鼓励大家多说多练。胡业顺大使一行还参观了大学图书馆，并赠送了百余册有关中国文化、艺术、历史方面的最新系列丛书。最后，胡业顺大使夫妇来到志愿者教师陈学敏所住的公

[①] 朱瑜：《2022 年至 2023 年工作总结》，2023 年 6 月 27 日，第 1—2 页。

寓，代表大使馆对陈学敏老师表示慰问。①

陈学敏任教期间积极融入当地社会、参加当地活动，课余时间，带学生学习太极拳。2011年夏，她走进当地小学，为小朋友讲解中文知识，展示书法和中国服装。2012年5月，她与学生参加"地球村"活动，展示中国美食、书法、太极和剪纸文化。②

宁晓璐任教期间，2013年2月9日参加当地餐厅举办的中国夜活动，收集提供传统新春音乐和流行歌曲，准备节日装饰如灯笼、窗花、"福"字、对联等，介绍春节传统习俗，接受当地报纸有关春节的采访。2月21日，宁晓璐带领11名学生参加大使馆元宵节招待会，猜灯谜、唱《卖汤圆》。4月23日，宁晓璐负责"汉语桥"比赛奖品采买和中小学组参考试题编写，担任中小学组评委，并辅导3名学生参加"汉语桥"比赛。5月18日，宁晓璐和于婧媛受维泽梅大学学生社团AIESEC邀请，参加瓦尔米耶拉市一年一度的"地球村"活动，设置中国摊位，准备中国服饰和两首中国特色歌曲，为客人们烹饪中国美食。来自中国、美国、西班牙、印度、新加坡、巴基斯坦、吉尔吉斯斯坦七国的代表们在翻译向导的帮助下，于各自的摊位向来往的游客们介绍自己国家的特色饮食和文化符号。中国摊位的可乐鸡翅和扬州炒饭很受欢迎，在活动结束前一个小时就被一扫而空。同时，中国摊位上还准备了毛笔和宣纸，教感兴趣的居民们写自己的中文名字，参与者们都兴趣盎然。③

初从从任教期间，除了在中文课堂和学生宿舍举办剪纸体验、学做中国结、写书法、包饺子活动之外，2016年4月25日，在维泽梅大学广场向全校学生介绍及展示不同种类的毽子，播放踢毽子比赛的视频给学生观看，并教学生如何踢毽子，学生学会后大家一起表演踢毽子。④

刘丹任教期间，除了在中文课堂举办写书法、画国画、制作灯笼活动之外，

---

① 中国驻拉脱维亚大使胡业顺访问维泽梅应用科技大学，2011年1月19日，http://lv.chineseembassy.org/chn/jylx/jyxw/t788071.htm，2022年8月25日上网查阅。
② 陈学敏：《走进东欧——拉脱维亚志愿者总结》，2012年6月15日，第5页。
③ 《维泽梅大学志愿者宁晓璐2013年年度文化活动》，中国驻拉脱维亚大使馆教育处档案，2013年12月3日。
④ 尚劝余、贝德高、玛丽娅主编：《拉脱维亚大学孔子学院10周年纪念册》，拉脱维亚大学出版社，2021年10月，第598—599页。

2016年11月4日至6日参与李克强总理一行访问接待工作，2017年2月11日带领学生在拉脱维亚大学大礼堂参加元宵节活动，2017年4月25日带领学生在拉脱维亚大学小礼堂参加"汉语桥"比赛，2017年6月1日带领学生去尤尔马拉，一起欣赏海边风景，玩中文游戏，学习关于海边相关中文词语和句子。①

于洋任教期间，除了在中文课堂举办书法、中国结、中国美食、春节、中秋节活动之外，2017年9月30日带领学生在拉脱维亚大学大礼堂参加"孔子学院日"暨中秋节晚会，2018年2月10日带领学生在里加大基尔德音乐厅参加欢乐春节庙会，体验苏州发绣、苏州核雕非遗艺术，2018年4月24日带领学生在拉脱维亚大学小礼堂参加"汉语桥"比赛，获得第三名和第四名的好成绩。②

李浩芹任教期间，除了在中文课堂举办国画、中国传统文化宣讲、茶文化体验活动之外，2018年9月29日带领学生在拉脱维亚大学大礼堂参加孔子学院日文艺演出，2019年2月3日带领学生在拉脱维亚大学大礼堂参加"新春文化体验"活动，2019年4月12日带领学生在拉脱维亚大学小礼堂参与拉脱维亚第16届"汉语桥"中文比赛，安内亚获得大学生高级组的第三名。③

姚璟任教期间，2019年9月15日带领学生在拉脱维亚大学小礼堂参加2019"孔子学院日"暨拉脱维亚大学成立100周年中秋音乐会，2019年9月22日在里加中国文化中心参加"我们爱唱中文歌"活动，2019年9月29日带领学生在拉脱维亚大学大礼堂参加2019年"孔子学院日"暨拉脱维亚大学100周年庆典活动，2019年12月1日在拉脱维亚大学学术图书馆参加2019年第三次HSK、HSKK考试监考，2020年1月25日在拉脱维亚大学大礼堂参加2020新春庆典活动，2020年6月6日至8日参加拉脱维亚第17届线上"汉语桥"中文比赛活动。④

---

① 尚劝余、贝德高、玛丽娅主编：《拉脱维亚大学孔子学院10周年纪念册》，拉脱维亚大学出版社，2021年10月，第600—602页。
② 尚劝余、贝德高、玛丽娅主编：《拉脱维亚大学孔子学院10周年纪念册》，拉脱维亚大学出版社，2021年10月，第603—602页。
③ 尚劝余、贝德高、玛丽娅主编：《拉脱维亚大学孔子学院10周年纪念册》，拉脱维亚大学出版社，2021年10月，第605—608页。
④ 尚劝余、贝德高、玛丽娅主编：《拉脱维亚大学孔子学院10周年纪念册》，拉脱维亚大学出版社，2021年10月，第608—610页。

第四节　斯米尔提恩中学

斯米尔提恩中学（Smiltenes vidusskola，Smiltene Secondary School）位于东北部的斯米尔提恩市，成立于 2016 年 8 月 1 日，由斯米尔提恩完全中学（Smiltenes ģimnāzija）、斯米尔提恩中心中学（Smiltenes Centra vidusskola）和斯米尔提恩三丘小学（Smiltenes Trīs pakalnu sākumskola）合并而成，有达克特利街 27 号、达尔扎街 17 号和里加街 16 号三个校区，是拉脱维亚北部地区唯一开设中文课程的中学。

一、学校简介

斯米尔提恩中学历史悠久，可以分为四个时期。[1]

斯米尔提恩贸易学校时期（1909—1919）。斯米尔提恩中学的历史最早可以追溯到 20 世纪初建立的斯米尔提恩贸易学校。20 世纪初，拉脱维亚工业迅速发展，社会生活中出现了新的风气。1905 年革命后，各种协会纷纷建立，俄罗斯化日渐减弱，学校允许使用拉脱维亚语教学。斯米尔提恩也发生了变化，建立了第一座电厂、蒸汽驱动的锯木厂等，这些都是由各种协会发起的，包括斯米尔提恩学校协会在内。这些变化突显了建立现代化学校的必要性，以便提供满足时代需要的综合性教育。当时开办中学有困难，于是当地知识分子提出开办贸易学校的想法，得到了斯米尔提恩教区孔津什牧师的支持，他也是学校协会创始人之一。1909 年 8 月 24 日，在教师协会的支持下，斯米尔提恩贸易学校创立，提供六年制培训课程。孔津什担任学校理事长，同时也担任教学工作，校长是史坦恩布利克斯督察，早期的教师有彼得森、列尔葛薇等。斯米尔提恩庄园主利文斯王公将两层木质住宅楼捐给学校使用。学校位于乍丘街 2 号，从阿特莫

---

[1] https://svs.edu.lv/wp-content/uploads/2018/01/Skolas-vestureSG_labots2018.pdf，2022 年 7 月 6 日上网查阅。

达街和莱纳街交汇处到"破碎家庭"纪念碑。第一学年,有100名学生就读。[1]

斯米尔提恩国立完全中学时期(1919—1940)。1918年拉脱维亚独立后教育领域发生了重要变化,1919年斯米尔提恩贸易学校改为利尔学校,课程涵盖更多的自然科学、商学和会计学,校长是孔津什。1919/1920学年,有408名学生就读。新成立的拉脱维亚政府开始实施目标导向教育政策,1919年12月8日拉脱维亚人民委员会实施《拉脱维亚教育机构法》,23所维泽梅中学实施中等教育方案。1921年8月1日,利尔学校改为斯米尔提恩国立中学,卡尔宁什任校长。从此,斯米尔提恩中学由学校协会管辖转为国家教育部管辖。但是,学校协会仍然为斯米尔提恩中学提供建议和资金支持。1928年,斯米尔提恩国立中学改为斯米尔提恩国立完全中学,卡尔宁什继续担任校长至1940年。最初,学校实施两种教育项目,实用项目主要教数学,人文项目主要教语言。从1935年开始,学校只有人文方向,主要教英语、德语、拉丁语。教师有博卡、列尔葛薇、斯尼切莱、梅斯特尔斯、李莉娅和卡伊恩斯等。1935年和1936年,学生在"森林日"期间在学校附近种植了一片桦树林。在许多人的心里,这成为斯米尔提恩中学的象征。[2]

外国统治时期(1940—1990)。1940年,拉脱维亚失去独立,并入苏联。苏联化影响到包括教育在内的社会生活的方方面面,斯米尔提恩国立完全中学许多老师都被赶出学校,包括卡尔宁什校长。1941年,纳粹德国占领拉脱维亚,丹凯尔斯任校长。男生都被征召从事劳务,所以不能上学。1944年毕业生中基本都是女生,只有一名男生,他们也是最后一届从旧教学大楼毕业的学生。1944年9月,德国军队撤退时,学校木质大楼被焚毁,再也没有修复过。第二次世界大战后,斯米尔提恩国立完全中学在现在的达克特利街的学校大楼恢复教学。该大楼1937年修建并投入使用,当时是斯米尔提恩第一小学,是斯米尔提恩最现代化和最大的大楼之一,可以容纳250个学生,建筑师是布兰肯伯格。1951年,斯米尔提恩第一小学与斯米尔提恩国立完全中学合并,成立

---

[1] https://svs.edu.lv/wp-content/uploads/2018/01/Skolas-vestureSG_labots2018.pdf,2022年7月6日上网查阅。
[2] https://svs.edu.lv/wp-content/uploads/2018/01/Skolas-vestureSG_labots2018.pdf,2022年7月6日上网查阅。

斯米尔提恩中学。随着学生人数增加，1973年建造了新的学校大楼。斯米尔提恩中学给学生提供广泛的学习科目，为继续大学学业和毕业工作补充知识。学校教各种深度科目，从1958/1959学年起教化学（从1962/1963学年开始也教农业化学），从1977/1978学年起教数学和教育学，在20世纪70年代和80年代中学部开设各种职业培训课，教销售和编制技巧。这个时期的校长有布利戈兹纳（1944—1951；1956—1967）、克鲁莫维奇（1951—1956）、赛布里斯（1967—1973）、扎兰斯（1973—1980）、伊凯尔戴（1980—1988）。斯米尔提恩中学获得社会的高度认可，许多拉脱维亚教育者也学习借鉴其经验。[1]

拉脱维亚恢复独立时期（1991至今）。随着第三次觉醒的开始，斯米尔提恩中学也开始变化。拉脱维亚人民阵线活跃于斯米尔提恩中学，教师和学生投身于运动当中。1988年，从斯米尔提恩中学出发，向圣约翰山进军，将红、白、红旗帜插在山上。1989年，恢复了斯米尔提恩中学校旗。1996年，恢复了斯米尔提恩完全中学校名。学校以其卓著的成就、学生在奥利匹克等比赛中的成功而自豪。学校积极参与拉脱维亚国内以及国外各种项目。爱国主义传统也恢复了，例如11月18日和5月4日等活动。2015年，学校成为采西斯军团学生连纪念馆国旗的守护者。学校在保持传统的同时也推陈出新。2008年，学校扩建，新的学校大楼落成。2014年，学校桦树林恢复，枯萎的桦树被移除，种植了新的桦树。2016年斯米尔提恩市的教育机构重组，斯米尔提恩完全中学、斯米尔提恩中心中学和斯米尔提恩三丘小学合并，成立现代化的斯米尔提恩中学，以满足一——十二年级普通教育机构的现代要求。这一时期的校长为迈祖里斯（1988—2002）、村斯卡（2002—2008）、马尔康奈（2008—2016）、维尔吉娜（2016至今）。[2]

二、合校前中文教学

2014年4月9日至10日，中国驻拉脱维亚大使杨国强一行访问拉脱维亚

---

[1] https://svs.edu.lv/wp-content/uploads/2018/01/Skolas-vestureSG_labots2018.pdf，2022年7月6日上网查阅。
[2] https://svs.edu.lv/wp-content/uploads/2018/01/Skolas-vestureSG_labots2018.pdf，2022年7月6日上网查阅。

北部维泽梅地区三个地市，与采西斯市长、瓦尔米耶拉市长、斯米尔提恩市长进行会谈，走访维泽梅大学和斯米尔提恩中心中学。斯米尔提恩市长埃纳尔和斯米尔提恩中心中学校长维尔佳希望与中方在文教、经贸和友城建设等领域早日开展实质交流与合作。杨大使表示，在当前中国与中东欧国家合作新框架机制下，中拉地方交流发展面临新的机遇，中国大使馆将积极推动中方城市与斯米尔提恩开展友城交流，并争取国家汉办尽早委派中文教师前来执教。[1]

2014年5月20日，斯米尔提恩市政府向中国驻拉脱维亚大使馆提交申请，希望协助派遣2名志愿者教师赴该市两所国立中学开设中文课程并向社会招生，以便更好地促进中文在拉脱维亚的推广和中拉教育合作。中国大使馆向国家汉办转发了申请，建议汉办积极考虑拉方的需求，争取在2014年9月前派遣2名志愿者教师来拉脱维亚任教。[2] 汉办选拔并派遣辽宁大学研究生刘会强和季楠作为中文志愿者教师，分赴斯米尔提恩完全中学和斯米尔提恩中心中学任教，拉开了维泽梅地区中学中文教学的帷幕。

2014年9月至2015年5月，刘会强在斯米尔提恩完全中学承担六个班级的中文教学，分别是七年级A班、七年级B班、十年级A班、兴趣A班、兴趣B班、成人班，共计76名学生。成人班每节课90分钟，其余班级每节课40分钟，每个班级每周一节课。针对低年级、高年级和成人不同年龄层次的学生，采取不同的教学方法和策略，因材施教。[3] 听闻小镇里来了中文教师，当地媒体都跑去学校采访，中文课上了当地报纸和新闻网站。[4] 2015年春节期间，他受校长邀请去非中文教学班级进行中国春节巡讲，主要讲述与春节相关的历史和习俗，以及中国人如何庆祝春节等，讲了七八次，每次反响都不错。此外，当地教世界文化课的老师还邀请他去班上介绍儒学、阴阳和五行。[5]

2014年9月至2015年5月，季楠任教于斯米尔提恩中心中学，从4AB

---

[1] 中国驻拉脱维亚大使馆教育处档案，2014年4月16日。
[2] 斯米尔提恩市政府志愿者教师申请书及中国驻拉脱维亚大使馆致国家汉办函，2014年5月20日。
[3] 刘会强：《工作总结（2014年9月—2015年5月）》，2015年5月30日，第1—3页。
[4] 刘会强：《拉脱维亚，我们后会有期》，载于尚劝余、贝德高主编《汉语之花盛开在波罗的海之滨——我与拉脱维亚的故事》，世界知识出版社，2022年，第280页。
[5] 刘会强：《工作总结（2014年9月至2015年5月）》，2015年5月30日，第3页。

班至十一年级班，共带 11 个班，学生年龄跨度 11—18 岁，平均每周 11 节课。但由于有的课程开设时间较晚和学生流失问题，后来将有些班级的学生合并后一起上课。分别是 4AB 班（3 人）、5AB 班（3 人）、6A 班（6 人）、7AB 班（2 人）、9AB 班（3 人）、11 班（5 人），平均每周 6 节课。没有固定教材，结合《快乐汉语》和《体验汉语》两本教材自己制作 PPT 上课。[1]

2015 年 10 月至 2016 年 6 月，中央民族大学研究生盛铭在斯米尔提恩中心中学任教。中文课程共开设二年级至十二年级 8 个班级，每个班级每周一节课，学生年龄从 7 岁至 18 岁不等。课程性质为兴趣课，课程类型为综合课。教师教材为《体验汉语基础教程》，由于学生并没有课本，所以上课采用自编课件和课本内容相结合的形式，通过 PPT 多媒体进行辅助教学。根据学生年龄段的不同，主要采取两套教学课件进行教学，其中，低年级主要以日常词汇、口语教学为主，高年级课件以《体验汉语基础教程》教材为主。[2]

三、合校后中文教学

合校后的斯米尔提恩中学是拉脱维亚北部维泽梅地区最大的普通中等教育机构之一。学校约有 1000 名学生，有 4 个教育科目，分别是学前教育、基础教育、两项中等教育（普通教育和数学、自然科学、技术）。此外，还有兴趣教育（体育、音乐、戏剧、化学、机器人科学等）和国际项目。学生还可以学习英语、德语、俄语和中文。中文课程面向小学一年级至高中三年级的学生以及成人学生，皆为中文兴趣班，每年根据学生报名情况编班。

2016 年 9 月至 2017 年 5 月，陕西师范大学研究生于洋任教。中文课程共开设有四年级至十一年级 8 个班级，根据学生年龄段的不同，在低年级教学中多采用穿插游戏以及朗朗上口的童谣儿歌，有效吸引学生注意力；在高年级教学中一般采用语言教学与文化教学相结合的形式。在文化活动方面，组织学生开展书法、剪纸等活动，元宵节期间带学生参加孔子学院的联欢会。[3]

---

[1] 季楠：《工作总结（2014 年 9 月至 2015 年 5 月）》，2015 年 5 月 30 日，第 1 页。
[2] 盛铭：《给下一任志愿者的信》，2016 年 7 月 2 日，第 1—2 页。
[3] 于洋：《给下一任志愿者的信》，2017 年 6 月 1 日，第 2—4 页。

2018年1月至6月，福建师范大学研究生陈凤凰任教。由于签证问题，她赴任时间较晚。中文课程共设有九个班级，学生总数31人，教学对象涉及小学生、初中生、高中生和成年学生。每个班级每周一节课，每节课40分钟（小学生）或60分钟（初中和高中）。学生年龄跨度较大，最小的12岁，最大的77岁。教学内容包括拼音、汉字、数字、家庭，如何问名字、问国籍、问日期等。针对不同年龄的学生，教学内容有所侧重和区分，教学方式也灵活变通。[1]

2018年9月至2019年7月，大连外国语大学研究生乔培哲任教。第一学期有6个班级，第二学期有5个班级，均为综合兴趣课，以调动学生兴趣以及学习中文的积极性为目的。学生中文水平为零基础和数年基础，学生类型为中学生以及学校面向社会招收的4-5名成人。教材方面，以自编教材为主，基本上是结合《体验汉语基础教程》加以改编，分颜色、日期、数字等板块教学。期间结合部分节日契机，开展文化体验活动及讲座。教学方面，经过两学期的教学，学生相比之前都有了较大的进步，在复习掌握了已学知识的基础上，进一步学习、掌握了如方位词、动物、水果等新的词汇。[2]

2019年10月至2020年5月，西安石油大学研究生姚柳任教。她负责三四年级、八年级、十二年级以及成人班的中文课，每个年级每周一节课。第二个学期学校额外安排了三四年级的固定课程，一共四个班每周四节课。教学内容基本都是根据学生兴趣自编的，参考的教材是《体验汉语基础教程（上）》，成人班参考的教材是《HSK标准教程》。三四年级学生第一次接触中文，八年级学生有一个之前学过中文，其余都是零基础。十二年级学生学习中文是想上大学后学习和中国有关的课程，水平也是零基础。成人班学生非常认真，每次上课都会做笔记。[3]

2020年9月至2022年6月，由于新冠疫情，斯米尔提恩中学中文课程停课两个学年。2022年11月至2023年6月，华南师范大学研究生孙智慧终于抵达，在斯米尔提恩中学任教。斯米尔提恩中学由两个阶段的学生组成，10-12岁是低年级，13-18岁是高年级。第一学期，所有低年级学生已经上完了中文介绍

---

[1] 陈凤凰：《工作总结（2018年1月至6月）》，2018年6月20日，第1—3页。
[2] 乔培哲：《工作总结（2018年9月至2019年6月）》，2019年6月20日，第1页。
[3] 姚柳：《给下一任志愿者的工作生活指南》，2020年5月28日，第1—3页。

课，顺利开课。报名参加中文课的一共有 53 人，均为 11—12 岁，即四到六年级的学生。一班有 33 个学生，二班有 20 个学生。主教材《HSK 标准教程 1》，辅助教材《轻松学汉语》。① 第二学期，除了低年级两个班之外，高年级也有两个班。在教学过程中，除了使用教材《轻松学汉语（少儿版）1》，也加入 Wordwall 和 Blooket 网络互动式游戏教学网站辅助教学，增加了词汇教学的趣味性。文化活动主要以体验为主，通过结合日常的中文教学内容和专门的文化课介绍了中国的数字文化、饮食文化、节日文化等，让学生体验了剪纸、书法、青花瓷，学习了如何做奶茶、包子和饺子等中国美食。②

第五节　交通与电信大学

交通与电信大学位于里加市，2015 年开设中文课程，是拉脱维亚大学孔子学院较早开设中文教学点的学校之一。

一、学校简介

交通与电信大学（Transporta un Sakaru Institūts，Transport and Telecommunication Institute，TSI）③是一所具有百年历史的现代应用科技大学，其前身是著名的航空技师和机械师学校（The School of Aviation Technicians and Mechanicians）、里加红旗民航学院（RKIIGA）和里加航空大学（RAU）。下面以拉脱维亚恢复独立为界，分两个时期予以简介。

恢复独立前（1919—1991）。1919 年 5 月 24 日，航空技师和机械师学校在基辅成立，学校以飞机修理厂和飞行员学校为基地。后来，学校从基辅撤到莫斯科，1921 年迁至彼得格勒，并更名为工程人员高级培训科。1938

---

① 孙智慧：《斯米尔提恩中学中文教学情况》，2022 年 12 月 14 日，第 1 页。
② 孙智慧：《2022—2023 年工作总结》，2023 年 6 月 18 日，第 1—2 页。
③ 自从中文教学点开设之日起，中文译名一直沿用交通与电信大学，而非交通与电信学院。

年至1939年期间，随着学生和听众人数的大幅增加以及技能水平的普遍提高，学校的地位发生变化。1938年5月，学校更名为第一飞机维修学校。1945年6月，学校迁往里加。1946年，学校更名为第一列宁格勒（今圣彼德堡）高等军事航空工程学校。在里加有一所第二列宁格勒（今圣彼德堡）高等军事航空工程学校，该学校是从同名的技术学校重组而来。两所学校都有两个学院，即工程和特殊电气设备学院，无线电工程和航空武器学院。1949年，两所学校并为里加高等军事航空工程学校。1960年6月，学校解散，在其基础上成立了里加民航舰队工程师学院，即列宁共青团里加民航工程师学院或称里加红旗民航学院。1967年，随着民航机队总局改组为民航部，学校改名为里加民航工程师学院。

1971年，苏联有四所民航高等学校：基辅民航工程师学院（成立于1933年，荣获劳动红旗勋章）、列宁共青团里加民航工程师学院（成立于1960年，被授予红旗）、莫斯科航空学院（创建于1971年）、列宁格勒（今圣彼德堡）高等民航工程师学院（创建于1955年，被授予列宁勋章，1971年改组为民航学院）。这四所民航高等学校均设有日间系（里加除外）、函授系和研究生院；基辅民航工程师学院在大型民用机场所在的城市设有分支机构和学术咨询办公室。学制为四到五年半，应届毕业生通过文凭项目（或论文）答辩，获得工程师资格（机械工程师、电气工程师、建筑工程师、经济工程师、飞行员工程师、导航工程师或无线电工程师）。建筑工程师接受基辅民航工程师学院的培训；经济工程师接受基辅民航工程师学院和列宁共青团里加民航工程师学院的培训；飞行员工程师、导航工程师和空中交通管制工程师接受列宁格勒（今圣彼德堡）高等民航工程师学院的培训。基辅民航工程师学院被授予录取博士候选人论文和博士学位论文答辩申请的权利，列宁共青团里加民航工程师学院和列宁格勒（今圣彼德堡）高等民航工程师学院被授予录取博士候选人论文答辩申请的权利。

恢复独立后（1992至今）。拉脱维亚恢复独立后，1992年2月25日，里加民航工程师学院转归拉脱维亚共和国管辖，更名为里加航空大学。里加航空大学是拉脱维亚最大的高等院校之一，在拉脱维亚教育机构评级中排名第三。在20世纪90年代末，里加航空大学面临许多内部和外部问题。1999年8月，拉脱维亚内阁做出决定，清算作为政府高等学校的里加航空大学。这鼓励了里加航空大学员工们，他们准备将其改组为非政府教育机构。1999年9月6日，股份制里加航空大学注册成立。1999年10月，改名为交通与电信大学，纳入国际民航组织名册。在里加航空大学存续过程中，或在里加航空大学参与下，各种学院建立了起来，包括波罗的海俄语学院（2006年后改为波罗的海国际学院）、信息系统管理学校、文化和经济大学、交通与电信大学、里加工业大学航空学院，它们具有不同的地位、不同的所有制形式和课程体系。由于这些学校建在前里加航空大学校园，师资队伍中有前里加航空大学成员，因此它们都在某种程度上自视为里加航空大学的继承者。交通与电信大学、里加工业大学航空学院可以说是里加航空大学的主要继承者，它们从事航空教育，与里加民航工程师学院－里加航空大学不同年代的毕业生关系密切，致力于保存、延续和发扬传奇性的里加民航工程师学院－里加航空大学的传统。[①] 现今的交通与电信大学是拉脱维亚唯一一所私立科技大学，也是唯一一所入选一流科研机构名单的私立大学。2014年，交通与电信大学被列入全球职业大学名单排名（排名/专业2013/2014）。学生可获得初级和二级职业高等教育，以及本科学位和研究生学位，并撰写和通过博士学位论文答辩。

交通与电信大学校友遍及世界各地，毕业生中包括来自俄罗斯、印度、巴基斯坦、斯里兰卡、黎巴嫩、埃及、肯尼亚、哈萨克斯坦、摩尔多瓦、乌兹别克斯坦、乌克兰、阿塞拜疆、英国、匈牙利、希腊、波兰、葡萄牙、墨西哥等93个国家的留学生。许多毕业生成为世界许多国家航空公司、航空交通企业、航空机构的负责人和骨干，一些人成为著名的飞行员和宇航员，一些人在世界著名航空工程公司、航空研究组织和太空中心工作。

二、开设中文课程

2015年9月始，交通与电信大学正式开设中文课程，隶属于继续教育中心，

[①] 谢斯塔科夫：《1919年—1999年里加民航学院历史》，http://rkiigarau.lv/sites/default/files/A_teksti/Istorija/Shestakov_Xronika/rizhskiy_aviacionnyy_universitet_1919-1999_2.pdf，2022年7月8日上网查阅。

由兹姆尼科娃主任负责协调。课程性质为兴趣课，课程类型为综合课，学生有中学生、大学生，也有社会人士，年龄15岁至50岁。迄今为止，有六位志愿者教师先后在这里任教，其中五位是来自华南师范大学的研究生，即王佳乐（2015年9月至2016年6月）、林婕（2016年9月至2017年6月）、刘梦珂（2017年8月至2018年6月）、王昕（2018年9月至2020年6月）、邬艳丽（2020年10月至2021年6月），一位是来自西南科技大学的研究生唐静（2021年9月至2022年6月）。

第一任中文志愿者教师王佳乐写道：中文学习者来自不同的国家和地区，有拉脱维亚学生，也有来自哈萨克斯坦等国家的学生，教育背景不同，年龄不同，对中国及中文的了解程度也有很大差异，学生性格特点差异较大。根据不同学生的学习特点，采用灵活多变的教学方法，使学生能够尽快掌握中文，同时举办一些文化讲座，如中国概况讲座，书法、剪纸等中华才艺体验等，吸引更多的学生来学习中文。通过一年的中文学习，学生能够进行一些基本的中文会话，并且已有学生顺利通过HSK考试。[1]

第二任中文志愿者教师林婕写道：对外中文教学强调"语文并进"，在拉国这样的情况下，本人的教学策略是"先语后文"，上课要求学生说完整的句子，说错了再来。可喜的是，经过这样的训练，学生会有意识地说整句，纠正错误后，会主动重复正确的句子。经过一段时间的努力，学生的开口度、听说能力较开始有了很大的进步，学生笔记本上的汉字也由原来的图画形、"缺胳膊少腿"变成完整的方块字。只有明令规定书写、识记汉字，才能让学生见形读音。[2]

第三任中文志愿者教师刘梦珂写道：每周的中文课程是周一到周四，一次两个课时，每周8课时。使用《HSK标准教程》作为教材，从每次课100%的出勤率和学生求知若渴的态度，感受到了他们每个人想学好中文的真心。对于成人中文班，每节课都不厌其烦地通过各种不同方式给学生进行声调和汉字方面的训练。到目前为止，班上差不多每一个学生都能认读出学习过的每一篇

---

[1] 王佳乐：《中文教师志愿者履职考评表（2015年9月至2016年6月）》，2016年6月20日，第9—10页。
[2] 林婕：《中文教师志愿者履职考评表（2016年9月至2017年6月）》，2017年6月18日，第8页。

课文中95%的汉字，语音面貌也有了很大的改善。上学期，班上的两名学生报考参加了HSK1级汉语水平考试，顺利通过取得了证书，一个更是拿到了满分的优异成绩。①

第四任中文志愿者教师王昕是唯一一位连任两年的志愿者。每个学年各有三个班级，即零基础班、初级班和中级班，共六个班级，每周4次课，12个课时。使用教材《HSK标准教程》第一册、第二册和第三册。在第一学年，学生类型、年龄、学习能力等存在较大差异，为此设计适合他们的教学方式，在教授干货的基础上开展不同的活动，使课堂气氛变得轻松，同时也使学生们多多开口练习。②在第二学年，教学对象仍较为复杂，包括高中生、大学生及社会人士等。有两名学生参加了HSK2考试并参加了2020年第17届"汉语桥"比赛，同时有几名学生正在考虑申请到中国留学。③

由于新冠疫情，第五任中文志愿者教师邬艳丽和第六任中文志愿者教师唐静未能赴任，一直远程网络授课。邬艳丽写道，因疫情关系，中文课只有一个班级，每周学习时长为5个小时，教材为《体验汉语·生活篇》。由于学生少，对于教学来说，进行得较为顺利，学生练习的机会多，教师的针对性更强，学生学习得更快、更迅速，进步更为明显。④唐静写道，中文课程负责人是叶琳娜，负责确定上课平台和上课时间。由于疫情，学生人数不多，只有一个班级。课时设置是一共64课时，每周2次，一次2课时，一周共4课时，一次一个半小时，使用教材为《HSK标准教程》。⑤

三、文化交流活动

2015年9月23日至10月10日，交通与电信大学成功举办中国文化推介

---

① 刘梦珂：《中文教师志愿者履职考评表（2017年9月至2018年6月）》，2018年6月2日，第10—11页。
② 王昕：《中文教师志愿者履职考评表（2018年9月至2019年7月）》，2019年6月22日，第7页。
③ 王昕：《2019—2020年度工作总结》，2020年6月29日，第1页。
④ 邬艳丽：《华南师范大学全日制研究生外出学习实践报告及考核评价表》，2021年6月26日，第3—4页。
⑤ 唐静：《给下任志愿者的信》，2022年6月30日，第1页。

系列讲座活动。交通与电信大学校长伊格尔斯·格劳斯、继续教育中心主任伊丽娜·宝索娃、志愿者教师王佳乐以及 200 余名师生参与了此次活动。王佳乐介绍了拉脱维亚大学孔子学院中方合作院校华南师范大学，从首都北京、人口、历史、节日等方面概述了中国文化，展现了现代中国新风貌，介绍了中文及汉字，教在场学生简单的中文问候语，也讲述了中秋节的来历及习俗，并带来了月饼，邀请在座学生品尝，还播放了极具中国特色的短片。①

2016 年 5 月 31 日，交通与电信大学举行年度中文工作总结及志愿者教师欢送会。孔子学院拉方院长贝德高、中方院长尚劝余、大学校长伊格尔斯·格劳斯、中文教学点负责人月蓝塔以及志愿者教师王佳乐等出席了此次会议。校长高度评价和充分肯定王佳乐一年以来的中文教学工作，授予王佳乐荣誉证书，在校长陪同下，两位院长参观了中文教室。②

2017 年 12 月 4 日，交通与电信大学协同拉脱维亚大学孔子学院本部及拉脱维亚文化学院共同举办"古典乐，'音'你来"主题文化活动。本次活动旨在让学生们了解中国古典音乐和乐器，来自各教学点的 40 多位学生积极参加了这次活动。交通与电信大学志愿者教师刘梦珂就古筝的历史及乐理知识进行了介绍，并演奏了代表曲目《渔舟唱晚》。③

2021 年 12 月 22 日，交通与电信大学中文班开展冬至日文化体验课，这是中文教师唐静开展的第七次文化体验课。唐静展示了两段中国冬至日的介绍视频，通过视频学生了解到，冬至日也和农业生产有关，中国古代皇帝会在这一天举行祭天仪式，学生会祭拜孔夫子。在冬至日中国人要吃饺子，也会准备丰盛的美食，寓意为新的一年福气满满。如此多的中国特色，让学生对冬至日有了新的认识。④

---

① 《交通与电信大学举办中国文化推介系列讲座》，拉脱维亚大学孔子学院档案，2015 年 10 月 10 日。
② 《交通与电信大学召开 2015—2016 年度汉语工作总结及志愿者教师欢送会》，拉脱维亚大学孔子学院档案，2016 年 10 月 10 日。
③ 拉脱维亚大学孔子学院档案，2017 年 12 月 4 日。
④ 《交通与电信大学开展冬至日文化体验课》，拉脱维亚大学孔子学院档案，2021 年 12 月 22 日。

第六节　拉脱维亚农业大学

拉脱维亚农业大学（Latvijas Lauksaimniecības Universitāte，LLU），英文名最初为 Latvia University of Agriculture，后改为拉脱维亚生命科学与技术大学（Latvia University of Life Sciences and Technologies），位于拉脱维亚首都里加市以南44公里的叶尔加瓦市，是教育、科学和文化中心，提供多方面的高等教育。2016年，拉脱维亚大学孔子学院在拉脱维亚农业大学开设中文课程，中文教育扩展到拉脱维亚南部地区。

一、学校简介

拉脱维亚农业大学是一所历史悠久的农科大学，从2018年起英文名改为拉脱维亚生命科学与技术大学，但拉语名拉脱维亚农业大学保持不变。

1862年，里加理工学校成立，首批学生入读预科系。1863年，里加理工学校设立农业系，培养合格的高等教育农业专家。1896年，里加理工学校改制为里加理工学院。农业系位于普希金大街（如今的克朗瓦尔德大街4号）里加理工学院实验大楼。1919年9月28日，拉脱维亚大学在里加理工学院基础上成立。农业学院设有两个系，即农业系和林业系。与此同时，兽医学院也首次向学生敞开大门。1920年，林业系成为农业学院的组成部分。1921年，维考采庄园划拨给农业学院。

1936年7月26日，内阁决定将拉脱维亚大学农业学院迁往叶尔加瓦，从而创建一所新的大学叶尔加瓦农业学院。1938年12月23日，总统兼总理卡尔利斯·乌尔马尼斯颁布《叶尔加瓦农业学院章程》。1939年7月3日，叶尔加瓦农业学院正式成立，下设农业和林业两个系。1939年10月28日，叶尔加瓦农业学院举行落成典礼，总统卡尔利斯·乌尔马尼斯参加典礼。1940年，叶尔加瓦农业学院的学习计划根据苏联类似大学计划的样本进行了修改，农业和林业两个系的学习期限都延长至五年。1941年6月29日，纳粹德国军队进入叶尔加瓦，叶尔加瓦农业学院更名为米塔瓦农业学院。1944年7月，叶尔加瓦城堡被烧毁，该学院不复存在。

随之，在里加恢复建立拉脱维亚农业学院，拥有五个学院，除了农业学院和林业学院之外，从拉脱维亚大学分出兽医学院，并新成立农业机械化学院和农业技术与家政学院。1945年，成立函授系。1947年，成立土地管理学院。1948年，成立水利土壤改良学院。1948年，农业技术与家政学院改为食品工业技术学院。1949年，林业学院成立，农业学院则一分为二，分为农学院和畜牧学院。1955年，函授系改制为函授学院，下设五个系。1955—1956学年，有972名学生就读。1956年10月20日，中央委员会办公室允许该学院出版四页拉脱维亚语《喜报》，格式为《真理报》的一半，每月两次发行量1500份。首份《喜报》于11月3日出版发行。

1956年10月29日，拉脱维亚苏维埃社会主义共和国部长会议决定将拉脱维亚农业学院迁至叶尔加瓦。1957年9月1日，林业、林业工程、水土改良和土地管理学院开始在叶尔加瓦运营。其他学院陆陆续续从里加迁至叶尔加瓦，一直持续到1964年。1960年，男女合唱团、歌舞团、流行乐团、舞蹈和戏剧团体开始在拉脱维亚农业学院运作。1961年，拉脱维亚农业学院建立了5个主要实验室和2个科学分支实验室。1968年，成立农业经济学院。1984年，成立农业建设学院。1990年，成立人文研究所。

1991年，拉脱维亚农业学院更名为拉脱维亚农业大学，开始向两级学科过渡。1992年，成立信息学研究所。1992年，农业经济学院更名为经济学院。1993年，水土改良学院、土地管理学院和农业建设学院合并，成立农业工程学院。农学院与畜牧学院合并，成立农业学院。1996年，农业机械化学院更名为技术学院。1998年2月5日，议会批准《拉脱维亚农业大学章程》，2月18日，总统贡蒂斯·乌尔马尼斯宣布章程。2001年，人文研究所改制为社会科学学院，信息学研究所改制为信息技术学院。2001年10月25日，拉脱维亚高等教育委员会就拉脱维亚农业大学的认证做出决定。2005年，拉脱维亚农业大学分校在锡古尔达成立。2007年1月1日，拉脱维亚农业大学成为波罗的海国家农业和兽医大学合作网络（BOVA）的领先大学，为期三年。2007

年 5 月 10 日，议会批准拉脱维亚农业学院章程修正案。2003 年和 2007 年，宫殿立面重建工作继续进行。2007 年，宫殿北柱廊进行翻新。2008 年是城堡建城 270 周年，1738 年 6 月 14 日城堡奠基纪念牌匾揭幕。2008 年，叶尔加瓦宫南立面装点灯光。2009 年，位于列卢佩河畔的叶尔加瓦宫东立面装点灯光。2011 年，完成宫殿东翼三楼装修。2012 年 9 月 1 日，开启铺设学术道路传统，取代在叶尔加瓦城堡公园种植树木的传统。2013 年，经济学院与社会科学学院合并，成立经济与社会发展学院。2014 年，瓦尔德卡城堡重建工作完成，风景园林与规划处开始在这里工作。2015 年，参事大厅进行翻新。2015 年 8 月 25 日，位于里加街 22 号的食品技术学院新大楼投入使用，大楼内部装修继续进行，并于 2016 年 5 月 11 日正式启用，成为学院新的学习和科研中心。2016 年 3 月 1 日，农业工程学院更名为环境与建筑科学学院，保留当前的学科和研究方向。2016 年，签订"提高叶尔加瓦城堡能源效率"项目实施合同。2017 年，开始更换宫殿南翼门窗，阁楼保温，恢复大楼立面和通风系统，修复南柱廊装饰。2018 年 3 月 6 日，参事会批准拉脱维亚农业大学英文名称为"拉脱维亚生命科学与技术大学"。2018 年 6 月 14 日，城堡奠基 280 周年，礼堂、礼堂门厅、金厅和银厅翻新工程已经完成，成为生物经济和可持续资源管理中心所在地，旨在促进科学成果以及与拉脱维亚的外国合作伙伴和商人之间的合作。2020 年 12 月，历时 4 年多的"提高叶尔加瓦城堡能源效率"项目完成，城堡外立面、新门窗和通风系统得到翻新。通过吸引额外资金，城堡内部也进行了翻新，具备适合学习和科研的功能。[①]

从 1936 年起，拉脱维亚农业大学主楼就坐落在拉斯特列利设计的巴洛克风格的著名宫殿里，叶尔加瓦宫殿成为杰出的拉脱维亚和外国政治家以及外交家会晤的重要场所，也是国际论坛、会议和其他各种重大活动的场所。学校有 8 个学院，49 个学士和硕士学科，13 个博士学科，涉及农业、林业、兽医、食品生产、土地管理、环境科学、景观建筑学、工程、信息技术和社会科学领域，学校实施各种重大项目，具备前沿学科研究环境以及从事学习和研究活动的先进技术。

---

① https://www.llu.lv/lv/vesture, 2022 年 7 月 17 日上网查阅。

二、开设中文课程

2016年9月，拉脱维亚大学孔子学院在拉脱维亚农业大学开设中文课程。中文课程设在语言中心，面向大学普通本科生和教职员工，皆为中文选修课，按照学生背景和中文水平分为大学生中文初级班和教职工中文中级班，各班每周两次课，每次课90分钟，以语言学习为主，穿插介绍相应中国文化，根据中国传统重要节庆背景安排文化体验课。本土中文教师丹雅娜（2016年9月至2017年6月）、华南师范大学研究生张扬（2017年8月至2018年7月）、车俊池（2018年8月至2019年6月）相继任教。

丹雅娜是拉脱维亚农业大学中文教学的拓荒者，她任教时期中文班有15位学生（包括拉脱维亚农业大学的学生和老师），一周两次课，一次一个半小时，分别为星期一和星期二。学生年龄相差悬殊，有12岁的孩子，也有70多岁的女士。其中有一对特殊的母女同桌，即妈妈喀玛格丽达和女儿喀伊内塔，女儿年近半百，是大学图书管理员，性格内敛，妈妈已是古稀之年，是大学退休德语教授，性格开朗外向。学生们都对中文、对中国文化有浓厚的兴趣。丹雅娜除了承担日常语言课和文化课，也担任"汉语桥"比赛评委和元宵节活动主持人以及其他活动的翻译等工作，还积极组织学生参加"汉语桥"比赛和孔子学院各种文化活动。[1]

张扬任教时期共2个班，分别是初级班（15人）和中级班（10人）。初级班学生既有教职工也有大学生，大部分是大学生，中级班多是教职工。每个班每周两次课，每次2个课时，使用教材《体验汉语（生活篇）》。中级班学生非常给力，几乎不缺勤，学习也非常认真。初级班学生，大部分大学生在第二学期都要去实习，无法上课。大学生特别是男生学得非常快，女生稍慢一些但是语言天赋很好。[2]

车俊池任教时期也是2个班，即初级班（5人）和中级班（5人），两个

---

[1] 尚劝余、贝德高、玛丽娅主编：《拉脱维亚大学孔子学院10周年纪念册》，拉脱维亚大学出版社，2021年10月，第403页。丹雅娜：《在全国政协代表团访问拉脱维亚大学孔子学院座谈会上的发言稿》，2017年7月5日，第1页。
[2] 张扬：《在给下一任志愿者的信》，2018年5月30日，第2页。张扬：《工作总结》，2018年6月7日，第2页。

班级既有大学生也有教职工。每个班也是每周两次课，每次课 90 分钟。初级班教材是《体验汉语基础教程（上）》，中级班教材是《体验汉语生活篇（进阶）》。初级班有两名学生已经通过 HSK1，并且已经学了大部分汉字笔画，能够听写简单的句子。中级班学生年龄 24 岁至 70 岁，年龄跨度很大，但是学习中文的热情非常高，其中有两名学生已经通过 HSK2 级。此外，车俊池受语言中心主任邀请，为各个专业的学生举办了 9 场 "中国文化与趣味中文" 的文化讲座。①

鉴于拉脱维亚农业大学中文学生生源和经费等问题，校方决定从 2019—2020 学年起停止开设中文课程。

第七节　叶尔加瓦斯比杜拉中学

叶尔加瓦斯比杜拉中学（Jelgavas Spīdolas ģimnāzija, Jelgava Spidola Secondary School），位于拉脱维亚首都里加市以南 44 公里的叶尔加瓦市，2016 年开设中文课程，标志着中文教育进入了拉脱维亚南部的中学。

一、学校简介

叶尔加瓦斯比杜拉中学开办于 1990 年 9 月 1 日，校址位于 1775 年创建的拉脱维亚最早的高等教育机构 "派特里纳学院"（目前是盖德茨艾里亚斯历史与艺术博物馆所在地）。②

叶尔加瓦斯比杜拉中学由拉脱维亚文化基金会发起成立，与恢复独立的拉脱维亚同命运共呼吸，旨在创建一所植根于人文传统的新型学校。当时，拉脱

---

① 车俊池：《给下一任志愿者的信》，2019 年 7 月 6 日，第 2 页。车俊池：《拉脱维亚大学孔子学院 2018—2019 学年工作总结》，2019 年 7 月 6 日，第 1 页。
② 尚劝余、贝德高、玛丽娅主编：《拉脱维亚大学孔子学院 10 周年纪念册》，拉脱维亚大学出版社，2021 年 10 月，第 411 页。

维亚文化基金会斯比杜拉委员会主席拉佐夫斯基教授和著名诗人杰多尼斯提议创建一所以人道主义为导向的实验性质的中学，旨在改进传统的苏联中学模式，为拉脱维亚中学教育创造一个采用新的工作方法以及新的教育方案的模式或先例。这一提议的落实者是叶尔加瓦市政府的韦德马尼斯和布恩克什斯，以及叶尔加瓦斯比杜拉中学的首任校长托马逊斯和副校长库尔洛维奇。叶尔加瓦斯比杜拉中学的开办，为许多拉脱维亚中学生在自由和民主的氛围中自我促进和发展打开了大门。①

1990 年，第一批招生，两个班，52 人。随着时间的推移，学校不断发展壮大。随着学生数量的增加，叶尔加瓦斯比杜拉中学从最初的叶尔加瓦市文化宫和几个幼儿园教室，发展到了七栋教学楼。2001 年 8 月，学校搬进位于尤拉－马穆马拉街 30 号的前叶尔加瓦审计署。2019 年，搬到了位于萨尔马街 2 号的前叶尔加瓦第 2 小学。2016—2017 学年有学生 480 人，12 岁至 18 岁，七－十二年级，有 50 名老师。

叶尔加瓦斯比杜拉中学的信念是自由与独立，学校的格言织在校旗上，学校的主要目标是培养具有创造性、积极融入社会、适应不断变化的生活和工作的人才。学校有三个专业：经济学（数学、经济、高级语言和课外活动）、人文学科（政治、历史、高级语言，重点是美术与音乐）、通识教育（物理、生物、化学和语言）。②

教学楼按照科目设有历史教室、生物教室、拉语教室、美术教室、物理教室等，学生们平时都待在自己所属管理老师的教室里，在需要上课的时候会自行找到该课程的教室进行课程学习。学生们在下午 3 点以后可以选择性地参加学校为学生开设的各种兴趣课程，中文即是其中之一。

二、开设中文课程

2016 年 9 月，拉脱维亚大学孔子学院在叶尔加瓦斯比杜拉中学开设中文

---

① http://www.jsg.lv/par-skolu/vesture，2022 年 7 月 18 日上网查阅。
② 尚劝余、贝德高、玛丽娅主编：《拉脱维亚大学孔子学院 10 周年纪念册》，拉脱维亚大学出版社，2021 年 10 月，第 412 页。

课程。本土中文教师丹雅娜（2016年9月至2017年6月）、华南师范大学研究生张扬（2017年8月至2018年7月）、车俊池（2018年8月至2019年6月）、郑玉馨（2019年9月至2020年6月）相继任教。

丹雅娜任教期间，共有两个中文零基础班，每个班各10人，共20人。中文课没有固定教室，学校给中文课安排的是拉语课教室，不出意外的情况下学生们在放学后会来到拉语课教室学习中文。由于没有固定的中文教材，第一学年的教学内容完全由丹雅娜从不同的教材和网络上选取并根据自己的经验精心设计而成。PPT教学内容主要参考教材有《汉语会话301句》《我开始学汉语了（一级）》《跟我学汉语（学生用书第一册）》，其他内容来源于网络、专业书籍等。作为本土教师，丹雅娜上课时使用的教学语言为拉语，更容易与学生沟通，也更清楚学生们的兴趣点在哪里，更有助于教学内容的选取和安排。①

张扬任教时期共2个班，分别是初级班（7人）和中级班（3人），学生来自七－十二年级，每个班每周一次课，每次3个课时。教材主要是围绕《跟我学汉语》和《HSK一级标准教程》综合设计的。中级班学生有水平特别高的，还有水平一般的，有一个学生已经考过了HSK2级，正在学习汉字，一个学生到中国参加四周奖学金项目。初级班学习进度比较慢，需要多复习。学期末，副校长丽特玛表示，下学年开三个班，一个新班级和两个原来的班级。②

车俊池任教时期共3个班，分别是初中初级班（10人）、高中初级班（3人）、高中高级班（2人）。每个班每周一次课，每次课90分钟。初中初级班和高中初级班教材是《HSK标准教程1》，高中高级班教材是《HSK标准教程2》。除了语言，还学习了中国文化，如中国书法、中国画——吹墨梅花、五子棋、中国剪纸、包饺子等。初级班学生学习热情非常高，但是忘性比较大。高级班两个学生都通过了HSK2，但水平相差特别大。此外，车俊池为来校参观的六年级学生举办了3场中文公开课，同时与学生一起在圣诞晚会上表演了建校以来首个中国风歌舞《咏春》，副校长丽特玛表示新学期将为七年级学生开设一

---

① 张扬：《海外本土教师初级阶段中文教学研究——基于拉脱维亚斯比杜拉中学的个案研究》，载于尚劝余、王琼子、贝德高主编《拉脱维亚中文教学研究》，拉脱维亚大学出版社，2019年10月，第8—44页。
② 张扬：《给下一任志愿者的信》，2018年5月30日，第1—3页。

个学分班,纳入学校的外语教学体系,与俄语、法语、英语并列。[1]

郑玉馨任教时期共有 20 名学生,其中已经学过 1 年中文、水平为 HSK1 级的初中生 5 人,已经学过中文 1-2 年、水平为 HSK2-3 级的高中生 5 人,新招中文初学者 10 人。前两个班为中文兴趣班,后一个班为中文必修学分班,每周三节课,每节课两小时,使用教材为《快乐汉语》和《HSK 标准教程》。兴趣班学生对中文十分热爱,但由于主修课程紧张,因此不能每节课都参与,所以由刚开始的 10 个人慢慢减少到 8 个人、6 个人。有的学生在课程不紧张的情况下会主动要求补课,并主动要求把教学资源发给他们在课下学习。七年级学生可以在中文和法语中选择一门语言作为必修学分课,选择中文课的人数为 10 人,都是中文初学者,都对中国文化或者亚洲文化感兴趣。上课期间,也会有感兴趣的同学来旁听,学期末共有学生 12 人。必修学分班的学生由于有课业压力,所以学习中文的热情和认真程度都比选修班学生更高,学习进度也更快。[2]

2020 年,由于疫情原因,新的中文志愿者教师无法拿到签证赴任,孔子学院同意叶尔加瓦斯比杜拉中学聘任当地华人授课。

第八节 拉脱维亚文化学院

拉脱维亚文化学院(Latvijas Kultūras Akadēmija, Latvian Academy of Culture, LKA)位于首都里加,是一所跨学科发展型文化艺术类高等院校,也是文化研究、艺术创作和创意产业的中心。2016 年开设古代汉语等课程,

---

[1] 车俊池:《给下一任志愿者的信》,2019 年 7 月 6 日,第 1—2 页。
[2] 郑玉馨:《给下一任志愿者的信》,2018 年 5 月 30 日,第 1—3 页。《叶尔加瓦斯比杜拉中学教学点工作生活指南》,2020 年 8 月 13 日,第 3—4 页。

2017 年开设现代汉语课程,并成为拉脱维亚大学孔子学院下设教学点。①

一、学校简介

拉脱维亚文化学院创建于 1990 年 12 月 29 日,致力于开展国内和国际文化与艺术研究,开展表演艺术(戏剧和舞蹈)、电影和视觉艺术以及文化和创意产业专业的教学。

拉脱维亚文化学院的成立、形成和发展,与恢复独立的拉脱维亚国家同步而行。1990 年,历史性的创意联盟全会已经召开,拉脱维亚人民阵线、拉脱维亚全国文化协会、拉脱维亚科学家联盟、拉脱维亚奥林匹克委员会、里加拉脱维亚人协会和许多其他协会、工会和组织已经建立。1990 年 3 月举办拉脱维亚文化论坛,论坛决议表达了建立一所新大学——文化学院的想法。

人民阵线领导人之一、"人民教育、科学和文化委员会"最高委员会主席、拉脱维亚大学社会学系主任、哲学家彼得里斯·拉吉斯在接受采访时认为可以考虑在里加以外建立一所新的文化大学,例如在锡古尔达,以便师生们远离大都市的喧嚣和工业噪音的干扰,能够全身心地致力于智力和创造性的研究。同时,也提出了恢复曾在战后短暂存在过的戏剧学院的想法。文化部长雷蒙兹·保罗斯在听取了不同意见后,更倾向于建立一个新的人文主义文化艺术大学的想法,其中戏剧研究将占有重要地位,因为戏剧研究不再适合设在音乐学院。

1990 年 12 月 29 日,拉脱维亚共和国部长会议颁布"关于建立拉脱维亚文化学院"的 243 号决议,由总理伊瓦尔·果德曼尼斯签署。拉脱维亚文化学院在文化工作者资质研究所和里加文化教育工作者技术学院的基础上筹建,彼得里斯·拉吉斯被任命为校长,他与拉脱维亚音乐学院文化教育系主任亚尼斯·西林什一起制定学习计划,解决当时并不简单的组织基础、物质基础和财

---

① 史莲娜教授离开拉脱维亚大学在里加斯特拉京什大学任教后,曾计划在拉脱维亚文化学院开设中文课。她于 2004 年 11 月 16 日拜访中国驻拉脱维亚大使馆,计划于 2005 年在拉脱维亚文化学院开设中国文化课程,包括汉语课、中国历史、文化、哲学等,希望得到大使馆支持:1. 希望中方能从 2005 年起派一名中文教师;2. 希望中方提供一些中文教学书籍和工具书。季雁池大使感谢史莲娜教授为在拉脱维亚普及汉语所做的贡献,表示支持在拉脱维亚文化学院开设汉语课,将请求中国教育部给予帮助,大使馆也将全力支持。——使馆档案 2004 年 11 月 16 日。

务问题。

1991年夏天，新成立的学院招生委员会在位于布鲁尼涅克街的拉脱维亚文化学院招收第一批学生，其中，文化理论、历史与管理专业招收了25名学生，拉脱维亚与丹麦、拉脱维亚与瑞典、拉脱维亚与挪威、拉脱维亚与波兰、拉脱维亚与立陶宛文化关系专业各招收了5名学生。彼得里斯·拉吉斯校长学年开始前十天左右邀请同事到叶卡布街商讨情况，因为作为最高委员会主席，在"八月政变"的紧张日子里，他无法离开议会大楼。不过，民主反对者的政变企图失败了。在历史变迁的氛围中，文化学院小家庭在里加圆顶教堂开始了庄严的工作，在鲁扎斯街24号举办最初的讲座和实践课，这里是文化部文化工作者资质研究所所在地，之前是消防局和其他各种机构所在地。现在，许多代学生将这座位于历史悠久的郊区的房子，尤其是庭院和盛开的果园，与文化学院的特殊氛围联系在一起。由于当时的拉脱维亚文化学院（前里加文化教育工作者技术学院）管理层希望不惜一切代价保持其独立性，这一愿望得到了尊重，直到2012才成为拉脱维亚文化学院的一部分。1995年夏，拉脱维亚文化学院迎来了首批39个艺术学士学位毕业生，1997年迎来了首批艺术硕士学位毕业生，2003年丹尼斯·哈诺夫斯通过博士学位论文答辩，成为第一届博士学位毕业生。

此后，学士和硕士学科不断完善，在拉脱维亚历史上首次建立了稳定的视听文化、电影艺术和当代舞蹈艺术的学习传统，也为文化艺术大学确立了重要的学习领域，包括文化社会学、艺术管理、制作、戏剧和文本研究。跨文化交际研究的地理范围不断扩大：随着时间的推移，除了早期专业外，还为学生提供法国、德国、英国、西班牙、意大利、比利时和荷兰等国家的语言和文化研究。近年来，多个新的学士和硕士科目已获得"艺术"方向的认证，包括与里加工业大学共同实施的学士科目"创意产业"和硕士科目"创意产业与发展管理"，与拉脱维亚美术学院和拉脱维亚音乐学院共同实施的专业博士科目"艺术"研究也已经开始。

2012年，位于津纳夫街的文化学院济古往事剧院工作室大楼改建顺利完成，从而开辟了新的创作活动和学习机会。斯米尔加剧院博物馆和里加电影博物馆自2009年以来一直是拉脱维亚文化学院的构成部分，在拉脱维亚的文化生活中变得越来越重要。在安达斯·拉切教授的领导下，拉脱维亚文化学院科研中心活动的多样性和范围显著增长，开展了学术研究和应用研究，并成功参与了国际研究项目,在国际科研机构评价中获得高分。拉脱维亚文化学院国际学术会议"文化的十字路口"、表演艺术节"金秋"等活动在拉脱维亚的文化版图上占有一席之地。拉脱维亚文化学院的"索拉"青年合唱团参加歌唱节"合唱大战"、国际比赛和奥林匹克世界合唱,取得了巨大成功。

拉脱维亚文化学院建校30年里,有2301名毕业生获得学士学位,848名毕业生获得硕士学位,21名毕业生获得博士学位。毕业生在艺术领域和文学领域等取得了傲人成绩,如获得"列拉·克里斯塔帕"和"斯派曼纽之夜"奖,出版诗歌和散文书籍、翻译和制作戏剧作品等。毕业生们在文化、教育和公共管理机构,报纸和杂志编辑部,广播和电视以及私营和非政府部门就业。随着时间的推移,毕业生接管了母校的管理,包括校长卢塔·穆克图帕维拉、主管学术工作的副校长赞恩·什林尼亚、主管艺术创作的副校长艾尔马斯·森科夫、表演艺术系主任赞恩·克雷泽伯格、文化社会学与管理系主任阿格奈赛·赫尔曼奈、视听系主任戴尼斯·尤拉格、传统歌唱团"萨乌赛亚斯"负责人丽塔·卢丽妮娅、伊薇塔·塔莱、戴维斯·西马尼斯、英佳·派尔阔奈-莱朵薇查、茵德拉·罗加、拉蒙娜、高尔金娜、韦爱琳、耶娃·泽米泰、安妮塔·薇瓦戴、赞恩·格里戈罗维察、赞恩·道金娜、安德烈斯·维侯斯汀斯吉斯、研究部负责人丹娜·道古莱、传播与国际合作部负责人伊尔泽·贝曼奈等。

迄今为止,彼得里斯·拉吉斯(1990—2003)、亚尼斯·西林什(2003—2014)、卢塔·穆克图帕维拉(2014至今)先后出任校长,雅尼纳·库尔西戴、戴伊纳·泰特斯、尤利斯·塔里瓦尔迪斯·乌尔坦斯、阿迪斯·卡姆帕尔斯、彼德里斯·克里洛夫斯先后出任副校长。多年来,拉脱维亚文化学院的教职员工因其杰出功绩被授予拉脱维亚国家最高奖项,如利维亚·阿库拉泰莱(1925—2017)、古恩塔·巴里尼亚、古纳尔斯·比拜尔斯、保尔斯·米尔瓦迪斯·丹比斯、安娜·艾日维尔蒂娜、安西斯·艾普奈尔斯(1937—2003)、塔玛拉·艾切、埃德蒙兹·弗雷勃格斯、阿妮塔·嘉兰查(1949—2015)、彼德里斯·克里洛夫斯、玛拉·奇麦莱、彼得里斯·拉吉斯(1952—2003)、阿伊纳·马缇萨、阿妮塔·纳池斯赤沃奈、亚尼斯·西林什、塔特雅娜·苏塔(1923—2004)、尤利斯·塔里瓦尔迪斯、乌尔坦斯、卡尔韦斯·扎莱马尼斯和奥尔嘉·瑞特鲁西纳被授予三星勋章或十字勋章。①

拉脱维亚文化学院的价值理念是：1. 现代化：立足传统文化和历史经验，共创教育美好未来；在整合最前沿教育理念中不断进步。2. 高品质：明目标，严要求；可靠的教育品质管理受到师生、用人单位和社会的广泛赞誉。3. 开放性：对多样性和独特性课题秉持开放的态度，致力于校际和国际合作及协同创新；开放包容的理念为学院不断进步提供动力。拉脱维亚文化学院下设四个教学系：文化理论和历史系，文化社会学和管理学系，跨文化研究和外语系，戏剧表演和视听艺术系。艺术方向中包含如下专业：1. 本科专业方向：艺术学士、视听艺术学士和现代舞蹈学士；2. 硕士研究生专业方向：艺术硕士；3. 博士研究生专业方向：艺术博士。②

2020年12月29日，在拉脱维亚文化学院成立30周年庆典上，拉脱维亚文化学院名誉教授、拉脱维亚总统埃吉尔斯·莱维茨发表讲话指出："文化是拉脱维亚国家和拉脱维亚民族的基础。"这是拉脱维亚文化学院未来工作的鼓舞人心的指导原则。③

二、开设中文课程

2016年起，拉脱维亚文化学院跨文化研究和外语系开设"跨文化研究：拉脱维亚与东亚"专业，由柯世浩教授负责，旨在培养具备相应的语言和跨文化交际能力，能够从事与东亚的中国、日本、韩国在文化、经济、政治等领域开展交流工作的人才。2016年9月起开设古代汉语和中国古代文学课程，由柯世浩授课。2017年2月起开设现代汉语课程，2017年9月起开设商务汉语课程，由拉脱维亚大学孔子学院志愿者教师任教。来自华南师范大学的志愿者教师潘斌（2017年2月至2017年7月）、朱玥（2017年9月至2018年7月）、尹艳（2018年9月至2019年6月）、黄天祺（2018年9月至2020年6月）、

---

① https://www.lka.edu.lv/lv/par-akademiju/par-akademiju/,2022年7月21日上网查阅。
② 尚劝余、贝德高、玛丽娅主编：《拉脱维亚大学孔子学院10周年纪念册》，拉脱维亚大学出版社，2021年10月，第424页。
③ https://www.lka.edu.lv/lv/par-akademiju/par-akademiju/,2022年7月26日上网查阅。

谢慧清（2020年9月至2021年7月）、霍悦（2021年9月至2022年7月）、沈思顺（2022年9月至2023年7月）先后任教。

第一任志愿者教师潘斌2017年2月开始负责新教学点拉脱维亚文化学院现代汉语课程的授课工作。共有注册学生6人，旁听学生1人，旁听教师1人。每周授课2课时，一个学期共授课32课时。现代汉语是选修课，属于学分课程。学生在2月开课时已学习了一个学期古汉语课程，有一定的汉字基础。至5月底第一学期课程结束时，仍在读的学生有4人，另有1位副教授旁听课程。使用教材《体验汉语（生活篇）》，主要学习中文口语和交际表达，学生能够进行拼音认读、独体字辨义、简单的自我介绍、表达时间以及进行购物场景的对话。[1]

第二任志愿者教师朱玥担任现代汉语、商务汉语两门课程的授课任务。共有四名学生，其中三名跨文化交际专业大二学生韦多爱、冯爱莎、蓝黛娜，还有一位本校英语老师韦爱琳。现代汉语课使用的教材是《体验汉语（生活篇）》40-50课时，商务汉语使用的教材是《商务汉语入门——日常交际》。教学中综合运用多种教学方法和教学手段全方面地调动学生学习情绪，活跃课堂气氛。语言课之外，也穿插一些文化课，比如介绍中国的美食四大菜系，和学生们一起包饺子、吃火锅，在"孔子学院日"晚会上表演诗朗诵《饮酒》等。[2]

第三任志愿者教师尹艳共开设3个中文班，分别是基础中文1（10人）、基础中文2（8人）和基础中文3（3人），平均每个班每周课时量为2课时，共39周。基础中文1和基础中文2的教材为《体验汉语（生活篇）》，基础中文3的教材为《体验汉语（生活篇·进阶篇）》。基础中文1（现代汉语1）是零基础班，第二学期剩下9名学生。[3]

第四任志愿者教师黄天祺担任四个中文班的教学：中文1，中文2，中文4，中文6，这里的数字代表本班级学生学习中文的第几个学期，都是学分班，每

---

[1] 潘斌：《给下任志愿者的信》，2017年6月14日，第1页。潘斌：《国家汉办中文教师志愿者履职考评表》，2017年6月14日，第7页。
[2] 朱玥：《给下任志愿者的信》，2018年6月30日，第2—4页。朱玥：《工作总结》，2018年7月5日，第1—4页。
[3] 尹艳：《国家汉办中文教师志愿者履职考评表》，2019年7月5日，第7—9页。尹艳：《给下任志愿者的信》，2019年6月30日，第1—3页。

个班每周两节课。中文 1 有 3 个学生，第二个学期没有继续选择中文课，因为都要去国外留学。中文 2 有 7 个人，其中有 5 个在第二学期继续选修中文课，包括康琳、安娜、爱德华、兰斯卡、丽娃。中文 4 有四个学生，分别是韦爱琳、韦多爱、蒂娜和白凯夏，她们已经有快两年的中文学习经历了。中文 6 有三个学生黛安娜、冯艾莎和唐娜拉，她们都去过中国，中文非常好，可以用全中文交流，在课堂上淋漓尽致地探讨问题。①

第五任志愿者教师谢慧清因新冠疫情未能赴任，而是远程网络授课。谢慧清第一学期有中文一班和中文四班两个班，第二学期有中文二班和中文五班两个班。中文一班有 7 个学生，其中有 3 人在第二学期继续选修中文课，也就是中文二班有 3 个学生，分别是佳佳、蒙塔和欣悦，这个班的学生课上都会跟着指导参与练习，但是每人的学习风格稍有不同。中文五班有两个学生，分别是康琳和韦爱琳，都很热爱中文，考勤、作业及课上活动都很积极。②

第六任志愿者教师霍悦由于新冠疫情也未能赴任，继续远程网络授课。霍悦共有三个不同的教学班，分别是中文一班、中文二班和中文六班/七班，共有 10 名学生，分别是佩艾娜、阮莎丽、孟朗、阿安然、林葆欣、罗艾莉、沈思怡（以上都是零基础开始学习的学生）、卒劳拉（有一定基础）、韦爱琳和康琳（这两位学生一直坚持学中文）。使用 HSK 系列教材，教学平台是 Teams，中文教学负责人路易泽·达克莎为老师注册账号。学生中有的是大学生，有的是社会人士，都能够自觉完成作业。③

第七任志愿者教师沈思顺终于赴任授课，他负责两个班的中文教学。中文一班的学生共 3 人，为学分班，从 9 月 5 号开始上课，每周一次课，每次 90 分钟，最初的四次课，采取线上授课的方式进行，自 11 月 17 日开始进行线下教学，采用的教材是《HSK 标准教程 1》。学生均为大学生，所以上课氛围较为活跃，都比较认真。中文八班的学生共 1 个，从 9 月 4 日开始上课，每周一次，每次两课时共 90 分钟，学生的中文水平为 HSK3 级，有一定的中文基础，

---

① 黄天祺：《国家汉办中文教师志愿者履职考评表》，2020 年 7 月 5 日，第 7—9 页。黄天祺：《工作总结》，2020 年 6 月 30 日，第 1—2 页。黄天祺：《工作生活指南》，2020 年 6 月 5 日，第 1—3 页。
② 谢慧清：《教学生活指南》，2021 年 6 月 8 日，第 1—3 页。
③ 霍悦：《给下任志愿者的信》，2022 年 7 月 2 日，第 1—2 页。

上课纪律很好，语言交流上也没什么障碍。[1]

第九节　蒙特梭利探索小学

蒙特梭利探索小学（Montessori sākumskolas "Pētnieki", Montessori Primary School "Petnieki"）位于里加，涵盖幼儿园和小学，2017年开设中文课程，是拉脱维亚大学孔子学院下设的第一所小学（含幼儿园学前班）教学点。

一、学校简介

据2017年数据，蒙特梭利探索小学和蒙特梭利探索幼儿园是一所拥有100多名学生和25名教师的教育机构。它最初成立于2007年，旨在用玛丽亚·蒙特梭利教学法教育3岁至6岁的学龄前儿童。后来，该机构的活动扩大到参与提高成年人的专业资格。自2010年以来，该机构一直在为成年人举办蒙特梭利教育学培训课程，每年有50-60人参加课程培训。随着学生人数的日益增加，2014年成立了蒙特梭利小学。

学校的使命是最大限度地促进儿童智力和情感潜力的发展，整个教育过程是基于蒙特梭利教学原理，这是一种适应现代儿童需要的进步方法。孩子们学习课程，但学习方式与传统学校不同。学校没有上下课铃声或者严格的时间表，孩子们按照他们的学习需求和节奏独立学习或分小组学习。在此过程中，孩子们不仅获得知识，而且获得成年人生活中非常重要的特征——主动性、计划和完成工作的能力、学习的能力。

学校拥有丰富的蒙特梭利教学材料，当然，也有其他教学材料，也配备了教学所需的计算机和办公设备。学校定期参与各种项目，吸引来自其他国家的志愿者，从而使学生有机会提高外语知识和能力。下午，学生有机会参加各种

---

[1] 沈思顺：《拉脱维亚文化学院、拉大本部中文教学情况》，2022年12月8日，第1页；沈思顺：《2022—2023年工作总结》，2023年6月20日，第1页。

兴趣课程（如国际象棋、编程、游泳、吉他）。[①]

二、开设中文课程

自 2016 年开始，蒙特梭利探索小学与拉脱维亚大学孔子学院合作，开设中文课。来自华南师范大学的志愿者教师林婕（2016 年 9 月—2017 年 7 月）、刘梦珂（2017 年 8 月—2018 年 7 月）、王昕（2018 年 9 月—2020 年 6 月）和中国石油大学的志愿者教师鲍传惠（2022 年 10 月—2024 年 7 月）先后任教。

第一任志愿者教师林婕在《工作总结》中写道：我任教的学校是一所幼儿园，园长是尤利娅·凯兹卡。第一次上课的时候，我惊讶于幼儿园的室内布置，教室很温馨，像文艺手工 DIY 室。让人欣喜的是，小朋友有时候会帮忙管理课堂，或者你私下和调皮捣蛋的小朋友指出问题，他们会有所改观。第一次中文课结束，有小朋友就过来和我说想写汉字，所以，在小朋友实在闹得不行的时候我会教他们写汉字。在给小朋友上课的过程中，我最大的感触是：他们的语音能力、模仿能力较成人有更大的优势。[②]

第二任志愿者教师刘梦珂在《工作总结》中写道，每周上两次中文课，每次课时 1 小时。一个班 15 人，学生年龄最小的 6 岁，最大的 12 岁。使用《汉语乐园》和《快乐学汉语》两本教材，也自编内容上文化活动课。每次上课前都会用心地设计教学内容，寻找学生兴趣点所在，还会将新词编成一首简单的儿歌，让他们在不知不觉的欢乐的活动中潜移默化地学到中文知识。把每次课要学的生词按照主题先进行分类，然后花工夫去寻找素材，将原有的既好听又好记的少儿歌曲编曲和填词。简简单单的四五首中文少儿歌曲，配合上有意思的舞蹈动作，在课堂上一试验，小屁孩儿们喜欢得不得了。每个月会给孩子们上一次文化课，介绍有趣的中国文化知识。[③]

第三任志愿者教师王昕任教两年，她在《工作总结》中写道：每学年有 2

[①] 尚劝余、贝德高、玛丽娅主编：《拉脱维亚大学孔子学院 10 周年纪念册》，拉脱维亚大学出版社，2021 年 10 月，第 447 页。
[②] 林婕：《工作总结》，2017 年 6 月 3 日，第 2—3 页。
[③] 刘梦珂：《工作总结》，2018 年 6 月 25 日，第 1—2 页。

个班级,一个新班,一个高级班,10名左右学生,每周上课4课时。所用教材有《汉语乐园》《跟我学汉语》《美猴王汉语》以及自编教材。学生们非常聪明活泼,自主性非常强。新开的班里小朋友年龄特别小,都是6岁左右,刚从幼儿园升上来,非常可爱。每次上课前我都会用心挑选教学内容,结合中文歌曲、丰富多彩的课堂游戏与文化体验等活动,让学生们在轻松的氛围中学习中文知识,尽量减少学生们的畏难情绪。[①]2020年至2022年两个学年,由于新冠疫情,新志愿者教师无法赴任,蒙特梭利探索小学的中文课程暂停。

第四任志愿者鲍传惠终于在2022年10月抵达蒙特梭利探索小学任教,第一任期第一学期有三个班级,共26名学生。四至六年级合为一班,共9名学生,一至三年级由于人数较多,分为两个班级授课,分别有10名学生和7名学生。每周一、周三上课,一周共6课时。学生均未有学习中文的经历,全部为零基础学生。大部分学生可以和教师用英文沟通,少部分学生仅会说拉语或俄语。但学生对中文学习有很高的热情,学习能力也很强,课堂参与度很高。主要参考教材为《轻松学汉语》。根据学生的年龄特征,在教学课件制作、课堂活动设计以及课堂用语等方面都十分注重趣味性、简洁性和可操作性。[②]除了语言教学之外,也开展文化教学、年画涂色、脸谱文化、剪纸、制作红薯糍粑等文化活动,学生们十分喜爱这类文化活动。经过一年的中文学习,学生们进步飞速。中文1班的马丁是蒙特梭利探索小学第一位参加"汉语桥"比赛的学生,校长尤利娅·凯兹卡女士观看了马丁比赛视频后十分惊讶,她表示孩子们的学习水平远远超出了她的预期。另外三名在现场观摩"汉语桥"比赛的学生也表示明年一定要参加比赛,瀚宇之花已经在孩子们的心里生根发芽。[③]

鲍传惠第二任期中文课分为两个班级,一至三年级为一个班级(14人),四至六年级为一个班级(10人),每周一、周三上课,上课时间为15:00至16:20,一周共4课时。一至三年级中文班绝大多数是新加入的学生,总体英文水平稍低,但学生对中文学习有很高的热情,学习能力也很强,课堂参与度

---

① 王昕:《工作总结(2018年9月—2019年6月)》,2019年6月24日,第1—2页。王昕:《拉脱维亚大学孔子学院2019/2020年度工作总结》,2020年7月5日,第2—3页。王昕:《国家汉办中文教师志愿者履职考评表》,2020年7月5日,第7—8页。
② 鲍传惠:《蒙特梭利探索小学教学情况》,2022年11月22日,第1—2页。
③ 鲍传惠:《2022—2023年工作总结》,2023年6月18日,第1页。

高。班级中有上学期原班级的学生，英语口语较好且有一定学习基础，因此在课堂上总是积极担任翻译，帮助任课教师完成教学。四至六年级中文班大多数是 2022 年 10 月至 2023 年 6 月学期原班级的学生，新加入三名学生。这三名学生全部为零基础，英语能力较好，正常沟通无障碍。主要参考教材为《轻松学汉语》和《HSK 标准教程 1》。中文课堂主要以"少量内容＋大量游戏练习"的形式展开，以游戏的形式操练教学内容，帮助学生强化记忆，加深理解，在轻松愉快的课堂氛围中学到知识。在一至三年级班级中，新生占绝大多数，多数学生没有中文基础。而在四至六年级班级中，虽然有中文基础的学生占多数，但其中大部分学生的学习基础并不牢固。因此在本学期开始教学后，先是带领大家学习和回顾基础的声韵母及声调，在此基础上结合《HSK 标准教程 1》作为辅助，拓展新内容。这样既解决了新生没有中文基础知识的问题，又可以兼顾原班级学生学习新内容的需求，同时亦可以帮助原班级学生巩固旧学新识。

教学反思：针对少数几个学生在课堂上过于活跃会影响到整个班级教学效率和教学进度的情况，在本学期开学之际，着重强调课堂纪律，同时要求每个学生准备一个笔记本在课堂上做记录，并且在每节课课后给课堂上表现好的学生奖励小红花贴纸，每个月得到小红花最多的人可以得到老师的奖励。经过两周的学习生活，学生们已经养成了在课堂上记录以及积极配合教学以得到小红花的学习习惯，尽管仍然有部分学生偶尔会很活跃，但整体上已经有了很大改善。[1]

第十节　文茨皮尔斯大学

文茨皮尔斯大学（Ventspils Augstskola），英文名最初为文茨皮尔斯大学学院（Ventspils University College，VUC），后改为文茨皮尔斯应用科技大学（Ventspils University of Applied Sciences），位于拉脱维亚西北部的海滨城市文茨皮尔斯，2017 年开设中文课，成为拉脱维亚大学孔子学院下设教学点，

---

[1] 鲍传惠：《2023/2024 学年教学情况》，2023 年 9 月 28 日，第 1—2 页。

标志着中文教育拓展到了拉脱维亚西北部。文茨皮尔斯大学中文教学起点高、层次多，学校各级领导非常重视，成为拉脱维亚西部地区中文教学的排头兵和重镇。

一、学校简介

文茨皮尔斯大学成立于1997年，是一所自主的国立大学和科研机构。它的基本活动是开展科学研究，完成学术和专业学科项目。文茨皮尔斯大学设有经济与管理、翻译研究和信息技术等学院供学生学习，提供14个本科、硕士和博士项目。约有900名全日制学生（包括来自西班牙、法国、德国、立陶宛、土耳其、中国等国家的国际学生），其中80%的学生是由国家资助。文茨皮尔斯大学有129名员工，其中学术人员有67名。2013年5月20日，文茨皮尔斯大学获得了科研机构地位（即被添加到注册的科研单位里），这表明它作为一个科研主体已满足所有的国定科学标准，包括至少一半学术人员获得了博士学位，发表研究论文，学校具有科学基础设施等。

使命：发展和保持高质量的、现代化的高等教育和科学研究，并在管理、应用语言学、计算机科学、信息技术、工程和无线电天文学等学术领域提供相互交流的机会。视野：继续把文茨皮尔斯大学建成一个以科技与发展为导向的面向所有学生和科研人员的现代化大学，以便将其活动范围扩大到拉脱维亚国境以外，成为一个波罗的海地区国际认证的高等教育机构。为各个领域的科学研究提供重大贡献，并确保毕业生的竞争力。向大学型的高等教育机构迈进，并逐步获得官方大学的地位。与文茨皮尔斯地方政府和公司的合作：文茨皮尔斯应用科技大学为库尔泽梅地区和文茨皮尔斯市的机构和公司提供合格的员工，并为每个人提供终身学习的机会。文茨皮尔斯地方政府提供资金吸引高素质学术人才和高水平专家，提供博士生奖学金，科学和方法论出版物，合作资助学生的各种项目、文化活动和体育活动。[1]

---

[1] 尚劝余、贝德高、玛丽娅主编：《拉脱维亚大学孔子学院10周年纪念册》，拉脱维亚大学出版社，2021年10月，第458页。

二、开设中文课程

2017年9月，文茨皮尔斯大学开设中文课程。中文课程面向研究生、本科生、初高中生、教师和社会人士。潘玲（2017年8月—2018年6月）、朱会平（2018年9月—2019年6月）、林颖娴（2019年9月—2020年6月）、朱可嘉（2020年9月—2021年2月）、王昕（2021年2月—2021年6月）、刘晶铭（2021年2月—2021年6月）、郭萌冉（2021年9月—2022年6月；2023年9月—2024年6月）、徐申（2022年9月—2023年6月）相继任教。其中，朱会平来自河北师范大学，朱可嘉来自黑龙江大学，郭萌冉来自浙江科技学院，徐申来自华侨大学，其余均来自华南师范大学。

第一任志愿者教师潘玲共负责五个班级，分别是高中生基础中文班、大学生基础中文班、大学生中国文化班、研究生基础中文和中国文化班、教师班，其中高中生班和教师班为兴趣课，大学生和研究生班为选修课和学分课，平均每周14节课。高中生班级一周两次课，一次两节课，一节课45分钟，使用的教材是《跟我学汉语》。大学生班级分为基础中文选修课和中国文化选修课，基础中文选修课学生人数限制在20人以内，上学期有2人通过HSK1级考试，下学期有2人通过HSK2级考试，中国文化选修课学生人数没有限制，一周一次课，一次两节课，一节课45分钟。基础中文选修课使用的教材是《体验汉语（生活篇）》，中国文化选修课使用的教材是《体验汉语（文化篇）》和《文化全景》。研究生班有一年半的中文课程，一周一次课，一次四节课，分为语言课和文化课两部分，教材为《体验汉语（生活篇）》，13名学生通过了HSK考试，1名学生获得孔子学院四周奖学金，4名学生参加中文夏令营。教师班始于四月份，包括院长、主任、秘书等6位老师，每周四上课，没有使用特别的教材，而是根据实际情况来设计中文课程。[1]

第二任志愿者教师朱会平中文课程分为五类：本科生中文选修课，研究生中文必修课，教师班兴趣课，高中生兴趣课以及社会人士兴趣课。本科班为新生，中文零基础。研究生班有两个：一个班已经学习了一学年的中文，基本已

---

[1] 潘玲：《给下任志愿者的信》，2018年6月5日，第1页。潘玲：《工作总结》，2018年6月7日，第1—4页。

经达到 HSK2 级的水平；另一个班为新生，中文零基础。教师班也已经学习过几个星期的中文，以口语为主。高中班有两个：一个班已经学过一学年中文；另一个班为新生，中文零基础。社会兴趣班全部为新生，中文零基础，对中国文化很感兴趣。每个班都上中文综合课和文化课，中文课教材选用的是《实用汉语（生活篇）·上》《HSK 标准教程 1、2、3》以及《跟我学汉语》，文化课教材选用的是《文化全景》以及一些网络视频资源，如舌尖上的中国、中国文化百题等。其中研究生班是每周必须上文化课，开展文化活动。其他班级的文化课可以因时制宜，比较灵活。另外，高中班的学生特别想考 HSK，所以教学内容以《HSK 标准教程》为主，也会在群里进行课下辅导。本科班的中文课是选修学分课，一周一个半小时，学习内容选自《实用汉语》，进度比较灵活，没有教学要求。在本科班和研究生班，都设有期中考试（成绩占40%）和期末考试（成绩占60%）。教师班以口语教学为主，以日常交际为主。[1]

  第三任志愿者教师林颖娴的学生分为四类：本科中文选修课，研究生中文必修课，中学生中文兴趣课以及社会人士兴趣课。本科中文选修课为新生，中文零基础，由于是选修课，学校不允许重复选课，所以每学期都是一波新的面孔。研究生班有两个：一个班已经学习了三个学期中文，基本能达到 HSK2 或 HSK3 的水平，在这个夏天将要毕业了；另一个班为新生，中文零基础，学生悟性很高，归纳能力一流，能举一反三。兴趣班也有两个：零基础和初级水平。零基础班有中学生、文大学生，也有一些年纪比较大的社会人士。初级水平班已经学过四个学期的中文，口语很好，日常交流没什么问题，对中国文化很感兴趣。语言课以培养学生中文交际能力为目的，主要根据《博雅汉语》《体验汉语基础教程》的编排，通过不同的话题教授实用的日常词汇、短语和交际用语，并适当地补充一些相关生词和地道的表达方式等。本科班中文课是选修学分课，一周一个半小时，学习内容选自《体验汉语基础教程》，进度比较灵活。兴趣班以口语教学为主，以满足日常交际目的，有几个兴趣班的学生特别想考 HSK，经常会在群里进行课下辅导，课上主要用的是《博雅汉语》。在研究生班，设有期中考试（成绩占40%）和期末考试（成绩占60%），考试包括听

---

[1] 朱会平：《给下任志愿者的信》，2019 年 6 月 17 日，第 1—4 页。

说读写各项言语技能，考试内容包括口试和笔试，教材也是《博雅汉语》。文化课主要介绍和体验中国的文化，教材选用的是《文化全景》《中国文化百题》《体验汉语（文化篇）》等，也会播放一些网络视频资源，如舌尖上的中国、熊猫的故乡、故宫等。①

由于新冠疫情，第四任志愿者教师朱可嘉远程网络授课一个学期，第二学期由王昕和刘晶铭接手。王昕主要负责两个选修学分班级，学生们需要通过考试获取学分。其中A1班为零基础学生，共3人，A2班共5人，教材均为《HSK标准教程1》。中文课程负责人是艾薇丽娜·芙蕾博格，会及时解决所有问题。②刘晶铭负责学分班（初级）A1 group 和兴趣班（中高级）A2 group 两个班。课型均为综合中文课，平均课时为一周4节。A1 group 共4名学生（在校大学生），使用的教材是《博雅汉语》，基本都是零基础；A2 group 共4名学生（社会人士），使用的教材是《HSK标准课程Ⅱ》，其中2个学生腼腆，2个学生活泼，其中有一个叫普艾丽丝的学生水平比较高。③

第五任志愿者教师郭萌冉第一任期同样由于新冠疫情未能赴任，而是继续远程网络授课。学生主要分为校内大学生和校外社会人士。校内中文课是选修学分课，由不同年级和不同专业的学生组成，也有外国留学生。在期末考试中，学生不需要有成绩，只需要被判定课程是否通过即可。校外社会人士分为初级班和零起点班，在初级班中，许多学生有着扎实的中文基础，他们学习中文基于兴趣或工作需要，需要体系化的讲练结合的中文课堂；在零起点班中，每学期会有新加入的零起点学习者，需要活跃课堂气氛与教学内容，以便他们能够坚持学下去。④

第六任志愿者教师徐申在时隔两年新冠疫情后如期赴任，开启线下教学。第一学期，中文课程分为大学选修课班、成人兴趣初级班、成人兴趣高级班、儿童辅导班、网络成人兴趣初级班、网络成人兴趣中级班6个班级，第二学期在此基础上增加一个班级，共7个班级，共有50位大学生及社会人士参与中

---

① 林颖娴：《工作总结》，2020年6月10日，第1—2页。
② 王昕：《工作总结》，2021年6月23日，第1页。
③ 刘晶铭：《工作总结》，2021年6月20日，第1页。
④ 郭萌冉：《给下任志愿者的信》，2022年6月29日，第1—3页。

文学习。大学选修课班大部分学生来自翻译专业和国际关系专业，除了拉脱维亚本国学生，还有日本、印度等国的留学生。60分钟的语言课程学习，30分钟的传统文化、当代中国话题讨论研究，学生们都高度参与。成人兴趣初级班学生来自终身学习学院，有市议会工作人员、银行顾问、建筑工人、产品设计师，还有中学生，甚至终身学习学院的负责人朵海林也一起学习中文。他们学习中文有不同的动机，但都有相同的学习态度。尤其是在进行文化主题讨论时，他们根据各行各业的从业经验给出的见解着实让人耳目一新，这样的学生构成必然营造出别样的课堂氛围。成人兴趣高级班1人，海安是拉脱维亚大学中文专业毕业生，目前在文茨皮尔斯做经理和影视剧翻译工作。儿童辅导班1人，万沙白是乌克兰人，之前一直学习中文，因为俄乌战争与父母来到文茨皮尔斯，每周两次一对一辅导课。网络成人兴趣中级班2人，伊兰和马里斯，马里斯是健身运动员，曾去法国参加了大力士比赛，拿到了世界冠军还破了世界纪录，有着非常强烈的中文学习热情。网络成人兴趣初级班1人，阿尔图尔有中文基础，所以课程进行得很顺畅。[①]

第七任志愿者教师郭萌冉在第二任期终于能够赴任，来到文茨皮尔斯线下授课。中文课程学生分为两个部分共五个班级。第一部分学生分别来自大学各个年级和不同专业，第二部分学生来自学校的终身学习中心（Lifelong Learning Center），为校外人士。五个班级分别为校内学生初级班、校外人士初级班、中国文化班、零起点中文班、校外人士中级线上班。其中四个班级线下授课，一个班级线上授课，中国文化班与零起点中文班同时包含校内学生和校外人士。校内学生初级班共3人，从9月11日开始上课，每周一次课，每次90分钟，采用的教材是《HSK2标准教程》。该班的学生学习动机强烈，对中文学习充满热情。相比同级课程的校内班，本班学生水平较高，为HSK2标准水平。课堂氛围活跃，学生回答问题积极。该课程为大学向社会免费开放的课程，无须考核。校外人士初级班共5人，从9月11日开始上课，每周一次课，每次90分钟，采用的教材是《HSK2标准教程》。该班的学生虽学过两个学期中文，但实际基础并不好，水平基本处在一级向二级过渡阶段。虽然

[①] 徐申：《2022/2023年工作总结》，2023年6月18日，第1—2页。

人数较少，但课堂氛围活跃，学习态度认真。中文为选修课，无须量化考核，只需要在学期末判定学生是否通过本门课程。中国文化班共37人，从9月12号开始上课，每周一次课，每次90分钟。该课程为本学期新开科目，对学生无语言水平要求，课堂不涉及语言学习，主要为中国国情文化介绍体验，无固定教材，是一门讲座性质的课程。学生参与热情高涨，课堂氛围活跃。本课程无须量化考核，只需要在学期末判定学生是否通过本门课程。零起点中文班共44人，从9月13日开始上课，每周一次课，每次90分钟，采用的教材是《HSK1标准教程》。学生们主动学习意愿强烈，提问积极，与老师互动充分，课堂氛围十分活跃。中文为选修课，无须量化考核，只需要在学期末判定学生是否通过本门课程。校外人士中级线上班共4人，从9月14日开始上课，每周一次课，每次90分钟，采用的教材是《HSK3标准教程》。该班学生在线上已学习近三年之久，水平略有参差，不过基本都处于HSK2向HSK3过渡阶段，且基本具备汉字认读能力，课堂氛围活跃，学习态度认真。该课程为大学向社会免费开放的课程，无须考核。①

三、文化交流活动

2017年9月12日，拉脱维亚大学孔子学院中方院长尚劝余、拉方院长贝德高、秘书柯劳拉、中文教师董芳一行4人访问文茨皮尔斯大学，在志愿者教师潘玲的陪同下，与文茨皮尔斯大学副校长拉伊塔·罗兰德、翻译学院院长古恩塔尔斯·德雷耶尔斯和语言文化中心主任维塔·巴拉玛及国际办公室秘书拉莎·扎利泰举行会谈。副校长对孔子学院一行表示热烈欢迎，并介绍了文茨皮尔斯大学中文教学情况。院长表示很期待和孔子学院进一步合作，希望可以借此机会，与中国发展友好合作关系。尚劝余和贝德高介绍了孔子学院奖学金、夏令营、高访团等项目，表示文茨皮尔斯大学是拉脱维亚西部的第一个中文教学点，希望它可以成为西部中文教学基地和中华文化传播中心，孔子学院会尽最大努力支持文茨皮尔斯大学与中国大学建立友好合作关系。②

---

① 郭萌冉：《文茨皮尔斯大学中文教学情况》，2023年9月28日，第1—3页。
② 《拉脱维亚大学孔子学院院长"走进西部"》，拉脱维亚大学孔子学院档案，2017年9月12日。

2017年11月13日,孔子学院院长尚劝余和贝德高出席文茨皮尔斯大学国际文化节。卡尔利斯·克莱斯林什校长、古恩塔尔斯·德雷耶尔斯院长、维塔·巴拉玛主任、拉莎·扎利泰秘书和中文教师志愿者潘玲热情接待孔子学院两位院长,双方进行了深入交流,对文茨皮尔斯大学中文教学发展态势充满信心。校长发表文化节开幕致辞,并对孔子学院院长的到来表示感谢。随后,尚劝余做了中国概况讲座,给学生打开了了解中国的大门。贝德高讲解了中国的现况和时事,贯通古今,加深了学生对中国的认识。其他国家的学生代表也做了相关介绍,文化节在不同的文化交流中落下帷幕。[1]

2019年2月6日,文茨皮尔斯大学举办中国新年美食文化体验晚会。古恩塔尔斯·德雷耶尔斯院长和维塔·巴拉玛主任、本校学生、高中生以及社会各界人士出席了晚会活动,志愿者教师朱会平和中文班学生主持操办。中国新年美食活动分为五部分:一、介绍中国农历新年及其传统习俗;二、介绍展示的食物:饺子、包子、火锅、宫保鸡丁、水煮牛肉、木须肉等;三、品尝美食,观看中国新年视频;四、表演中华茶艺,请来宾品茶,并教他们动手泡茶;五、互相交流,合影留念。这次活动不仅让大家品尝到了地道的中国美食,还让大家对中国的农历新年、对中国文化有了深刻的认识,激发了大家对中国的探索欲望,当晚活动中有很多人报名参加中文课程。文茨皮尔斯市电视台对此次活动进行了专门采访和报道。[2]

2019年6月4日,文茨皮尔斯大学成功举行中文课堂结业典礼。国际事务处秘书柯洛达致欢迎辞,播放了朱会平制作的中文课堂精彩瞬间纪念视频。尚劝余和贝德高两位院长肯定了文茨皮尔斯大学的中文教学成果,鼓励同学们在下一年里继续积极参加"汉语桥"比赛、夏令营、奖学金项目等活动。随后,学生代表卡丽娜发言,感谢中文教师和拉脱维亚大学孔子学院组织夏令营活动,让同学们有机会在学习中文一年后去中国体验中国语言文化。学生们在随后的自由发言阶段,都表达了对中文的热爱和对学好中文的信心。最后,尚院长、贝院长、翻译学院新任院长爱佳·维卡尔奈、朱会平一起为学生们颁发结业证

---

[1] 《拉脱维亚大学孔子学院院长"助力"文茨皮尔斯大学国际文化节》,拉脱维亚大学孔子学院档案,2017年11月13日。
[2] 《文茨皮尔斯大学成功举办中国新年美食晚会》,拉脱维亚大学孔子学院档案,2019年2月6日。

书并合影留念。爱佳·维卡尔奈院长表示，文茨皮尔斯大学可以和拉脱维亚大学孔子学院一起研究一下学分互换系统，承认学生们去中国的大学学习中文课程的学分，这样能鼓励学生们更好地学习中文，体验中国文化。①

2021年5月11日和5月13日，文茨皮尔斯大学先后举办了两场线上中国日活动。由中文班学生普艾丽丝和艾尔扎通过青年成就拉脱维亚领袖项目开展。尚劝余院长、卡琳娜会长、拉脱维亚投资开发署负责人应邀参加了开幕式。普艾丽丝播放了尚劝余对大家的欢迎视频，并且介绍了孔子学院和在拉脱维亚学习中文的途径，卡琳娜对中文这门语言进行了讲解。接着，进入为期两天的中国商务文化活动。许多参与者学到了很多中国文化元素，包括八个演讲主题，如中文、中国旅游、商务文化、传统食物、茶文化、节日习俗、中国武术和一些中国学习之旅分享等，每个主题的时长为40分钟到一个小时。普艾丽丝和艾尔扎负责整个活动主持和后台管理工作。②

2022年6月30日，文茨皮尔斯大学副校长访问拉脱维亚大学孔子学院，为尚劝余院长颁发嘉奖致谢状："尚劝余教授推动了文茨皮尔斯大学校内学术和文化合作，许多学生和教师获得了学习中国语言和文化的宝贵机会。此外，尚劝余教授也激发了不同年龄和机构的文茨皮尔斯市民学习中国语言和文化的兴趣。尚劝余教授是我们两国和文化之间的积极、智慧而有效的桥梁，他的贡献影响深远。我们确信，我们两国之间的友好和学术关系在未来会持续发展。文茨皮尔斯大学校长卡尔利斯·克莱斯林什。"③

2023年6月1日，拉脱维亚大学孔子学院一行（贝德高、尚劝余、张桂英、高安娜）参加文茨皮尔斯大学2022/2023学年中文课程结业典礼。校长瓦伊瓦兹、翻译学院院长珊迪亚、国际事务学习部负责人柯洛达、终生学习中心负责人爱吉塔等热情接待，近30位学员参加典礼，中文教师徐申主持活动。瓦伊瓦兹校长在发言中分享了自己的中国旅行经历，表示非常重视与拉脱维亚大学孔子学院的合作，希望未来能继续加强交流、增进友谊。珊迪亚院长则强调了文化体验的重要性，语言是文化的载体，学习语言更是体验文化，希望学生能

---

① 《文茨皮尔斯大学汉语班结业典礼顺利举行》，拉脱维亚大学孔子学院档案，2019年6月4日。
② 《文茨皮尔斯大学中国日活动成功举行》，拉脱维亚大学孔子学院档案，2021年5月14日。
③ 文茨皮尔斯大学函，2022年6月30日。

通过学习中文了解中国、感受中国文化。尚劝余院长高度赞扬文城教学点取得的汉教成果，并感谢文茨皮尔斯大学一如既往的支持。贝德高院长介绍了自己的工作生涯及与中国的不解之缘，并将其著作《我的中国故事》《唐诗选译》赠予文茨皮尔斯大学图书馆。学生代表李雅灵也分享了一年来学习中文的所得所感，马里斯专门从库尔迪加市驱车前来参加结业典礼，他今年将去中国做大力士比赛裁判。最后，瓦伊瓦兹、贝德高、尚劝余为学员颁发结业证书。[1]

2023年7月25日，中国驻拉脱维亚大使唐松根受邀访问文茨皮尔斯大学，了解中文教学情况、探讨未来交流合作。计算机科学学院瓦里斯院长、经济管理学院乌查恩斯教授、国际事务学习部负责人柯洛达女士、市场部负责人音塔女士以及部分中文爱好者参加此次会见。瓦里斯院长简单介绍了文茨皮尔斯大学的发展历程和未来规划，并带领大使一行参观了校园。唐大使与中文学习者亲切对话，并观看了2022/2023学年中文教学结业视频。学生们也积极与大使互动，用中文进行自我介绍并勇敢交谈，表达了对中文学习和中国文化的浓烈兴趣。唐松根大使表示，文茨皮尔斯与中国宁波是姐妹城市，大使馆将对新冠疫情后恢复与宁波大学的交流合作提供支持与帮助，同时也将继续助力文茨皮尔斯大学的中文教学。随同唐大使访问的还有张泽阳、蔡文震、侯特特。[2]

第十一节　利耶帕亚大学

利耶帕亚大学（Liepājas Universitāte，Liepaja University，LiepU），位于拉脱维亚西南部的海滨城市利耶帕亚，2018年开设中文课，成为拉脱维亚大学孔子学院下设教学点，标志着中文教育拓展到了拉脱维亚西南部。

---

[1]《乘着夏风一路向西——拉脱维亚大学孔子学院访问文茨皮尔斯大学》，拉脱维亚大学孔子学院档案，2023年6月1日。
[2]《中国驻拉脱维亚大使唐松根访问文茨皮尔斯大学》，拉脱维亚大学孔子学院档案，2023年7月25日。

一、学校简介

利耶帕亚大学的历史可以追溯到1945年建立的四年制师范学校,时光荏苒,学校多次易名。1954年师范学校转制为师范学院,改名为利耶帕亚教育学院(1954年8月1日—1961年6月20日)。一般认为,利耶帕亚大学创建于这一年。1961年,改名为利耶帕亚国立教育学院(1961年6月20日—1966年4月28日)。1966年改名为维利亚拉查利耶帕亚国立教育学院(1966年4月28日—1990年2月)。1990年之前,利耶帕亚教育学院主要为拉脱维亚全境培养小学教师、幼儿园教师、数学教师和拉脱维亚语言文学教师。

1990年拉脱维亚恢复独立后,校名重新改回利耶帕亚教育学院(1990年2月11日—1993年2月11日)。利耶帕亚教育学院也从单一学科高等教育机构向区域性多学科高等教育机构转变,在提供教师培训科目的同时,也提供广泛的非师范类科目。1993年,利耶帕亚教育学院改名为利耶帕亚师范大学(1993年2月11日—1998年6月9日)。1998年,改名为利耶帕亚教育学院(1998年6月9日—2008年7月16日)。2008年7月2日,拉脱维亚议会批准并经拉脱维亚总统瓦尔迪斯·扎特勒颁布"关于利耶帕亚大学章程"法,利耶帕亚教育学院于7月16日成为拉脱维亚最年轻的一所大学,正式更名为利耶帕亚大学。最早的校区位于利耶帕亚市巴塞纳街9号,后来位于利耶帕亚市大街14号。

利耶帕亚大学是库尔泽梅地区最大的高等教育机构,设有人文与艺术学院、教育与社会工作学院、管理与社会科学学院、科学与工程学院,教学科目包括拉脱维亚政府规定的八个学科领域中的六个领域:人文科学与艺术、自然科学、数学与信息技术、公共事务、社会科学与企业家精神、社会福利和教师教育学,提供完整的本科、硕士、博士三个层次的学位课程。利耶帕亚大学教育使命:利耶帕亚大学是利耶帕亚市和库尔泽梅地区教育、科学和文化的象征,提供各种国际公认的具有竞争力的教育项目。利耶帕亚大学发展创新性研究,确保作为欧盟合法合作伙伴的拉脱维亚经济和社会的可持续发展。[①]

[①] 尚劝余、贝德高、玛丽娅主编:《拉脱维亚大学孔子学院10周年纪念册》,拉脱维亚大学出版社,2021年10月,第480—481页。

二、开设中文课程

2018年9月，利耶帕亚大学开设中文课程，设在继续教育系。中文课程面向研究生、本科生和社会人士，每周两次课，课程设置以中国文化知识与汉语语言知识为主，其中研究生、本科生的中文课程为选修学分程课，社会人士的中文课为兴趣课。南京师范大学研究生潘凡尘（2018年9月—2019年6月）和华南师范大学研究生伍淑仪（2019年9月—2020年7月）两位志愿者教师先后在此任教。

第一任志愿者教师潘凡尘负责两个班的中文教学，都是兴趣班，社会人士比大学生多，社会人士需付费上课，社会人士比大学生更有学习的积极性，课堂表现也更积极。但是社会人士也会常常因为工作等缺课，所以不稳定因素较多。每两到三节中文课穿插一个文化知识点，每一个月到两个月进行一次大型文化实践活动，包括中国数字文化、中国生肖文化、中国颜色文化、中国风水、中国小吃、中国旅游、中国国宝大熊猫、中国传统服饰、中国四大美女和四君子、中国功夫、中国电子商业、中国新四大发明等文化知识点，以及剪纸、书法、中国美食、春节包饺子、书法体验、吹墨梅花、画脸谱等文化体验活动。在中文语言课上，学习了十个单元的内容，包括怎么介绍自己、怎么介绍家人及工作、如何描述天气、如何问路指路、如何表达自己喜欢什么、会做什么事情、如何描述他人的外貌、如何对一样东西做出评价等内容。在成绩方面，学生每次期末考试成绩总体来说都比较优异，85分以上的每次都有三分之一。在活动方面，参与了孔子学院的中秋节活动、春节活动、"汉语桥"活动等，还有两名同学参加了夏令营活动。[①]

第二任志愿者教师伍淑仪任教的十个月里，第一学期中文课学习者共有8人，分为两个班，第二学期有6人，班级从两个变为三个，分别是中文零基础班、中文水平一级班和中文水平二级班。学生大多为社会人士，少数为在校大学生。中文课程每周两次课，每次两个课时，共一个半小时。上课时间由师生商量决定，一般在下班时间以后，即下午或者晚上。零基础班是新班，学生没有学过

---

① 潘凡尘：《国家汉办中文教师志愿者履职考评表》，2019年6月18日，第8—9页。

中文。另外两个班已经学过一年的中文,有一定的基础。中文教学模式为主题-情景教学模式,教学成效显著。此外,平均一个月举办一次中国文化主题活动,主题有中秋节、七夕节、春节、旗袍文化、传统婚礼、饮食文化、剪纸、中国画等。从第二个学期开始,新型冠状病毒开始在欧洲乃至全球蔓延,拉脱维亚于2020年3月14日宣布全国学校停课,改为网络授课,3月16日开始封闭国境,严阵以待,对抗疫情,一夜间中文课从线下改成线上。①

三、文化交流活动

2017年9月12日,拉脱维亚大学孔子学院中方院长尚劝余、拉方院长贝德高、秘书柯劳拉、中文教师董芳老师一行访问利耶帕亚大学,与副校长沃叶娃、外语学院院长巴艾丽塔、成教学院专家德麦雅、公共关系处专家莱西蒙娜商谈开设中文教学点事宜,初步达成一致意见,次年给外语系开设中文选修课,打开了拉脱维亚西南部中文教学的大门。②

2018年3月14日,拉脱维亚大学孔子学院应利耶帕亚大学邀请,举办中国文化日活动。利耶帕亚大学校长玛库丝、副校长莱迪妮娅、教务处长依玛、秘书妮维多利亚热情接待拉脱维亚大学孔子学院一行(贝德高、尚劝余、董芳、刘梦珂、朱玥、曾庆君、林婕、吴甜田、张扬、滕飞)。教室座无虚席,尚劝余和贝德高院长向观众们介绍了拉脱维亚大学孔子学院,以及"汉语桥"、夏令营、奖学金等事宜,并展示了孔子学院大型活动及各个教学点的活动照片和夏令营视频。观众们对即将开设的中文课程非常感兴趣,踊跃提问,两位院长耐心详细地解答。接着,刘梦珂和朱玥分别用古筝和琵琶演奏了名曲《梁祝》和《春江花月夜》,并合奏了《青花瓷》。随后,孔子学院的教师们布置了中国结、剪纸、吹画和青花瓷盘四个展台。校长表示,此次活动非常成功,反响强烈,利耶帕亚大学会继续大力宣传,吸引更多的当地人学习中文。③

---

① 伍淑仪:《工作总结》,2020年6月20日,第1—3页。
② 《拉脱维亚大学孔子学院院长"走进西部"》,拉脱维亚大学孔子学院档案,2017年9月12日。
③ 《拉脱维亚大学孔子学院参加利耶帕亚大学中国文化日活动》,拉脱维亚大学孔子学院档案,2018年3月14日。

2019年6月4日，利耶帕亚大学举行中文课结业典礼。志愿者教师潘凡尘为来宾展示一年来利耶帕亚大学中文班文化课集锦视频，尚劝余和贝德高院长及莱迪妮娅副校长发表讲话，希望利耶帕亚大学会有越来越多人学习中文。学生代表南泽慧用流利的中文发言，希望有一天可以亲自去中国看看；学生们（南泽慧、万玉洁、纳兰云、戴怡琴、朱昱、李婉、爱丽丝、桑地娅等）和潘凡尘一起演唱经典中文歌曲《月亮代表我的心》；两位院长和副校长为学生颁发结业证书并合照。之后，两位院长和利耶帕亚大学相关领导见面，商讨利耶帕亚大学中文课程的未来发展。[1]

2019年10月21日，利耶帕亚大学举办外国学者见面交流会。本次交流会邀请了来自世界各地的学者，包括中国、美国、意大利、印度、立陶宛等国共10位。利耶帕亚大学国际部部长艾丽卡·劳博佳主持会议，希望有更多机会让各位外国学者走到一起，促进交流，互相分享在利耶帕亚工作和生活的点滴，在工作上碰撞出更多的火花。随后，各位外国学者分别通过多媒或演讲的方式进行个人介绍和经验分享。伍淑仪是本次会议中最年轻的教师，她使用幻灯机分享图片和视频，展示中文课堂学生作品和活动剪影，介绍中国舞蹈和特色服饰，播放拉脱维亚大学孔子学院100周年庆典中中文教师志愿者们身穿旗袍亮相的走秀视频，展示孔子学院教师的风采。国际部的负责人莱新雅表示，外国学者们在利耶帕亚大学的工作质量越来越好，还开发了很多新课程，给利耶帕亚大学的学生带来很多好处。会后，来自立陶宛克拉佩达大学的莱米吉优思·金德利斯教授诚意邀请伍淑仪到克拉佩达大学讲授中文。[2]

由于新冠疫情肆虐和其他原因，2020年新学年开始之后，利耶帕亚大学停止了中文课程。孔子学院将在利耶帕亚海事学院开设新的中文教学点。

---

[1] 利耶帕亚大学汉语课结业典礼，拉脱维亚大学孔子学院档案，2019年6月4日。
[2] 《利耶帕亚大学外国学者见面交流会成功举办》，拉脱维亚大学孔子学院档案，2019年10月21日。

第十二节 克拉斯拉瓦中学

克拉斯拉瓦中学（Krāslavas Valsts ģimnāzija, Kraslava State Gymnasium），位于拉脱维亚东部的克拉斯拉瓦市，与道加瓦皮尔斯和雷泽克内相邻。2018年，克拉斯拉瓦中学开设中文课程，成为拉脱维亚大学孔子学院下设教学点，标志着中文教育进入了东部中学。

一、学校简介

早在18世纪，克拉斯拉瓦就是耶稣会建立的利沃尼亚瓦伊瓦迪亚教育中心的所在地。1757年至1842年，有一所天主教神学院，后来有一所县级学校，1811年至1815年有一所耶稣会中学。1923年，拉特加莱解放战役不久，克拉斯拉瓦中学在前普拉特伯爵的城堡中开办。1923年至1929年，校名为克拉斯拉瓦中学。第一任校长是瓦莱丽雅·赛伊莱，但她很快就被调往道加瓦皮尔斯，亚尼斯·普列迪特接任（1923年至1928年任职）。当年秋季，克拉斯拉瓦中学开设3个班级，45名学生。1925年克拉斯拉瓦中学发展成为一所有四个班级的人文类中学，授课语言为拉脱维亚语，而拉丁语和德语享有特殊地位。学校的学费是80拉特。1926年迎来了首届毕业生，6名高中生从学校毕业。20世纪20年代末，著名历史学家、考古学家拉乌尔·什诺莱在该校任教。第二次世界大战期间，学校受到巨大冲击和损失。1930年至1944年，校名为克拉斯拉瓦国立中学。从1940年开始，学生和教师遭受厄运，其中受教育程度最高、最聪明的人遭遇灭顶之灾。第一批被捕者有楚冉斯、斯迪库茨、保林什，楚冉斯1942年在军团中去世。1941年6月4日，3名教师和6名学生被捕，大约50名犹太学生和毕业生在郊区被枪杀。1942年，学生克鲁姆帕奈在学校公园被枪杀。在第二次世界大战之后的几年里，大约有40名学生和毕业生遭受了镇压，其中许多成为难民。1944年至1993年，校名为克拉斯拉瓦第一中学。

1949年，当局下令焚烧了1940年之前出版的图书馆书籍。1950年至1960年期间，开始生产、教育、培训。在旧马厩里建立了车间，在那里制作和修理了学校家具，并学习机器培训。学校还有自己的果园、菜园、温室。学校房舍用木柴加热取暖，高年级学生也参加了准备工作。1972年，学校从城堡搬到了位于莱纳街25号的大楼，该大楼是1964年为第二高中修建的。学校的校舍太窄，所以随着时间的推移，进行了扩建，包括学校车间、健身房、食堂和寄宿学校。1970年代制作了校旗，正面是红色背景，有一个学校标志，即普拉特伯爵城堡，被橡树枝环绕，顶端是一颗五角星；背面是苏联盾徽，上写布尔什维克标语。

　　拉脱维亚恢复独立后，1992/1993学年小学班级迁至阿隆索纳街3号。1993年5月17日，为纪念学校成立70周年，恢复了克拉斯拉瓦中学校名，重新制作了校旗（蓝色背景，普拉特伯爵城堡图，上写"克拉斯拉瓦中学"，该校旗由教师团队制作并捐给学校），恢复了童子军和其他组织。学校周年纪念日每5年庆祝一次，它们成为毕业校友的情感盛会。学校出版了2本关于学校历史的书——《经年累月的记忆之光》（2002年）和《学校，为你编织晨光》（2008年）。2008年，克拉斯拉瓦中学被授予国立中学地位。克拉斯拉瓦县政府资助制作了新校旗，第二面校旗的设计图案被保留下来，但校名改为克拉斯拉瓦国立中学。2008年5月23日，爱德华兹·沃伦涅吉斯神父和克拉斯拉瓦中学毕业的什考奈教区艾瓦尔斯·库尔什迪斯神父在克拉斯拉瓦罗马天主教堂对校旗进行祝圣，学校全体教职员工参加了校旗祝圣仪式。2009年，第82届毕业典礼召开，3110名学生从学校毕业。2018/2019学年，克拉斯拉瓦国立中学有192名学生，其中67名为低年级学生，125名为高年级学生。七－九年级的课程根据全国基础教育标准确定，学生必须通过考试进入高中。十－十二年级开设两种通识中等教育课程：1.数学、自然科学和技术概况；2.人文和社会科学。学生在全国奥林匹克数学、哲学和俄语比赛中取得了显著成就，在学生研究项目比赛和文化经典比赛中也成绩傲人。克拉斯拉瓦国立中学是一所授课语言为拉脱维亚语的中学，包括初中和高中，也是克拉斯拉瓦市最好的中学。学生的第二语言可以选择英语、德语、俄语、西班牙语和中文。[①]

[①] https://www.kraslavasgimnazija.lv/par_skolu/about,2022年8月10日上网查阅。

二、开设中文课程

2018年9月，克拉斯拉瓦中学开设中文课程。来自华南师范大学的志愿者教师林颖娴（2018年8月—2019年6月）、麻莉（2019年9月—2020年6月）、吴致昕（2020年9月—2021年7月）、霍悦（2021年9月—2022年7月）、朱柏清（2022年10月—2023年7月）、孙智慧（2023年9月—2024年7月）先后任教。

第一任志愿者教师林颖娴任教期间，全校共有72名学生选择中文，达到全校学生总数的三分之一。共有五个班，分别是七年级班、八年级班、九年级班、十年级班、十一年级班、十二年级班。中文课程主要有语言课、文化课、汉字课。语言课以培养学生中文交际能力为目的，主要根据《体验汉语基础教程（上）》的编排，通过不同的话题教授实用的日常词汇、短语和交际用语，并适当地补充一些相关生字和地道的表达方式等，具体学习内容包括汉语拼音、问候与道别、自我介绍、家庭成员、工作、爱好、动物、方向与问路、服装与颜色、买东西、天气与季节、运动、过生日等话题。文化课主要介绍和体验中国的文化，如中国历史、节日、城市、传统故事、茶文化、饮食文化、中国画、书法、剪纸、电影、音乐等。汉字课内容主要有：汉字的特点，汉字的偏旁与部首，汉字的结构，汉字的发展与演变等。通过学习这些课程，学生能够使用中文的日常交际用语，会基本发音和基本语法，能进行基本的日常交际，了解基本的汉字知识，了解一些有趣的中国文化。在这门课程结束之后，学生能够参加汉语水平考试一级、二级。成绩构成：平时成绩占50%，包括出勤率，课堂表现及作业完成程度；期末考试成绩也占50%，每个学期末进行一次考试，包括听说读写各项语言技能，考试内容包括口试和笔试。除课堂学习外，还会开展各种文化活动，培养学生学习中文的兴趣，扩大中文在当地的知名度。每逢中国的各大重要节日，会举行相应的文化活动，介绍该节日的起源、风俗及庆祝方式等。[1]

第二任志愿者教师麻莉任教期间负责五个班级约30名学生的中文课程，

---

[1] 林颖娴：《工作总结》，2019年6月30日，第1—2页。

教材为《体验汉语基础教程》上册。（1）七年级零基础班：是新开的班级，最初有15人，经常来上课的有9—12人，其学习中文的积极性很高，活泼、外向。（2）九年级：共6人，已经学习2年中文，学习认真，态度端正，课上积极回答问题，碰到不会的知识点会主动问老师或同学，口语听力都不错，能围绕家庭成员、住址、购物、时间等话题进行简单地交流。（3）十年级零基础班：共6人，已经学习2年中文，课堂很活跃，学习中文的热情很高，语音、词汇、汉字笔画、笔顺等掌握得不错，能围绕国籍、姓名、日期等进行简单的交流。（4）十年级、十一年级：共3人，已经学习2年中文。（5）十二年级：共2人，已经学习2年中文，非常聪明，爱问有意义的问题，对于所学的知识点他们能够做到举一反三，口语和听力都比较好。[①]

第三任志愿者教师吴致昕，因受新冠疫情影响未能赴任，只好网络远程教学。负责三个班级13名学生的中文教学工作。零基础班共有10名学生，是从来没有接触过中文的中学生，年级跨度较大，从七年级到十一年级，以八九年级的人数较多，教材为《体验汉语（生活篇）》。二年级班共有2名学生，活泼可爱，金色头发的是劳拉，深色头发的是叶塔，教材为《发展汉语（综合Ⅰ）》。三年级班只有1名学生，叫亚瑟，之前参加过华师的中文夏令营。由于时差，一般都是在中国时间深夜开始上课，深夜一两点结束，每次课大约一到两个小时。一位名叫奥尔佳的英语老师负责和中文教师进行工作对接，与中文教学项目负责人安娜副校长联系沟通。[②]

第四任志愿者教师霍悦依旧通过线上形式进行教学。只有一个教学班3位学生，分别是康艾文、何静娴和苏若瑶，都是零基础。教材选用HSK系列，每次课时长90分钟，学生很喜欢中国文化，也喜欢做手工。三位同学从头到尾坚持来上课，很少缺席，布置的作业都会认真完成。[③]

第五任志愿者教师朱柏清在疫情两年后终于赴任授课，总共有4个中文班级，共14名学生。班级A有6个学生，其中三位是7A班，两位是7C班，一位是7B班。班级B有5个学生，其中两位来自八年级，一位是8A班，一

[①] 麻莉：《克拉斯拉瓦中学生活工作指南》，2020年6月6日，第1—3页。
[②] 吴致昕：《克拉斯拉瓦中学生活工作指南》，2021年6月27日，第1—3页。
[③] 霍悦：《给下任志愿者的信》，2022年7月2日，第1—2页。

位是 8B 班，另外三位来自九年级，一位是 9A 班，一位是 9B 班，一位是 9C 班。班级 C 有 2 个学生，都是 10A 班的学生。班级 D 有 1 个学生，来自 8A 班，由于他已经学习了一年中文，所以单独为他开设了一个班级。采用教材：《体验汉语基础教程》《HSK 标准教程》《轻松学中文》。课型：综合课、文化课、汉字课。教学方法：直观演绎法、交际法、认知法、情景法。①

  第六任志愿者教师是留任的孙智慧。学校对中文教学很重视，学生的学习热情也很高。目前为止一共有 20 名学生固定每节课都来学习，此外每堂课都有一些想学习中文的学生来教室听课。其中，有 8 个人去年上过中文课，语音基础比较扎实，并且能够积极回答老师提出的问题。有一个中文名字叫康爱文的男生，学习中文已经两年了，他想参加 HSK 考试，并且希望将来能够去中国读大学。还有一个叫伊诺的女生，也想参加 HSK 考试，她很喜欢中国文化，希望今后有机会能去中国旅游。2023 年有 12 名新加入中文课程的学生，其中有 3 名中学生，9 名小学生，他们都对中文学习产生了强烈的兴趣。在选取教材方面，之前上过中文课的学生没有使用固定的中文教材，考虑到他们有参加 HSK 考试的需求，因此本学年将《HSK 标准教程》定为中文教学的主要教材。又因为每堂课都是小班课，学生人数不超过五人，师生以及生生之间互动较少，为了加深学生的理解，所以还采用了汉语圈等一些互联网上的优秀教学资源辅助教学。新中学生也采用《HSK 标准教程》教学，小学生采用主题式教学，以认识中文词汇为主。②

三、文化交流活动

  2019 年 5 月 23 日，拉脱维亚大学孔子学院拉方院长贝德高和中方院长尚劝余访问克拉斯拉瓦中学。两位院长出席了克拉斯拉瓦中学学年工作总结会议，并参加了克拉斯拉瓦中学中文课程结业典礼。出席学年工作总结会议的有克拉斯拉瓦中学校长亚尼斯·图坎斯，两位副校长安娜·利耶采和伊尔佳·斯迪库

---

① 朱柏清：《2022 年克拉斯拉瓦中学中文教学情况》，2022 年 11 月 15 日，第 1 页；朱柏清：《2022/2023 学年工作总结》，2023 年 6 月 23 日，第 1 页。
② 孙智慧：《2023 年克拉斯拉瓦中学中文教学情况》，2023 年 9 月 28 日，第 1 页。

泰，克拉斯拉瓦中学的三位老师，以及志愿者教师林颖娴。双方总结了学年中文教学情况，对一年来取得的成果予以肯定，并讨论了下一学年中文课的开设模式，希望举办"中文日"等活动吸引更多的中文学习者，对今后工作的开展进行了规划。结业典礼由林颖娴主持，两位副校长、两位院长、英语老师阿妮塔·马泰娅以及中文学习者等出席。副校长伊尔佳·斯迪库泰和两位院长讲话，并为学生们颁发结业证书。全部学生合唱中文歌曲《亲爱的小孩》，学生代表叶娃朗诵《再别康桥》。①

2019年10月1日，克拉斯拉瓦中学举办了迎接新中国成立70周年的庆祝活动，中文教师志愿者麻莉以及学生参加了本次活动。麻莉以文字和图片的方式向学生们介绍了中国的国庆节，包括国庆节时间、由来、习俗和意义，和同学生们一起观看了国庆阅兵仪式的视频，一起欣赏由拉脱维亚留华同学会会长卡琳娜录制的国庆祝福视频。观看阅兵仪式时，学生们目不转睛，还时不时地发出激动的感慨声，惊叹新中国70年以来的快速发展。②

2022年6月20日，贝德高、尚劝余、高安娜一行访问克拉斯拉瓦中学，副校长伊尔佳·斯迪库泰和安娜·利耶采及英语老师热情接待。双方就克拉斯拉瓦中学中文教学进行了讨论，孔子学院给中文班学生颁发学年结业证书、给学校赠送《拉脱维亚大学孔子学院10周年》和《我的中国故事》，克拉斯拉瓦中学为两位院长颁发致谢状。两位副校长和英语老师与孔子学院一行三人一起参加了克拉斯拉瓦博物馆创始人贝阿道夫（贝德高院长的大伯父）纪念活动。③

2023年5月23日，贝德高和尚劝余参加克拉斯拉瓦中学中文教学工作总结会和中文课程结业典礼。两位院长与校长、两位副校长及中文教师朱柏清就本学年的中文教学工作做了总结，对取得的成果予以肯定并感谢学校相关领导对中文教学事业的大力支持，此外对下半年中文教学课时以及教学内容做了规划，希望可以增加课时，开设不同类型的中文课程，并在邻近中学开设中文课，

---

① 《克拉斯拉瓦中学圆满开展2018/2019学年工作总结会议及结课典礼》，拉脱维亚大学孔子学院档案，2019年5月23日。
② 《克拉斯拉瓦中学成功举办迎国庆主题活动》，拉脱维亚大学孔子学院档案，2019年10月1日。
③ 《拉脱维亚孔子学院一行访问东部教学点》，拉脱维亚大学孔子学院档案，2022年6月22日。

丰富中文课堂。随后，在学校大堂举行结业典礼，两位院长给学生颁发结业证书并祝贺同学们以优异的成绩完成了本学年的中文学习任务。此外，贝德高、尚劝余、朱柏清一行还前往克拉斯拉瓦博物馆赠书（《唐诗选译》），在工作人员带领下参观了博物馆并在博物馆留下了美好祝愿。[①]

2023年6月10日，拉脱维亚大学孔子学院一行（贝德高、尚劝余、张桂英、朱柏清）出席克拉斯拉瓦中学100周年庆典。庆典活动在克拉斯拉瓦天主教堂拉开序幕，作为克拉斯拉瓦中学校友的神父，为克拉斯拉瓦中学百年生日送上真挚祝福。结束后一行人前往老校区欣赏军乐队演奏，并参观校史展览。随后加入到庆祝百年校庆的游行活动中，由警车开道，乐团一路伴奏，从老校区出发，沿着克拉斯拉瓦主街道抵达克拉斯拉瓦城市中心，同当地居民和游行队伍一同欣赏乐队演出。之后，一行人前往克拉斯拉瓦文化宫，观看校庆文艺会演。节目精彩纷呈，丰富多样，给现场观众带来一场视觉盛宴。在演出结束后的嘉宾发言环节，贝德高教授代表拉脱维亚大学孔子学院，对克拉斯拉瓦中学百年校庆表示热烈祝贺和诚挚祝愿。百年校庆活动是克拉斯拉瓦中学的重要里程碑，也是对学校全体师生和校友们辛勤付出的最佳褒奖。此次活动也促进了当地居民对中文教学的了解，推动了中拉文化交流。[②]

第十三节　叶卡布皮尔斯中学

叶卡布皮尔斯中学（Jēkabpils Valsts ģimnāzija, Jēkabpils State Gymnasium）位于拉脱维亚东部，介于里加和道加瓦皮尔斯之间。2018年，叶卡布皮尔斯中学开设中文课程，成为拉脱维亚大学孔子学院下设教学点，也是拉脱维亚东部中学中文教学重镇。

[①]《克拉斯拉瓦中学中文课程结业典礼暨赠书仪式》，拉脱维亚大学孔子学院档案，2023年5月23日。
[②]《拉脱维亚孔子学院一行出席克拉斯拉瓦中学100周年庆典》，拉脱维亚大学孔子学院档案，2023年6月11日。

一、学校简介

叶卡布皮尔斯中学位于道加瓦河畔，1919年在叶卡布米耶斯塔区学校原址上创建，当时校名为叶卡布米耶斯塔国立中学。叶卡布米耶斯塔区学校是叶卡布米耶斯塔（即后来的叶卡布皮尔斯）最早的学校之一，创办于1805年，以德语为教学语言。学校有三个班，有5名教师，包括俄语和绘画教师。叶卡布米耶斯塔居民必须参与学校的维护，每年支付100达尔的校舍租金和25达尔的教师费用。三年后，即1808年，学校成为国有财产，以俄语为教学语言。尽管如此，市民需为一名俄语教师支付薪水，每年120达尔。1820年，政府为叶卡布米耶斯塔区学校建造了一座古典主义风格的新校舍，位于现在的帕斯塔街1号。学校只录取从教区学校毕业的男生，学生人数并不多，因为能负担儿子学费的富豪地主寥寥无几，大多数学生是沙皇政府官员和富商的孩子。学校一直存在到第一次世界大战。1919年10月6日，叶卡布米耶斯塔解放后不久，叶卡布米耶斯塔国立中学在位于帕斯塔街1号的叶卡布米耶斯塔区学校校舍内成立，这是当时拉脱维亚第一所真正的学校。学校的第一任校长是卡尔利斯·拉姆伯茨，有12名教师在学校工作。学校有五个班，共有185名学生。1920/1921学年学校也在位于帕斯塔街99号的"红楼"开课。在此期间，奠定了学校许多传统的基础。这项工作是由当地历史学家阿诺德·什托克马尼斯率领的一个关于祖国历史的研究小组发起的（2003年，阿诺德·什托克马尼斯纪念牌匾在学校附近揭幕）。1922年，学校举行了第一次毕业典礼。同年，学校开设商科部，1927年商科部重组为国立商业学校。

1924年叶卡布皮尔斯区成立后，学校更名为叶卡布皮尔斯国立中学，1929年更名为现名。当时在校教师23人，在校学生211人。1935年，阿道夫·斯库尔特创作校歌。1938年诞生第一个校徽（1945/1946学年恢复了向毕业生颁发徽章的传统）。1939年，拉特加莱炮兵团赠给学校一面校旗（1990年恢复）。1940年苏联占领拉脱维亚后，在教师奥斯瓦尔达·普珀拉的领导下，成立了青年民族抵抗运动组织"维耶斯图列什"（2003年，在学校附近竖立了一个献给"维耶斯图列什"运动成员的纪念牌）。从1944/1945学年开始，学校开始实行苏联学校教育体制。1950年，国立商业学校与叶卡布皮尔斯国立中学完全分离，叶卡布皮尔斯国立中学更名为叶卡布皮尔斯第一中学，并增建了克拉斯塔学校大楼。1966年扩建"红楼"，建造了一个锅炉房，并在新校舍修建了一个食堂，解决了供暖、供水和校餐问题。1979年，学校第二次扩建，修建了第三栋大楼，取消轮班教学。小学班级从克拉斯塔学校搬到了新建的大楼。1979/1980学年开设数学和物理学习班。1981年，开设音乐班。1982年，运动队由学生和教师接管。这一时期，学校积极开展学生社团活动和体育活动。

拉脱维亚恢复独立后，1992年制作了叶卡布皮尔斯第一中学校旗。1993年，经过认证，叶卡布皮尔斯第一中学改为叶卡布皮尔斯中学。1994年，学校设立"荣誉奖"，颁发给最优秀的学生（在随后的15年时间里，有43名学生获此殊荣）。1994年，《学校之声》报纸第一期出版。1994年9月，叶卡布皮尔斯小学成立，小学班级逐渐与中学分离（后者于1996年5月分离）。1996年9月1日，学校获得国立中学地位，更名为叶卡布皮尔斯国立中学，只有五－十二年级的学生在学校学习。2001年，斯凯德利特·普佳查创作了新校歌，并首次向最优秀的学生颁发库乌斯卡纪念奖（该奖以1941年毕业生库乌斯卡名字命名）。2002年，学校进行翻修。2003年9月1日起，七－十二年级学生在校学习。2007年，学校成为首批50所参与ESF科学与数学项目的试点学校之一，8名教师提高了教学技能，2个科学教室实现了现代化。2006年至2008年，在教学过程中大量引入信息技术：计算机、投影仪、数位板等。2007年，新扩建的现代化校舍维修办公室开业。2017年9月30日，重建的体育场启用。2019年，学校庆祝建校100周年，发行纪念徽章。

叶卡布皮尔斯中学历任校长为：1919年至1938年，卡尔利斯·拉姆伯茨；1936年至1940年，詹尼斯·里尼思；1940年至1944年，瓦尔弗雷兹·司库尔泰；1944年至1949年，亚尼斯·扬森斯；1949年，弗朗西斯·阔秋斯；1949年至1950年，维塔利亚斯·普罗尼斯；1950年至1952年，安东尼亚·拉兹达奈；1952年至1958年，阿玛利亚·柏尔兹纳；1958年至1960年，艾米莉亚·列皮尼亚；1960年至1962年，米海尔斯·帕乌洛夫；1962年至1970年，嘉伊达·查乌普约诺卡；1970年至2005年，罗伯茨·艾伊什普尔斯；2005年至2008年，尹塔·珀列夫斯卡；2009年至今，瓦莱杨思·维祖里斯。[①]

学校提供中等教育阶段的通识教育课程，数学、科学和技术课程，人文和社会科学课程。除了课程学习外，学生还可以在音乐（合唱团、声乐团、铜管乐队）、跳舞（民族舞蹈团）和体育（运动会）方面发展自己的才能，也可以参加智力游戏俱乐部。学校和波兰及比利时的学校建立了伙伴关系，学生与伙伴院校的学生们举行联谊和交流访问活动。学校还组织西部地区中小学数学尖子奥数竞赛，85%的学生毕业后继续在高等院校学习。除了拉脱维亚语，学生也可以学习英语、俄语、德语、瑞典语和中文。

二、开设中文课程

2018年，叶卡布皮尔斯中学开设中文课程。华南师范大学研究生胡甜（2018年9月—2019年6月）和吴哲哲（2019年9月—2020年6月）、南开大学研究生魏亚梅（2020年9月—2021年7月）和湖北工业大学研究生朱惠娟（2021年9月—2022年7月）、华南师范大学研究生杨彩云（2022年10月—2023年6月）和邵月园（2023年9月—2024年6月）相继任教。

第一任中文志愿者教师胡甜与校长瓦莱杨思·维祖里斯和秘书阿拉伊玛一起制定三年中文教学计划，并选定《快乐汉语（第一册）》作为中文教材。共有三个班级，高一年级学分班、高三年级选修班以及各年级兴趣班，学生总计30人左右。每月准备一次考试，及时进行复习、听写及检测。按时记录课堂，每月进行一次小总结，根据学生的学习情况进行查漏补缺。[②] 学分班学生的中文学习为两种风格，一种是笔试成绩优秀，可以重点鼓励其参与HSK等其他孔子学院考试活动；另一种是活跃型，口语能力较好或性格开朗，可鼓励帮助他们去参加"汉语桥"等表现类孔子学院活动。选修班学生容易流失，如何长期留住学生，需要好好考虑。每堂课都要做好记录（缺席人数及人名，教学内容，作业），每节课之后阿拉伊玛都要在学校系统中做好相关后续工作。文化课主要有两类，一类是文化体验，如中国春节、中秋节故事及品尝月饼、中国

[①] https://jvg.edu.lv/info-par-skolu/skolas-v%C4%93sture.aspx,2022年8月15日上网查阅。
[②] 胡甜：《2018—2019年度工作总结》，2019年6月8日，第1—2页。

剪纸体验、品尝中国美食、筷子文化及筷子英语比赛、中国民歌习唱等；另一类是文化课堂，如中国四大古典名著、中国新四大发明、中国四大城市、中国地理、中国人口及政府政策等。①

第二任中文志愿者教师吴哲哲，教学进度以《快乐汉语》第二册为基础，每课3个课时（生字和课文、语法和句型、听力练习），每单元3个星期教学加一个课时复习和一个课时考试的进度稳步进行。每周三下午有补课时间，每周缺课或者需要补考的学生可以到教室补课或补考。考试结束，及时批改学生试卷，给予学生反馈，并及时将学生成绩记录在学校的学生电子课程成绩册上。在中文教学过程中，穿插一些中华文化+中华美食的课程，比如，中秋节传统文化+月饼品尝活动、春节传统文化+饺子品尝活动、元宵节传统文化+元宵制作体验活动、中国地域文化+火锅体验活动等，以及中华文化+中国音乐的课程，比如，君子文化—友情之歌、家庭文化—亲情之歌等。另外，也时常涉及中华文化相关的其他形式的具体活动，比如，中国剪纸、中国脸谱制作、中国画、中国脸谱等。疫情期间，也定时更新所用的社交软件，多以展示当地图片或视频，辅以中文词汇、句子的形式，将课堂上的语法融入其中，帮助学生在课余时间潜移默化中巩固和学习更多中文。②

第三任中文志愿者教师魏亚梅由于新冠疫情未能赴任，而是线上远程教学。这一学年，只开设了十二年级学分班的中文教学课程，共有14名学生，已有两年中文学习经验，选用的教材是《HSK标准中文课程（第二册）》。每周三节课，学校对中文学分班课程要求严格，阿拉伊玛辅助完成课程大纲、课堂考勤、打印学习材料、组织学生考试、作业记录、考试记录、调课等一系列事情。在中文学习兴趣方面，过半的学生对中国文化非常感兴趣，学习内驱力非常充足。从学生的学习态度来看，前期全部学生都能认真学习中文、按时完成作业，后期由于线上限制的原因，学生逐渐表现出散漫的态度，需要教师更多地督促与指导。③

---

① 胡甜：《给下一届志愿者老师的一封信》，2019年6月8日，第1页。
② 吴哲哲：《国家汉办中文教师志愿者履职考评表（2019年9月7日—2020年6月7日）》，2020年6月1日，第9—11页。
③ 魏亚梅：《叶卡布皮尔斯中学教学点工作生活指南》，2021年6月26日，第1—3页。

第四任中文志愿者教师朱惠娟也未能赴任，继续线上远程教学。共有十二年级的 12 名学生。使用的教材为《HSK 标准教程（第一册）》，每课 4 个课时（生字和课文、语法和句型、听说练习），每单元 2 个星期教学加一个课时复习和一个课时练习。每节课上课的前几分钟尽量给予学生小的测试，教学中对于生字、语法点、句型的练习时间进行合理分配，尽量在对应时间内完成相应的教学任务。每节课接近下课的几分钟，向学生布置家庭作业。在中文教学过程中，也穿插一些中华文化的课程，以达到拓宽学生眼界的目的。①

第五任中文志愿者教师杨彩云时隔两年后终于抵达叶卡布皮尔斯。叶卡布皮尔斯中学有两个中文班，分别为学分班和兴趣班。学分班有 5 名学生，都是十年级学生，采用的教材是《轻松学中文 1》，每周三次课，每次 40 分钟，另外每周也有一次补课时间，针对中间插进来的学生或请假缺课的情况。每个单元结束给学生准备一次大考，每个月至少三次小测验，都要给学生分数，记录在学生的成绩里。兴趣班学生共 18 个，来自七年级到十二年级，以高中生为主，少数初中生，每周一次课，每次两课时共 80 分钟。学生对中文比较感兴趣，内驱力比较足，上课气氛比较活跃，上课纪律很好，语言交流上也没什么障碍。②

第六任中文志愿者教师是留任的邵月园。中文学分班和中文兴趣班各两个，学分班 15 人（4 名十一年级学生和 11 名十二年级学生），兴趣班 16 人（七年级至十一年级学生，以高中生为主）。

采用教材：《轻松学中文 1》《轻松学中文 2》《HSK 标准教程 1》。教学方法：图示法（在线上教学阶段多使用图示法，利用图片和动画帮助学生理解词汇和语言点）、情景法（通过创设情境让学生明白语言点的语用功能和语用环境，让他们能够在真实、具体的环境中使用语言点）、多模态教学法（充分利用视觉模态、听觉模态、身势模态和多媒体资源等，刺激学生多种感官，使学生更加投入课堂，减少枯燥感和疲惫感）、全身反应法（在线下教学阶段多采用此种方式，充分利用身体语言让学生理解词汇和语言点，常常使用较为

---

① 朱惠娟：《叶卡布皮尔斯中学 2021 年 9 月至 2022 年 6 月学年工作总结》，2022 年 6 月 30 日，第 1—2 页。
② 杨彩云：《2022/2023 学年工作总结》，2023 年 7 月 1 日，第 1 页。

夸张的身势和表情让学生体会语言的意义和语用）。①

三、文化交流活动

2019年5月22日，叶卡布皮尔斯中学举行中文课堂结业典礼。尚劝余院长、贝德高院长、瓦莱杨思·维祖里斯校长、中文教学助教阿拉伊玛、志愿者教师胡甜以及中文班学生出席了本次典礼。典礼由阿拉伊玛担任主持，校长和两位院长致辞，学生代表乔好乐和周晨乐也相继发言。最后，四位领导为学生们颁发结业证书并一起合影留念。典礼结束后，两位院长与校长及中文助教、中文教师志愿者一起对学校的中文教学未来进行商讨。校长非常支持中文教学，表示叶卡布皮尔斯中学第一年的中文教学非常成功，希望更多的学生了解中国，学习中文。②

2019年10月24日，叶卡布皮尔斯市中国文化交流会在当地市图书馆212会议室举行。来自市图书馆、市议会、叶卡布皮尔斯中学等当地相关中文爱好者参加了本次活动。叶卡布皮尔斯市安塔·柯林茨女士向前来参加活动的中文爱好者表示欢迎，并介绍了与中国相关的书籍。叶卡布皮尔斯中学阿拉伊玛女士介绍了拉脱维亚大学孔子学院发展情况，以及目前叶卡布皮尔斯中学的中文教学工作。叶卡布皮尔斯市副市长丽佳·克里阿维妮娅分享了2019年7月随拉脱维亚教育访华团访问中国的见闻和感受，阐述了对于中国城乡发展、科技发展以及中国青年人生活工作压力的个人感悟。吴哲哲从地理环境、美食、名茶、方言、武术和豫剧六个方面介绍河南省的特色，播放《少林魂》《穆桂英挂帅》视频，帮助大家多方面了解中国。此外，通过图画和汉字的匹配互动活动，有效地增强了汉字识记和学习的趣味性，帮助大家克服初次接触中文的恐惧心理。③

2022年6月20日，拉脱维亚大学孔子学院贝德高、尚劝余、高安娜一行

---

① 邵月园：《2023/2024学年教学情况》，2023年9月28日，第1—2页。
② 《叶卡布皮尔斯中学举行2018—2019年汉语课堂结业典礼》，拉脱维亚大学孔子学院档案，2022年5月22日。
③ 《叶卡布皮尔斯市中国文化交流会顺利举办》，拉脱维亚大学孔子学院档案，2019年10月24日。

访问叶卡布皮尔斯中学，与学校领导会晤商谈中文教学事宜，给中文班学生颁发学年结业证书，给学校赠送《拉脱维亚大学孔子学院10周年纪念册》和《我的中国故事》。校长瓦莱杨思·维祖里斯和秘书阿拉伊玛热情接待孔子学院一行，给两位院长颁发荣誉勋章、证书及100周年校庆纪念币，嘉奖他们为实现叶卡布皮尔斯中学的目标做出的贡献。①

2023年10月6日，中国驻拉脱维亚大使馆（大使唐松根及夫人王倩、秘书侯特特、经商处王跃进）和拉脱维亚大学孔子学院（中方院长何东及夫人陶丽萍、秘书高安娜）一行访问叶卡布皮尔斯中学，旨在了解中文教学情况、探讨未来交流合作。叶卡布皮尔斯中学校长瓦莱杨思·维祖里斯、副校长德鲁文涅采、中文教学负责人拉伊玛以及中文教师志愿者邵月园参与了这次活动。宾主一起参加104周年校庆音乐会，参观中文教学点，举行大使馆赠书仪式，并在会议室举行座谈会。校长介绍叶卡布皮尔斯中学的发展历程，并提出西方文化和东方文化如鸟之双翼，缺一不可的观点，对今后学校与大使馆和孔子学院的合作表达了期待与展望。中文教学负责人回顾中文教学在叶卡布皮尔斯市的发展历程，介绍当地中文教学的未来规划。

第十四节　新马露白小学

新马露白小学（Jaunmārupes Pamatskola，Jaunmārupe's Primary School）位于与里加接壤的马露白市，2018年开设中文课程，成为拉脱维亚大学孔子学院下设教学点，这也是孔子学院下设第二所小学教学点。

一、学校简介

新马露白小学成立于2005年8月8日，是拉脱维亚恢复独立后第一所完

---

① 《拉脱维亚大学孔子学院一行访问东部教学点》，拉脱维亚大学孔子学院档案，2022年6月22日。

全由市政府财政支持建立的学校，是一所普通教育机构，提供小学和学前教育。新马露白小学设在马露白市新马露白镇，由马兹采纽街 4A 号和马兹采纽街 3 号两栋连体建筑组成，两栋教学楼由一条 110 米长的走廊相连。校址位于一处历史名胜所在地，紧邻本市最古老的建筑之一，即莱尔德施瓦茨的前避暑胜地，这个地方目前是该市图书馆和日托中心的所在地。日托中心为学生们提供了一个在那里度过课后时间和探索各种活动的机会，极富创造力的学生可以到音乐与艺术学校就读，该校具有更专业的课程设置，该校也设在新马露白镇。学生除了可以选择各种体育活动作为课外活动外，还可以就读同样坐落在本镇的马露白网球学校。新马露白小学的愿景：在安全和创造性的环境中培养学生仁爱和多能的个性。学校的主要目标：创造教育环境，组织和完成教育过程，按照国家教育标准提供学前教育和初等教育。

自 2005 年学校成立以来，小学和学前教育的学生人数都有所增加。2014 年 6 月 25 日，学校调整重组成小学（从一年级到九年级），学生人数持续增加。2017/2018 学年，学校有 28 个年级组，共有 690 名学生。下学年，学校计划多招收 4 个一年级班 100 名学生。2017/2018 学年，有 8 个学前班接受学前教育，接收 3 岁以上的儿童。新马露白小学是一所现代化的学校，拥有最新的技术，如交互式白板、投影仪和平板电脑，可供所有教师使用，以提供最佳的教学学习环境。现代技术与实践研究相结合，在生物、地理和其他学科中利用学校周围的环境，为所有学习者提供一种多元化的学习方式。本校所有的教师都有很高的素质和技能，受过教学所需的必要教育。教师定期参加个人和专业发展的课程，如方法论、信息技术、教育学和心理学、咨询、教育有各种学习困难的儿童、课堂管理等。

学校通过各种活动和项目向公众开放，与其他学校的学生和教师、家长、各种组织的代表以及来自其他国家的宾客合作。学校经常欢迎来自拉脱维亚的教师和校长来交流经验。本校参与了几个欧洲项目，也与各大学（拉脱维亚大学等）建立了伙伴关系，为年轻教师提供实践，并参与研究和考察。学校提供多种课外活动以培养多才多艺的人才，实现学生的既定目标。学生们有机会找到适合自己兴趣和时间表的课外活动，学校还计划和组织不同年龄组和不同主题的文化和体育活动。此外，学校设有市政体育中心，提供团体体育和个人体育活动，如游泳，一至三年级学生免费，这样的课外活动让学生们容光焕发。新马露白小学的学生参加地区性和全国性比赛，在团体体育以及戏剧、唱歌和公众演讲等艺术方面都取得了优异的成绩。[1]

二、开设中文课程

2018年9月，拉脱维亚大学孔子学院在新马露白小学开设中文课程。中文课面向校内三年级到六年级学生，皆为课后兴趣班，按年级将学生分为两个班，分别是小班（三－四年级左右）和大班（五－六年级左右），以学习语言为主，课上多借助游戏，任务型活动教学，用以激发儿童学习中文的乐趣，平均每个月开展一次文化课或文化体验活动。华南师范大学研究生尹艳（2018年9月—2019年6月）和黄天祺（2019年9月—2020年6月）先后任教。

第一任志愿者教师尹艳任教期间，共开设2个中文班，分别是中文小班（10人）和中文大班（15人），平均每个班每周课时量为2课时，共38周，两个班的教材均为《汉语YCT》和《快乐汉语》。[2] 学校对于中文课的安排和管理比较宽松，属于周一和周五下午放学的课后兴趣选修课。周一的课有两节，第一节课是四－五年级，第二节课是六－七年级，有些学生会连续上两节，有些学生只上一节。值得一提的是，有一个叫蒙娜的女孩学习能力特别强，而且对中国特别感兴趣。另外一个是奥德拉，她比较害羞，但特别认真努力。还有一个叫飞利，活泼好动，之前也参加过"汉语桥"，对中文很感兴趣，学习能力和模仿能力很强，能正确地道地说中文。[3]

第二任志愿者教师黄天祺任教期间共两个班10名学生，中文课是作为课后兴趣班设置的，所以班里的学习者是半固定的，每次课堂都有一个主题和一个任务或者活动，并且根据小学生的特点给予适当的鼓励和比拼的规则，以便他们更积极地参与到课堂里来。每个学生有不同的性格和家庭背景，有些学生

---

[1] 尚劝余、贝德高、玛丽娅主编：《拉脱维亚大学孔子学院10周年纪念册》，拉脱维亚大学出版社，2021年10月，第515—516页。
[2] 尹艳：《国家汉办中文教师志愿者履职考评表》，2019年6月5日，第7页。
[3] 尹艳：《给下一任志愿者的一封信》，2019年6月24日，第3—4页。

学习兴趣浓厚，性格踏实，学得相对认真，有些学生调皮，坐不住，需要采取一些处理方法，比如让他负责领读等。每个学生虽然有自己的性格，但都非常可爱，都喜欢中文，因此一直坚持学习。①

由于新马露白小学的教学设置和安排，2019年9月份之后停止中文课教学。

第十五节　里加道加瓦河口中学

里加道加瓦河口中学（Rīgas Daugavgrīvas vidusskola，Riga Daugavgriva Secondary School）位于道加瓦河口岛，2019年开设中文课程。

一、学校简介

里加道加瓦河口中学成立于1972年，位于道加瓦河口岛，距离比耶尤拉自然公园和享誉全国的道加瓦河口要塞纪念馆不远。

道加瓦河口岛是拉脱维亚最美丽的地方之一，三面分别被布卢佩河、里加湾和道加瓦河环绕。1205年，史料中第一次提到道加瓦河口，当时德国人在这里建造了一座西多会修道院。1228年，库尔什人和泽姆加尔人征服并摧毁了西多会修道院。1305年，利沃尼亚骑士团修复了这座建筑。道加瓦河口要塞始建于1608年，是道加瓦河口唯一的野战防御工事。经过漫长的北方战争，该要塞得到了重建和扩建。在它旁边建立了一个定居点，当时一所拉脱维亚学校已经在那里运作。1653年，建造了一座石灯塔。18世纪末，道加瓦河口岛上建造了一个冬季港口，最多可容纳100艘船只，这里是里加的海门。并不是每个里加居民都了解这个位于布卢佩河、利耶卢佩河、道加瓦河和里加湾之间的道加瓦河口小岛。这里是一个独特的自然综合体，是珍稀鸟类和植物的家园。在道加瓦河流入里加湾的地方，在河的左岸，在布卢岛上，有一个迷人的自然

---

① 黄天祺：《工作总结》，2020年6月6日，第2页。

角落，占地 100 公顷，是道加瓦河口自然公园。据科学家称，这是一个独特的地方。鸟类学家在这里发现了 60 种鸟类，其中 13 种被列入拉脱维亚红皮书，其中 5 种是极为稀有的鸟类。植物学家在这里发现了 342 种植物。野生兰花数量惊人，约有 10 种。还有茄属植物、相当罕见的草莓三叶草和一枝黄花。[1]

里加道加瓦河口中学于 1972 年 9 月 1 日开学，是里加的第 67 所中学。学校成立最初几年是确立学校传统和不断改进的初创时期，第一任校长洛伊卡、教学部主任格拉波夫斯卡、课外活动组织者卡里阿奇纳做了大量工作。此后，学校开始进入繁荣期。校长格拉波夫斯卡和教学人员卡拉什尼科瓦发挥了重要作用。那时，学校生活非常活跃。校长奥尔佳·赛留缇娜和副校长鲁波娃·波格丹诺娃·芮德科娃时期，学校也经历了重大变革。学校紧跟时代要求，翻新了教室、礼堂、走廊和食堂，在学习过程中引入新技术，布置电脑柜，让学生融入拉脱维亚环境。2017 年，里加道加瓦河口中学举行 45 周年校庆。[2] 学校有两个舞蹈团体，一个声乐团，一个戏剧工作室，以及各种体育部门。学校积极参与志愿服务、社会融合和学生交流计划等各种相关项目。自 2018 年以来，学校一直参与欧洲基金会与"探索开辟欧洲发展之窗的新维度"项目，该项目合作伙伴是来自英国、法国和罗马尼亚的学生。学校教师深信，有序的学习环境会影响学生的个人发展。所有教室都配备了电脑和投影仪，其中 10 台配有交互式白板。化学、物理、生物和地理教室也都配备具有最新技术的教具。学校拥有自己的学科部，旨在培养学生创造性、独立性和责任感的个性。学校议会非常活跃，师生齐心协力，成功处理相互关系和关乎未来发展的人生问题。作为一种传统，学校举办自主日活动。学校培养才华横溢的学生的工作卓有成效，是联合开发科学研究的一个指标。学校为学习困难的学生提供社会心理援助。今天，教师的教学方法侧重于能力教育。学校与拉脱维亚高等教育机构的合作也很成功。学校为学生开设拉脱维亚语、俄语、英语、德语和中文等课程。[3]

---

[1] https://www.rdvs.lv/par-mums/vesture，2022 年 8 月 22 日上网查阅。
[2] https://www.rdvs.lv/par-mums/vesture，2022 年 8 月 22 日上网查阅。
[3] 尚劝余、贝德高、玛丽娅主编：《拉脱维亚大学孔子学院 10 周年纪念册》，拉脱维亚大学出版社，2021 年 10 月，第 546—547 页。

二、开设中文课程

2019 年 9 月，里加道加瓦河口中学开设中文课程。中文课程面向小学三年级至高中三年级的学生，皆为中文选修课。志愿者教师胡靖（2019 年 9 月—2020 年 6 月）、朱柏帆（2020 年 9 月—2021 年 7 月）、杜灏（2020 年 9 月—2021 年 7 月）、谢慧清（2020 年 9 月—2021 年 7 月）、刘贤（2021 年 9 月—2024 年 7 月）相继任教。其中，杜灏是湖北工业大学研究生，刘贤是四川大学研究生，其余均为华南师范大学研究生。

第一任志愿者教师胡靖和助教芮叶莲娜[①]老师一起开展中文教学工作。学校是十二年一贯制的俄族学校，大部分学生为俄族。从小学三年级到高中三年级都可以选择学习中文，中文课为选修课。共有 5 个班，分别是三年级、四年级、五年级、六年级、七年级至九年级以及十至十二年级。每个班每周共有两次课，每次课 80 分钟。除了中文综合课外，也设计有意思的中文文化体验课。[②]由于新冠肺炎，拉脱维亚政府宣布从 2020 年 3 月 13 日至 2020 年 4 月 13 日全国的学校都停课，转为网络授课。5 个中文班学生总人数达 134 人。周一到周五每天下午都有课，每天最少两个班，最多三个班。在五个班级中，三年级、四年级进度较慢，十年级至十二年级进度最快。所使用的课本主要为《快乐汉语》《体验汉语基础教程》《HSK 标准教程》《跟我学汉语》等。在课堂教学之外，也会组织丰富多彩的文化活动，比如书法绘画、春节表演、"汉语桥"比赛等，让学生感受中国文化从而激发他们的学习兴趣。[③]

第二任志愿者教师朱柏帆、杜灏和谢慧清分担中文教学任务，由于新冠疫情他们无法赴任，在国内进行远程网络授课。朱柏帆负责八年级至十二年级组的中文教学工作，共有 11 名学生，年龄和程度跨度较大，从八年级 13 岁到

[①] 芮叶莲娜本科就读于道加瓦皮尔斯大学，期间在道加瓦皮尔斯大学孔子课堂学习中文，曾参加赴华夏令营活动，2018—2019 年在华南师范大学留学一年，与她妈妈鲁波娃·波格丹诺娃·智德科娃一起推动促成了道加瓦河口中学中文教学点的开办；2019 年 9 月起在道加瓦河口中学任中文助教，2020 年 9 月起在华南师范大学攻读汉语国际教育硕士学位，但由于新冠疫情无法赴华学习，网络远程学习一学年后，因为时差和工作等原因难以继续上课，放弃在华南师范大学的学习，继而在俄罗斯国立人文大学攻读硕士学位。
[②] 胡靖：《给下任志愿者的工作生活指南》，2020 年 6 月 2 日，第 1 页。
[③] 胡靖：《工作总结》，2020 年 6 月 3 日，第 3—4 页。

十二年级 18 岁，有个别学生有学习中文的基础，但也有零基础的学生，选择《HSK 标准教程Ⅰ》作为教材。中文课负责人为芮叶莲娜老师，每次上课前，需要她开启 Zoom 会议。该班学生的接受度很高，学得很快，也很活泼，喜欢音乐，喜欢动起来，有时播放一些带动感的音乐，他们会跟着一起跳动，可以多教一些中文歌曲，课堂氛围很好。宝莲和小滴是一对姐妹，宝莲的中文水平较高，可以帮助小滴学习，早星和她们是好朋友，虽然是零基础，但早星学得很认真。早星参加了 HSK1 级考试，早星和小滴参加了"汉语桥"比赛，早星获得中学生初级组一等奖，小滴获得小学生初级组优胜奖。[1] 杜灏负责六年级至七年级班学生的中文教学，共有 8 个学生，已经学过 1—2 年中文，使用教材《HSK 标准教程 1》。[2] 每次 2 节课 80 分钟，中途不休息，课堂用语是中英夹杂。[3] 谢慧清担任四年级至五年级的中文教学工作，使用《HSK 标准教程》系列教材，每周两次课，周二是语法课（学生必须参加），周四是文化课（学生可选择来或者不来）。[4] 学生年龄 10 岁左右，学校配备了助教老师，课上助教会帮忙翻译以及解答学生的问题。来上过课的大概有 7 个学生，这一年坚持来的只有 2/3。仓鼠学习最认真、中文水平最高、学习兴趣最浓厚，有时候助教比较忙，她会帮老师翻译给其他的学生。疯医是个有趣的孩子，阿罗曼很乖，火星的英语较好反应快，也会帮忙翻译给其他学生。[5]

第三任志愿者教师刘贤第一学年远程网络授课，担任三年级至四年级、五年级至七年级、八年级至十二年级三个班级的中文教学。三年级至四年级使用《快乐汉语》系列教材，五年级至七年级使用 HSK 系列教材，八年级至十二年级在前期使用 HSK 系列教材，后期使用《博雅汉语》系列教材。三年级至四年级学生中文零起点，五年级至七年级学生已经学过将近一年的中文，八年级至十二年级学生已有接近两年的中文学习经历。[6] 刘贤第二学年赴任授课，

---

[1] 朱柏帆：《2020/2021 学年工作总结》，2021 年 6 月 26 日，第 1—3 页。朱柏帆：《给下一任志愿者的教学工作指南》，2021 年 6 月 26 日，第 2 页。
[2] 杜灏：《2020/2021 学年工作总结》，2021 年 6 月 22 日，第 1—2 页。
[3] 杜灏：《给下任志愿者的工作生活指南》，2021 年 6 月 11 日，第 2 页。
[4] 谢慧清：《工作总结》，2021 年 6 月 8 日，第 1—2 页。
[5] 谢慧清：《工作生活指南》，2021 年 6 月 7 日，第 3 页。
[6] 刘贤：《工作生活指南》，2022 年 7 月 1 日，第 1—3 页。

一共三个班级。三年级至四年级学生中部分是学习过中文基础知识的学生，能够自主进行拼音拼读，而另一部分学生是新加入的中文零起点学生。这个班级学生年纪较小，学生人数最多，不断有新生加入，学校配备了瓦伦蒂娜老师做俄语翻译，协助教学。五年级至七年级学生已经学过一年多中文，增加了文化教学内容，学习热情进一步高涨，有两名学生参加了"汉语桥"比赛并获得优胜奖。八年级至十二年级学生已经学习过两年中文，教学偏重基础知识和语法知识教学，并且每节课之前进行词汇听写和口语过关。有两名学生参加了"汉语桥"比赛，分别获得二等奖和优胜奖。另外，有四名学生分别参加了 HSK1 和 HSK2 考试，并取得了优异成绩。[①]

刘贤第三学年一共三个班级，分别是 3AB 班、4-6 班和 7-9 班。3AB 班每周三节课，4-6 班和 7-9 班每周两节课，一节课时长为 90 分钟。3AB 班共 20 人，为小学一二年级的学生，平均年龄不超过 10 岁。部分学生学过一年中文，部分学生为新加入，中文基础为零。因此本学期的教学任务首先在于如何让新加入的学生快速适应中文课堂，并且不耽误其他学生的中文学习进度，同时让已经学过拼音的学生帮忙给新的学生纠正发音。4-6 班共 10 人，为小学四到六年级的学生，平均年龄为 11 岁，学生已经学过一至两年中文了。使用教材《快乐汉语》，并与《HSK1 标准教程》配合使用，因为部分学生已经有了参与 HSK 考试的需求了。7-9 班共 5 人，为中学七到九年级的学生（但实际上还有从本校已经毕业了的高中生来上中文课），平均年龄为 14 岁，已经学习了两到三年中文了。学生去年陆续通过了 HSK2 级考试，因此这学期会学习《HSK3》。另外，这个班级的学生学习能力较强，并且对于中文学习有很多自己的想法，因此每堂课不仅要学习课本上的知识，还会进行大量的知识补充。[②]

三、文化交流活动

2019 年 9 月 23 日，在拉脱维亚大学孔子学院和深圳市中东欧经济文化促进会牵线搭桥下，深圳明德实验学校代表团访问里加道加瓦河口中学。出席活动的

[①] 刘贤：《工作总结》，2023 年 6 月 23 日，第 1—2 页。
[②] 刘贤：《道加瓦河口中学 2023 年教学情况》，2023 年 9 月 28 日，第 1—2 页。

人员有：深圳明德实验学校校长程红兵和副校长刘海粟，深圳市中东欧经济文化促进会秘书长吕传真，里加道加瓦河口中学校长奥尔佳·赛留缇娜和副校长鲁波娃·波格丹诺娃·芮德科娃，中文教师芮叶莲娜和胡靖等。深圳明德实验学校与里加道加瓦河口中学同为十二年一贯制学校，双方就未来合作事宜展开了座谈。双方就各自学校背景、学校规模、生源、师资、管理办法、教学理念等问题进行了介绍和讨论，双方一同参观了里加道加瓦河口中学的教室、办公室、图书馆以及室内体育馆等，为双方未来的学生交流合作打下了坚实的基础。[1]

2020年1月27日，里加道加瓦河口中学在校礼堂隆重举行中国春节庆祝活动。中国驻拉脱维亚大使梁建全，拉脱维亚大学孔子学院中方院长尚劝余及夫人张桂英，秘书白丽娜，里加道加瓦河口中学校长奥尔佳·赛留缇娜，副校长鲁波娃·波格丹诺娃·芮德科娃，本土中文教师芮叶莲娜，志愿者教师胡婧等出席活动。校长、大使、院长分别致辞。学生表演拉脱维亚歌曲《布谷鸟》和《白歌》、集体舞蹈《埃斯皮兰萨》、情景故事《话说中国年》（三年级到十二年级学生们一起表演）、歌舞《汉语拼音歌》、歌曲《茉莉花》和《数字歌》、中国太极、大合唱《美好新年》。期间还贯穿了春节知识有奖竞答，学生争相举手，热闹非凡。[2] 道加瓦河口中学给尚劝余颁发证书："感谢您在国际项目上的合作。"

2022年9月1日，里加道加瓦河口中学举行隆重而热烈的开学典礼。拉脱维亚大学孔子学院秘书高安娜和中文志愿者教师刘贤受邀参加此次典礼。开学典礼由高年级四名学生主持，活动持续两个多小时，分为六项。第一项由学校护旗手护送校旗和与本校进行国际交流的国家的国旗到礼堂，全校师生齐唱校歌。第二项由道加瓦河口中学校长为新学期致辞，寄语全校师生。第三项由中文志愿者教师刘贤中文致辞，孔子学院秘书高安娜协助拉语翻译。第四项由学生代表致辞并演唱歌曲。第五项由推选出来的高年级学生代表托举低年级学生代表手拿"开学铃"绕礼堂一周，叮当声响彻整个礼堂，仪式感满满，标志着新学期的正式开始。第六项，由高年级学生向低年级学生赠送开学礼物，并

---

[1]《深圳明德实验学校代表团访问里加道加瓦河口中学》，拉脱维亚大学孔子学院档案，2019年9月23日。
[2]《2020里加道加瓦河口中学迎金鼠共庆春》，拉脱维亚大学孔子学院档案，2020年1月27日。

带领低年级学生熟悉学校,大家一起走出礼堂放飞彩色气球。[1]

第十六节　里加 64 中学

里加 64 中学（Rīgas 64.vidusskola, Riga No.64 Secondary School）位于里加市人口最稠密的郊区之一——普尔夫切姆,在新冠疫情肆虐的 2020 年开设中文课程,成为拉脱维亚大学孔子学院下设教学点。

一、学校简介

里加 64 中学成立于 1971 年,是一所大型学校,涵盖一年级至十二年级,在校生 1400 多人,教师 100 多人。学校有两个校区,初高中部（五年级至十二年级）位于乌尼亚街 93 号,小学部（一年级至四年级）位于布尔特涅库街 34 号。学校具有悠久的戏剧历史传统,曾经开设戏剧课,毕业生中有一些成为著名演员和导演。近年来,学校恢复了这一传统,重新开设戏剧课,学生可以深入学习戏剧艺术,包括舞台动作、韵律、演讲等。学校在数学、自然科学和培养学生撰写研究论文方面也有悠久的传统。学校一贯乐于接受新的思想和挑战。

1971 年 9 月 1 日,里加 64 中学敲响了第一声上课的钟声。1973 年,学校开设戏剧方向课程,戏剧老师是格里巴查和贝尔津什。第一任校长是艾果恩斯·马乌林什（1971 年至 1978 年在职）,第二任校长是埃德加·库鲁明什（1978 年至 1987 年在职）,第三任校长是达采·拉采（1987 年至 2016 年在职）,第四任校长是艾尔恩斯特·斯维克里斯（2017 年至 2023 年）,第五任校长埃德加斯·兹维尔茨（2023 年至今）。1989 年,分别与德国不来梅霍恩中学以及奥地利格拉茨联邦中学签订合作协议。1990 年,与挪威阿斯市中学

---

[1]《开学伊始,中文学习正当时——道加瓦河口中学开学典礼》,拉脱维亚大学孔子学院档案,2022 年 9 月 1 日。

签订合作协议。1998年,与立陶宛潘内维泽斯·哲姆考尼斯中学签订合作协议。2001年,与丹麦开展合作项目。1992年6月,在新格特鲁德教堂为校旗祝圣。2005年和2006年,学生古恩塔尔斯·凯腾伯格获世界最强年轻数学家和物理学家奖。2010年9月,学校因其在过去10年的教育奥林匹克竞赛中成绩卓著而获得友好邀请奖。2011年9月,十二年级学生阿沃茨和艾格里迪斯在欧洲青年科学家竞赛中获奖。[1]2021年,学校迎来建校50周年。

2019年3月22日,里加64中学校长艾尔恩斯特·斯维克里斯及秘书丝雅娜与拉脱维亚大学孔子学院中拉方院长在拉脱维亚大学就里加64中学开设中文教学点事宜进行洽谈。里加文化中学孔子课堂及里加34中学孔子课堂的3位中文教师也参与了此次会议。首先,曾庆君和陈莹对里加文化中学孔子课堂的中文课程设置、学员构成、课时安排、教学内容等情况做了介绍。之后,梁娟对里加34中学孔子课堂低年级中文课程开设情况做了介绍,提出了为保证教学效果应控制学生人数、尽量配备本土教师以便师生交流的建议。中文教师介绍过后,里加64中学负责人表达了在全校大范围开设中文课的意愿,并就学生家长反馈表达了对开设亲子中文课堂的兴趣,中文教师就此给出了相应建议如在课程中多加入文化元素,增加亲子互动环节。此外,该校负责人还就中文课程班级人数设置、教师配备、校方硬件支持等方面做了详细了解。之后,孔子学院两位院长用中拉双语向里加64中学负责人介绍了孔子学院的特别项目——夏令营和拉脱维亚教育访华团,并就孔子课堂开设条件进行了简单介绍,表达了希望里加64中学中文教学点顺利开设并蓬勃发展的美好愿望。会议最后,双方就合同签订时间进行了协商。[2]

二、开设中文课程

从2020年9月起,在新冠疫情肆虐全球的逆境中,里加64中学逆流而上,开设中文课程。华南师范大学研究生符瑾儿(2020年9月—2021年7月)、

---

[1] https://www.r64vsk.lv/skola/skolas-vesture,2022年8月22日上网查阅。
[2]《关于在里加64中学开设中文教学点的会议顺利举行》,拉脱维亚大学孔子学院档案,2020年3月22日。

西南科技大学研究生唐静（2021年9月—2022年7月）、对外经济贸易大学研究生杨一丹（2022年10月—2023年7月）和华侨大学的徐申（2023年9月—2024年7月）相继任教。

第一任志愿者教师符瑾儿因为新冠疫情未能赴任，开展网络远程教学。中文课报名人数有70多人，年龄从12到18岁不等，但真正坚持上课（注册学员）的只有30多人。授课平台最初使用Microsoft Team，后来改用Zoom。每天由中文课负责人丝雅娜预定好Zoom会议，再通过skpye把会议号发给符瑾儿。使用教材为《HSK标准教程》，并在网上参考一些其他资料，制作课件配合使用。授课内容分为两种，课文导向型和主题导向型。课文导向型以《HSK标准教程》为主，偏向综合的类型，主题导向型设立一个明确的主题，两者互相搭配，学生比较感兴趣，每个班每周一节中文课40分钟。①

第二任志愿者教师唐静因为新冠疫情也未能赴任，继续网络远程教学。一开始中文课报名人数多达79人，但实际上课的人数较少，共开设一年级1、2、3班和二年级1、2班。一年级新生使用教材为《HSK标准教程1》，课程内容为HSK1、拼音、语言知识、汉字、文化，并根据中国节日组织文化活动。二年级学生已经学过一年中文，艾唯、宋笛、莱飞学习很好。②

第三任志愿者教师杨一丹终于赴任线下授课，学生们终于面对面见到了中文老师。第一学期有六个班。周一初级班10人，学生年龄差别较大，从三年级到十年级，在一定程度上使授课难度增大。周一中级班5人，其中两个第三年学中文的学生和三个十一年级的学生，艾维、马瑞、爱尔纱、白秋莎、王艾丽。周二班26人，年龄悬殊、中文水平和性格不同，课堂管理难度大。周三班14人，性格比较内敛，课堂管理比较顺利，每个学生都非常认真，都会带上笔记本做笔记。周四班8人，学生性格兼具活泼与内敛，在老师鼓励下他们会更爱开口。周五班15人，非常配合，很可爱，很用心。学生经常会在下课问一些关于中国的事情，非常好学。中文教学以培养学生兴趣为主，以《轻松学中文》课本为主线，辅之学生的兴趣点进行教学。具体做法是50%按照课本内容作为教学主线，50%是个人发挥，教授日常交流用语、中国文化和中国当代青少年

---

① 符瑾儿：《里加64中学给下任志愿者的工作生活指南》，2021年6月23日，第1—2页。
② 唐静：《给下任志愿者的信》，2022年7月1日，第1—3页。

关注的内容。①

第四任志愿者教师是留任的徐申。新学期伊始，招收学生近70人。中文课教学课型主要分为三种，低年级零基础班、中年级初级班和高年级1对1中级班，共9个班级。低年级零基础班以初一新生为主，也包括少数初二、初三的学生，她们从未接触过中文，抱着试一试的态度前来学习，学生配合度很高，也富有热情。中年级初级班学生有的于疫情期间通过网课学习中文，也有的是从上个学年开始，但由于网课效果欠佳、一个暑假没有进行操练，很多学生都已对所学的知识产生遗忘，但仍有一些记忆，因此他们希望继续通过初级班的学习来巩固基础并学习一些新知。中级班的1对1学生有两名，她们坚持学习中文并取得了一定的成绩，比如通过了HSK2级考试，她们的目标是希望加强汉字的掌握并在本学年通过HSK3级的考试。②

第十七节　叶卡布皮尔斯第2中学

叶卡布皮尔斯第2中学（Jēkabpils 2. vidusskolā, Jekabpils No.2 Secondary School）位于叶卡布皮尔斯市，由几所学校合并而成。2022年开设中文课程，成为拉脱维亚大学孔子学院下设教学点。

一、学校简介

叶卡布皮尔斯第2中学创建于1920年3月1日，迄今为止，历经九任校长。第一任校长德娅夫斯卡雅（1920—1944），第二任校长马卡洛夫斯（1944—1947），第三任校长沙尔达（1947—1965），第四任校长吉尔萨诺夫斯（1965—1970），第五任校长吉日洛（1970—1974），第六任校长斯达罗杜布采夫斯（1974—1977），第七任校长图查（1977—1986），第八任校长戴尼斯（1986—

---

① 杨一丹：《里加64中学教学情况》，2022年11月8日，第1—3页。
② 徐申：《里加64中学教学情况》，2023年9月28日，第1页。

2018），现任校长萨尔米妮娅（2018年至今）。

叶卡布皮尔斯第2中学最初是一所只有一至三年级的叶卡布皮尔斯市俄罗斯小学，随后学校不断壮大，开设到十二年级，在1949年更名为现在的叶卡布皮尔斯第2中学。1997年学校开始修建校史博物馆，并在建校85周年进行了开馆仪式。2001年叶卡布皮尔斯第4中学合并到叶卡布皮尔斯第2中学，一同在新街44号上课。2021年，叶卡布皮尔斯小学并入叶卡布皮尔斯第2中学。该校的校训是"认识你自己"。

二、开设中文课程

2022年11月，叶卡布皮尔斯第2中学开设中文课程，系中文兴趣班，同期新开的语言兴趣班还有挪威语。华南师范大学研究生杨彩云（2022年11月—2023年7月）和邵月园（2023年9月—2024年7月）相继任教。

第一任中文志愿者教师杨彩云第一学期开设了一个兴趣班，共23名学生，来自七到十二年级，以初中生为主，少数高中生，每周一次课，每次两个课时共80分钟。学生都是零基础，对中文很感兴趣，以《快乐中文1》为主要教材，辅助以《轻松学中文》和中国文化教学。除了日常语言课程教学，也举办中国文化体验活动。例如，2023年1月10日，举行春节文化活动，介绍春节的起源、习俗以及春节祝福，尝试写"福"字并制作祝福卡。2月7日，举办元宵节文化活动，学习元宵节相关文化习俗，并猜灯谜和制作灯笼。3月7日，举行中国美食体验活动，一起包饺子。4月4日，举办中国书法文化活动，介绍中国书法五种基本字体、"文房四宝"，学习"永"字八法，体验用毛笔书写自己的中文名字及喜欢的汉字。5月9日，举办中国剪纸、折纸文化活动，学习剪双喜、雪花、立体"春"字以及折小兔子。5月18日，参加"汉语桥"比赛，学习中文不到半年的学生方苹在比赛中做自我介绍并展示魔术才艺，获得中学初级组比赛优胜奖。5月23日，举办中国画体验活动，介绍中国画，学习用毛笔画熊猫和竹子。[①]

[①] 杨彩云：《2022/2023学年工作总结》，2023年7月1日，第1页；杨彩云：《叶卡布皮尔斯第2中学重大活动（2022年11月至2023年5月）》，2023年5月25日，第1—5页。

第二任志愿者教师为留任的邵月园。其写道：一个兴趣班，6 名学生。开学以来到现在，我的感受是"道路曲折前途光明，曲线式向前螺旋式上升"，随着和学生越来越熟悉，对学生的学习风格也逐渐掌握，也从教学负责人 Laima 那里了解到学分班和兴趣班的不同以及各自的学习方式和目的。真的很感谢 Laima 对我的帮助，无论是在教学上还是生活上，我的教学负责人 Laima 都无微不至、有问必答，让我能够迅速融入当地环境和教学生活。

第十八节　里加 13 中学

里加 13 中学（Rīgas 13. vidusskola，Riga No.13 Secondary School）位于拉脱维亚首都里加市。2023 年开设中文课程，成为拉脱维亚大学孔子学院下设教学点。

一、学校简介

里加 13 中学创建于 1951 年 9 月（根据拉脱维亚苏维埃社会主义共和国教育部 1951 年 9 月 1 日第 102 号命令）。学校由设计师普珀尔斯设计，比尔兹涅克斯教授担任顾问，工程建筑师索罗金领导施工。迄今为止，历经八任校长。第一任校长金德里克斯（1951—1958），第二任校长里克萨西纳（1958—1962），第三任校长采洛娃（1962—1970），第四任校长库拉绍娃（1970—1979），第五任校长德涅普罗夫斯卡（1979—1983），第六任校长甫雷登菲尔兹（1983—1984），第七任校长克鲁替科娃（1984—2020），现任校长斯普鲁德（2020 年至今）。

自 1953 年以来，已有 5000 多名学生从里加 13 中学毕业。里加 13 中学多年来始终给每个学生提供最好的学习保障。迄今为止，学校以其专业的教师队伍为荣。在专业老师的辅导下，学生在各类考试、奥林匹克竞赛中取得了良好的成绩，并在各种国家和国际比赛中获奖。里加 13 中学也重视培养学生的创造能力以及爱国情怀，并且为学生积极参与学校博物馆、参加兴趣教育班、组织各种活动创造条件。学校最值得骄傲的地方就是这里的师生都以里加 13 中学为荣。

学校开设四类小学教育和普通中等教育科目：初等教育少数群体科目；少数群体基础教育数学科技科目（数学）；普通中等教育通识教育科目；普通中等教育数学、自然科学和技术方向科目（数学、计算机、外语）。学校将少数群体的基础教育课程与教育课程结合起来，其中还包括学习民族文化和融入拉脱维亚社会的必要内容。此外，学校也开设 6 种语言课程：拉脱维亚语、俄语、英语、法语、德语、中文。

二、开设中文课程

2023 年 2 月，里加 13 中学开设中文课程。华南师范大学研究生鲍传惠和张涵絮（2022 年 2 月至 2024 年 6 月）任教。

第一任中文志愿者教师鲍传惠和张涵絮任教时期，共有 118 人报名学习中文，分成五个班。张涵絮负责一－二年级（30 人）、三－四年级（20 人）、七－九年级（6 人）的中文教学。一二年级学生基本不会英语，偶尔可以使用谷歌翻译进行一两句话交流，但大多数时候都是直接开展教学内容，这些班级都已经学完了拼读、1 到 10 的数字和一些汉字书写。三四年级学生接受能力稍微强一点，有些学生也非常认真地听课，学完了拼读、1 到 100 的数字和一些汉字书写。七八九年级学生接受能力较强，上课氛围较好，学生有问题会积极提问，也会认真听讲，上课偶尔进行一些讨论，课堂氛围较为活跃。[1] 鲍传惠负责五－六年级（28 人）和十一－十二年级（6 人）的中文教学。除了语言教学，也开展姓名卡 DIY、脸谱、剪纸、包饺子等文化活动。副校长沃佐拉女士积极支持中文教学，不仅与十一－十二年级学生一起上课学中文，而且多次出席文化活动和比赛活动。里加 13 中学中文课程虽然开课时间不长，但教学成果显著。学习中文不到 4 个月的学生踊跃报名参加"汉语桥"比赛并取得了优异成绩，

---

[1] 张涵絮：《给下任志愿者的信》，2023 年 6 月 18 日，第 1—2 页。

其中诗漫和美娜获得中学生初级组并列一等奖,南湘获得二等奖,苏文获得优胜奖。沃佐拉夫副校长、尤尔琴科老师和安蒂珀娃老师也亲临比赛现场为学生加油。①

第二任中文志愿者教师为留任的鲍传惠和新任的李雨赢,其中李雨赢由于签证办理原因暂未到岗,由张涵絮代授。学校非常重视中文教学,课时量由每个班每周一节增加到每个班每周两节,并且把原来的三－四年级班拆分成三年级和四年级两个班,高中部由于上学期进度较快,所以也拆分成了零基础班和二级班,这样共有7个班级:一－二年级、三年级、四年级、五－六年级、七－九年级、十年级、十一年级。其中,副校长沃佐拉女士随十一年级一起学习中文。张涵絮负责一－二年级、五－六年级、七－九年级的教学。一－二年级有二十余人,学生英语基础薄弱,无法用语言沟通,只能通过动作手势等进行教学。由于人数多且为幼儿,所以课堂管理和教学进度都难以推进,在学习新词时会配上俄语翻译(因为学生多为俄族)。五－六年级学生十余人,已经掌握简单英语,能够听懂指令,部分学生上课认真,有些学生较为调皮,但整体课堂管理难度不大。七－九年级有六七人,学生英语水平较好,学习能力强,对新知识的接受速度快,上课较为轻松。②鲍传惠负责三年级(6人)、四年级(12人)、十年级(4人)以及十一年级(5)的课程,三年级和四年级学生英语水平较差,只能听懂最简单的英语词汇,但性格活泼,对于中文有较高的学习热情,课堂氛围很好。十年级有三位学生,其中一位女生有简单的中文基础,且英语水平较高,其他两位英语水平较差,但学习认真,积极记录和提问,对学习中文有信心、有热情。十一年级学生是上学期原有班级的学生,英语水平高,学习基础也很夯实,在暑期也自学了一些中文。主要参考教材:《快乐汉语》俄语版和《HSK标准教程1》。教学反思:本学期的教学任务量较之上学期更大,所教授的班级、学生人数、周课时更多,而且不同班级使用的教材、教学进度也完全不一样,需要花更多的时间和精力去认真备课,切不能因为任务量大就降低教学质量。③

① 鲍传惠:《2022/2023学年工作总结》,2023年6月18日,第1—2页。
② 张涵絮:《里加13中学2023/2024学年教学情况》,2023年9月28日,第1—2页。
③ 鲍传惠:《2023/2024学年教学情况》,2023年9月28日,第1—2页。

第十九节　里加 40 中学

里加 40 中学（Rīgas 40. vidusskola，Riga No.40 Secondary School）位于拉脱维亚首都里加市，有两个校区。2023 年开设中文课程，成为拉脱维亚大学孔子学院下设教学点。

一、学校简介

里加 40 中学创建于 1905 年，当时教育工作者切宁什在建筑师派克申斯和劳贝斯的支持下建造了一栋大楼，开设了私立贸易学校和女子学校。1907 年，切宁什将贸易学校改造为男子学校，并在大楼内开设书店。1909 年始，泽内领导的妇女教育课程在这里开班。第一次世界大战期间，这里是拉脱维亚教育协会的男子学校和女子学校所在地。20 世纪 20 年代，这里是里加市拉脱维亚第 30 小学、第 2 附属学校、里加市特殊儿童辅助学校、里加市第 2 特殊小学、俄罗斯特殊小学、里加人民大学所在地。20 世纪 30 年代，这里是里加市第 1 夜校和拉脱维亚奥古斯塔 - 扫列什学校所在地。1940—1953 年，这里是犹太人民大学、立陶宛小学、特殊儿童小学和里加 83 小学所在地。

1953 年，里加 83 小学改为里加 40 中学。2011 年，里加罗蒙诺索夫俄罗斯中学（原里加 23 中学）并入里加 40 中学。学校有两个校区，一 - 五年级学生在阿卡街 10 号校区就读，六 - 十二年级学生在泰尔巴塔街 15/17 号校区就读。学校设有一位校长和九位副校长，维蒂什柴娃校长负责全面工作，巴斯曼诺夫斯副校长负责教学，兹维吉涅采副校长负责通识教育，卡斯帕尔索奈副校长负责职业教育，卢卡莎涅查副校长负责经济工作，里特温斯基斯副校长负责信息工作，德优米纳副校长负责一 - 三年级教育，莎什科娃副校长负责四 - 五年级教育，马斯罗夫斯卡娅副校长负责六 - 八年级教育，斯米尔诺娃副校长负责九 - 十二年级教育。学校一直用拉语和俄语授课，根据拉脱维亚政府规定，从 2023 年 9 月开始全国所有学校都必须用拉语授课。

二、开设中文课程

维蒂什柴娃校长 2023 年 6 月 20 日拜访拉脱维亚大学孔子学院，与贝德高院长和尚劝余院长商谈开设中文教学点事宜。维蒂什柴娃已经出任校长 10 年了，她爸爸妈妈是西伯利亚的拉脱维亚人。校长介绍了里加 40 中学的历史和现状，表达了开设中文课程的强烈愿望。两位院长介绍了孔子学院的历史和现状，以及孔子学院的重大项目和活动。经过深入交谈和协商，双方确定签署合同，2023 年 9 月新学年开设中文课程。

2023 年 9 月 22 日，里加 40 中学举办中国文化日活动，马笑笑老师主持，吸引了学生、家长、教师们热情参与。出席活动的嘉宾有拉脱维亚大学孔子学院拉方院长贝德高、中方院长尚劝余和夫人张桂英、何东和夫人陶丽萍以及里加 40 中学校长、副校长等。尚院长和贝院长在致辞中介绍了拉脱维亚大学孔子学院的成立与发展，展示了拉脱维亚大学孔子学院在拉脱维亚的教学盛况以及所举办的各色文化活动、"汉语桥"比赛、中国游学项目等。前志愿者教师莫婉婷给少儿班讲授《中国筷子》的电视节目视频，向观众全方位展示了孔子学院在汉语教学、中华文化传承和国际文化交流方面所做出的努力。随后，汪贝娅表演古筝，钟梦婷表演太极拳与武当拳，品尝中秋节传统食品月饼以及各类中华才艺展示和体验，包括青花瓷设计（胡诗蓉和唐静瑶负责）、剪纸艺术（汪贝娅、郭萌冉、鲍传惠负责）、吹画技巧（白冰玉、唐静、徐申负责）、中国结编织（张涵絮、邵月园、沈思顺负责）和中国武术（钟梦婷、马笑笑、高安娜负责）等工作坊。观众在这些工作坊中学习中华传统工艺，感受手工艺术的魅力，加深了对中华文化的理解，激发了对中国、对中文、对传统文化的求知热情。[①]

第一任中文志愿者教师原本是留任的杨宝茹，但因个人原因她后来退出了

---

① Chinese Traditional Culture Day Successfully Held at Riga No. 40 Secondary School 中国传统文化日活动在拉脱维亚里加 40 中学成功举办，http://www.ci.lu.lv/?p=6623, Posted by laon1986 on Sep 23, 2023, 当日上网查阅。

志愿者项目，由孔子学院本部志愿者唐静、张涵絮、马笑笑、胡诗蓉共同任教，10月中旬开始上课。

第二十节　里加 45 中学

里加 45 中学（Rīgas 45. vidusskola，Riga No.45 Secondary School）位于拉脱维亚首都里加市，有两个校区。2023 年开设中文课程，成为拉脱维亚大学孔子学院下设教学点。

一、学校简介

里加 45 中学创建于 1911 年，当时名为里加市小学，位于克里穆尔达斯街 2A 号。第一次世界大战初期，学生和教师于 1915 年疏散到俄罗斯，1918 年返回里加，恢复学校教学活动。1919 年，学校更名为里加市第 9 小学，1937 年更名为里加市泽米塔尼小学。

1954 年拉脱维亚苏维埃社会主义共和国时期，学校更名为里加 45 中学。1961 年，在罗帕日街 34 号建造了一栋新校舍。从 1968/1969 学年起开设音乐教学，从 1985 年 9 月 1 日起，高中也引入了音乐教育。2010 年，里加市政府决定将里加第 100 中学并入里加 45 中学。2017 年，里加 45 中学改组为小学，中学生入读雅娜珀卢卡中学。2021 年 2 月 18 日，里加市政府教育、文化和体育部决定将里加雅娜珀卢卡中学并入里加 45 中学，成为该校切库尔考纳分校，而里加雅娜珀卢卡中学小学部则成为里加 45 中学森林公园分校。1954—1960 年，考恩博嘉任校长。1960—1963 年，吉别提斯任校长。1963—1988 年，雷兹妮娅任校长。1988—1997 年，库辛斯任校长。1997—2018 年，维斯曼尼斯任校长。现任校长为奈曼妮（2018 年至今）。学校开设五类教学科目，即基础教育科目；初等职业教育科目——音乐；普通中等教育通识教育科目；普通中等教育人文和社会科目；普通中等职业教育科目。

二、开设中文课程

2023年1月11日，里加45中学校长奈曼妮和副校长查娃卡拜访拉脱维亚大学孔子学院，与贝德高院长和尚劝余院长商谈开设中文教学点事宜。经过深入交谈和协商，双方确定签署合同，2023年9月开设中文课程。尚劝余院长推荐奈曼妮校长和查娃卡副校长参加2023年7月17日至8月6日在海南举办的"拉脱维亚旅游合作研修班"，切身感受中国语言文化的魅力。

第一任中文志愿者教师是留任的沈思顺（2023年9月至2024年6月）。副校长查娃卡负责中文教学组织安排，解决中文教学遇到的各种问题。学校有三个校区，均开设了中文课，有94名学生学习中文。

Ropazu iela 校区中文课分为5个班级，全部是非学分课程。中文1班、2班和3班包括小学一－六年级的学生，4班为初中生，5班为高中生。每个班级的学生组成相对多样，几乎每个班级都包含两到三个年级的学生。小学部：中文1班有20名学生，包括一－二年级学生；中文2班有16名学生，包括三－四年级学生；中文3班有10名学生，包括五－六年级学生。中文1班和2班自9月18号开始上课，中文3班从9月19日开始上课，每周一次，每次40分钟。由于学生来自不同年级和班级，原来的教学计划存在差异，学生出勤率也有所波动。这三个班级都采用了《HSK标准教材1》，但对课程内容进行了重新组织，采用不同的教学资源和方法，以满足不同年龄组学生需求。尽管小学部学生人数众多，课堂氛围较为活跃，学生积极回答问题，但小学生自我控制能力相对较低，需要进行课堂管理，因此导致教学进度较为缓慢。同时，一些学生英语水平有限，无法理解部分讲解，需要借助翻译工具。此外，学生们完成课堂笔记的积极性也有待提高，因此计划更加强调笔记和练习的重要性，并采用奖励贴纸的方式鼓励学生完成笔记和作业。中学部：中文4班有8名学生，来自七－九年级；中文5班有10名学生，来自十－十二年级。从9月19号开始上课，每周一次，每次一个课时，共40分钟。中学部学生对中文表现出浓厚兴趣，对中文和中国有一定了解，内驱动力较强，人数相对较多，课堂纪律良好，几乎不需要课堂管理，英语交流没有明显障碍。尽管中学生的课堂氛围较小学部较为冷静，但大家普遍能够完整完成笔记和作业，课堂效果良好。课程进度也较快。对于高年级学生，计划增加一些中国文化内容，增强中文课程的趣味性，让学生更多了解中国。

Libekas iela 校区是小学部，设有一个非学分中文班。自 9 月 21 日开始上课，共有 9 名学生，来自一－三年级。每周一次，每次一个课时，40 分钟。学生年龄较小，均为零基础学生。由于是小学生，课堂有时会有些吵闹，但也有学生因害羞而不敢说话。因此，鼓励学生说话很重要。一些学生的英语水平较低，所以需要使用简单的词汇进行交流。教学内容和进度与中文 1 班基本保持一致。学生在课堂上积极互动，表现出对中文的浓厚兴趣和热情。

Gaujas iela 校区设有中文 7 班和中文 8 班。中文 7 班有 5 名学生，主要为小学二－四年级学生。中文 8 班有 12 名学生，主要为五－八年级学生。各班级学生组成复杂，英语水平存在差异。所有学生都是零基础中文学习者，首次接触和学习中文。选择使用《HSK 标准教材 1》，并根据学生实际情况对教学内容进行调整和优化。中文 7 班学生人数较少，但表现出高度积极性，能够积极完成课堂练习和作业。然而，课堂笔记的完成度有待提高，因此将在未来的课程中加强对笔记重要性的强调。中文 8 班学生英语水平相对较高，课堂氛围更加活跃，笔记和作业完成度也较高。学生课后反馈非常积极，因此考虑在以后的课程中增加一些中国文化、历史和社会的介绍，以提升学生对中国传统和现代文化的了解。[1]

第二十一节　瓦尔米耶拉第 2 中学

瓦尔米耶拉第 2 中学（Valmieras 2. vidusskola，Valmiera No.2 Secondary School）位于拉脱维亚东北部瓦尔米耶拉市。2023 年开设中文课程，成为拉脱维亚大学孔子学院下设教学点。

---

[1] 沈思顺：《里加 45 中学 2023/2024 学年教学情况》，2023 年 9 月 28 日，第 1—3 页。

一、学校简介

1908 年，瓦尔米耶拉女子学校在瓦尔米耶拉市里加街 42 号创建。1919—1947 年，瓦尔米耶拉市第 1 小学在该楼开办。1945 年秋天，在克拉索塔吉街 1 号开办了一所学校，用俄语授课；1948 年该校改建为七年制小学，并迁至里加街 42 号前瓦尔米耶拉市第 1 小学大楼；1951 年该校改建为中学，即瓦尔米耶拉第 2 中学。由于长期缺乏教学设施，学校实行上午和下午两班倒轮流上课。学校新址位于莱纳街 11 号，于 1987 年动工修建，历时两年，1989 年落成启用，瓦尔米耶拉第 4 中学也在这里设有俄语教室。2000 年，学前教育机构并入学校。2007 年，夜校高中改制，也成为学校的建制单位。

瓦尔米耶拉第 2 中学官方将 1945 年作为学校创始年，它是拉脱维亚全国唯一一所针对各个年龄段开展广泛教育的学校，也承担瓦尔米耶拉夜校高中课程和瓦尔米耶拉学前教育课程。夜校高中课程在瓦尔米耶拉第 2 中学主校舍和瓦尔米耶拉监狱同时开设。语言教学一直是瓦尔米耶拉第己中学的优先发展方向之一。从 2004 年开始，学校成为维泽梅地区双语教育中心，并积极在国内和国外（立陶宛、爱沙尼亚及其他欧洲国家合作伙伴）分享经验。多年来，学校一直成功采用"内容和语言学习相结合的教学方法"（CLIL），其目的是课程和语言的一体化学习，并在学习过程中引入外语作为教学语言。瓦尔米耶拉第 2 中学的使命是成为一所为每个人创造发展机会并为学习者创造愿景的机构——一所多才多艺、富有创造力、合作的机构。学校的价值观以合作、责任和创造力为导向。

在"学校 2030"教育改革框架内，已制定并获得许可的有 12 个教育科目，从学前教育到普通中等教育，能够满足现代社会需求的各个方向，主要包括现代技术和电子环境、工程和医学、社会科学和传播学、运动与健康、社交网络。开展交流项目是瓦尔米耶拉第 2 中学的优势之一。多年来，学校参与了不同方向、不同受众和不同目标的交流项目，包括夸美纽斯项目、格朗德维项目、伊拉斯谟斯项目、诺德普拉斯项目等。学校在非政府组织领域也取得了成功。学校也重视课外教育和活动，文化、艺术、创意、体育、智力开发等领域的各类兴趣社团和团体深受学生认可。学校的一个悠久传统是，在校内外为市民举办各种丰富多彩的活动。目前，瓦尔米耶拉第 2 中学有 500 多名小学初中高中学生和 200 多名幼儿园学生。学校在瓦尔米耶拉的生活中占有重要地位，并以卓著的成就满足社会的需求。

二、开设中文课程

2022 年 9 月—2023 年 6 月学年，瓦尔米耶拉第 2 中学不少学生在维泽梅大学教学点学习中文课程，并积极参加孔子学院主办的春节庆祝活动等。2023 年 2 月得知维泽梅大学新学年将停止中文课程后，拉脱维亚大学孔子学院中方院长尚劝余委托中文志愿者教师朱瑜联系瓦尔米耶拉第 2 中学校长，咨询该校新学年是否有意愿开设中文课程。校长格卢霍夫斯从朱瑜老师和学生口中了解到瓦尔米耶拉第 2 中学学生在维泽梅大学教学点选修了中文课，非常惊讶和高兴。他联系市政府协商相关事宜，市政府同意为中国老师提供宿舍，在 2023 年 9 月新学期开设中文课。

第一任中文志愿者教师是对外经济贸易大学研究生邓宜萱（2023 年 9 月—2024 年 6 月），先网络授课（2023 年 9 月—2023 年 11 月），申请到签证后赴任上课（2023 年 11 月—2024 年 6 月）。第一学期共有 19 名零基础学生，分为两个班，一－三年级 10 人为一班，四－十二年级 9 人为二班，均使用《HSK 标准教程 1》，针对不同年龄段的学生调整课堂讲解及操练形式，从语音阶段开始教学，为他们日后中文学习打下基础。有一定中文基础的学生共 8 位，其中学到 HSK1 级的有 7 人，学到 HSK3 的有一人，采用教材：《HSK1 标准教程》及其配套练习册；《HSK2 标准教程》及其配套练习册；《HSK3 标准教程》及其配套练习册；《HSK4 标准教材（上）》及其配套练习册。教学方法：第一，听说法：在学习生字和课文时，采用听说法播放录音，让学生跟读；第二，图片法：对于课堂上难懂的生词，通过展示图片或视频给学生讲解；第三，交际法：在课堂上，对于课文中的对话，让学生两两组队互相对话，通过对话促进学生开口发音的能力，对于需要掌握的疑问句，也让学生接龙互相回答；第四，任务型教学法：根据本课课文主题布置一个小任务，让学生分组完成任务，有利于提升学生的学习主动性，更能增加课堂参与感。①

结　语

中国语言文化在拉脱维亚的传播历史悠久，跌宕起伏，历经几个时期。拉脱维亚第一次独立时期和苏联时期虽然成就不大，但具有举足轻重的历史地位，是拉脱维亚中文教育和中国文化传播的肇始和储备期，为随后时期的厚积薄发奠定了坚实的基础和优良的传统。拉脱维亚中文教育系统化和专业化始于拉脱维亚恢复独立时期，经历了由点到面、由小到大、由弱到强的不同历史演进阶段，从一枝独秀到多点开花。

拉脱维亚大学孔子学院成立后，拉脱维亚中文教育和中国文化传播进入推广和普及阶段，由之前的一枝独秀和多点开花进入全国全境全面开花。作为拉脱维亚唯一开设汉学本科和硕士专业的学校，拉脱维亚大学是拉脱维亚中文教育和中国文化传播的摇篮和基地，撑起了拉脱维亚中文教育和中国文化传播的一片天，培养了许多中文人才。孔子学院则是拉脱维亚中文教育和中国文化传播的助推器，推动中文教育和中国文化传播走向全国，拉脱维亚中文教学点由原来只集中在首都里加，发展到东南西北中，遍布全国各地，由原来主要集中在大学，发展到涵盖大学、中学、小学、幼儿园以及社会人士各个阶层。

由于新冠疫情和其他原因，几个教学点停止了中文教学，也有教学点由当地华人接手，但新的教学点也陆陆续续开设，拉脱维亚中国语言文化传播力度有增无减。此外，银行大学（史劳拉任中文教师）、蒙特梭利玛雅幼儿园（陈健任中文教师）、里加国际德语私立幼儿园（陈健任中文教师）、里加国际学校、功夫协会、里加英语教室、尼克为你公司（刘劳拉任中文教师）等私立学校和机构也先后开设中文课程，有本土老师和中国老师任教。一些学校也曾开设短期中文培训班之类，例如里加古典高级中学、里加 37 中学、多玛（如家）

---

① 邓宜萱：《瓦尔米耶拉第 2 中学 2023/2024 学年教学情况》，2023 年 9 月 26 日，第 1 页。

母童培教中心等。另外，也有一些拉脱维亚华人和当地人开设中文培训班和私教课程。拉脱维亚大学孔子学院和人文学院的毕业生也利用业余时间从事中文家教工作，形成代代相传的中国语言文化传播的动人局面。例如，贝德高教授培养了学生鲍葛薇，鲍葛薇培养了学生卡琳娜（现在是同事），卡琳娜培养了学生玛莎，玛莎现在也有自己的学生跟她学习中文，可谓四世同堂，四代相传，生生不息。

仅笔者知道的开设中文培训班和私教课程的有陈健、杜雨桐、李杰、李华、郭春梅、万玉、卡琳娜、叶春萌、高安娜、罗佳玫、刘劳拉、帕伊丽娜、罗丽娜、蜜雪儿、帝安娜、玛莎等。还有无数个像他们一样的中文爱好者和传播者在中文私教的讲坛上默默耕耘，风雨前行。他们犹如暗夜烛光和星星之火，点燃了中文教育和中国文化传播的明灯，熠熠生辉，璀璨夺目，闪耀在拉脱维亚的星空，闪耀在波罗的海之滨和道加瓦河畔！

第四章
各个教学点中国语言文化成果一览表

本章整理了拉脱维亚大学汉学专业历届学士学位论文和硕士学位论文题目，也汇总了各个中文教学点历届"汉语桥"比赛、汉语水平考试、夏令营、冬令营、奖学金留学资料信息。它们是拉脱维亚中国语言文化推广和普及的重要成果与组成部分，也是拉脱维亚中国语言文化推广和普及的重要见证。

一、拉脱维亚大学历届汉学专业学士学位论文题目一览表（部分）[①]

1997 年

伊维达：明朝作家吴承恩的小说《西游记》（"孙悟空——美猴王"）
Iveta Bankova, Min dinastijas rakstnieka U Čeņ-eņa romāns "Ceļojums uz Rietumiem" ("Suņs U- kuns- mērkaķu karalis")　　　　　BSS 97-2

茹丹娜：少林寺——中国心理物理文化传统发展中的卓越现象
Dana Rudāka, Šaolinsi klosteris- fenomens Ķīnas garīgi psihofiziskās kultūras tradīciju attīstībā　　　　　BSS 97-3

1999 年

郑慧敏：中国传统考试制度的发展（公元前 3 世纪—20 世纪）
Solveiga Kārkliņa-Akmentiņa, Eksāmenu sistēmas attīstība tradicionālajā Ķīnā（3.gadsimts p.m.ē- 20. gadsimts m.ē.）　　　　　BSS 99-1

朵安娜：俄语中的《论语》翻译问题：分析与评论
Anna Dobrijaņina, "Lun yu" tulkošanas problēmas krievu valodā: analīze un komentāri　　　　　BSS 99-2

小卡：《道德经》前二十章的翻译及评论
Kaspars Eihmanis, "Daodedzin" pirmo divdesmit nodaļu tulkojums ar komentāriem　　　　　BSS 99-3

---

① 非常感谢鲍葛薇教授提供拉脱维亚大学历届汉学专业学士学位论文题目，并修改中文译文。

李丽：笛子传统及其社会文化功能
Ligita Jurkāne， Di flautas tradīcija un tās sociokulturālās funkcijas

BSS 99-5

米玛丽娅：中国传统弦乐乐器
Marija Pakrovska， Ķīnas tradicionālie stīgu mūzikas instrumenti   BSS 99-6

罗佳玫：蒲松龄及其文学作品
Aļesja Rogača， Pu Sunlins un viņa daiļrade   BSS 99-7

2000 年

张放：中国古代军事论作《孙子兵法》的历史、翻译及评论
Egils Dzelme， Senķīniešu militārais traktāts "Sun-dzi kara māksla"， tā vēsturiskie aspekti， tulkojums un komentāri   BSS 00-1

2001 年

列伊奈赛：刘勰《文心雕龙》及其所包含的若干文学理论概念
Inese Lielmane， Liu Sje grāmata "Rakstu sirds izgrieztais pūķis" un atsevišķas tajā iekļautās literatūras teorijas koncepcijas   BSS 01-1

2002 年

考安达：论汉语成语
Anda Kalniņa， Ķīniešu valodas frazeoloģismi – čenju （导师 于丛杨）

BSS 02-1

周文馨：现代汉语中的量词
Marija Nikolajeva， Skaita vārdi mūsdienu ķīniešu valodā   BSS 02-2

2003 年

巴莉耶娜：论《庄子》第一章"逍遥游"的翻译
Liene Barkāne，"Džuan dzi" pirmās nodaļas "Sjao Jao Jou" tulkojums

BSS 03-1

白琳达：论老子《道德经》中的无为概念
Linda Bērziņa，Kategorija U vei Laodzi traktātā "Dao de dzin" BSS 03-2

白伊丽娜：论心概念的定义
Irina Bezručenko，Fenomena sjiņ definīcija BSS 03-3

达吉雅娜：普通话和广东话方言语音成分比较
Tatjana Kudrjavceva，Putunhua un Kantonas izloksnes fonētisko elementu salīdzinājums BSS 03-5

穆尤莉亚：中国"花鸟画"中"四君子"的特征
Jūlija Mnife，Ķīnas glezniecības žanra "Hua ņao" paveida "si dzjuņ dzi" raksturīgās iezīmes BSS 03-6

皮安娜：韩愈及其作品《原道》
Anna Pīpiņa，Haņs Jujs un viņa darbs "Juaņ dao" BSS 03-7

衣尔泽：中国的第一部宪法
Ilze Pūka，Ķīnas pirmā konstitūcija BSS 03-8

2005 年

戴卡佳：鲁迅的诗歌及在其生活中的地位
Jekaterina Dena，Lu Sjuaņa dzeja un tās vieta viņa dzīvē BSS 05-4

第四章 各个教学点中国语言文化成果一览表

丽吉达：1793 年马戛尔尼使团访华

Ligita Kallaveja, Lorda Makartnija ekspedīcija uz Ķīnu 1793. gadā

BSS 05-5

玛奥尔佳：17 世纪上半叶中俄关系

Olga Maļeva, Pirmie Ķīnas- Krievijas diplomātiskie sakari 17. gadsimta pirmajā pusē

BSS 05-6

玛伊丽娜：中国人的灵魂与精神观念

Irina Marinska, Ķīniešu priekšstati par dvēseli un garu: huņ, po, šeņ un gui

BSS 05-7

帕叶莲娜：中国文学中的玄奘形象和游思

Jeļena Paškeviča, Sjuaņa Dzana tēla un ceļojuma atspoguļojums ķīniešu literatūrā

BSS 05-8

罗丽达：林语堂的人格与人生哲学

Lolita Sarkane, Liņa Juitana personība un dzīves filosofija

BSS 05-9

金第亚：论中国的收入

Kintija Zdanovska, Ienākumu nevienlīdzība Ķīnā

BSS 05-10

2006 年

薇拉：俄罗斯人聚居的哈尔滨

Vera Rižņikova, Krievu Harbina

BSS 06-1

谢安娜：吴镇竹画艺术中的书与画的结合

Anna Sedova, Gleznniecības un kaligrāfijas sintēzes aspekts Vu Džeņa daiļradē- bambusa gleznošanā

BSS 06-2

阿拉伊玛：中国成为世贸组织成员
Laima Vizule, Ķīnas Tautas Republikas dalība Pasaules Tirdzniecības organizācijā　　　　　　　　　　　　　　　　　　　　BSS 06-4

2007 年

杨桑塔：印章在"八大山人"（1626—1705）人格发现中的作用
Santa Jansone, Personīgo zīmogu loma Bada Šaņžeņ （1626— 1705） personības atklāšanā　　　　　　　　　　　　　　　　BSS 07-1

2008 年

阿丽斯：中国古代社会的婚姻传统
Alis Aleksandrova, Laulības tradīcijas tradicionālajā Ķīnā　　BSS 08-1

尤利亚：汉字的历史发展
Jūlija Cvetkova, Ķīniešu rakstības vēsturiskā attīstība　　BSS 08-2

高言：苏联及当代对共产党领导人毛泽东的阐释
Severins Goihmans, Mao Dzeduns kā komunistu līderis padomju un mūsdienu interpretācijā　　　　　　　　　　　　　　　　BSS 08-3

古爱柳：唐诗中的酒主题
Aleksandra Grevceva, Vīna tēma Tan dinastijas poēzijā　　BSS 08-4

安立：韩非子的治国观念
Aleksejs Ivanovskis, Haņfeidzi uzskati par valsts pārvaldi　　BSS 08-5

柯桑塔：传统中医及其当今意义
Santa Klagiša, Tradicionālā Ķīnas medicīna un tās nozīme mūsdienās

BSS 08-6

英格丽达：汉代以后道教发展的核心人物葛洪
Ingrīda Kočkere, Ge Hons kā centrālā figūra post-Haņu daoisma attīstībā

BSS 08-7

阔尤莉亚：风水文化在西欧的体现
Jūlija Kostecka, Feng šuej kultūras fenomens Rietumeiropā   BSS 08-8

马桂诗：拉脱维亚的中国旅游开发
Krista Māliņa, Tūrisma attīstība uz Ķīnu Latvijā   BSS 08-10

艾嘉：中国戏剧的剧情特点和主要特征
Agata Muceniece, Ķīnas teātris – dramatiskās iezīmes un galvenās īpašības

BSS 08-11

吉利耳：中国古代迷信的表现形态
Kirils Paukovs, Māņticības izpausmes Ķīnā   BSS 08-12

珀卡丽娜：公元 1-12 世纪中国妇女的社会作用
Katrīna Popova, Sievietes loma Ķīnas sabiedrībā 1.-12. gs.   BSS 08-13

叶丽莎：中国的饮食
Jeļizaveta Siuškova, Ēšanas kults pēckomunistiskajā Ķīnā   BSS 08-14

马笑笑：1990—2000 年中国经济发展的主要趋势
Madara Smalkā, Ķīnas ekonomikas attīstības galvenās tendences no 1990.-2000. gadam   BSS 08-16

安泽：中国对北京奥运会的重视
Anželika Smirnova, Pekinas Olimpisko spēļu kults Ķīnā   BSS 08-17

斯叶莉：宋代的音乐理论发展
Jeļizaveta Stahanova, Mūzikas teorijas attīstība Sun dinastijas laikā

BSS 08-18

丝玛丽亚：作为汉语短语单位的成语
Marija Stupakova, Chengyu kā ķīniešu valodas frazeoloģiskā vienība

BSS 08-19

苏安娜：颜色在欧洲和中国的象征意义及差异
Anna Suškēviča, Krāsu simboliskā nozīme un to atšķirība Eiropā un Ķīnā

BSS 08-20

魏伊奈赛：中国电影史之第五代（1980—1990）
Inese Vintiša, Ķīnas kino vēsture: 5. paaudze（~1980-1990） BSS 08-24

2009 年

艾雅娜：汉语习语中的"美"的概念
Jana Aksjukova, Koncepts „Skaistums" ķīniešu frazeoloģijā BSS 09-1

博伊丽娜：《论语》中的儒家伦理的基本原则
Irina Arianna Berbaša, Konfuciānisma ētikas pamatprincipi „Luņju" BSS 09-3

波埃德加：1990年至今中国市场和小企业发展
Edgars Bogdans, Ķīnas Tautas Republikas tirgus un mazā biznesa attīstība no 1990. gada līdz mūsdienām BSS 09-4

冉娜：拉脱维亚和中国：过去二十年发展比较分析
Žanna Bostekpajeva, Latvijas un Ķīnas inflācijas attīstības salīdzinoša analīze pēdējo 20 gadu laikā mūsdienām BSS 09-5

第四章 各个教学点中国语言文化成果一览表

初玛丽亚：秦朝的时尚特征

Maria Čumikova， Cjin dinastijas modes raksturojums　　　　BSS 09-6

德伊维塔：玄奘西行与《西域记》

Iveta Dreimane， Sjuaņdzan svētceļojums uz Indiju un „Pieraksti par Rietumu reģioniem"　　　　BSS 09-8

爱莲纳：中国品牌在 21 世纪初中国的分布

Elīna Eglīte， Ķīniešu zīmolu izplatīšanās ĶTR 21. gs. sākumā　　BSS 09-9

果玛丽亚：中国的独生子女政策

Marija Gorbačenko， Viena bērna ģimenes politika Ķīnas Tautas Republikā

　　　　BSS 09-10

卡琳娜：汉语在韩语发展中的作用

Karīna Jermaka， Ķīniešu valodas loma korejiešu valodas attīstībā　BSS 09-12

卡丹妮亚：少林寺武术史

Tatjana Karpova， Šaoļiņ klostera cīņas mākslu vēsture　　　　BSS 09-13

柯叶莉：中国的婚姻传统

Jeļizaveta Krasnova， Laulības tradīcijas Ķīnā　　　　BSS 09-16

拉丽娃：中国取名的语言艺术

Līva Laiveniece， Personvārdu izvēles principi ĶTR　　　　BSS 09-18

米丹妮亚：汉帝国首都长安

Tatjana Miņenko， Čanaņ – Haņ impērijas galvaspilsēta　　　BSS 09-19

梦竹：巴金小说《家》及其对封建制度的批判
Žanna Musina, Ba Dziņa romāns „Ģimene" un viņa Ķīnas „Lielās ģimenes" iekārtas kritika　　　　　　　　　　　　　　　　　　BSS 09-20

涅安娜：唐宋时期知识女性的日常生活
Anna Ņivina, Izglītotu sieviešu ikdienas dzīve Tang un Song dinastijās
　　　　　　　　　　　　　　　　　　　　　　　　BSS 09-21

潘亚力：浅析唐代诗人杜甫的诗词
Aleksejs Paškovskis, Tan dinastijas dzejnieka Du Fu lirikas analīze
　　　　　　　　　　　　　　　　　　　　　　　　BSS 09-22

袍艾莉娜：19世纪和20世纪基督教在中国的发展
Elīna Pauliņa, Kristietība Ķīnā 19. un 20. gs.　　　BSS 09-23

娜达莉亚：王家卫电影中的怀旧主题
Natālija Pestune, Nostalģijas tēma Vonga Kar – Vaja filmā　BSS 09-24

亚力山娜：1937—1945年的中国抗日战争
Aleksandra Ronča, Ķīnas – Japānas karš 1937. – 1945.　BSS 09-26

卢蓝娜：中国传统医学
Svetlana Rudika, Ķīnas tradicionālā medicīna　　　BSS 09-27

萨维多利亚：中国大众媒体的发展
Viktorija Savčenko, Masmediju attīstība Ķīnā　　　BSS 09-28

斯奥尔佳：中国茶文化史
Olga Skvorcova, Ķīnas tējas kultūras vēsture　　　BSS 09-29

/ 第四章　各个教学点中国语言文化成果一览表 /

阿斯纳：司马承祯在《坐忘歌》中对坐与忘的论述
Asnāte Strīķe, Sima Čendžeņa traktāts par sēdēšanu aizmirstībā
„Dzuovanluņ" BSS 09-31

特艾雅：汉代的神话
Aija Trizna, Haņ dinastijas mitoloģija BSS 09-32

喀秋莎：作为中国传统自然科学基础的五行理论
Jekaterina Tumanova, Piecu elementu teorija kā ķīniešu tradicionālas dabaszinātņu pamats BSS 09-33

瓦卡琳娜：明代的中国瓷器
KatrīnaVasiļjeva, Ķīnas porcelāna vēsture Min dinastijas laikā BSS 09-34

安妮塔：唐代的考试制度
Anete Veide, Tan dinastijas eksāmenu sistēma BSS 09-35

伊尼萨：明清时代的皇宫建筑紫禁城
Inesa Verhoturova, Ķīnas piļu arhitektūra Minu un Ciņu dinastijas laikā. Aizliegtā pilsēta BSS 09-36

魏奥莎娜：中国体育的开端与发展
Oksana Veselova, Sporta tapšana un attīstība Ķīnā BSS 09-37

韦小洁：鲁迅《阿Q正传》对中国封建社会的批判
Agnese Vilka, Tradicionālās ķīniešu sabiedrības kritika Lu Sjuņ darbā „A Q Patiesā biogrāfija" BSS 09-38

353

魏丽娃：瓷器在中国和欧洲文化中的作用
Līva Vilka, Porcelāna nozīme Ķīnas un Eiropas kultūrā　　BSS 09-39

克里斯提娜：汉服的历史与发展
Kristiāna Vite, Apģērba hanfu vēsture un attīstība　　BSS 09-40

兹奥尔加：1987年后的中美关系
Olga Zraževska, Ķīnas attiecības ar ASV pēc 1987. gada　　BSS 09-41

兹桑塔：儒家伦理中的等级观念
Santa Zvirbule, Hierarhijas jēdziens konfūcisma ētikā　　BSS 09-42

欧洋：基于五行理论的中国饮食
Jekaterina Zalomova, Ķīniešu diēta saskaņā ar piecu elementu teoriju
BSS 09-43

布劳拉：邓小平与中国经济改革
Laura Blūmentāle, Dens Sjaopins un viņa ekonomiskās reformas　　BSS 09-44

2010年

丹尼拉：宋代的风景画（10—13世纪）
Daniela Asnina, Sun dinastijas ainavu gleznošana（10.-13.gs）　　BSS 10-1

洛丽塔：从开埠（1843年）至1911年上海的租界区
Lolita Bizune, Rietumnieku kopiena Šanhajā no ostas atvēršanas ārvalstu tirdzniecībai（1843. gads）līdz 1911. gadam.　　BSS 10-2

詹娜：京剧与梅兰芳
Zane Breice, Pekinas Opera un Mei Laņfan　　BSS 10-3

布桑塔：八音系统及其代表性乐器的特点和当代应用价值

Santa Burenkova, Bajiņ sistēmas un tās reprezentējošo mūzikas instrumentu raksturojums un izmantojamība mūsdienās　　　　　　BSS 10-4

卜劳拉：1979年后的中国教育发展

Laura Bužinska, Izglītības attīstība Ķīnā pēc 1979. gada　　　BSS 10-5

妮娜：中国传统与毛泽东：毛泽东"诗词"阐释

Ņina Džiganska, Ķīniešu tradīcijas un Mao Dzeduns: Mao „ci" dzejas interpretācija　　　　　　　　　　　　　　　　　　　　BSS 10-7

阿利桑：19世纪下半叶的中国"自强运动"

Aleksandra Golubeva, „Paštiprināšanas" kustība（自强運動 Ziqiang Yundong）　　　　　　　　　　　　　　　　　　　　　　BSS 10-9

尹娜：古代中国都城规划的基本原则

Ina Kiseļova, Ķīnas seno galvaspilsētu plānošanas pamatprincipi　BSS 10-11

马达雅：20世纪西方世界对诗人李白的认知

Darja Maļinova, Dzejnieka Li Bo recepcija Rietumu pasaulē 20. gadsimtā
　　　　　　　　　　　　　　　　　　　　　　　　　　BSS 10-13

丹纽塔：元代中国戏曲的繁荣

Danuta Mežore, Ķīniešu teātra uzplaukums Mongoļu dinastijas laikā
　　　　　　　　　　　　　　　　　　　　　　　　　　BSS 10-14

倪安娜：中国神话的主要特点和象征

Anna Nidbalska, Ķīniešu mitoloģijas problemātika, galvenie tēli un simboli
　　　　　　　　　　　　　　　　　　　　　　　　　　BSS 10-16

普艾雅：西方对现代中国戏剧的影响
Aija Pliena, Rietumu ietekme uz moderno ķīniešu teātri   BSS 10-18

南茜：中医中的针灸
Anastasija Rižika, Akupunktūras vispārējās koncepcijas ķīniešu medicīnā
BSS 10-19

隋安娜：明代墓葬的考古发现及其分析
Anna Suhovejeva, Arheoloģiskie atradumi un to analīze Ming dinastijas kapeņu skatījumā   BSS 10-20

莱尔德：中国社会的新开端：妇女在宋代的作用
Lelde Tikmere-Baltiņa, Ķīnas sabiedrība uz sliekšņa: Sieviešu lomas Song dinastijas laikā   BSS 10-21

白巴：老舍《茶馆》反射出的中国历史与社会变迁
Baiba Tumova, Ķīnas vēsturisko un sociālo pārmaiņu atspoguļojums Lao Še lugā „Tējas nams"   BSS 10-22

乌耶娃 Ieva Umure：中国历代纸币及其在相关时期的意义
Ieva Umure, Ķīnas vēsturiskās naudaszīmes un to nozīme attiecīgajā laika periodā   BSS 10-23

2011 年

阿雅娜：中国知识分子思想在宋词和五四运动期间的诗歌中的反映
Jana Ādmine, Ķīnas intelektuālās domas atspoguļojums Sun dinastijas un 4. maija kustības dzejā   BSS 11-1

/ 第四章　各个教学点中国语言文化成果一览表 /

利维娅：波斯与中国的陶瓷文化在唐至明时期青花瓷绘画传统中的互动
Līvija Baltrušaite, Persija un Ķīnas keramikas kultūru mijiedarbība zilā un baltā porcelāna apgleznošanas tradīcijā Tan līdz Min dinastiju laikā　　BSS 11-2

鲁塔：宋词：姜夔（约 1155 年——约 1221 年）的作品
Rūta Berga, Sun dinastijas Ci dzeja: Dzjan Kui （apm. 1155-apm. 1221） daiļrade　　BSS 11-3

葛思语：古文运动与北宋改革（960—1126）：庆历改革案例研究
Georgijs Dunajevs, Guveņ kustība un frakciju konflikta aizsākumi ziemeļu Sun dinastijā （960-1126）: Cjinli reformu gadījuma izpēte.　　BSS 11-5

伊艾莉娜：从医学角度看气功对人体的有益影响
Elīna Isajenko, Cjigun labvēlīgā ietekme uz cilvēka organismu no medicīniskā viedokļa.　　BSS 11-9

雅琪：唐代文学中鱼玄机诗作的女性表达
Ksenija Jakimova, Ju Sjuaņdzji poētiskais darbs kā sievišķīgs izpausmes veids Tan dinastijas literatūrā.　　BSS 11-10

高歌：妇女地位在封建社会和 20 世纪中国的变化
Anna Jenerte, Sievietes lomas maiņa sabiedrībā tradicionālajā un 20. gadsimta Ķīnā.　　BSS 11-11

春柳：从古代到六朝（公元 220—599 年）的中国隐居现象
Tatjana Kaļimana, Sabiedriskās dzīves atstāšanas tradīcija Ķīnā no aizsākumiem līdz Sešu dinastiju laikmetam. （220.- 589. g.m.ē.）.　　BSS 11-13

小莲：宗教沿"丝绸之路"传入中国
Liene Logina, Reliģiju ienākšana Ķīnā pa Zīda ceļu.　　BSS 11-14

玛丽塔：汉语谚语与拉脱维亚语谚语中的主题、隐喻和结构的比较
Marita Masule, Ķīniešu Jeņju tēmu, metaforu un struktūras salīdzinājums ar latviešu sakāmvārdiem.　　BSS 11-16

安然：中国的第五代电影摄影师
Ksenija Naidjonoka, Ķīnas Tautas Republikas piektā kinematogrāfistu paaudze.　　BSS 11-17

艾里卡：中国传统文学和当代文学中的牡丹
Ērika Oļehno, Ķīnas peonijas zieds klasiskajā literatūrā un mūsdienās. BSS 11-18

叶春萌：中国传统医学的起源与重要的文献资料
Ekaterina Pavlova, Ķīniešu tradicionālās medicīnas pirmsākumi un nozīmīgākie literatūras avoti.　　BSS 11-19

珀玛丽亚：传统中国家庭与现代中国家庭
Marija Popoviča, Tradicionālā ķīniešu ģimene un mūsdienu ķīniešu ģimene.
　　BSS 11-20

赛丽塔：中国的动物保护
Rita Sevastjānova, Dzīvnieku tiesību un dzīvnieku aizsardzības problemātika Ķīnas Tautas Republikā.　　BSS 11-22

思伊维塔：中国十二生肖及其对社会活动的影响
Iveta Skaba, Ķīniešu gada zīmes un to ietekme uz sociālajām aktivitātēm
　　BSS 11-24

小可：当代中国女性作家

Sandra Sokirka, Rakstnieces Ķīnas Tautas Republikā mūsdienās.　BSS 11-25

古恩塔：佛教对少林武术的影响

Gunta Trokša, Budisma ietekme uz Šaoļin cīņas mākslu.　BSS 11-26

维伦尼卡：《韩非子》中的概念（"法""术""势"）

Veronika Višņevska, Jēdzieni („likums – fa", „pārvaldes māksla – shu,, un „spēks-shi") Haņ fei traktātā „Haņfeidzi".　BSS 11-29

波仁娜：冯友兰的哲学著作及其基本思想

Božena Zablocka, Fen Joulaņ filozofiskie darbi un to pamatidejas.　BSS 11-30

札李佳：明代绘画的浙派和吴派

Līga Zariņa, Min dinastija dže un vu gleznieciības skolas.　BSS 11-32

甜甜：唐代到明代的凌迟刑法

Simona Zuja, Linči sods no Tan līdz Cjin dinastijai.　BSS 11-33

2012 年

白阿琳娜：太极主要流派、历史和当今发展

Arina Bērziņa, Galvenās Taidzi skolas, to rašanās vēsture un izplatība mūsdienās　BSS 12-1

拜拉斯马：宋代以前中国传统文学和艺术中高贵的象征——马

Lāsma Bērzkalne, Zirgs kā cildenuma simbols tradicionālajā Ķīnas literatūrā un mākslā līdz Sun dinastijai.　BSS 12-2

曹玉：关系——中国社会之间相互关联的现象

Jūlija Celitāne, Guaņsji-Ķīniešu sabiedrības savstarpējo attiecību fenomens.

BSS 12-3

佳克里斯汀：龙在中国和希腊神话中的象征意义

Kristīne Gacka, Pūķa simbols ķīniešu un grieķu mitoloģijā. BSS 12-7

玛丽娅：秦代之前中国古代书写风格

Marija Jurso, Rakstības stilu attīstība senajā Ķīnā līdz Cjiņ dinastijai.

BSS 12-11

克里斯塔：《孙子兵法》

Kristaps Kirkups, Suņ Dzi „Kara māksla". BSS 12-13

阔琳达：中国佛教和道教比较

Linda Kozlova, Elle un to iedzīvotāji ķīniešu budismā un daoismā BSS 12-14

达莉娅：中国与玛雅神话符号和元素的比较

Darja Ļipņagova, Ķīniešu un maiju mītu simbolu un elementu salīdzinājums.

BSS 12-15

乐安娜：中国菜肴的特点

Anna Ļebedeva, Ķīniešu ēdienu specifika. BSS 12-16

珍珠：用汉字拼写拉脱维亚语的单词和发音

Margarita Markune, Latviešu valodas vārdu un skaņu atveidošana ķīniešu valodā ar hieroglifiem. BSS 12-17

卡罗利娜：汉字发展史

Karolina Orlova, Ķīniešu rakstības attīstības vēsture BSS 12-18

第四章　各个教学点中国语言文化成果一览表

帕谢尔盖：21 世纪中国走向世界强国之路
Sergejs Paratovs，XXI gs. Austrumāzijas reģionālisms – Ķīnas Tautas Republikas ceļš uz pasaules lielvalsts statusu　　　　BSS 12-20

帕尤莉亚：中国和欧洲的中世纪音乐
Jūlija Paršuto，Viduslaiku mūzika Ķīnā un Eiropā　　　　BSS 12-21

拉叶莲娜：体育武术在现代中国的发展（20—21 世纪）
Jeļena Ragozina，Sporta vušu attīstība modernajā Ķīnā（20.-21. gs.）
　　　　BSS 12-22

西比拉：中国时尚业的特点
Sibilla Šlēgelmilha，Ķīnas biznesa specifika　　　　BSS 12-23

魏奥列格：庄子哲学中的现实、人与自然
Oļegs Višņakovs，Realitāte，cilvēks un daba Džuandzi filozofijā　BSS 12-24

左安娜：中国古今文化中的纹身传统
Anastasija Zolotarjova，Tetovēšanas tradīcija Ķīnas senatnes un mūsdienu kultūrā　　　　BSS 12-25

2013 年

卡娜：《易经》和占卜技巧
Katrīna Barkāne，„Pārmaiņu kanons" un zīlēšanas tehnikas　　BSS 13-1

宝桑兰：传统中国的元宵节
Santa Bobkova，Laternu svētki tradicionālajā Ķīnā　　　　BSS 13-2

波克里斯蒂娜：当代中国表演艺术的形成和现状
Kristīna Bortko, Ķīnas skatuves mākslas veidošanās un situācija mūsdienās
BSS 13-3

艾文：1950—1970年中国台湾诗歌的发展：余光中诗歌中的乡愁和文化认同
Pārsla Dambe, Modernisma dzejas attīstība Taivānā 1950.-1970. gadā. Ilgas pēc dzimtenes un kulturālās identitātes meklējumi Ju Guandžun dzejā   BSS 13-5

叶薇：中国电影的发展：从诞生到1949年中华人民共和国成立
Jevgēnija Freimane, Ķīnas kinematogrāfijas vēsture no tās iesākumiem līdz Ķīnas Tautas Republikas dibināšanas laikam 1949.gadā   BSS 13-6

阿尔塔：春节——世界上最大规模的国内迁徙
Arta Grēbere, Pavasara Svētki-no ģimenes kopības tradīcijas līdz lielākajai iekšzemes pārceļošanai pasaulē   BSS 13-7

杨劳拉：南宋时期的中国风景画
Laura Jansone, Ainavu glezniecība Ķīnā Dienvidu Sun dinastijas periodā
BSS 13-9

高娃娜：长寿及其在当代中国的影响
Lilita Kalvāne, Ilgdzīvošana un to ietekmējošie faktori un idejas mūsdienu Ķīnā   BSS 13-10

樱桃：中国传统按摩：推拿法
Māra Ķirse, Ķīniešu tradicionālā masāža: tuina metode   BSS 13-12

路波娃：《黄帝内经》——中国传统医学的理论基础
Ļubova Ļipņicka, „Huandi neidzjin"-Ķīnas tradicionālās medicīnas

teorētiskais pamats BSS 13-13

米耶娃：西方对庄子的阐释——以《庄周梦蝴蝶》为例
Ieva Mičule, Rietumu interpretācijas par Džuandzi kā piemēru izmantojot „Džuandzi sapni par tauriņu" BSS 13-15

欧阳兰：莫言和加布里埃尔·加西亚·马尔克斯作品中的魔幻现实主义
Paula Ozoliņa, Maģiskais reālisms Mo Jeņ un Gabriela Garsijas Markesa darbos BSS 13-17

路娃：中国长城的历史起源及其意义
Natālija Rodionova, Lielā Ķīnas Mūra vēsturiskie aizsākumi un tā nozīme līdz 20.gs. BSS 13-19

查娜：作家莫言的短篇小说《翱翔》及其中的象征
Zane Roķe, Rakstnieka Mo Jaņ īsais stāsts „Lidināšanās" un simboli tajā
BSS 13-20

赛亚历山大：郑和下西洋
Aleksandrs Sergejevs, Džena He jūras braucieni kā Min dinastijas ietekmes paplašināšanās līdzeklis BSS 13-21

杉达：中国的传统婚姻
Sanda Smiltiņa, Norunāto laulību tradīcijas Ķīnā BSS 13-22

瓦迪斯：5—10世纪的少林寺
Valdis Volbergs, Šaoliņas templis no 5. līdz 10.gs. BSS 13-23

2014 年

安艾琳娜：明代的宦官制度
Elīna Andersone, Einuhu institūcija Min dinastijas laikā　　　BSS 14-2

阿丽：中国商代至汉代时期的占卜习俗
Elīna Āle, Zīlēšanas prakses vēsturiskā attīstība Ķīnā no Šan līdz Haņ dinastijai　　　BSS 14-4

查奈：中国户口制度（1949—2008）
Zane Bitāne, Hukou sistēmas transformācijas ĶTR laikā（1949.-2008.）
　　　BSS 14-5

杜尤莉亚：中国古代儒释道三教传承
Jūlija Dudaļeva, Konfuciānisma, daoisma un budisma mantojums Ķīnas tautas reliģijā　　　BSS14-8

吉达：13 世纪至 20 世纪初中国戏剧艺术的发展
Gita Kārkliņa, Ķīnas klasiskās teātra mākslas attīstība no 13.gs.m.ē. līdz 20.gs. m.ē. sākumam　　　BSS 14-9

卡森妮：20 世纪中国的奥林匹克运动
Ksenija Kovirzanova, Olimpiskā kustība Ķīnā 20.gadsimtā　　　BSS 14-10

劳力士：中国对河流的征服与控制：从神话到水电
Lauris Meiers, Ķīnas upju pakļaušana un kontrolēšana: no mītiem līdz hidroenerģijai　　　BSS 14-11

科尼亚：20 世纪初至今北京的餐饮服务文化
Kseņja Zujeva, Sabiedriskās ēdināšanas kultūras attīstība Pekinā no XX gadsimta sākuma līdz mūsdienām　　　BSS 14-17

2015 年

布查娜：封建社会女性教育："女四书"
Zane Buķevica, Neokonfuciānisma sieviešu izglītība: grāmatu krājums "Ņusišu"　　　　　　　　　　　　　　　　　　　　BSS 15-1

金达：司马迁《史记》是中国史学的创新
Ginta Elksne, Sima Cjeņ "Vēstures pieraksti" kā novitāte Ķīnas historiogrāfijā　　　　　　　　　　　　　　　　　　　BSS 15-2

何申雅：《易经》的基本构建与评注传统
Ksenija Horuženko, "Jidzjin" pamatstruktūra un komentāru tradīcijas
　　　　　　　　　　　　　　　　　　　　　　　　　BSS 15-3

李琳达：王羲之及其对中国书法发展的影响
Linda Kande, Van Sjidži un viņa ieguldījums ķīniešu kaligrāfijas attīstībā
　　　　　　　　　　　　　　　　　　　　　　　　　BSS 15-4

帝安娜：王维诗中的佛教思想
Diāna Komova, Budisma motīvi Van Vei dzejā　　　　BSS 15-5

李师娜：诗人李清照（1084—1151）与宋代文化
Aelita Lapšina, Dzejniece Li Cjindžao（1084.-1151.）un Sun dinastijas kultūra　　　　　　　　　　　　　　　　　　　　　　BSS 15-6

刘劳拉：儿童夏令营中文和中国文化课程教学方法
Laura Liepiņa, Pedagoģiskās metodes ķīniešu valodas un kultūras kursam bērnu vasaras nometnēs　　　　　　　　　　　　　　BSS 15-7

孙天娜：佛教大乘佛教两大思想流派之一的现象学思想
Kristiāna Meldere， Fenomenoloģijas idejas jogačāras budismā BSS 15-8

迈奥莎娜：秦朝政治问题研究
Oksana Meščerskiha， Cjin dinastijas politikas problemātika 19.-20.gs.
BSS 15-9

温迪雅：鲁迅《阿Q正传》中白话的使用
Vendija Milasēviča， Baihua lietojums Lu Sjuņ darbā „A Q patiesā biogrāfija"
BSS 15-10

佩宝拉：荀子、孟子和告子哲学中关于人性的三种经典理论
Paula Petrikalne， Trīs klasiskās teorijas par cilvēka dabu Sjuņdzi， Mendzi un Gaodzi filosofijā BSS 15-11

赵劳拉：邵雍的数术哲学
Laura Pinkena， Metafizikas un kosmoloģijas aspekti Šao Jun skaitļu filozofijā
BSS 15-12

福吉亚：白莲教及其活动
Jekaterina Volkova， Baltā Lotosa sekta un tās politiskās aktivitātes BSS 15-14

2016 年

白丽娜：经典著作《楚辞》《淮南子》《山海经》的比较
Katrīna Barisa， Pasaules izcelšanās mītu salīdzinājums klasiskajos darbos „Čuci", „Huainaņdzi", „Šanhaidzjin" BSS 16-1

白安妮娅：拉脱维亚语、英语、俄语中汉语转录系统的使用和比较
Annija Bērziņa， Ķīniešu valodas transkripcijas sistēmu lietojums un salīdzinājums latviešu， angļu un krievu valodās BSS 16-2

艾蝶尔：外国学生在中国重点大学的学习过程
Lauma Ēdelmane, Ārvalstnieku studijas Ķīnas Tautas Republikas vadošajās universitātēs　　　　　　　　　　　　　　　　　　　　　　　BSS 16-4

吉英蕾：中国古代法家著作和尼科洛·马基雅维利的哲学中的统治者的概念
Ineta Girdjuka, Valdnieka jēdziens Senķīnas legālistu tekstos un Nikolo Makiavelli filozofijā　　　　　　　　　　　　　　　　　　　　BSS 16-5

叶克里斯汀：陈氏太极拳的历史和特点
Kristīne Jevsejeva, Taidzjicjuaņ Čeņ stila vēsture un specifika　　BSS 16-6

高安娜：儒家经典中的女性之美的概念
Anastasija Krilova, Sieviešu skaistuma jēdziens klasiskajos konfuciānisma tekstos　　　　　　　　　　　　　　　　　　　　　　　　　　　BSS 16-7

列娃：中国传统艺术中的狗的纹样
Līva Leja, Suņa motīvs Ķīnas tradicionālajās mākslās　　　　　BSS 16-8

路劳拉：中国、日本和韩国神话中的狐狸的形象
Laura Luke, Lapsas tēls Ķīnas, Japānas un Korejas mitoloģijā　　BSS 16-9

米戴安娜：隋朝中央集权帝国的形成及其对唐朝繁荣的影响
Diāna Mitina, Suei kā centralizētas impērijas veidošanās un ietekme uz valsts uzplaukumu Tan laikā　　　　　　　　　　　　　　　　　　　BSS 16-10

宝劳拉：旗袍服饰的历史和发展
Laura Pāvila, Cjipao apģērba vēsture un attīstība līdz mūsdienām
　　　　　　　　　　　　　　　　　　　　　　　　　　　BSS 16-11

张恩妮：京剧主要角色的发展史和象征意义
Liene Zlaugotne, Pekinas operas galveno lomu attīstības vēsture un simbolika
BSS 16-12

张安娜：庄子哲学中的死亡与转变
Anastasija Zlideņa, Nāve un transformācija Džuandzi filozofijā   BSS 16-13

2017 年

马吉亚：玛丽亚·蒙特梭利的教学法与中国学前教育体系：理念、发展与比较
Maija Burkovska, Marijas Montesori pedagoģijas metode un Ķīnas pirmsskolas izglītības sistēma: idejas, izvērsumi un salīdzinājums   BSS 17-1

艾舞：作家徐坤的短篇小说《厨房》及其中的女人故事
Elza Harja, Rakstnieces Sju Kuņ īsais stāsts "Virtuve" un sievietes stāsts tajā
BSS 17-2

拉维斯：徐子墨的作品及其对中国现代诗歌的影响
Raivis Kazainis, Sju Džimo daiļrade un viņa ietekme uz ķīniešu moderno dzeju   BSS 17-3

玛尔塔：中国现代文学和电影中的武侠流派
Marta Raita Lauža, Vusja žanrs ķīniešu modernajā literatūrā un kino
BSS 17-4

罗兰达：五大圣山在中国传统世界观中的意义
Rolands Līviņš, Piecu svēto kalnu nozīme Ķīnas tradicionālajā pasaules skatījumā   BSS 17-5

余安格：由于职业道德的不同而产生的中国和丹麦业务协作问题的原因
Agate Neļķe, No darba ētikas atšķirībām izrietošie Ķīnas un Dānijas biznesa sadarbības problēmu cēloņi   BSS 17-6

聂磊：唐朝的瓦解：中华帝国危机的产生和发展（754—906）
Aleksi Miika Viljami Nuppula, Tang sabrukums: faktori un attīstības aspekti Ķīnas impērijas krīzes laikā （754.g.- 906.g.）   BSS 17-7

莱戴安娜：中国和西方文明交往中的信仰和贸易
Diāna Reča, Ticība un tirdzniecība Ķīnas un Rietumu civilizācijas saskarēs
                                                              BSS 17-8

林伊娃：历史事件对曹雪芹小说《红楼梦》的影响
Ieva Saliņa, Vēsturisko notikumu ietekme uz Cao Sjuecjiņ romānu „Sarkanā kambara sapnis"   BSS 17-9

卡里：华人及其社群在拉脱维亚的融合
Kārlis Skuja, Ķīniešu un to kopienu integrācija Latvijā   BSS 17-10

柳阿图尔：拉脱维亚语语法使用于中文学习者
Artur Lyubanskiy, Latviešu valodas gramatika runājošiem ķīniešu valodā
                                                              BSS 17-11

苏安达：中国户口登记制度分析
Anda Sudakova, Ķīnas hukou reģistrācijas sistēmas analīze   BSS 17-12

莫妮卡：中国科举考试对宋代至清代时期公共行政的影响
Monika Štikāne, Ķīnas imperiālo eksāmenu ietekme uz valsts pārvaldi no Sun līdz Cjin dinastijai   BSS 17-13

魏尤莉亚：《红楼梦》小说中所展示的清代贵族社会
Jūlija Vepre, Cjin perioda aristokrātiskās sabiedrības attēlojums romānā
"Sarkanā kambara sapņi"（Hunloumen） BSS 17-14

温维雅：乐府诗体与三曹作品
Viktorija Vintere, Juefu dzejas žanrs un Trīs Cao daiļrade BSS 17-15

萨比娜：拉脱维亚的中国传统茶文化：历史、发展及前景
Sabīne Vjatere, Tradicionālā ķīniešu tējas kultūra Latvijā: vēsture, attīstība un perspektīvas BSS 17-16

2018 年

塔尼亚："一带一路"倡议及其对中国——欧盟关系的影响
Tatjana Andrejeva, 'Viena josta, viens ceļš' iniciatīva un tās ietekme uz Ķīnas un Eiropas Savienības attiecībām BSS 18-2

贝宝拉：中国著名的千佛洞艺术与建筑史
Paula Bernere, Ķīnas pazīstamāko Tūkstoš Budu alu mākslas un arhitektūras vēsture BSS 18-3

蔡安娜：唐代妇女传统服饰及其发展
Anna Čepjolkina, Ķīniešu sieviešu tradicionālais tērps un tā attīstība Tan dinastijas laikā BSS18-4

阿杰莉娜：17—18 世纪的中国瓷器
Adelīna Lāce, Ķīnas porcelāns 17. un 18. gadsimtā BSS 18-5

思安妮娅：京剧四大行当
Annija Sigai, Četru galveno tēlu lomas Pekinas operā BSS 18-6

莫莉：从王羲之作品看中国书法的历史、伦理与美学
Marika Stepanko, Ķīniešu kaligrāfijas vēsture, ētika un estētika Van Sjidži daiļradē　　　　　　　　　　　　　　　　　　　　　　　BSS 18-7

乌伊琳娜：1949—1955 年的中国建筑发展
Irina Udalejeva, Ķīnas arhitektūras attīstība laika posmā no 1949. līdz 1955. gadam　　　　　　　　　　　　　　　　　　　　　　　　BSS 19-8

2019 年

艾薇尔：丁玲的代表作《莎菲女士的日记》和《太阳照在桑干河上》中的社会理想的"我"
Patrīcija Avotiņa, Sabiedrības ideālais "es" Din Lin darbos "Mis Sofijas dienasgrāmata" un "Saule pār Sangan upi"　　　　　　　　　BSS 19-1

白丽雪：中国 20 世纪作家老舍及其作品中的讽刺元素
Elizaveta Bogatova, Ķīniešu 20.gs. rakstnieks Lao Še un satīras elementi viņa darbos　　　　　　　　　　　　　　　　　　　　　　　　BSS 19-2

艾丽塔：拉脱维亚学生在中国：开端、机会、问题
Arita Karīna Braķe, Latviešu studenti Ķīnā: pirmsākumi, iespējas, problemātika　　　　　　　　　　　　　　　　　　　　　　　BSS 19-3

沈甜甜：游戏方法在中文教学过程中的应用
Stefānija Dzeniša, Spēles metodoloģijas pielietošana ķīniešu valodas apmācības procesā　　　　　　　　　　　　　　　　　　　　BSS19-4

凯玛拉：张爱玲的人生历程及其在文学作品中的反映
Māra Elīza Kalēja, Džan Ailin dzīves gājums un tā atspoguļojums viņas literārajos darbos　　　　　　　　　　　　　　　　　　　BSS 19-5

宝心亚：中国的独生子女政策

Sintija Pabrieža, Ķīnas Tautas Republikas viena bērna politika, problemātika un sekas　　　　　　　　　　　　　　　　　　　　　　　BSS 19-6

2020 年

蜜雪儿：作为第二外语的中文教学方法

Mišela Belkina, Ķīniešu valodas kā svešvalodas pasniegšanas un apgūšanas metodes　　　　　　　　　　　　　　　　　　　　　　　　BSS 20-1

迪尔格：中国音乐治疗理念：21 世纪的传统及其诠释

Dilge Bengi/ Dilge Bengü Ezdžoškuna/ Özcoşkun, Ķīniešu mūzikas terapijas idejas: tradīcija un tās interpretācijas 21.gadsimtā　　　　　　　BSS 20-2

爱丽娜：浅析《中华人民共和国人口与计划生育法》

Elīna Liseka, Ķīnas Tautas Republikas dzimstības un ģimenes plānošanas likums-cēloņi un sekas　　　　　　　　　　　　　　　　　　　BSS 20-3

聂安娜：针灸中的道教元素

Anna Ņeženceva, Daoisma elementi akupunktūrā　　　　　　BSS 20-4

2021 年

澳拉维斯：20 世纪 80 年代至今全球市场中的中国前卫视觉艺术及其优秀艺术家探析

Raivis Alksnis, Ieskats Ķīnas avangarda vizuālajā mākslā no 80.- tajiem līdz mūsdienu globālajam tirgum un spilgtākajiem tā māksliniekiem　　BSS 21-1

贝思婷：朦胧诗歌运动及其作者个人情感在自然意象中的反映

Kristīne Baltpurviņa, Menlun dzejas kustība un tās autoru personisko sajūtu atspoguļojums dabas tēlos　　　　　　　　　　　　　　　　　　BSS 21-2

潘尼卡：中国皇家诗歌中的自传主题（汉至清）

Veronika Pankratova, Autobiogrāfiskie motīvi ķīniešu imperatoru dzejā（no Haņ līdz Cjin dinastijai） BSS 21-3

奭慈敏：中国画发展脉络下的谢赫《古画品录》

Diāna Siliņēviča, Sjie He darbs "Pieraksti par senās gleznniecības kategorijām" Ķīnas gleznniecības attīstības kontekstā BSS 21-5

索尤莉亚：中医阴阳概念及其理论意义

Jūlija Soboļenkova, Jiņ un jan pretmetu koncepcija un tās teorētiskie aspekti tradicionālajā ķīniešu Medicīnā BSS 21-7

2022 年

阿玛拉：司马迁《史记》中的四字成语及其俄英拉语翻译问题

Māra Ahilova, Četrzilbju izteicieni（čenju）Sima Cjeņ "Vēsturnieka pierakstos" un to tulkošanas problemātika krievu, angļu un latviešu valodās

BSS 22-1

艾莉莎：唐宋时期中国家庭生活中的相互关系和习俗

Alise Docenko, Ķīniešu savstarpējās attiecības un ieražas ģimenes dzīvē Tan un Sun dinastiju laikā BSS 22-2

格蕾：西王母神话形象在中国古典文献中的表现

Sabīne Madara Galeja, Sjivanmu mitoloģiskā tēla atspoguļojums ķīniešu klasiskajos traktātos BSS 22-3

伊娃：古琴记谱法在中国音乐史上的意义

Ieva Anna Goba, 古琴 gucjiņ nošu pieraksta nozīme ķīniešu mūzikas vēsturē

BSS 22-4

葛安娜：林语堂的著作及其对中国文化传播的影响

Anna Aleksandra Grigorjeva, Liņ Jutan daiļrade un viņa ieguldījums ķīniešu kultūras izplatībā un populariz　　　　　　　　　　　BSS 22-5

卡米拉：川剧在中国戏剧文化史上的重要性

Kamila Gumeņuka, Sičuaņas operas nozīme Ķīnas teātra un operas kultūras vēsturē　　　　　　　　　　　　　　　　　　　　　　BSS 22-6

猷海伦娜：天安门广场在中国文化中的历史和作用

Helēna Jumburga, Tieņaņmeņa laukuma vēsture un loma Ķīnas kultūrā

BSS 22-7

鲁伊兹：中国传统文化中的婚礼仪式

Luīze Kaščejeva, Kāzu rituāli Ķīnas tradicionālajā kultūrā　　BSS 22-9

克莱维特科娃：从历史视角看当代中国文化

Elizaveta Klevtcova, Aspects of Contemporary Chinese Culture from a Historical Perspective　　　　　　　　　　　　　　　　　BSS 22-10

芳云：唐代女性：中国诗歌中的生活方式与反思

Kristiāna Reinkopa, Tan dinastijas sievietes: dzīvesveids un atspoguļojums ķīniešu dzejā　　　　　　　　　　　　　　　　　　　　BSS 22-11

卡利斯：孔子在《论语》中提出的"仁"一词的含义

Kārlis Rutkis, Jēdziena žeņ（ren）nozīme Konfūcija（Kongzi）"Apkopotajās runās（Lunyu）"　　　　　　　　　　　　　　　　　　　　BSS 22-12

沃安娜：中国戏曲中的女性角色

Anna Vodolagina, Sievietes daņ loma ķīniešu operā　　BSS 22-14

2023 年

洛洛：中国山水画与欧洲山水画的比较

Ramona Ģīle, Ķīniešu ainavu glezniecība salīdzinājumā ar Eiropas ainavu glezniecību, BSS 23-1

柯灵乐：贾樟柯电影中的城市和家乡主题

Marija Klencare, Pilsētas un dzimtās vietas motīvi Dzja Džanke filmās,

BSS 23-2

雷雅晶：互联网对中国现代生活和语言的影响

Elīna Ļeščuka, Interneta ietekme uz ķīniešu mūsdienas dzīvi un valodu,

BSS 23-3

梅卡琳娜：18 世纪和 19 世纪的京剧

Karina Meirane, Pekinas opera 18. un 19. gadsimtā, BSS 23-4

森尼娅：语言学视角下的中国古典散文中的狐狸形象

Ksenija Rusakova, Lapsas tēls ķīniešu klasiskajā prozā no lingvistiskā aspekta, BSS 23-5

王鑫鹏：中国三千年生活中的自然研究——从古典园林到城市绿地

Matthew Mark Shaw, A Study of 3,000 Years of Nature in Chinese Life, from Classical Gardens to Urban Green Space,

BSS 23-6

帕特里：从唐代到 21 世纪饮茶的比较与演变

Patricija Uļičeva-Kvietkauska, The Comparison and Evolution of Tea Drinking from the Tang Dynasty until the 21st Century,

BSS 23-7

二、拉脱维亚大学历届汉学专业硕士学位论文题目一览表（部分）[1]

1999 年

哈艾葛妮赛：中国传统绘画的审美价值
Agnese Haijima, Estētiskās vērtības Ķīnas tradicionālajā glezniecībā　　MS 99-1

2003 年

朵安娜：《论语》的俄语口译和笔译问题
Anna Dobrijaņina, "Luņ jui" interpretēšanas un tulkošanas problēmas krievu valodā　　MS 03-1

米艾维塔：李鸿章及其在中国的历史进程中的作用
Evita Mikiško, Li Hundžans un viņa loma Ķīnas modernizācijas procesā
　　MS 03-3

罗佳玫：谭恩美散文
Aļesja Rogača, Emi Taņas proza　　MS 03-4

2005 年

霍叶莲娜：孙中山在"中华民国"创建期间关于中国发展的思想
Jeļena Holodova, Suņa Jatsena idejas par Ķīnas attīstību Ķīnas Republikas dibināšanas laikā　　MS 05-1

阳康龙：中亚游牧帝国与中国关系的典范（匈奴和汉代）
Karens Petrosjans, Attiecību modelis starp Centrālās Āzijas klejotāju

---

[1] 非常感谢鲍葛薇教授提供拉脱维亚大学历届汉学专业硕士学位论文题目，2008 年之后的比较全，之前的还在整理当中。

impērijām un Ķīnu（Sjunnu un Haņ laikmets） MS 05-2

皮安娜：韩愈《原道》翻译与分析
Anna Pīpiņa, Haņs Jujs. Viņa darba "Juaņ Dao" tulkojums un analīze

MS 05-3

2007 年

列娜特：粤语——一种汉语方言或一种汉语？
Renāte Andersone, Jue（粤）– ķīniešu valodas dialekts vai viena no ķīniešu valodām? MS 07-1

白伊丽娜：拉脱维亚外国艺术博物馆收藏的图片中的清代手工艺
Irina Bezručenko, Cjin dinastijas laika tirdzniecība un amatniecība Latvijas Ārzemju Mākslas muzeja kolekcijas attēlos MS 07-2

玛奥尔佳：东盟与中国
Olga Maļeva, ASEAN un Ķīna MS 07-3

2008 年

诺薇：拉脱维亚共和国与中华人民共和国之间的关系
Jevgēnija Novikova, Latvijas Republikas un Ķīnas Tautas Republikas savstarpējās attiecības MS 08-1

2010 年

安立：韩非子的《解老》《喻老》对老子哲学的解读
Aleksejs Ivanovskis, Laodzi filozofijas interpretācija Haņ Feidzi grāmatas „Dzjie Lao" un „Ju Lao" nodaļās MS 10-2

马笛：六方会谈背景下的中朝关系

Marta Lūsēna, ĶTR un KTDR attiecības sešu pušu sarunu kontekstā

MS 10-3

2011 年

果玛丽亚：初级汉语古文教材

Marija Gorbačenko, Senķīniešu valodas mācību grāmata iesācējiem　　MS 11-1

2012 年

古爱柳：北京胡同与四合院

Aleksandra Grevceva, Hutuni un sihejuaņi Beidzjinā　　MS 12-1

卡琳娜：中国文化语境下《聊斋志异》的具体特征和意义

Karīna Jermaka, „Liaodžai Dži Ji" specifiskās iezīmes un nozīme Ķīnas kultūras kontekstā　　MS 12-2

奈伊琳娜：中国回民的历史发展与民族特征

Irina Nekļudova, Ķīnas musulmaņu hui vēsturiskā attīstība un etniskās īpašības　　MS 12-3

2014 年

詹娜：中国大城市传统民居建筑现状与山寨建筑——模仿西方建筑现象

Zane Breice, Tradicionālās dzīvojamās arhitektūras stāvoklis Ķīnas lielpilsētās un šaņdžai dzaņdžu – Rietumu arhitektūras atdarināšanas fenomens　　MS 14-1

葛思语：中文文献中的琐罗亚斯德教术语研究

Georgijs Dunajevs, Zoroastriešu terminoloģijas izpēte ķīniešu rakstītajos avotos　　MS 14-2

柯薇拉：《菜根谭》中的明朝道德和社会价值格言
Vera Kravcova, Min dinastijas laika morālās un sociālās vērtības aforismu krājumā „Caigeṇtaṇ" MS 14-4

叶春萌：中国中心主义思想及其对明朝时期的中国人与欧洲交往的影响
Ekaterina Pavlova, Sinocentrisma ideja un tās ietekme uz Ķīnas kontaktiem ar Eiropu Min dinastijas laikā MS 14-5

左安娜：中国古代皇室与贵族的联姻
Anastasija Zolotarjova, Laulības starp Imperiālās Ķīnas un tās kaimiņvalstu aristokrātu ģimenēm MS 14-6

2016 年

艾文：志怪体裁发展的开端及干宝作品《搜神记》的特性
Pārsla Dambe, Džiguai žanra attīstības atsākumi un Gaṇ Bao darba "Soušeṇdzji" specifika MS 16-2

达莉娅：唐代水墨画家吴道子作品的宗教主题
Darja Ļipņagova, Reliģiskie motīvi Tan dinastijas tušas gleznotāja Vu Daodzi daiļradē MS 16-3

2017 年

金达：《前汉书》及其对中国王朝史书写传统的影响
Ginta Elksne, "Agrīnās Haṇ dinastijas vēsture" un tās ietekme uz dinastiju vēstures pierakstīšanas tradīciju Ķīnā MS 17-1

孙天娜：20 世纪 90 年代至 21 世纪中国新无神论意识形态
Kristiāna Meldere, Neosteitisma ideoloģija Ķīnā 20. gs. 90. gados un 21. gs
MS 17-2

肆安娜：2006—2016 年中国与白俄罗斯和中国与波兰关系比较
Anna Dominika Skuza, The Relations of China with Belarus and China with Poland in 2006.-2016.: Comparison　　　　　　　　　　　　MS 17-3

2018 年

帝安娜：苏童小说《妻妾成群》中的女性形象与情感刻画
Diāna Komova, Sievietes tēls un viņas emociju atainojums Su Tun romānā "Sievas un konkubīnes"　　　　　　　　　　　　MS 18-1

刘劳拉：巴金（1904—2005）作品在中国文化史发展不同阶段的特征
Laura Liepiņa, Ba Dziņ（1904-2005）daiļrades iezīmes dažādos Ķīnas kultūrvēsturiskās attīstības posmos　　　　　　　　　　　　MS 18-2

赵劳拉：葛洪作品中的长生不老的理想
Laura Pinkena, Nemirstība kā ideāls Ge Hun daiļradē　　MS 18-3

2019 年

古维多利亚 Viktorija Gudovska：中国与海外侨民
Viktoria Gudovskaya, China and Overseas Chinese/Ķīna un ķīniešu migrācija ārzemēs　　　　　　　　　　　　MS 19-1

魏萨比娜：中国现代社会饮茶传统与陆羽作品《茶经》的对比
Sabīne Vjatere, Tējas dzeršanas tradīcijas mūsdienu ķīniešu sabiedrībā salīdzinājumā ar Lu Ju darbu „Tējas kanons"

　　　　　　　　　　　　MS 19-2

2021 年

艾丽塔：长生不老现象：中国传统风水及其在秦始皇陵墓建造中的特点
Arita Karīna Braķe, Nemirstības fenomens: ķīniešu tradicionālā ģeomantija

（fenšui）un tās iezīmes Ķīnas pirmā imperatora Cjiņ Šihuan kapeņu celtniecībā

MS 21-1

阿杰莉娜：徐渭传记及其对中国艺术的影响
Adelīna Lāce，Sju Vie biogrāfija un ietekme uz Ķīnas mākslu   MS 21-2

柯劳拉："文革"后伤痕文学中的中国身份探寻反思
Laura Zātiņa，Ķīniešu identitātes meklējumu atspoguļojums Rētu literatūrā pēc Kultūras revolūcijas   MS 21-3

2022 年

艾薇尔：中国前卫文学中的精神病人写照
Patrīcija Avotiņa，Garīgi slimo cilvēku atainojums ķīniešu avangarda literatūrā   MS 22-1

2023 年

高安娜：20 世纪中国社会女性角色和权利的变迁及其在丁琳、张爱琳作品中的反映
Anastasija Galkina，Sieviešu lomas un tiesību izmaiņas 20. gs. Ķīnas sabiedrībā un to atspoguļojums Din Lin un Džan Ailin darbos，   MS 23-1

潘尼卡：杜甫和李白作品中中国"古体诗"的分类与象征意义
Veronika Krivko-Pankratova，Ķīniešu "senās formas" dzejas klasifikācija un simbolika Du Fu un Li Bai darbos，   MS 23-2

伊丽娜：中国传统医学史和现代研究者诗歌中的肉桂与人参
Irina Paratova，Kanēlis un žeņšeņs ķīniešu tradicionālās medicīnas vēsturē un mūsdienu pētnieku dzejā，   MS 23-3

三、拉脱维亚大学人文学院（外国语言学院—现代语言学院）/孔子学院奖学金、"汉语桥"、HSK、夏令营一览表（部分）

1. 奖学金

1995 年奖学金

时间：1995 年 9 月　任教老师：史莲娜、贝德高、茵娜等

名字	中间名	姓	中文名	学校
Dace		Liberte	李达彩	山东师范大学进修中文 1 学年
Dana		Rudāka	茹丹娜	山东师范大学进修中文 1 学年
Agnese		Iļjina	哈艾葛妮赛	山东师范大学进修中文 1 学年
Rolands		Ūdris	乌罗兰兹	山东师范大学进修中文 1 学年
Agita		Baltgalve	鲍葛薇	台湾师范大学进修中文 1 学年半
Jānis		Ozoliņš	沃亚尼斯	台湾师范大学进修中文 1 学年

1996 年奖学金

时间：1996 年 9 月　任教老师：史莲娜、何杰、茵娜等

名字	中间名	姓	中文名	学校
Egils		Dzelme	张放	北京语言大学进修中文 1 学年
Iveta		Bankova	伊维达	北京语言大学进修中文 1 学年
Ligita		Jurkāne	李丽	山东师范大学进修中文 1 学年
Kaspars		Eihmanis	小卡	北京第二外国语学院进修中文 1 学年

1997 年奖学金

时间：1997 年 9 月　任教老师：史莲娜、何杰等

名字	中间名	姓	中文名	学校
Aļesja		Rogača	罗佳玫	北京语言大学进修中文 1 学年
Ilona		Jevstropova	大山	北京语言大学进修中文 1 学年
Solveiga		Kārkliņa-Akmentiņa	郑慧敏	山东师范大学进修中文 1 学年
Dace		Liberte	李达彩	台湾政治大学进修中文 1 学年
Kaspars		Krustiņš	大卡	台湾师范大学进修中文 1 学年
Marija		Nikolajeva	周文馨	台湾师范大学进修中文 2 学年

1998 年奖学金

时间：1998 年 9 月　任教老师：史莲娜、于丛杨等

名字	中间名	姓	中文名	学校
Anna		Dobrijaņina	朵安娜	北京外国语大学进修中文 1 学年
Vera		Pole	珀维拉	北京外国语大学进修中文 1 学年
Laura		Stupaka	思劳拉	山东师范大学进修中文 1 学年
Anda		Kalniņa	考安达	山东师范大学进修中文 1 学年
Jeļena		Holodova	霍叶莲娜	山东师范大学进修中文 1 学年
Inese		Lielmane	列伊奈赛	复旦大学进修中文 1 学年
Ina		Forande	茵娜	北京语言大学进修中文 1 学期
Evita		Grase	艾维塔	台湾师范大学进修中文 1 学年
Kaspars		Eihmanis	艾恪（小卡）	台湾师范大学进修中文 1 学年

1999 年奖学金

时间：1999 年 9 月　任教老师：史莲娜、于丛杨等

名字	中间名	姓	中文名	学校
Iveta		Kukuma	薇炜	中国人民大学进修中文 1 学年
Laura		Stupaka	思劳拉	山东中医药大学进修中医 1 学年
Liene			梨椰娜	山东师范大学进修中文 1 学年
Linda			林妲	山东师范大学进修中文 1 学年
Marija		Pokrovska-Mihajličenko	米玛丽娅	山东师范大学进修中文 1 学年
Nikolajs		Belovs	尼古拉斯	北京体育大学武术汉语（自费）

2000 年奖学金

时间：2000 年 9 月　任教老师：史莲娜、于丛杨、小卡、艾维塔等

名字	中间名	姓	中文名	学校
Zane		Mellupe	美查娜	山东师范大学进修中文 1 学年，后继续
Dace		Mihailova	蜜达彩	山东师范大学进修中文 1 学年，后继续
Liene		Barkāne	巴莉耶娜	南京师范大学进修中文 1 学年
Gatis		Veldre	加迪斯	南京师范大学进修中文 1 学年
Ligita		Zihmane	李莉	南京师范大学进修中文 1 学年
Laura		Stupaka	思劳拉	上海中医药大学学习中医 5 学年

2001 年奖学金

时间：2001 年 9 月　任教老师：史莲娜、于丛杨、小卡、艾维塔、李丽等

名字	中间名	姓	中文名	学校
Maija		Burmakova	布麦雅	上海大学进修中文 1 学年
Ilze		Pūka	衣尔泽	南京师范大学进修中文 1 学年
Tatjana		Kudrjavceva	达吉雅娜	中山大学进修中文 1 学年
Anna		Pīpiņa	皮安娜	南京师范大学进修中文 1 学年
Linda		Bērziņa	白琳达	南京师范大学进修中文 1 学年
Haralds		Matulis	哈罗兹	上海戏剧学院进修中文 1 学年
Irina		Bezručenko	白伊丽娜	台湾师范大学进修中文 1 学年

2002 年奖学金

时间：2002 年 9 月　任教老师：史莲娜、于丛杨、王珊、小卡、艾维塔、李丽、丹娜等

名字	中间名	姓	中文名	学校
Irina		Marinska	玛伊丽娜	南京师范大学进修中文 1 学年
Jeļena		Paškeviča	帕叶莲娜	华中师范大学进修中文 1 学年
Kintija		Zdanovska	金捷娅	中山大学进修中文 1 学年
Renāte		Andersone	列娜特	中山大学进修中文 1 学年
Jekaterina		Dena	戴卡佳	四川大学进修中文 1 学年
Laura		Šlare	史劳拉	台湾师范大学进修 1 学年
Edijs		Erins	艾迪斯	少林寺塔沟武术学校 3 年（自费）
Toms		Pavarnieks	帕托姆斯	少林寺塔沟武术学校 3 年（自费）

2003 年奖学金

时间：2003 年 9 月　任教老师：史莲娜、王珊、小卡、艾维塔、李丽、丹娜等

名字	中间名	姓	中文名	学校
Zane		Mellupe	美查娜	上海师范大学继续进修中文 1 学年
Olga		Maļeva	玛奥尔佳	北京师范大学进修中文 1 学年
Elēna		Ardava	艾莲娜	重庆大学进修中文 1 学年
Jānis		Skubeničs	雅尼斯	中山大学进修中文 1 学年
Laura		Stupaka	思劳拉	上海中医药大学继续进修
Elina		Breskere	白艺兰	北京师范大学进修中文 1 学年（自费）

2004 年奖学金

时间：2004 年 9 月 任教老师：史莲娜、王珊、小卡、艾维塔、李丽等

名字	中间名	姓	中文名	学校
Ilze		Briede	布伊尔泽	南京师范大学进修中文 1 学年
Anastasija		Puzankova	阿娜西	复旦大学进修中文 1 学年
Una	Aleksandra	Bērziņa	白妩娜	北京语言大学进修中文 1 学年
Vladimirs		Silovs	罗拉伍	南京师范大学进修中文 1 学年
Anna		Sedova	谢安娜	台湾师范大学进修中文 1 学年
Kaspars		Eihmanis	小卡	北京外国语大学访问学者 1 个半月

2005 年奖学金

时间：2005 年 9 月 任教老师：张俊玲、贝德高、柯世浩、小卡、艾维塔等

名字	中间名	姓	中文名	学校
Baiba		Misāne	蜜白芭	南京大学进修中文 1 学年
Marija		Horoškejeva	霍玛丽亚	复旦大学进修中文 1 学年
Vera		Rižņikova	薇拉	北京师范大学进修中文 1 学年
Laura		Šlare	史劳拉	北京师范大学进修中文 1 学年
Jekaterina		Dena	戴卡佳	吉林大学进修中文 1 学年
Jūlija		Gumiļova	莫丽雅	台湾师范大学进修中文 1 学年
Jeļena		Holodova	霍叶莲娜	四川外国语学院进修 1 学年并参加"汉语桥"大学生比赛
Sofija		Golubcikova	郭索菲亚	北京语言大学进修中文 2 个月"汉语桥"
Žanna		Musina	梦竹	四川大学进修中文 1 学年（自费）
Jekaterina		Stepanova	思卡佳	济南大学 4 个月（圣彼得堡东方学院学生）
Jānis		Butkevics	布克玮	华中师范大学外国专家 1 学期
Edgars		Mazkalnins	马兹卡	四平少林武术学校（高中生，自荐）
Jeļena		Holodova	霍叶莲娜	参加"汉语桥"大学生比赛并在四川外国语学院进修中文 1 学年
Sofija		Golubcikova	郭索菲亚	北京语言大学进修"汉语桥"中文 2 个月

2006 年奖学金

时间：2006 年 9 月 任教老师：张俊玲、贝德高、柯世浩、小卡、艾维塔等

名字	中间名	姓	中文名	学校
Mihails		Rīzakovs	明亥	武汉理工大学MBA 2学年（硕研）
Aleksandrs		Novikovs	诺亚历山大	北京语言大学进修中文1年（外交部三秘）
Karens		Petrosjans	阳康龙	华中师范大学中国古代文学1学年
Santa		Jansone	杨桑塔	华中师范大学现代汉语1学年
Rudolfs		Vetra	维特拉	浙江大学中国哲学1学年（拉大哲学系）
Helmuts		Kols	科尔斯	清华大学国际贸易2学年（博研，发展署）
Anastasija		Puzankova	阿娜西	复旦大学法学院8年（学士和硕士）
Laura		Blomentale	布劳拉	天津师范大学现代汉语1学年

2007年奖学金

时间：2007年9月 任教老师：王英佳、贝德高、小卡、柯世浩、鲍葛薇、伊丽娜、崔艳蕾等

名字	中间名	姓	中文名	学校
Karīna		Jermaka	卡琳娜	上海外国语大学进修中文1学年
Santa		Zvirbule	兹桑塔	南京师范大学修中文1学年
Agnese		Vilka	韦小洁	安徽大学进修中文1学年
Olga		Maļeva	玛奥尔佳	北京师范大学中国古代史专业博士3学年
Ieva		Reca	莱耶娃	中山大学进修中文1学年（拉大经管学院在读研究生，拉脱维亚议会）
Armands		Strauja	斯阿蒙兹	东华大学进修中文1学年（拉大哲学历史学院在读本科生，拉脱维亚议会）
Andžejs		Kaševskis	安杰斯	复旦大学1学年中国政治与外交项目（拉脱维亚外交部）
Iveta		Bogdane	波伊薇塔	北京外国语大学（意大利天主教大学）
Anna		Suškēviča	苏安娜	浙江大学进修中文1学年
Kārlis		Rokpelnis	罗凯利	北京外国语大学进修中文1学年
Maxim	Arkadievicm	Orehov	澳莱霍	清华大学进修中文1学年（中学毕业）
Andrejs	Sergejevich	Baluta	巴鲁踏	清华大学进修中文1学年（中学毕业）
Vera		Rižņikova	薇拉	北京师范大学进修中文3个月
Karīna		Jermaka	卡琳娜	北京语言大学1个月，"汉语桥"奖学金
Aleksandra		Grevceva	古爱柳	北京语言大学1月，"汉语桥"奖学金
Karīna		Jermaka	卡琳娜	北京语言大学1个月，"汉语桥"奖学金
Aleksandra		Grevceva	古爱柳	北京语言大学1月，"汉语桥"奖学金

2008 年奖学金

时间：2008 年 9 月 任教老师：王英佳、贝德高、小卡、柯世浩、鲍葛薇、伊丽娜、张红等

名字	中间名	姓	中文名	学校
Karens		Petrosjans	阳康龙	中山大学中国古代史 1 学年
Ilona		Jevstropova	大山	南开大学对外汉语硕研 3 学年
Ramona		Skrinda	拉莫娜	
Līva		Laiveniece	拉丽娃	
Anželika		Smirnova	安泽	东北师范大学现代中文 1 学年
Marija		Gorbacenko	果玛丽亚	北京语言大学"汉语桥"奖学金 1 个月
Zane		Sprukta	扎内	南京师范大学"汉语桥"奖学金 1 个月

2009 年奖学金

时间：2009 年 9 月 任教老师：王英佳、张红、王烨姝、贝德高、小卡、柯世浩、鲍葛薇、伊丽娜、莫丽雅、叶娃等

名字	中间名	姓	中文名	学校
Anželika		Smirnova	安泽	东北师范大学对外汉语硕士 3 学年
Sabīne		Kuroviča	莎比娜	东北师范大学进修中文 1 学年
Aleksejs		Paškovskis	潘亚力	辽宁师范大学进修中文 1 学年
Una	Aleksandra	Bērziņa	白妩娜	北京语言大学进修中文 1 学年
Zane		Breice	詹娜	北京语言大学进修中文 1 学期
Edgar		Gavrik	盖埃德加	南京师范大学进修中文 1 学期
Olga		Opekuna	奥莉亚	天津师范大学进修中文 1 学期
Richards		Piks	皮理查德	对外经贸大学国际经贸本科 5 学年
Eva		Kremere	爱娃	吉林大学国际关系硕士 2 学年
Maria		Čumikova	初玛丽亚	北京语言大学进修中文 1 学年

2010 年奖学金

时间：2010 年 9 月 任教老师：王英佳、张红、王烨姝、贝德高、小卡、柯世浩、鲍葛薇、伊丽娜、莫丽雅等

名字	中间名	姓	中文名	学校
Žanna		Musina	梦竹	北京科技大学国际贸易硕士研究生 2 学年
Karens		Petrosjans	阳康龙	云南大学中国古代文学高级进修生 1 学年
Jekaterina		Koteļņikova	小云	东华大学进修中文 1 学年

续表

名字	中间名	姓	中文名	学校
Olga		Maļeva	玛奥尔佳	北京师范大学中国古代史继读博士1年
Aleksejs		Paškovskis	潘亚力	辽宁师范大学汉语硕士研究生3学年
Romans		Vikis	魏罗曼斯	首都经贸大学进修中文1学年
Natālija		Pestune	娜达莉亚	中国美术学院进修中文1学年
Renars		Lasks	任纳斯	云南财经大学研究生4年
Jana		Daniča	丹雅娜	兰州大学进修中文1学年
Edvīns		Gajevskis	艾晓奇	东北师范大学进修中文1学年
Olga		Opekuna	奥莉亚	天津师范大学进修中文1学年
Irina		Nekļudova	奈伊琳娜	山东师范大学进修中文1学期
Līva		Koziola	莉娃	北京语言大学进修中文1学年
Irina		Glodika	帕伊丽娜	西安外国语大学进修中文1学年
Sergejs		Paratovs	帕谢尔盖	西安外国语大学进修中文1学年
Anna		Nidbalska	倪安娜	杭州师范大学进修中文1学期
Zane		Breice	詹娜	杭州师范大学进修中文1学年
Aija		Pliena	普艾雅	北京体育大学进修中文1学年
Anastasija		Rižika	南茜	南京师范大学进修中文1学年
Anna		Sedova	谢安娜	北京师范大学进修中文1学期
Simona		Zuja	甜甜	"汉语桥"观摩一个月

2011年奖学金

时间：2011年9月 任教老师：王烨姝、小卡、柯世浩、鲍葛薇、伊丽娜、莫丽雅等

名字	中间名	姓	中文名	学校
Ekaterina		Pavlova	叶春萌	浙江大学进修中文1学年
Ksenija		Naidjonoka	安然	浙江师范大学进修中文1学年
Georgijs		Dunajevs	葛思语	天津师范大学进修中文1学年
Jana		Daniča	丹雅娜	兰州大学环境保护硕士研究生4学年
Zane		Breice	詹娜	浙江大学进修中文1学年
Natālija		Pestune	娜达莉亚	中国美术学院硕士研究生3学年
Andžejs		Kaševskis	安杰斯	北京语言大学进修中文1学年（外交部）
Kārlis		Rokpelnis	罗凯利	中央民族大学读博5学年
Simona		Zuja	甜甜	黑龙江大学进修中文1学年
Sandra		Sokirka	小可	云南师范大学进修中文1学年
Nina		Džiganska	妮娜	杭州师范大学进修中文1学年
Vitālijs		Fisenkovs	风力	"汉语桥"观摩

2012 年奖学金

时间：2012 年 9 月 任教老师：樊莉、小卡、柯世浩、鲍葛薇、伊丽娜、莫丽雅、罗毅等

名字	中间名	姓	中文名	学校
Helēna		Vikmane	碧海	宁波大学进修中文 1 学年
Jeļena		Ragozina	拉叶莲娜	北京体育大学进修中文 1 学年
Irina		Paratova	帕伊丽娜	华南师范大学进修中文 1 学年
Karīna		Jermaka	卡琳娜	华东师范大学中国历史与文化专业进修 1 学年
Vitālijs		Fisenkovs	风力	东南大学汉语言专业进修 1 学年
Edvīns		Gajevskis	艾晓奇	东北师范大学对外中文教学专业研究生 3 学年
Marija		Jurso	玛丽娅	吉林大学汉语言专业进修 1 学年，因故放弃
Lasma		Berzkalne	贝拉斯玛	浙江大学汉语言专业进修 2 学年
Jeļena		Strelnikova	斯叶莲娜	中国政法大学国际法学专业硕士研究生 1 学年
Aiga		Gosa	高莎	北京语言大学汉语言专业进修 1 学年
Žanna		Musina	梦竹	北京科技大学博士研究生 5 学年（学校奖学金）
Sarma		Karkle	沙尔马	北京化工大学化学工程 1 学年（学校奖学金）
Ausma		Karkle	奥斯玛	东北财经大学国际贸易硕士 3 学年（学校奖学金）
Ksenija		Naidjonoka	安然	上海交通大学汉语文学硕士 3 学年（学校奖学金）
Romans		Slinka	斯林卡	重庆大学建筑学硕士 2 学年（学校奖学金）
Ilona		Jevstropova	大山	四川大学宗教学硕士 3 学年（学校奖学金）
Natalja		Dzene	杜鹃	北京航空航天大学进修中文 1 学年（学校奖学金）
Jūlija		Celitāne	曹玉	中央财经大学转轨经济学（候补）

2013 年奖学金

时间：2013 年 9 月 任教老师：樊莉、李满楠、王琼子、小卡、柯世浩、鲍葛薇、伊丽娜、莫丽雅、王树蕙、黄颖怡等

名字	中间名	姓	中文名	学校
Agnese		Stūrmane	艾思洁	厦门大学工商管理硕士 2 学年
Aleksandra		Grevceva	古爱柳	中山大学中国近现代史博士 3 学年
Jeļena		Ragozina	拉叶莲娜	北京体育大学民族传统体育学硕士 3 学年

续表

名字	中间名	姓	中文名	学校
Nadīna		Rode	纳迪娜	浙江大学汉语言进修1学年
Ļubova		Ļipņicka	路波娃	天津中医院大学中医临床基础硕士4学年
Aina		Bikova	毕克娃	四川大学汉语言1学年
Aiga		Gosa	高莎	中国政法大学国际法学硕士2学年
Māra		Ķirse	樱桃	天津中医院大学针灸推拿学硕士3学年
Jeļena		Strelnikova	斯叶莲娜	中国政法大学比较法学硕士2学年
Margarita		Isajeva	伊玛格丽塔	厦门大学汉语言1学年
Natālija		Dzene	杜鹃	北京航空航天大学国际贸易硕士3学年
Tatjana		Boikova	波科娃	中国传媒大学新闻学硕士2学年
Tatjana		Titareva	坦妮娅	清华大学公共事业管理硕士1学年
Diāna		Komova	帝安娜	华南师范大学中国历史研修1学期
Laura		Jansone	杨劳拉	华南师范大学汉语言文学研修1学年
Paula		Petrikalne	佩宝拉	华南师范大学汉语言文学研修1学期
Natālija		Rodionova	路娃	华南师范大学中国历史研修1学期
Kristiāna		Meldere	孙天娜	华南师范大学中国哲学研修1学期
Anna		Jakšpētere	李安娜	华南师范大学汉语言文学研修1学期
Antonio		Liaci	李安东	华南师范大学汉语国际教育硕士2学年
Kristīne		Grīnvalde	林天娜	华南师范大学汉语言文学研修1学年
Vendija		Milasēviča	温迪雅	华南师范大学汉语言文学研修1学期
Laura		Liepiņa	刘劳拉	华南师范大学中国历史研修1学期
Ksenija		Deikuna	柯妮娅	华南师范大学汉语言文学研修1学期
Normunds		Vilciņš	罗普	西南交通大学中国历史研修1学期
Lorīna		Gordejeva	罗丽娜	参加"汉语桥"观摩

2014年奖学金

时间：2014年9月 任教老师：王琼子、柯世浩、鲍葛薇、伊丽娜、莫丽雅、王树蕙、方思琪、金晶等

名字	中间名	姓	中文名	学校
Pārsla		Dambe	艾文	华南师范大学1学年
Elīna		Āle	阿丽	华南师范大学1学年
Marija		Jurso	玛丽娅	华南师范大学1学年（汉语和美术）
Santa		Bobkova	宝桑兰	华南师范大学1学年
Lilita		Kalvāne	高娃娜	华南师范大学1学年

续表

名字	中间名	姓	中文名	学校
Paula		Ozoliņa	欧阳兰	华南师范大学 1 学年
Līga		Brice	布李佳	华南师范大学 1 学年
Annija		Bērziņa	白安妮娅	山西大学 1 学期
Lorīna		Gordejeva	罗丽娜	同济大学学习中文 1 年然后浙江大学生物医学本科 7 年
Krista		Muižniece	克丽塔	兰州大学汉语研修 1 学期
Irina		Paratova	帕伊丽娜	暨南大学对外中文教学硕士 3 学年
Jūlija		Dudaļeva	杜尤莉亚	云南大学学习中文 1 学年
Lauma		Ēdelmane	艾蝶尔	北京语言大学进修中文 1 学年
Zane		Bitāne	查奈	云南大学进修中文 1 学年
Līva		Leja	列娃	北京语言大学进修中文 1 学年
Aleksandrs		Simons	西蒙斯	湖南师范大学学习中文 1 学年
Katrīna		Barkāne	卡娜	首都经济贸易大学应用经济学硕士 2 学年
Marcis		Galauska	马西斯	浙江理工大学国际贸易硕士 3 学年
Romans		Dmitrijevs	罗曼斯	广东药学院进修中文 1 学年

2015 年奖学金

时间：2015 年 9 月 任教老师：柯世浩、鲍葛薇、莫丽雅、卡琳娜、王琼子、路岩、黄蕊、尹莎莎、莫婉婷等

名字	中间名	姓	中文名	学校
Diāna		Komova	帝安娜	西北工业大学学习中文 1 学年
Ksenija		Deikuna	柯妮娅	中国政法大学硕士 3 学年
Laura		Liepiņa	刘劳拉	西北工业大学学习中文 1 学年
Katrīna		Barisa	白丽娜	北京外国语大学进修中文 1 学年
Laura		Pinkena	赵劳拉	复旦大学学习中文 1 学年
Jekaterina		Volkova	福吉亚	北京语言大学进修中文 1 学年
Paula		Petrikalne	佩宝拉	上海外国语大学进修中文 1 学年
Elina		Liseka	爱丽娜	北京外国语大学进修中文 1 学年
Karens		Petrosjans	阳康龙	云南师范大学博士后 1 学年
Vitālijs		Fisenkovs	风力	东南大学国际关系硕士 3 学年
Aleksandrs		Simons	西蒙斯	北京第二外国语学院旅游硕士 2 学年
Anda		Sudakova	苏安达	北京第二外国语学院进修中文 1 学年
Natālija		Rodionova	路娃	华南师范大学继续读本科 2 学年
Krista		Muižniece	克丽塔	华东师范大学汉语国际教育硕士 2 学年

续表

名字	中间名	姓	中文名	学校
Monika		Štikāne	莫妮卡	上海交通大学进修中文 1 学年
Rihards		Guzovs	顾睿	浙江大学进修中文 1 学年
Evisa		Usenko	艾薇莎	中国政法大学硕士 3 学年
Romans		Dmitrijevs	罗曼斯	中山大学市场营销博士 3 学年
Lauris		Meiers	劳力士	天津大学建筑学院硕士 2 学年
Maris		Savickis	马利斯	吉林大学公共外交学院硕士 1 学年
Marika		Stepanko	莫莉	上海交通大学进修中文 1 学年
Jūlija		Gumiļova	莫丽雅	俄语国家中文教师研修班 1 个月
Ieva		Saliņa	林伊娃	华南师范大学 1 学年
Kristīne		Dolgiha	凯婷	华南师范大学 1 学年
Martins		Survillo	马金	华南师范大学 1 学年
Aleksi Miika	Viljami	Nuppnula	聂磊	华南师范大学 1 学年
Maija		Burkovska	马吉亚	华南师范大学 1 学年
Kristiāna		Meldere	孙天娜	复旦大学 1 学期

2016 年奖学金

时间：2016 年 9 月 任教老师：柯世浩、鲍葛薇、莫丽雅、卡琳娜、潘军武、曾庆君、潘斌、曾嵘等

名字	中间名	姓	中文名	学校
Katrīna		Barkāne	卡娜	首都经济贸易大学学习中文 1 学年，然后读国际政治博士 3 学年
Lauma		Ēdelmane	艾蝶尔	上海交通大学翻译硕士 3 学年
Anna	Marija	Šefanovska	海安	上海外国语大学进修中文 1 学年
Jeļena		Ragozina	拉叶莲娜	北京体育大学民族传统体育学博士 3 学年
Katrīna		Barisa	白丽娜	北京科技大学工商管理硕士 2 学年
Annija		Sigai	思安妮娅	上海外国语大学学习中文 1 学年
Jekaterina		Volkova	福吉亚	北京语言大学国际关系硕士学位 3 学年
Paula		Ozoliņa	欧阳兰	华南师范大学文学本科 4 学年
Aldis		Bulis	李艾迪	复旦大学国际经济与贸易高级访学 1 学年
Pārsla		Dambe	艾文	北京语言大学学习中文 1 学年
Anastasija		Zlideņa	张安娜	北京第二外国语学院攻读旅游管理硕士学位
Anna		Čepjolkina	蔡安娜	上海外国语大学学习中文 1 学年
Agnese		Igaune	伊高娜	上海中医药大学攻读中医学士学位 5 年
Anastasija		Krilova	高安娜	华南师范大学 1 年
Ivans		Nilovs	伊凡	上海外国语大学 1 学期

2017 年奖学金

时间：2017 年 9 月　任教老师：柯世浩、鲍葛薇、莫丽雅、卡琳娜、潘军武、马笑笑、曾庆君、滕飞、林婕、朱玥等

名字	中间名	姓	中文名	学校
Nadīna		Rode	纳迪娜	中山大学国际关系硕士 3 学年
Monika		Štikāne	莫妮卡	上海交通大学政治学硕士 3 学年
Aleksandrs		Fridmans	弗亚历山大	复旦大学研修中文 1 学年
Raivis		Kazainis	拉维斯	浙江师范大学工商管理硕士 2 学年
Elza		Harja	艾舞	上海大学攻读经济学硕士 3 学年
Krista		Muižniece	克丽塔	上海交通大学中国政治与外交硕士 2 学年
Aldis		Bulis	李艾迪	东北财经大学国际经济与贸易高级访学 1 学年
Ieva		Saliņa	林伊娃	北京第二外国语学院学习中文 1 年，然后攻读旅游管理硕士学位 2 年
Rolands		Līviņš	罗兰达	上海大学国际关系史硕士学位 3 年

2018 年奖学金

时间：2018 年 9 月　任教老师：柯世浩、鲍葛薇、莫丽雅、卡琳娜、王琼子、马笑笑、滕飞、林婕、邹亚平等

名字	中间名	姓	中文名	学校
Laura		Liepiņa	刘劳拉	浙江大学读博（推迟一年）
Anastasija		Zlideņa	张安娜	北京第二外国语学院继续研修中文 1 学年
Ieva		Saliņa	林伊娃	继续在北京第二外国语学院旅游管理硕士
Krista		Buša	李思达	西安交通大学管理工程与科学硕士 2 年
Jana		Vanaga-Medjānova	凡佳娜	上海外国语大学国际关系硕士 2 年
Evisa		Usenko	艾薇莎	中国政法大学国际法学博士 3 年
Rihards		Guzovs	顾睿	上海外国语大学国际关系硕士 3 年
Diāna		Komova	帝安娜	上海外国语大学翻译学博士 4 年
Līva		Leja	列娃	北京师范大学教育技术学博士 3 年
Karens		Kudinovs	顾凯伦	外经贸大学一年语言；辽宁大学 4 年本科
Jeļena		Vahoņina	林娜	华南师范大学一学期研修生
Vairis		Morozs	莫清歌	华南师范大学一学年研修生

2019 年奖学金

时间：2019 年 9 月 任教老师：柯世浩、鲍葛薇、卡琳娜、王琼子、马笑笑、林婕、邹亚平、车俊池、郑玉馨、焦文静等

名字	中间名	姓	中文名	学校
Stefānija		Dzeniša	沈甜甜	华南师范大学 1 学年
Adelīna		Lāce	阿杰莉娜	华南师范大学 1 学期
Anna	Marija	Šefanovska	海安	华南师范大学 1 学期
Larisa		Krilova	菈丽莎	华南师范大学 1 学年
Laura		Liepiņa	刘劳拉	浙江大学教育学博士 3 学年
Viktorija		Vintere	温维雅	上海大学攻读国际关系硕士 3 学年
Anda		Sudakova	苏安达	北京第二外国语学院工商管理硕士 2 学年
Kristiāna		Reinkopa	芳云	上海外国语大学进修中文 1 学年
Tarass		Leočko	达拉斯	北京大学工商管理硕士 2 学年
Dario		Lovato	达里奥	重庆大学进修汉语学 1 年
Helēna		Avdjukeviča	文玲	中国人民大学丝路学院中国政治硕士 2 年
Veronika		Pankratova	潘尼卡	华南师范大学 1 年
Kristīne		Baltpurviņa	贝思婷	华南师范大学 1 年
Jelizaveta		Markosjeva	丽莎	上海外国语大学一学期
Anna		Vodolagina	沃安娜	华东师范大学一学期

2020 年奖学金

时间：2020 年 9 月 任教老师：鲍葛薇、卡琳娜、白冰玉、马笑笑、朱柏帆、杜灏、郑雯宁、郭子凡等

名字	中间名	姓	中文名	学校
Elīna		Leščuka	雷雅晶	华南师范大学 1 学年
Aleksandra		Kila	艾乐	深圳大学汉语国际教育硕士 2 年（自费）
Ričards		Polencs	理查	上海外国语大学一学期
Anastasija		Petrova	贝娜茜	上海外国语大学一学期

2021 年奖学金

时间：2021 年 9 月 任教老师：鲍葛薇、卡琳娜、白冰玉、马笑笑、汤蘅、涂菁滢、王凯欣、邝又君等

名字	中间名	姓	中文名	学校
Lana		Burceva	蓝娜	俄罗斯人民友谊大学硕士 2 学年

2022 年奖学金

时间：2022 年 9 月 任教老师：鲍葛薇、卡琳娜、白冰玉、马笑笑、杨宝茹、张涵絮、邵月园、唐静、沈思顺等

名字	中间名	姓	中文名	学校
Artūrs		Kalbanovs	白虎	上海外国语大学进修中文 1 学年
Kristiāna		Reinkopa	芳云	上海大学进修中文 1 学年
Kamila		Gumeņuka	卡米拉	上海外国语大学进修中文 1 学年
Madara		Smalkā	马笑笑	华南师范大学硕士 2 年，未成行

2023 年奖学金

时间：2023 年 9 月 任教老师：鲍葛薇、卡琳娜、白冰玉、马笑笑、张涵絮、唐静等

名字	中间名	姓	中文名	学校
Elīna		Ļeščuka	雷雅晶	华南师范大学硕士 3 学年
Poļina		Malahova	波琳娜	华南师范大学汉语和武术 1 学年
Marija		Švacka	玛莎	北京外国语大学本科 5 学年
Karina		Meirane	梅卡琳娜	华南师范大学 1 学年
Artjoms		Čerņiks	柯图穆	华南师范大学 1 学年
Anna		Vodolagina	沃安娜	上海外国语大学 1 学期
Virginia		Zanni	高安阳	辽宁师范大学 1 学年（意大利交换生）
Julia		Hucaluk	蓝毓莉	华南师范大学 1 学年（波兰学生）
Aleksandra		Dziuban	杜水茵	华南师范大学 1 学期（波兰学生）
Anastasiia		Skorik	娜丝佳	华南师范大学硕士 2 学年（俄罗斯学生）

2. "汉语桥"

2004 年"汉语桥"比赛

时间：2004 年 4 月 28 日 19 名学生参赛

级别	名字	中间名	姓	中文名	名次
初级组	1 名				一等奖
初级组	2 名				二等奖
初级组	3 名				三等奖
初级组	7 名				优胜奖
高级组	Renāte		Andersone	列娜特	一等奖
高级组	Jekaterina		Dena	戴卡佳	二等奖
高级组	Irina		Marinska	玛伊丽娜	三等奖
高级组	Irina		Bezručenko	白伊丽娜	优胜奖
高级组	Ilze		Pūka	衣尔泽	优胜奖
高级组	Anna		Pīpiņa	皮安娜	优胜奖

2005年"汉语桥"比赛

时间：2005年4月21日

级别	名字	中间名	姓	中文名	名次
初级组	1名				一等奖
初级组	若干				二等奖
初级组	若干				三等奖
中级组	Jeļena		Holodova	霍叶莲娜	一等奖
中级组	Sofija		Golubcikova	郭索菲亚	二等奖
中级组	若干				三等奖

2006年"汉语桥"比赛

时间：2006年4月21日

级别	名字	中间名	姓	中文名	名次
初级组	Anželika		Smirnova	安泽	
初级组	Karīna		Jermaka	卡琳娜	
初级组	Krista		Māliņa	马桂诗	
初级组	Renāte		Ezergaile	李娜特	
初级组	Severins		Goihmans	高言	
初级组	Aleksandra		Grevceva	古爱柳	
初级组	Aleksejs		Ivanovskis	安立	
初级组	Jānis		Brikmanis	布亚尼斯	
初级组	Marta		Lūsēna	马笛	
初级组	Agata		Muceniece	艾嘉	
初级组	Dace		Muša	牟达采	
初级组	Aleksejs		Paškovskis	潘亚力	
初级组	Katrīna		Popova	珀卡丽娜	
初级组	Madara		Smalkā	马笑笑	
初级组	Juris		Stūrainis	尤力思	
初级组	Anna		Suškēviča	苏安娜	
初级组	Jeļizaveta		Siuškova	叶丽莎	
初级组	Ģirts		Šenbergs	沈吉辞	
初级组	Inga		Tēraude	英鸽	
初级组	Jūlija		Vakulenko	朱丽雅	
初级组	Mārcis		Vībergs	马奇	
初级组	Agnese		Vilka	韦小洁	
初级组	Inese		Vintisā	文映采	

续表

级别	名字	中间名	姓	中文名	名次
中级组	Anna		Sedova	谢安娜	一等奖
中级组	Mihails		Rīzakovs	明亥	
中级组	Santa		Zvirbule	兹桑塔	
中级组	Kirils		Bakovs	巴基里尔	
中级组	Natasha		Gombac	娜塔莎	
中级组	Ilona		Jevstropova	大山	
中级组	Aļesja		Rogača	罗佳玫	

2007 年"汉语桥"比赛

时间：2007 年 5 月 11 日

级别	名字	中间名	姓	中文名	名次
初级组	1 名				一等奖
初级组	若干				二等奖
初级组	若干				三等奖
中级组	Anželika		Smirnova	安泽	一等奖
中级组	Karīna		Jermaka	卡琳娜	二等奖
中级组	Aleksandra		Grevceva	古爱柳	二等奖

2008 年"汉语桥"比赛

时间：2008 年 5 月 4 日

级别	名字	中间名	姓	中文名	名次
初级组	Jana		Daniča	丹雅娜	一等奖
初级组	Irina		Paratova	帕伊丽娜	二等奖
初级组					三等奖
中级组	Sabīne		Kuriloviča	莎比娜	一等奖
中级组	Maria		Čumikova	初玛丽亚	二等奖
中级组	Marija		Gorbacenko	果玛丽亚	二等奖
中级组	Zane		Sprukta	扎内	三等奖

2009 年"汉语桥"比赛

一等奖 1 人，二等奖 1 人（共 3 人），三等奖 1 人（共 8 人），中级组一等奖共 1 人，二等奖共 2 人，三等奖共 3 人

时间：2009 年 5 月 8 日

级别	名字	中间名	姓	中文名	名次
初级组	Elvis		Tupčijenko	温暖	奖
初级组	Jekaterina		Koteļņikova	小云	奖
初级组	Georgijs		Dunajevs	葛思语	奖
初级组	Simona		Zuja	甜甜	奖
初级组	Liene		Logina	小莲	奖
初级组	Ksenija		Naidjonoka	安然	奖
初级组	Edvīns		Gajevskis	艾晓奇	三等奖
初级组	Sandra		Sokirka	小可	奖
中级组	Nina		Džiganska	妮娜	奖
中级组	Olga		Opekuna	奥莉亚	奖
中级组	Zane		Breice	詹娜	奖
中级组	Lolita		Bizune	洛丽塔	奖
中级组	Liva		Koziola	莉娃	奖
中级组	Aleksandrs		Dmitrenko	迪亚历山大	奖
中级组	Anna		Nidbalska	倪安娜	奖
中级组	Anastasija		Kursova	南西	奖
中级组	Nikita			逆刻	奖
高级组	Jana		Daniča	丹雅娜	一等奖
高级组	Anastasija		Kursova	南西	三等奖
高级组	Olga		Opekuna	奥莉亚	三等奖
高级组	Zane		Sprukta	扎内	优胜奖
高级组	Olga		Zraževska	兹奥尔佳	优胜奖
高级组	Maria		Čumikova	初玛丽亚	优胜奖

2010 年"汉语桥"比赛

时间：2010 年 5 月 11 日

级别	名字	中间名	姓	中文名	名次
初级组	Jeļena		Ragozina	拉叶莲娜	一等奖
初级组	Agnese		Stūrmane	艾思洁	二等奖
初级组	Anna		Puriņa	普安娜	三等奖
中级组	Simona		Zuja	甜甜	一等奖
中级组	Georgijs		Dunajevs	葛思语	二等奖
中级组	Edvins		Gajevskis	艾晓奇	三等奖
中级组	Ksenija		Naidjonoka	安然	三等奖

续表

级别	名字	中间名	姓	中文名	名次
中级组	Irina		Pronina	黎黎	三等奖
高级组	Anna		Nidbalska	倪安娜	一等奖
高级组	Anastasija		Rižika	南茜	二等奖
高级组	Irina		Nekludova	奈伊琳娜	三等奖
高级组	Zane		Breice	詹娜	三等奖

2011年"汉语桥"比赛

时间：2011年4月19日

级别	名字	中间名	姓	中文名	名次
初级组	Pārsla		Dambe	艾文	优胜奖
初级组	Kristīne		Grīnvalde	林天娜	优胜奖
初级组	Laura		Jansone	杨劳拉	优胜奖
高级组	Simona		Zuja	甜甜	一等奖
高级组	Ksenija		Naidjonoka	安然	
高级组	Jekaterina		Koteļņikova	小云	
高级组	Sandra		Sokirka	小可	
高级组	Georgijs		Dunajevs	葛思语	
高级组	Elvis		Tupčijenko	温暖	
高级组	Edvins		Gajevskis	艾晓奇	三等奖
高级组	Ekaterina		Pavlova	叶春萌	优胜奖

2012年"汉语桥"比赛

时间：2012年4月24日

级别	名字	中间名	姓	中文名	名次
初级组	Jekaterina		Kotelnikova	小云	一等奖
初级组	Aelita		Lapšina	李师娜	二等奖
初级组	Kseneja		Horuženko	何申雅	三等奖
初级组	Erika		Galveniece	小爱	优胜奖
中级组	Sibilla		Šlēgelmilha	西必娜	二等奖
中级组	Madara		Kalniņa	玛达拉	优胜奖
高级组	Helēna		Vikmane	碧海	一等奖
高级组	Marija		Jurso	玛丽娅	二等奖
高级组	Vitālijs		Fsenkovs	风力	三等奖
高级组	Jeļena		Ragozina	拉叶莲娜	三等奖
高级组	Jūlija		Celitāne	曹玉	优胜奖
高级组	Aleksandrs		Simons	西蒙斯	优胜奖

2013年"汉语桥"比赛

时间：2013年4月23日

级别	名字	中间名	姓	中文名	名次
大学生成人初级组	Linda		Kande	李琳达	一等奖
大学生成人初级组	Paula		Petrikalne	佩宝拉	三等奖
大学生成人初级组	Vendija		Milasēviča	温迪雅	优胜奖
大学生成人初级组	Kristiāna		Meldere	孙天娜	优胜奖
大学生成人初级组	Ksenija		Deikuna	柯妮娅	优胜奖
大学生成人中级组	Lorīna		Gordejeva	罗丽娜	一等奖
大学生成人中级组	Ksenija		Horuženko	何申雅	二等奖
大学生成人高级组	Marija		Jurso	玛丽娅	一等奖
大学生成人高级组	Ineta		Girdjuka	吉英蕾	二等奖
大学生成人高级组	Māra		Ķirse	樱桃	三等奖
大学生成人高级组	Aļona		Mikitina	苏海兰	优胜奖
大学生成人高级组	Aleksandrs		Simons	西蒙斯	优胜奖

2014年"汉语桥"比赛

时间：2014年4月30日

级别	名字	中间名	姓	中文名	名次
大学生成人中级组	Paula		Ozoliņa	欧阳兰	一等奖
大学生成人中级组	Laura		Pāvila	宝劳拉	二等奖
大学生成人中级组	Viktorija		Vintere	温维雅	三等奖
大学生成人中级组	Annija		Bērziņa	白安妮娅	优胜奖
大学生成人中级组	Kitija		Nille	宁清颜	优胜奖
大学生成人中级组	Anastasija		Krilova	高安娜	优胜奖
大学生成人中级组	Lauma		Ēdelmane	艾蝶尔	一等奖
大学生成人中级组	Katrīna		Barisa	白丽娜	二等奖
大学生成人中级组	Krista		Buša	李思达	三等奖
大学生成人高级组	Karīna		Jermaka	卡琳娜	一等奖
大学生成人高级组	Kristiāna		Meldere	孙天娜	二等奖
大学生成人高级组	Lorīna		Gordejeva	罗丽娜	三等奖
大学生成人高级组	Ksenija		Deikuna	柯妮娅	优胜奖
大学生成人高级组	Čengun		Jiņ	尹成宫	优胜奖

2015 年"汉语桥"比赛

时间：2015 年 4 月 21 日

级别	名字	中间名	姓	中文名	名次
小学生初级组	Līva		Kreitāle	南湘	优胜奖
中学生高级组	Aleksandra		Kiļa	艾乐	二等奖
中学生高级组	Mišela		Belkina	蜜雪儿	优胜奖
大学生成人初级组	Vsevolod		Burenin	谢沃	一等奖
大学生成人初级组	Elza		Harja	艾舞	二等奖
大学生成人初级组	Rihards		Guzovs	顾睿	三等奖
大学生成人初级组	Irina		Udalejeva	乌伊琳娜	优胜奖
大学生成人中级组	Sabīne		Penka	彭冰	一等奖
大学生成人中级组	Anda		Sudakova	苏安达	二等奖
大学生成人高级组	Nadīna		Rode	纳迪娜	一等奖
大学生成人高级组	Jekaterina		Volkova	福吉亚	二等奖
大学生成人高级组	Annija		Bērziņa	白安妮娅	三等奖

2016 年"汉语桥"比赛

时间：2016 年 3 月 11 日

级别	名字	中间名	姓	中文名	名次
小学生初级组	Aleksandra		Prīverte	雅莉	优胜奖
小学生初级组	Alans		Kalinovskis	亚伦	优胜奖
小学生初级组	Marta		Grīnberga	柏佳	优胜奖
小学生初级组	Alise		Vaivare	皓乐	优胜奖
小学生初级组	Daniils		Kargins	喀丹尼尔	优胜奖
小学生中级组	Līva		Kreitāle	南湘	优胜奖
中学生初级组	Annija		Slēze	沈安妮	优胜奖
中学生高级组	Monta		Ozola	奥梦达	一等奖
大学生成人初级组	Tatjana		Andrejeva	塔尼亚	
大学生成人初级组	Adelīna		Lāce	阿杰莉娜	
大学生成人初级组	Anna		Čepjolkina	蔡安娜	
大学生成人初级组	Zane		Ozoliņa	湶霓	
大学生成人初级组	Annija		Sigai	思安妮娅	
大学生成人初级组	Krists		Vilemsons	库森	
大学生成人中级组	Elza		Harja	艾舞	
大学生成人中级组	Viktorija		Vintere	温维雅	
大学生成人中级组	Marika		Stepanko	莫莉	

续表

级别	名字	中间名	姓	中文名	名次
大学生成人中级组	Sabīne		Vjatere	魏萨比娜	
大学生成人高级组	Astrīda		Gobiņa	高碧娜	一等奖
大学生成人高级组	Darja		Ļipņagova	达莉娅	二等奖
大学生成人高级组	Pārsla		Dambe	艾文	三等奖

2017年"汉语桥"比赛

时间：2017年4月25日—26日

级别	名字	中间名	姓	中文名	名次
小学生初级组	Asnate		Taivāne	阿丝娜	二等奖
小学生初级组	Poļina		Kožina	可乐	三等奖
小学生中级组	Anais		Korali	星星	一等奖
小学生中级组	Marta		Grīnberga	柏佳	优胜奖
中学生初级组	Paula		Rāmute	腊宝拉	优胜奖
中学生初级组	Maija		Perepjolka	马娅	优胜奖
中学生初级组	Veronika		Pankratova	潘妮卡	二等奖
中学生初级组	Kristīne		Baltpurviņa	贝思婷	优胜奖
中学生初级组	Adriāna	Leonora	Martinkēviča	马莲娜	优胜奖
中学生中级组	Līva		Kreitāle	南湘	优胜奖
大学生成人初级组	Emils		Kolosovs	艾明	一等奖
大学生成人初级组	Helēna		Avdjukēviča	文玲	二等奖
大学生成人初级组	Krists		Vilemsons	库森	三等奖
大学生成人初级组	Anna		Ņeženceva	聂安娜	优胜奖
大学生成人初级组	Patrīcija		Avotiņa	艾薇尔	优胜奖
大学生成人初级组	Arita	Karīna	Braķe	艾丽塔	优胜奖
大学生成人初级组	Lana		Krasone	拉娜	优胜奖
大学生成人中级组	Adelīna		Lāce	阿杰莉娜	优胜奖
大学生成人中级组	Jūlija		Minčenoka	猷梨娅	优胜奖
大学生成人高级组	Laura		Pinkena	赵劳拉	一等奖
大学生成人高级组	Diāna		Komova	帝安娜	二等奖
大学生成人高级组	Rihards		Guzovs	顾睿	三等奖

2018年"汉语桥"比赛

时间：2018年4月24—25日

级别	名字	中间名	姓	中文名	名次
小学生初级组	Elizabete	Kate	Stradiņa	斯凯特	优胜奖
小学生中级组	Asnate		Taivāne	阿丝娜	二等奖
小学生中级组	Sofija		Gurkovska	古苏菲	优胜奖
小学生高级组	Anais		Korali	星星	一等奖
中学生初级组	Nikola		Ulriha	妮克拉	优胜奖
中学生中级组	Amira		Korali	月亮	二等奖
中学生中级组	Veronika		Pankratova	潘尼卡	三等奖
中学生中级组	Kristīne		Baltpurviņa	贝思婷	优胜奖
大学生成人初级组	Elizaveta		Bogatova	白丽雪	一等奖
大学生成人初级组	Aļina	Roberta	Gabasova	盖丽娜	二等奖
大学生成人初级组	Rūdolfs		Kamzols	阚狼	优胜奖
大学生成人中级组	Anastasija		Jukšinska	优安娜	一等奖
大学生成人中级组	Dario		Lovato	达里奥	三等奖
大学生成人高级组	Mišela		Belkina	蜜雪儿	一等奖

2019年"汉语桥"比赛

时间：2019年4月12日—13日

级别	名字	中间名	姓	中文名	名次
小学生初级组	Elizaveta		Čerkes	叶莉	优胜奖
小学生高级组	Asnate		Taivāne	阿丝娜	二等奖
小学生高级组	Poļina		Kožina	可乐	优胜奖
中学生中级组	Sofija		Gurkovska	古苏菲	优胜奖
大学生成人初级组	Elīna		Ļeščuka	雷雅晶	一等奖
大学生成人初级组	Larisa		Krilova	菈丽沙	优胜奖
大学生成人初级组	Aleksandra		Mirojevskaja	萨沙	优胜奖
大学生成人初级组	Artūrs		Kalbanovs	白虎	优胜奖
大学生成人中级组	Rebeka	Anna	Abija	宋意晴	一等奖
大学生成人中级组	Veronika		Pankratova	潘尼卡	二等奖
大学生成人中级组	Aļina	Roberta	Gabasova	盖丽娜	三等奖
大学生成人中级组	Anastasija		Pavulane	葩爱明	优胜奖
大学生成人高级组	Laura		Liepiņa	刘劳拉	一等奖
大学生成人高级组	Anastasija		Jukšinska	优安娜	二等奖

2020年"汉语桥"比赛

时间：2020年6月5日—7日

级别	名字	中间名	姓	中文名	名次
小学生初级组	Veronika		Aleksejeva	澳妮卡	三等奖
中学生初级组	Aleksandrs		Gross	高乐言	一等奖
大学生成人初级组	Sabīne	Madara	Galeja	格蕾	一等奖
大学生成人初级组	Rodions		Kriņins	罗迪	二等奖
大学生成人初级组	Ksenija		Pitaško	柯尼雅	三等奖
大学生成人初级组	Artūrs		Krikuns	图兔	优胜奖
大学生成人初级组	Kamila		Gumeņuka	卡米拉	优胜奖
大学生成人初级组	Veronika		Pokatova	维尼卡	优胜奖
大学生成人初级组	Māra		Ahilova	玛拉	优胜奖
大学生成人初级组	Artūrs		Kalbanovs	白虎	优胜奖
大学生成人高级组	Diāna		Siliņēviča	奭慈敏	一等奖
大学生成人高级组	Anna		Vodolagina	沃安娜	三等奖

2021年"汉语桥"比赛

时间：2021年5月29日—30日

级别	名字	中间名	姓	中文名	名次
小学生初级组	Arina		Muzikina	阿霖娜	优胜奖
小学生初级组	Sidorovs		Timurs	李穆尔	优胜奖
大学生成人初级组	Margarita		Sviridova	微微	一等奖
大学生成人初级组	Kristīne		Afanasjeva	克斯汀	二等奖
大学生成人初级组	Ričards		Grišāns	葛理查德	三等奖
大学生成人中级组	Marijeta		Tarabrina	玛丽	一等奖
大学生成人中级组	Artūrs		Krikuns	图兔	二等奖
大学生成人中级组	Rodions		Kriņins	罗迪	三等奖
大学生成人中级组	Kamila		Gumeņuka	卡米拉	优胜奖
大学生成人高级组	Anna		Vodolagina	沃安娜	一等奖
大学生成人高级组	Aigerim		Berzinya	艾格林	二等奖

2022年"汉语桥"比赛

时间：2022年5月14日—15日

级别	名字	中间名	姓	中文名	名次
大学生成人初级组	Džekija		Eilande	艾蓝黛	一等奖
大学生成人初级组	Kristīne		Stalberga	瑞婷	二等奖
大学生成人中级组	Aleksandra		Mirojevska	萨沙	一等奖

续表

级别	名字	中间名	姓	中文名	名次
大学生成人中级组	Simona		Liepa	早星	二等奖
大学生成人高级组	Ieva		Saliņa	林伊娃	一等奖
大学生成人高级组	Marijeta		Tarabrin	玛丽	二等奖
大学生成人高级组	Diāna		Skorinkina	狄安娜	三等奖

2023年"汉语桥"比赛

时间：2023年5月18日—19日

级别	名字	中间名	姓	中文名	名次
小学生初级组	Sidorovs		Timurs	李穆尔	二等奖
小学生初级组	Albine		Puško	王芯雅	优胜奖
小学生初级组	Tatjana		Titova	塔尼亚	优胜奖
小学生初级组	Alina		Ivanukova	阿琳娜	优胜奖
小学生中级组	Arina		Turguzina	阿琳娜	二等奖
小学生中级组	Viktorija		Adamova	维多利亚	三等奖
小学生中级组	Aleksandrs		Aleksejevs	阿列克斯	优胜奖
小学生中级组	Luka		Ivanovs	卢卡	优胜奖
小学生中级组	Adrians		Maksimovs	阿德里安	优胜奖
小学生高级组	Veronika		Sleksejeva	妮卡	一等奖
中学生初级组	Patriks		Melniks	帕特里克	三等奖
中学生高级组	Aleksandra		Sokolova	爱玛	一等奖
中学生高级组	Kira		Žuraveļa	基拉	二等奖
中学生高级组	Deniels	Van	Lubeks	伟军	优胜奖
中学生高级组	Aleksandra		Sokolova	爱玛	一等奖
大学生成人初级组	Busigina		Delfina	菲娜	一等奖
大学生成人中级组	Betija		Lesničenoka	贝蒂	一等奖
大学生成人中级组	Darta		Krumina	达佳	二等奖
大学生成人高级组	Anna		Vodolagina	沃安娜	一等奖
大学生成人高级组	Jelizaveta		Markosjana	丽莎	二等奖
大学生成人高级组	Polina		Malahova	波琳娜	三等奖
大学生成人高级组	Marijeta		Tarabrina	玛丽	优胜奖
大学生成人高级组	Veronika		Krivko	潘尼卡	优胜奖

3. HSK/HSKK

2012 年 HSK/HSKK

名字	中间名	姓	中文名	级别	时间
Kristiāna		Meldere	孙天娜	HSK1	2012.12.2
Diāna		Komova	帝安娜	HSK1	2012.12.2
Paula		Petrikalne	佩宝拉	HSK1	2012.12.2
Linda		Kande	李琳达	HSK1	2012.12.2
Ginda		Elksne	金达	HSK1	2012.12.2
Maija		Burkovska	马吉亚	HSK1	2012.12.2
Anna		Jakšpētere	李安娜	HSK1	2012.12.2
Laura		Pinkena	赵劳拉	HSK1	2012.12.2
Vladimirs		Slavs	斯拉伍	HSK1	2012.12.2
Natālija		Rodionova	路娃	HSK3	2012.12.2
Laura		Krēgere	柯劳拉	HSK3	2012.12.2
Kristīne		Grīnvalde	林天娜	HSK3	2012.12.2
Laura		Jansone	杨劳拉	HSK3	2012.12.2
Tommi		Jamsa	托米	HSK3	2012.12.2
Ilze		Cimdiņa	吉悠然	HSK3	2012.12.2
Agnese		Stūrmane	艾思洁	HSK4	2012.12.2
Māra		Ķirse	樱桃	HSK5	2012.12.2
Antonio		Liaci	李安东	HSKK	2012.12.2

2013 年 HSK/HSKK

名字	中间名	姓	中文名	级别	时间
Pārsla		Dambe	艾文	HSK3	2013.5.12
Anna		Jakšpētere	李安娜	HSK2/HSKK	2013.5.12
Ksenija		Deikuna	柯妮娅	HSK2/HSKK	2013.5.12
Kristiāna		Meldere	孙天娜	HSK2/HSKK	2013.5.12
Diāna		Komova	帝安娜	HSK2/HSKK	2013.5.12
Paula		Petrikalne	佩宝拉	HSK2/HSKK	2013.5.12
Linda		Kande	李琳达	HSK2/HSKK	2013.5.12
Laura		Liepiņa	刘劳拉	HSK2/HSKK	2013.5.12
Vendija		Milasēviča	温迪雅	HSK2/HSKK	2013.5.12
Lorīna		Gordejeva	罗丽娜	HSK2	2013.5.12
Normunds		Vilciņš	罗普	HSK2/HSKK	2013.5.12
Maija		Burkovska	马吉亚	HSK2/HSKK	2013.5.12

第四章 各个教学点中国语言文化成果一览表

续表

名字	中间名	姓	中文名	级别	时间
Natālija		Čerņecova	柴娜塔莉亚	HSK3/HSKK	2013.5.12
Astrida		Gobina	高碧娜	HSK3	2013.5.12
Ksenija		Horuženko	何申雅	HSK3/HSKK	2013.5.12
Kristīna		Bortko	波克里斯蒂娜	HSK3	2013.5.12
Alona		Mikitina	苏海兰	HSK3	2013.5.12
Jeļena		Jegorova	吉利娜	HSK3/HSKK	2013.5.12
Katrīna		Barkane	卡娜	HSK3	2013.5.12
Laura		Jansone	杨劳拉	HSK4/HSKK	2013.5.12
Kristīne		Grīnvalde	林天娜	HSKK	2013.5.12
Anastasija		Zlideņa	张安娜	HSK1	2013.12.1
Laura		Pāvila	宝劳拉	HSK1	2013.12.1
Paula		Ozoliņa	欧阳兰	HSK1	2013.12.1
Viktorija		Vintere	温维雅	HSK1/HSKK	2013.12.1
Annija		Bērziņa	白安妮娅	HSK1	2013.12.1
Kitija		Nille	宁清颜	HSK1	2013.12.1
Anastasija		Krilova	高安娜	HSK1/HSKK	2013.12.1
Laura		Luke	路劳拉	HSK1	2013.12.1
Paula		Bernere	贝宝拉	HSK1	2013.12.1
Liene		Zlaugotne	张恩妮	HSK1	2013.12.1
Kristīne		Jevsejeva	叶克里斯汀	HSK1	2013.12.1
Maksims		Ševnins	马克	HSK1	2013.12.1
Victorija		Čerņika	陈薇雅	HSK1	2013.12.1
Anda		Sudakova	苏安达	HSK1	2013.12.1
Krista		Buša	李思达	HSK1	2013.12.1
Kristīne		Soboļeva	苏芮天	HSK1	2013.12.1
Inga		Boreiko	英格	HSK1	2013.12.1
Kristīne		Dolgiha	凯婷	HSK1	2013.12.1
Agate		Neļķe	余安格	HSK1	2013.12.1
Sabīne		Penka	彭冰	HSK1/HSKK	2013.12.1
Justs		Janševskis	优思茨	HSK1	2013.12.1
Laura		Pinkena	赵劳拉	HSK2/HSKK	2013.12.1
Mišela		Belkina	蜜雪儿	HSK2/HSKK	2013.12.1
Kitija		Volkova	凯迪亚	HSK2/HSKK	2013.12.1
Maija		Burkovska	马吉亚	HSK3	2013.12.1
Laura		Krēgere	柯劳拉	HSK4	2013.12.1

2014 年 HSK/HSKK

名字	中间名	姓	中文名	级别	时间
Lorīna		Gordejeva	罗丽娜	HSK3	2014.4.12
Santa		Bobkova	宝桑兰	HSK4	2014.4.12
Aleksandrs		Simons	西蒙斯	HSK4	2014.4.12
Marija		Jurso	玛丽娅	HSK4	2014.4.12
Lilita		Kalvāne	高娃娜	HSK4	2014.4.12
Pārsla		Dambe	艾文	HSK4	2014.4.12
Laura		Pāvila	宝劳拉	HSK2	2014.5.10
Annija		Bērziņa	白安妮娅	HSK2/HSKK1	2014.5.10
Kitija		Nille	宁清颜	HSK2	2014.5.10
Lasma		Drozde	卓拉斯玛	HSK2	2014.5.10
Gints		Trezins	甄茨	HSK2	2014.5.10
Valentina		Sile	西勒	HSK2	2014.5.10
Paula		Ozoliņa	欧阳兰	HSK3	2014.5.10
Viktorija		Vintere	温维雅	HSK3	2014.5.10
Martins		Survillo	马金	HSK3	2014.5.10
Jūlija		Dudaļeva	杜尤莉亚	HSK3/HSK4/HSKK1	2014.5.10
Līga		Brice	布李佳	HSK3/HSK4/HSKK1	2014.5.10
Ieva		Lukoševičiūtē	卢叶娃	HSK3/HSKK2	2014.5.10
Lorīna		Gordejeva	罗丽娜	HSK3/HSKK2	2014.5.10
Astrida		Gobina	高碧娜	HSK4/HSKK2	2014.5.10
Krista		Muižniece	克丽塔	HSK4/HSKK2	2014.5.10
Elīna		Āle	阿丽	HSK4/HSKK1	2014.5.10
Santa		Bobkova	宝桑兰	HSKK1	2014.5.10
Marija		Jurso	玛丽娅	HSKK1	2014.5.10
Lilita		Kalvāne	高娃娜	HSKK1	2014.5.10
Kristīne		Dolgiha	凯婷	HSKK1	2014.5.10
Pārsla		Dambe	艾文	HSKK1	2014.5.10
Dmitrijs		Sureņans	狄麻	HSK2	2014.12.6
Kristīne		Dolgiha	凯婷	HSK2	2014.12.6
Paula		Petrikalne	佩宝拉	HSK3	2014.12.6
Katrīna		Barisa	白丽娜	HSK3/HSKK1	2014.12.6
Ieva		Saliņa	林伊娃	HSK3/HSKK1	2014.12.6
Aleksi Miika	Viljami	Nuppnula	聂磊	HSK3/HSKK1	2014.12.6
Sabīne		Penka	彭冰	HSK3	2014.12.6
Elīna		Liseka	爱丽娜	HSK3/HSKK1	2014.12.6
Diāna		Komova	帝安娜	HSK4	2014.12.6
Normunds		Vilciņš	罗普	HSK4	2014.12.6
Laura		Liepiņa	刘劳拉	HSK4	2014.12.6
Martins		Survillo	马金	HSKK2	2014.12.6

2015 年 HSK/HSKK

名字	中间名	姓	中文名	级别	时间
Rihard		Guzov	顾睿	HSK2	2015.3.28
Irina		Udaļejeva	乌伊琳娜	HSK3/HSKK1	2015.3.28
Vsevolod		Burenin	谢沃	HSK3/HSKK1	2015.3.28
Kristīne		Dolgiha	凯婷	HSK3	2015.3.28
Krista		Muižniece	克丽塔	HSK3/HSKK1	2015.3.28
Dmitrijs		Sureņans	狄麻	HSKK1	2015.3.28
Martins		Survillo	马金	HSKK1	2015.3.28
Anastasija		Krilova	高安娜	HSKK1	2015.3.28
Laura		Zātiņa	柯劳拉	HSKK1	2015.3.28
Kristīne		Soboļeva	苏芮天	HSKK1	2015.3.28
Vladimir		Barancheev	白兰奇	HSK1	2015.12.6
Vladislavs		Klagišs	柯拉奇	HSK1	2015.12.6
Aldis		Bulis	李艾迪	HSK2	2015.12.6
Marija		Boiko	白怡珂	HSK2	2015.12.6
Krists		Vilemsons	库森	HSK2	2015.12.6
Jānis		Zaķis	查吉斯	HSK4	2015.12.6
Astrīda		Gobiņa	高碧娜	HSK5	2015.12.6
Normunds		Vilciņš	罗普	HSK5	2015.12.6
Anastasija		Zlideņa	张安娜	HSKK1	2015.12.6
Paula		Bernere	贝宝拉	HSKK1	2015.12.6

2016 年 HSK/HSKK

名字	中间名	姓	中文名	级别	时间
Anda		Arkliņa	安达	HSK1	2016.3.20
Rūta		Rulle	卢塔	HSK1	2016.3.20
Viktorija		Juraša	尤拉莎	HSK1	2016.3.20
Grigorijs		Salnits	萨尼茨	HSK1	2016.3.20
Aleksandrs		Belocerkovskis	贝亚历山大	HSK1	2016.3.20
Laura		Vilcāne	韦劳拉	HSK2	2016.3.20
Elena		Rzisceva	茹艾莉娜	HSK2	2016.3.20
Zigurds		Rziscevs	吉谷兹	HSK2	2016.3.20
Kārlis		Skuja	卡里	HSK2	2016.3.20
Frederiks		Simonsens	西蒙森	HSK2/HSKK1	2016.3.20
Dmitrijs		Sureņans	狄麻	HSK3	2016.3.20
Nadīna		Rode	纳迪娜	HSK5/HSKK1	2016.3.20
Karens		Kudinovs	顾凯伦	HSK1	2016.12.4
Aleksandrs		Fridmans	弗亚历山大	HSK1	2016.12.4

续表

名字	中间名	姓	中文名	级别	时间
Zane		Vaļule	丫丫	HSK1	2016.12.4
Ieva		Skrīvere	耶娃	HSK1	2016.12.4
Roberts		Tarvids	塔维兹	HSK2	2016.12.4
Rihard		Guzovs	顾睿	HSK5	2016.12.4
Martins		Survillo	马金	HSK5/HSKK2	2016.12.4
Monika		Štikāne	莫妮卡	HSK5	2016.12.4
Nadīna		Rode	纳迪娜	HSKK2	2016.12.4

2017 年 HSK/HSKK

名字	中间名	姓	中文名	级别	时间
Helēna		Avdjukēviča	文玲	HSK2	2017.3.19
Diāna		Siliņēviča	奭慈敏	HSK2	2017.3.19
Kirils		Kazakovs	吉利尔	HSK2	2017.3.19
Krists		Vilemsons	库森	HSK3	2017.3.19
Diāna		Reča	莱戴安娜	HSK4	2017.3.19
Annija		Slēze	沈安妮	HSK1	2017.12.3
Stefānija		Dzeniša	沈甜甜	HSK2	2017.12.3
Veronika		Pankratova	潘尼卡	HSK2	2017.12.3
Elizaveta		Bogatova	白丽雪	HSK2	2017.12.3
Anna		Ņeženceva	聂安娜	HSK2	2017.12.3
Vairis		Morozs	莫清歌	HSK3/HSKK1	2017.12.3
Maija		Burkovska	马吉亚	HSK4	2017.12.3
Diāna		Komova	帝安娜	HSK5	2017.12.3
Ksenija		Deikuna	柯妮娅	HSK5	2017.12.3
Victoria		Gudovskaya	维多利亚	HSK6	2017.12.3
Diāna		Reča	莱戴安娜	HSKK2	2017.12.3

2018 年 HSK/HSKK

名字	中间名	姓	中文名	级别	时间
Aļina	Roberta	Gabasova	盖丽娜	HSK1	2018.3.24
Antons		Doroščonoks	安东	HSK1	2018.3.24
Pavels		Azarevics	阿帕维尔	HSK1	2018.3.24
Ludmila		Ščerbakova	柳德米拉	HSK1	2018.3.24
Nikita		Lesnikovich	尼奇塔	HSK1	2018.3.24
Linda		Bondare	戴琳达	HSK2	2018.3.24
Kristīne		Baltpurviņa	贝思婷	HSK2	2018.3.24

续表

名字	中间名	姓	中文名	级别	时间
Laura		Vilcāne	韦劳拉	HSK3/HSKK1	2018.3.24
Karens		Kudinovs	顾凯伦	HSK3/HSKK1	2018.3.24
Anna		Neženceva	聂安娜	HSK3	2018.3.24
Evita		Armalovica	阿艾维塔	HSK3	2018.3.24
Irina		Udaļeva	乌伊琳娜	HSK4	2018.3.24
Anastasija		Pavulane	葩爱明	HSK4	2018.3.24
Vera		Kravcova	柯薇拉	HSK5	2018.3.24
Milena		Keistere	米莲娜	HSK5	2018.3.24
Karīna		Balašova	鲍卡丽娜	HSK1	2018.12.2
Anna	Marija	Šefanovska	海安	HSK1	2018.12.2
Diāna		Maliseva	马戴安娜	HSK1	2018.12.2
Albīna		Basirova	奥碧娜	HSK1	2018.12.2
Stefani		Semerņa	思芬妮	HSK2	2018.12.2
Elizaveta		Bogatova	白丽雪	HSK3/HSKK1	2018.12.2
Kristiāna		Reinkopa	芳云	HSK3	2018.12.2
Margarita		Orlova	奥洛娃	HSK3	2018.12.2
Ekaterina		Selezneva	叶卡捷琳娜	HSK5	2018.12.2
Laura		Liepiņa	刘劳拉	HSK5	2018.12.2

2019 年 HSK/HSKK

名字	中间名	姓	中文名	级别	时间
Anna	Marija	Šefanovska	海安	HSK2	2019.2.24
Stefani		Semerņa	思芬妮	HSK2	2019.2.24
Albīna		Basirova	奥碧娜	HSK2	2019.2.24
Oleg		Temple	奥列格	HSK2	2019.2.24
Stefānija		Dzeniša	沈甜甜	HSK3/HSKK1	2019.2.24
Veronika		Pankratova	潘尼卡	HSK3/HSKK1	2019.2.24
Kristīne		Baltpurviņa	贝思婷	HSK3/HSKK1	2019.2.24
Kristīne		Mihailova	米克里斯汀	HSK3/HSKK1	2019.2.24
Anastasija		Pavulane	葩爱明	HSK4	2019.2.24
Astrīda		Gobiņa	高碧娜	HSK6	2019.2.24
Aripov		Subkhankul	苏普汉	HSK1	2019.5.11
Oleg		Temple	奥列格	HSK3	2019.5.11
Krists		Vilemsons	库森	HSK4	2019.5.11
Anna		Neženceva	聂安娜	HSK4	2019.5.11
Katrīna		Barisa	白丽娜	HSK5	2019.5.11
Alise		Venclauska	文爱丽丝	HSK1	2019.12.1
Aleksandrs		Aleksejevs	阿列克斯	HSK2	2019.12.1
Veronika		Aleksejevs	澳妮卡	HSK2	2019.12.1
Elīna		Leščuka	雷雅晶	HSK3/HSKK1	2019.12.1

2020 年 HSK/HSKK

名字	中间名	姓	中文名	级别	时间
Raivo		Kažociņš	风行	HSK1	2020.1.11
Paula		Rāmute	腊宝拉	HSK1	2020.1.11
Artūrs		Caics	才子	HSK1	2020.1.11
Alise		Venclauska	文爱丽丝	HSK1	2020.1.11
Alise		Venclauska	文爱丽丝	HSK1	2020.6.14
Alise		Venclauska	文爱丽丝	HSK1	2020.12.12
Artūrs		Kalbanovs	白虎	HSK2	2020.12.12
Marijeta		Tarabrina	玛丽	HSK2	2020.12.12
Oleg		Temple	奥列格	HSK4	2020.12.12
Anastasija		Pavulane	葩爱明	HSK5	2020.12.12

2021 年 HSK/HSKK

名字	中间名	姓	中文名	级别	时间
Elza		Grīsle	艾莎	HSK1	2021.3.13
Liene		Nagle	莉艾妮	HSK1	2021.3.13
Rodions		Kriņins	罗迪	HSK3	2021.3.13
Veronika		Pokatova	维尼卡	HSK3	2021.3.13
Artūrs		Caics	才子	HSK2	2021.3.13
Aripov		Subkhankul	苏普汉	HSK2	2021.3.13
Aļina		Mihailova	圣璃娜	HSK2	2021.3.13
Marija		Klencare	柯灵乐	HSK2	2021.3.13
Rodions		Kriņins	罗迪	HSK2	2021.3.13
Artjoms		Čerņiks	柯图穆	HSK2	2021.3.13
Kristiāna		Reinkopa	芳云	HSK4	2021.3.13
Anna		Vodolagina	沃安娜	HSK4	2021.3.13
Evita		Armalovica	阿艾维塔	HSK4	2021.3.13
Simona		Liepa	早星	HSK1	2021.6.5
Betija		Lesničenoka	贝蒂	HSK1	2021.6.5
Agris		Pudāns	安格	HSK1	2021.6.5
Ļubova		Pimenova	梅诺娃	HSK1	2021.6.5
Asnate		Taivāne	阿丝娜	HSK2	2021.6.5
Kamila		Gumeņuka	卡米拉	HSK3	2021.6.5
Elizaveta		Čerkes	叶莉	HSK2	2021.12.11
Simona		Liepa	早星	HSK3/HSKK2	2021.12.11
Artūrs		Kalbanovs	白虎	HSK3	2021.12.11
Elīna		Ļeščuka	雷雅晶	HSK4/HSKK2	2021.12.11
Maria		Ščukina	马莉安	HSK4	2021.12.11
Madara		Smalkā	马笑笑	HSK5	2021.12.11
Anna	Marija	Šefanovska	海安	HSK5	2021.12.11

2022 年 HSK/HSKK

名字	中间名	姓	中文名	级别	时间
Anna		Čuvailova	初安娜	HSK2	2022.3.12
Jana		Pavlova	洛雅雅	HSK3/HSKK1	2022.3.12
Marijeta		Tarabrina	玛丽	HSK4/HSKK2	2022.3.12
Nikita		Panins	潘良俊	HSK4/HSKK2	2022.3.12
Anna	Marija	Šefanovska	海安	HSK5/HSKK3	2022.3.12
Madara		Smalkā	马笑笑	HSKK2	2022.3.12
Džekija		Eilande	艾蓝黛	HSK1	2022.6.25
Vendija		Staltmane	温迪	HSK2	2022.6.25
Ļubova		Pimenova	梅诺娃	HSK2	2022.6.25
Evianna		Majore	艾唯	HSK2	2022.6.25
Artūrs		Caics	才子	HSK3/HSKK1	2022.6.25
Sofya		Konovalova	索夫亚	HSK3/HSKK1	2022.6.25
Germans		Merkels	哲门思	HSK3/HSKK1	2022.6.25
Anna	Aleksandra	Grigoryeva	葛安娜	HSK4	2022.6.25
Alise		Docenko	艾莉莎	HSK4	2022.6.25
Margarita		Baranova	巴丽塔	HSK1	2022.12.10
Sofya		Konovalova	索夫娅	HSK3/HSKK1	2022.12.10
Aripov		Subkhankul	苏普汉	HSK3/HSKK1	2022.12.10

2023 年 HSK/HSKK

名字	中间名	姓	中文名	级别	时间
Inna		Miglane	英娜	HSK1	2023.1.7
Marija		Zaharjina	玛丽雅	HSK2	2023.1.7
Anvars		Intezars	安瓦	HSK3	2023.1.7
Marija		Švacka	玛莎	HSK5	2023.1.7
Zlata		Tvorogova	紫拉塔	HSK1	2023.3.11
Rasma		Drulle	夏诗玛	HSK2	2023.3.11
Sidorovs		Timurs	李穆尔	HSK2	2023.3.11
Rihards		Dzelme	张泽	HSK6/HSKK3	2023.3.11
Nikola		Jermaka	金蛋糕	HSK1	2023.5.14
Selina		Krizanovska	赛丽娜	HSK1	2023.5.14
Leonids		Osincevs	雷昂	HSK1	2023.5.14
Alise		Lisovska	李爱丽丝	HSK1	2023.5.14
Anastasija		Miskova	安西娅	HSK1	2023.5.14
Polina		Sevcenko	陈琳娜	HSK1	2023.5.14

续表

名字	中间名	姓	中文名	级别	时间
Polina		Losa	洛莎	HSK2	2023.5.14
Elita		Rudzite	爱丽	HSK2	2023.5.14
Kinal		Evgeniia	尤金	HSK2	2023.5.14
Sofia		Jeronina	埃罗尼娜	HSK2	2023.5.14
Betija		Lesničenoka	贝蒂	HSK3/HSKK1	2023.5.14
Diāna		Siliņēviča	奭慈敏	HSK3	2023.5.14
Zlata		Tvorogova	紫拉塔	HSK1	2023.5.20
Inna		Miglane	英娜	HSK2	2023.5.20
Sidorovs		Timurs	李穆尔	HSK2	2023.5.20
Rihards		Dzelme	张泽	HSK6/HSKK3	2023.5.20

4. 夏令营 / 冬令营

2014 年夏令营

时间：2014 年 8 月 3 日—15 日

名字	中间名	姓	中文名
Laura		Krēgere	柯劳拉
Katrīna		Barisa	白丽娜
Aldis		Bulis	李艾迪
Elina		Smite	思爱丽娜
Kristīne		Soboļeva	苏芮天

2015 年夏令营

时间：2015 年 8 月 15 日—25 日

名字	中间名	姓	中文名
Anastasija		Zlideņa	张安娜
Anastasija		Krilova	高安娜
Monika		Štikāne	莫妮卡
Laura		Pāvila	宝劳拉
Roberts		Zakovics	罗伯慈
Marta	Raita	Lauža	玛尔塔
Paula		Bernere	贝宝拉
Marika		Stepanko	莫莉

2016 年夏令营

时间：2016 年 7 月 10 日—22 日

名字	中间名	姓	中文名
Angelina		Maksimova	安吉丽娜
Adelīna		Lāce	阿杰莉娜
Katrīna	Gija	Andersone	吉雅
Valērija		Satibaldijeva	赛叶娃

2017 年夏令营

时间：2017 年 7 月 9 日—21 日

名字	中间名	姓	中文名
Krists		Vilemsons	库森
Kristīne		Baltpurviņa	贝思婷
Linda		Bondare	戴琳达
Karens		Kudinovs	顾凯伦
Laura		Grīnberga	小劳拉
Artūrs		Barancevs	巴图
Laura		Zātiņa	柯劳拉

2019 年夏令营

时间：2019 年 7 月 14 日—26 日

名字	中间名	姓	中文名
Anastasija		Pavulane	葩爱明
Veronika		Pankratova	潘尼卡
Artūrs		Kalbanovs	白虎
Jūlija		Kovaļova	克尤莉亚

2020/2021 年线上冬令营

时间：2021 年 1 月 11 日—18 日

名字	中间名	姓	中文名
Madara		Smalkā	马笑笑
Emīlija		Straume	艾米丽
Elizabete		Čerkes	叶莉
Ksenija	Anna	Kapitonova	卡森伊

续表

名字	中间名	姓	中文名
Kristīne		Afanasjeva	克斯汀
Elza		Grīsle	艾莎
Māra		Ruģēna	马莱
Rodions		Kriņins	罗迪
Adriāna	Leonora	Martinkēviča	马莲娜
Aļina		Jadrevska	阿梨娜
Aigerim		Berzinya	艾格林
Diāna		Skorinkina	狄安娜
Arnita	Agrita	Umalas	安妮
Ramona		Ģīle	洛洛
Eva		Zazdravniha	叶帆
Marija		Fjodorova	玛纱
Artūrs		Caics	才子
Alise		Venclauska	文爱丽丝
Aļina		Mihailova	圣璃娜
Matthew	Mark	Shaw	王鑫鹏
Patricia	Uļičeva	Kvietkauska	帕特里
Sabīne	Madara	Galeja	格蕾
Krista		Buša-Dāvida	李思达

2021/2022 年冬令营

时间：2022 年 1 月 7 日—14 日；2 月 21 日—28 日

名字	中间名	姓	中文名
Grigorijs		Zakurajevs	高力
Rodions		Kriņins	罗迪
Justīne		Zaharova	尤丝婷
Džekija		Eilande	艾蓝黛
Loreta		Kirilova	奇丽塔
Anete		Propere	安烛韵
Kristīne		Stalberga	瑞婷
Ralfs		Žagars	罗福
Andrei		Matskevich	安之余
Marija		Dombrovska	瑞佳
Anna		Laurinoviča	文雅

续表

名字	中间名	姓	中文名
Viola		Jansone	若溪
Gunita		Loča	灿妮
Jūlija		Candere	朱莉娅
Kristīne		Afanasjeva	克斯汀
Ričards		Grišāns	葛理查德
Simona		Liepa	早星
Sabīne	Madara	Galeja	格蕾
Artūrs		Caics	才子
Poļina		Malahova	波琳娜
Kamila		Gumeņuka	卡米拉
Dārta		Krūmiņa	达尔塔

四、里加文化中学孔子课堂"汉语桥"、奖学金、夏令营、HSK 一览表（部分）

1. "汉语桥"

2008 年"汉语桥"比赛

时间：2008 年 5 月 4 日　任教老师：周文馨

级别	名字	中间名	姓	中文名	名次
初级组	Daina		Brante	达伊娜	
初级组	Nika	Marta	Ivaninoka	伊尼卡	

2009 年"汉语桥"比赛

时间：2009 年 5 月 8 日　教任教老师：周文馨

级别	名字	中间名	姓	中文名	名次
初级组	Olga		Golubeva	奥莉娅	三等奖
初级组	Ilana		Šterensus	依兰娜	三等奖
初级组	Ineta		Girdjuka	吉英蕾	三等奖
初级组	Ilze		Šķestere	什伊尔泽	
初级组	Nika	Marta	Ivaninoka	伊尼卡	
中级组	Daina		Brante	达伊娜	

2010年"汉语桥"比赛

时间：2010年5月11日 任教老师：周文馨

级别	名字	中间名	姓	中文名	名次
初级组	Ilze		Šķestere	什伊尔泽	二等奖
初级组	Olga		Golubeva	奥莉娅	三等奖
初级组	Ilana		Šterensus	依兰娜	三等奖
初级组	Ineta		Girdjuka	吉英蕾	三等奖

2012年"汉语桥"比赛

时间：2012年4月24日 任教老师：周文馨

级别	名字	中间名	姓	中文名	名次
初级组	Agate		Kaķerāne	阿加特	三等奖
初级组	Beatrise		Podniece	彼特里塞	三等奖
初级组	Agnese	Sandija	Kurcenbauma	阿格尼赛	优胜奖
初级组	Paula		Podoļska	珀宝拉	优胜奖
初级组	Sabīne		Plūme	萨比奈	优胜奖
中级组	Ineta		Girdjuka	吉英蕾	一等奖

2013年"汉语桥"比赛

时间：2013年4月23日 任教老师：周文馨、罗毅

级别	名字	中间名	姓	中文名	名次
中级组	Annija		Ābeltiņa	阿安妮娅	优胜奖
中级组	Andra		Davidone	安得菈	优胜奖
中级组	Anāstasija		Kļujeva	克安娜	优胜奖
中级组	Laura		Treiliha	特劳拉	优胜奖

2014年"汉语桥"比赛

时间：2014年4月30日 任教老师：董芳、王树蕙、黄颖怡

级别	名字	中间名	姓	中文名	名次
中学生初级组	Monta		Ozola	奥梦达	三等奖
中学生中级组	Nora		Ziedkalna	唐娜拉	二等奖
中学生高级组	Anāstasija		Kļujeva	克安娜	优胜奖
中学生高级组	Inese		Muceniece	穆依萱	二等奖
中学生高级组	Laura		Treiliha	特劳拉	一等奖

2015 年"汉语桥"比赛

时间：2015 年 4 月 21 日　任教老师：董芳、程雪

级别	名字	中间名	姓	中文名	名次
中学生初级组	Kristīna		Bērzupe	白乐	一等奖
中学生初级组	Eva		Moroza	夏娃	优胜奖
中学生中级组	Monta		Ozola	奥梦达	一等奖

2016 年"汉语桥"比赛

时间：2016 年 4 月 8 日　任教老师：董芳、程雪

级别	名字	中间名	姓	中文名	名次
中学生初级组	Sintija		Tocs-Macāne	马冰冰	优胜奖
中学生初级组	Mārtiņš		Čudars	初马丁	优胜奖
中学生中级组	Katrīna		Kučāne	卡特琳娜	优胜奖
中学生高级组	Monta		Ozola	奥梦达	一等奖

2017 年"汉语桥"比赛

时间：2017 年 4 月 25 日—26 日　任教老师：董芳、吴甜田

级别	名字	中间名	姓	中文名	名次
中学生初级组	Sabīne	Madara	Galeja	格蕾	一等奖
中学生高级组	Katrīna		Kučāne	卡特琳娜	二等奖

2018 年"汉语桥"比赛

时间：2018 年 4 月 24 日—25 日　任教老师：董芳、吴甜田

级别	名字	中间名	姓	中文名	名次
小学生初级组	Elza		Rozena	罗兰	优胜奖
中学生初级组	Miks		Mikulskaitis	米克	二等奖
中学生初级组	Irbe	Elizabete	Krekle	柯勤勤	优胜奖
中学生中级组	Sabīne	Madara	Galeja	格蕾	一等奖
中学生中级组	Elza		Strazdiņa	爱丽莎	优胜奖

2019 年"汉语桥"比赛

时间：2019 年 4 月 12 日—13 日　任教老师：曾庆君、陈莹

级别	名字	中间名	姓	中文名	名次
中学生初级组	Gundega		Puriņa	福丽娜	优胜奖
中学生初级组	Georgs		Kairišs	凯歌	优胜奖
中学生中级组	Miks		Mikulskaitis	米克	二等奖
中学生高级组	Sabīne	Madara	Galeja	格蕾	三等奖

2021年"汉语桥"比赛

时间：2021年5月29日—30日　任教老师：单琪

级别	名字	中间名	姓	中文名	名次
中学生中级组	Madara		Lāce	马拉	优胜奖
中学生高级组	Gundega		Puriņa	福丽娜	优胜奖

2022年"汉语桥"比赛

时间：2022年5月14日—15日　任教老师：李欣

级别	名字	中间名	姓	中文名	名次
中学生初级组	Karīna		Ganiņa	甘妮娜	二等奖

2. 奖学金

2014年奖学金

时间：2014年9月　任教老师：董芳、程雪

名字	中间名	姓	中文名	学校
Dace		Trupovniece	戴佳蓉	东华大学学习中文1年
Dana		Duda	杜丹娜	上海师范大学学习中文1年
Nora		Ziedkalna	唐娜拉	北京师范大学学习中文1年

2015年奖学金

时间：2015年9月　任教老师：董芳、程雪

名字	中间名	姓	中文名	学校
Anastasija		Kļujeva	克安娜	东华大学管理学4年本科
Laura		Treiliha	特劳拉	东华大学管理学4年本科
Dace		Trupovniece	戴佳蓉	东华大学继续读本科
Dana		Duda	杜丹娜	上海师范大学电影电视传媒专业4年本科，后去台湾留学

2016 年奖学金

时间：2016 年 9 月　任教老师：董芳、吴甜田

名字	中间名	姓	中文名	学校
Līga		Ozoliņa	李兰	天津大学学习中文（2016 年 9 月至 2017 年 7 月）；西安外国语大学读本科（2017 年 7 月至 2021 年 7 月）
Monta		Ozola	奥梦达	华中师范大学国际关系本科（2016 年 9 月至 2018 年 4 月）2018 年 4 月退学
Beāte	Elīna	Krišjāne	柯伊琳娜	武汉大学学习中文（2016—2017）；厦门大学商务管理本科（2017—2018）2018 年 4 月退学

2018 年奖学金

时间：2018 年 9 月　任教老师：董芳、吴甜田

名字	中间名	姓	中文名	学校
Mārtiņš		Čudars	初马丁	上海交通大学工商管理本科 4 年（放弃）

2020 年奖学金

时间：2020 年 9 月　任教老师：陈莹

名字	中间名	姓	中文名	学校
Linda		Ratniece	冉康慧	华南理工大学（2020 年 9 月至 2021 年 6 月预科学习） 华南师范大学（2021 年 9 月至 2025 年 6 月）

2021 年奖学金

时间：2021 年 9 月　任教老师：陈莹、单琪

名字	中间名	姓	中文名	学校
Viktorija		Gucane	古薇薇	台湾大学（2021 年 9 月至 2025 年 6 月）

3. 夏令营 / 冬令营

2014 年夏令营

时间：2014 年 8 月 3 日—15 日　任教老师：董芳、程雪

名字	中间名	姓	中文名
Laura		Baumane	宝兰
Laura		Gravite	格兰

2015 年夏令营

时间：2015 年 8 月 15 日—25 日　任教老师：董芳、程雪

名字	中间名	姓	中文名
Līga		Ozoliņa	李兰
Sintija		Pabrieža	宝心亚
Beāte	Elīna	Krišjāne	柯伊琳娜
Sintija		Žukova	辛蒂
Petra	Alma	Peta	贝特拉
Estere		Vētra	伊斯拉

2017 年夏令营

时间：2017 年 7 月 9 日—21 日　任教老师：董芳、吴甜田

名字	中间名	姓	中文名
Sintija		Tocs-Macāne	马冰冰
Kristofers	Eduards	Juncevičs	林风
Gatis	Kristers	Plaudis	高迪
Mārtiņš		Čudars	初马丁

2018 年夏令营

时间：2018 年 7 月 10 日—22 日　任教老师：董芳、吴甜田

名字	中间名	姓	中文名
Katrīna		Bekmane	凯婷娜
Laura		Cukermane	卒劳拉
Sabīne	Madara	Galeja	格蕾
Elza		Strazdiņa	爱丽莎

2019 年夏令营

时间：2019 年 7 月 14 日—26 日　任教老师：曾庆君、陈莹

名字	中间名	姓	中文名
Linda		Ratniece	冉康慧
Laura	Kristiāna	Bermane	贝劳拉
Līva		Bērtiņa	贝丽文
Aksels		Audze	祖冠群
Irbe	Elizabete	Krekle	柯勤勤
Viesturs		Marķēvičs	马威途
Rūta		Vecmane	芸香
Nora		Daņiļeviča	若拉

2020/2021 年冬令营

时间：2021 年 1 月 11 日—18 日　任教老师：单琪

名字	中间名	姓	中文名
Dzenifera		Kevatra	珍妮
Nora		Perkona	娜拉
Madara		Lāce	马拉

2021/2022 年冬令营

时间：2022 年 2 月 20 日—28 日　任教老师：单琪

名字	中间名	姓	中文名
Madara		Lāce	马拉
Enija		Dīriķe	艾妮娅

4.HSK

2017 年 HSK

任教老师：陈莹、曾庆君

名字	中间名	姓	中文名	级别	时间
Dace		Trupovniece	戴佳蓉	HSK4	2017.12.3

2019 年 HSK

任教老师：陈莹、曾庆君

名字	中间名	姓	中文名	级别	时间
Elza		Strazdiņa	爱丽莎	HSK3	2019.2.24
Sabīne	Madara	Galeja	格蕾	HSK3	2019.2.24
Linda		Ratniece	冉康慧	HSK2	2019.12.1

2020 年 HSK

任教老师：陈莹

名字	中间名	姓	中文名	级别	时间
Linda		Ratniece	冉康慧	HSK3	2020.6.14

2021 年 HSK

任教老师：单琪

名字	中间名	姓	中文名	级别	时间
Linda		Ratniece	冉康慧	HSK5	2021.3.13

五、里加 34 中学孔子课堂"汉语桥"、夏令营、HSK、奖学金一览表（部分）

1. "汉语桥"

2011 年"汉语桥"比赛

时间：2011 年 4 月 19 日　任教老师：初玛丽亚、珍珠

级别	名字	中间名	姓	中文名	名次
初级组	Diāna		Dankovska	丹黛安娜	
初级组	Katrīna		Dankovska	卡捷琳娜	
初级组	Anastasija		Grammatikopula	戈安娜	
初级组	Aleksejs		Holodovs	阿廖沙	
初级组	Darja		Markuševska	玛达雅	

2012 年"汉语桥"比赛

时间：2012 年 4 月 24 日　任教老师：初玛丽亚、珍珠

级别	名字	中间名	姓	中文名	名次
初级组	Katrīna		Dankovska	卡捷琳娜	三等奖
初级组	Darja		Antonova	安达莉亚	优胜奖
初级组	Olegs		Asejevs	奥莱格	优胜奖
初级组	Maksims		Gusjeko	马克西姆	优胜奖
初级组	Aleksejs		Holodovs	阿廖沙	优胜奖
初级组	Artūrs		Pone	阿尔兔	优胜奖
初级组	Kristīna		Soboļeva	索克里斯蒂娜	优胜奖
初级组	Vladislavs		Somovs	婉龙	优胜奖
初级组	Daniel		Vlasovs	瓦丹尼尔	优胜奖
初级组	Jūlija		Voron	尤莉娅	优胜奖

续表

级别	名字	中间名	姓	中文名	名次
初级组	Andris		Zaguzovs	扎安德烈	优胜奖
初级组	Olegs		Zabolotskis	扎奥列格	优胜奖
初级组	Vladislavs		Zoluds	弗拉得	优胜奖
初级组	Renats		Zaharovs	雷纳特	优胜奖

2013 年"汉语桥"比赛

时间：2013 年 4 月 23 日　任教老师：珍珠

级别	名字	中间名	姓	中文名	名次
中小学生初级组	Marija		Bušmanova	卜玛丽亚	三等奖
中小学生初级组	Sofija		Lakisova	腊索菲娅	优胜奖

2014 年"汉语桥"比赛

时间：2014 年 4 月 30 日　任教老师：珍珠

级别	名字	中间名	姓	中文名	名次
中小学生中级组	Katrīna		Dankovska	卡捷琳娜	三等奖
中小学生中级组	Oļesja		Garjutkina	奥丽莎	一等奖

2015 年"汉语桥"比赛

时间：2015 年 4 月 21 日　任教老师：张婕、克丽塔

级别	名字	中间名	姓	中文名	名次
小学生高级组	Oļesja		Garjutkina	奥丽莎	二等奖
中学生初级组	Katrīna		Dankovska	卡捷琳娜	三等奖
中学生中级组	Anastasija		Petrova	贝娜茜	二等奖
中学生高级组	Vladislavs		Somovs	婉龙	优胜奖

2016 年"汉语桥"比赛

时间：2016 年 4 月 8 日　任教老师：袁钰、艾维塔

级别	名字	中间名	姓	中文名	名次
小学生组	Dilara		Džaļilova	季拉拉	优胜奖
中学生初级组	Ksenija		Pitaško	柯尼雅	优胜奖
中学生初级组	Anastasija		Pļašečnika	阿纳斯塔西娅	优胜奖
中学生初级组	Jurijs		Šibajevs	尤拉	优胜奖
中学生中级组	Katrīna		Dankovska	卡捷琳娜	优胜奖
中学生中级组	Anastasija		Petrova	贝娜茜	一等奖

2017年"汉语桥"比赛

时间：2017年4月25日—26日　任教老师：吴炜、艾维塔

级别	名字	中间名	姓	中文名	名次
中学生初级组	Nikolajs		Fadins	科利亚	优胜奖
中学生中级组	Jurijs		Šibajevs	尤拉	优胜奖
中学生高级组	Anastasija		Petrova	贝娜茜	一等奖

2018年"汉语桥"比赛

时间：2018年4月24日—25日　任教老师：吴炜、艾维塔

级别	名字	中间名	姓	中文名	名次
小学生初级组	Melana		Ohrimec	米兰娜	三等奖
小学生初级组	Anna		Ņikitina	妮安娜	二等奖
中学生初级组	Daniils		Porahoņko	珀丹尼尔	优胜奖
中学生初级组	Veronika		Čistjakova	习妮卡	三等奖
中学生初级组	Viktorija		Šulca	维卡	优胜奖
中学生初级组	Alisa		Kersha	阿丽莎	优胜奖
中学生初级组	Marija		Patricija	帕玛丽亚	优胜奖

2019年"汉语桥"比赛

时间：2019年4月12日—13日　任教老师：梁娟、艾维塔

级别	名字	中间名	姓	中文名	名次
小学生初级组	Viktorija		Ohrimeca	维柯	三等奖
小学生初级组	Svjatoslavs		Maščenko	司威	优胜奖
小学生初级组	Nastja		Fisenkova	齐娅	优胜奖
小学生初级组	Valerija		Mirošničnko	伶俐	优胜奖
小学生中级组	Anna		Ņikitina	妮安娜	一等奖
小学生中级组	Airīna		Zandersone	艾丽娜	三等奖
小学生中级组	Sofija		Lapteva	拉索菲亚	优胜奖
小学生中级组	Melana		Ohrimeca	米兰娜	优胜奖
中学生初级组	Aleksandra		Pučkova	艾丽	二等奖
中学生初级组	Aļina		Kuropjatnik	阿林娜	三等奖
中学生初级组	Viktorija		Zaderniuk	扎维多利亚	优胜奖
中学生初级组	Rostislavs		Ņikoļins	希望	优胜奖
中学生中级组	Veronika		Čistjakova	习妮卡	一等奖

2020 年"汉语桥"比赛

时间：2020 年 6 月 5 日—7 日　任教老师：梁娟、艾维塔

级别	名字	中间名	姓	中文名	名次
小学生初级组	Alisa		Ļebedeva	爱丽萨	三等奖
小学生初级组	Agniia		Nikulina	格妮娅	优胜奖
小学生初级组	Kamilla		Vasiļjeva	卡米拉	优胜奖
小学生初级组	Amanda		Duleviča	乐达	优胜奖
中学生中级组	Aleksandra		Pučkova	艾丽	二等奖
中学生中级组	Sofija		Lapteva	拉索菲亚	三等奖
中学生中级组	Milēna		Jaunarāja	米莲	优胜奖
中学生中级组	Airīna		Zandersone	艾丽娜	优胜奖
中学生中级组	Viktorija		Zaderņuik	扎维多利亚	优胜奖
中学生高级组	Anna		Ņikitina	妮安娜	一等奖
中学生高级组	Veronika		Čistjakova	习妮卡	优胜奖

2021 年"汉语桥"比赛

时间：2021 年 5 月 29 日—30 日　任教老师：牛爽、艾维塔

级别	名字	中间名	姓	中文名	名次
小学生初级组	Jesenija		Kolosova	森丽娅	一等奖
小学生初级组	Arina		Turguzina	阿莉娜	二等奖
小学生初级组	Anna	Marija	Šimanovska	史安娜	三等奖
小学生初级组	Sofija		Petrova	佩苏菲	优胜奖
小学生初级组	Artemijs		Lebedevs	阿特米	优胜奖
小学生初级组	Aleksandra		Bolshakova	阿丽雅	优胜奖
小学生初级组	Mihails		Fainveics	米莎	优胜奖
小学生中级组	Alisa		Ļebedeva	爱丽萨	二等奖
中学生中级组	Maksims		Jevsejevs	马龙	优胜奖

2022 年"汉语桥"比赛

时间：2022 年 5 月 14 日—15 日　任教老师：李文玉、艾维塔

级别	名字	中间名	姓	中文名	名次
小学生中级组	Anna	Marija	Šimanovska	史安娜	三等奖
中学生高级组	Anna		Ņikitina	妮安娜	一等奖

2023 年"汉语桥"比赛

时间：2023 年 5 月 18 日—19 日　任教老师：汪贝娅、艾维塔、高安娜

级别	名字	中间名	姓	中文名	名次
小学生初级组	Darja		Mednikova	达莎	一等奖
小学生初级组	Leila		Pallo	鲍雷拉	三等奖
小学生初级组	Alise		Tarasjuka	唐爱丽	优胜奖
小学生初级组	Dmitrijs		Zavgorodņijs	迪马	优胜奖
小学生初级组	Ilana		Osokina	宋一蜡	优胜奖
小学生初级组	Alisa		Burmistrova	鲍丽萨	优胜奖
小学生初级组	Alisa		Dorogova	豆爱丽	优胜奖
小学生初级组	Kristina		Matuševska	马轻天	优胜奖
小学生初级组	Gabriella		Fridmane	卡布列娜	优胜奖

2. 夏令营 / 冬令营

2017 年夏令营

时间：2017 年 7 月 9 日—21 日　任教老师：吴炜、艾维塔

名字	中间名	姓	中文名
Leons		Stankevičs	李敏学

2018 年夏令营

时间：2018 年 7 月 10 日—22 日　任教老师：吴炜、艾维塔

名字	中间名	姓	中文名
Artūrs		Sudnieks	苏阿图尔

2019 年夏令营

时间：2019 年 7 月 14 日—26 日　任教老师：梁娟、艾维塔

名字	中间名	姓	中文名
Veronika		Čistjakova	习妮卡

2020/2021 年冬令营

时间：2021 年 1 月 11 日—18 日　任教老师：梁娟、艾维塔

名字	中间名	姓	中文名
Anna		Nikitina	妮安娜

2021/2022 年冬令营

时间：2022 年 1 月 7 日—14 日；2 月 21 日—28 日

任教老师：梁娟、艾维塔

名字	中间名	姓	中文名
Anna		Nikitina	妮安娜

3.HSK/HSKK

2018 年 HSK/HSKK

任教老师：梁娟、艾维塔

名字	中间名	姓	中文名	级别	时间
Anastasija		Petrova	贝娜茜	HSK3	2018.2.24

2019 年 HSK/HSKK

任教老师：梁娟、艾维塔

名字	中间名	姓	中文名	级别	时间
Veronika		Čistjakova	习妮卡	HSK1	2019.2.24
Veronika		Čistjakova	习妮卡	HSK2	2019.12.1

2020 年 HSK/HSKK

任教老师：梁娟、艾维塔

名字	中间名	姓	中文名	级别	时间
Veronika		Čistjakova	习妮卡	HSK3	2020.6.14

4. 奖学金

2020 年奖学金

时间：2020 年 9 月 任教老师：梁娟、艾维塔

名字	中间名	姓	中文名	学校
Veronika		Čistjakova	习妮卡	华南师范大学本科4年（放弃），后去英国留学

六、道加瓦皮尔斯大学孔子课堂HSK、"汉语桥"、奖学金、夏令营一览表（部分）

1.HSK/HSKK

2013年 HSK/HSKK

任教老师：张双

名字	中间名	姓	中文名	级别	时间
Agnese		Vanaga	王思思	HSK1	2013.12.1
Daina		Pauliņa	李宝拉	HSK1	2013.12.1
Anna		Tarasova	达安娜	HSK1	2013.12.1
Aļona		Kleimenova	爱莲	HSK1	2013.12.1
Margarita		Drozda	德丽塔	HSK1	2013.12.1

2014年 HSK/HSKK

任教老师：张双

名字	中间名	姓	中文名	级别	时间
Laura		Bicāne	白劳拉	HSK1	2014.5.10
Aivis		Valulis	李威	HSK2	2014.5.10
Elvita		Pundure	田梅	HSK2	2014.5.10
Karīna		Čimbaraite	习卡丽	HSK1	2014.12.6
Aivis		Valulis	李威	HSK3	2014.12.6
Jurijs		Podalinskis	林原	HSK3/HSKK1	2014.12.6

2015年 HSK/HSKK

任教老师：王志杰、倪艺榕

名字	中间名	姓	中文名	级别	时间
Jeļena		Židkova	芮叶莲娜	HSK1	2015.12.6

2016年 HSK/HSKK

任教老师：王志杰、倪艺榕

名字	中间名	姓	中文名	级别	时间
Karīna		Čimbaraite	习卡丽	HSK2	2016.3.20
Natalja		Logina	娜塔莉	HSK1	2016.3.20
Ludmila		Kvetkovska	米拉	HSK1	2016.3.20
Santa		Ribicka	梨桑塔	HSK1	2016.12.4
Svetlana		Želneronoka	舒兰	HSK2	2016.12.4

2017 年 HSK/HSKK

任教老师：孙霄

名字	中间名	姓	中文名	级别	时间
Agnese		Beča	采采	HSK2	2017.3.19
Karīna		Čimbaraite	习卡丽	HSK3/HSKK1	2017.3.19
Aivis		Valulis	李威	HSK4	2017.3.19
Ludmila		Kvetkovska	米拉	HSK2	2017.3.19
Diāna		Zeļepukina	泽戴安娜	HSK3	2017.12.3

2018 年 HSK/HSKK

任教老师：孙霄、白冰玉

名字	中间名	姓	中文名	级别	时间
Arvīds		Sauss	劳拉	HSK1	2018.3.24
Margarita		Klavcāne	柯玛格丽塔	HSK1	2018.3.24
Laura		Onzule	昂劳拉	HSK1	2018.3.24
Maija		Rozīte	立夏	HSK1	2018.3.24
Jeļena		Roļika	洛叶莲娜	HSK1	2018.3.24
Nika		Stankevicha	思尼卡	HSK1	2018.3.24
Aļina		Hačetlova	阿璃娜	HSK1	2018.3.24
Svetlana		Želneronoka	舒兰	HSK2	2018.3.24
Ludmila		Kvetkovska	米拉	HSK3	2018.3.24
Jeļena		Židkova	芮叶莲娜	HSK3/HSKK1	2018.3.24
Liene		Baumane	鲍莲娜	HSK1	2018.3.24
Diāna		Zeļepukina	泽戴安娜	HSKK1	2018.3.24

2019 年 HSK/HSKK

任教老师：白冰玉、刘晶铭

名字	中间名	姓	中文名	级别	时间
Jana		Usačova	武雅娜	HSK1	2019.2.24
Agris		Enģelis	冬雨	HSK1	2019.2.24
Darja		Gendele	塔莎	HSK1	2019.2.24
Alex		Fedosseyev	艾利克斯	HSK1	2019.2.24
Madara		Kaužēna	马达拉	HSK1	2019.2.24
Vita		Vērdiņa	维塔	HSK1	2019.2.24
Jeļena		Roļika	洛叶莲娜	HSK2	2019.2.24
Artjoms		Medvedevs	阿尔图姆	HSK2	2019.2.24
Arvids		Sauss	艾维德	HSK2	2019.2.24
Ludmila		Ščerbakova	柳德米拉	HSK2	2019.2.24
Jeļena		Židkova	芮叶莲娜	HSK5/HSKK2	2019.12.1

2020 年 HSK/HSKK

时间：2020 年 12 月 12 日　任教老师：尚劝余、高晴、邬艳丽、吴致昕

名字	中间名	姓	中文名	级别	时间
Aleksandrs		Kotihovs	柯山大	HSK2	2020.12.12

2021 年 HSK/HSKK

时间：2021 年 12 月 11 日　任教老师：王嘉夫、张丹丹

名字	中间名	姓	中文名	级别	时间
Natālija		Morozova	莫莉娅	HSK2	2021.12.11
Karīna		Čimbaraite	习卡丽	HSK5	2021.12.11

2. "汉语桥"

2014 年 "汉语桥" 比赛

时间：2014 年 4 月 30 日　任教老师：张双

级别	名字	中间名	姓	中文名	名次
大学生初级组	Laura		Bicāne	白劳拉	优胜奖
大学生初级组	Jeļena		Kotčenko	颜兰	优胜奖

2015 年 "汉语桥" 比赛

时间：2015 年 4 月 21 日　任教老师：张双

级别	名字	中间名	姓	中文名	名次
中学生初级组	Karīna		Čimbaraite	习卡丽	一等奖

2016年"汉语桥"比赛

时间：2016年4月8日　任教老师：倪艺榕、王志杰

级别	名字	中间名	姓	中文名	名次
中学生初级组	Renāte		Zdanovska	管生生	优胜奖
中学生中级组	Karīna		Čimbaraite	习卡丽	二等奖

2017年"汉语桥"比赛

时间：2017年4月25日—26日　任教老师：孙霄

级别	名字	中间名	姓	中文名	名次
大学生初级组	Agnese		Beča	采采	优胜奖

2018年"汉语桥"比赛

时间：2018年4月24日—25日　任教老师：孙霄、白冰玉

级别	名字	中间名	姓	中文名	名次
中学生初级组	Laura		Onzule	昂劳拉	一等奖
大学生高级组	Karīna		Čimbaraite	习卡丽	三等奖

2020年"汉语桥"比赛

时间：2020年6月5日—7日　任教老师：刘晶铭、王璐

级别	名字	中间名	姓	中文名	名次
大学生初级组	Normunds		Bolužs	诺里	三等奖
大学生高级组	Svetlana		Želneronoka	舒兰	优胜奖

2022年"汉语桥"比赛

时间：2022年5月14日—15日　任教老师：王嘉夫、张丹丹

级别	名字	中间名	姓	中文名	名次
大学生中级组	Natālija		Morozova	莫莉娅	三等奖

3. 奖学金

2015年奖学金

时间：2015年9月　任教老师：张双

名字	中间名	姓	中文名	学校
Jurijs		Podolinskis	林原	华南师范大学 1 学年

2017 年奖学金

时间：2017 年 9 月　任教老师：孙霄、白冰玉

名字	中间名	姓	中文名	学校
Karīna		Čimbaraite	习卡丽	华南师范大学 1 学年

2018 年奖学金

时间：2018 年 7 月　任教老师：孙霄、白冰玉

名字	中间名	姓	中文名	学校
Arvids		Sauss	艾维德	华南师范大学 4 周
Nika		Stankevicha	思尼卡	华南师范大学 4 周
Margarita		Klavcāne	柯玛格丽塔	华南师范大学 4 周
Svetlana		Želneronoka	舒兰	华南师范大学 4 周
Liene		Baumane	鲍莲娜	华南师范大学 4 周
Karīna		Čimbaraite	习卡丽	华南师范大学学习 1 年汉语，然后读翻译学 4 年本科
Jeļena		Židkova	芮叶莲娜	华南师范大学 1 学年
Diāna		Zeļepukina	泽戴安娜	华南师范大学 1 学年
Santa		Ribicka	梨桑塔	华南师范大学 1 学年

2019 年奖学金

时间：2019 年 9 月　任教老师：白冰玉、刘晶铭

名字	中间名	姓	中文名	学校
Diāna		Zeļepukina	泽戴安娜	华南师范大学学习 4 年本科，先去华南理工大学学习 1 年汉语

2023 年奖学金

时间：2023 年 9 月　任教老师：胡诗蓉、葛欣怡

名字	中间名	姓	中文名	学校
Natālija		Morozova	莫莉娅	华南师范大学 1 学年（因故放弃）

4. 夏令营 / 冬令营

2014 年夏令营

时间：2014 年 8 月 3 日—15 日 任教老师：张双

名字	中间名	姓	中文名
Jurijs		Podolinskis	林原
Dmitrijs		Soldatjonoks	索迪米特里
Jekaterina		Soldatjonoks	叶君
Jeļena		Kotčenko	颜兰

2016 年夏令营

时间：2016 年 7 月 10 日—22 日 任教老师：王志杰、倪艺榕

名字	中间名	姓	中文名
Diāna		Zeļepukina	泽戴安娜
Aivis		Vaļulis	李威
Diāna		Kolesnikova	阔戴安娜

2017 年夏令营

时间：2017 年 7 月 9 日—21 日 任教老师：孙霄

名字	中间名	姓	中文名
Zane		Vaļule	丫丫
Svetlana		Želneronoka	舒兰
Liene		Baumane	鲍莲娜
Santa		Ribicha	梨桑塔

2018 年夏令营

时间：2018 年 7 月 10 日—22 日 任教老师：孙霄、白冰玉

名字	中间名	姓	中文名
Renāte		Zdanovska	管生生
Elizaveta		Ivanova	伊丽莎
Jeļena		Židkova	芮叶莲娜
Santa		Ribicha	梨桑塔

2019 年夏令营

时间：2019 年 7 月 14 日—26 日 任教老师：白冰玉、刘晶铭

名字	中间名	姓	中文名
Darja		Gendele	塔莎
Vita		Vērdiņa	维塔

2020年冬令营

时间：2021年1月11日—18日　任教老师：高晴、邬艳丽、吴致昕

名字	中间名	姓	中文名
Aleksandrs		Kotihovs	柯山大
Natālija		Morozova	莫莉娅
Anastasija		Šablinska	夏安雅
Irina		Rusecka	卢莉娜
Anastasija		Kozireva	那斯佳

七、雷泽克内大学孔子课堂HSK、夏令营、"汉语桥"、奖学金一览表（部分）

1.HSK/HSKK

2013年 HSK/HSKK

任教老师：张婕

名字	中间名	姓	中文名	级别	时间
Zamjatins		Dimitrijs	邓明启	HSK1	2013.12.1
Gunta		Tjanginska	古塔	HSK1	2013.12.1
Gunta		Gaidule	古灵	HSK1	2013.12.1

2014年 HSK/HSKK

任教老师：张婕

名字	中间名	姓	中文名	级别	时间
Kira		Djugajeva	吉乐	HSK2	2014.5.10
Ineta		Dzalbe	蜻蜓	HSK2	2014.5.10
Zamjatins		Dimitrijs	邓明启	HSK2	2014.5.10
Gunta		Gaidule	古灵	HSK2	2014.5.10

2015年 HSK/HSKK

任教老师：王树蕙

名字	中间名	姓	中文名	级别	时间
Inese		Melne	梅英	HSK2	2015.3.28
Jekabs		Strazdins	叶可斌	HSK2	2015.3.28
Māra		Semule	赛玛拉	HSK2	2015.3.28

2016 年 HSK/HSKK

任教老师：梁铭轩

名字	中间名	姓	中文名	级别	时间
Margarita		Isajeva	伊玛格丽塔	HSK4	2016.3.20

2017 年 HSK/HSKK

任教老师：赵倩

名字	中间名	姓	中文名	级别	时间
Margarita		Isajeva	伊玛格丽塔	HSK5	2017.3.19
Arina		Maruka	玛艾琳娜	HSK2	2017.12.3
Lana		Burceva	蓝娜	HSK2	2017.12.3
Anastasija		Goršanova	诺娃	HSK2	2017.12.3
Ēriks		Kasparenoks	艾力克	HSK4/HSKK2	2017.12.3

2018 年 HSK/HSKK

任教老师：黄天祺

名字	中间名	姓	中文名	级别	时间
Kira		Djugajeva	吉乐	HSK3	2018.3.24
Kira		Djugajeva	吉乐	HSK3	2018.12.2
Anastasija		Goršanova	诺娃	HSK3/HSKK1	2018.12.2

2019 年 HSK/HSKK

任教老师：黄天祺

名字	中间名	姓	中文名	级别	时间
Kira		Djugajeva	吉乐	HSKK2	2019.2.24
Anastasija		Goršanova	诺娃	HSK4	2019.2.24
Kira		Djugajeva	吉乐	HSKK2	2019.5.11
Kristians		Gersebeks	葛克里斯	HSK1	2019.5.11
Madara		Levinska	曼德拉	HSK1	2019.5.11

2023 年 HSK/HSKK

任教老师：周蔓

名字	中间名	姓	中文名	级别	时间
Kira		Djugajeva	吉乐	HSK4/HSKK1	2023.5.14

2. 夏令营 / 冬令营

2015 年夏令营

时间：2015 年 8 月 15 日—25 日　任教老师：王树蕙

名字	中间名	姓	中文名
Marija		Satibaldijeva	玛芮亚

2016 年夏令营

时间：2016 年 7 月 10 日—22 日　任教老师：梁铭轩

名字	中间名	姓	中文名
Lana		Burceva	蓝娜
Alisa		Dudkina	阿里萨
Darja		Silineviča	达莉亚
Madars		Kozlovskis	马小龙

2017 年夏令营

时间：2017 年 8 月 3 日—15 日　任教老师：赵倩

名字	中间名	姓	中文名
Ēriks		Kasparenoks	艾力克
Anastasija		Goršanova	诺娃

2019 年夏令营

时间：2019 年 7 月 14 日—26 日　任教老师：黄天祺

名字	中间名	姓	中文名
Viktorija		Martinova	马维多利亚

2020/2021 年冬令营

时间：2021 年 1 月 11 日—18 日　任教老师：谢丽婷

名字	中间名	姓	中文名
Jūlija		Lukašova	优

2021/2022 年冬令营

时间：2022 年 1 月 7 日—14 日；2 月 21 日—28 日　任教老师：郝心瑜

名字	中间名	姓	中文名
Viktorija		Martinova	马维多利亚

3. "汉语桥"

2016 年"汉语桥"比赛

时间：2016 年 4 月 8 日　任教老师：梁铭轩

级别	名字	中间名	姓	中文名	名次
中学生初级组	Ēriks		Kasparenoks	艾力克	一等奖
中学生初级组	Madars		Kozlovskis	马小龙	优胜奖
中学生中级组	Valērija		Satibaldijeva	赛叶娃	优胜奖
中学生中级组	Māra		Semule	赛玛拉	优胜奖
大学生初级组	Jekaterina		Vaļiuļina	瓦卡佳	优胜奖

2017 年"汉语桥"比赛

时间：2017 年 4 月 25 日—26 日　任教老师：赵倩

级别	名字	中间名	姓	中文名	名次
中学生中级组	Ēriks		Kasparenoks	艾力克	一等奖
中学生中级组	Arina		Maruka	玛艾琳娜	优胜奖
中学生中级组	Lana		Burceva	蓝娜	优胜奖
大学生初级组	Tatjana		Semeneca	塔娜	优胜奖

2018 年"汉语桥"比赛

时间：2018 年 4 月 24 日—25 日　任教老师：赵倩

级别	名字	中间名	姓	中文名	名次
中学生高级组	Ēriks		Kasparenoks	艾力克	一等奖

2020 年"汉语桥"比赛

时间：2020 年 6 月 6 日　任教老师：肖依琴

级别	名字	中间名	姓	中文名	名次
中学生中级组	Viktorija		Martinova	马维多利亚	优胜奖

4. 奖学金

2018 年奖学金

时间：2018 年 7 月　任教老师：赵倩

名字	中间名	姓	中文名	学校
Anastasija		Goršanova	诺娃	华南师范大学 4 周
Lana		Burceva	蓝娜	华南师范大学 4 周

2019 年奖学金

时间：2019 年 9 月　任教老师：黄天祺

名字	中间名	姓	中文名	学校
Anastasija		Goršanova	诺娃	华南师范大学 4 年本科，先在华南理工大学学习 1 年汉语

八、里加工业大学孔子课堂 HSK、"汉语桥"、夏令营、奖学金一览表（部分）

1.HSK/HSKK

2013 年 HSK/HSKK

任教老师：于婧媛

名字	中间名	姓	中文名	级别	时间
Justs		Janševskis	优思茨	HSK1	2013.12.1

2017 年 HSK/HSKK

任教老师：胡越

名字	中间名	姓	中文名	级别	时间
Anna		Vodolagina	沃安娜	HSK1	2017.3.19
Mirke		Evija	艾维雅	HSK1	2017.3.19
Ilze		Birzniece	伊乐	HSK1	2017.12.3
Anna		Golubeva	谷安娜	HSK2	2017.12.3
Viktors		Kremovskihs	柯维克多	HSK1	2017.12.3

2018 年 HSK/HSKK

任教老师：胡越、汤蕴新

名字	中间名	姓	中文名	级别	时间
Anatolijs		Ponkratjevs	安东尼	HSK1	2018.3.24
Rasa		Pilipavica	瑞莎	HSK1	2018.3.24
Viktors		Kremovskihs	柯维克多	HSK2	2018.3.24
Dmitrijs		Trizna	迪米特里	HSK2	2018.3.24
Jaroslavs		Ņevidomskis	雅洛夫	HSK1	2018.3.24
Raivis		Eglītis	李维	HSK2	2018.3.24
Uvis		Liberts	尤卫	HSK1	2018.12.1

2019 年 HSK/HSKK

任教老师：汤蕴新

名字	中间名	姓	中文名	级别	时间
Viktorija		Nagajeva	娜维多利亚	HSK2	2019.2.24
Anatolijs		Ponkratjevs	安东尼	HSK2	2019.2.24
Viktors		Kremovskihs	柯维克多	HSK3	2019.2.24
Viktorija		Nagajeva	娜维多利亚	HSK3	2019.5.11
Irina		Rumjanceva	叶伊娜	HSK1	2019.5.11

2020 年 HSK/HSKK

任教老师：贾昆诺

名字	中间名	姓	中文名	级别	时间
Irina		Rumjanceva	叶伊娜	HSK3	2020.12.12
Viktorija		Nagajeva	娜维多利亚	HSK3	2020.12.12
Dainis		Vērdiņš	戴尼斯	HSK1	2020.12.12

2021 年 HSK/HSKK

任教老师：贾昆诺

名字	中间名	姓	中文名	级别	时间
Irina		Rumjanceva	叶伊娜	HSK3	2021.3.13
Viktorija		Nagajeva	娜维多利亚	HSK3	2021.3.13
Adolat		Rakhmankulova	阿多拉	HSK3	2021.3.13
Tharindu		Sathsara	杜林	HSK1	2021.6.5
Natalja		Dmitrijeva	娜塔丽	HSK1	2021.6.5

2022 年 HSK/HSKK

任教老师：唐璐瑶

名字	中间名	姓	中文名	级别	时间
Amane		Wada	和田天音	HSK2	2022.12.10
Jonas		Heidkaemper	何宥宁	HSK1	2022.12.10

2023 年 HSK/HSKK

任教老师：唐璐瑶

名字	中间名	姓	中文名	级别	时间
Daniils		Lokastovs	梁大宁	HSK1	2023.1.7
Abhaydev	Kavalackal	Prasad	康达	HSK1	2023.1.7
Anton		Sergeev	文翱努	HSK1	2023.1.7
Regina		Veckalne	吴锐娜	HSK1	2023.1.7
Regina		Veckalne	吴锐娜	HSK3/HSKK1	2023.5.20

2. "汉语桥"

2015 年"汉语桥"比赛

时间：2015 年 4 月 21 日 任教老师：于婧媛

级别	名字	中间名	姓	中文名	名次
大学成人初级组	Jeļena		Maļukova	马叶莲娜	优胜奖
大学成人初级组	Vsevolod		Burenin	谢沃	一等奖

2016 年"汉语桥"比赛

时间：2016 年 3 月 11 日 任教老师：金蒙

级别	名字	中间名	姓	中文名	名次
大学成人初级组	Kārlis		Kalniņš	卡力斯	优胜奖

2017 年"汉语桥"比赛

时间：2017 年 4 月 25 日—26 日 任教老师：胡越

级别	名字	中间名	姓	中文名	名次
大学成人初级组	Maija		Nalimova	玛雅	二等奖
大学成人初级组	Dmitrijs		Trizna	迪米特里	一等奖
大学成人初级组	Anastasija		Beļajeva	安娜斯塔西亚	优胜奖

续表

级别	名字	中间名	姓	中文名	名次
大学成人初级组	Artjoms		Medvedevs	阿尔图姆	优胜奖
大学成人初级组	Stepans		Škļariks	史蒂潘	优胜奖
大学成人初级组	Jānis		Zirnis	雅尼克	优胜奖

2018 年"汉语桥"比赛

时间：2018 年 4 月 24 日—25 日　任教老师：胡越

级别	名字	中间名	姓	中文名	名次
大学成人高级组	Ali		Arshad	阿里	优胜奖
大学成人中级组	Dmitrijs		Trizna	迪米特里	优胜奖

2019 年"汉语桥"比赛

时间：2019 年 4 月 12 日—13 日　任教老师：汤蕴新

级别	名字	中间名	姓	中文名	名次
大学成人初级组	Daniels		Mašonskis	尚达理	优胜奖

2020 年"汉语桥"比赛

时间：2020 年 4 月 12 日—13 日　任教老师：燕雪宁

级别	名字	中间名	姓	中文名	名次
大学成人初级组	Yahia		Elshakhs	雅哈	优胜奖
大学成人初级组	Tati		Tishininova	塔蒂	优胜奖
大学成人中级组	Artūrs		Rimašs	李斯	一等奖
大学成人高级组	Irina		Rumjanceva	叶伊娜	三等奖

3. 夏令营/冬令营

2016 年夏令营

时间：2016 年 7 月 10 日—22 日　任教老师：金蒙

名字	中间名	姓	中文名
Linda		Kauškale	考琳达
Laimdota		Zizmare	莱朵塔
Sergejs		Mihejevs	赛尔盖

2017 年夏令营

时间：2017 年 7 月 9 日—21 日　任教老师：胡越

名字	中间名	姓	中文名
Artjoms		Medvedevs	阿尔图姆
Uvis		Liberts	尤卫
Anastasija		Beļajeva	安娜斯塔西亚
Dmitrijs		Trizna	迪米特里
Ēriks		Majors	艾瑞克
Anna		Golubeva	谷安娜

2018 年夏令营

时间：2018 年 7 月 10 日—22 日　任教老师：胡越

名字	中间名	姓	中文名
Viktorija		Nagajeva	娜维多利亚
Anna		Berkova	博安娜

2019 年夏令营

时间：2019 年 7 月 14 日—26 日　任教老师：汤蕴新

名字	中间名	姓	中文名
Artūrs		Rimašs	李斯
Mārtiņš		Pokromovičs	珀马丁
Daniels		Mašonskis	尚达理
Ivans		Ņilovs	伊凡

2020/2021 年冬令营

时间：2021 年 1 月 11 日—18 日　任教老师：贾昆诺

名字	中间名	姓	中文名
Katrīna		Zandere	卡特丽娜
Lilita		Vaļuma	莉莉塔
Adolat		Rakhmankulova	阿多拉
Anatolij		Tolik	安东
Natalja		Dmitrijeva	娜塔丽
Irina		Rumjanceva	叶伊娜
Ammar		Laid	孙悟空
Sachini	Ravisha	Thilakarathne	兰玉
Kristīne	Alise	Vecmane	克爱丽丝

2021/2022 年冬令营

时间：2022 年 1 月 7 日—14 日；2 月 21 日—28 日　任教老师：刘一瑶

名字	中间名	姓	中文名
Irina		Rumjanceva	叶伊娜
Kristīne	Alise	Vecmane	克爱丽丝
Laima		Bērziņa	吉娜

4. 奖学金

2015 年奖学金

时间：2015 年 9 月　任教老师：于靖媛

名字	中间名	姓	中文名	学校
Artūrs		Zandersons	赞阿图尔	复旦大学学习中文 1 学期
Anželika		Berke-Berga	贝安泽	中央财经大学读博士后 1 学年
Vsevold		Burenin	谢沃	浙江大学学习中文 1 学年

2017 年奖学金

时间：2017 年 9 月　任教老师：胡越

名字	中间名	姓	中文名	学校
Dace		Auzina	奥金娜	华中科技大学环境科学博士 3 学年
Kristiāna		Purva	布尔娃	华中师范大学学习中文 1 年，然后学士 4 学年

2018 年奖学金

时间：2018 年 7 月　任教老师：胡越

名字	中间名	姓	中文名	学校
Viktors		Kremovskihs	柯维克多	华南师范大学 1 个月
Anatolijs		Ponkratjevs	安东尼	华南师范大学 1 个月
Rasa		Pilipavica	瑞莎	华南师范大学 1 个月

2023 年奖学金

时间：2023 年 9 月　任教老师：唐璐瑶

名字	中间名	姓	中文名	学校
Anton		Sergeev	文翱努	北京理工大学本科 4 学年
Daniils		Lokastovs	罗一宁	台湾师范大学汉语进修 4 个月

九、维泽梅大学"汉语桥"、奖学金、夏令营、HSK 一览表（部分）

1. "汉语桥"

2007 年"汉语桥"比赛

时间：2007 年 4 月 21 日 任教老师：衣蕾

级别	名字	中间名	姓	中文名	名次
大学生初级组	Wagada 等 8 名同学				优胜奖

2009 年"汉语桥"比赛

时间：2009 年 5 月 8 日 任教老师：衣蕾

级别	名字	中间名	姓	中文名	名次
大学生初级组	Liene		Brioonoka	布丽娜	
大学生初级组	Zane		Petrovska	刘祖恩	
大学生初级组	Zane		Erkske	林祖恩	
大学生初级组	Kristaps		Veide	林安邦	
大学生初级组	Edgars		Mikelsons	方爱德	
大学生初级组	Ilva		Legzdina	依尤娜	

2010 年"汉语桥"比赛

时间：2010 年 5 月 11 日 任教老师：黄芳

级别	名字	中间名	姓	中文名	名次
大学生初级组	Inita		Kulite	依妮	三等奖

2011 年"汉语桥"比赛

时间：2011 年 4 月 19 日 任教老师：陈学敏

级别	名字	中间名	姓	中文名	名次
大学生初级组	3 名同学				优胜奖

2012 年"汉语桥"比赛

时间：2012 年 4 月 24 日 任教老师：陈学敏

级别	名字	中间名	姓	中文名	名次
大学生初级组	Laura		Liepiņa	劳菈	优胜奖
大学生初级组	Sigita		Siraka	思甜	优胜奖
大学生中级组	Kristaps		Veide	林安邦	优胜奖

2013年"汉语桥"比赛

时间：2013年4月23日　任教老师：宁晓璐

级别	名字	中间名	姓	中文名	名次
大学生初级组	Rūta		Bēvalde	白露	二等奖
大学生初级组	Ilze		Eglīte	艾伊尔泽	优胜奖
大学生初级组	Laura		Kūla	劳兰	优胜奖

2015年"汉语桥"比赛

时间：2015年4月21日　任教老师：宁晓璐

级别	名字	中间名	姓	中文名	名次
大学生初级组	Austris		Pāvuliņš	奥斯	优胜奖
大学生初级组	Anda		Arkliņa	安达	优胜奖

2016年"汉语桥"比赛

时间：2016年4月8日　任教老师：初从从

级别	名字	中间名	姓	中文名	名次
大学生初级组	Katrīna		Valaine	卡迟娜	优胜奖
大学生初级组	Anna		Maļiņina	马安娜	优胜奖

2017年"汉语桥"比赛

时间：2017年4月25日—26日　任教老师：刘丹

级别	名字	中间名	姓	中文名	名次
大学生初级组	Annija		Parblika	安内亚	三等奖

2018年"汉语桥"比赛

时间：2018年4月24日—25日　任教老师：于洋

级别	名字	中间名	姓	中文名	名次
大学生初级组	Kluinis		Linards	利那兹	第三名
大学生初级组	Viesturs		Zvirbulis	熊猫	优胜奖
大学生中级组	Annija		Pabrika	安内亚	第二名

2019 年"汉语桥"比赛

时间：2019 年 4 月 23 日—24 日　任教老师：李浩芹

级别	名字	中间名	姓	中文名	名次
大学生高级组	Pabrika		Annija	安内亚	三等奖

2023 年"汉语桥"比赛

时间：2023 年 5 月 18 日—19 日　任教老师：朱瑜

级别	名字	中间名	姓	中文名	名次
中学生初级组	Dominiks		Urbanovičs	禹顺	优胜奖

2. 奖学金

2006 年奖学金

时间：2006 年 9 月　　任教老师：衣蕾

名字	中间名	姓	中文名	学校
Edgars		Kuzmans	库埃德加	东华大学公共关系专业 1 学年

2009 年奖学金

时间：2009 年 9 月　任教老师：衣蕾

名字	中间名	姓	中文名	学校
Kristaps		Veide	林安邦	云南大学，因未及时收到录取通知书而错过留学

2010 年奖学金

时间：2010 年 9 月　任教老师：黄芳

名字	中间名	姓	中文名	学校
Kristaps		Veide	林安邦	中国地质大学（武汉）进修汉语 1 学年

2012 年奖学金

时间：2012 年 9 月　任教老师：黄芳

名字	中间名	姓	中文名	学校
Kristaps		Veide	林安邦	云南师范大学进修汉语 1 学年

2014年奖学金

时间：2014年9月　任教老师：宁晓璐

名字	中间名	姓	中文名	学校
Toms		Zagars	托姆思	吉林大学国际关系硕士2学年

3. 夏令营

2018年夏令营

时间：2018年7月10日—22日　任教老师：于洋

名字	中间名	姓	中文名
Monta		Vereba	夏天
Sabīne		Kurcina	小水

4. HSK/HSKK

2016年HSK/HSKK

任教老师：初从从

名字	中间名	姓	中文名	级别	时间
Katrīna		Valaine	卡迟娜	HSK1	2016.3.20
Grigorijs		Salnits	萨尼茨	HSK1	2016.3.20

2017年HSK/HSKK

任教老师：于洋

名字	中间名	姓	中文名	级别	时间
Grigorijs		Salnits	萨尼茨	HSK2	2017.12.3

2018年HSK/HSKK

任教老师：李浩芹

名字	中间名	姓	中文名	级别	时间
Grigorijs		Salnits	萨尼茨	HSK3	2018.12.2

2019年HSK/HSKK

任教老师：李浩芹、姚璟

名字	中间名	姓	中文名	级别	时间
Grigorijs		Salnits	萨尼茨	HSK3	2019.2.24
Annija		Pabrika	安内亚	HSK3	2019.12.1

2023 年 HSK/HSKK

任教老师：朱瑜

名字	中间名	姓	中文名	级别	时间
Krista		Saulite	苏可芮	HSK3	2023.5.14

十、里加斯特拉京什大学"汉语桥"、奖学金一览表（部分）

1. "汉语桥"

2006 年"汉语桥"比赛

时间：2006 年 4 月 21 日 任教老师：史莲娜、白妩娜、谢安娜等

级别	名字	中间名	姓	中文名	名次
初级组	Jeļena		Popova	叶波波娃	
初级组	Simona		Gurbo	西蒙娜	
初级组	Evija		Pintane	艾薇娅	
初级组	Aleksandrs		Novikovs	诺亚历山大	
初级组	Santa		Kozlova	阔桑塔	
初级组	Sofija		Golubeikov	郭索菲亚	

2008 年"汉语桥"比赛

时间：2008 年 5 月 4 日 任教老师：史莲娜、白妩娜、谢安娜等

级别	名字	中间名	姓	中文名	名次
初级组	Romans		Vikis	魏罗曼斯	一等奖

2009 年"汉语桥"比赛

时间：2009 年 5 月 8 日 任教老师：史莲娜、白妩娜、谢安娜等

级别	名字	中间名	姓	中文名	名次
初级组	Tatjana		Kaļimana	春柳	一等奖
初级组	Elīza		Stīpniece	爱丽札	
初级组	Katrīna		Kalniņa	克丽娜	
初级组	Edgars		Uljāns	乌埃德加	
初级组	Zane		Skuja	思扎娜	
高级组	Una		Lekuze	尤娜	二等奖

2010年"汉语桥"比赛

时间：2010年5月11日 任教老师：史莲娜、白妩娜、谢安娜等

级别	名字	中间名	姓	中文名	名次
初级组	Maksims		Izotovs	马西姆	二等奖
中级组	Zane		Skuja	思扎娜	二等奖

2011年"汉语桥"比赛

时间：2011年4月19日 任教老师：史莲娜、白妩娜、谢安娜等

级别	名字	中间名	姓	中文名	名次
初级组	Mišela		Belkina	蜜雪儿	二等奖
初级组	Jekaterina		Gorjunova	郭卡佳	三等奖
初级组	Marina		Čaikina	玛丽娜	
初级组	Jeļena		Lubimova	鲁叶莲娜	

2012年"汉语桥"比赛

时间：2012年4月24日 任教老师：史莲娜、白妩娜、谢安娜、詹娜等

级别	名字	中间名	姓	中文名	名次
初级组	Ugne	Taisija	Cerenkova	塔娅	二等奖
初级组	Agnese		Zieda	阿格尼斯	三等奖
中级组	Dianna		Semjonova	赛戴安娜	二等奖
中级组	Marina		Čaikina	玛丽娜	三等奖
中级组	Laimonis		Rozenbergs	莱沫尼斯	三等奖
中级组	Anna		Strautzele	斯安娜	三等奖

2013年"汉语桥"比赛

时间：2013年4月23日 任教老师：史莲娜、白妩娜、谢安娜、詹娜等

级别	名字	中间名	姓	中文名	名次
中学初级组	Maksims		Kuzmins	马克西姆思	优胜奖
中学中级组	Diāna		Ērgle	艾戴安娜	三等奖
中学中级组	Laimonis		Rozenbergs	莱沫尼斯	一等奖
中学中级组	Ugne	Taīsija	Čerenkova	塔亚	二等奖
中学中级组	Marina		Čaikina	玛丽娜	优胜奖
大学成人中级组	Nadīna		Rode	纳迪娜	优胜奖

2014年"汉语桥"比赛

时间：2014年4月30日 任教老师：史莲娜、白妩娜、谢安娜、詹娜等

级别	名字	中间名	姓	中文名	名次
中学生初级组	Kārlis		Gulbis	卡尔	优胜奖
中学生中级组	Ilva		Vadone	依婉	优胜奖
中学生高级组	Marina		Čaikina	玛丽娜	二等奖
中学生高级组	Anastasija		Verbicka	薇碧卡	优胜奖
大学成人初级组	Anastasija		Zaļunina	查安娜	优胜奖
大学成人初级组	Kārina		Zozuļa	高莉娜	一等奖

2015年"汉语桥"比赛

时间：2015年4月21日 任教老师：史莲娜、白妩娜、谢安娜、陈红梅等

级别	名字	中间名	姓	中文名	名次
小学生初级组	Kārlis		Gulbis	卡尔	三等奖
中学生高级组	Marina		Čaikina	玛丽娜	优胜奖
大学生初级组	Kārina		Zozuļa	高莉娜	优胜奖

2016年"汉语桥"比赛

时间：2016年3月11日 任教老师：史莲娜、白妩娜、谢安娜、陈红梅等

级别	名字	中间名	姓	中文名	名次
中学生初级组	Valerija		Gussalova	蕾拉	
中学生初级组	Kārlis		Gulbis	卡尔	
大学生初级组	Māra		Kandele	堪玛拉	
大学生初级组	Didzis		Vilks	卫科	
大学生中级组	Anastasija		Zaļunina	查安娜	

2017年"汉语桥"比赛

时间：2017年4月25日—26日 任教老师：白妩娜、陈红梅等

级别	名字	中间名	姓	中文名	名次
中学生初级组	Ieva	Anna	Goba	伊娃	三等奖
中学生初级组	Ivans		Semjonovs	伊万斯	优胜奖
中学生中级组	Kārlis		Gulbis	卡尔	优胜奖
中学生高级组	Gļebs		Ogorodniks	格列波	优胜奖

2018 年"汉语桥"比赛

时间：2018 年 4 月 24 日—25 日　任教老师：白妩娜、陈红梅等

级别	名字	中间名	姓	中文名	名次
大学生初级组	Ieva	Anna	Goba	伊娃	
大学生初级组	Alvis		Vartukapteinis	奥维斯	
大学生中级组	Olga		Zolotova	托娃	

2019 年"汉语桥"比赛

时间：2019 年 4 月 12 日—13 日　任教老师：白妩娜、陈红梅等

级别	名字	中间名	姓	中文名	名次
中学生初级组	Mila		Oborenuo	米菈	
中学生初级组	Oksana		Čaikina	奥克	
中学生初级组	Paula		Spēlmane	葆拉	
中学生初级组	Pauls		Pontāgs	保罗	
大学生初级组	Ieva	Anna	Goba	伊娃	
大学生初级组	Alvis		Vartukapteinis	奥维斯	
大学生中级组	Olga		Zolotova	托娃	

2020 年"汉语桥"比赛

时间：2020 年 6 月 5 日—7 日　任教老师：白妩娜、陈红梅等

级别	名字	中间名	姓	中文名	名次
大学生初级组	Pāvels		Sičs	思帕维尔	优胜奖
大学生中级组	Didzis		Vilks	卫科	二等奖

2. 奖学金

2011 年奖学金

时间：2011 年 9 月　任教老师：史莲娜、白妩娜、谢安娜等

名字	中间名	姓	中文名	学校
Romans		Vikis	魏罗曼斯	北京语言大学进修中文 1 学年
Tatjana		Kaļimana	春柳	浙江师范大学进修中文 1 学年

2014 年奖学金

时间：2014 年 9 月　任教老师：史莲娜、谢安娜、詹娜等

名字	中间名	姓	中文名	学校
Una	Aleksandra	Bērziņa	白妩娜	复旦大学研修中国哲学1学年
Kārina		Zozuļa	高莉娜	吉林大学国际关系硕士2学年
Agnese		Martinsone	艾妮赛	兰州大学学习中文1学年，然后攻读中国近现代史硕士3学年

2015年奖学金

时间：2015年9月 任教老师：史莲娜、白妩娜、谢安娜、陈红梅等

名字	中间名	姓	中文名	学校
Laimonis		Rozenbergs	莱蒙尼	上海师范大学汉语研修1学年

2016年奖学金

时间：2016年9月 任教老师：史莲娜、白妩娜、谢安娜、陈红梅等

名字	中间名	姓	中文名	学校
Marina		Čaikina	玛丽娜	上海外国语大学对外汉语本科4学年

2017年奖学金

时间：2017年9月 任教老师：白妩娜、陈红梅等

名字	中间名	姓	中文名	学校
Diāna		Ņikitina	妮戴安娜	南京师范大学学习中文1年，然后上海财经大学金融学本科4年
Arita	Karīna	Braķe	艾丽塔	南京师范大学学习1年汉语，然后上海外国语大学汉语本科4年

十一、斯米尔提恩中学"汉语桥"一览表（部分）

2015年"汉语桥"比赛

时间：2015年4月21日 任教老师：季楠、刘会强

级别	名字	中间名	姓	中文名	名次
中学生初级组	Lauma		Melece	麦劳玛	优胜奖
中学生初级组	Kaspars		Pakulis	卡斯帕尔斯	优胜奖
大学生初级组	Māra		Pružinska	普玛拉	优胜奖

2016年"汉语桥"比赛

时间：2016年4月8日 任教老师：盛铭

级别	名字	中间名	姓	中文名	名次
小学生组	Anna		Skujina	丝安娜	优胜奖

2017年"汉语桥"比赛

时间：2017年4月24日—25日 任教老师：于洋

级别	名字	中间名	姓	中文名	名次
小学生初级组	Kate		Kadike	卡凯特	优胜奖
小学生初级组	Denijs		Solomko	戴尼伊斯	优胜奖
小学生初级组	Anna		Vilikerste	魏安娜	优胜奖
小学生初级组	Eliza		Zeiluka	爱丽扎	优胜奖
小学生初级组	Sindija		Jirgensone	辛迪斯	优胜奖
小学生中级组	Kristiāna		Caska	克莉斯提娜	优胜奖
中学生初级组	Raivis		Germanis	瑞迪斯	优胜奖
中学生初级组	Lauma		Melece	麦劳玛	优胜奖
中学生初级组	Elza		Bekmane	爱尔扎	优胜奖

2018年"汉语桥"比赛

时间：2018年4月24日—25日 任教老师：陈凤凰

级别	名字	中间名	姓	中文名	名次
中学生初级组	Valdis	Mārtiņš	Marcinkēvičs	陈宇轩	优胜奖
中学生初级组	Vitālijs	Jānis	Marcinkēvics	李远航	优胜奖

十二、交通与电信大学HSK、"汉语桥"、夏令营、奖学金一览表（部分）

1.HSK/HSKK

2016 年 HSK/HSKK

任教老师：王佳乐、林婕

名字	中间名	姓	中文名	级别	时间
Ksenija		Kuzņecova	思雅	HSK1	2016.3.20
Jana		Stragauska	思雅娜	HSK1	2016.3.20
Kirils		Strokatovs	吉利斯	HSK1	2016.12.4

2017 年 HSK/HSKK

任教老师：林婕、刘梦珂

名字	中间名	姓	中文名	级别	时间
Kirils		Strokatovs	吉利斯	HSK2	2017.3.19
Emma		Andersone	艾玛	HSK1	2017.12.3
Marita		Lapa	玛利塔	HSK1	2017.12.3
Kirils		Strokatovs	吉利斯	HSK3	2017.12.3

2018 年 HSK/HSKK

任教老师：王昕

名字	中间名	姓	中文名	级别	时间
Kirils		Strokatovs	吉利斯	HSK3	2018.3.24
Diāna		Skorinkina	狄安娜	HSK1	2018.12.2

2019 年 HSK/HSKK

任教老师：王昕

名字	中间名	姓	中文名	级别	时间
Jana		Pavlova	洛雅雅	HSK1	2019.2.24

2020 年 HSK/HSKK

任教老师：王昕

名字	中间名	姓	中文名	级别	时间
Diāna		Skorinkina	狄安娜	HSK2	2020.6.14
Jana		Pavlova	洛雅雅	HSK2	2020.6.14

2. "汉语桥"

2020 年"汉语桥"比赛

时间：2020 年 6 月 6 日—7 日　任教老师：王昕

级别	名字	中间名	姓	中文名	名次
中学生高级组	Jana		Pavlova	洛雅雅	三等奖
中学生高级组	Diāna		Skorinkina	狄安娜	优胜奖

3. 夏令营 / 冬令营

2018 年夏令营

时间：2018 年 7 月 10 日—22 日　任教老师：刘梦珂

名字	中间名	姓	中文名
Kirils		Strokatovs	吉利斯

2019 年夏令营

时间：2019 年 7 月 14 日—26 日　任教老师：王昕

名字	中间名	姓	中文名
Jana		Pavlova	洛雅雅
Diāna		Skorinkina	狄安娜
Daņila		Kuznecovs	李丹

2020/2021 年冬令营

时间：2021 年 1 月 11 日—18 日　任教老师：邬艳丽

名字	中间名	姓	中文名
Kirils		Strokatovs	吉利斯
Diāna		Skorinkina	狄安娜

2021/2022 年冬令营

时间：2022 年 1 月 7 日—14 日；2 月 21 日—28 日　任教老师：唐静

名字	中间名	姓	中文名
Aļina		Puzikova	李娜

4. 奖学金

2015 年奖学金

时间：2015 年 9 月 教学点名称：交通与电信大学 任教老师：王佳乐

名字	中间名	姓	中文名	学校
Kristīna		Soskoveca	索克里斯蒂娜	华中科技大学管理学院博士 3 学年

十三、拉脱维亚文化学院"汉语桥"、奖学金、HSK、冬令营一览表（部分）

1. "汉语桥"

2018 年"汉语桥"比赛

时间：2018 年 4 月 24 日—25 日 任教老师：朱玥

级别	名字	中间名	姓	中文名	名次
大学高级组	Nora		Ziedkalna	唐娜拉	一等奖

2. 奖学金

2018 年奖学金

时间：2018 年 9 月 任教老师：朱玥、尹燕

名字	中间名	姓	中文名	学校
Elza		Funta	冯艾莎	上海外国语大学 1 学年
Agnese	Diāna Katrīna	Lagzdkalne	蓝黛娜	上海外国语大学 1 学年

3. HSK/HSKK

2020 年 HSK/HSKK

任教老师：谢慧清

名字	中间名	姓	中文名	级别	时间
Elīna		Veinberga	韦爱琳	HSK2	2020.12.12

4. 冬令营

2021 年冬令营

时间：2021 年 1 月 11 日 -18 日 任教老师：谢慧清

名字	中间名	姓	中文名
Nora		Osīte	沃娜拉

十四、拉脱维亚农业大学奖学金、"汉语桥"、HSK、夏令营一览表（部分）

1. 奖学金

2012年奖学金

时间：2012年9月 任教老师：丹雅娜

名字	中间名	姓	中文名	学校
Inga		Erdmane	尹嘉	进修农林学1学年

2. "汉语桥"

2017年"汉语桥"比赛

时间：2017年4月25日—26日 任教老师：丹雅娜

级别	名字	中间名	姓	中文名	名次
大学成人初级组	Sigita		Lapsiņa	西吉塔	优胜奖
大学成人初级组	Margarita		Kaltigina	喀玛格丽达	特殊奖
大学成人初级组	Laura		Baumane	宝兰	优胜奖

2018年"汉语桥"比赛

时间：2018年4月24日—25日 任教老师：张扬

级别	名字	中间名	姓	中文名	名次
大学成人初级组	Laura		Baumane	宝兰	优胜奖

2019年"汉语桥"比赛

时间：2019年4月12日—13日 任教老师：车俊池

级别	名字	中间名	姓	中文名	名次
大学成人初级组	Līga		Benīte	丽加	二等奖

3. HSK/HSKK

2017年HSK

任教老师：张扬

名字	中间名	姓	中文名	级别	时间
Līga		Benite	丽加	HSK1	2017.12.3
Sigita		Lapsiņa	西吉塔	HSK1	2017.12.3

2018 年 HSK

任教老师：车俊池

名字	中间名	姓	中文名	级别	时间
Līga		Benite	丽加	HSK2	2018.12.2

2019 年 HSK

任教老师：车俊池

名字	中间名	姓	中文名	级别	时间
Klāvs		Puidītis	柯乐成	HSK1	2019.2.24
Vairis		Valdbergs	卫凌晟	HSK1	2019.2.24
Ilze		Meņķe	伊泽	HSK2	2019.2.24

4. 夏令营

2018 年夏令营

时间：2018 年 7 月 10 日—22 日　任教老师：张扬

名字	中间名	姓	中文名
Sigita		Lapsiņa	西吉塔

2019 年夏令营

时间：2019 年 7 月 14 日—26 日　任教老师：车俊池

名字	中间名	姓	中文名
Līga		Benīte	丽加

十五、叶尔加瓦斯比杜拉中学"汉语桥"、夏令营、奖学金、HSK 一览表（部分）

1. "汉语桥"

2017 年"汉语桥"比赛

时间：2017 年 4 月 25 日—26 日　任教老师：丹雅娜

级别	名字	中间名	姓	中文名	名次
中学生初级组	Lāsma		Mazūre	拉思玛	优胜奖
中学生初级组	Emīls		Vīgants	艾米尔	优胜奖
中学生初级组	Kristīne		Mihailova	米克里斯汀	优胜奖
中学生初级组	Anna	Krieviņa	Klaudija	珂安娜	优胜奖
中学生初级组	Alise		Šaule	萨乌莱	优胜奖
中学生初级组	Alise	Karalīna	Kakatiņa	卡爱丽丝	优胜奖

2020 年"汉语桥"比赛

时间：2020 年 6 月 5 日—7 日　任教老师：郑玉馨

级别	名字	中间名	姓	中文名	名次
中学生初级组	Samanta		Deimantoviča	沙曼塔	优胜奖

2. 夏令营

2019 年夏令营

时间：2019 年 7 月 14 日—26 日　任教老师：车俊池

名字	中间名	姓	中文名
Kristīne		Mihailova	米克里斯汀

3. 奖学金

2018 年奖学金

时间：2018 年 7 月—8 月　任教老师：张扬

名字	中间名	姓	中文名	学校
Alise	Karalīna	Kakatiņa	卡爱丽丝	华南师范大学 4 周项目

4.HSK/HSKK

2018 年 HSK

任教老师：张扬

名字	中间名	姓	中文名	级别	时间
Alise	Karalīna	Kaktiņa	卡爱丽丝	HSK 2	2018.3.24
Kristīne		Mihailova	米克里斯汀	HSK 2	2018.3.24

十六、文茨皮尔斯大学 HSK、"汉语桥"、夏令营、奖学金一览表（部分）

1.HSK/HSKK

2017 年 HSK/HSKK

任教老师：潘玲

名字	中间名	姓	中文名	级别	时间
Kira		Kuropatkina	琪拉	HSK1	2017.12.3
Elīna		Butko	布艾琳娜	HSK1	2017.12.3
Aļina		Smislova	阿丽娜	HSK1	2017.12.3
Poļina		Medvedeva	波丽娜	HSK1	2017.12.3
Anastasija		Anohina	娜斯佳	HSK1	2017.12.3
Anna		Trocka	托安娜	HSK1	2017.12.3
Valerija		Panova	瓦丽瑞佳	HSK1	2017.12.3
Pāvels		Mihailovs	帕维斯	HSK1	2017.12.3
Ilona		Karpjaka	伊罗娜	HSK1	2017.12.3

2018 年 HSK/HSKK

任教老师：潘玲、朱会平

名字	中间名	姓	中文名	级别	时间
Kira		Kuropatkina	琪拉	HSK2	2018.3.24
Elīna		Butko	布艾琳娜	HSK2	2018.3.24
Anastasija		Anohina	娜斯佳	HSK2	2018.3.24
Anna		Trocka	托安娜	HSK2	2018.3.24
Aļina		Mihailova	圣璃娜	HSK1	2018.12.2
Sabīne		Aleksejenoka	碧娜	HSK1	2018.12.2

续表

名字	中间名	姓	中文名	级别	时间
Alise		Plotova	普艾丽丝	HSK1	2018.12.2
Polina		Medvedeva	波丽娜	HSK2	2018.12.2
Alina		Smislova	阿丽娜	HSK2	2018.12.2
Kira		Kuropatkina	琪拉	HSK3	2018.12.2

2019 年 HSK/HSKK

任教老师：朱会平、林颖娴

名字	中间名	姓	中文名	级别	时间
Inga		Ieviņa	英哥	HSK2	2019.2.24

2023 年 HSK/HSKK

任教老师：徐申

名字	中间名	姓	中文名	级别	时间
Oleksandra		Kolivanova	万沙白	HSK2/HSKK1	2023.5.14

2. "汉语桥"

2018 年 "汉语桥" 比赛

时间：2018 年 4 月 24 日—25 日　任教老师：潘玲

级别	名字	中间名	姓	中文名	名次
中学生初级组	Kira		Kuropatkina	琪拉	优胜奖
中学生初级组	Alina		Mihailova	圣璃娜	优胜奖
中学生初级组	Alina		Smislova	阿丽娜	优胜奖
中学生初级组	Polina		Medvedeva	波丽娜	优胜奖

2019 年 "汉语桥" 比赛

时间：2019 年 4 月 12 日—13 日　任教老师：朱会平

级别	名字	中间名	姓	中文名	名次
中学生中级组	Alina		Mihailova	圣璃娜	优胜奖

2023 年 "汉语桥" 比赛

时间：2023 年 5 月 18 日—19 日　任教老师：徐申

级别	名字	中间名	姓	中文名	名次
小学生中级组	Oleksandra		Kolivanova	万沙白	一等奖

3. 夏令营/冬令营

2018年夏令营

时间：2018年7月10日—22日 任教老师：潘玲

名字	中间名	姓	中文名
Kira		Kuropatkina	琪拉
Aļina		Smislova	阿丽娜
Poļina		Medvedeva	波丽娜
Anna		Trocka	托安娜

2019年夏令营

时间：2019年7月14日—26日 任教老师：朱会平

名字	中间名	姓	中文名
Aļina		Mihailova	圣璃娜
Jeļena		Baibekova	白海伦娜
Sabīne		Aleksejenoka	碧娜
Alise		Plotova	普艾丽丝
Sandija		Skudra	桑地娅
Karīna		Dinsberga	丁卡丽娜
Zaiga		Spriņģe	赛哥
Dinija		Želve	笛尼丫
Kristīne		Voļhina	柯瑞娜

2021年冬令营

时间：2021年1月11日—18日 任教老师：朱可嘉、刘晶铭、王昕

名字	中间名	姓	中文名
Ilona		Balode	伊洛娜
Anastasija		Antoškina	安苗苗

4. 奖学金

2018年奖学金

时间：2018年7月 任教老师：潘玲

名字	中间名	姓	中文名	学校
Anastasija		Anohina	娜斯佳	华南师范大学4周研修生

十七、叶卡布皮尔斯中学"汉语桥"一览表

2019年"汉语桥"比赛

时间：2019年4月12日—13日 任教老师：胡甜

级别	名字	中间名	姓	中文名	名次
中学生初级组	Evelīna		Elizabete	石丽	优胜奖
中学生初级组	Signe		Ļūļāka	乔好乐	优胜奖
中学生初级组	Zane		Osīte	阳光	优胜奖

2020年"汉语桥"比赛

时间：2020年6月5日—7日 任教老师：吴哲哲

级别	名字	中间名	姓	中文名	名次
中学生初级组	Amanda	Sāra	Kellere	李凡一	优胜奖
中学生初级组	Evelīna		Stikāne	林妙妙	优胜奖
中学生中级组	Zane		Osite	阳光	优胜奖

2023年"汉语桥"比赛

时间：2023年5月18日—19日 任教老师：杨彩云

级别	名字	中间名	姓	中文名	名次
中学生初级组	Mariuss		Krasavcevs	景行	一等奖

十八、克拉斯拉瓦中学夏令营、"汉语桥"一览表

1. 夏令营/冬令营

2019年夏令营

时间：2019年7月14日—26日 任教老师：林颖娴

名字	中间名	姓	中文名
Loreta		Makņa	洛瑞塔
Artūrs		Kalinkevičs	阿图斯

2020/2021 年冬令营

时间：2021 年 1 月 11 日—18 日　任教老师：吴致昕

名字	中间名	姓	中文名
Viktoria		Vaisla	华韦嘉
Kristīna		Filatova	费汀娜
Emilija		Marčenko	魏莱

2."汉语桥"

2023 年"汉语桥"比赛

时间：2023 年 5 月 18 日—19 日　任教老师：朱柏清

级别	名字	中间名	姓	中文名	名次
中学生初级组	Gita		Miglāne	毛美如	优胜奖
中学生初级组	Snezana		Podoba	苏琳	优胜奖
中学生中级组	Ervīns		Tračums	康爱文	二等奖

十九、新马露白小学"汉语桥"一览表

2019 年"汉语桥"比赛

时间：2019 年 4 月 12 日—13 日　任教老师：尹艳

级别	名字	中间名	姓	中文名	名次
小学生初级组	Emīlija		Vandere	爱米丽	优胜奖
小学生初级组	Paulina		Audra	奥德拉	优胜奖
小学生初级组	Filips		Dadzis	飞利	优胜奖

2020 年"汉语桥"比赛

时间：2020 年 5 月 21 日　任教老师：黄天祺

级别	名字	中间名	姓	中文名	名次
小学生中级组	Rūta		Auzenbaha	露露	三等奖

二十、利耶帕亚大学奖学金、夏令营一览表

1. 奖学金

2014 年奖学金

时间：2014 年 9 月

名字	中间名	姓	中文名	学校
Elvis		Friks	弗里克	复旦大学研修中文 1 学年

2015 年奖学金

时间：2015 年 9 月

名字	中间名	姓	中文名	学校
Elvis		Friks	弗里克	复旦大学国际关系硕士 3 学年

2. 夏令营

2019 年夏令营

时间：2019 年 7 月 14 日—26 日 任教老师：潘凡尘

名字	中间名	姓	中文名
Valesta		Sobole	万雨洁
Natālija		Sedova	纳兰云

二十一、里加道加瓦河口中学 HSK、奖学金、"汉语桥"一览表

1.HSK/HSKK

2019 年 HSK/HSKK

任教老师：胡靖、芮叶莲娜

名字	中间名	姓	中文名	级别	时间
Jeļena		Židkova	芮叶莲娜	HSK5/HSKK2	2019.12.1

2021 年 HSK/HSKK

任教老师：朱柏帆、芮叶莲娜

名字	中间名	姓	中文名	级别	时间
Simona		Liepa	早星	HSK1	2021.6.5

2023 年 HSK/HSKK

任教老师：刘贤

名字	中间名	姓	中文名	级别	时间
Viktorija		Žandarova	仓鼠	HSK2	2023.5.14

2. 奖学金

2020 年奖学金

时间：2020 年 9 月至 2021 年 6 月 任教老师：杜灏、朱柏帆、谢慧清、芮叶莲娜

名字	中间名	姓	中文名	学校
Jeļena		Židkova	芮叶莲娜	华南师范大学汉语国际教育硕士，由于时差和疫情原因，网络上课一年后退学

3. "汉语桥"

2020 年"汉语桥"比赛

时间：2020 年 6 月 5 日—7 日 任教老师：胡靖、芮叶莲娜

级别	名字	中间名	姓	中文名	名次
小学生初级组	Darja		Jermolajeva	达斯	优胜奖
小学生初级组	Poļina		Višņakova	鲍莲	优胜奖
小学生初级组	Jegors		Losevs	冰狗	优胜奖
小学生初级组	Aleksandra		Jermolajeva	萨莎	优胜奖
小学生初级组	Viktorija		Žandarova	仓鼠	优胜奖
中学生初级组	Laura		Bete	玉明	二等奖
中学生初级组	Poļina		Kaluga	宝莲	三等奖
中学生初级组	Viktorija		Simsone	维咔	优胜奖
中学生初级组	Dmitrijs		Fomčenkovs	白树	优胜奖

2021 年"汉语桥"比赛

时间：2021 年 5 月 31 日 任教老师：朱柏帆、杜灏、谢慧清、芮叶莲娜

级别	名字	中间名	姓	中文名	名次
中学生初级组	Simona		Liepa	早星	一等奖
小学生初级组	Diāna		Kaluga	小滴	优胜奖

2022 年"汉语桥"比赛

时间：2022 年 5 月 14 日 任教老师：刘贤、芮叶莲娜

级别	名字	中间名	姓	中文名	名次
小学生中级组	Viktorija		Žandarova	仓鼠	优胜奖

2023年"汉语桥"比赛

时间：2023年5月18日—19日　任教老师：刘贤

级别	名字	中间名	姓	中文名	名次
小学生初级组	Elīna		Batmanova	纪林	优胜奖
小学生初级组	Darina		Kozemjakina	达丽娜	优胜奖
小学生初级组	Evgeniia		Kinal	尤金	优胜奖
中学生中级组	Viktorija		Zandarova	仓鼠	三等奖

二十二、里加64中学"汉语桥"、冬令营、HSK一览表

1. "汉语桥"

2021年"汉语桥"比赛

时间：2021年5月30日　任教老师：符瑾儿

级别	名字	中间名	姓	中文名	名次
中学生初级组	Anastasija		Streļcova	思安娜	二等奖

2022年"汉语桥"比赛

时间：2022年4月14日　任教老师：唐静

级别	名字	中间名	姓	中文名	名次
中学生中级组	Evianna		Majore	艾唯	一等奖

2023年"汉语桥"比赛

时间：2023年5月18日—19日　任教老师：杨一丹

级别	名字	中间名	姓	中文名	名次
中学生高级组	Evianna		Majore	艾唯	三等奖

2. 冬令营

2021/2022年冬令营

2022年1月7日—14日；2月21日—28日　任教老师：唐静

名字	中间名	姓	中文名
Rodžers		Bārtulis	马瑞
Evelina	Marta	Grinberga	艾维琳
Alise		Polodjuka	丽斯
Evianna		Majore	艾唯
Marks		Glasmanis	马克丝
Milena		Bluzemana	米娜

3.HSK/HSKK

2022 年 HSK/HSKK

任教老师：唐静

名字	中间名	姓	中文名	级别	时间
Evianna		Majore	艾唯	HSK2	2022.6.25

二十三、蒙特梭利探索小学"汉语桥"一览表

2023 年"汉语桥"比赛

时间：2023 年 5 月 18 日—19 日 任教老师：鲍传惠

级别	名字	中间名	姓	中文名	名次
小学生初级组	Mārtiņš		Beika	马丁	优胜奖

二十四、叶卡布皮尔斯第 2 中学"汉语桥"一览表

2023 年"汉语桥"比赛

时间：2023 年 5 月 18 日—19 日 任教老师：杨彩云

级别	名字	中间名	姓	中文名	名次
中学生初级组	Violeta		Petkeviča	方苹	优胜奖

二十五、里加 13 中学"汉语桥"一览表

2023 年"汉语桥"比赛

时间：2023 年 5 月 18 日—19 日 任教老师：鲍传惠、张涵絮

第四章 各个教学点中国语言文化成果一览表

级别	名字	中间名	姓	中文名	名次
中学生初级组	Marija		Lebedeva	诗漫	一等奖
中学生初级组	Vladlena		Tumanova	美娜	一等奖
中学生初级组	Naama		Rozenberga	南湘	二等奖
中学生初级组	Sofija		Zazulina	苏文	优胜奖

人名汉译和原文对照

以汉语拼音字母为序,不含前面22个附录中出现过的人名。

A

阿安然 Zane Akmeņkalne

阿保矶 Apatóczky Ákos Bertalan

阿道夫·斯库尔特 Ādolfa Skultes

阿迪斯·卡姆帕尔斯 Atis Kampars

阿道夫·克洛斯 Ādolfs Krauss

阿尔图尔 Artūrs Karsenieks

阿格奈赛·赫尔曼奈 Agnese Hermane

阿拉伊玛 Laima Vizule-Aovta

阿妮塔·贝娜罗维查 Anete Beinarovica

阿妮塔·嘉兰查 Anita Garanča

阿妮塔·纳池斯赤沃奈 Anita Načisčione

阿妮塔·马泰娅 Anita Mateja

阿诺德·什托克马尼斯 Arnolds Štokmanis

阿玛利亚·柏尔兹纳 Amālija Bērziņa

阿沃茨 A. Avots

阿夏 Aksiniya Koleva

阿伊纳·马缇萨 Aina Matīsa

爱德华兹·沃伦涅吉斯 Eduards Voroņeckis

埃德加·库鲁明什 Edgars Krūmiņš

埃德加斯·兹维尔茨 Edgars Zīverts

埃德蒙兹·弗雷勃格斯 Edmunds Freibergs

艾尔恩斯特·斯维克里斯 Ernests Sviklis

艾尔嘉 Elga Stikute

艾尔马斯·森科夫 Elmārs Senkov

艾格里迪斯 R. Eglitis

艾果恩斯·马乌林什 Egons Mauriņš

埃吉尔斯·莱维茨 Egils Levits

爱吉塔 Egita Udodova

人名汉译和原文对照

爱佳·维卡尔奈 Aiga Veckalne

艾杰西 Jesse Appell

爱莱恩·贝德高 Elen Pildegovic

埃勒特 Sarmite Elerte

爱丽 Olga Lupanova

艾丽卡·劳博佳 Ērika Lauberga

艾丽娜·瓦西尔叶娃 Elīna Vasiļjeva

爱丽丝·鲁赛 Alise Lūse

艾米莉亚·列皮尼亚 Emīlija Liepiņa

埃纳尔 Ainars Mezulis

艾任斯 Eižens Vietnieks

艾娃 Eva Kasparenoka-Bogdāne

艾瓦尔斯·库尔什迪斯 Aivars Kursītis

艾薇丽娜·芙蕾博格 Evelina Freiberga

艾维塔 Evita Grase-Kalme

艾雅·罗曾什坦奈 Aija Rozenšteine

安春天 Andreevska Vesna

安达斯·拉切 Andas Laķes

安黛 Anete Elken

安德里斯·派尔什 Andris Pelšs

安德烈斯·维侯斯汀斯吉斯 Andrejs Verhoustinskis

安德松奈 Gita Andersone

安蒂珀娃 Yana Antipova

安东尼亚·拉兹达奈 Antoniņa Lazdāne

安格莉卡 Angelika Juško-Štekele

安吉丽卡 Anželika Grāsvalde

安娜·艾日维尔蒂娜 Anna Eižvertiņa

安娜·利耶采 Anana Liece

安妮达·新泽梅 Anita Jaunzeme

475

安妮塔·斯卓德 Anita Strode

安妮塔·薇瓦戴 Anita Vaivade

安塔·柯林茨 Anta Klints

安特拉·柯莉阿文斯卡 Antra Kļavinska

安特拉·萨夫莱维查 Antra Savlevica

安西斯·丛德 Ansis Zunde

安西斯·艾普奈尔斯 Ansis Epners

奥迪斯·菲尔库斯 Aldis Firkuss

奥尔嘉·瑞特鲁西纳 Olga Žitluhina

奥尔佳·赛留缇娜 Olga Seļutina

奥津什 Mārcis Auziņš

奥斯卡尔斯·布列戴 Oskars Priede

奥斯马·西姆迪娜 Ausma Cimdina

奥斯瓦尔达·普珀拉 Osvalda Pūpola

奥辛什 E.Osins

B

巴艾丽塔 Elita Balčus

白凯夏 Jekaterīna Beļajeva

白罗米 Luminiţa Bălan

巴斯曼诺夫斯 Mihails Basmanovs

巴舍夫斯基 Arvīds Barševskis

巴雅娜 Jana Bagrova

白妩娜 Una Aleksandra Bērziņa-Čerenkova

鲍汀什 Māris Baltiņš

保尔斯·米尔瓦迪斯·丹比斯 Pauls Miervaldis Dambis

鲍尔盖 Borge Bakken

保林什 J.Pauliņš

保罗·斯特拉京什 Pauls Stradiņš

人名汉译和原文对照

贝阿道夫 Ādolfs Adama Pildegovičs
贝艾米莉亚 Emīlija Pildegovičs
贝艾瓦尔斯 Aivars Pildegovičs
贝安德烈斯 Andrejs Pildegovičs
贝安娜 Anna Pildegovičs
贝彼得里斯 Pēteris Pildegovičs
贝德高 Pēteris Pildegovičs
贝尔津什 A. Bērziņš
贝卡尔利斯 Kārlis Pildegovičs
贝卡斯帕尔斯 Kaspars Bērziņs
贝马丁什 Mārtiņš Bērziņš
贝玛格达丽娜 Magdalēna An Pildegovičs
贝特霍尔德·劳费尔 Berthold Laufer
贝亚当斯 Ādams Karla Pildegovičs
贝雅娜 Jana Benicka
贝伊达 Ida Pildegovičs
贝尤里斯 Juris Pildegovičs
贝尤利娅 Jūlija Pildegovičs
比彩夫斯基 R.Bičevskis
彼德里斯·克里洛夫斯 Pēteris Krilovs
彼得里斯·拉吉斯 Pēteris Laķis
彼得森 E.Pētersons
碧莲娜 Biljana Simic Velickovic
冰德丝 Andris Binders
波波娃 Irina Popova
博格丹 Bogdan Zemanek
博卡 Kristīne Boka
波利纳 Poļina Ermolina
波莉娜 Poļina Valentinova Tsoncheva

波塔普金斯 Sergejs Potapkins

卜雅娜 Bojana Pavlović

博伊克 Jelena Boiko

布安娜 Ana Blazevska

布恩克什斯 J. Bunkšs

布兰肯伯格 Indriķis Blankenburgs

布利戈兹纳 Elmārs Blīgzna

布鲁诺·扬森斯 Bruno Jansons

布罗克斯 Rolands Broks

布娜塔莉娅 Natālija Burišina

C

采洛娃 J. Celova

村斯卡 Aija Cunska

初玛丽亚 Maria Čumikova-Pucinska

楚冉斯 E.Čužāns

春姑塔 Gunta Vasariņa

D

达采·拉采 Dace Lāce

达娜 Dana Sorokina

达伊娜·布鲁玛 Daina Bluma

德鲁维叶戴 Ina Druviete

代妮卡 Monika Tersebajeva

戴尼斯 A.Deinis

戴尼斯·尤拉格 Dainis Jurag

黛丝 Dace Ratniece

戴维斯·西马尼斯 Dāvis Sīmanis

戴伊娜·什奇尔泰莱 Daina Šķiltere

人名汉译和原文对照

戴伊纳·泰特斯 Daina Teters

戴怡琴 Daina Matule

丹凯尔斯 Osvalds Dankers

丹娜·道古莱 Dana Daugule

丹尼斯 Deniss Petrovs

丹尼斯·哈诺夫斯 Deniss Hanovs

德鲁文涅采 Dace Druveniece

德麦雅 Maija Drekslere

德涅普罗夫斯卡 N. Dņeprovska

德娅夫斯卡雅 M.Djakovskaja

德优米纳 Nadežda Djomina

迪米 Dmitrijs Tairovs

杜拉 Dora Livkisa

杜林 Narasinghe Arachchillage Tharindu Sathsara Punarjeewa

E

恩尼斯茨·布尔特涅克斯 Ernests Burtnieks

F

弗拉明克 Erik Vlaeminck

弗朗西斯·阔秋斯 Francis Kokius

甫雷登菲尔兹 I. Freidenfelds

G

高安娜 Anastasija Krilova-Galkina

高本汉 Klas Bernhard Johannes Karlgren

高博丹 Bogdans Galkins

高德柏噶 Anita Goldberga

高莎芮（贡戈洛娃莎留恩） Sariun Nimaevna Gongorova

葛阿丽娜 Alīna Gržibovska

葛德乌斯基斯 Jānis Gardovskis

葛佳 Jekaterina Koort

格拉波夫斯卡 R.V. Grabovska

格蕾什考奈 Laura Greiskalne

格里巴查 V. Gribača

格卢霍夫斯 Andrejs Gluhovs

格玛丽娜 Marina Grečaņina

葛叶莲娜 Jeļena Gledic

贡蒂斯·乌尔马尼斯 Guntis Ulmanis

古恩塔·阿拉娅 Gunta Araja

古恩塔·巴里尼亚 Gunta Bāliņa

古恩塔尔斯·德雷耶尔斯 Guntars Dreijers

古恩塔尔斯·凯腾伯格 Guntars Kitenbergs

古纳尔斯·比拜尔斯 Gunārs Bībers

古纳尔斯·斯卓德 Gunārs Strods

郭亚历山大 Aleksandr Gordei

H

哈艾葛妮赛 Agnese Iļjina-Haijima

韩月蜡 Jolanta Hāna

郝清新 Imre Hamar

何静娴 Ineta Marhileviča

华克生（沃斯克列先斯基）D. Voskresensky

J

吉别提斯 Jānis Ģībietis

吉尔萨诺夫斯 A.Kirsanovs

基拉 Kira Žuraveļa

/ 人名汉译和原文对照 /

季穆尔 Denisovs Timurs
吉日洛 Z.Kižlo
吉塔 Ligita Silagaile
佳多夫斯基斯 Jānis Gardovskis
佳佳 Marija Lapina
嘉拉叶娃 Olga Garajeva
贾娜·巴坦·扎茹塔 Jana Butāne-Zarjuta
嘉索菲亚 Sofija Galindoma
嘉伊达·查乌普约诺卡 Gaida Čaupjonoka
杰多尼斯 Imants Ziedonis
金德里克斯 N. Gendriks
金洪泰 Huntae Kim
津特拉·阿帕莱 Dzintra Apale

K

卡查奈 Ilze Kačāne
卡戴 Edgars Katajs
卡尔恩波尔津纳 V. Kalnbērziņa
卡尔利斯·克莱斯林什 Kārlis Krēsliņš
卡尔利斯·拉姆伯茨 Kārlis Lamberts
卡尔利斯·乌尔马尼斯 Kārlis Ulmanis
卡尔妮娜 Ieva Kalniņa
卡尔宁什 Valdonis Kalniņš
卡尔韦斯·扎莱马尼斯 Kalvis Zalcmanis
卡拉什尼科瓦 L.Kalašņikova
卡里阿奇纳 L.Kaļakina
卡利娜 Katrīna Mašarska
卡丽奈 Karīne Laganovska
卡玛拉 Māra Katvare

481

卡明思卡 J.Kaminska

卡恰 Jekaterina Šilina

卡思博 Kaspars Vogulis

卡斯帕尔索奈 Sabīne Kasparsone

卡缇娜 Katrīne Ivanova

卡伊恩斯 Jānis Kains

喀伊内塔 Ineta Kaltigina

考恩博嘉 Rita Puriņa–Kalnberga

考尔纳 Corna Nadezda

康艾文 Ervīns Tračums

康格罗 Andris Kangro

康克尔基娅·库里洛娃 Konkordija Kurilova

康琳 Kristīne Milere

康诺尔 Emmet O'Connor

柯吉娜 Inese Kokina

克拉斯科夫斯 Leonids Krasikovs

克拉文什 Kaspars Kļaviņš

柯劳拉 Laura Krēgere-Zatīna

克雷斯林斯 Uldis Krēsliņš

克里斯蒂娜·库拉 Kristīne Kūla

克鲁德亚威采夫斯 Igors Krudrjavcevs

克鲁莫维奇 Atis Krumovics

克鲁替科娃 L. Krutikova

柯洛达 Līga Koloda

柯琪娜 Irēna Kokina

柯世浩 Frank Jochen Kraushaar

科托娃 A. Kotova

柯兹拉娃 Viktorija Kozlova

孔津什 Kārlis Kundziņš

库恩 Robert Lawrence Kuhn
库尔拉科瓦 Sanita Kurlakova
库尔洛维奇 G.Kurlovičs
库拉绍娃 M. Kurašova
库薇塔 Vita Kuzmicka
库乌斯卡 I. Kuusika
库辛斯 Jānis Kucins
库兹涅科娃 Justīne Kuzņecova
阔凯 Tatjana Koke

L

拉丽莎·贡恰连科 Larisa Gončarenko
拉玛莎 Anda Lamaša
拉蒙娜·高尔金娜 Ramona Galkina
拉莫娜 Ramona Smogorževska
拉莎·扎利泰 Rasa Zālīte
拉维多利亚 Viktorija Larkina
拉文德里斯 Egons Lavendelis
拉乌尔·什诺莱 Raul Šņore
拉佐夫斯基 Ilmārs Lazovskis
拉伊塔·罗兰德 Raita Rollande
莱迪妮娅 Māra Leltiņa
莱梅赛 Solveiga Linda Remese
莱米吉优思·金德利斯 Remigijus Kinderis
莱缇思 Raitis Daniels Zvīdriņš
莱瓦尔德 Gita Revalde
莱西蒙娜 Simona Laiveniece
莱新雅 Sintija Leigute
莱赞斯 Aigars Laizāns

劳贝斯 Eižen Laubes

乐桑 Inesa Antonova

雷库马 L. Leikuma

雷蒙兹·保罗斯 Raimonds Pauls

雷兹妮娅 Lilija Reiziņa

利比奇克斯 Leonīds Ribickis

李察德 Mohr Richard

李迪娅 Lidija Iļjina

丽佳·克里阿维妮娅 Līga Kļaviņa

里克萨西纳 N. Liksašina

李丽 Ligita Jurkāne-Davidova

李莉娅 Lilija Kains

李思达 Krista Buša-Dāvida

丽塔·卢丽妮娅 Rita Lūriņa

丽特玛 Ritma Tīrumniece

里特温斯基斯 Vladimirs Ļitvinskis

李婉 Līga Agruma

利维亚·阿库拉泰莱 Līvija Akurātere

利文斯 Pauls Līvens

李雅灵 Arabella Briszka

莉叶奈 Liene Pusvaciete

列尔葛薇 Marija Lielgalve

列尔派特斯 Uldis Lielpeters

列拉·克里斯塔帕 Lielā Kristapa

列斯玛 Liesma Ose

林葆欣 Paula Limba

林西莉 Cecilia Lindqvist

柳波娃 Ļubova Šeļikova

柳德米拉·坡伦科维奇 Lyudmila Porunkevich

柳菲 Fila Ludmila
鲁博士 Lubos Gajdos
鲁波娃·波格丹诺娃-芮德科娃 Lubova Bogdanova-Židkova
卢卡 Luka Ivanovs
卢卡莎涅查 Jeļena Lukašaņeca
鲁姆帕奈 M.Krumpāne
卢塔·穆克图帕维拉 Rūta Muktupāvela
路易泽·达克莎 Luīze Dakša
罗艾莉 Alīna Lohina
罗伯茨·艾伊什普尔斯 Roberts Aišpurs
罗伯茨·吉利斯 Roberts Kilis
罗伯茨·斯维任涅茨斯 Roberts Svižeņecs
罗伯茨·什卡帕尔斯 Roberts Škapars
罗伯特·克林伯格 Roberts Krimbergs
洛顿 Torbjörn Lodén
洛克玛尼 I. Lokmane
罗娜达莉亚 Natalja Rogaļeva
罗热塔 Loreta Poškaitė
罗亚男 Aleksandra Romanova
洛伊卡 N.Loiko

M

马蒂雅 Mateja Petrovcic
马尔康奈 Velga Mālkalne
马尔迈斯塔 Aleksandrs Malmeistars
马卡洛夫斯 T.Makarovs
玛库丝 Dace Markus
玛拉·奇麦莱 Māra Ķimele
玛拉·札利泰 Māra Zalite

玛莉卡 Marika Kupce

马立卡·劳德莱 Marika Laudere

玛丽卡·皮拉 Marika Pīra

玛丽莉伊娜 Mariliina Räsänen

马里斯 Maris Rozentals

马莉娅 Viktorija Markova

马切利 Marchelli Burdelski

玛莎 Marija Švacka

马斯洛夫 A.A.Maslov

马斯罗夫斯卡娅 Yelena Maslovskaya

马特·拉涅梅茨 Mart Laanemets

玛雅·布里玛 Maija Burima

玛伊丽娜 Irina Marinska-Siuhina

迈尔尼克斯 Aleksejs Melniks

迈尔亚 Merya Karlppinen

迈祖里斯 Ainārs Mežulis

梅斯特尔斯 Gustavs Meisters

孟朗 Laura Muižniece

蒙恰诺娃 J. Molchanova

蒙塔 Mota Lūse

米奥尔佳 Olga Mickeviča

米查理斯金 Monika Michaliszyn

米海尔斯·帕乌洛夫 Mihails Pavlovs

米玛丽娅 Marija Pokrovska-Mihajličenko

米叶希特 Ilona Miezīte

莫尔迪兹 Csaba István Moldicz

莫尔妮卡 Baiba Moļņika

莫琳娜 Arina Molčanova

莫赛耶夫斯 Andrejs Mosejevs

木固烈 Zlotea Mugurel
穆内卡 Hajdar Muneka
穆伊日涅克斯 Indriķis Muižnieks
穆兹卢克 Gleb Muzruko

N

娜达莉亚·扎哈洛娃 Natalia Zaharova
纳迪雅·艾尔茨泰 Nadja Ērcīte
纳尼卡 Veronika Nasredinova
奈曼妮 Baiba Neimane
奈沃特斯 Valters Negribs
奈翔 Anete Naisione
南泽慧 Natalja Vecvagare
内兰兹 Kristaps Neilands
尼科拉 Mariana Nicolae
妮维多利亚 Viktorija Ņikitina

O

欧阳舞 Yuliya Sapiazhynskaya

P

帕卡林斯 Guntis Pakalns
帕姆普林斯 Cālis Pumpuriņš
派克申斯 Konstantins Pēkšēns
佩艾娜 Kristiāna Paegle
平卡 M. Pinka
珀亚尼斯 Jānis Pokulis
普安塔 Antra Puriņa
普丹尼尔 Daniils Pjaterņovs

普拉特伯爵 Count Plāters
普特尼纳 Iveta Putniņa
普西奇 Radosav Pušić

Q
奇安娜 Anna Csikó
切宁什 Atis Ķeniņš
邱瑞克 Ēriks Trojanovskis

R
冉奈塔·沃佐丽娜 Žaneta Ozoliņa
阮莎丽 Sabīne Rancāne

S
萨尔米妮娅 Ilona Salmiņa
赛布里斯 Jānis Sebris
塞尔盖 Sergejs Polanskis
筛芙晨柯 Poļina Ševčenko
赛怡乐 Valerija Seile
桑德拉·格罗姆斯卡 Sandra Gromska
桑德拉·梅什科娃 Sandra Meškova
斯巴修 Iljaz Spahiu
斯达罗杜布采夫斯 V.Starodubcevs
斯迪库茨 A.Stikuts
斯凯德利特·普佳查 Skaidrīte Pugača
丝丽奈薇查 Irēna Siliņeviča
斯米尔诺娃 Marianna Smirnova
斯尼切莱 Lūcija Sniķere
斯普鲁德 Liveta Sprūde

斯塔树蓝 A.Stašulāne
斯特劳尤马 Laimdota Straujuma
斯维特蓝娜·什巴耶娃 Svetlana Sibaeva
丝雅娜 Jana Strautmane
沙尔达 A.Šalda
沙尔迈 A.Šalme
莎什科娃 Jeļena Šaškova
珊迪亚 Sandija Skudra
沈思怡 Sigruna Sārta
施嘉琪 Zane Zvaigzne
史莲娜 Jeļena Staburova
施密特 Peter Schmidt，Pēteris Šmits 或 Pētera Šmita，彼得·施密特
史坦恩布利克斯 G.Šteinbriks
史坦马尼 Z. Šteinmane
史维思 Wislawa Szkudlarczyk-Brkic
苏尼塔 Sunīta Patīla
苏姗 Csibra Zsuzsanna
苏若瑶 Dana Sosnāre
索尔维塔·库克尔 Solvita Kukle
索郎仁青 Sonam Rinchen

T

塔安娜 Anna Lūcija Tauriņa
塔达斯 Tadas Snuviškis
塔玛拉·艾切 Tamāra Ēķe
塔玛奈 Jeļena Tamane
塔特雅娜·苏塔 Tatjana Suta
塔伊万娜 Elizabete Taivāne
塔伊万斯 Leons Gabriēls Taivāns

泰安特拉 Antra Teirumnieka

泰迪 Teodora Yonkova

泰鲁姆涅克斯 Edmunds Teirumnieks

提斯奇纳 Janina Tiskina

田佳 Tijana Paradjina

土布丹·康尕·恰夏布 Thupten Kunga Chashab

图查 Līga Tuča

图查 O.Tuča

托马逊斯 A.Tomašūns

托穆斯·巴乌马尼斯 Toms Baumanis

涂寻 Doroteja Klačar

W

瓦尔达·莱科 Valda Reke

瓦尔迪斯·赛格林什 Valdis Segliņš

瓦尔迪斯·扎特勒 Valdis Zatler

瓦尔弗雷兹·司库尔泰 Valfrīds Skulte

瓦海莱 Anita Vahere

瓦拉迪斯拉夫 Vladislavs Malahovskis

瓦莱丽雅·赛伊莱 Valērija Seile

瓦莱杨思·维祖里斯 Valerjans Vizulis

瓦里斯 Vairis Caune

瓦罗曼 Roman Vlasenko

瓦伦蒂娜 Valentina Voznuka

瓦维多利亚 Viktorija Vlasenko

瓦伊瓦兹 Andris Vaivads

万王 Visvaldis Steinbergs

万玉洁 Valesta Sobol

王光耀 Daniels Vans

韦宝拉 Paula Vikaine
韦德马尼斯 J. Veidemanis
维尔吉娜 Ilze Vergina
维尔佳 Velga Malkalne
维尔克斯 Andris Vilks
维蒂什柴娃 Jeļena Vediščeva
魏汉茂 Hartmut Walravens
维卡尔赛 Ilze Vilkārse
维克多利亚·叶克茨娜 Viktorja Jekocina
维克多斯 Victors Urvacovs
维斯 Aleksandrs Veiss
维斯曼尼斯 Tālis Veismanis.
维塔·巴拉玛 Vita Balama
维塔利亚斯·普罗尼斯 Vitālijs Plonis
卫特思 Vytis Silius
薇娅·道克施苔 Vija Daukšte
温达·柯赛莱 Venta Kocere
沃蒂科娃 Milana Odincova
沃灏塔 Ksenija Ohota
沃诺嘉 Aija Vonoga
沃瑟 Laura Ose
沃特斯 Valters Kalme
沃叶娃 Ieva Ozola
沃佐拉 Ieva Margarita Ozola
乌查恩斯 Jānis Vucāns
吴大伟 David Uher
乌尔迪斯·苏科夫斯基斯 Uldis Sukovskis
乌里扬诺夫 M.Ulyanov
邬雅丽 Jeļena Vuljicic

吴亦凡 Krists Pudžs

X

西格玛·安克拉瓦 Sigma Ankrava

西格奈·莱扎奈 Signe Laizane

西格奈·内玛奈 Signe Neimane

西蒙斯 Greg Simons

希雅 Sintija Justele

辛蒂娅·马卒莱维查 Sintija Maculeviča

欣悦 Signija Križus

小荷花 Marija Ņilova

小卡 Kaspars Eihmanis，也叫艾恪、艾荷蔓、艾柯

徐镇锡 Seo Jinseok

雪莲 Yulia Naumova

Y

雅各布森 Ēriks Jēkabsons

雅克夫列娃 Mārīte Jakovļeva

雅克维查 Aija Jakovica

雅尼纳·库尔西戴 Janīna Kursīte

亚尼斯·布列戴 Jānis Priede

亚尼斯·格杜塞夫 Janis Gedusevs

亚尼斯·拉齐普列西斯 Jānis Lacplesis

亚尼斯·莱尼斯 Jānis Rainis

亚尼斯·马瑞克斯 Jānis Mažeiks

亚尼斯·普列迪特 Jānis Priedīte

亚尼斯·斯克思突利斯 Jānis Sīkstulis

亚尼斯·图坎斯 Jānis Tukāns

亚尼斯·维特拉 Jānis Vētra

/ 人名汉译和原文对照 /

亚尼斯·西林什 Jānis Siliņš
亚尼斯·扬森斯 Jānis Jansons
雅思曼尼 Paula Jasmane
阳索奈 IrēnaIlga Jansone
阳索内 N.Jansone
姚安娜 Ana Jovanovic
瑶姆卡塔涅 Gunta Jaunmuktāne
叶比鲁塔 Biruta Jēgere
叶拉娜 Ilana Yesehin
叶劳拉 Laura Jermakova
叶琳娜 Jeļena Samoilenko
叶塞尼亚 Jesenija Semenistaja
叶明目 Artjoms Jevsejevs
耶娃·泽米泰 Ieva Zemīte
伊尔嘉 Ilga Mantiniece
伊尔佳·斯迪库泰 Ilga Stikute
伊尔泽·贝曼奈 Ilze Beimane
伊尔泽·克罗缇妮娅 Ilze Klotiņa
伊尔泽·鲁姆涅采 Ilze Rūmniece
伊尔泽·沃列诺维查 Ilze Oļehnoviča
伊松 Igor Micunovic
伊格尔斯·迪潘斯 Igors Tipāns
伊格尔斯·格劳斯 Igors Graurs
伊凯尔戴 Ausma Ikerte
伊克思顿斯 Jānis Ikstens
伊兰 Laine Kruma
伊丽娜·宝索娃 Irina Bausova
伊丽娜·斯托里阿洛娃 Irīna Stoļarova
依玛 Jema Neimane

音塔 Inta Ozola
伊瓦尔·果德曼尼斯 Ivars Godmanis
伊薇塔·米叶图莱 Iveta Mietule
伊薇塔·塔莱 Iveta Tāle
伊维达 Iveta Bankova-Cīrule
茵德拉·罗加 Indra Roga
尹乃森·皮特凯薇查 Inese Pitkeviča
尹塔·珀列夫斯卡 Inta Poļevska
英佳·列麦莱 Inga Riemere
英佳·派尔阔奈-莱朵薇查 Inga Pērkone-Redoviča
英丽达 Ingrīda Kleinhofa
尤尔琴科 Natalya Yurchenko
尤拉克 Krešimir Jurak
尤利斯·塔里瓦尔迪斯·乌尔坦斯 Juris Tālivaldis Urtāns
尤利娅·凯兹卡 Jūlija Kezika
尤里耶夫 M. Yuriyev
月蓝塔 Jolanta Priede

Z

赞恩·道金娜 Zane Daudziņa
赞恩·格里戈罗维察 Zane Grigoroviča
赞恩·克雷泽伯格 Zane Kreitzberga
赞恩·什林尼亚 Zane Šiliņa
泽内 Berta Dzene
扎多延克 Tamara Pavlovna Zadojenko
扎兰斯 Alfrēds Zalāns
查娃卡 Laura Zavacka
詹娜 Zane Breice-Kļaviņa
詹尼斯·里尼思 Žanis Līnis

人名汉译和原文对照

张洛娜 Aļona Žarkeviča
郑慧敏 Solveiga Kārkliņa-Akmentiņa
朱莉娅 Iuliia Turlukovskaia
卓艾桦 Ewa Trojner
梓丹尼 Daniels Zļenko
兹格付里资·安娜·迈叶洛维奇 Zigfrīds Anna Meierovics
兹格利达·阿普萨隆 Zigrida Apsalone
兹姆尼科娃 Irina Zimnikova
兹维吉涅采 Zita Zvejniece

后记

本书完稿付梓之际，笔者不胜感慨，思绪万千。

笔者于2014年6月16日抵达拉脱维亚，出任拉脱维亚大学孔子学院中方院长，由于孔子学院10周年庆典和新冠疫情等因素，连续任职长达十个年头（九年有余），2023年10月1日卸任。2019年4月25日，拉脱维亚教育与科学部致函中国教育部和孔子学院总部/国家汉办："拉脱维亚共和国教育与科学部非常感谢贵部迄今为止的合作与支持，感谢贵部派遣客座教授在拉脱维亚大学工作。我们非常高兴，中国高等教育机构和拉脱维亚高等教育机构为学习彼此的语言和文化提供了机会，这是双方践行拉脱维亚共和国政府和中华人民共和国政府于2017年11月22日在北京签署的教育领域合作协议第六款的成果。语言技能和文化意识在两国友好关系发展和可持续性合作方面发挥着重要作用。在拉方院长贝德高教授和中方院长尚劝余教授的共同努力下，拉脱维亚大学孔子学院发展迅速，成效卓著，我们高度赞赏和感谢他们两人做出的贡献。2021年拉脱维亚大学孔子学院将迎来10周年庆典。根据所提供的信息，筹划了许多庆祝活动，包括出版书籍、开发词典、组织展览以及在拉脱维亚扩大中文教学点等。鉴于上述情况，我们非常感谢中方的支持，能够延长尚劝余教授任期到2021年11月4日拉脱维亚大学孔子学院10周年庆典之后卸任。这将有助于成功筹备庆典活动，也将有助于为进一步在拉脱维亚推动中国语言和文化教学奠定更坚实的基础。期待进一步富有成效的合作。"[1] 2021年9月7日，中国驻拉脱维亚大使馆致函华南师范大学："拉脱维亚大学孔子学院是华南师范大学和拉脱维亚大学共建孔子学院，也是拉目前唯一一所孔子学院，肩负着在拉全国推广中文教学和中华文化的重任。该孔子学院现任中方院长尚劝余原计划今年11月结束任期回国。但拉政府因疫情全面收紧入境签证政策，暂不批准我持普通护照公民签证申请，新任中方院长无法来拉接任工作，且当地现无中文教师志愿者。为保障拉脱维亚大学孔子学院的顺利运转和在拉中文教学及管理工作的正常开展，建议尚劝余院长暂时留任，待新任院长抵拉后离任。"[2] 正是由于任期一再延长，为本书的顺利写作提供了时间和条件。

---

[1] 拉脱维亚教育与科学部函，2019年4月25日。
[2] 中国驻拉脱维亚大使馆：《关于建议拉脱维亚大学孔子学院现任院长暂时留任事》，2021年9月7日。

/ 后 记 /

本书的撰写始于新冠疫情在拉脱维亚及全世界肆虐之际。2021年4月，在北京大学施正宇教授的感召下，笔者撰写了《拉脱维亚中文教学史初探》一文，投给了北京大学对外汉语教育学院《汉语教学学刊》。① 同时，笔者也将这篇论文发给了于丛杨教授，于教授建议在文章框架基础上进一步扩充写成一本专著。于是，从2021年5月开始，笔者便一边搜集资料一边动笔写作本书。非常感谢施正宇教授和于丛杨教授的鼓励，使笔者萌生了撰写拉脱维亚中文教育史的念头。2022年10月5日本书初稿写完后，第一时间发给了于丛杨教授。于教授不久发来了读后感："有历史学家说，个体生命对历史的体会和理解是历史学的最高境界。窃以为，尚劝余的《拉脱维亚中国语言文化传播史稿》，对102年拉脱维亚中文教育的体会和理解，就达到了这种最高境界。为什么这样说？尚劝余是用自己的心血和笔墨，以及九年多的生命历程进行了具体的诠释。历史研究不是理论研究，它首先要寻找事实，要探究形成这个事实的诸多因素、条件和环节。这一点，《拉脱维亚中国语言文化传播史稿》就做得非常完美。作者能在时断时续的拉国中文教育历史中，透过更细致更精密的细节，梳理出明晰的脉络。换句话说，该书是建立在丰富的资料基础之上进行分析性的叙述，同时又站在国际中文教育的高度，目光贯穿过去、现在和未来，在深层次上对拉国的中文教育，进行全方位的深掘和剖析，以此展示了拉国继续发展中文教育的雄厚资源和力量，呈现了拉国中文教育发展的坚实步伐，传达了拉脱维亚人民了解中国和学习中文的强烈意愿和热情。总而言之，概括起来说，《拉脱维亚中国语言文化传播史稿》史料翔实，分期合理，立论精当，这部著作是国际中文教育国别史的开创篇，是国际中文教育历史上的第一部，它的作用是让历史照亮未来。相信拉脱维亚未来的中文教育，会更加璀璨耀眼！"② 此外，于教授在阅读书稿过程中，也做了大量勘误，并提出了一些需要讨论和修改的问题，令笔者感动涕零。

在本书撰写过程中，拉脱维亚大学科学图书馆、拉脱维亚大学学术图书馆、

---

① 经评审专家建议，《拉脱维亚中文教学史初探》一文在发表时题目改为《拉脱维亚中文教学研究》。
② 于丛杨：《让历史照亮未来——尚劝余〈拉脱维亚中国语言文化传播史稿〉读后》，2022年10月11日。

拉脱维亚国家图书馆、中国驻拉脱维亚大使馆等在档案资料方面提供了便利与帮助。在笔者任职期间，中国驻拉脱维亚大使馆杨国强大使、黄勇大使、梁建全大使、唐松根大使、傅智敏参赞、李涛参赞、孙应来参赞、宋丹卉公参、刘少军参赞、沈晓凯参赞、孙金焕参赞、姜润杰秘书、杨婧仪秘书、梁卫泉秘书、曾伏华领事、刘继民领事、赵沛瑶领事、郭海波主任、郑源川主任、屈清源主任、张泽阳主任等对拉脱维亚中文教育非常重视和支持。拉脱维亚大学贝德高教授、鲍葛薇副教授、柯世浩教授、卡琳娜老师、莫丽雅老师、玛伊丽娜老师、白伊丽娜老师，孔子学院秘书玛丽娅女士、柯劳拉女士、白丽娜女士、高安娜女士，俄罗斯远东联邦大学孔子学院前俄方院长康克尔基娅·库里洛娃女士，阿尔巴尼亚前驻华大使穆内卡先生，里加工业大学谢安娜主任，里加斯特拉京什大学白妮娜主任和陈红梅老师，里加34中学格玛丽娜副校长、艾维塔老师、薇拉老师，原里加68中学初玛丽亚老师、珍珠老师、克丽塔老师，里加文化中学周文馨老师，中国驻拉脱维亚大使馆艾晓奇秘书、唐娜拉秘书、李兰秘书、赵劳拉秘书、罗佳玫翻译，拉脱维亚外交部张放司长、古爱柳女士、安吉丽娜女士，拉脱维亚国家图书馆叶春萌主任和葛思语先生，拉脱维亚大学科学图书馆典藏与开发部主任玛莉卡女士和管理员伊尔嘉女士，华大智造拉脱维亚公司蜜雪儿女士和雷雅晶女士，华为拉脱维亚公司罗亚男女士、高歌女士和陈健先生，杜高斯贝银行欧阳兰女士，上海养老院院长阿娜西女士，赞比亚中医院思劳拉女士，北京大学博士生安泽女士，浙江大学博士生刘劳拉女士，浙江大学本科毕业生罗丽娜女士，上海外国语大学博士生帝安娜女士，华南师范大学本科生习卡丽女士、诺娃女士、泽戴安娜女士，深圳大学硕士生艾乐女士，成都理工大学任教的文玲女士，台湾大学硕士生杜丹娜女士，俄罗斯人民友谊大学本科生蓝娜女士，英国朴次茅斯大学本科生习妮卡女士，拉脱维亚大学汉学专业研究生帕伊丽娜女士，拉脱维亚大学本科生卡爱丽丝女士，比特公司张安娜女士，伊办佩公司林伊娃女士，里加中国文化中心秘书艾文女士，国际IT公司亚洲销售部经理艾蝶尔女士，翻译公司经理纳迪娜女士，物流公司路娃女士，青年汉学家阳康龙先生，李思达女士，玛奥尔佳女士，伊尼卡女士，潘尼卡女士，贝思婷女士，奥梦达女士，詹娜女士，莫妮卡女士，丝玛丽亚女士，阿杰莉娜女士等，接受了笔者各种不同形式的访谈，提供或核实了宝贵的第一手资料。

/ 后 记 /

拉脱维亚各个中文教学点逾百位历任公派中文教师何杰、于丛杨、王珊、张俊玲、王英佳、王烨姝、樊莉、王琼子、董芳、潘军武、倪艺榕、王葆华、曾庆君、白冰玉和志愿者教师崔艳蕾、张红、衣蕾、杜丽丽、黄芳、牛华丽、陈学敏、罗毅、宁晓璐、王树蕙、黄颖怡、张双、张婕、于靖媛、金晶、方思琪、程雪、季楠、刘会强、莫婉婷、尹莎莎、黄蕊、王志杰、梁铭轩、袁钰、王佳乐、金蒙、初从从、盛铭、潘斌、曾嵘、林婕、吴甜田、吴炜、孙霄、赵倩、胡越、刘丹、于洋、滕飞、刘梦珂、张扬、潘玲、朱玥、陈凤凰、邹亚平、车俊池、王昕、陈莹、黄天祺、梁娟、刘晶铭、林颖娴、尹艳、潘凡尘、胡甜、朱会平、汤蕴新、李浩芹、乔培哲、焦文静、王璐、郑玉馨、胡靖、麻莉、肖依琴、吴哲哲、伍淑仪、燕雪宁、姚璟、姚柳、朱柏帆、邬艳丽、杜灏、吴致昕、朱可嘉、符瑾儿、郭子凡、牛爽、高晴、单琪、魏亚梅、谢慧清、贾昆诺、郑雯宁、谢丽婷、郭萌冉、吴炳璋、涂菁滢、汤薇、王凯欣、邝又君、李欣、张丹丹、王嘉夫、郝心瑜、李文玉、刘一瑶、朱惠娟、刘贤、霍悦、唐静、徐申、汪贝娅、胡诗蓉、唐璐瑶、杨彩云、邵月园、沈思顺、张涵絮、周蔓、朱瑜、朱柏清、葛欣怡、杨宝茹、杨一丹、孙智慧、鲍传惠、宋苗苗、李雨赢、邓宜萱，以及本土中文教师丹雅娜、马笑笑、伊玛格丽塔等，每个学年末给中国教育部/国家汉办、大使馆和孔子学院提交的工作总结、履职鉴定、光荣岁月、给下任教师志愿者的一封信，每个月给孔子学院提交的工作日志等，都是非常珍贵的第一手资料。拉脱维亚武术协会（里加武术体育学校）历任武术志愿者马一鸣（东北师范大学）、林才（北京体育大学）、张柳繁（北京体育大学）、师鹤松（首都体育学院）、吴家旭（北京体育大学）、黎锦豪（华南师范大学）、钟梦婷（华南师范大学）、韩静缘（北京体育大学），也是广义中文教育大家庭的一员，是拉脱维亚中文教师的一员，也每月提交工作日志，每学年末提交工作总结、履职鉴定、光荣岁月、给下任教师志愿者的一封信等。正如钟梦婷所写：在武术课程中，将中文教学融入武术教学，通过易懂的课程讲解、标准的动作演示，使拉脱维亚的儿童、青少年与成年人既可以学习武术的拳法、脚法等，还能在练习武术的过程中学习中文。[①] 本地华人教师李满楠

---

① 武术与文化学习的交融——拉脱维亚武术体育学校武术课开课，http://www.ci.lu.lv/?p=6118，Posted by laon1986 on Nov 15, 2022, 2022 年 11 月 16 日上网查阅。

和路岩等，也为拉脱维亚中文教育做出了不可或缺的贡献。

中国外交部周宏友先生、北京外国语大学/中国驻圣彼得堡总领事馆柳若梅教授、兰州大学韩莉教授、华南师范大学李民副教授、北京外国语大学拉脱维亚语教师吕妍女士、北京外国语大学博士罗薇女士、北京第二外国语学院/拉脱维亚大学硕士方慧女士、美国哥伦比亚大学硕士生王铭逸卓女士、美国明尼苏达州雷克斯国际语言学校中文部教师尚沫含女士等，或接受访谈核实信息，或在拉脱维亚语、俄语和英语资料翻译以及专有名词翻译方面，提供了无私帮助和大力支持。此外，中国书籍出版社王志刚先生为本书的出版付出了巨大心血。

令笔者感动的是，2023年9月18日拉脱维亚各界在拉脱维亚大学主楼小礼堂为笔者举行盛大的欢送会，拉脱维亚大学副校长赛格林什和德鲁维叶戴为笔者颁发校长穆伊日涅克斯签署的嘉许状；2023年9月28日，中国驻拉脱维亚大使馆唐松根大使和夫人王倩为笔者举行欢送会并颁发荣誉证书。

在此，对上述机构和个人表示由衷感谢！

最后，向所有在拉脱维亚这块热土上抛洒热血和汗水、辛勤耕耘和付出，使绚烂的中文之花盛开在碧波荡漾的波罗的海之滨和道加瓦河畔的人们致敬！

尚劝余于拉脱维亚大学孔子学院
番禺广州雅居乐花园俊园21座801房啐啄斋
2022年10月5日初稿
2023年10月8日修改